Zuwanderungsland Deutschland
Migrationen 1500–2005

Zuwanderungsland Deutschland
Migrationen 1500–2005

Für das Deutsche Historische Museum
herausgegeben von Rosmarie Beier-de Haan

Edition Minerva

ZUWANDERUNGSLAND DEUTSCHLAND.
MIGRATIONEN 1500–2005
Ausstellungshalle von I. M. Pei
22. Oktober 2005 bis 12. Februar 2006
Deutsches Historisches Museum, Berlin

AUSSTELLUNG

Ausstellungskonzeption und Leitung: Rosmarie Beier-de Haan
Konzepte, wissenschaftliche Mitarbeit, Objektrecherche:
Lorraine Bluche, Carola Jüllig, Frauke Miera
Wissenschaftlicher Beirat: Klaus J. Bade, Etienne François, Frédéric Hartweg, Michelle Magdelaine, Gérard Michaux, Stefi Jersch-Wenzel, Gottfried Korff, Viviane Rosen-Prest, Heinz Schilling

Ausstellungsgestaltung: Werner Schulte, Marion Stenzel
Leihverkehr: Edith Michelsen, Catherine Amé
Ausstellungsproduktion: DHM Werkstätten
Ausstellungsgraphik und Plakat: Kurt Blank-Markard, Berlin
Photoarbeiten: Arne Psille, Sebastian Ahlers, Indra Desnica
Konservatorische Betreuung: Restaurierungsabteilung DHM und freie Restauratoren
Rahmung und Passepartout: Malte Spohr

Abteilungsleitung Ausstellungen: Ulrike Kretzschmar
Controlling: Peter Gabbert
Transporte: Hasenkamp Internationale Transporte GmbH und Co KG
Schenker Eurocargo
Presse- und Öffentlichkeitsarbeit: Rudolf B. Trabold, Katrin Kahlefeld, Sonja Trautmann

Recherche Karten: Mathilde Reumaux, Junia Folk
Graphik Karten: 4D envision design, Chris Dormer, Berlin
Medienproduktion: Wolf Dieter Pelikan
Internetpräsentation: Susanne Matthey
Übersetzungen: Meredith Dale, tradukas GbR, Berlin
Praktikanten: Juliane Berger, Junia Folk, Kevin Heiniger, Constanze Köppe, Jacob Krüger, Anna Pfitzenmaier, Mathilde Reumaux, Sonja Schwaneberg, Angela Siebold, Carsten Stühring, Anna-Carolina Vogel
Studentische Hilfskraft: Sascha Daniel Andreew

Museumspädagogik, Konzeption und Leitung:
Stefan Bresky, Brigitte Vogel
Referententeam Führungen: Christine Ahrens, Iris Maria Fischer, Andrej Götze, Matthias Heitbrink, Karena Kalmbach, Michael Meichsner, Friedrun Portele, Michael Schultheiß, Jurek Sehrt
Besucherservice: Susanne Konietzko, Ursula Rubenbauer
Begleitmaterial: Monika Mattes, Katja Koblitz
Hörführung / Hörstationen: Katja Koblitz, Avgi Stilidis (Redaktion)
John Berwick, Astrid Kohrs, Harry Kühn, Gesche Schmoll, Christian Rode, Dulcie Smart (Sprecherteam)
Tonstudio K 13, Berlin, Michael Kaczmarek (Studioproduktion)
Soundgarden (Systempartner)

KATALOG

Herausgeberin:
Rosmarie Beier-de Haan im Auftrag des Deutschen Historischen Museums
Redaktion:
Rosmarie Beier-de Haan, Lorraine Bluche, Carola Jüllig

Autoren des Katalogteils:
Rosmarie Beier-de Haan (R.B.), Lorraine Bluche (L.B.), Jiří Hanzal (J.H.), Carola Jüllig (C.J.), Leonore Koschnick (L.K.), Frauke Miera (F.M.), Alexander Schunka (A.S.)

Bildredaktion: Lorraine Bluche
Bildunterschriften: Lorraine Bluche
Selbstzeugnisse: Mathilde Reumaux, Anna-Carolina Vogel
Lektorat und Verlagskoordination: Wanda Löwe
Korrektorat: Susanne Elpers
Koordination Herstellung: Gabriele Kronenberg

Grafische Gestaltung: Gini Klose, Oberhaching
Gesamtherstellung: Peschke Druck, München

Umschlag: Kurt Blank-Markard, Berlin
Umschlagphoto: Otto Haeckel, Sachsengänger in Berlin, 1907
(Photo: DHM)

© 2005 Deutsches Historisches Museum, Berlin
© 2005 Edition Minerva Hermann Farnung, Wolfratshausen

Alle Rechte vorbehalten, auch diejenigen der Übersetzung, der fotomechanischen Wiedergabe und des auszugsweisen Abdrucks.

Museumsausgabe
Deutsches Historisches Museum
Unter den Linden 2
10117 Berlin
Internet: http://www.dhm.de/Publikationen
ISBN 3-86102-136-6

Buchhandelsausgabe
ISBN 3-938832-02-9

Bibliographische Information der Deutschen Bibliothek
Die Deutsche Bibliothek verzeichnet diese Publikation in der Deutschen Nationalbibliographie; detaillierte Angaben sind im Internet über http://dnb.ddb.de abrufbar.

INHALT

6 Vorwort
Hans Ottomeyer, Rosmarie Beier-de Haan und Sabine Beneke

9 Zuwanderungsland Deutschland. Migrationen 1500–2005
Einführung
Rosmarie Beier-de Haan

AUFSÄTZE

20 Migration und Integration in Deutschland seit der Frühen Neuzeit
Klaus J. Bade und Jochen Oltmer

50 Recht und Migration in der frühneuzeitlichen Ständegesellschaft
Reglementierung – Diskriminierung – Verrechtlichung
Karl Härter

72 Selbstverständnis und Akzeptanz
Zuwanderer vom Westfälischen Frieden bis zum Ersten Weltkrieg
Stefi Jersch-Wenzel

90 Wer ist Deutscher? Deutsche Staatsangehörigkeit im 19. und 20. Jahrhundert
Dieter Gosewinkel

106 Migration und Ausländerpolitik in der Bundesrepublik Deutschland
Öffentliche Debatten und politische Entscheidungen
Karen Schönwälder

120 Die DDR, ein anderer deutscher Weg? Zum Umgang mit Ausländern im SED-Staat
Patrice G. Poutrus

134 Migrations- und integrationspolitische Entwicklungen, Herausforderungen und Strategien in ausgewählten EU-Staaten
Steffen Angenendt

149 AUSGEWÄHLTE EXPONATE IM HISTORISCHEN KONTEXT

279 SELBSTZEUGNISSE

326 VERZEICHNIS DER EXPONATE

351 Grundriss der Ausstellung
352 Hörstationen
353 Filmstationen
354 Literatur
375 Leihgeber
378 Autoren und Projektteam
382 Bildnachweis

Vorwort

Deutschland ist ein Zuwanderungsland. Mit dem Zuwanderungsgesetz von 2005 wird dieser Tatsache politisch Rechnung getragen. Damit hat die Diskussion um Zuwanderungsfragen einen vorläufigen rechtlichen Abschluss gefunden, indes in ihrer politischen Bedeutung kaum an Aktualität verloren. Nur selten reicht dabei die Erinnerung zurück über die letzten Jahrzehnte hinaus. Unter dem gemeinsamen Obertitel *Zuwanderungsland Deutschland* hat das Deutsche Historische Museum deshalb zwei zeitgleich präsentierte und einander erhellende Ausstellungen konzipiert und realisiert. Mit diesen Ausstellungen, *Migrationen 1500–2005* und *Die Hugenotten*, möchte das Deutsche Historische Museum das Bewusstsein dafür vertiefen, dass Zuwanderung nach Deutschland alles andere als ein neues Phänomen ist, sondern vielmehr eine lange und in vielen Aspekten wenig bekannte Geschichte hat.

Die Ausstellung *Migrationen 1500–2005* spannt einen Bogen von der Frühen Neuzeit bis in die Gegenwart und stellt dabei die politischen, wirtschaftlichen, rechtlichen, religiösen und kulturellen Zusammenhänge von Zuwanderung heraus. Die Darstellung geht von einem offenen Migrationsbegriff aus. Sie zeigt Wanderhandel und temporäre Arbeitsmigration ebenso wie dauerhafte Einwanderung, Flucht aus religiösen und politischen Motiven wie auch die Zwangsmigrationen des 20. Jahrhunderts. Mit dieser thematischen Öffnung sollen nicht etwa die grundlegenden Unterschiede zwischen all diesen Formen von Migration verwischt werden, sondern im Gegenteil wollen wir den Blick schärfen für eine differenzierte Wahrnehmung und Reflexion.

Die staatliche und zugleich rechtliche Regulierung von Migrationsbewegungen ist ein zentraler Schwerpunkt dieser Ausstellung. Unter welchen politischen Prämissen erfolgen Einschluss und Ausschluss? Welchen Gruppen werden die Einreise, der befristete Aufenthalt oder aber die vollen Bürgerrechte gewährt? Die Ausstellung stellt heraus, dass die ›deutsche Staatsbürgerschaft‹ eine historisch sehr junge Konstruktion ist, in ihrer Herausbildung gebunden an die Entstehung des deutschen Nationalstaates. Als Ergebnis unserer Recherchen kann ein auffälliges Forschungsgefälle konstatiert werden: Gegenüber der Untersuchung der Staatsangehörigkeit sind ältere Formen wie das Indigenat oder ›einzoeglingsrecht‹, wie es im 18. Jahrhundert genannt wurde, also die Erteilung von Rechten und Freiheiten eines Landes an ›Fremde‹, nur ansatzweise erschlossen. Hier besteht derzeit noch ein erhebliches Forschungsdesiderat.

Während die Ausstellung *Migrationen 1500–2005* eine schlaglichtartige Langzeitbetrachtung ist, lenkt die Ausstellung *Die Hugenotten* den Blick beispielhaft auf die bekannteste historische Gruppe von Zuwanderern in protestantische deutsche Länder. Denn auf einzigartige Weise vereinen sich hier bis heute aktuelle religiös, politisch, wirtschaftlich, rechtlich und kulturell bedingte Aspekte von Migration. Zwar verließen die Hugenotten aus Glaubensgründen Frankreich, doch galten sie in den Aufnahmeländern vor allem als Arbeits- und Gewerbemigranten. In der Vernetzung der Aufnahmeländer zur Steuerung und Bewältigung der Flüchtlingsströme nach der Aufhebung des Edikts von Nantes 1685 sowie in den rechtlichen und finanziellen Voraussetzungen, die die Ansiedlung der Hugenotten begleiteten, zeichnet sich eine bewusst gestaltete staatliche Migrationspolitik ab, die kennzeichnend für das 18. Jahrhundert werden sollte. Zudem ist keine Migrationsbewegung der Frühen Neuzeit durch Objekte und Quellen so gut dokumentiert. An keiner Gruppe lässt sich der Prozess der Wanderung und der Integration in Aufnahmegesellschaften über einen entsprechenden Zeitraum in gleicher Weise nachvollziehen. In der von den Hugenotten und von den Aufnahmeländern bereits frühzeitig betriebenen Historisierung ihrer Geschichte spiegelt sich das Selbstverständnis der Minderheit wie der Mehrheit.

Die Ausstellung *Die Hugenotten* entstand in Kooperation mit dem Conseil général de la Moselle und wird 2006 in Metz gezeigt, einer Stadt, die einen bedeutenden und später in ihren Zufluchtsorten fruchtbar wirkenden Anteil von Hugenotten zu ihren Einwohnern zählte. Dies wurde durch das Engagement des Präsidenten des Conseil général, Monsieur Philippe Leroy, und des Kulturbeauftragten, Monsieur Denis Schaming, möglich.

Beide Ausstellungen werden ergänzt und unterstützt durch ein umfangreiches museumspädagogisches Begleitprogramm, das dezidiert schulische und außerschulische Angebote für Klassen und Gruppen mit Migrationshintergrund entwickelt hat. Dabei konnten wir von der Zusammenarbeit mit erfahrenen Partnern wie der Landeszentrale für politische Bildung, Berlin, und dem Beauftragten für Integration und Migration des Berliner Senats profitieren. Damit will das Deutsche Historische Museum seinem Bildungsauftrag in besonderer Weise Rechnung tragen.

Allen Leihgebern möchten wir an dieser Stelle herzlich danken. Ihr Interesse und ihre Hilfsbereitschaft waren wesentliche Voraussetzung für die Verwirklichung der beiden Ausstellungen. So haben allein rund 120 öffentliche und private Leihgeber in Deutschland, Österreich, der Schweiz, Frankreich, England, Polen, Israel und den USA die Migrationsausstellung unterstützt und bereichert. Für die *Hugenotten* gilt dies in besonderem Maß für die Société de l'histoire du protestantisme français, die Huguenot Society of Great Britain and Ireland und das Deutsche Hugenotten-Museum.

Danken möchte wir ebenso den Mitgliedern des Wissenschaftlichen Beirates, Prof. Dr. Klaus J. Bade, Prof. Dr. Etienne François, Prof. Dr. Stefi Jersch-Wenzel, Prof. Dr. Gottfried Koff, Prof. Dr. Heinz Schilling, Dr. Michelle Magdelaine, Dr. Viviane Rosen-Prest, Prof. Dr. Frédéric Hartweg und Prof. Dr. Gérard Michaux. Prof. Dr. Jochen Oltmer hat das Migrationsprojekt durch vielfältigen Rat und Unterstützung wesentlich gefördert. Den *Hugenotten* standen mit viel Engagement Barbara Julien, Randolph Vigne, Jochen Desel und Gil René d'Heureuse zur Seite. Ihnen persönlich gilt unser ganz besonderer Dank.

Unser herzlicher Dank geht auch an die Kulturstiftung der Länder. Sie hat die Drucklegung des Katalogs *Zuwanderungsland Deutschland. Die Hugenotten* großzügig unterstützt.

Last but not least gebührt unser Dank allen Kolleginnen und Kollegen im Deutschen Historischen Museum, die durch tatkräftige Mitwirkung ihren Anteil am Zustandekommen der Ausstellung haben.

Hans Ottomeyer   Rosmarie Beier-de Haan   Sabine Beneke

Zuwanderungsland Deutschland.
Migrationen 1500–2005
Einführung

Rosmarie Beier-de Haan

Ausgangspunkt: ›Zuwanderungsland Deutschland‹

Acht Millionen Ausländer leben 2005 in Deutschland, die meisten von ihnen dauerhaft. Die Bundesrepublik Deutschland hat sich über Jahrzehnte schwer damit getan, dieser Tatsache auch politisch und legislativ Rechnung zu tragen. Wenngleich – um nur ein Beispiel zu nennen – bereits 1979 der erste Ausländerbeauftragte der Bundesregierung, der Sozialdemokrat Heinz Kühn[1], in einem kontrovers diskutierten Memorandum die Anerkennung der Realität und effiziente Maßnahmen zur Verbesserung der Lebenschancen vor allem der zweiten Generation gefordert hatte, blieb die Bundesrepublik politisch doch eher ein »Einwanderungsland wider Willen«.[2] Das spiegelt sich anschaulich im Terminus ›Gastarbeiter‹, der suggeriert, dass die ›Gäste‹ nach einer Zeitfrist wieder aufbrechen. Spätestens mit dem Anwerbestopp von 1973 und dem daraufhin einsetzenden Familiennachzug dürfte jedoch unübersehbar geworden sein, dass die ›Gäste‹ blieben. Deutschland entwickelte sich zum ›De-facto-Einwanderungsland‹, wie ein häufig gebrauchtes Schlagwort lautet. Die Migrationshistoriker Klaus J. Bade und Jochen Oltmer sprechen in diesem Zusammenhang von einem »informellen Einwanderungsland«. Sie verstehen darunter ein Land, in dem eine Zuwandererbevölkerung lebt, dem aber gleichzeitig eine reguläre Einwanderungspolitik und -gesetzgebung fehlen.[3]

Mit einer umfassenden politisch-rechtlichen Regelung wurde 2004 in Deutschland den veränderten Gegebenheiten erstmals grundlegend Rechnung getragen. Der Deutsche Bundestag verabschiedete das ›Zuwanderungsgesetz‹ oder, genauer gesagt, das »Gesetz zur Steuerung und Begrenzung der Zuwanderung und zur Regelung des Aufenthalts und der Integration von Unionsbürgern und Ausländern (Zuwanderungsgesetz)«[4]. Es trat zum 1. Januar 2005 in Kraft. Mit dieser gesetzlichen Regelung, die am Ende einer langen Phase politischen und juristischen Ringens um ›Deutschland als Zuwanderungsland‹ steht, scheinen zugleich intensivere öffentliche Diskussions- und Reflexionsprozesse in Gang gesetzt bzw. beschleunigt worden zu sein. Derzeit, so der Eindruck, stehen wir in Deutschland an einem Punkt, von dem aus eine Bestandsaufnahme – bezogen auf Integration, Chancengleichheit, Bildungszugang etc. – mit mehr Ehrlichkeit als früher möglich ist. Es bleibt abzuwarten, ob es hier zu tatsächlichen politischen Maßnahmen kommen wird, die umfassend und nachhaltig greifen.

Das Jahr 2005 hat nicht nur mit Blick auf das Inkrafttreten des Zuwanderungsgesetzes besondere Bedeutung für das ›Zuwanderungsland Deutschland‹, sondern auch noch in anderer Hinsicht: Am 20. Dezember 1955 jährt sich zum 50. Mal der Abschluss des Deutsch-italienischen Anwerbeabkommens über die Beschäftigung italienischer Arbeitskräfte in Deutschland.[5] Dieses Jubiläum und das Inkrafttreten des Zuwanderungsgesetzes waren Anlass und Ausgangspunkt für die Ausstellung *Zuwanderungsland Deutschland. Migrationen 1500–2005* des Deutschen Historischen Museums. Fragestellungen und zeitlicher Rahmen reichen indes zeitlich viel weiter zurück.

Die Konzeption der Ausstellung setzte dabei wesentlich bei einem wichtigen Tatbestand an, der in den Diskussionen um das neue Zuwanderungsgesetz oftmals nur geringe Beachtung gefunden hat. Das Gesetz regelt die *Ein*wanderung nach Deutschland, ist also faktisch ein ›Einwanderungsgesetz‹, heißt aber ›*Zu*wanderungsgesetz‹. Hier drängt sich die Vermutung auf, dass der Terminus ›Zuwanderung‹ gewählt wurde, da er gegenüber dem Begriff ›Einwanderung‹ immer noch die Vorstellung einer letztlich nicht endgültigen Niederlassung beinhaltet und damit in der öffentlichen Wahrnehmung und Diskussion die Realität des Einwanderungslandes Deutschland etwas ›abzufedern‹ vermag. ›Zuwanderung‹ als migrationsspezifischer Begriff schließt die auf Dauer gestellte Einwanderung in ein Land ein, umfasst aber sehr viel mehr.

Die Ausstellung *Zuwanderungsland Deutschland. Migrationen 1500–2005* möchte den Begriff ›Zuwanderung‹ nicht in seinem politisch verengten Gebrauch aufgreifen, sondern ihn vielmehr in seiner migrationshistorischen Dimension ernst nehmen. Die Zielsetzung dabei ist, die Geschichte der Migration nach und in Deutschland auf komplexe Weise greifbar zu machen und ein vertieftes historisches Verständnis zu fördern.

Ansatz, Fragestellungen und Zielsetzung der Ausstellung

Die Ausstellung *Zuwanderungsland Deutschland. Migrationen 1500–2005* spannt einen großen historischen Bogen über fünf Jahrhunderte von der Frühen Neuzeit bis in die Gegenwart und stellt dabei die politischen, wirtschaftlichen, rechtlichen, religiösen und kulturellen Zusammenhänge von Zuwanderung heraus. Die Darstellung beleuchtet schlaglichtartig, ausgehend von dem skizzierten weiten Migrationsbegriff, temporäre Arbeitsmigration und Wanderhandel ebenso wie dauerhafte Einwanderung, Flucht aus religiösen und politischen Motiven wie auch die Zwangsmigrationen des 20. Jahrhunderts. Dabei wird nicht enzyklopädische Vollständigkeit angestrebt. Dass diese im Rahmen einer Ausstellung mit den zeitlichen und räumlichen Vorgaben wie den hier dargestellten überdies kaum zu leisten gewesen wäre, mag der Hinweis darauf verdeutlichen, dass das Institut für Migrationsforschung und Interkulturelle Studien (IMIS) in Osnabrück nach mehrjährigen Forschungsarbeiten und mit einer großen Zahl von Fachwissenschaftlern im kommenden Jahr eine Enzyklopädie zur Migration herausgeben wird: Sie umfasst in drei Bänden mehr als 300 fachwissenschaftliche Beiträge.[6]

Die Ausstellungsverantwortlichen streben vielmehr an, die historischen Hauptlinien der Entwicklungen herauszustellen. Deutsche Migrationsgeschichte ist – über die unmittelbar erlebte Zeitgeschichte hinaus – häufig nur Fachinteressierten und -historikern wirklich vertraut, einem größeren Publikum jedoch nur wenig bekannt: Wer macht sich heute klar, dass Deutschland zu Beginn des 20. Jahrhunderts nach den USA weltweit das größte Zuwanderungsland war? Wer weiß, dass die kleine Stadt Wesel am Niederrhein im 16. und 17. Jahrhundert Fluchtpunkt für Tausende protestantische Glaubensflüchtlinge aus den katholischen Spanischen Niederlanden war, die zeitweilig ein Viertel der Einwohnerschaft der Stadt ˙chten?

˙läche von 500 Quadratmetern wird die Aus-
˙erungsland Deutschland. Migrationen
˙d 400 Objekte zeigen. Dazu zählen Archi-
valien und Dokumente ebenso wie Gemälde, Graphiken oder persönliche Erinnerungsstücke. Audio- und Filmstationen bieten die Gelegenheit, individueller Geschichte in Selbstzeugnissen nachzuspüren. In eigens für die Ausstellung konzipierten und erstellten Hörstationen wird zum Beispiel ein wandernder Zinngießer aus der Mitte des 17. Jahrhunderts ebenso zu Wort kommen wie eine türkische Schneiderin, die sich in den 1960er Jahren in Berlin(-West) niederließ. Speziell entwickelte Karten zeichnen die Menschen-›Ströme‹ nach und vermitteln so ein anschauliches Bild von einem Deutschland, das seit langem ›in Bewegung‹ ist. Ein umfangreiches museumspädagogisches Programm sowie Vorträge und andere Formen der öffentlichen Präsentation und Kommunikation ergänzen das Angebot der Ausstellung.

Einen Schwerpunkt der Ausstellung bildet die Frage nach dem staatlichen bzw. obrigkeitlichen Umgang mit den Migrationsströmen und ihrer Regulierung. Unter welchen politischen, ökonomischen und sozialen Prämissen erfolgten und erfolgen Einschluss und Ausschluss? Welchen Gruppen werden die Einreise, der befristete Aufenthalt zur Arbeit oder aber die vollen Bürgerrechte gewährt? Diese Perspektive wird ergänzt um die Dimension individuellen Erlebens und individueller Erfahrungen der Migranten in den einzelnen Zeiträumen.

Die übergeordnete Betrachtungsweise, das Nachspüren der ›longue durée‹, entspricht den Ansätzen und Fragestellungen des Deutschen Historischen Museums, das die deutsche Geschichte immer und besonders auf übergeordneten Ebenen zu betrachten und darzustellen anstrebt. Im umfangreichen und vielfältigen Kanon der Wechselausstellungen des Deutschen Historischen Museums ist die Ausstellung »Zuwanderungsland Deutschland« die erste, die sich eigenständig mit diesem Thema auseinander setzt. In Wechselausstellungen der letzten Jahre wie auch im Spektrum der Fachtagungen[7] hatten Aspekte des hier entfalteten Themas immer wieder Bedeutung.[8]

Der in diesem Zusammenhang im Ausstellungstitel verwendete Begriff ›Migrationen‹ ist ungewöhnlich. Die Pluralform wurde gewählt, um die bis in die Frühe Neuzeit zurückreichende historische Dimension des Themas zu unterstreichen und bereits im Titel anklingen zu lassen, dass es sich um eine Vielzahl von Migrationsbewegungen höchst unterschiedlicher historisch-politischer Voraussetzungen und Verläufe und Formen der Einbindung (oder auch Nichteinbindung) in die Ankunftsgesellschaft handelt.

Dabei war es unerlässlich, den rechtshistorischen Hintergrund angemessen zu berücksichtigen, gibt dieser doch den Rahmen ab, innerhalb dessen sowohl die politischen Akteure als auch die Migranten selbst handeln. Zugleich möchte die Ausstellung mit dieser Schwerpunktsetzung bei den Besuchern das Bewusstsein dafür schärfen, dass manche Prämissen, die uns heute selbstverständlich und per se gegeben erscheinen, historisch gewachsen und zum Teil relativ jung sind. Das heißt zum Beispiel: Die »doppelte Staatsbürgerschaft«, die bis zur Verabschiedung des diesbezüglichen Gesetzes im Jahr 2000 in unserer Gesellschaft durchaus kontrovers diskutiert wurde, setzt die Idee einer an die Abstammung, an die Nation gebundenen Staatsbürgerschaft voraus. Diese Idee ist jedoch alles andere als eine eherne Konstruktion, sondern in Deutschland seit kaum hundert Jahren Rechtswirklichkeit.[9] Bis weit in das 19. Jahrhundert hinein war ›Staatsbürgerschaft‹ jedoch nach dem Prinzip der Territorialität definiert, das heißt, nach entsprechend langem Aufenthalt in einem Land konnte der Betreffende die Aufnahme als Staatsbürger beantragen – wobei es im Deutschland der souveränen Partikularstaaten des Deutschen Bundes keine ›gesamtdeutsche‹ Staatsangehörigkeit gab, sondern immer nur eine auf den jeweiligen deutschen Staat bezogene.[10] Man konnte also nicht ›Deutscher‹ sein und werden, sondern immer nur Preuße, Bayer, Sachse etc.

Die Idee einer auf Abstammung – und nicht auf territorialer Herkunft – beruhenden ›Staatsbürgerschaft‹, gegen deren angebliche Verwässerung in den Diskussionen um die Reform der Staatsbürgerschaft vielfach polemisiert wurde (»Wer ist Deutscher?«), ist im »Reichs- und Staatsangehörigkeitsgesetz«, das 1913 nach jahrzehntelangen Kontroversen im Deutschen Reich verabschiedet wurde, erstmals Gesetzeswirklichkeit geworden. Dieses Gesetz galt im Kern bis zum Jahr 2000 (!).[11]

DIE AUSSTELLUNG »ZUWANDERUNGSLAND DEUTSCHLAND. MIGRATIONEN 1500–2005« VOR DEM HINTERGRUND AKTUELLER AUSSTELLUNGEN UND MUSEUMSPLANUNGEN

In den letzten Jahren hat sich die öffentliche Aufmerksamkeit in Deutschland in wachsendem Maße auf die Migrationen des 20. Jahrhunderts gerichtet.[12] Zu ›Gastarbeitern‹ in der Bundesrepublik Deutschland hat es etliche Ausstellungen gegeben, die über ihre bisweilen regionale Themenstellung hinaus oft bundesweit, ja international beachtet wurden.[13] Die Aufmerksamkeit auf dieses für das Selbstverständnis der Bundesrepublik wichtige Thema wurde nicht zuletzt durch die Diskussionen um die Einrichtung eines Deutschen Migrationsmuseums[14] befördert. Mit dem »Projekt Migration« (2005) hat die Kulturstiftung des Bundes das Thema endgültig auf die nationale Agenda gehoben und die nicht nur wirtschaftliche, sondern auch kulturelle Leistung der Migrationen herausgestellt.[15]

Dass dieser Ansatz, die Arbeitsmigration der Gegenwart und jüngsten Vergangenheit auf nationaler Ebene[16] darzustellen, sich keineswegs auf Deutschland beschränkt, mag der Hinweis auf Frankreich verdeutlichen. In Paris ist seit 2003 ein nationales Migrationszentrum und -museum in Vorbereitung. Diese »Cité nationale de l'histoire de l'immigration«[17] wird geleitet von Jacques Toubon, dem ehemaligen französischen Minister »de la culture et de la francophonie« (1993–1995).

Das Thema Flucht und Vertreibung nach dem Zweiten Weltkrieg erlebt in jüngster Zeit eine Renaissance. Es gibt heftige öffentliche Diskussionen über Konzeption und Standort der im September 2000 gegründeten »Stiftung Zentrum gegen Vertreibungen«.[18] Die Initiative des »Bundes der Vertriebenen« ist in Tschechien und Polen auf scharfe Kritik gestoßen: Es wird befürchtet, dass verwischt werde, wer für den Zweiten Weltkrieg und den Holocaust verantwortlich war.[19]

In Ausstellungen wird das Thema Flucht und Vertreibung 2005 in Westfälischen Industriemuseum Dortmund[20] sowie im Haus der Geschichte der Bundesrepublik Deutschland[21] in Bonn eingehend dargestellt.

Bezogen auf das 19. Jahrhundert scheint sich das deutsche historische Gedächtnis derzeit in erster Linie auf Deutschland als Auswanderungsland zu konzentrieren.[22] Die großen Zahlen vor allem der Nordamerika-Auswanderungen – in die Vereinigten Staaten gingen insgesamt 5,5 Millionen Deutsche –[23] haben hier prägend gewirkt.[24] Demgegenüber werden die immensen Zuwanderungsströme aus Osteuropa, die – wie schon erwähnt – Deutschland zu Beginn des 20. Jahrhunderts zum zweitwichtigsten Zuwanderungsland weltweit machten, kaum erinnert. Die Gründe für diese selektive Wahrnehmung sind leicht auszumachen: Dem positiven Bild der Amerika-Auswanderung auf der einen Seite, der ›Heilserwartung‹ im ›Gelobten Land‹, steht auf der anderen Seite eine Geschichte voller Abwehrstrategien bezogen auf die wirtschaftlich zwar benötigten, politisch jedoch beargwöhnten und unerwünschten ›Ostausländer‹ gegenüber.

Vor dem Hintergrund dieses aktuellen Standes in der deutschen Museums- und Ausstellungslandschaft sei zusammenfassend festgehalten, dass es Ziel der Ausstellung

Zuwanderungsland Deutschland. Migrationen 1500–2005 ist, die Geschichte Deutschlands als Zuwanderungsland über das 19. und 20. Jahrhundert zurück deutlicher sichtbar zu machen und die Kenntnisse über Migrationsprozesse in einem großen Zeitraum von annähernd fünfhundert Jahren zu erweitern. Zugleich will die Ausstellung das Bewusstsein darüber wecken und vertiefen, dass Migration seit Jahrhunderten eine zentrale Dimension deutscher Geschichte ist. Ohne Migration würde es Deutschland und Europa in seiner historischen und jetzigen Gestalt nicht geben.

AUFBAU UND GLIEDERUNG DER AUSSTELLUNG[25]

Ausgangspunkt der Präsentation *(Ausstellungseinheit 1)* ist das *frühneuzeitliche Europa*, das eine hochgradig mobile Gesellschaft war. Hier stellt die Ausstellung dem Besucher sowohl verschiedene Gruppen von Glaubensflüchtlingen vor, die in deutschen Territorien eine neue Heimat fanden, als auch Beispiele berufsspezifischer Migration, unter anderem die Niederlassung italienischer Wanderhändler vom Comer See in Frankfurt am Main. Dem steht die zunehmende obrigkeitliche Ausgrenzung und Kriminalisierung mobiler Randgruppen gegenüber, die sich dem Ideal der sesshaften, festgefügten Ständegesellschaft der frühmodernen Staaten entzogen.

Auch nach dem Ende des Alten Reiches, nach der *Neuordnung Europas 1815*, blieb Deutschland ein Land mit vielen souveränen Staaten *(Ausstellungseinheit 2)*. In der ersten Hälfte des 19. Jahrhunderts zwangen Pauperismus und Industrialisierung immer mehr Menschen, auf der Suche nach Arbeit Staatsgrenzen zu überschreiten. Die Ausstellung stellt dies exemplarisch an zwei Gruppen vor, die im Ausland – und das meinte zu dieser Zeit immer noch auch die anderen deutschen Staaten – Arbeit suchten: den Eichsfeldern[26] und den Zieglern des kleinen Fürstentums Lippe. Vor dem Hintergrund von zunehmend als problematisch erachteten Migrationen unterstützungsbedürftiger Menschen entwickelten die souveränen Staaten des Deutschen Bundes seit den 1830er Jahren erstmals Gesetze, die die Staatsangehörigkeit systematisch regelten und festlegten, wer ›Untertan‹ und wer ›Fremder‹ war.

Die *dritte A*usstellungseinheit wendet sich der *Migration im Kaiserreich (1871–1914)* zu. In dieser Zeit avancierte Deutschland nach den Vereinigten Staaten von Amerika zum zweitwichtigsten Zuwanderungsland weltweit. Hunderttausende Arbeitsmigranten kamen auf der Suche nach Erwerbsmöglichkeiten ins Deutsche Reich. Neben der Migration aus dem Ausland, beispielsweise aus Italien oder den Niederlanden, gewann insbesondere die Binnenwanderung von Ost nach West an Bedeutung: Landarbeiter und Klein(st)bauern verließen massenhaft die preußischen Ostprovinzen und zogen Richtung Westen, um in Fabriken oder im Bergbau zu arbeiten. Das bekannteste Beispiel sind die ›Ruhrpolen‹.

Die Binnenmigration hinterließ im Osten des Deutschen Reiches eine ›Leutenot‹, die teilweise durch Saisonarbeiter aus dem russischen Zentralpolen und dem österreichisch-ungarischen Galizien kompensiert wurde. An einer dauerhaften Ansiedlung dieser Zuwanderer war dem Kaiserreich jedoch nicht gelegen. Die Ausgrenzung der ›unerwünschten‹ Migranten erfolgte in Form einer äußerst restriktiven antipolnischen und antijüdischen Einbürgerungspolitik.

Im *Ersten Weltkrieg (Ausstellungseinheit 4)* kam es im Deutschen Reich zu massivem Arbeitskräftemangel. Als Ausgleich setzte der Staat über 2,5 Millionen Kriegsgefangene und zivile ausländische Arbeitskräfte ein, die zum Teil zwangsrekrutiert wurden, wie die Ausstellung am Beispiel der mehr als 60 000 Arbeiter deutlich macht, die aus dem besetzten Belgien nach Deutschland deportiert und zur Arbeit gezwungen wurden.

In der *Weimarer Republik (Ausstellungseinheit 5)* ging die Beschäftigung von Ausländern stark zurück. Angesichts der angespannten wirtschaftlichen Lage galt ein ›Inländervorrang‹, nach dem Deutsche auf dem Arbeitsmarkt zu bevorzugen waren. Die größte Zuwanderergruppe in der Zeit nach dem Ersten Weltkrieg stellten die Deutschen dar, die aus den nach 1918 abgetretenen ehemaligen deutschen Gebieten (Elsass-Lothringen und dem neu gegründeten Polen) ins Reich strömten.

Die antisemitische und rassistische Politik der *Nationalsozialisten (Ausstellungseinheit 6)* hatte weit reichende Bevölkerungsverschiebungen zur Folge. Während die jüdische Bevölkerung sowie Sinti und Roma im Deutschen Reich und in den besetzten Gebieten Europas zunehmend entrechtet und schließlich in den Vernichtungslagern ermordet wurden, fand eine massenhafte Umsiedlung so genannter Volksdeutscher in die von den Deutschen annektierten Gebiete statt. Zugleich verschleppten die Nationalsozialisten Millionen von Menschen aus den besetzten Gebieten zur Zwangsarbeit nach Deutschland. Das Ende des Zweiten Weltkrieges führte erneut zu millionenfachen Wanderungsbewegungen: Seit dem Sommer 1944 und bis nach Kriegsende strömten insgesamt 14 der 18 Millionen ›Reichs-‹ und ›Volksdeutschen‹ aus ihren

Siedlungsgebieten in Ost- und Südosteuropa und den (ehemaligen) deutschen Ostprovinzen unter zumeist desaströsen Bedingungen nach Westen.

Das westdeutsche ›Wirtschaftswunder‹ *(Ausstellungseinheit 8: Bundesrepublik Deutschland bis 1988/89)* führte zu einem immensen Arbeitskräftebedarf, der durch die deutsche Bevölkerung allein nicht gedeckt werden konnte. Vor diesem Hintergrund warb die Bundesrepublik seit den 1950er Jahren gezielt ausländische Arbeitskräfte an. Die dauerhafte Einwanderung dieser ›Gastarbeiter‹ war von staatlicher Seite weder geplant noch erwünscht und entsprechend politisch nicht gefördert worden. Trotzdem sind aus vielen der ausländischen Arbeitnehmer und ihrer Nachkommen längst Einwanderer geworden, die heute in der zweiten oder dritten Generation in Deutschland leben.

Auch die *DDR (Ausstellungseinheit 7)* warb seit den 1960er Jahren Arbeitskräfte aus dem Ausland an, wenn auch in kleinerem Maßstab als die Bundesrepublik. Die Arbeiter kamen in erster Linie aus sozialistischen ›Bruderländern‹, wie Polen, Mosambik und Vietnam. Anders als es die offizielle ›Völkerfreundschafts‹-Rhetorik Glauben machen wollte, hielten die Behörden die Migranten von der einheimischen Bevölkerung fern und unterstellten sie strengen staatlichen Vorschriften.

Seit der Öffnung des ›Eisernen Vorhangs‹ 1988/89 *(Ausstellungseinheit 9: Deutschland nach der Wende)* wanderten zahlreiche Übersiedler aus der DDR, Spätaussiedler aus Osteuropa sowie Juden aus der Sowjetunion in die Bundesrepublik ein. Die Zahl der Asylbewerber stieg 1992 auf rund 440 000 an. Asylsuchende wurden in Wahlkampagnen wiederholt als ›Wirtschaftsflüchtlinge‹ oder ›Scheinasylanten‹ diffamiert. Anschläge auf Asylbewerber und Flüchtlinge häuften sich. Schließlich schränkte der Bundestag 1993 das Grundrecht auf Asyl stark ein.

Die Einführung des neuen Staatsangehörigkeitsrechts, nach dem in Deutschland geborene Kinder ausländischer Eltern einen deutschen Pass erhalten, und die Verabschiedung des Zuwanderungsgesetzes im Jahr 2004 markieren einen späten Paradigmenwechsel im Umgang der deutschen Gesellschaft mit Migration. Die Bundesregierung trug damit der Tatsache politisch Rechnung, dass Deutschland nicht nur ein Zu-, sondern auch ein Einwanderungsland ist.

Gleichzeitig sichert die Europäische Union verstärkt ihre Außengrenzen. Das wirft die Frage nach Einschluss und Ausschluss besonders in Bezug auf Flüchtlinge und Asylbewerber neu auf. Während für die Angehörigen der Europäischen Union Freizügigkeit und der Bedeutungsverlust von Grenzen zur selbstverständlichen Lebenserfahrung gehören, sind diese Grenzen für andere kaum überwindbar.

Ausstellungsexponate

In der Ausstellung *Zuwanderungsland Deutschland. Migrationen 1500–2005* werden circa 400 Exponate von insgesamt mehr als 120 öffentlichen und privaten Leihgebern präsentiert. Die Leihgaben stammen überwiegend aus Deutschland, daneben auch aus Österreich, der Schweiz, Frankreich, den Niederlanden, England, Polen, Israel und den USA. Die Exponatrecherche gestaltete sich nicht einfach, gibt es doch für die Migrationsgeschichte – insbesondere für die Zeit vor der Mitte des 20. Jahrhunderts – keine einheitliche, ungebrochene Objektüberlieferung. Eine Ausnahme bilden hier wohl nur die Hugenotten, die als *community* im Zuwanderungsland selbst intensiv und bis heute an der eigenen Geschichte mitgewirkt haben. Insgesamt aber ist die materielle Überlieferung gering und zudem lückenhaft. Die Gründe dafür lassen sich leicht nachvollziehen, bedeutet Migration doch Mobilität und Diskontinuität – und das Unterwegssein mit wenigen Dingen, die man mit sich führte. Diese wurden zumeist so lange es ging benutzt oder gänzlich verbraucht. Persönliche Erinnerungsstücke an die eigene Migration sind vor dem Zeitalter der Photographie rar. Zudem ist das Thema ›Migration‹ kein ›klassisches‹ Thema für Museumssammlungen. Wer eine Ausstellung zur Migration macht, muss eine Vielzahl von Museen, Archiven, Vereinen, Verbänden und dergleichen kontaktieren. Etliches kommt aus dem Sammlungen des Deutschen Historischen Museums: zahlreiche Edikte und Verordnungen aus dem 16.–18. Jahrhundert, Plakate, viele Photographien, einige Gegenstände des Alltagslebens u. a. Vieles stammt aus regionalen Museen und Institutionen, in denen die Erinnerung an die je spezifische Migrationsgeschichte aufbewahrt wurde. So findet sich Material zu den niederländischen Glaubensflüchtlingen in Köln und Wesel in den dortigen Stadt- und Kirchenarchiven. Die Flucht der böhmischen Protestanten nach Kursachsen ist in sächsischen Einrichtungen dokumentiert, so in der Stiftung Böhmischer Exulanten, Dresden, und in der Ratsschulbibliothek Zwickau u. a. Exponate zu den ›Ruhrpolen‹ haben unter anderem das Emschertal-Museum, Herne und der in Bochum ansässige »Bund der Polen in Deutschland e. V.« aufbewahrt. In einigen Fällen konnte bislang Getrenntes zumindest für die Dauer der Ausstellung wieder zusammengeführt werden. So ist die um 1657 handschriftlich verfasste Autobiographie des elsässischen Zinngießers Augustin Güntzer – eines der ganz wenigen autobiographischen Zeugnisse der Frühen Neuzeit – als Leihgabe der Universitätsbibliothek Basel zu sehen. Von den Musées de Strasbourg konnte ein gravierter Zinnteller ausgeliehen werden, den ebendieser Augustin Güntzer angefertigt hat.

Für die bundesdeutsche Gegenwart wurde der Kontakt und Austausch mit den zahlreichen Einrichtungen gesucht, die Migranten, Aussiedler und Asylbewerber in Deutschland betreuen.

Der Ansatz der Ausstellung, die politische Geschichte, die Frage nach dem staatlichen Umgang mit dem Fremden, seine ›Verwaltung‹, bedeutete zudem, in erheblichem Maße auf Archivalien und Dokumente zurückzugreifen: auf Einwandererlisten, Edikte, Verordnungen, Gesetze, Urkunden zur Verleihung einer Staatsangehörigkeit etc. Solche Exponate sind zunächst einmal nicht ›sinnlich-anschaulich‹, sondern erfordern genaue Lektüre und Aufmerksamkeit. Dessen ungeachtet argumentiert die Ausstellung wesentlich mit dieser Art von Quellen und Überlieferung. Als Ausstellungsmacher sind wir dabei davon ausgegangen, dass der mögliche Erkenntnisgewinn die kleine Mühe des Sich-Annäherns an eine auf den ersten Blick bisweilen spröde Exponatwelt um ein Vielfaches übertrifft. Walter Benjamins Diktum, dass der Besucher eine Ausstellung nicht ›gelehrter‹, sondern ›gewitzter‹ verlassen möge, mag auch über den Weg bisweilen nicht leichtgängiger Quellenlektüre erreichbar sein.

Ergänzt und bereichert werden die Dokumente und Objekte durch die individuelle Erinnerung, die Lebenserfahrungen von Migranten. Diese Dimension zieht sich durch die gesamte Schau, angefangen mit dem bereits erwähnten Wandergesellen Augustin Güntzer aus dem 17. Jahrhundert über Berichte von Arbeitsmigranten aus dem 19. Jahrhundert (ein lippischer Ziegler, ein ›Sachsengänger‹ und ein ›Schwabenkind‹), Kriegsgefangene, Zwangsarbeiter und Vertriebene aus der Zeit des Nationalsozialismus und des Zweiten Weltkrieges bis hin zu ehemaligen ausländischen Studenten und einer Vertragsarbeiterin aus der DDR wie auch einer türkischen ›Gastarbeiterin‹ in der Bundesrepublik. Für das 20. Jahrhundert kommt zudem der Film als Medium der individuellen Stellungnahme und Sicht auf die Geschichte hinzu (z. B. jugendliche Spätaussiedler aus der GUS).

ZUM AUSSTELLUNGSBEGLEITBAND

Der vorliegende Ausstellungskatalog dokumentiert die Ausstellung und ist zugleich ein Lesebuch, das auch nach dem Ende der Ausstellung dem interessierten Leser mannigfache Information bieten will.

Im ersten Teil des Bandes geben wissenschaftliche Fachaufsätze zentrale Forschungsansätze und -fragen wieder. Die Aufsätze wurden dabei so angelegt, dass sie in diachroner Betrachtungsweise den Darstellungszeitraum der Ausstellung von der Frühen Neuzeit bis in die Gegenwart reflektieren und grundlegende Sachverhalte und Probleme in längsschnittartiger Betrachtung darstellen.

Der einleitende Beitrag von *Klaus J. Bade* und *Jochen Oltmer* ist der umfangreichste dieser Aufsätze. Er bildet gleichsam ein ›Rückgrat‹ für Katalog und Ausstellung. Unter dem Titel »Migration und Integration in Deutschland seit der Frühen Neuzeit« vermitteln die Autoren zunächst einen Überblick über die Historische Migrationsforschung in Deutschland, ihren Forschungsstand und ihre Forschungsperspektiven. Im zweiten Teil, dem Hauptteil, wird – einsetzend in der Mitte des 17. Jahrhunderts und bis in die Gegenwart reichend – ein Überblick über Migration in und aus Deutschland gegeben. So verknüpft dieser Beitrag den Schwerpunkt der Ausstellung, das heißt, die Zuwanderung *nach* Deutschland, mit der – in ihr nicht dargestellten – Geschichte der Auswanderung *aus* Deutschland. Abschließend gehen die Autoren auf Migration und Integration in der aktuellen politischen Diskussion ein und fragen nach Perspektiven für die zukünftige Entwicklung der Bundesrepublik.

Die Darstellung von *Karl Härter* setzt sich unter den Leitbegriffen der Reglementierung, der Diskriminierung und der Verrechtlichung mit »Recht und Migration in der frühneuzeitlichen Ständegesellschaft« auseinander. Ausgehend von dem Ideal einer sesshaft orientierten Stände- und Untertanengesellschaft, das sich in Europa seit dem Spätmittelalter herausbildete, stellt Härter dar, dass dieses Ideal nicht zu einer Verringerung von Mobilität und Migration führte. Im Gegenteil nahmen die Wanderungsbewegungen zu. Ihre Gründe und Formen differenzierten sich aus. Dies ging einher mit der Etablierung und Intensivierung einer obrigkeitlichen Migrationspolitik und -gesetzgebung. Migration wurde dabei zunehmend als negativ, als abweichendes oder gar kriminelles Verhalten bewertet.

Stefi Jersch-Wenzel fragt in ihrem Beitrag über »Zuwanderer vom Westfälischen Frieden bis zum Ersten Weltkrieg« nach »Selbstverständnis und Akzeptanz« der

Migranten. Für die Glaubensflüchtlinge bzw. -vertriebenen des 16.–18. Jahrhunderts zeigt sie auf, dass eine verwandte, protestantische Religion – sei es die lutherische, reformierte oder hussitische – es der Mehrheitsbevölkerung leichter machte, die ›Fremden‹ zu akzeptieren. Anders sah dies bei zugewanderten Juden aus: Ihnen gegenüber schwanden Abwehr und Xenophobie kaum. Dies gilt ebenso für die polnische Zuwanderung des 19. und frühen 20. Jahrhunderts. Die administrativen Maßnahmen gegenüber den als ›Reichsfeinden‹ beargwöhnten Polen sowie deren gesellschaftliche Ausgrenzung verstärkten Gruppenzusammenhalt und segregierte politisch-kulturelle Werte.

Der Beitrag von *Dieter Gosewinkel* untersucht Entstehung und Entwicklung der Staatsangehörigkeit in Deutschland im 19. und 20. Jahrhundert. Aufgezeigt werden die nationalen, politischen und sozialen Leitbilder, die darüber bestimmten, wer wann Deutscher wurde – und wer nicht. Gosewinkel weist nach, dass die Staatsangehörigkeit in Deutschland seit dem Zerfall des Heiligen Römischen Reiches und der Gründung moderner Partikularstaaten durch einen ethnisch-kulturellen Grundzug geprägt war. Dieser Grundzug bestimmte die Zugehörigkeit zum Staat aufgrund der Zugehörigkeit zu einer ethnisch, später zunehmend völkisch-rassisch definierten Nation.

Die beiden folgenden Beiträge von *Karen Schönwälder* und *Patrice G. Poutrus* setzen einen Schwerpunkt im zeithistorischen Bereich. Mit ihnen wird die deutschdeutsche Entwicklung, die bereits bei Bade/Oltmer in ihren Hauptzügen dargestellt wurde, detaillierter nachgezeichnet. Damit wird für den Zeitraum 1949–1989 ein systemübergreifender historischer Vergleich möglich.

Karen Schönwälder geht unter der Themenstellung »Politische Entscheidungen und öffentliche Debatten über Migration und Ausländerpolitik in der Bundesrepublik Deutschland« der Frage nach, wie es dazu kommen konnte, dass die Bundesrepublik scheinbar gegen ihren Willen zum Einwanderungsland wurde. Schönwälder beleuchtet die Gründe dafür, dass sich weite Teile der Gesellschaft lange dagegen wehrten, die veränderte Realität anzuerkennen. Vor dem Hintergrund der Frage, wie gestaltbar Migrationsprozesse überhaupt sind, fragt sie nach den Konsequenzen, die die Einwanderungsprozesse für die bundesdeutsche Politik und Gesellschaft hatten und haben, und verweist darauf, dass in der aktuellen und zukünftigen öffentlichen Debatte die MigrantInnen selbst als ein immer stärkerer politischer Faktor hervortreten werden.

Patrice G. Poutrus setzt sich unter der leitenden Fragestellung, ob die DDR »ein anderer deutscher Weg« war, kritisch mit dem »Umgang mit Ausländern im SED-Staat« auseinander. Er zeigt auf, dass das SED-Regime nicht gewillt war, sich im Grundsatz wie im Einzelfall mit den Schwierigkeiten im Zusammenleben von Deutschen und Ausländern auseinander zu setzen. Poutrus weist nach, dass es unter Berufung auf den »proletarischen Internationalismus« zugleich durchaus möglich war, im Alltag fremdenfeindliche Vorurteile bzw. nationalistische Stereotypen bedenkenlos zu benutzen.

Steffen Angenendt befasst sich am Beispiel ausgewählter Staaten der Europäischen Union vergleichend mit aktuellen migrations- und integrationspolitische Entwicklungen und Herausforderungen. Er zeigt auf, welche Entwicklungstendenzen das Wanderungsgeschehen in der EU derzeit prägen, welche politischen Herausforderungen damit verbunden sind und wie die einzelnen Staaten darauf reagieren. Bei allen derzeit bestehenden nationalen Unterschieden werden – so das Fazit – die Kräfte, die auf eine Konvergenz der Steuerunginstrumente migrationsbezogener Probleme drängen, immer stärker.

Die skizzierten fachwissenschaftlichen Beiträge greifen umfassende historische Fragestellungen auf, um das Thema der Ausstellung, *Zuwanderungsland Deutschland. Migrationen 1500–2005*, zu erhellen und zu differenzieren. Die Auswahl der Beiträge ist interdisziplinär angelegt und führt Wissenschaftsfelder von der Historischen Migrationsforschung über die Rechtsgeschichte bis hin zur Sozial- und Kulturgeschichte zusammen. Ihre Darstellungen und Analysen sind Fundament und Vertiefung des in der Ausstellung Gezeigten.

Im Zentrum des zweiten Teils dieses Ausstellungsbegleitbandes stehen knapp sechzig ausgewählte *Exponate*. Sie werden erläutert und ausführlich in ihren jeweiligen *historischen Kontext* eingeordnet. Ihre Reihenfolge spiegelt zugleich Aufbau und Struktur der Ausstellung wider. Punktuell eingestellt sind ausgewählte Zeitdokumente, die ein vertieftes Verständnis des jeweils Dargestellten fördern wollen. Bei ihrer Auswahl standen zwei Blickrichtungen im Vordergrund: zum einen politisch-juristische Zeugnisse, die Auskunft geben über den obrigkeitlichen/staatlichen Umgang mit migrierenden Gruppen, so zum Beispiel eine landesherrliche Auflistung der »Personen, auf welche zur Erhaltung der allgemeinen Sicherheit ein vorzügliches Augenmerk zu richten ist« (Darmstadt 1781) oder ein »Kurmainzer Erlass gegen das ›Uibel von ausgearteten, korrupten, müßig umherschweifenden und gefährlichen Menschen«« (1801). Zum anderen wurden Quellen ausgewählt, die den oft aufgrund von Überlieferungsmängeln ›gesichtslosen‹ Migranten zumindest ansatzweise ein Gesicht verleihen. So vermitteln uns die in einem Tagebuch festgehaltenen Wegstrecken des Wandergesellen Augustin Güntzer aus dem Elsass (1615) zumindest einen Eindruck der Beschwernisse solch einer Wanderschaft. Ein »Verzeichnis der Schwabengänger aus dem Schulbezirk »Kath. Oberland« (Schweiz) für das Schuljahr 1874/75« ist eines der wenigen Zeugnisse für die saisonalen Wanderungen dieser Kinder, die den Sommer über als Hütekinder in Schwaben und anderen Regionen Süddeutschland verbrachten und deren Alter, wie uns das Verzeichnis mitteilt, bisweilen nicht mehr als neun oder zehn Jahre betrug.

Der sich anschließende Teil des Begleitbandes, *Selbstzeugnisse*, intendiert, Menschen über den großen Zeitraum 1500 bis 2005 zum Sprechen zu bringen. Ausgehend davon, dass Migrationsgeschichte immer auch ›Menschengeschichte‹ ist, dass es um menschliche Schicksale geht, werden hier knapp dreißig autobiographische Dokumente aus unterschiedlichen Kontexten und Zeiten in Auszügen wiedergegeben. Eine Kompilation wie die hier vorliegende ist in Dichte und Bezugsrahmen durchaus neu. Die Selbstzeugnisse bilden zugleich die Grundlage für die Hörstationen in der Ausstellung, gehen aber in Zahl und Umfang darüber hinaus.

Das Gesamtverzeichnis der rund 400 Exponate sowie ein ausführlicher Literaturnachweis schließen den Band ab.

Ein Aspekt, der sowohl für die Fachaufsätze als auch für die Objekterläuterungen zentral ist, sei abschließend hervorgehoben: Zeitgenössische Begrifflichkeiten wie ›Zigeuner‹, ›Ostjuden‹ u. a. wurden in den Texten aus Gründen der historischen Dichte wiederverwendet, haben solche Begriffe doch auch ›Quellencharakter‹. Um die normative Zuschreibung und die inhärente negative Bewertung der solcherart Bezeichneten kritisch zu brechen, wurden die Begriffe durchgängig durch einfache Anführungszeichen hervorgehoben.

Mein besonderer Dank gilt der Fondation Maison des Sciences de l'Homme, Paris, und ihrem Direktor Maurice Aymard, für die mehrfache großzügige Gewährung eines Forschungsaufenthaltes, währenddessen ich mich dem Thema Migration eingehend widmen konnte. Mein Dank gilt gleichermaßen Jacques Toubon, Präsident der »Cité nationale de l'histoire de l'immigration«, Paris, für Vortragseinladung und mannigfache Gelegenheit zum Austausch über dieses neue Migrationsprojekt.

1 Heinz Kühn war von 1978–1980 Ausländerbeauftragter der Bundesregierung. Vgl. dazu auch den Beitrag von Karen Schönwälder in diesem Band.
2 Vgl. ebd. sowie generell den Beitrag von Klaus J. Bade und Jochen Oltmer in diesem Band.
3 Vgl. ebd.
4 Abgedruckt in: Bundesgesetzblatt Jg. 2004 Teil I Nr. 41, ausgegeben zu Bonn am 5. August 2004.
5 Vgl. dazu den Beitrag von Karen Schönwälder sowie – im Kontext der Ausstellungsobjekte – detaillierter S. 258ff. in diesem Band. – Aus Anlass dieses Jubiläums fanden im Sommer 2005 in Zentren der Migration nach Deutschland in Süditalien in Zusammenarbeit mit der Deutschen Botschaft vier Veranstaltungen statt, in denen ehemalige Migranten unter dem Motto »Ich erinnere mich an den Tag, als ich wegfuhr« über ihre Erlebnisse in Deutschland erzählten, vgl. <www.rom.diplo.de/de/patronati_seite.html>.
6 Enzyklopädie Migration.
7 *Zuwanderungen – Auswanderungen: Integration und Desintegration nach 1945* (in Zusammenarbeit mit der Bundeszentrale für politische Bildung; vgl. Hinz 2001).
8 *1945. Der Krieg und seine Folgen*, 2005 (vgl. Ausst. Kat. Berlin 2005); *Einigkeit und Recht und Freiheit*, 1999 (zusammen mit dem Haus der Geschichte der Bundesrepublik Deutschland, Bonn); *aufbau west – aufbau ost. Die Planstädte Wolfsburg und Eisenhüttenstadt in der Nachkriegszeit*, 1997 (vgl. Ausst. Kat. Berlin 1997b).
9 Vgl. dazu den Beitrag von Dieter Gosewinkel in diesem Band.
10 Vgl. ebd.
11 Vgl. ebd.
12 Hingewiesen sei an dieser Stelle auf den materialreichen und anschaulichen Sammelband von Motte/Ohliger/Oswald 1999. Die Herausgeber richten ihren Blick sowohl auf die Arbeitsmigration als auch auf Flüchtlinge, Vertriebene und Spätaussiedler.
13 Auf sie – die ohne Zweifel eine eigene Forschungsarbeit wert wären – kann im Rahmen dieser Einführung nur knapp verwiesen werden. Wichtige Ausstellungen der letzten Jahre waren (ohne Anspruch auf enzyklopädische Vollständigkeit): *Geteilte Welten – Einwanderer in Hamburg* (Museum der Arbeit, Hamburg, 2003/04); *Migrations-Geschichte(n) in Berlin* (Museum Europäischer Kulturen, Berlin, 2003/04); *Von Fremden zu Frankfurtern. Zuwanderung und Zusammenleben* (neue Dauerausstellung des Historischen Museums Frankfurt am Main, Eröffnung 2004); *hier geblieben – Zuwanderung und Integration in Niedersachsen 1945 bis heute* (Wanderausstellung der Niedersächsischen Landeszentrale für politische Bildung in Kooperation mit dem Historischen Museum Hannover, 2002ff.) und – als die wohl erste Überblickausstellung in Deutschland – *Fremde in Deutschland – Deutsche in der Fremde. Schlaglichter von der frühen Neuzeit bis in die Gegenwart* (Museumsdorf Cloppenburg u. a. 1999ff.). – Zwei wichtige Beispiele für gemeinsame europäische Projekte: *Everybody is a Stranger somewhere* (Bonn 2003, Amsterdam 2004, Zürich und Luxembourg 2005) – diese europaweite Wanderausstellung, an der auch das Deutsche Historische Museum beteiligt war, wurde initiiert von der Association Internationale des Musées d'Histoire (AIMH)/Euroclio; sowie: *Born in Europe – New Identities*, Berlin 2004 u. a. – initiiert vom Museum Neukölln, Berlin, und seit 2001 als Gemeinschaftsprojekt von sechs europäischen Museen durch den EU-Fonds »Kultur 2000« gefördert. – Vgl. zu Migrationsausstellungen in Deutschland auch die Rezension von Axel Kreienbrink, Migration museal <http://hsozkult.geschichte.hu-berlin.de/rezensionen/type=rezausstellungen&id=21 (18.2.2005)>.
14 Dazu fanden 2002 und 2004 zwei internationale Tagungen statt: Veranstalter: DOMiT, das Dokumentationszentrum und Museum über die Migration in Deutschland e. V., zusammen mit der Bundeszentrale für politische Bildung und in Zusammenarbeit mit dem Netzwerk Migration in Europa <http://www.migrationsmuseum.de/index-Vision-Konzept.php>. Vgl. auch Rainer Ohliger, *Tagungsbericht: Das historische Erbe der Einwanderer sichern. Die Bundesrepublik Deutschland braucht ein Migrationsmuseum. Ost-West-Kolleg der Bundeszentrale für politische Bildung, Brühl 4.–6.10.2002* <http://hsozkult.geschichte.hu-berlin.de/tagungsberichte/id=92>.
15 Am 30.9.2005 wurde im Kölnischen Kunstverein eine Ausstellung zur Geschichte der Einwanderung nach Deutschland eröffnet. Diese Ausstellung ist Teil eines von der Kulturstiftung des Bundes geförderten »Projekt Migration«, das sich zum Ziel gesetzt hat, die durch Migrationsbewegungen ausgelösten gesellschaftlichen Veränderungen

darzustellen. Ausgehend von der Erkenntnis, dass es Deutschland und Europa ohne Migration ohne Migration in seiner historischen und derzeitigen Form nicht gebe, stehen dabei die grenzüberschreitenden Erfahrungen der Migranten im Zentrum. Ein wesentlicher Kooperationspartner war auch hier das Dokumentationszentrum und Museum über die Migration in Deutschland e. V. (DOMiT), Köln.

16 Zum neuen Verständnis von nationaler Geschichte und ihrer Darstellung in historischen Museen vgl. jetzt auch Beier-de Haan 2005.

17 Vgl. dazu: Toubon 2004.

18 Vorsitzende der Stiftung sind Peter Glotz (†) und Erika Steinbach, Präsidentin des Bundes der Vertriebenen e. V. (vgl. <http://www.z-g-v.de/index1.html>). Für Sommer 2006 bereitet die »Stiftung Zentrum gegen Vertreibungen« eine Ausstellung in Berlin vor, Arbeitstitel: »Das Jahrhundert der Vertriebenen«.

19 Krzeminski 2003.

20 *Aufbau West. Neubeginn zwischen Vertreibung und Wirtschaftswunder*. Schwerpunkt der Ausstellung ist Nordrhein-Westfalen, wo Ende der 1950er Jahre fast jeder fünfte Einwohner Flüchtling oder Vertriebener war.

21 Arbeitstitel: »Flucht, Vertreibung und Integration« <http://www.hdg.de>.

22 Im August 2005 wurde in Bremerhaven das Deutsche Auswandererhaus als »das größte Erlebnismuseum seiner Art« eröffnet <http://www.dah-bremerhaven.de/german/hauptseite.html>.

23 Vgl. den Beitrag von Klaus J. Bade und Jochen Oltmer in diesem Band.

24 Vgl. demgegenüber die durchaus kritische Darstellung der Ankunft- und Aufnahmebedingungen der Zuwanderer auf der als Quarantänestation genutzten, New York vorgelagerten Insel Ellis Island (vgl. Yans-McLaughlin/Lightman 1997; Shapiro 1992). In diesem Zusammenhang sei der Hinweis auf das in einer Mietskaserne in der im 19. und frühen 20. Jahrhundert stark von Immigration geprägten Lower East Side Manhattans gelegene Museum Lower East Tenement Museum gemacht. Es widmet sich insbesondere der urbanen Einwanderungserfahrung der unteren Schichten <http://www.tenement.org/about.html> (14.7.2005).

25 Der folgende Teil basiert auf einem Text von Lorraine Bluche.

26 Das Eichsfeld ist eine Landschaft im südöstlichen (heutigen) Niedersachsen und nordwestlichen Thüringen zwischen Harz und Werra.

AUFSÄTZE

Migration und Integration in Deutschland seit der Frühen Neuzeit

Klaus J. Bade und Jochen Oltmer

Migration ist ein Konstituens der Conditio humana wie Geburt, Vermehrung, Krankheit und Tod. Die Geschichte der Wanderungen ist so alt wie die Menschheitsgeschichte; denn der Homo sapiens hat sich als Homo migrans über die Welt ausgebreitet. Migrationen als Sozialprozesse sind Antworten auf mehr oder minder komplexe ökonomische und ökologische, soziale und kulturelle, aber auch religiös-weltanschauliche, ethnische und politische Existenz- und Rahmenbedingungen. Weil Migration in der Geschichte, aber auch in der Gegenwart, nachgerade alle Lebensbereiche durchdringt, braucht Migrationsforschung grundsätzlich inter- und transdisziplinäre Forschungsansätze. Sie reichen je nach Fragestellung unterschiedlich weit in fast alle Humanwissenschaften hinein und zum Teil auch darüber hinaus. Das gilt für die gegenwartsbezogene empirische Migrationsforschung ebenso wie für die Historische Migrationsforschung.

Migrationshistoriker sind mit einem außerordentlich komplexen Spektrum historischer Wirklichkeit konfrontiert: Zum einen bewegten sich nicht nur Menschen über Grenzen, sondern auch Grenzen über Menschen. Zum anderen ist jede bloße ›Ordnung‹ historischer Migrationsprozesse schon in hohem Grade stilisierende Abstraktion, weil viele Formen und Muster im Wanderungsgeschehen, aber auch im Wanderungsverhalten fließende Grenzen hatten oder in Wechselbeziehungen zu anderen standen.[1]

Das Beobachtungsfeld der Historischen Migrationsforschung hat deshalb eine große Spannweite: Bei der Frage nach Bestimmungskräften bzw. wanderungsbestimmenden Motivationen kann man, neben anderen Formen und Motivationen, zum Beispiel wirtschaftlich und beruflich-sozial motivierte Migrationen eingrenzen und innerhalb dieses Feldes wiederum Erwerbsmigrationen als Existenznotwendigkeit (*subsistence migration*) oder als Verbesserungschance (*betterment migration*) von Migrationen zu Qualifikations- bzw. Ausbildungszwecken oder innerhalb von Firmenfilialen (*career migration*) unterscheiden. Durch Verlust oder Zerstörung der wirtschaftlichen Existenzgrundlagen – mithin letztlich ebenfalls wirtschaftlich – bedingt sind aber zum Beispiel auch jene Überlebenswanderungen, für die das späte 20. Jahrhundert den Sammelbegriff ›Umweltflucht‹ geprägt hat. Von so motivierten Migrationen kann man wiederum religiös-weltanschaulich, politisch, ethno-nationalistisch oder rassistisch bedingte Flucht- und Zwangswanderungen abgrenzen. Dazu zählen auch die Vertreibungen und Zwangsumsiedlungen des 20. Jahrhunderts, bei denen die Bewegung von Menschen über Grenzen häufig die Folge der Bewegung von Grenzen über Menschen war. Mehr noch: Auch die in der öffentlichen Diskussion, in politischen Zuschreibungen und in der Forschung verbreitete Unterscheidung zwischen ›freiwilligen‹ und ›unfreiwilligen‹ Migrationen ist – von Zwangswanderungen (Flucht, Vertreibung, Zwangsumsiedlung) abgesehen – mitunter wenig hilfreich und eher irreführend; denn auch ›freiwillige‹ Migrationen wurden meist von vielerlei materiellen und immateriellen, durchaus nicht immer und insgesamt überblicken oder gar in rationaler ›Güterabwägung‹ kalkulierten Bestimmungsfaktoren angetrieben. Zwischen ›freiwilligen‹ und ›unfreiwilligen‹ Migrationen liegt die eigentliche historische Wirklichkeit des Wanderungsgeschehens mit vielerlei Übergangsformen zwischen den verschiedensten und auf die verschiedenste Weise motivierten Wanderungsbewegungen.

Überblickt man, von der unübersehbaren Vielfalt der alltäglichen und allgegenwärtigen kleinräumigen Wanderungen einmal abgesehen, die unterschiedlichen Gewichtungen im Wanderungsgeschehen nach und aus Deutschland von der Frühen Neuzeit bis zum Beginn des 21. Jahrhunderts, dann erkennt man markante säkulare Schwerpunkte: Dazu zählen vor allem die frühneuzeitlichen Zuwanderungen von Glaubensflüchtlingen bzw. von Vertriebenen aus Glaubensgründen, die traditionsreichen Siedlungswanderungen nach Ost-, Ostmittel- und Südosteuropa bis in das frühe 19. Jahrhundert und die transatlantische Massenauswanderung bis zum späten 19. Jahrhundert. Dann folgte die langfristig zunehmende Umkehr der Wanderungsrichtungen bis hin zu den verschiedensten Zuwanderungen nach Deutschland im späten 20. und frühen 21. Jahrhundert. Der deutschsprachige Raum war aber in seiner Geschichte selten Aus-

oder Einwanderungsland allein, sondern zumeist beides zugleich, allerdings mit gewaltigen Unterschieden in der epochalen Bedeutung der beiden großen Zuwanderungsrichtungen und der damit verbundenen Probleme und Perspektiven der Integration.[2]

ZUWANDERUNG UND INTEGRATION IM ZEICHEN VON PEUPLIERUNGSPOLITIK IM 17. UND 18. JAHRHUNDERT

Direkte Kriegseinwirkungen und vor allem Begleiterscheinungen und Folgen des Dreißigjährigen Krieges (1618–1648) führten in Deutschland zu einem enormen Bevölkerungsrückgang um rund ein Drittel der Vorkriegsbevölkerung, die bei 15 bis 17 Millionen gelegen hatte. Um 1650 erreichte die Bevölkerungszahl mit 10 bis 12 Millionen erst wieder den Stand von 1520, allerdings bei erheblichen regionalen Unterschieden. Der Verwüstungskorridor mit den am schwersten betroffenen Gebieten zog sich von Nordosten nach Südwesten: von Pommern und Mecklenburg über Brandenburg, Thüringen, Hessen, Franken, die Pfalz, Württemberg und Schwaben bis in das Elsass.[3] Vornehmlich diese stark betroffenen Gebiete wurden für rund zwei Generationen zu zentralen mitteleuropäischen Zuwanderungsregionen. Sie waren für Siedlungswanderer aus kriegsverschonten und übervölkerten Regionen bei ganz unterschiedlichen Integrationsbedingungen attraktive wirtschaftliche Zielräume. Der Durchbruch des Absolutismus im Gefolge des Dreißigjährigen Krieges, in dessen Zentrum das Streben nach einer Höchstzahl von – erwerbstätigen und steuerzahlenden – Untertanen stand, führte zugleich zur Entwicklung einer merkantilistisch operierenden landesherrlichen Migrationspolitik. Peuplierung war deshalb ein zentrales politisches Konzept der landesherrlichen Regierungen in den von den Kriegszerstörungen besonders stark betroffenen Gebieten. Sie beinhaltete den Einsatz von Werbern in den Abwanderungsgebieten und die Gewährung von Privilegien und Vergünstigungen für Zuwanderer wie Freijahre, kostenloses Siedlungsland, günstiger personen- und besitzrechtlicher Status, freies Bau- und Brennholz.

Die Konfession bildete ein zentrales Kriterium der Ansiedlung und Integration. Das galt für die Flucht aus Glaubensgründen wie für vorrangig wirtschaftlich motivierte Zuwanderungen.[4] Räumliche Mobilität und soziale Mobilität wirkten zusammen, denn die Siedlungswanderungen der Nachkriegszeit waren ein wesentlicher Katalysator sozialen Aufstiegs im Integrationsprozess für einen Großteil der Zuwanderer aus den übervölkerten Herkunftsgebieten.[5]

Daniel van Heil (zugeschrieben), Spanische Söldner setzen am 4. November 1576 das Antwerpener Rathaus in Brand, um 1650

Daniel Nikolaus Chodowiecki, »Le grand Electeur reçoit les refugiés dans ses Etats«, 1786

Ein Überblick über die im Zuge des Dreißigjährigen Krieges schwer verwüsteten Gebiete Deutschlands ohne Berücksichtigung der Vielzahl und Vielgestaltigkeit der quantitativ dominierenden kleinräumigen Wanderungen (siehe unten) lässt die Muster regionaler und interregionaler kriegsfolgenbedingter Migration erkennen: Das Elsass und Baden wurden Ziele starker Siedlungswanderungen aus der Schweiz, zum geringeren Teil auch aus Flandern und Wallonien. Schweizerische Zuwanderer dominierten auch in Württemberg, zusammen mit Einwanderern aus Vorarlberg, Bayern und Tirol. Glaubensflüchtlinge aus den österreichischen Territorien prägten die Zuwanderung nach Franken und Schwaben. Das galt auch für Sachsen und die Oberlausitz, die zum Ziel mehrerer Zehntausend der insgesamt rund 150 000 böhmischen protestantischen Glaubensflüchtlinge wurden, die vor der Rekatholisierung in den habsburgischen Territorien auswichen. Böhmische Neusiedler, zu einem erheblichen Teil Tuch- und Leineweber, ließen sich auch in der Mark Brandenburg nieder. Wichtiger aber wurde hier die Zuwanderung reformierter niederländischer, schweizerischer und seit den 1680er Jahren hugenottischer ländlicher Neusiedlergruppen, denen das besondere Interesse des konfessionsverwandten brandenburgischen Herrscherhauses galt.[6]

Über Brandenburg hinaus bildeten die Hugenotten eine der stärksten sowie wirtschaftlich, kulturell und politisch bedeutendsten Zuwanderergruppen im frühneuzeitlichen Deutschland. Von den 150 000 bis 160 000 Hugenotten, die 1685 nach dem Widerruf des 1598 verkündeten Edikts von Nantes Frankreich verließen, wanderten etwa 44 000 in deutsche Territorien vorwiegend nördlich des Mains ein, unter denen Brandenburg-Preußen mit rund 20 000 zum wichtigsten Zuwanderungsland wurde, mit weitem Abstand vor Hessen-Kassel, den welfischen Herzogtümern und den Hansestädten. Nur rund ein Viertel der hugenottischen Zuwanderer blieb im deutschen Süden und hier vor allem in der Pfalz, in Württemberg, Ansbach und Bayreuth. Nur in Deutschland kam es zur Gründung geschlossener Hugenottensiedlungen, die auf die Initiative landesherrlicher Regierungen zurückgingen: Kassel-Neustadt und Karlshafen (Hessen-Kassel), Friedrichsdorf (Hessen-Homburg), Christian-Erlang (Bayreuth).[7] Zentrales Dokument für die Verknüpfung des konfessionspolitischen Strebens nach der Aufnahme und Integration konfessionsverwandter Glaubensflüchtlinge mit dem Interesse an Peuplierung als Element merkantilistischer Wirtschaftspolitik war – neben einer Vielzahl ähnlich ausgerichteter Privilegien – das Potsdamer Edikt des brandenburgischen Kurfürsten Friedrich Wilhelm vom Oktober 1685.

Wichtigste ländliche Aufnahmeräume für Hugenotten in Brandenburg-Preußen wurden aufgrund des Krieges stark entvölkerte Regionen: das Ruppiner Land sowie die Umgebung von Potsdam und vor allem die Uckermark.[8] Primäres städtisches Wanderungsziel war Berlin, wo um 1700 jeder fünfte Bewohner hugenottischer Herkunft war und ein wesentlicher Teil unter ihnen aufgrund ihrer ökonomischen und kulturellen Leistungen als ein »importiertes Ersatzbürgertum« gelten kann, das für den Aufschwung Berlins zu einer europäischen Metropole von weitreichender Bedeutung war.[9] Dennoch darf der hugenottische Anteil am wirtschaftlichen Aufschwung Preußens insgesamt seit dem späten 17. Jahrhundert nicht überschätzt werden: Hugenotten mochten zwar neue Produkte und Produktionsformen einführen, sie gehörten damit aber häufig in den Bereich der Luxusgüterproduktion und waren auf die Nachfrage expandierender höfischer Zentren angewiesen.[10]

Nur der kleinere Teil dieser Zuwanderer zählte zu der Gruppe der erfolgreichen Unternehmer und Händler, auch unter den Hugenotten dominierten Angehörige der Mittel- und Unterschicht. Aber auch sie waren wegen ihrer besonderen Fähigkeiten und Fertigkeiten, zum Beispiel im Manufakturwesen und in der Landwirtschaft, zum Teil so begehrt, dass in einigen Bereichen geradezu von einer Art konfessionsbedingtem Technologietransfer gesprochen werden kann. Die Eingliederung der Fremden wurde, trotz vieler Reibungen mit den Einheimischen im Alltag aufgrund von Privilegierungen und Konkurrenzsituationen, entschieden erleichtert durch das obrigkeitliche Interesse an Peuplierung, Innovation und Mehrung des ›industriösen Ansehens‹ mit Hilfe von Zuwanderung.[11]

Brandenburg-Preußen blieb auch im 18. Jahrhundert eines der wichtigsten deutschen Einwanderungsländer. Zentrale Aufnahmegebiete waren die Mark Brandenburg, Ostpreußen und Schlesien (seit 1740). Zwischen 1640 und 1786 nahm Brandenburg-Preußen rund eine halbe Million Einwanderer auf. Dabei dominierten nach dem Ende der Periode der Neuansiedlung zwei große Peuplierungsmaßnahmen in kriegszerstörten Regionen: einerseits im durch eine Pestwelle und andere Epidemien zu Beginn des 18. Jahrhunderts schwer geschädigten Ostpreußen; andererseits in den durch groß angelegte Kultivierungen neu erschlossenen Gebieten in den Niederungen von Oder, Netze und Warthe in der Regierungszeit König Friedrich Wilhelms I. (1713–1740) und König Friedrichs II. (1740–1786). In diesen Kontext gehört auch die Ansiedlung von Salzburger Protestanten, die 1731/32 aus ihrer Heimat vertrieben und von Friedrich Wilhelm I. förmlich zur Ansiedlung in Ostpreußen eingeladen worden waren. Von den insgesamt rund 20 000 Salzburger Emigranten wurde der weitaus überwiegende Teil in Ostpreußen unter Gewährung günstiger Bedingungen angesiedelt.[12]

Neben diesen Fernwanderungen zu Siedlungszwecken war das Wanderungsgeschehen im Deutschland der Frühen Neuzeit von einer Vielzahl kleinräumiger Migrationen geprägt. Sie erfüllten in ihrer weit überwiegenden Zahl Funktionen im Rahmen der Familienwirtschaft und sind insbesondere als lebensphasenspezifische Migrationen, vor allem als Heirats- und Dienstbotenwanderungen, zu klassifizieren. Auch die Zuwanderungen in die Städte, deren Bevölkerung meist höhere Sterbe- als

Johann Conrad Stapff, Zug der Salzburger Emigranten, um 1732, vgl. Kat. 3.7

Geburtenraten aufwies, kamen in der Regel aus dem Nahbereich. Von den Schüler- und Studentenwanderungen als spezifischen Typen der Ausbildungswanderung abgesehen, beschränkten sich Land-Stadt- und Stadt-Stadt-Fernwanderungen zumeist auf Personen, die über spezifische Qualifikationen verfügten: Das galt für die Arbeitswanderungen der Soldaten in den Heeren der deutschen Territorien, die sich nur zu einem Teil aus Untertanen der jeweiligen Landesfürsten rekrutierten. Nicht weniger stark durch Wanderungen geprägt waren die Arbeitsmärkte der Seeleute der Handelsmarinen, der Künstler und Kunsthandwerker, der Spielleute, Gaukler und Schauspieler. In geringeren Dimensionen galt das auch für Verwaltungsbeamte, Lehrer, Ordensleute, weltliche Priester und Pastoren.

Hinzu kamen die vielfältigen Formen berufsspezifischer Migrationen. Dabei gab es starke Überschneidungen von Herkunftsgebieten mit beruflichen Spezialisierungen in Handwerk und Handel, die sich über interregionale Migrationsnetzwerke entfalteten und mit migratorischen Qualifikationsprozessen verbunden waren. Kennzeichen dieser vielfältigen berufsspezifischen Migrationen war, dass die Migrantenberufe in den räumlich relativ begrenzten Herkunftsgebieten in der Regel gar nicht oder selten vorkamen, Migration und Qualifikation mithin eng miteinander verflochten waren. Das galt in den deutschen Territorien der Frühen Neuzeit als Herkunfts- oder Zielräumen beispielsweise für die Lippischen Ziegler[13] oder für italienische Kaminfeger und Zinngießer.[14] Solche berufsspezifischen Migrationen lassen sich auch im Handel nachweisen, beispielsweise bei den ›Tödden‹ genannten münsterländischen Wanderhändlern in Nord-, West- und Mitteleuropa im 18. und 19. Jahrhundert.[15] Neben all dem stand die Vielfalt der in der Regel vom zünftigen ›Wanderzwang‹ diktierten Gesellenwanderungen im alten Handwerk der Frühen Neuzeit, deren Spuren sich im frühen 19. Jahrhundert verloren. Oft ging es bei den mehr oder minder strengen Reglements der Zünfte nicht nur um handwerklich-technische Qualifikation durch geregelte Migration, sondern auch um Entlastung der lokalen Arbeitsmärkte in den zunehmend überbesetzten Handwerken.[16]

Kontinentale und überseeische Auswanderung im 18. und 19. Jahrhundert

In den zwei Jahrhunderten nach dem Ende des Dreißigjährigen Krieges wuchs die Bevölkerung in Deutschland beschleunigt. Die großen Bevölkerungsverluste des Dreißigjährigen Krieges waren nach rund zwei Generationen, um 1700, in etwa wieder ausgeglichen. Im 18. Jahrhundert kam es zu einem erheblichen Bevölkerungsanstieg um die Hälfte des Ausgangswertes. Schätzungen sprechen von einer Zunahme von 15 auf 23 Millionen zwischen 1700 und 1800. Ein vergleichbarer Zuwachs, allerdings in nur einem halben Jahrhundert,

Antonie Volkmar, Abschied der Auswanderer, 1860

folgte zwischen 1800 und 1850 (rund 35 Millionen) sowie von 1850 bis 1900 (56 Millionen).

Zu diesem beschleunigten Bevölkerungswachstum trugen Zuwanderungen nur wenig bei, im Gegenteil: Nach dem primär durch Einwanderung im Kontext von Peuplierungsmaßnahmen gekennzeichneten Säkulum vom Ende des Dreißigjährigen Krieges bis zur Mitte des 18. Jahrhunderts wurde das Wanderungsgeschehen immer stärker durch kontinentale und überseeische Auswanderung geprägt. Dabei dominierte von der Mitte des 18. Jahrhunderts bis in die 1830er Jahre die kontinentale Auswanderung nach Ost- und Südosteuropa, bis zum späten 19. Jahrhundert dann die transatlantische Auswanderung, vornehmlich in die USA.

Vor allem für die süddeutschen Gebiete, in denen das Bevölkerungswachstum sich bereits im 17. und 18. Jahrhundert beschleunigt hatte und in denen die landesherrlichen Regierungen trotz merkantilistischer Verschärfungen der Auswanderungsverbote die Auswanderung nicht verhindern konnten, boten Südosteuropa und Südrussland wichtige Ziele der Siedlungswanderung. Nach dem Ende des Siebenjährigen Krieges führten die ›Schwabenzüge‹ 1763–1770 und 1782–1788 wahrscheinlich rund 70 000 deutschsprachige Bauern und Handwerker aus Franken, Baden, Württemberg, Vorderösterreich, Luxemburg und Lothringen in den südosteuropäischen Donauraum mit den Siedlungsschwerpunkten Batschka, Banat (›Donauschwaben‹) und Siebenbürgen. Zeitgleiche Siedlungswanderungen strebten in die vom Zarenreich eben erst eroberten Gebiete an der unteren Wolga und ›Neurusslands‹ nördlich des Schwarzen Meeres. Ebenso wie im Fall der ›Schwabenzüge‹ waren auch an der Wolga und in ›Neurussland‹ Privilegien und Vergünstigungen ein zentrales Werbemittel obrigkeitlicher Peuplierungspolitik zur Erschließung und Sicherung des Siedlungslandes.

Dabei spielten allerdings konfessionelle Gesichtspunkte, die nach dem Ende des Dreißigjährigen Krieges die Bewegungen klar strukturiert hatten, kaum mehr eine Rolle: Die landesherrlichen Regierungen waren bereit, für die aufgrund lang andauernder Kriege dünn besiedelten oder gänzlich verödeten Gebiete Kolonisten jedweder konfessioneller, regionaler oder sozialer Herkunft anzuwerben und anzusiedeln. Begehrt und umworben waren dabei aber vor allem mitteleuropäische Siedler, die mit höher entwickelten landwirtschaftlichen und handwerklichen Fertigkeiten vertraut waren. Sie konnten auf besonders einladende Privilegien hoffen, wie beispielsweise in den Einladungsmanifesten der Zarin Katharina II. 1762/63, die kostenloses Land, Kredite, günstige Rechte, Steuer-

»Aufnahme-Schein zur Ueberfahrt nach Nord-Amerika« für den Zimmermann Wilhelm Schauf und seine Familie aus Lüdenhausen, 1858

und Abgabefreiheit für mehrere Jahre sowie Befreiung vom Militärdienst versprachen. Rund 25 000 deutsche Siedler, die vornehmlich aus der Pfalz stammten, siedelten sich innerhalb weniger Jahre nach 1763 an der unteren Wolga an. Weitere Gruppen folgten in den nächsten Jahrzehnten, darunter vor allem mennonitische Siedler aus Westpreußen, die hauptsächlich in den späten 1780er und in den 1790er Jahren nördlich des Schwarzen Meeres siedelten; weitere mennonitische Gruppen und südwestdeutsche Pietisten folgten in den ersten beiden Jahrzehnten des 19. Jahrhunderts.[17]

Insgesamt kann die Zahl der Auswanderer aus dem deutschsprachigen Raum nach Ost-, Ostmittel- und Südosteuropa von den 1680er Jahren bis 1800 auf rund 740 000 Menschen geschätzt werden.[18] Die überseeische Auswanderung nach Nordamerika blieb demgegenüber in diesem Zeitraum mit rund 170 000 deutlich zurück, wobei die Herkunftsräume der Übersee-Auswanderer weithin mit denen des kontinentalen Ost- und Südoststroms übereinstimmten: Baden, Württemberg, Pfalz, Elsass und Lothringen.[19]

Der kontinentale Ost- und Südoststrom trat seit den 1830er Jahren vollends zurück hinter die seit der Mitte des 19. Jahrhunderts rasch zur Massenbewegung aufsteigende transatlantische Auswanderung. Sie führte in der zweiten Jahrhunderthälfte zu rund 90 Prozent in die Vereinigten Staaten von Amerika. Als nächstwichtige überseeische Auswanderungsziele folgten mit weitem Abstand Kanada, Brasilien, Argentinien und Australien. 1816 bis 1914 wanderten rund 5,5 Millionen und seither nochmals mehr als zwei Millionen Deutsche in die Vereinigten Staaten aus. Hochphasen der deutschen Auswanderung des 19. Jahrhunderts mit jeweils mehr als einer Million Auswanderern bildeten die Jahre 1846 bis 1857 und 1864 bis 1873; in der letzten großen Auswanderungsphase 1880–1893 folgten dann noch einmal 1,8 Millionen deutsche Auswanderer. Die in Deutschland geborene Bevölkerung der USA bildete 1820 bis 1860 mit rund 30 Prozent nach den Iren die zweitstärkste, 1861 bis 1890 sogar die stärkste Einwanderergruppe.[20]

Eine der wichtigsten Bestimmungskräfte der transatlantischen Massenauswanderung des 19. Jahrhunderts war in Deutschland das Missverhältnis im Wachstum von Bevölkerung und Erwerbsangebot in der Übergangskrise von der Agrar- zur Industriegesellschaft. Dieses Missverhältnis war regional sehr unterschiedlich ausgeprägt. Hinzu trat bald eine gewaltige Eigendynamik des Wanderungsgeschehens. Sie entfaltete sich über transatlantische Migrationsnetzwerke, über durch Verwandtschaft, Bekanntschaften und Herkunftsgemeinschaften zusammengehaltene Kommunikationssysteme, die europäische Herkunftsräume und überseeische Zielgebiete verbanden, vor allem durch die im Verwandten- und Bekanntenkreis der Auswanderungsorte kursierenden ›Auswandererbriefe‹.[21] Die Auswanderungen begannen als ›Kettenwanderungen‹ gewissermaßen ihren eigenen Spuren zu folgen und entfalteten bald fest eingeschliffene überseeische Wanderungstraditionen, die bestimmte Regionen und sogar Gemeinden mit anderen in der Neuen Welt verbanden – zum Beispiel Melle im Osnabrücker Land mit ›New Melle‹ am Missouri.[22]

Gegenläufig zum Steilabsturz der deutschen Massenauswanderung stieg Anfang der 1890er Jahre die ost-, ostmittel-, südost- und südeuropäische Nordamerika-Auswanderung zur Massenbewegung auf. Ein Großteil der Bewegungen aus Ost-, Ostmittel- und Südosteuropa nutzte Deutschland als Transitland: Je mehr die deutsche Überseeauswanderung seit Anfang der 1890er Jahre zurückging, desto wichtiger wurde für die hanseatischen Transatlantiklinien diese von der internationalen Überseeschifffahrt in harter Verdrängungskonkurrenz umkämpfte ›Durchwanderung‹. Von 1880 bis zum Ersten Weltkrieg passierten mehr als fünf Millionen Auswanderer aus Russland – besonders aus Russisch-Polen – und aus Österreich-Ungarn das Reich auf dem Weg zu den Seehäfen. Nur wenige Zehntausend dieser Transitwanderer blieben in Deutschland, häufig nur auf Zeit; das war auch ein Ergebnis der restriktiven, durchaus nicht nur der Seuchenabwehr dienenden ›Durchwandererkontrolle‹, mit der Preußen-Deutschland Zuwanderung und Integration vor allem von Polen und Juden im Reich auszuschließen suchte.[23]

AUSLÄNDERBESCHÄFTIGUNG UND RESTRIKTIVE INTEGRATIONSPOLITIK VOM SPÄTEN 19. JAHRHUNDERT BIS ZUM ENDE DES ERSTEN WELTKRIEGS

Seit Anfang der 1890er Jahre wurde das wachsende deutsche Erwerbspersonenpotential zunehmend absorbiert vom in der Hochindustrialisierungsperiode sprunghaft steigenden Erwerbsangebot. Die Anziehungskraft des überseeischen Haupteinwanderungslandes USA trat zurück hinter das stark wachsende Chancenangebot auf den Arbeitsmärkten im Auswanderungsland selbst. Die überseeische Auswanderung blieb von den frühen 1890er Jahren bis zum Ersten Weltkrieg auf niedrigem Niveau und schwenkte gewissermaßen ein in den Strom der Binnenwanderungen aus ländlichen in städtisch-industrielle Arbeits- und Lebenswelten.[24] Der zentrale Angelpunkt in dem gewaltigen Umbruch im transnationalen Wanderungsgeschehen um die Jahrhundertwende aber war in Deutschland der Wandel von der deutschen transatlantischen Auswanderung auf Dauer zur ausländischen kontinentalen Zuwanderung auf Zeit. Sie ließ das Reich, dem Hauptgewicht der Migrationsbewegungen folgend, innerhalb weniger Jahre vom Auswanderungsland zum nach den Vereinigten Staaten weltweit zweitwichtigsten Zuwanderungsland werden.

In diesem Zusammenhang entfaltete die Zuwanderung in die Industrieregion des Ruhr- und Emscherreviers geradezu magnetische Anziehungskräfte und zog auch interne Fernwanderungen wie insbesondere diejenigen der ›Ruhrpolen‹ und ›Ruhrmasuren‹ an.[25] Nach dem Erlöschen des migratorischen ›Nordsee-Systems‹, das vom 17. bis zum frühen 19. Jahrhundert im nordwesteuropäischen Küstenraum pulsiert und aus Nordwestdeutschland die traditionsreichen jährlichen Saisonwanderungen

Mädchen mit Aufseher beim Rübenhacken in der Magdeburger Börde, um 1900, vgl. Kat. 16.14

links: »Arbeiter-Legitimationskarte« der Deutschen Feldarbeiter-Zentralstelle: Rote Karte für Polen, 1910, vgl. Kat. 15.7

rechts: »Arbeiter-Legitimationskarte« der Deutschen Feldarbeiter-Zentralstelle: Gelbe Karte für Ruthenen, 1910, vgl. Kat. 15.10

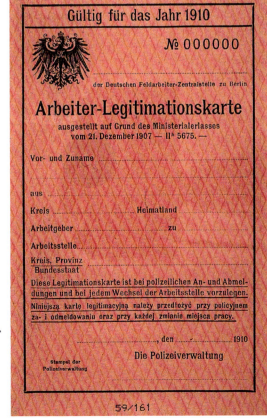

der ›Hollandgänger‹ angezogen hatte[26], kehrten sich innerhalb des nordwesteuropäischen Raumes die Wanderungsrichtungen zum Teil geradezu um: An die Stelle von ›Hollandgängern‹ aus Nordwestdeutschland traten niederländische ›Preußengänger‹, die nicht selten Einwanderer wurden. Vor dem Ersten Weltkrieg stellten sie neben Polen und Italienern eine der stärksten Nationalitätengruppen unter den zahlreichen ausländischen Arbeitswanderern im Reich.

Die Ausländerbeschäftigung wuchs in Deutschland und vor allem in Preußen seit den 1890er Jahren enorm an.[27] Sie erreichte ihren Höchststand 1914 mit etwa 1,2 Millionen ›ausländischen Wanderarbeitern‹. Die meisten davon arbeiteten in Preußen: Drei Viertel bis vier Fünftel aller ›Deutschlandgänger‹ im Kaiserreich waren ›Preußengänger‹ beiderlei Geschlechts. Die wichtigsten Gruppen stellten in Preußen in der Landwirtschaft beschäftigte Polen aus dem russischen Zentralpolen, in geringerem Umfang auch aus dem österreichisch-ungarischen Galizien, bei denen bereichsweise fast die Hälfte der für gewöhnlich in der männlichen Form als ›Wanderarbeiter‹ beschriebenen ›Kartoffelbuddler‹ und ›Rübenzieher‹ aus Frauen und Mädchen bestand, die in Kolonnen unter einem in der Regel zweisprachigen männlichen Kolonnenführer auf den Gütern arbeiteten. Hinzu kamen Italiener, die besonders in Ziegeleibetrieben und im Tiefbau, aber auch im Bergbau und in der industriellen Produktion Beschäftigung fanden.[28]

In der ›Wanderarbeiterfrage‹ kollidierten in Preußen ökonomische und politische Interessen: Dem ökonomischen Interesse an der Deckung des Ersatz- und Zusatzbedarfs auf dem Arbeitsmarkt durch ›billige und willige‹ ausländische Kräfte diametral entgegen stand das politische Interesse an einer Eindämmung der vorwiegend polnischen Zuwanderung in die preußischen Ostprovinzen. Die antipolnische ›preußische Abwehrpolitik‹ war, von mancherlei ethno-nationalen Vorurteilen abgesehen, vorwiegend bestimmt durch die nervöse Skepsis der preußischen Staatsräson gegenüber revolutionären Träumen preußischer, russischer und österreichisch-ungarischer Polen von der Auferstehung eines polnischen Nationalstaats.[29]

Die katastrophale ›Leutenot‹ im preußischen Osten nötigte seit Ende der 1880er Jahre zur Suche nach einer Lösung, welche die ökonomischen Interessen befriedigen sollte, ohne die Strategie der antipolnischen Sicherheitspolitik zu gefährden: Es ging darum, den nötigen Arbeitskräftezustrom aus dem östlichen Ausland nicht zur Einwanderung geraten zu lassen, sondern in den Bahnen transnationaler Saisonwanderung zu halten und dabei insbesondere die Auslandspolen scharf zu überwachen. Ergebnis war das seit Anfang der 1890er Jahre in Preußen entwickelte und 1907 abgeschlossene System der restriktiven Ausländerkontrolle mit dem ›Legitimationszwang‹ und dem ›Rückkehrzwang‹ in der winterlichen ›Karenzzeit‹.

›Legitimationszwang‹ bedeutete verschärfte Ausländerkontrolle bei befristeten und jährlich neu zu beantragenden Arbeits- und Aufenthaltsgenehmigungen. Die nicht selten illegal an oder über die Grenze kommenden auslandspolnischen Arbeitswanderer – im russischen Zentralpolen war die Abwerbung von Arbeitskräften ins Ausland verboten – wurden im Frühjahr willkommen geheißen. Ihre Zuwanderung, von welcher der landwirtschaftliche Arbeitsmarkt im preußischen Osten zunehmend abhängiger geworden war, sollte, wie den Grenzbehörden immer wieder eingeschärft wurde, auf keinen Fall behindert werden, selbst wenn sie, wegen der Behinderung durch die russischen Behörden, bis zur Grenze oder auch über die Grenze illegal erfolgt war. Die auslandspolnischen Arbeitskräfte aber sollten nicht Einwanderer werden, sondern bleiben, was sie waren – ›ausländische Wanderarbeiter‹. Sie mussten daher, bei Strafe von Ausweisung und Abschiebung, preußisches Staatsgebiet vor Weihnachten wieder verlassen und sollten in ihre Herkunftsgebiete zurückkehren.

Selbst im Ersten Weltkrieg, der Überseeauswanderung und kontinentale Zuwanderung abschnitt, erfüllten ausländische Arbeitskräfte in Deutschland entscheidende Ersatzfunktionen: Der Mangel an Arbeitskräften bildete eines der grundlegenden Probleme der deutschen Kriegswirtschaftspolitik 1914–1918. Vor allem in drei Bereichen stieg die Nachfrage nach Arbeitskräften: in der Rüstungsindustrie, im Bergbau und in der Landwirtschaft. Maßnahmen zur Deckung dieses Arbeitskräftebedarfs scheiterten an den begrenzten Kapazitäten der inländischen Arbeitsmärkte. Deshalb ließ der im Kriegsverlauf rapide wachsende Mangel an (Fach-)Arbeitskräften die Unternehmen und die zuständigen Behörden bei der Suche nach Arbeitskräften über die jeweiligen nationalen Arbeitskräftepotentiale hinausgreifen und forcierte schließlich die zwangsweise Rekrutierung immer stärkerer Kontingente ausländischer Arbeitskräfte.[30]

Obgleich es weiterhin eine nennenswerte Anzahl von Arbeiterinnen und Arbeitern aus dem Ausland gab, die freiwillig in der deutschen Kriegswirtschaft arbeiteten, prägten zunehmend zwangsweise Rekrutierung und Zwangsarbeit die Ausländerbeschäftigung im Krieg. Der

Extrablatt der *Leipziger Tageblatt und Handels= Zeitung* über die Gefangennahme von über 800 000 Russen, Franzosen, Belgiern und Engländern, 9. April 1915, vgl. Kat. 22.14

weitaus überwiegende Teil der ausländischen Arbeitskräfte kam aus dem so genannten feindlichen Ausland. Bei Kriegsende waren das mindestens 2,5 Millionen Menschen und damit fast ein Zehntel aller Erwerbstätigen des Vorkriegsstandes bzw. rund ein Siebtel aller Erwerbstätigen des letzten Kriegsjahrs. Bei über 1,5 Millionen von ihnen handelte es sich um Kriegsgefangene. Zivile ausländische Arbeitskräfte stellten rund eine Million Beschäftigte in der deutschen Kriegswirtschaft. Die deutschen Zivil- und Militärbehörden behandelten sie, anders als die Kriegsgefangenen, nicht als einheitliche Gruppe, obgleich auch sie zum größten Teil zur Gruppe der ›feindlichen Ausländer‹ zählten. Das galt besonders für die bei Kriegsende 1918 etwa 500 000–600 000 auslandspolnischen Arbeitskräfte. Die bereits in der Vorkriegszeit restriktive Politik gegenüber den Polen aus Russland verschärfte sich mit Kriegsbeginn weiter und kehrte sich gleichzeitig um – vom Rückkehrzwang zum Rückkehrverbot: Als ›feindliche Ausländer‹ wurden die Polen aus Russland sogleich reichsweit unter ein Rückkehrverbot gestellt, durften also nicht in ihre Heimat zurückkehren, wozu sie im Rahmen der ›preußischen Abwehrpolitik‹ vor dem Krieg alljährlich gezwungen worden waren, um Daueraufenthalte oder gar Einwanderungsprozesse zu blockieren. Sie unterlagen außerdem einem Ortswechselverbot und blieben an ihre Arbeitgeber gebunden.

Kriegsgefangene laufen mit Strohsäcken beladen durch das niedersächsische Soltau, 1914/18, vgl. Kat. 22.12

Faktisch waren die Polen damit zu Zwangsarbeitern geworden, die über ihren Aufenthaltsort und ihren Arbeitgeber nicht frei entscheiden konnten. Die von deutschen Truppen in Polen und Belgien besetzten Gebiete wurden seit 1915/16 zum Objekt der deutschen Arbeitskräftepolitik. Polen blieb in erster Linie Rekrutierungsgebiet für landwirtschaftliche Arbeitskräfte. In Belgien hingegen wurden vornehmlich Arbeitskräfte für die Rüstungsindustrie rekrutiert. Weil die Zahl ›freiwilliger‹ Meldungen insgesamt weit unter dem für notwendig erachteten Niveau blieb, griffen die deutschen Behörden immer häufiger zu Zwangsmitteln.

Angesichts der massiven Kriegsanstrengungen und der weithin erfolgreichen alliierten Blockade des Außenhandels wurde für die deutsche Kriegswirtschaft im Ersten Weltkrieg Ausländerbeschäftigung immer stärker zu einer Notwendigkeit. Ohne die zunehmende Internationalisierung der Arbeitsmärkte hätte der Krieg von deutscher Seite nicht so lange fortgeführt werden können. Außerdem war der Erste Weltkrieg im Blick auf die Massenbewegungen von Menschen unter Zwang auch über den militärischen Bereich hinaus ein folgenschwerer »Lernprozeß«[31] im Blick auf den ›Ausländereinsatz‹ in der nationalsozialistischen Kriegswirtschaft des Zweiten Weltkriegs in Deutschland und im von Deutschland besetzten Europa.

FLUCHT- UND ZWANGSWANDERUNGEN IN DER ZWISCHENKRIEGSZEIT UND IM ZWEITEN WELTKRIEG

Der Erste Weltkrieg hatte mit seinem extremen Nationalismus die Ausgrenzung von Minderheiten und die Verbreitung von Fremdenfeindlichkeit entscheidend gefördert. Für die weitere Entwicklung von Ausländerbeschäftigung und Ausländerpolitik erwies sich der Erste Weltkrieg insofern als Schrittmacher, als er die Interventionskapazitäten des Staates in Wirtschaft und Gesellschaft und damit auch in das Wanderungsgeschehen deutlich erhöhte. Für die Ausländerbeschäftigung der Weimarer Republik blieb die weithin bruchlos aus dem kaiserlichen Deutschland übernommene ethno-national argumentierende antipolnische ›Abwehrpolitik‹ konstitutiv. Die deutsche Migrationspolitik stellte in der Weimarer Republik bei der Zulassung auslandspolnischer Arbeitskräfte weiterhin wirtschaftliche Erwägungen in den Vordergrund, und die Verhinderung der dauerhaften Ansiedlung insbesondere der auslandspolnischen Arbeitswanderer beiderlei Geschlechts war nach wie vor das Hauptziel der zuwanderungspolitischen Maßnahmen. Trotz des erheblichen Rückgangs der polnischen Minderheit im Reich nach dem Ersten Weltkrieg bildete das ethno-nationale Schreckbild einer ›Polonisierung‹ des

Kartoffelernte auf einem preußischen Landgut, um 1930

preußischen Ostens immer noch die Basis der antipolnischen ›Abwehrpolitik‹. Sie verstand die Zuwanderung polnischer Arbeitskräfte ins Reich weiterhin als Gefahr für die innere und äußere Sicherheit, für Wirtschaft und Arbeitsmarkt, Gesellschaft und Kultur Deutschlands.[32] Zugleich wuchs die Bedeutung der Arbeitsmarktpolitik für die Ausländerbeschäftigung. In der Weimarer Republik war, auch hier im Anschluss an den Modernisierungsschub des Ersten Weltkriegs, der Auf- und Ausbau einer flächendeckenden Arbeitsverwaltung mit der Verschränkung von Arbeitsmarktbeobachtung, Arbeitsvermittlung und Arbeitslosenversicherung der wichtigste arbeitsmarkt- und sozialpolitische Modernisierungsbereich. Die weitreichende Entwicklung einer modernen Arbeitsverwaltung schuf die Voraussetzungen für eine arbeitsmarktorientierte Ausländerpolitik. Angesichts der angespannten Arbeitsmarktlage in Deutschland galt als Vorgabe für die Ausländerpolitik ein klarer ›Inländervorrang‹ auf dem Arbeitsmarkt; ausländische Arbeitskräfte durften nur Ersatz- oder Zusatzfunktionen wahrnehmen. Schwierige wirtschaftliche Rahmenbedingungen und protektionistische Zuwanderungssteuerung wirkten zusammen bei dem im Vergleich zur Vorkriegszeit massiven Rückgang der Ausländerbeschäftigung im Reich. In den 1920er Jahren schwankte die Zahl der ausländischen Arbeitskräfte im Reich zwischen 200 000 und 300 000 und sank in der Weltwirtschaftskrise der frühen 1930er Jahre auf rund 100 000.

Das zunehmende Tempo der Wiederaufrüstung Deutschlands nach der nationalsozialistischen Machtübernahme 1933 ließ dann innerhalb weniger Jahre Arbeitskräftemangel wieder zu einem zentralen Thema der Arbeitsmarktpolitik werden. Dass die Beschäftigung ausländischer Arbeitskräfte in der deutschen Industrie und Landwirtschaft bei erneutem Anstieg dennoch bis Mitte 1938 nur 375 000 erreichte, hatte wesentlich wirtschafts- und devisenpolitische sowie politisch-ideologische Hintergründe, die die Zuwanderungspolitik des nationalsozialistischen Regimes trotz des zunehmenden Arbeitskräftemangels restriktiv bleiben ließen: Zum einen galt die Beschäftigung von ausländischen Arbeitskräften als Problem, weil die Devisenlage des Reiches aufgrund der Rüstungsanstrengungen sehr angespannt war; zum anderen verband sich aus der Sicht der radikal ethno-nationalistischen und rassistischen nationalsozialistischen Weltanschauung mit der Ausländerbeschäftigung, zumal mit ihren herkömmlichen starken Anteilen aus dem östlichen Ausland, die Gefahr einer ›Überfremdung‹ und der Gefährdung der ›Blutreinheit‹ der deutschen Bevölkerung.[33]

»Arbeitsnachweisgesetz«, 1922,
vgl. Kat. 23.8

Deutschland blieb auch in der Zwischenkriegszeit Aus- und Zuwanderungsland zugleich: Im Vergleich zur Vorkriegszeit stieg nach dem Abbau der kriegsbedingten Auswanderungshindernisse – ein Großteil der überseeischen Einwanderungsländer, die im Krieg gegen Deutschland verbündet gewesen waren, nahm zunächst keine deutschen Einwanderer auf – die Auswanderung stark an. Den Höhepunkt der Auswanderung aus der Weimarer Republik bildete das Krisenjahr 1923: 115 000 Auswanderer bedeuteten einen Jahreswert, wie er seit der letzten großen Auswanderungsphase des 19. Jahrhunderts zwischen 1880 und 1893 nicht mehr erreicht worden war.[34] Mit dem Anstieg der überseeischen Auswanderung in den Anfangsjahren der Weimarer Republik wuchs zugleich auch die kontinentale Aus- und Arbeitswanderung; vor allem die während des Kriegs neutralen Niederlande wurden zu einem zentralen Ziel für Zehntausende deutscher Zuwanderer, darunter zahlreiche junge Frauen, die im Dienstleistungssektor, in erster Linie in privaten Haushalten, Beschäftigung fanden.[35]

Mit dem Ende des Ersten Weltkriegs und den Staatenbildungsprozessen in seiner Nachfolge gewannen in der Zwischenkriegszeit Zwangswanderungen (Flucht, Umsiedlung, Vertreibung) erheblich an Bedeutung. Die politischen Veränderungen durch die Friedensverträge ließen in Europa etwa zehn Millionen Menschen unfreiwillig die Grenzen überschreiten. Auch Deutschland war von solchen Bewegungen massiv betroffen. Bis Mitte der 1920er Jahre wanderten rund eine Million Menschen aus den abgetretenen Gebieten zu. Dabei handelte es sich um die größte unter allen Zuwanderungsbewegungen, die die Weimarer Republik zu bewältigen hatte – und das von 1918 bis 1923 innerhalb weniger, durch schwere wirtschaftliche, soziale und politische Krisen gekennzeichneter Nachkriegsjahre.[36]

Hinzu kamen die etwa 120 000 ›Deutschstämmigen‹, die in den Kriegs- und Nachkriegswirren zwischen 1917 und 1921/22 aus dem ehemaligen Zarenreich ins Reich gekommen waren, allerdings zu rund der Hälfte den Weg weiter nach Übersee suchten oder zu Tausenden wieder zurück nach Polen oder in die UdSSR wanderten. Innerhalb der am Ende wahrscheinlich 1,5 Millionen vor Bürgerkrieg und Revolution aus dem ehemaligen Zarenreich Geflohenen sind die ›Deutschstämmigen‹ nur schwer zu identifizieren. Die Weimarer Republik war zunächst eines der Hauptziele dieser Fluchtbewegung: 1922 und 1923 hielten sich, wahrscheinlich zu hoch liegenden Schätzungen zufolge, rund 600 000 russische Flüchtlinge im Reichsgebiet auf, von denen 1923 rund 360 000 allein in Berlin Asyl gefunden haben sollen.

Rasch setzten Weiterwanderungen ein. Nach 1923 sank die Zahl der russischen Flüchtlinge im Exilland Deutschland immer weiter ab, bis auf 150 000 im Jahre 1925 und 100 000 im Jahr 1933. Bald verlor das ›Russische Berlin‹ seine wichtigen kulturellen und politischen Funktionen als europäisches Zentrum der Emigration. Nicht nur Probleme des Wohnungs- und Arbeitsmarkts waren Hintergrund für den Rückgang der Zahl russischer Flüchtlinge in Deutschland nach 1923. Hinzu kam eine insgesamt sehr restriktive deutsche Integrationspolitik, die sich am Verbleib der russischen Flüchtlinge in Deutschland nicht interessiert zeigte und ihnen deshalb weder rechtliche noch wirtschaftliche Integrationshilfen bot. Noch restriktiver war die Migrations- und Integrationspolitik der frühen Weimarer Republik gegenüber der Zuwanderung von 70 000 ost- und ostmitteleuropäischen Juden. Weiterwanderungen, nicht zuletzt auch motiviert durch antisemitische Ausschreitungen, ließen auch ihre Zahl rasch wieder sinken.

Das Asylland Deutschland wurde nur wenige Jahre später

Gerhard Gronefeld, Sowjetische Frauen und Mädchen als zwangsverpflichtete ›Ostarbeiterinnen‹ im Durchgangslager Wilhelmshagen bei Berlin, 12. Dezember 1942, vgl. Kat. 24.19

selbst zum Ausgangsraum von Fluchtwanderungen: Die Emigration aus dem nationalsozialistischen Deutschland nach 1933 umfasste insgesamt rund eine halbe Million Menschen. Sie betraf politische Gegner des Regimes, solche, die das Regime dafür hielt und vor allem all jene, die aufgrund der rassistischen Ideologie des Nationalsozialismus zu geächteten Fremden in Deutschland erniedrigt und zunehmend verfolgt wurden. Das galt besonders für die Juden, von denen etwa 280 000 aus dem Reich flüchteten. Weltweit nahmen mehr als 80 Staaten Flüchtlinge aus Deutschland auf.[37]

Der Zweite Weltkrieg führte zu einer beispiellos hohen Zahl von Zwangswanderungen. Sie resultierten ganz wesentlich aus Expansion und Untergang des nationalsozialistischen ›Dritten Reiches‹. Deutschland war nur deshalb in der Lage, den Krieg beinahe sechs Jahre lang zu führen, weil es ihn von vornherein als Raub- und Beutekrieg geplant hatte und durchführte. Die mit Deutschland verbündeten Staaten sowie die von 1938 an erworbenen bzw. eroberten Länder und Landesteile hatten hierbei die Aufgabe, mit ihrer landwirtschaftlichen und industriellen Produktion, ihren Rohstoffen und ihren Bevölkerungen der deutschen Kriegswirtschaft zu dienen. Im Laufe des Krieges stieg die Bedeutung der geraubten Güter und Menschen für die deutsche Kriegswirtschaft immens an:

Im Oktober 1944 wurden fast acht Millionen ausländische Arbeitskräfte in Deutschland gezählt, darunter fast sechs Millionen Zivilisten und knapp zwei Millionen Kriegsgefangene. Sie stammten aus insgesamt 26 Ländern. Bei den Herkunftsländern der im Herbst 1944 registrierten knapp acht Millionen ausländischen Arbeitskräfte dominierte die UdSSR mit einem Anteil von mehr als einem Drittel (2,8 Millionen). 1,7 Millionen Menschen kamen aus Polen und 1,2 Millionen aus Frankreich, jeweils mehrere Hunderttausend zudem noch aus Italien, den Niederlanden, Belgien, der Tschechoslowakei und Jugoslawien.[38]

Ein Blick auf ihren Anteil an der Gesamtbeschäftigung lässt die enorme wirtschaftliche Bedeutung der ausländischen Zwangsarbeiter für die deutsche Wirtschaft erkennen: Insgesamt stellten die ausländischen Arbeitskräfte im August 1944 etwa ein Viertel der Beschäftigten; sie fanden sich in allen Wirtschaftszweigen, in allen Betriebsgrößen über das ganze Reich verteilt. In einigen Wirtschaftsabteilungen bzw. Betrieben war ihre Bedeutung besonders hoch. Das galt etwa für die Landwirtschaft, die 1944 einen Anteil ausländischer Zwangsarbeiter von 46 Prozent erreichte, oder für den Bergbau mit 34 Prozent. Ausländische Zwangsarbeiter waren auch in hoch spezialisierten und kriegspolitisch wichtigen

Die Deutsche Wehrmacht vertrieb die Bevölkerung aus dem besetzten Polen und siedelte dort ›Volks‹- und ›Reichsdeutsche‹ an. Aus ihrer Heimat vertriebene polnische Frauen, Männer und Kinder in einem Güterwaggon, 1939/44

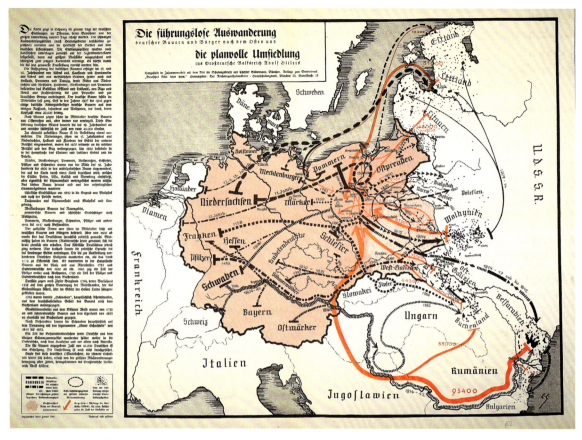

NS-Propaganda zur ›Umsiedlung‹ von ›Volksdeutschen‹, 1941, vgl. Kat. 24.11

Lieselotte Orgel Köhne, Einschiffung von ›Volksdeutschen‹ im rumänischen Cernavoda, 1940, vgl. Kat. 24.12

Bereichen, zum Beispiel in der Rüstungsindustrie, tätig. In manchen Betrieben mit einem hohen Anteil unqualifizierter Arbeit kamen vier Fünftel aller Beschäftigten aus dem Ausland. Das Durchschnittsalter der ausländischen Arbeitskräfte lag bei 20 bis 24 Jahren, ein Drittel waren Frauen, ein Großteil von ihnen war jünger als 20 Jahre. In der Form eines im großen Maßstab auf ausländischer Arbeitskraft basierenden Zwangsarbeitersystems blieb der nationalsozialistische ›Ausländer-Einsatz‹ historisch ohne Parallele.

Im gesamten neu eroberten ›Lebensraum‹ des Osten strebte die nationalsozialistische Politik nach dauerhafter Herrschaftssicherung und nach der Etablierung einer streng nach rassistischen Kriterien ausgerichteten ›deutschen‹ Ordnung, die Bevölkerungsgruppen und Nationalitäten hierarchisierte. Wesentliche Elemente der Herstellung dieser rassistischen ›Weltordnung‹ waren Planung und weitreichende Umsetzung von Umsiedlungen, Vertreibungen und Deportationen ganzer Bevölkerungen zugunsten eines vorgeblich ›arischen‹ ›Volkes ohne Raum‹. Etwa neun Millionen Menschen waren davon betroffen. Zwischen 1939 und 1944 wurden eine Million Menschen deutscher Herkunft aus ihren außerhalb der Reichsgrenzen gelegenen Siedlungsgebieten in Süd-, Südost-, Ostmittel- und Osteuropa ›heim ins Reich‹ gelockt und genötigt, vor allem, um sie in den eroberten Gebieten anzusiedeln, die dem Reich unmittelbar angegliedert worden waren.[39] Voraussetzung für die Ansiedlung dieser ›Volksdeutschen‹ war immer die Deportation der ansässigen polnischen, tschechischen und jüdischen Bevölkerung, die 1939/40 in großem Maßstab eingeleitet worden war und im Völkermord endete.

In der nationalsozialistischen rassistischen Hierarchie galten jüdische bzw. für jüdisch erklärte Menschen als Bevölkerungsgruppe mit dem geringsten Anspruch auf ›Lebensraum‹. Sie waren von der deutschen Vernichtungspolitik am stärksten betroffen. Etwa 160 000 Juden lebten zum Zeitpunkt des Auswanderungsverbotes im Oktober 1941 noch im Reich, zu einem Zeitpunkt, als die SS endgültig zur Deportation in Richtung Polen überging, die für die meisten einer Zwangsmigration in den Tod gleichkam. In Polen selbst gab es insgesamt fast drei Millionen Juden, die in die SS-›Raumordnungs-‹ und Vernichtungspolitik einbezogen wurden. 2,7 Millionen von ihnen fielen der nationalsozialistischen Mordpolitik zum Opfer, die in der industriellen Massentötung in den Vernichtungslagern endete. Das Schicksal der polnischen und deutschen Juden ereilte die jüdische Bevölkerung fast aller europäischer Länder: 2,2 Millionen Menschen aus der UdSSR, 550 000 aus Ungarn, 200 000 aus Rumänien, 140 000 aus der Tschechoslowakei, 100 000 aus den Niederlanden, 76 000 aus Frankreich, 60 000 aus Jugoslawien, 60 000 aus Griechenland und 28 000 aus Belgien.[40]

FLUCHT UND VERTREIBUNG NACH DEM ZWEITEN WELTKRIEG

Die überlebenden Opfer der nationalsozialistischen Arbeits-, Konzentrations- und Vernichtungslager stellten nach Kriegsende das Gros der zehn bis zwölf Millionen *Displaced Persons* (DPs). Sie entstammten rund 20 Nationalitäten mit über 35 verschiedenen Sprachen. Sie unterstanden der direkten Obhut der vier alliierten Besatzungsmächte und den von ihnen zugelassenen internationalen Hilfsorganisationen. Ursprünglich war es das Ziel der Militärregierungen und Hilfsorganisationen, die DPs so rasch wie möglich zu sammeln und in ihre jeweiligen Heimatländer zurückzubringen. Das gelang allein in den ersten vier Monaten nach der deutschen Kapitulation im Mai 1945 bei über fünf Millionen DPs. Die Mehrzahl der DPs schloss sich freiwillig den zahllosen für sie zusammengestellten alliierten Transporten an. Entsprechend

Kennkarte für den »Deutschen Umsiedler« Johann Ettenhoffer, 6. Juli 1941, vgl. Kat. 24.13

Schneiderkurs der *Organization through Rehabilitation and Training* (ORT) für jüdische *Displaced Persons* im bayerischen Lager Föhrenwald, um 1948, vgl. Kat. 25.3

einer Vereinbarung zwischen den Westalliierten und der UdSSR wurden dabei DPs sowjetischer Staatsbürgerschaft auch zwangsweise repatriiert. Das geschah, obgleich die westalliierten Behörden wussten, dass DPs in der UdSSR als angebliche ›Kollaborateure‹ mit Lagerhaft, Repressionen bzw. ›Umerziehungsmaßnahmen‹, Offiziere vielfach auch mit der Todesstrafe zu rechnen hatten, weshalb nicht wenige anstelle der Deportation den Freitod wählten.[41]

Ab Herbst 1945 verringerten sich die Abtransportziffern stetig. Ende 1945 gab es in den drei Westzonen noch etwa 1,7 Millionen DPs. 1946 lag die Zahl der Repatriierten nur noch bei etwa 500 000. Die Auswanderungsprogramme der im Juni 1947 gegründeten *International Refugee Organization* (IRO) gaben einer großen Zahl von DPs eine neue Perspektive. Nur ein kleiner Teil von ihnen blieb in Deutschland zurück. Dabei handelte es sich zumeist um Menschen, die bei den Auswanderungsprogrammen nicht berücksichtigt worden waren, weil sie als zu alt, zu krank oder nicht arbeitsfähig galten.[42] Als die Westalliierten 1950 die Verantwortung für die DPs an die Bundesregierung übergaben, dürften sich noch rund 150 000 von ihnen im Bundesgebiet aufgehalten haben. Etwa ein Drittel davon lebte immer noch in Lagern. Mit dem »Gesetz über die Rechtsstellung heimatloser Ausländer« vom 25. April 1951 wurde in der Bundesrepublik ein spezieller, im Vergleich zum internationalen Flüchtlingsrecht großzügiger Rechtsstatus für die DPs geschaffen. Er glich sie zwar in weiten Bereichen der rechtlichen Position der Bundesbürger an, führte aber nicht zu einer vollständigen Gleichstellung mit deutschen Flüchtlingen und Vertriebenen.

Unter den großen Migrantengruppen im Deutschland der unmittelbaren Nachkriegszeit bildeten die DPs nur eine unter mehreren: Von rund 18 Millionen Reichsdeutschen in den Ostprovinzen des Reiches und ›Volksdeutschen‹ in den deutschen Siedlungsgebieten in Ost-, Ostmittel- und Südosteuropa waren in der Endphase des Krieges rund 14 Millionen in Richtung Westen geflüchtet oder nach dem Kriegsende vertrieben bzw. deportiert worden. Die Daten der Volkszählung von 1950 lassen die Bilanz dieser millionenfachen Fluchtbewegungen und Vertreibungen deutlich werden. Danach waren insgesamt knapp 12,5 Millionen Flüchtlinge und Vertriebene aus den nunmehr in polnischen und sowjetischen Besitz übergegangenen ehemaligen Ostgebieten des Deutschen Reiches und aus den Siedlungsgebieten der ›Volksdeutschen‹ in die Bundesrepublik und in die DDR gelangt; weitere 500 000 lebten in Österreich und in anderen Ländern.[43]

An die zwei Millionen Deutsche hatten Flucht, Vertreibungen oder Deportationen nicht überlebt, etwa eine Million wurde in die UdSSR deportiert. Von den 12,5 Millionen Flüchtlingen und Vertriebenen in der Bundesrepublik und der DDR des Jahres 1950 kam mit knapp sieben Millionen

Deutsche Männer, Frauen und Kinder flüchten aus Ostpreußen über das vereiste Haff, Januar/Februar 1945

Deutsche Kriegsgefangene und sudetendeutsche Zivilisten werden unter Bewachung tschechischer Milizen auf einer böhmischen Landstraße nach Deutschland verbracht, 1945

Gerhard Gronefeld, Baracke im Flüchtlingslager Laboe an der Kieler Förde, 1946, vgl. Kat. 26.3

»Ausweis für Vertriebene und Flüchtlinge« für einen Flüchtling aus der DDR, 10. November 1953

der größte Teil aus den ehemals deutschen Gebieten östlich von Oder und Neiße. Als nächstgrößere Gruppe folgten knapp drei Millionen Flüchtlinge und Vertriebene aus der Tschechoslowakei; hinzu kamen 1,4 Millionen aus dem Polen der Vorkriegsgrenzen, 300 000 aus der bis 1939 unter der Verwaltung des Völkerbunds stehenden Freien Stadt Danzig, knapp 300 000 aus Jugoslawien, 200 000 aus Ungarn und 130 000 aus Rumänien.
In den vier Besatzungszonen in Deutschland gab es keine

Bundeskanzler Konrad Adenauer besucht eine westdeutsche Neubausiedlung für Vertriebene, 18. Juli 1960, vgl. Kat. 26.7

gleichmäßige Verteilung der Flüchtlinge und Vertriebenen. Ländlich geprägte Gebiete mussten weitaus mehr Menschen aufnehmen als die vor allem durch Luftangriffe häufig schwer zerstörten städtisch-industriellen Ballungsräume; denn in den Landgemeinden und ländlichen Kleinstädten schienen die Wohnungssituation und die Versorgungsmöglichkeiten mit Lebensmitteln besser zu sein. Insgesamt war der Osten Deutschlands stärker betroffen als der Westen, und innerhalb der drei westlichen Besatzungszonen waren wiederum die östlichen Gebiete stärker belastet als die westlichen. Ende 1947 lag der Anteil der Flüchtlinge und Vertriebenen an der Gesamtbevölkerung in der sowjetischen Besatzungszone bei 24,3 Prozent. Die amerikanische Besatzungszone blieb demgegenüber mit 17,7 Prozent ebenso zurück wie die britische mit 14,5 Prozent. In der französischen Besatzungszone lag der Flüchtlingsanteil an der Gesamtbevölkerung, wegen der Weigerung der französischen Besatzungsbehörden, Flüchtlinge und Vertriebene aufzunehmen, sogar bei nur rund einem Prozent.

Vielen Zeitgenossen schienen die Probleme der Integration dieser Massen von Zuwanderern im durch massive Zerstörungen gekennzeichneten, verkleinerten und übervölkerten Nachkriegsdeutschland kaum lösbar. Immerhin waren am Ende des Krieges mehr als vier Millionen Wohnungen ganz oder teilweise zerstört, das entsprach mehr als einem Fünftel des gesamten Vorkriegsbestandes. Hinzu kamen die Probleme der Nahrungsmittel- und Güterversorgung. Erst die anhaltende Hochkonjunktur des ›Wirtschaftswunders‹ seit Anfang der 1950er Jahre besserte die wirtschaftliche und soziale Integration der Flüchtlinge und Vertriebenen sowie der mindestens 2,7 Millionen Zuwanderer aus der DDR zwischen 1949 und dem Mauerbau 1961 grundlegend. Umgekehrt bildeten sie gemeinsam zugleich ein qualifiziertes Arbeitskräftepotential, das das ›Wirtschaftswunder‹ in erheblichem Maße mittrug. Dabei prägte sich allerdings anfangs deutlich das ansonsten eher bei regulären Einwanderungsprozessen zu beobachtende Unterschichtungsphänomen aus: Flüchtlinge und Vertriebene übernahmen zunächst vorwiegend im Vergleich zu ihrer Qualifikation statusniedrigere berufliche Positionen und verfügten dementsprechend auch über geringere Einkünfte. Aufstiegsmöglichkeiten gab es für viele von ihnen vor allem in den 1960er Jahren mit der Ausweitung des Arbeitsplatzangebots und der Zuwanderung von ausländischen Arbeitskräften, die ihrerseits dann die am wenigsten geschätzten Positionen am Arbeitsmarkt einnahmen.

Ausländerbeschäftigung und De-facto-Einwanderung in der Bundesrepublik Deutschland

Die enorme Expansion des bundesdeutschen Arbeitsmarkts im Zeichen einer massiven Ausweitung des Außenhandels, die zugleich Ursache und Folge des Wirtschaftsbooms nach dem Ende der unmittelbaren Nachkriegszeit war, bildete den Hintergrund für die Anwerbung von Millionen Arbeitswanderern (›Gastarbeiter‹) beiderlei Geschlechts aus Südeuropa. Zunächst hatte zusätzlich noch die starke Zuwanderung aus der DDR den wachsenden Bedarf des westdeutschen Arbeitsmarkts gedeckt. Diese Zufuhr endete abrupt 1961.[44] Vom Mauerbau 1961, der den Arbeitskräftezustrom aus der DDR abschnitt, bis zum Krisenausbruch 1973, der den ›Anwerbestopp‹ veranlasste und die Ausländerbeschäftigung ihren Gipfelpunkt überschreiten ließ, wuchs die ausländische Erwerbsbevölkerung beiderlei Geschlechts von rund 550 000 auf rund 2,6 Millionen an.[45] Vom Ende der 1950er Jahre bis zum Anwerbestopp 1973 kamen rund 14 Millionen ausländische Arbeitskräfte nach Deutschland, rund 11 Millionen kehrten wieder zurück, die anderen blieben und ließen ihre Familien nachziehen.

Auf die 1955 mit Italien, 1960 mit Spanien und Griechenland abgeschlossenen ersten Anwerbevereinbarungen folgten entsprechende Abkommen 1961 mit der Türkei, 1963 mit Marokko, 1964 mit Portugal, 1965 mit Tunesien und 1968 mit Jugoslawien.[46] Von diesen Vereinbarungen blieben nur die Verträge mit den beiden nordafrikanischen Staaten weitgehend wirkungslos. Am stärksten vertreten waren zuerst Italiener, Spanier und Griechen. Ihr Anteil sank in den 1970er Jahren, während seit Ende der 1960er Jahre die Anteile der Jugoslawen und vor allem der Türken anstiegen.[47] Der Ausländeranteil an der Wohnbevölkerung in der Bundesrepublik wuchs von 1,2 Prozent im Jahr 1960 über 4,9 Prozent im Jahr 1970 auf 7,2 Prozent im Jahr 1980 und blieb in den 1980er Jahren annähernd auf dieser Höhe. 1980 waren rund 33 Prozent der Ausländer türkische Staatsangehörige, dann folgten jugoslawische mit 14 Prozent und italienische mit 13,9 Prozent. Der Ausländeranteil an der Gesamtzahl der abhängig Beschäftigten lag 1980 bei fast zehn Prozent, ging dann leicht zurück und stabilisierte sich bei knapp acht Prozent.

Der bald – in der öffentlichen Diskussion, nicht im amtlichen Sprachgebrauch – eingebürgerte Begriff ›Gastarbeiter‹ implizierte eine beruflich-soziale Klassifizierung mit dem Schwergewicht auf un- bzw. angelernten Arbeiten, vorwiegend in Zentralbereichen der industriellen Produktion. Die ›Gastarbeiter‹ beiderlei Geschlechts stellten in den 1970er Jahren rund drei Viertel der ausländi-

Kochgelegenheit von italienischen ›Gastarbeitern‹ des VW-Werks in Wolfsburg, 1962, vgl. Kat. 28.15

Türkische Bergleute als ›Gastarbeiter‹ in der Zeche Walsum bei Duisburg, 15. Juli 1971, vgl. Kat. 28.7

schen Arbeitnehmerinnen und Arbeitnehmer in der Bundesrepublik (1974 rund 77 Prozent, 1979 etwa 74 Prozent). Bei anhaltendem, nur durch die Rezession 1966/67 gestörtem Wirtschaftswachstum bildeten sie ein fluktuierendes Arbeitskräftepotential. Es balancierte die Angebot-Nachfrage-Spannung auf dem Arbeitsmarkt und forcierte das weitere Wirtschaftswachstum zunächst von der Arbeitsmarktseite, später auch von der Kaufkraftseite aus.[48]

Zur sozialen und beruflichen Unterschichtung einheimischer durch ausländische Arbeitnehmerinnen und Arbeitnehmer kamen die konjunkturellen Pufferfunktionen der Ausländerbeschäftigung im Wechsel von Aufschwung und Krise. Das zeigte sich bei der ersten Rezession 1966/67 ebenso wie beim ›Ölpreisschock‹ von 1973, der die Grenzen des Wachstums erkennbar werden ließ und Anlass war für den ›Anwerbestopp‹, mit dem die Anwerbeperiode bzw. ›Gastarbeiterperiode‹ zu Ende ging: Infolge der Krise von 1966/67 ging die Ausländerbeschäftigung in der Bundesrepublik um rund 30 Prozent von 1,3 Millionen auf 0,9 Millionen (Januar 1968) zurück. Sie stieg dann wieder an, um 1973 bis 1977 abermals um etwa 29 Prozent zu schrumpfen.

Der ›Anwerbestopp‹ von 1973 wirkte als Bumerang: Er senkte zwar die Ausländerbeschäftigung; er begrenzte aber auch die transnationale Fluktuation der ausländischen Arbeitskräfte, weil seither aus freiwilliger Rückkehr in die Anwerbeländer auf Zeit ein unfreiwilliger Abschied auf Dauer werden konnte; denn ausländische Arbeitskräfte, die ihre Arbeitsverhältnisse beendeten, um für einige Zeit in ihre Heimat zurückzukehren, hatten in der Regel keine Chance mehr, erneut als Arbeitswanderer zugelassen zu werden. Die Folge war, dass die Zahl der ›neuen‹, arbeits- und sozialrechtlich weniger gesicherten ausländischen Arbeitskräfte schrumpfte, während die Zahl derer stieg, die blieben und ihre Familien nachziehen ließen. Auf der Zeitachse aber verfestigte sich ihr Status im Sinne des Aufenthaltsrechts. Aus ›Gastarbeitern‹ mit Daueraufenthalt wurden faktisch Einwanderer. Obgleich die Zahl der ausländischen Erwerbstätigen von 2,6 Millionen im Jahr 1973 auf rund 1,8 Millionen im Jahr 1977 und bis 1989 auf etwa 1,6 Millionen sank, lag die ausländische Wohnbevölkerung 1973 (3,97 Millionen) wie 1979 (4,14 Millionen) bei rund vier Millionen und stieg bis 1989 auf knapp 4,9 Millionen (7,3 Prozent) an.[49]

Ein Großteil der Ausländerfamilien in Deutschland lebte schon in den späten 1970er Jahren in einem gesellschaftlichen Paradox – in einer Einwanderungssituation ohne Einwanderungsland. Das wurde im politischen Entscheidungsprozess verdrängt und im Verwaltungshandeln tabuisiert.[50] Die defensive Selbstbeschreibung der Bun-

Ankunft südkoreanischer Krankenschwestern treffen in Berlin-Tegel, 5. März 1969, vgl. Kat. 28.8

Günter Zint, Einschulung in Hamburg-St. Pauli, 1989

desrepublik als ›Nichteinwanderungsland‹ wurde seit Beginn der 1980er Jahre als Abwehrformel aber zunehmend funktionslos angesichts einer pragmatischen Umstellung der administrativen Praxis auf Integration nach Recht und Gesetz. Für diese sorgte im Zweifelsfall die Rechtsprechung: Aufenthalts-, arbeits- und sozialrechtliche Verpflichtungen gegenüber Ausländern waren nicht nach Gesichtspunkten politischer Opportunität außer Kraft zu setzen. Mit der Aufenthaltsdauer wuchsen die Rechtsansprüche an den Wohlfahrtsstaat bzw. dessen Leistungsverpflichtung gegenüber der zugewanderten Ausländerbevölkerung.[51] Die überfälligen Großkonzepte für Einwanderungs- und Eingliederungsfragen blieben dennoch aus bis zur Diskussion um den Bericht der Unabhängigen Kommission ›Zuwanderung‹ 2001 und um das Zuwanderungsgesetz 2002 bis 2004.

Beschäftigung ausländischer Arbeitskräfte im Rotationssystem in der DDR

Auch in der DDR gab es, in geringem Umfange, Ausländerbeschäftigung auf der Grundlage von Regierungsabkommen. Die ›ausländischen Werktätigen‹ stammten hier zuletzt vorwiegend aus Vietnam und Mosambik.[52] Die Ausländerbeschäftigung wurde in der DDR offiziell totgeschwiegen oder verharmlost als Ausbildungswanderung, die sie nur zum Teil und besonders anfangs tatsächlich war. Für die mit befristeten Verträgen in den eingemauerten Staat geholten Ausländer gab es zwar administrativ geleitete, autoritäre ›Betreuung‹. Die Ausländer wurden aber vielfach in separaten Gemeinschaftsunterkünften einquartiert und damit auch sozial auf Distanz gehalten. Nähere Kontakte waren genehmigungs- und berichtspflichtig.

Von den 1989 noch rund 190 000 Ausländern in der DDR stellten die in DDR-Betrieben Beschäftigten mit 93 600 die bei weitem stärkste Gruppe, unter ihnen am Vorabend der deutschen Einigung 1989 noch etwa 59 000 Arbeitskräfte aus Vietnam und rund 15 000 aus Mosambik. Die ausländischen Arbeitskräfte arbeiteten in der DDR – wie die ›Gastarbeiter‹ in der Bundesrepublik – zumeist in den Beschäftigungsfeldern, die von einheimischen Arbeitskräften am wenigsten geschätzt wurden: im unmittelbaren Produktionsbereich und unter härtesten Arbeitsbedingungen, zum Beispiel zu drei Vierteln im Schichtdienst. Einwanderungsprobleme stellten sich im Zusammenhang der Ausländerbeschäftigung nur im Falle der – seltenen – Eheschließungen zwischen ›ausländischen Werktätigen‹ und Bürgerinnen bzw. Bürgern der DDR; denn die auf der Grundlage zwischenstaatlicher Vereinbarungen befristet zuwandernden Ausländer hatten nach Vertragsende in ihre Heimat zurückzukehren. Familienzuwanderung gab es in diesem strengen Rotationssystem nicht. Die ausländischen Arbeitskräfte in der DDR kamen als einzelne Arbeitswanderer beiderlei Geschlechts, wobei in den zwischenstaatlichen Vereinbarungen vor allem von jungen, ledigen Arbeitskräften die Rede war.

Öffentliche Diskussionen über in der DDR lebende und arbeitende Ausländer und deren Probleme wurden von staatlicher Seite konsequent unterdrückt, alle offiziellen Dokumente und Verträge bis zur Wende im Herbst 1989 unter Verschluss gehalten. Aus diesen Gründen gab es bis dahin, von Ausnahmen – zum Beispiel den Kirchen – abgesehen, keine Lobby für die in der DDR lebenden Ausländer. Die ausländischen Beschäftigten und Ausbildungswanderer hatten, von Gewerkschaftsaktivitäten im betrieblichen Rahmen abgesehen, weder ein Mitspracherecht noch Mitentscheidungsmöglichkeiten in ausländerpolitischen Fragen. Eigene Interessenvertretungen für ausländische Arbeitskräfte existierten nicht. Insgesamt gab es in der DDR den ›ausländischen Werktätigen‹ gegenüber weniger soziale Integration und mehr staatlich verordnete soziale Segregation.

Zuwanderung und Integration im vereinigten Deutschland

Mit der Öffnung des Eisernen Vorhangs, dem Wandel der politischen Systeme in den ehemaligen Staaten des ›Ostblocks‹ und dem Ende der DDR 1989/90 wandelten sich die Migrationsmuster in Europa und in Deutschland. Das vereinigte Deutschland wurde erneut zum Ziel und zur Drehscheibe der Ost-West-Migration. Das zeigte sich vor allem bei der Zuwanderung von Asylsuchenden, Aussiedlern und jüdischen Kontingentflüchtlingen.

Das nach dem Zweiten Weltkrieg im Grundgesetz der Bundesrepublik Deutschland verankerte Asylgrundrecht sollte allen, die glaubten, Anspruch darauf anmelden zu können, bis zur Entscheidung über ihren Antrag sicheren Aufenthalt geben. Mit zunehmender Inanspruchnahme dieses Rechts durch Flüchtlinge aus aller Welt wuchs die Tendenz zunächst zu seiner Einschränkung in der Praxis und schließlich, nach einer massiven Zunahme der Gesuche im Zuge der Öffnung des Eisernen Vorhangs, zur Einschränkung des Grundrechts selbst, die im ›Asylkompromiss‹ von 1993 Wirklichkeit wurde.

In der Bundesrepublik hatte 1988 die Kurve der Asylgesuche die Marke von 100 000 überschritten. Sie kletterte im Jahr der europäischen Revolutionen 1989 auf rund 120 000, erreichte im vereinigten Deutschland 1990 knapp 190 000, 1991 sogar fast 260 000 und 1992 schließlich fast 440 000. Die Krisenentwicklung in Ost-, Ostmittel- und Südosteuropa führte, zusammen mit den Abwehrmaßnahmen gegen Armutsflüchtlinge aus der ›Dritten Welt‹, zu einer kompletten Umkehr der Relationen: 1986 waren noch rund 74,8 Prozent der Asylsuchenden aus der ›Dritten Welt‹ gekommen. 1993 stammten 72,1 Prozent aus Europa, vor allem aus Ost-, Ostmittel- und Südosteuropa. Das war der Hintergrund für die Änderung des Grundrechts auf Asyl im Jahr 1993 (Art. 16a GG). Seither hat in aller Regel keine Chance mehr auf Asyl, wer aus ›verfolgungsfreien‹ Ländern stammt oder über ›sichere Drittstaaten‹ einreist, mit denen sich Deutschland lückenlos umgeben hat. Nach dem Ende der Kriege und Bürgerkriege in Südosteuropa kam der über-

Jürgen Henschel, Tamilen und Deutsche protestieren vor der Ausländerbehörde in Berlin-Wedding gegen die Asylpolitik der Bundesregierung, 29. November 1984

wiegende Teil der Asylbewerber wieder aus der ›Dritten Welt‹.⁵³ Seit dem Ende der 1990er Jahre liegen die Zahlen der jährlichen Asylanträge bei insgesamt sinkender Tendenz durchweg wieder unter der 1988 bis 1997 überschrittenen Schwelle von 100 000.

Die Abwehrmaßnahmen aber haben nicht nur die Asylbewerberzahlen gesenkt und den ›Transitverkehr‹ von Asylsuchenden durch Deutschland in andere europäische Länder verstärkt. Sie haben auch die Zahl der illegalen Inlandsaufenthalte erhöht.⁵⁴ Die wichtigsten Erscheinungsformen basieren nicht auf den in den Sensationsberichten der Medien über organisierten Menschenschmuggel ganz in den Vordergrund gerückten illegalen Grenzübertritten, die immer schwieriger geworden sind, sondern auf den vorhandenen Möglichkeiten einer legalen Einreise, zum Beispiel als Tourist, als Besucher von Bekannten oder Verwandten, als Saisonbeschäftigter, als Geschäftsreisender, Asylsuchender oder Flüchtling. Die Illegalisierung setzt erst ein mit der Arbeitnahme ohne Arbeitserlaubnis, mit dem Überschreiten der Aufenthaltsfrist oder mit dem ›Abtauchen‹ nach dem Eintreffen der Ablehnung des Asylgesuchs, der Ausreiseaufforderung oder der Ankündigung von aufenthaltsbeendenden Maßnahmen (›Abschiebung‹). Darüber hinaus gibt es eine große Vielfalt von wechselnden Migrationsmustern mit fließenden Übergängen.⁵⁵

Weniger bedeutend, aber aufsehenerregender ist die erwähnte illegale heimliche Zuwanderung oder der Grenzübertritt mit gefälschten Papieren, gefolgt von illegalem Inlandsaufenthalt und illegaler Arbeitnahme, unangemeldet oder registriert auf der Basis gefälschter Papiere. In diesem Bereich operieren auch die zumeist international organisierten, manchmal über mafiotische Netze verbundenen Schlepperorganisationen, die die Hauptprofiteure der Abgrenzung Europas gegen unerwünschte Zuwanderung sind. Hier gibt es auch fließende Grenzen zum illegalen Kontrakthandel, zu modernen Formen der Schuldknechtschaft und zum Menschenhandel als international organisiertem Kapitalverbrechen, zum Beispiel in Gestalt des Frauenhandels.

Ein Spezifikum der illegalen Migration ist die Tatsache, dass sie, von zum Teil hochinformativen, aber nicht repräsentativen teilnehmenden Beobachtungen, Interviews, darauf gestützten Sozialreportagen und lokal begrenzten Fallstudien abgesehen, ›als solche‹ gar nicht untersucht werden kann; denn sie ist in ihren vielfältigen und wechselnden, teils mobilen, teils auch partiell verfestigten Strukturen immer nur eine soziale bzw. ökonomische ›Antwort‹ auf Kontextbedingungen bzw. wechselnde Gelegenheitsstrukturen: Sie ist eine Antwort auf Zu-

Jürgen Henschel, Mahnwache der Fichtebergschule in Berlin-Steglitz gegen die Verschärfung des Asylrechts, 25. März 1993

wanderungsrestriktionen bei aus der Lage im Herkunftsgebiet und/oder der Anziehungskraft des Zielgebietes resultierendem Zuwanderungsdruck, auf bestimmte, am Arbeitsmarkt illegal erreichbare – mitunter auch erst durch das Vorhandensein illegaler Erwerbsnachfrage strukturierte – Erwerbsangebote; und sie ist in ihren Erscheinungsformen zugleich auch immer eine mobile und flexible Antwort auf gegen sie selbst gerichtete Sanktionen. Wie bei keinem anderen Phänomen und Problem im Bereich von Migration und Integration ist hier mithin die jeweilige – durchaus wechselseitig zu verstehende – Kontextabhängigkeit konstitutiv für das Phänomen selbst. Neben der Zuwanderung von Asylbewerbern stieg Ende der 1980er und Anfang der 1990er Jahre besonders die Zahl der Aussiedler in der Bundesrepublik Deutschland stark an.[56] Die Aussiedlerzuwanderung ist eine Art ›Rückwanderung‹ über Generationen hinweg. Die Vorfahren sind teils vor Generationen, teils schon vor Jahrhunderten oder, wie im Falle der ›Siebenbürger Sachsen‹, sogar schon im Spätmittelalter ausgewandert. Anerkannte ›Aussiedler‹ haben im Sinne des Kriegsfolgenrechts Anspruch auf die deutsche Staatsangehörigkeit mit allen Rechten und Pflichten. Damit verband sich eine bis Ende der 1980er Jahre und damit bis zum Ende des Kalten Krieges sehr großzügige Aufnahmepraxis gegenüber Aussiedlern.

Das Bundesvertriebenen- und Flüchtlingsgesetz von 1953 hatte die Rechtsgrundlagen geschaffen und dem Bund aufgegeben, Personen deutscher Herkunft aus Ost-, Ostmittel- und Südosteuropa als Aussiedler aufzunehmen, ihnen die deutsche Staatsangehörigkeit zu geben und ihre Integration zu fördern. Bei Personen deutscher Herkunft, denen es gelungen war, den Eisernen Vorhang zu überqueren, wurde bei ihrer Aufnahme in der Bundesrepublik grundsätzlich ein Verfolgungsschicksal vorausgesetzt. Die Zuwanderung von Personen deutscher Herkunft aus Ost-, Ostmittel- und Südosteuropa in die Bundesrepublik Deutschland schloss in fließendem Übergang an die Geschichte der organisierten Vertreibungen an und bildete nach der Zuwanderung von Flüchtlingen und Vertriebenen sowie von Arbeitsmigranten die drittgrößte Zuwanderungsbewegung. Zwischen 1950 und 2004 reisten insgesamt über vier Millionen Aussiedler in die Bundesrepublik und ins vereinigte Deutschland ein. Der weitaus überwiegende Teil davon – rund 3 Millionen – kam nach 1987 aufgrund von *Glasnost* und *Perestroika* in der UdSSR sowie der Öffnung des Eisernen Vorhangs. Die Aussiedlerzuwanderung überschritt 1988 knapp die Marke von 200 000 und erreichte bis Ende 1990 die Höhe von fast 400 000. Sie ging dann 1991, trotz hoher Antragszahlen, stark zurück auf etwas mehr als 200 000

Johannes Backes, Bosnische Frau mit Kindern in einem Berliner Asylbewerberheim, 1999

und blieb bis 1995 auf diesem hohen Niveau, um seither stark abzusinken (2003: 72 885, 2004: 59 093).
1950 bis 1987 war Polen das Hauptherkunftsland der Aussiedler in der Bundesrepublik. 62 Prozent aller Aussiedler (848 000) kamen von dort, nur acht Prozent (110 000) hingegen aus der Sowjetunion mit ihrer noch restriktiven Ausreisepolitik. An zweiter Stelle nach Polen und mit deutlichem Vorsprung vor der UdSSR folgte Rumänien mit 15 Prozent der Aussiedler (206 000). Als sich der Eiserne Vorhang öffnete, stieg die Massenzuwanderung aus der Sowjetunion und ihren Nachfolgestaaten rasch über diejenige aus Polen und Rumänien hinaus. Bis 1990 erhöhte sich ihr Anteil auf 37,3 Prozent und schnellte 1991 auf 66,4 Prozent hoch. Die Zuwanderung von Aussiedlern aus den GUS-Staaten erreichte über 94,7 Prozent im Jahr 1993 schließlich 96,8 Prozent im Jahr 1996, als von 177 751 aufgenommenen Aussiedlern allein 172 181 aus der ehemaligen Sowjetunion kamen. Der Anteil der Aussiedler aus Polen und Rumänien sank dementsprechend steil ab: 1994 und 1996 kamen nur noch 2,6 Prozent bzw. 2,4 Prozent aller Aussiedler aus Rumänien, der Anteil Polens sank auf 1,1 Prozent bzw. 0,6 Prozent.

Die Verlagerung der Ausgangsräume war nicht nur Ergebnis der Abnahme der Auswanderungspotentiale in Rumänien und der lawinenartigen Zunahme der Auswanderung aus dem um ein Vielfaches größeren Potential im GUS-Raum. Sie wurde seit 1990 auch durch Veränderungen des Anerkennungsverfahrens beeinflusst, die Aussiedler aus Polen und Rumänien sowie aus anderen Aussiedlungsgebieten gegenüber der GUS benachteiligten: Der anhaltende ›Vertreibungsdruck‹ bzw. die Benachteiligung aufgrund deutscher Volkszugehörigkeit ist seit 1. Januar 1993 von den Antragstellern im Einzelnen und als bis zur Antragstellung fortwirkend nachzuweisen. Dagegen wird er bei Antragstellern aus dem GUS-Bereich »widerleglich angenommen«, das heißt bis zum Beweis des Gegenteils vorausgesetzt. All dies gehörte zu den gravierenden Veränderungen der Rahmenbestimmungen für die Aussiedlerzuwanderung und -eingliederung durch das »Kriegsfolgenbereinigungsgesetz« von 1993 im Zusammenhang des ›Asylkompromisses‹, der in Wirklichkeit ein umfassender Migrationskompromiss war. Antragsberechtigt sind seither nur mehr vor 1993 geborene ›Spätaussiedler‹. Hinzu kamen seit den frühen 1990er Jahren fortschreitende Einschränkungen der Eingliederungsmaßnahmen, durch die sich die Lage der Aussiedler/Spätaussiedler tendenziell derjenigen anderer Migrantengruppen annäherte, wiewohl sie unter allen Zuwanderergruppen in Deutschland nach wie vor deutlich privilegiert sind.

Relativ jung noch ist die Zuwanderung von Juden aus den Nachfolgestaaten der ehemaligen Sowjetunion. Ihre Vorgeschichte begann in der Zeit der Agonie der DDR zwischen dem Untergang des SED-Regimes Anfang November 1989 und der Vereinigung mit der Bundesrepublik Deutschland am 3. Oktober 1990. In dieser postrevolutionären Zwischenzeit, in der zum Beispiel auch das – nach der Vereinigung ungültig gewordene – kommunale Ausländerwahlrecht der DDR eingeführt wurde, erklärten sich 1990 die von der antizionistischen SED-Doktrin abgerückten Fraktionen der DDR-Volkskammer in einer gemeinsamen Erklärung bereit, »verfolgten Juden in der DDR Asyl zu gewähren«. Das wurde auch vom DDR-Ministerrat im Juli 1990 bestätigt. Daraufhin beantragten bis Mitte April 1991 fast 5 000 Juden aus der Sowjetunion ihre Aufnahme im Staatsgebiet der ehemaligen DDR. Die ersten 8 535 jüdischen Einwanderer waren seit April 1990 in die noch existierende DDR eingereist. Von der Öffnung des Eisernen Vorhangs bis Ende 2003 wanderten insgesamt rund 180 000 Juden aus der Sowjetunion/GUS nach Deutschland zu.

Johannes Backes, Junger Mann aus Russland in der Abschiebehaftanstalt Eisenhüttenstadt, 1999

Sie werden angesichts des nicht mehr staatlichen, dafür aber vielfach geradezu alltäglichen Antisemitismus in der GUS analog zu Kontingentflüchtlingen behandelt, das heißt mit einem ihnen kollektiv zugebilligten Status, der annähernd demjenigen von anerkannten Asylberechtigten entspricht. Die bevorzugte Behandlung der Juden aus der GUS in der Heimat des Holocaust ist eine – nach erheblichem Tauziehen um die Übernahme dieser DDR-Initiative ins vereinigte Deutschland durchaus zögernd gegebene – Antwort der Deutschen auf dieses dunkelste Kapitel ihrer Geschichte. Es gibt, vor diesem Hintergrund, trotz aller Sympathiewerbung in den Medien, nach wie vor mancherlei Unsicherheiten in der Begegnung zwischen Deutschen und jüdischen Einwanderern aus Osteuropa.

Hinzu kommen Identitätsprobleme der Einwanderer selbst: Sie wanderten als Juden aus und wurden als solche in Deutschland aufgenommen. Viele – aber bei weitem nicht alle – traten in die Ende 2003 wieder rund 100 000 Mitglieder umfassenden jüdischen Gemeinden ein und werden von diesen unterstützt, obgleich ein großer Teil der Zuwanderer in der Herkunftsgesellschaft keine jüdische Identität im religiös-kulturellen Sinne mehr besaß, weil viele jüdische Gemeinden unter dem teils antizionistischen, teils offen antisemitischen Druck erloschen waren.[57] Dass in der Bundesrepublik Schuldgefühle wegen nationalsozialistischer Massenverbrechen nicht bei der Behandlung aller davon betroffenen Minderheiten wirkten, zeigte das Schicksal der zugewanderten Roma. Die Erinnerung, dass Sinti und Roma vom Holocaust nach den Juden am stärksten betroffen waren, bot hier keine Brücke nach Deutschland.

Nach amtlichen Schätzungen gab es von Anfang 1990 bis zum Inkrafttreten des neuen Asylrechts am 1. Juli 1993 rund 250 000 Roma-Flüchtlinge in Deutschland, vor allem aus Rumänien, aber auch aus Jugoslawien und Bulgarien. Ihre Behandlung zeigte ein strenges Gegenbild zu derjenigen von Aussiedlern und Juden aus Osteuropa: Bei Aussiedlern und Juden ging es um staatlich begleitete Migration unter den Leitperspektiven von sozialstaatlicher Inklusion und gesellschaftlicher Integration. Das Gegenteil galt für die unerwünschte Zuwanderung von ›Zigeunern‹ aus Osteuropa: Exklusion, Zwangsrepatriierung bzw. amtlich geschönte Deportation zurück in Länder, in denen sie, wie zum Beispiel in Rumänien, zumindest ebenso ausgekreist sind wie Juden in der GUS.

Im Zentrum der Diskussion um die deutsche Migrations- und Integrationspolitik stand zu Beginn des 21. Jahrhunderts die politische und publizistische Debatte über den Bericht der von Bundesinnenminister Otto Schily eingesetzten Unabhängigen Kommission ›Zuwanderung‹[58] und über das im Anschluss von der Bundesregierung vorgelegte »Gesetz zur Steuerung und Begrenzung der Zuwanderung und zur Regelung des Aufenthalts und der Integration von Unionsbürgern und Ausländern (Zuwanderungsgesetz)«.[59] Es sah Gestaltungsmöglichkeiten für begrenzte und im Rahmen des Möglichen gesteuerte Zuwanderung nach einem besonders am kanadischen Vorbild orientierten Punktesystem mit Zulassungskriterien vor. Es reduzierte die verwirrende Vielfalt der Aufenthaltstitel auf nur zwei: Aufenthalts- und Niederlassungserlaubnis. Und es erhob erstmals Integration zur gesetzlichen Aufgabe, wozu auch für Zugewanderte verpflichtende Angebote zur Integrationsförderung gehörten, zum Beispiel Sprach- und Orientierungskurse. Es konzipierte ferner eine neue, bei dem in Bundesamt für Migration und Flüchtlinge (BAMF) umzubenennenden Nürnberger Bundesamt für die Anerkennung ausländischer Flüchtlinge als nachgeordneter Behörde des Bundesinnenministeriums zentrierte und in vieler Hinsicht schlankere Migrationsverwaltung mit begleitender wissenschaftlicher Beratung durch einen hochrangig angesiedelten, unabhängigen Sachverständigenrat für Zuwanderung und Integration (Zuwanderungsrat) sowie ein besonderes Bundesforschungsinstitut, zu dem das bestehende Bundesinstitut für Bevölkerungsforschung beim Statistischen Bundesamt in Wiesbaden erweitert werden sollte.

Nach zähen Verhandlungen, einer vom Bundesverfassungsgericht für ungültig erklärten Abstimmung im Bundesrat, unveränderter Neuvorlage, abermaligem Scheitern der Verhandlungen und einer schließlich erfolgreichen Verhandlungsrunde im Kanzleramt wurde das Zuwanderungsgesetz schließlich im Juni 2004 angenommen, mit Inkraftsetzung zum 1. Januar 2005. Der Preis für die Einigung zwischen weit auseinander liegenden Positionen in einer oft weniger der Sache selbst geltenden und mehr als parteipolitischer Stellvertreterkrieg inszenierten Auseinandersetzung war hoch: Das Punktesystem als Steuerungsinstrument in der migratorischen Konkurrenz um die besten Köpfe fiel ebenso dem Parteienstreit zum Opfer wie der zu nahe an das Punktesystem gerückte Zuwanderungsrat, der nach heftigen, stark populistisch geprägten Auseinandersetzungen um sein erstes Jahresgutachten Ende Dezember 2004 wieder aufgelöst wurde.[60] Das Bundesforschungsinstitut kam nicht zustande und wurde durch eine entsprechende mit dem Bundesinstitut für Bevölkerungsforschung kooperierende Forschungseinheit im Nürnberger Bundesamt ersetzt, wodurch das Gewicht von der unabhängigen Forschung zur Auftragsforschung verlagert wurde. Im Blick auf die Wirtschaftswanderungen wurden Zuwanderungserleichterungen für Hochqualifizierte und Selbständige geschaffen. Beim Asylrecht wurden der ungewisse Status der Duldung und damit auch die de facto oft eintretenden Kettenduldungen abgeschafft sowie, EU-Standards entsprechend, die Anerkennungsmöglichkeiten für nichtstaatliche und geschlechtsspezifische Fluchtgründe eingeräumt.

Insgesamt war das Gesetz, gemessen an den Ideen der Unabhängigen Kommission ›Zuwanderung‹, aber auch an dem ursprünglich vorgelegten Regierungsentwurf, ein in seiner Reichweite stark reduzierter Schritt in die richtige Richtung. Er erinnert in seiner historischen Verspätung an diejenige des ersten deutschen Auswanderungsgesetzes von 1897: Es war seinerzeit erst zustande gekommen, als die deutsche Massenauswanderung, die im 19. Jahrhundert rund 5,5 Millionen Auswanderer allein in die Vereinigten Staaten geführt hatte, bereits der Geschichte angehörte. Deshalb erreichten die Schutzbestimmungen des Gesetzes die meisten deutschen Auswanderer nicht mehr. Ursache der Verspätung war die politische Angst, ein Auswanderungsgesetz könne die missliche Auswanderung noch befördern.

Ähnliches wiederholte sich, bei umgekehrter Migrationsrichtung, bei dem von Migrationsforschern, Ausländerbeauftragten und Praktikern der Migrations- und Integrationsarbeit im Kern schon seit Beginn der 1980er Jahre geforderten umfassenden Zuwanderungs- und Integrationsgesetz. Aus politischer und populistisch immer wieder beschworener Angst, ein Zuwanderungsgesetz könne die Zuwanderung noch steigern, wurden entsprechende Initiativen und schließlich der Gesetzentwurf selbst blockiert, verschleppt und, wichtiger Steuerungschancen beraubt, erst 2005 erlassen, als im Bereich der Integrationspolitik bereits ein Vierteljahrhundert an Gestaltungschancen bzw. Handlungsspielräumen verloren war. Bemerkenswert war dabei, dass gerade jene politischen Kräfte, die eine umfassende gesetzliche Beschäftigung mit Migration und Integration in defensiver Erkenntnisverweigerung (»Die Bundesrepublik ist kein Einwanderungsland«) jahrzehntelang blockiert hatten, am Ende über Misserfolge in der Integrationspolitik und über eine »Zuwanderung in die Sozialsysteme« klagten, zu deren Begrenzung ein rechtzeitig verabschiedetes Gesetz mit klaren Perspektiven und Maßgaben für Zuwanderungssteuerung und Integrationsförderung entscheidend hätte beitragen können.

Das Zuwanderungsgesetz von 2005 markierte, im Vergleich zur gesellschaftlichen Realität im De-facto-Einwanderungsland um mindestens ein Vierteljahrhundert verspätet, auch de iure den Übergang der Bundesrepublik Deutschland von einem informellen zu einem formellen modernen Einwanderungsland mit den entsprechenden gesetzlichen und administrativen Instrumentarien: Als ein informelles Einwanderungsland kann ein Land gelten, in dem die Zuwanderungen im weitesten Sinne dauerhaft die Auswanderungen übersteigen. Es versteht sich – im Gegensatz zu ›klassischen‹ überseeischen Einwanderungsländern – zwar nicht selbst als Einwanderungsland, obgleich in seinen Grenzen eine Zuwandererbevölkerung lebt, die nach allen gängigen Kriterien als Einwandererbevölkerung bezeichnet werden kann und sich selbst auch so versteht. Es bietet solchen Zuwanderern, trotz seiner Selbstbeschreibung als Nicht-Einwanderungsland, möglicherweise fließende Übergänge von Arbeitswanderungen über Daueraufenthalte zu formeller Einwanderung bis hin zum Erwerb der Staatsangehörigkeit. Es fehlen aber eine reguläre Einwanderungsgesetzgebung und Einwanderungspolitik, die für ein formelles Einwanderungsland charakteristisch sind – und zwar unabhängig davon, ob ein solches formelles Einwanderungsland damit je und je auf Steuerung (zum Beispiel nach Kriterien), auf Steigerung oder Begrenzung bzw. sogar auf befristete Verhinderung von freier Einwanderung abzielt. Dazwischen liegen in der Rechtswirklichkeit vielfältige Übergangsstufen.

Ein informelles Einwanderungsland war die Bundesrepublik spätestens seit Beginn der 1980er Jahre schon im sozialen und kulturellen, wenn auch noch nicht im rechtlichen Sinne. Das hat sich schrittweise geändert durch die Reform des Ausländerrechts im Jahr 1990 mit ihren Einbürgerungserleichterungen, dann vor allem durch die Reform des Staatsangehörigkeitsrechts im Jahr 2000 mit der beschränkten Einführung des Erwerbs der Staatsangehörigkeit durch Geburt im Land bei befristeter Hinnahme der doppelten Staatsangehörigkeit und schließlich 2005 mit dem trotz seiner historischen Verspätung noch als ›historisch‹ zu bewertenden Zuwanderungsgesetz.

1 Hierzu und zum Folgenden: Bade 2002.
2 Gesamtdarstellungen: Bade 2000; Moch 2003.
3 Franz 1979, S. 59f.
4 Schilling 2002.
5 Press 2000.
6 Jersch-Wenzel 1981b.
7 Überblicksartige Sammelwerke: Duchhardt 1985; Thadden/Magdelaine 1985; Hartweg/Jersch-Wenzel 1990.
8 Asche 2003, Teil C.
9 Hartweg 1990.
10 Jersch-Wenzel 1985; Birnstiel/Reinke 1990.
11 Jersch-Wenzel 1990.
12 Haver 2004.
13 Lourens/Lucassen 1999.
14 Walz 2002.
15 Oberpenning 1996.
16 Bade 1982.
17 Brandes 1993.
18 Fertig 1994.
19 Hippel 1984; Fertig 2000.
20 Bade 1984.
21 Helbich 1988, S. 31–39.
22 Kamphoefner 1982.
23 Just 1988.
24 Langewiesche 1977; Hochstadt 1999.
25 Kleßmann 1978.
26 Lucassen 1987.
27 Bade 1984b.
28 Del Fabbro 1996; Wennemann 1997.
29 Hierzu und zum Folgenden: Bade 1980b.
30 Hierzu und zum Folgenden: Oltmer 1998.
31 Herbert 1984.
32 Hierzu und zum Folgenden: Oltmer 2005, S. 309–481.
33 Herbert 1985, S. 36–66.
34 Thalheim 1926; Bickelmann 1980; Bade 1980, S. 165–168.
35 Henkes 1995.
36 Hierzu und zum Folgenden: Oltmer 2005, S. 89–139, 219–269.
37 Überblick: Krohn 1998.
38 Hierzu und zum Folgenden: Herbert 1985; Spoerer 2001.
39 Überblick: Benz 1995.
40 Hierzu s. die Beiträge in: Benz 1996.
41 Jacobmeyer 1985; zur Aufnahme in der UdSSR: Polian 2000.
42 Holleuffer 2001.
43 Zu Flucht und Vertreibung der Deutschen s. im Überblick die Beiträge in: Schulze 1987, bes. Teil I und II; Hoffmann 2000.
44 Heidemeyer 1994; Ackermann 1995.
45 Bethlehem 1982, S. 125.
46 Zu den Hintergründen s. Steinert 1995, S. 239–310.
47 Zur Frühphase der ›Gastarbeiterzuwanderung‹ in die Bundesrepublik s. insgesamt: Schönwälder 2001; Herbert 2001, S. 202–229.
48 Bade 1983.
49 Heckmann 1981, S. 183–222.
50 Bade 1994b.
51 Bade/Bommes 2000.
52 Hierzu und zum Folgenden: Gruner-Domić 1999.
53 Bade 1994, S. 91–146.
54 Alt 1999.
55 Hierzu und zum Folgenden: Bade 2000, S. 401–407.
56 Hierzu und zum Folgenden: Bade/Oltmer 2003.
57 Mertens 1993; Jasper 1996; Doomernik 1997.
58 *Zuwanderung gestalten – Integration fördern. Bericht der Unabhängigen Kommission ›Zuwanderung‹*, Berlin, 4.7.2001.
59 Angenendt/Kruse 2004.
60 Sachverständigenrat für Zuwanderung und Integration, *Migration und Integration – Erfahrungen nutzen, Neues wagen*, Berlin 2004 (Jahresgutachten 2004 des Sachverständigenrates) <http://www.zuwanderungsrat.de>.

Recht und Migration in der frühneuzeitlichen Ständegesellschaft
Reglementierung – Diskriminierung – Verrechtlichung

Karl Härter

Seit dem Spätmittelalter verfestigte sich in ganz Europa – auch im territorial zersplitterten Heiligen Römischen Reich deutscher Nation – die stärker sesshaft orientierte Stände- und Untertanengesellschaft. Daraus resultierte jedoch keineswegs eine Verringerung oder gar weitgehende Eindämmung von Mobilität und Migration. Diese nahmen nicht nur quantitativ zu, weil die Bevölkerung wuchs, sondern Gründe und Formen von Wanderungsbewegungen differenzierten sich weiter aus. Dies betrifft allgemein die Ein- bzw. Auswanderung, die seit dem 18. Jahrhundert auch aus dem Alten Reich herausführte, die konfessionell motivierten Vertreibungen und Flüchtlingsbewegungen, die wachsende Zahl ›auf der Straße‹ lebender sozialer Randgruppen und Unterschichten sowie das breite Spektrum der Arbeitsmigration, das vom Gesindedienst und Gesellenwandern bis zum ambulanten Handel, medizinischen Berufen und reisenden ›Unterhaltungskünstlern‹ reichte. Bevölkerungswachstum, Religion, sozialer bzw. Minderheitenstatus, Armut, Ausgrenzung, Vertreibung, Flucht, Asylsuche, Arbeitssuche bzw. Arbeitsausübung, aber auch Krisenerscheinungen wie Seuchen, Kriege, Klimaverschlechterung, Preisanstieg und Hungerkrisen bildeten in der Frühen Neuzeit wesentliche Gründe für Wanderungsvorgänge.[1]

Bettlerverordnung, Cölln/Berlin, 16. August 1695, vgl. Kat. 10.8

Bettlerzeichen der Stadt Nürnberg, 1500/50, vgl. Kat. 10.2

Bettlerzeichen der Stadt Ingolstadt, Ende 16. Jh., vgl. Kat. 10.5

Bettlerzeichen der Stadt Halberstadt, 1653, vgl. Kat. 10.6

Diese führten keinesfalls regelmäßig zu einem dauerhaften neuen Aufenthalt in einem anderen Territorium. Eine mobile, durch Betteln, Arbeitssuche und ambulante Tätigkeiten gekennzeichnete Lebensweise war vielmehr für einen relativ großen Anteil der Bevölkerung kennzeichnend. Viele Menschen fanden keinen neuen dauerhaften Aufenthalt und lebten ›auf der Straße‹, andere hielten sich oft nur eine begrenzte Zeit an ihren ›Heimatorten‹ auf und versuchten mittels einer mobilen Lebensweise einen meist kargen Lebensunterhalt zu verdienen. Insgesamt schätzt die Forschung den Anteil der migrierenden bzw. mobilen Bevölkerung der mitteleuropäischen frühneuzeitlichen Ständegesellschaft auf ca. fünf bis zehn Prozent. Erschwert wird die Identifizierung von Migrationsvorgängen zudem durch die komplexen Herrschaftsstrukturen im Alten Reich mit seinen zahlreichen Territorien, Reichsstädten und sonstigen Herrschaften: Galt doch bereits das Verlassen einer adligen Herrschaft oder Reichsstadt als Auswanderung.[2] Die Vielfalt der Wanderungsbewegungen in der Ständegesellschaft des zersplitterten Alten Reiches kann daher nur bedingt mit modernen Migrationsmodellen beschrieben werden, die auf eine permanente Wohnsitzveränderung »Staatsangehöriger« über signifikante »Staatsgrenzen« rekurrieren und diese von sonstigen »Reisen« unterscheiden.[3]

Die Zunahme und Ausdifferenzierung von Wanderungsbewegungen ging einher mit der Etablierung und Intensivierung einer obrigkeitlichen Migrationspolitik, die sich in entsprechenden ›Gesetzen‹ und Maßnahmen manifestierte. Seit dem Spätmittelalter lässt sich bei den Herrschafts- und Funktionseliten, teilweise aber auch in der gesamten ›sesshaften‹ Gesellschaft ein Einstellungswandel gegenüber Wanderungsbewegungen und Migrierenden beobachten: Migration wurde von den frühneuzeitlichen Obrigkeiten – den Territorien und Reichsstädten des Alten Reiches – zunehmend als negativ, als Störung der »guten Ordnung und Policey«, als abweichendes oder gar kriminelles Verhalten bewertet. Gegenüber Migranten, Menschen mit einer mobilen Lebensweise und ›Fremden‹ wuchsen auch in der Bevölkerung Ängste, Vorurteile und Konkurrenzdenken. Diese Änderung der Einstellung war auch Ausdruck von Veränderungsprozessen, die sich mit dem Wandel »zu einer sesshaften Gesellschaft«, den oben skizzierten allgemeinen Krisenerscheinungen, der Ausbildung des frühmodernen Staates, der Konfessionalisierung und dem Entstehen des neuartigen Ordnungsmodells der »guten Policey« schlagwortartig benennen lassen.[4] Der frühmoderne Territorialstaat hatte im 16. Jahrhundert weitgehende Geschlossenheit und Abgrenzung erreicht, die zwar nicht mit dem modernen Nationalstaat vergleichbar ist, doch folgten Ordnungspolitik und Ordnungsgesetzgebung grundsätzlich der Zielvorstellung einer sesshaften, ständisch gegliederten, konfessionell homogenen, sozial disziplinierten Untertanengesellschaft.[5] Die seit dem Spätmittelalter stetig zunehmende Ordnungs- und Policeygesetzgebung der frühneuzeitlichen Obrigkeiten enthielt entsprechende Normen und Regelungen, die sich mit Migrationsvorgängen und damit zusammenhängenden Ordnungsproblemen beschäftigten.[6]

Aus der herrschafts- und ordnungspolitischen Perspektive konnten Migration und Mobilität die »gute Ordnung und Policey« des Gemeinwesens stören oder gar Herrschaftsstrukturen gefährden. Dies galt insbesondere für umherziehende ›herrenlose‹ Vaganten und Bettler, religiöse bzw. konfessionelle Dissidenten, eine ›unkontrollierte‹ Arbeitsmigration und alle Wanderungsbewegungen, die zu Untertanenverlusten oder fiskalisch-ökonomischen Nachteilen führen konnten und die nicht ausdrücklich durch die jeweiligen Obrigkeiten genehmigt worden waren. Betteln und Vagieren wurden in der Policeygesetzgebung als verdächtiges, meist aber auch als deviantes, kriminelles Verhalten festgeschrieben. Ausgehend von den Ordnungsgesetzen der spätmittelalterlichen Reichsstädte fixierte die Reichspoliceygesetzgebung des 16. Jahrhunderts zentrale, die gesamte frühneuzeitliche Ordnungsgesetzgebung prägende normative Prinzipien:

die Unterscheidung von ›fremden‹ und ›einheimischen‹ sowie ›würdigen‹ (tatsächlich bedürftigen) und ›unwürdigen‹ (d. h. arbeitsfähigen) Armen; die Kommunalisierung der Fürsorge, nach der Fürsorgebedürftige nur an ihrem Heimatort versorgt werden durften; das Bettelverbot und die räumliche Abschließung gegen ›fremde‹ Arme/Umherziehende einhergehend mit einer Diskriminierung zahlreicher migrierender Gruppen – von den Bettlern über Juden und Zigeuner[7] bis zu Spielleuten oder Handwerksgesellen. Migration wurde damit zumindest teilweise als strafbares Verhalten festgeschrieben und nur in einem zeitlich, räumlich und funktional begrenzten Rahmen geduldet.[8]

Andererseits entwickelte der frühmoderne Territorialstaat seit Mitte des 17. Jahrhunderts aber auch ein zunehmendes Interesse an Mobilität und Migration, um im Rahmen der *Bevölkerungspolicey* neue Untertanen anzusiedeln, Arbeitskräfte zu gewinnen oder den Handel zu fördern. Sowohl die ordnungspolitischen, konfessionellen, fiskalischen und sicherheitspoliceylichen als auch die bevölkerungspoliceylichen und wirtschaftlichen Komponenten der frühneuzeitlichen Migration evozierten Normierungs- und Regelungsbedarf. Seit dem Spätmittelalter entwickelte sich im Kontext dieser tief greifenden Wandlungsprozesse eine zunehmende Reglementierung nahezu aller Migrationsvorgänge durch die Obrigkeiten des Alten Reiches. Insbesondere die wachsenden Ordnungs- und Policeygesetzgebung untersagte und kriminalisierte

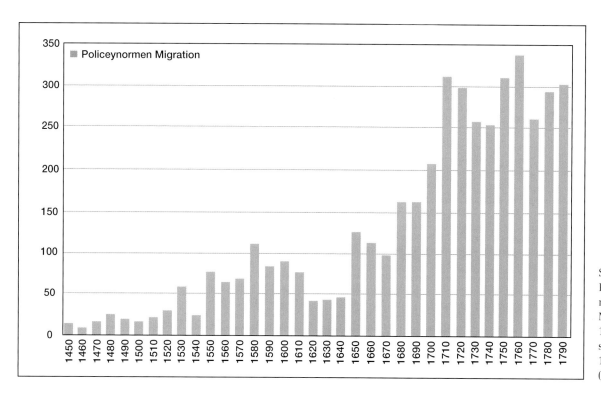

Schaubild 1
Policeynormen Migration, 13 Reichsstände, 1450–1799 (n = 4453)

Wanderungsbewegungen, regulierte aber auch Ein- und Auswanderung oder zielte partiell auf Integration. Wie Schaubild 1 deutlich macht, setzte die diesbezügliche Ordnungsgesetzgebung bereits im späten Mittelalter ein und erhielt durch die Reichsgesetzgebung (Reichspoliceyordnungen 1530, 1548 und 1577), Reformation und Konfessionalisierung (Augsburger Religionsfrieden 1555), die Peuplierungspolitik nach 1648 und dann im 18. Jahrhundert durch die an Virulenz gewinnende Einwanderungs- und Auswanderungsproblematik jeweils katalytische Schübe. Insgesamt ist folglich während der Frühen Neuzeit eine deutliche Intensivierung der Normierung, Reglementierung und damit bis zu einem gewissen Grad auch Verrechtlichung von Migration feststellbar.[9]

Die zahlreichen frühneuzeitlichen Rechts- und Gesetzesnormen bildeten allerdings kein homogenes Migrationsrecht und schrieben schon gar nicht einen Rechtsanspruch oder ein ›Grundrecht‹ auf »freien Zug« fest. Vielmehr handelte es sich um ein Konglomerat unterschiedlicher Rechtsquellen, darunter Privilegien, Bürgerrecht und Verträge, Stadt- und Landrechte, Ordnungsgesetze und Policeyordnungen, das entstehende Völkerrecht oder die einschlägige juristische Literatur. Diese Normenvielfalt korrespondierte mit der spezifischen Struktur der Ständegesellschaft und des frühmodernen Staates. Denn trotz der tendenziellen Formierung von Territorialstaaten und Untertanenverbänden gab es im frühneuzeitlichen Europa noch keinen modernen, geschlossenen Nationalstaat, mit exakten Staatsgrenzen, einem deckungsgleichen, homogenen Rechtsraum, einem einheitlichen Staatsvolk und einer entsprechenden Staatsbürgerschaft. Migrationsvorgänge in der Ständegesellschaft und die darauf bezogenen rechtlichen Regelungen blieben letztlich ständisch, konfessionell und funktional differenziert. Sie orientierten sich an dem Rechtsstatus und der Konfession des Einzelnen oder einer Gruppe sowie den konkreten Funktionen und Gründen von Wanderungsbewegungen und den damit gekoppelten obrigkeitlichen Ordnungsinteressen. Für Angehörige des ersten und zweiten Standes – Geistlichkeit und Adel, deren Migrationsbewegungen praktisch nicht eingeschränkt waren – galten prinzipiell andere Normen als für Bürger, Handwerker, Bauern, Leibeigene oder Randgruppen und Minderheiten, die aus der ständischen Ordnung herausfielen. Gerade diese Ambivalenz – einerseits eine tendenziell auf einen homogenen Untertanenverband zielende Ordnungsgesetzgebung, andererseits die Vielfalt der ständisch und funktional differenzierten Wanderungsbewegungen – stimulierte auch die Ausdifferenzierung der entsprechenden Policeygesetzgebung, welche Schaubild 2 deutlich macht.

Grundsätzlich kann dabei grob unterschieden werden zwischen den quantitativ leicht dominierenden, eher repressiv-kontrollierenden Policeynormen, die sich mit Mobilität und Migrationsvorgängen ›Fahrender Leute‹

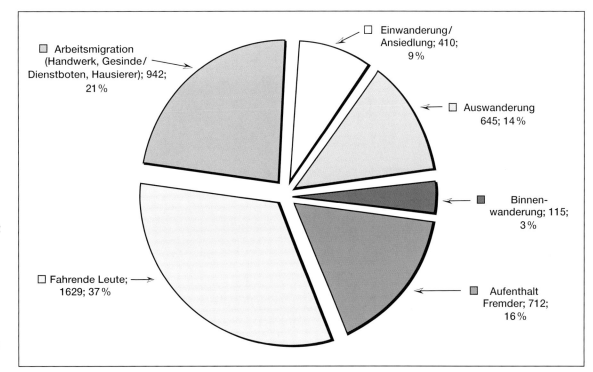

Schaubild 2
Regelungsbereiche Policeynormen Migration, 13 Reichsstände, 1450–1799 (n = 3511)

bzw. mobiler Randgruppen und dem Aufenthalt von ›Fremden‹ in einem Territorium oder einer Stadt beschäftigten, und Gesetzen, die stärker die dauerhafte Veränderung eines ›Wohnsitzes‹ meist über territoriale Grenzen – also Ein- und Auswanderung von Untertanen – sowie die Arbeitsmigration behandelten. Besondere Schwerpunkte, die im Folgenden thematisiert werden, bildeten fiskalische Regelungen, Auswanderungsverbote und Einwanderungsförderung, die konfessionelle Problematik, mobile soziale Randgruppen, Handwerk und Gewerbe – wandernde Handwerker, Dienstboten- und Gesindemobilität, Hausierer – sowie die Etablierung von Maßnahmen und Instrumenten zur Kontrolle von Migrationsvorgängen.

Der »freie Zug«

Grundsätzlich kannte die Vormoderne – jedenfalls für die Angehörigen des ›dritten Standes‹ – kein ›Recht auf Migration‹. Die Aus- und Einwanderung sowohl aus einem Territorium bzw. einer Reichsstadt als auch aus dem Reich ohne Zustimmung der Obrigkeit war Untertanen und Leibeigenen im Prinzip verboten, und auch die Binnenmigration innerhalb eines Territoriums konnte beschränkt sein. Der »freie Zug« und damit die Lösung aus dem rechtlich begründeten Treueverhältnis zum Landesherrn wurde ein- bzw. auswanderungswilligen Untertanen lediglich auf dem Weg des Privilegs gewährt und war mit Abgaben verbunden. Die Obrigkeiten

Jacques Callot, La mère et ses trois enfants
(Die Bettlerin mit drei Kindern), 1622/23,
vgl. Kat. 10.20

Jacques Callot, Le mendiant aux béquilles et à la besace
(Der Bettler auf Krücken mit einem Bettelsack), 1610/35,
vgl. Kat. 10.17

belegten den Weggang von Bürgern oder Leibeigenen und den damit verbundenen Abgang von Hab und Gut oder Erbschaften mit Nachsteuer, Abzugsgeld, Freigeld und Manumissionsgebühren und waren auch bei der Aufnahme von Neubürgern an den zu entrichtenden Gebühren beteiligt. Dahinter stand die Rechtsauffassung, dass der Landesherr für das Ausscheiden aus dem Untertanenverband und die damit verbundenen Verluste an Menschen, Einkünften und Vermögen entschädigt werden musste.[10]

Im Rahmen des Bürgerrechts war es Bürgern zwar möglich, nach dessen Niederlegung auszuwandern. Der Abzug wurde jedoch ebenfalls mit einer Abgabe belegt und die Wiederansiedlung in einer anderen Stadt bedurfte der erneuten Erteilung des Bürgerrechts durch die jeweilige Obrigkeit. Abzug, Immigration und Erteilung des Bürgerrechts, mit der erst die rechtliche Integration eines ›Einwanderers‹ erfolgte, waren von zahlreichen Bedingungen wie einem ausreichendem Vermögen, der ›richtigen‹ Konfession, einem zünftigen oder ›nützlichen‹ Handwerk/Gewerbe und der Zahlung eines Aufnahme- bzw. Bürgergeldes abhängig. Letzteres erhöhten die Städte seit dem späten 15. Jahrhundert deutlich, auch dies ein Beleg für die sich stärker gegen Mobilität und Migration abschließende frühneuzeitliche Ständegesellschaft. Schollenpflichtige Leibeigene, für die prinzipiell ein Abzugsverbot galt, mussten sich darüber hinaus durch eine Abgabe aus der Leibeigenschaft (Manumissionsgebühr) loskaufen, die mit der Nachsteuer bis zu 20 Prozent des Vermögens und mehr betragen konnte.[11]

Seit dem späten 15. Jahrhundert setzte in diesem Kontext eine obrigkeitliche Ordnungsgesetzgebung ein, die Migrationsvorgänge unter ordnungspolitischen und fiskalischen Gesichtspunkten reglementierte, die jeweiligen Abgaben/Gebühren festlegten und das Verfahren bestimmte. In diesem Kontext wurden auch erstmals explizite ›gesetzliche‹ Auswanderungsverbote verhängt.[12] Die Normgebung blieb allerdings den einzelnen Reichsständen überlassen; das Reich untersagte den Reichsangehörigen seit 1541 per Reichsgesetz lediglich, sich in fremde Kriegsdienste zu begeben. Übereinstimmende Verbote des *Kriegslaufs* oder *Reislaufs* finden sich in der Gesetzgebung zahlreicher mitteleuropäischer Territorien, die diese Form der durchaus attraktiven Arbeitsmigration ebenfalls untersagten.[13]

Das primäre Normierungs- und Regelungsinteresse der Obrigkeiten blieb zunächst ein fiskalisches: Das jeweilige Bürgerrecht der Städte, obrigkeitliche Privilegien und eine auch in diesem Bereich zunehmende Ordnungsgesetzgebung beschäftigten sich vorwiegend mit den Bedingungen, unter denen das Ausscheiden aus dem Untertanenverband oder der Stadtgemeinde bzw. die Aufnahme erfolgen durfte, dem Genehmigungsverfahren und den Abgaben. Untertanen – gleichgültig ob Bürger oder Leibeigene – mussten meist per Bittschrift (zeitgenössisch *Supplikation*) bei den zuständigen Verwaltungsorganen um Ein- oder Auswanderung bitten, die Gründe und persönlichen Verhältnisse durch »Leumundszeugnisse« sowie die Vermögensverhältnisse darlegen, ihren Status durch Urkunden rechtlich beweisen und die entsprechenden Abgaben/Gebühren entrichten. Die zeitgenössisch meist als *Defraudation* bezeichnete Hinterziehung dieser Abgaben kriminalisierten die Policeygesetze als strafbares Verbrechen. Die Policeynormen räumten den beteiligten Behörden erhebliche Kontrollmöglichkeiten ein, sowohl bezüglich der Antragstellung und der Überprüfung des Vermögens als auch bezüglich der urkundlichen Zertifizierung der Entlassung aus einem Untertanenverband und der vorgenommenen Zahlungen. Ohne obrigkeitlich ausgestellte Dokumente konnte eine Aufnahme in einen Untertanen- bzw. Bürgerverband nicht erfolgen und es bestand die Gefahr, dass Migrierende als ›herrenlose Vagabunden‹ kriminalisiert wurden. Grundsätzlich konnten alle Landesherren bzw. Obrigkeiten auch bei Erfüllung der Bedingungen eine Entlassung oder Aufnahme in einen Verband ablehnen. Insgesamt entwickelten sich Antragsstellung, Genehmigung und Zahlung der Auswanderungsabgaben zu einem weitgehend normierten, komplexen Verwaltungsverfahren, das die Auswanderung jedenfalls nicht erleichterte und der Obrigkeit erhebliche Kontroll- und Sanktionsmöglichkeiten verschaffte.

DAS *IUS EMIGRANDI* DES AUGSBURGER RELIGIONSFRIEDENS

Die mit der Konfessionalisierung seit Mitte des 16. Jahrhunderts einhergehenden Migrationsbewegungen und die nach den enormen Bevölkerungsverlusten des Dreißigjährigen Krieges (1618–1648) einsetzende Peuplierungspolitik der Territorien stimulierten ebenfalls die Normgebung und führten zu einer Modifikation des Migrationsrechts. Bereits im Reichsabschied von 1530 tauchte im Kontext des Religionskonflikts erstmals ein konfessionell motiviertes Auswanderungsrecht auf, das emigrationswilligen katholischen Untertanen gewährt wurde, die keine Abzugsgelder zahlen mussten. 1555 erweiterten die Reichsstände das *ius emigrandi* auf die »Unterthanen«

der »Augspurgischen Confession«, hoben jedoch die Abgabenfreiheit auf. Den Emigrationswilligen war »solcher Ab- und Zuzug, auch Verkauffung ihrer Haab und Güter nur gegen zimlichen Abtrag der Leibeigenschafft und Nachsteuer […] zugelassen und bewilligt«.[14] Dabei ging es den Landesherren keineswegs nur um religiöse Toleranz und die Einführung einer begrenzten Migrationsfreiheit, sondern ebenfalls um fiskalische und ökonomische Interessen, eine Kontrolle religiös motivierter Migrationsformen und letztlich wohl auch um die Möglichkeit der Ausweisung konfessionsverschiedener Untertanen und damit um Zwangsmigration. Ein jedem Untertanen zustehendes konfessionelles Auswanderungsrecht schrieben die Landesherren jedenfalls weder in ihren Kirchenordnungen noch in der territorialen Policeygesetzgebung fest.

Das Emigrationsrecht des Augsburger Religionsfriedens kann folglich kaum mit modernen Rechtsvorstellungen als ›subjektives Freiheitsrecht‹ auf Auswanderung gedeutet werden. Es sicherte vielmehr den Obrigkeiten auch bei konfessionell begründeten Migrationsvorgängen Kontrolle und fiskalische Abschöpfung und eröffnete ihnen darüber hinaus die Möglichkeit, konfessionsverschiedene Untertanen oder Angehörige von ›Sekten‹ auszuweisen. Zwar nahmen zahlreiche Landesherren vertriebene konfessionsgleiche Glaubensflüchtlinge in ihren Territorien auf, verlangten aber auch von den immigrierenden Glaubensgenossen, dass sie in ihrem Herkunftsland eine Auswanderungsgenehmigung erhalten und die entsprechenden Abgaben entrichtet hatten, weil man Konflikte mit den Nachbarn vermeiden wollte. Darüber hinaus machten zahlreiche Territorien die ›richtige‹ Konfession zur grundlegenden Bedingung einer Einwanderungsgenehmigung und der Vergabe des Bürgerrechts.[15] Die seit dem 16. Jahrhundert erkennbare Intensivierung der Migrationsgesetzgebung war daher überwiegend geprägt durch Kontrolle und Beschränkung der Aus- bzw. Einwanderung, die fiskalische Abschöpfung und die Sicherheitsfrage, das heißt die Ausweisung konfessioneller Dissidenten und ›Sektenangehöriger‹, die als Sicherheitsgefährdung eingestuft wurden. Protestantische wie katholische Reichsstände wiesen konfessionelle Minderheiten unter Berufung auf das *ius reformandi* und die Sektengesetzgebung des Reiches aus, bis hin zur letzten großen, sicherheitspoliceylich begründeten und per Policeygesetz 1731 eingeleiteten Ausweisung aus dem Fürstbistum Salzburg.[16]

Einwanderung und Bevölkerungspolicey

Aus Glaubensgründen vertriebene Menschen konnten meist in Staaten und Territorien emigrieren, in denen ihre Konfession ›Staatsreligion‹ war oder zumindest geduldet wurde – was sehr viel seltener der Fall war. Die Aufnahme von Glaubensflüchtlingen und schließlich die erheblichen Bevölkerungsverluste des Dreißigjährigen Krieges verstärkten das obrigkeitliche Interesse an Einwanderung und der Förderung von Wanderungsbewegungen. Zahlreiche Landesherren begannen im Rahmen einer merkantilistisch-kameralistisch motivierten Bevölkerungspolitik damit, Einwanderung zu fördern und neue Untertanen zu werben. Galten doch Größe und Wachstum der Bevölkerung – insbesondere ›nützlicher‹ und ›arbeitsamer‹ Untertanen – als Basis für staatliche Macht und Stärke.[17] Die zentralen rechtlichen Instrumente der Immigrationspolitik waren Verträge und Privilegien, die von einer entsprechenden Ordnungsgesetzgebung begleitet wurden. Denn auch die obrigkeitlich gestattete Migration brachte Ordnungsprobleme mit sich – angefangen von der Werbung neuer Untertanen bis hin zu deren Integration in den Untertanenverband.

Im Kontext konfessionell motivierter Migrationsbewegungen und einer sich allmählich entwickelnden Bevölkerungs- und Migrationspolitik steht zunächst die wachsende Zahl der so genannten Freizügigkeitsverträge, die seit Mitte des 16. Jahrhunderts in Mitteleuropa zwischen benachbarten Territorien und Reichsstädten abgeschlossen wurden. Diese den Untertanen häufig mittels eines Policeygesetzes bekannt gemachten Verträge beinhalteten auf Gegenseitigkeit beruhende Aus- bzw. Einwanderungserleichterungen, insbesondere einen Erlass oder Nachlass von Abgaben.[18] Das wohl früheste Beispiel ist der Tübinger Vertrag von 1514, den die württembergischen Landstände mit dem Landesherrn ausgehandelt hatten und der migrationswilligen Untertanen Befreiung von der Nachsteuer gewährte. Für die Gewährung dieser auf die Binnenmigration im Alten Reich begrenzten Migrationserleichterungen waren neben der konfessionellen Problematik vorwiegend fiskalisch-ökonomische Gründe ausschlaggebend. In den entsprechenden Policeygesetzen wurden nicht nur die Vertragsvereinbarungen zwischen den Territorien den jeweiligen Untertanen publiziert, sondern sie enthielten auch zahlreiche Normen und Maßnahmen, um die Wanderungsbewegungen zu kontrollieren und in ›geordnete Bahnen‹ zu lenken. Im 18. Jahrhundert schlossen dann

Drve dem man Jung vnbesindt. Und mer verthut dann er gewindt.
Muß darnach bleyben arm. Man vindt nit vill den es erbarmbt.

Das ich hie also nackent ston
Vnd in dem land můß betln gon
Das hat die Alchamey gethon
Die wolt ich mir nye weren lon

Do ich iung was ich sach nit an
Die straff vnd kost mich nit dar an
Vmb das ich nichts gelernet han
Des bin ich yetz ain bettel man

Vor zeiten do ich dienen solt
Was ich pfaffen vnd layen holt
Ain yeder fürt mich wo er wolt
Des nym ich yetz den betler solt

Mein vater schickt mich auß zů lere
Ich solt werden ain grosser herr
Ich hab verlassen nutz vnd er
Der betler wesen ich n ich ner

Ich bůlt ging hübschen frawen nach
Bis man mir als mein gůt ab zoch
Des můß ich yetz leiden schmoch
Billich trag ich der betler roch

An allen diensten was ich treg
Faul vnd vngehorsam alweg
Meins mauls vnd diests het ich nit pfleg
Des gang ich yetz den betler steg

Zů spilen stůnd all mein begir
Würffel vnd karten liebten mir
Es bringt mir kain nutz das ich spir
Groß armůt ligt mir vor der thir

Allweg man mir zůn eren riet
Es halff an mir kain straff noch giet
Darumb ich yetz groß armůt nyet
Ich gang vnd sing der betler liede

All zeit lag ich in allem braß
Wer wol huß hielt dem was ich ghaß
In mir gar nye kain sparen was
Yetz sitz ich an der betler gaß

Ich wolt bey allen meinen tagen
Vil fechten vnd mit yedem schlagen
Mit vbermůt groß lob eriagen
Des můß ich den bettelsack tragen

Ich wolt allzeit in meinem hauß
Vol sein vnd leben in dem sauß
Vnd wolt die reichen zeren auß
Des beißt mich yetz die betel lauß

Ob ich schon betel das syndt nit wer
Ich habs ererbt von alter her
Darumb ist es mir nit so schwer
Als ob ich reich gewesen wer

Das mancher vmbs almůsen got
Dar zů bringt in des hungers not
Es seyen frawen oder man
Sie wendt nit arges fahen an
Suchen narung durch gottes eer
Darumb so habt von mir die leer
Laßt euch beuolhen sein arm leüt
Wann got der herr in dyser zeit

Beschluß.

Ward arm geborn in die welt
Ain yeder kan nit haben geldt
Das er im kauff was er můß han
Ist er dan so ain frumer man
Ee das er args wöll vnder ston
So will er ee hie betlen gon
Vnd der ist warlich gerecht vnd gůt
Der in ym hat ain solchen můt

Ee er sein nechsten vber nam
Vil lieber er in armůt kam
Es stat geschriben sicherlich
Hab got lieb den nechsten als dich
Ir solt euch vber die armen
Hie in dyser zeit erbarmen
Wan ich halt das für wol gethan
Ee vnrecht thůn/ee betlen gon.

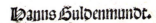

Hanns Guldenmundt.

Bartel Beham, Die zwölf Vaganten, Nürnberg, um 1524, vgl. Kat. 8.2

auch konfessionell verschiedene und weiter entfernt liegende Territorien Freizügigkeitsverträge, die sie per Verordnung öffentlich publizierten.[19] Insgesamt wird man davon ausgehen können, dass die Freizügigkeitsverträge zwar Wanderungsbewegungen begünstigten, im Wesentlichen aber auf die Migration kleiner Gruppen in überschaubaren Regionen des Alten Reiches begrenzt blieben.

Einen ersten umfangreicheren, konfessionell motivierten Wanderungsschub löste die spanische Rekatholisierungspolitik in den Niederlanden aus, durch die im letzten Drittel des 16. Jahrhunderts etwa 19 000 Menschen in andere Regionen des Alten Reiches vertrieben wurden. Die Aufnahme französischer Hugenotten nach der Aufhebung des Edikts von Nantes 1685 kennzeichnete bereits einen Wandel der Migrationspolitik, einhergehend mit neuen rechtlichen Regelungen. Reichsstände wie Brandenburg-Preußen, Hessen-Kassel, die Kurpfalz oder Württemberg nahmen die rund 44 000 französischen Hugenotten nicht nur aus religiös-konfessionellen oder humanitären, sondern primär aus ökonomischen und bevölkerungspolitischen Gründen auf.[20] Das zentrale rechtliche Instrument der Ansiedlung von Glaubensflüchtlingen bildete das Privileg, das sowohl subjektive Sonderberechtigung als auch objektives Sonderrecht verkörperte. Einwanderung, Ansiedlung und auch die Lebensbedingungen der neuen Untertanen wurden durch Sonderrechte geregelt, die teilweise zeitlich befristet waren und erneut bestätigt werden mussten, in der Regel jedoch einen dauerhaften rechtlichen Rahmen für die Eingewanderten setzten, der auch Integration gewährleistete.[21]

Begleitet wurde die Privilegierung von einer allgemeinen Ordnungsgesetzgebung, die für die Einwanderung warb, die Bedingungen publizierte und sowohl für die Verwaltungen als auch für die Untertanen ordnungspolitische Normen und Maßnahmen etablierte, um eine möglichst reibungslose Ansiedlung und Integration zu gewährleisten. In der Regel erfolgte eine rechtliche Gleichstellung mit den Untertanen, in Brandenburg-Preußen verbunden mit der Gewährung freier Religionsausübung und einer teilweisen Besserstellung hinsichtlich der Abgaben und Dienste.[22] Zahlreiche Policeynormen regelten darüber hinaus Probleme wie den Gerichtsstand, die wirtschaftliche Betätigung und Gewerbeausübung, die Eheschließung oder das Verhältnis zu den einheimischen Untertanen. In dieser Hinsicht erfolgte auch eine rechtliche Konstruktion, Normierung und Differenzierung der Immigranten in Abgrenzung zu anderen mobilen Gruppen, so durch die brandenburgisch-preußischen Edikte »wieder die Zigeuner und fremde Bettler, auch Versorgung derer Armen im Lande, und daß die Refugirten und Exulanten von muthwilligen Bettlern zu unterscheiden« und »wie es wegen der Refugirten gehalten, und wer unter solchem Nahmen verstanden werden soll«.[23]

Die ökonomisch und bevölkerungspolitisch motivierte Einwanderungspolitik beschränkte sich keineswegs auf Hugenotten und Religionsflüchtlinge. Als einer der ersten Landesherren hatte bereits 1601 der Herzog von Württemberg via Policeygesetz für die Einwanderung von Arbeitskräften geworben, die für den Silberbergbau gebraucht und in der Planstadt Freudenstadt angesiedelt wurden. 1607 warb die Kurpfalz Ansiedlungswillige für die neu angelegte Residenz Mannheim mit Steuervergünstigungen, Befreiung von Diensten und konfessioneller Toleranz.[24] Motiviert durch die Bevölkerungsverluste des Dreißigjährigen Krieges und merkantilistisch-kameralistische Ideen stellten dann nach 1648 zahlreiche Ordnungsgesetze wirtschaftlich interessanten Einwanderungswilligen Vergünstigungen in Aussicht, die ihnen per Privileg gewährt wurden: Kurmainz verordnete bereits 1648 »allerhand nahrhaft Leut, abgehendte Soldaten pp., um die desolate Flecken und Dörffer wieder zu besetzen [...] bey zubringen und anzunehmen«.[25] Ein brandenburg-preußisches Edikt kündete beispielsweise 1747 »von denen vermehrten Wohlthaten und Vortheilen vor die Auswärtigen, die sich in den Königl. Preußischen Landen niedergelassen«, und bot die Befreiung vom Militärdienst und von der Akzise an.[26] Geworben werden sollten vor allem Arbeiter für die Manufakturen, Handwerker mit gefragten Gewerben, Unternehmer und ›Manufakturisten‹ sowie Arbeitskräfte für die Landwirtschaft und nicht zuletzt Männer, die für den Kriegs- bzw. Militärdienst in den wachsenden stehenden Heeren herangezogen werden konnten. Die vielfach auch mittels Ordnungsgesetzgebung angebotenen Privilegien bestanden meist in der Befreiung von Steuern, Abgaben und Diensten, konfessioneller Toleranz oder begrenzten Selbstverwaltungsrechten, die jedoch nicht prinzipiell den Untertanenstatus aufhoben.

Neben dem Einwanderungsangebot per Policeygesetz und Privileg setzten einige Landesherren auch auf direkte Werbung mittels ›professioneller‹ Werber, die in anderen Territorien Untertanen für die Einwanderung und Ansiedlung gewinnen sollten. Habsburg – und damit der Kaiser des Heiligen Römischen Reiches deutscher Nation – warb sogar für die Auswanderung aus dem Reich nach Südosteuropa bzw. Ungarn. Die Werber und Schlepper bedienten sich dabei auch betrügerischer Methoden und lockten die Auswanderungswilligen unter Vorspiegelungen aus dem Land. Da nur wenige Territorien fremde Werbungen gestatteten und der Abzug von Untertanen auch bei Zahlung der Nachsteuer zunehmend als Verlust für den Staat aufgefasst wurde, nahmen seit Beginn des 18. Jahrhunderts in der Policeygesetzgebung Verbote »fremder Werbungen« und der Auswanderung überhaupt zu.

Insgesamt gilt für die Policeynormen zur Einwanderung, dass diese keineswegs – auch nicht für umworbenen Migranten – ein generelles Immigrationsrecht konstituierten. Zunächst kamen neben den nachgefragten Berufen meist zusätzliche Bedingungen wie ein bestimmtes Grundvermögen, die rechtsförmige Entlassung aus dem bisherigen Untertanenverband oder die Erwerbsfähigkeit hinzu. Denn die Einwanderung von Menschen, die eventuell der Fürsorge bedurften und sich in Notzeiten nicht hätten für einige Zeit selbst versorgen können, sollte verhindert werden. Vaganten, Bettler, Arme, Juden oder Zigeuner wollte der Territorialstaat nicht aufnehmen, sondern eher abschieben: »Liederlichen untüchtigen Untertanen«, deren Vermögen geringer als 50 Gulden sei, gestattete der Mainzer Kurstaat den Abzug, untersagte den Ausgewanderten aber bei Strafe eine Rückkehr.[27]

Aus diesem Grund versuchten viele Territorien mittels Policeygesetzgebung und Maßnahmen wie Grenz- und Passkontrollen, Streifen, Aufenthaltsverboten und Landesverweisung unerwünschte Gruppen abzuhalten und ›Schlupflöcher‹ wie die Einwanderung durch Heirat zu stopfen.[28]

Wie Schaubild 3 zeigt, blieben Förderung, Reglementierung und Kontrolle von Einwanderung und Ansiedlung zwischen 1650 und 1730 ein wichtiges Thema der Migrationsgesetzgebung, die jedoch ab 1730 von einem deutlich wachsenden Anteil an Policeynormen bestimmt wurde, die Auswanderung kriminalisierten und verhindern wollten.

AUSWANDERUNGSVERBOTE

Die Politik der Förderung von Migrationsbewegungen und der Werbung Einwanderungswilliger stieß schon bald an Grenzen: Denn aus den gleichen ökonomischen, bevölkerungspoliceylichen und ordnungspolitischen Motiven wollten zahlreiche Obrigkeiten die Auswanderung ›nützlicher‹ Untertanen mittels Policeygesetzgebung und entsprechender Verwaltungsmaßnahmen verhindern. War hinsichtlich der Binnenwanderung im Reich zwischen benachbarten oder verbündeten Reichsständen durch Freizügigkeitsverträge oder Werbungsabsprache durchaus ein gewisser Interessenausgleich möglich, so änderte sich dies durch die Ende des 17. Jahrhun-

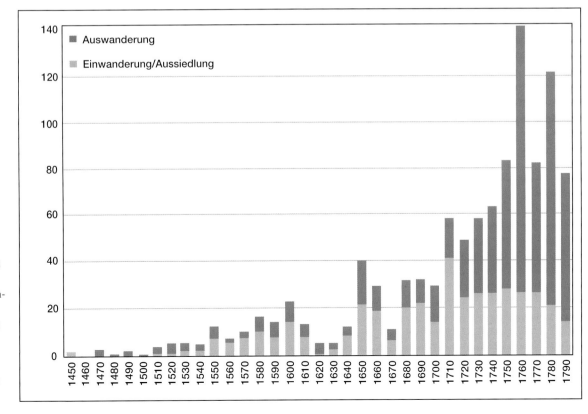

Schaubild 3
Policeynormen Ein- und Auswanderung Migration, 13 Reichsstände, 1450–1799 (n = 1055)

Mandat gegen eine »Ziegeuner=Bande«,
Dresden, 4. April 1722, vgl. Kat. 11.3

derts einsetzende Emigration aus dem Reich, insbesondere nach Nordamerika und Südosteuropa. Wollten doch im 18. Jahrhundert immer mehr Menschen vorwiegend aus südwestdeutschen Territorien unter dem zunehmenden Bevölkerungsdruck, den sich verschlechternden Nahrungsmöglichkeiten und nach Kriegen (Spanischer Erbfolgekrieg 1701–1714 und Siebenjähriger Krieg 1756–1763) das Gebiet des Alten Reiches und damit auch die frühneuzeitliche Ständegesellschaft ganz hinter sich lassen und möglichst in ein ›freies Land‹ auswandern.[29]

Dagegen gingen die deutschen Obrigkeiten mit einer wachsenden Policeygesetzgebung vor, die teilweise harte Strafen – insbesondere Vermögenskonfiskation – androhte. Bereits ein 1709 in Kurmainz erlassenes Policeyreskript verkündete, dass sich die Untertanen »hinweg in eine gewisse gegen Americam gelegene Insul unter grossen / und favorablen Versprechungen begeben« hätten, und drohte Emigranten Vermögenskonfiskation sowie arbiträre Strafen an.[30] Ein zweite Gesetzgebungswelle (ca. 1720–1735) richtete sich vor allem gegen die Auswanderung nach Südosteuropa, für die der Kaiser aus dem Haus Habsburg (und zugleich ungarischer König) mit Siedlungsland und Reisekrediten warb.[31] Einige besonders betroffene Territorien wie Kurmainz drohten illegal Ausgewanderten bei der Rückkehr mit zusätzlichen Kriminalstrafen wie Pranger, Prügel, Brandmarkung oder Festungsbau. Ab Mitte des 18. Jahrhunderts stand dann wieder die Auswanderung nach Amerika im Mittelpunkt der Migrationsgesetzgebung, die hinsichtlich der Auswanderungsverbote in den 1760er Jahren eine deutliche Häufigkeitsspitze aufweist.

Da sich weder die territorialen noch die Reichsgrenzen wegen der politischen Zersplitterung des Reiches und fehlender Exekutivorgane wirksam überwachen ließen, beschränkten sich die konkreten Maßnahmen zunächst auf die Überwachung des Immobilienverkaufs und des Vermögenstransfers ins Ausland, um Emigranten zu entdecken. Darüber hinaus gingen einige Territorien gegen Werber mit Inquisitionsverfahren und schweren Strafen vor. Zwar waren die Auswanderungsverbote nur schwer durchzusetzen, da die Binnenmigration im Reich unter bestimmten Bedingungen gestattet blieb, doch blieben die Maßnahmen und Strafen keineswegs nur auf dem Papier stehen: Kurmainz konfiszierte 1724 im Anschluss an mehrere 1723 erlassene Policeygesetze Güter und Vermögen der nach Ungarn ausgewanderten Familien Jacobi und Wollen aus Gernsheim und Dieburg. Der 1729 zurückgekehrte Jacobi wurde nur deshalb wieder aufgenommen und erhielt einen kleinen Teil des konfiszierten Vermögens zurück, weil er seine Immobilien bereits vor der Publikation der Auswanderungsverbote verkauft hatte.[32]

Da sich die Auswanderung auf territorialer Ebene nicht wirksam verhindern ließ, schalteten einige südwestdeutsche Landesherren die Reichskreise ein, die 1766 Auswanderungsverbote erließen. 1768 reagierte dann auch Kaiser Joseph II. auf den Druck der Reichsstände mit einem Mandat, das erstmals generell die Auswanderung aus dem Reich sowie entsprechende Werbungen untersagte und unter Strafe stellte: Durch das »bedenkliche Unweesen« der Emigration aus dem Reich, so die Begründung, erleide »das teutsche werthe Vaterland einen merklichen Verlust vieler Dienst-tauglicher Leute«. Die

Maßnahmen zielten insbesondere auf die Reichsstädte Hamburg, Bremen und Lübeck, von wo aus die Überseetransporte organisiert wurden bzw. abgingen.[33]

Die Binnenmigration im Reich blieb jedoch vielfach gestattet: Wer »in anderer Herren Landen« ziehen wolle und dort als Untertan angenommen werde, so eine Kurmainzer Verordnung von 1764, dürfe mit Zustimmung des Kurfürsten auswandern. Eine kontrollierte Migration im Reich im Rahmen der Bevölkerungs- und Steuerpolitik lag durchaus im Interesse vieler Reichsstände. Im letzten Drittel des 18. Jahrhunderts gingen viele Territorien dann auch wieder von Verbot und Strafe zu einer Politik der Kontrolle und fiskalischen Abschöpfung der Auswanderung über, die sich in einer erneuten Zunahme der Freizügigkeitsverträge manifestierte, die einige südwestdeutsche Territorien sogar mit Frankreich abschlossen.[34] Die von den Kameral-, Policey- und Staatswissenschaften mehrheitlich geforderte Liberalisierung der Ein- und vor allem Auswanderung realisierten die Obrigkeiten allerdings nur sehr begrenzt und nur in dem traditionell durch Privileg, Genehmigung und Nachsteuer vorgegebenen Rahmen. Die ambivalente, zwischen Förderung der Einwanderung und Verbot der Auswanderung ›nützlicher‹ Untertanen schwankende Migrationsgesetz-

Jacques Callot, Les Bohémiens en marche: l'avant-garde (Der Zigeunerzug: der Vortrab), 1621/35, vgl. Kat. 11.8

Jacques Callot, La halte des Bohémiens: les apprêts du festin (Die Rast der Zigeuner: die Festvorbereitungen), 1621/35, vgl. Kat. 11.11

gebung zeigt sich auch in einem anderen Bereich der ordnungspoliceylichen Reglementierung von Migrationsvorgängen und Mobilität: den ›Fahrenden Leuten‹ bzw. mobilen sozialen Randgruppen und der Arbeitsmigration.

Mobile soziale Randgruppen, Minderheiten und Unterschichten

Wie eingangs erwähnt, nahmen in der Frühen Neuzeit Mobilität und Migrationsbewegungen sozialer Randgruppen, Unterschichtangehöriger und religiös-ethnischer Minderheiten zu und wurden parallel durch die obrigkeitliche Policeygesetzgebung kriminalisiert und verboten oder doch zumindest eingeschränkt und kontrolliert. Rechtsnormen und Policeygesetze ermöglichen zwar keine sozioökonomische Analyse migrierender Gruppen und ihrer alltäglichen Überlebenspraktiken, spiegeln jedoch die obrigkeitlichen Zielvorstellungen und Ordnungspolitiken bezüglich ›unerwünschter‹ Mobilität wider, was auch die verwendete Begrifflichkeit prägte: Begriffe wie Vaganten, Vagierende, Umherziehende, Fahrende Leute oder Zigeuner orientieren sich »am zeitgenössischen, obrigkeitlich geprägten Sprachgebrauch; sie beziehen sich auf das auffälligste Merkmal der Bevölkerungsgruppe, auf die vagierende Lebensweise nämlich, beinhalten jedoch noch keine nähere soziologische, juristische oder moralische Bestimmung«.[35] Denn die frühneuzeitlichen vagierenden (Rand-)Gruppen bildeten keine einheitliche soziale Schicht, und es lassen sich zahlreiche mehr oder weniger ständig wandernde Gruppen unterscheiden, wie Arme/Bettler, Pilger, Bettelmönche und umherziehende Kleriker, Scholaren/Studenten, Musiker, Schausteller und sonstige ›Unterhaltungskünstler‹ (Reimsprecher, Tänzer, Gaukler, Bärenführer usw.), Söldner bzw. *Gartknechte*, wandernde Handwerker/Gesellen, Arbeitsuchende und Tagelöhner, Hausierer, Kleinhändler und Dienstleistende wie Scherenschleifer, Kesselflicker, Quacksalber, *Zahnbrecher* sowie ethnisch-religiöse Gruppierungen wie Zigeuner und (Bettel-)Juden. Auch grundlegende Kriterien wie die vagierende Lebensweise, die unter- oder außerständische Stellung, fehlende Heimatorte, Armut, Besitz- oder Erwerbslosigkeit erlauben keine eindeutige Bestimmung und vermischen sich zudem mit der obrigkeitlichen Etikettierung. Innerhalb dieser amorphen mobilen Bevölkerungsgruppe gab es folglich bereits hinsichtlich des Grades des Vagierens beträchtliche Unterschiede, von den ›heimatlosen‹ permanent Vagierenden bis zu Personen, die als Unterschichtangehörige einen Untertanenstatus aufweisen und aus einer Vielzahl von Gründen – meist aus ökonomischen – zeitweilig unterwegs waren.

Nur die kontrollierte Migration ›nützlicher‹ Untertanen war erwünscht, gegen die Wanderungsbewegungen von Armen, Bettlern, Vaganten, Juden, Zigeunern und sonstigem ›herrenlosem‹ und ›unnützem‹ Gesindel wollte sich der frühmoderne Territorialstaat dagegen zunehmend abschotten. Allerdings war dies in der Praxis schwierig, denn es fehlte an Kriterien und Definitionen, um die Vielzahl der Menschen auf der Straße nach obrigkeitlichen Vorstellungen zu unterscheiden. Zudem befand sich der frühmoderne Territorialstaat in einem Zielkonflikt: Viele Wanderungsbewegungen waren erwünscht, legitim oder wurden zumindest geduldet. Dies betraf Handwerksgesellen, ambulante Gewerbe, Gesinde, Kaufleute, Hausierer, Soldaten, Pilger, Bettelmönche, Studenten und viele andere mehr. Die entsprechende Policeygesetzgebung ist folglich einerseits durch Repression und Strafandrohung, andererseits aber auch durch Differenzierung, Kontrolle und Zulassung ›erwünschter‹ Formen von Migration und des Aufenthalts von ›Fremden‹ bzw. Reisenden gekennzeichnet.[36]

Die frühneuzeitliche Policeygesetzgebung etikettierte umherziehende Menschen als deviant bzw. kriminell, weil sie sich dem Zugriff des Staates entzogen und sich nicht in die als sesshaft definierte Ständegesellschaft ›einordneten‹. Mobile, ›herrenlose‹ Randgruppen stellten gleichsam das Gegenbild einer »wohlgeordneten Policey« dar und schienen durch ›Verführung‹ der Untertanen die soziale Ordnung der Ständegesellschaft zu gefährden. Im Kontext des an Sesshaftigkeit gekoppelten, neuen Arbeitsbegriffs avancierte besonders der Müßiggang zu einem gesellschaftsschädigenden Verhalten, wobei insbesondere herumziehende, ›herrenlose‹ Bettler und Vaganten zu Prototypen des Müßiggängers erklärt wurden. Als Gründe für Ablehnung, Diskriminierung und Vertreibung von Vaganten nannten die Policeynormen Fremdheit, Umherziehen, Herrenlosigkeit, Unehrlichkeit, Betteln, Müßiggang, Verführung der Untertanen, Verbreitung von Seuchen und die angeblich ›eingewurzelten‹ kriminellen Neigungen zu Betrug, Diebstahl, Brandstiftung, Raubmord sowie – speziell die Zigeuner betreffend – Spionage, Kannibalismus und Kindesraub. Intentionen und Begründungen rekurrierten einerseits auf die Kommunalisierung der Armenpflege, richteten sich aber auch bereits auf die Erhaltung der öffentlichen Sicherheit und den Schutz der Bevölkerung.[37] Die wachsende Zahl von Policeynormen war Bestandteil eines sich im 18. Jahrhundert ausweitenden sicherheitspoliceylichen Diskurses, der fremde Bettler und Vaganten als Gefährdung der öffentlichen Sicherheit und der *Commerzien* etikettierte; im 18. Jahrhundert bildeten Migration und Mobilität einen Schwerpunkt der öffentlichen Sicherheit bzw. der Sicherheitspolicey.[38]

Seit dem 16. Jahrhundert ist eine nahezu stetige – und nur durch den Dreißigjährigen Krieg signifikant unterbrochene – Intensivierung der diesbezüglichen obrigkeitlichen Gesetzgebung festzustellen, wie Schaubild 4 zeigt. Die Zunahme im 16. Jahrhundert war zunächst durch die Konfessionalisierungspolitik und die Reichspoliceyordnungen beeinflusst, die Grundsatznormen, Maßnahmen und Sanktionen fixierten, die Grundlage der Etikettierung, Kriminalisierung und Verfolgung von mobilen Randgruppen bildeten.[39] Nach dem Dreißigjährigen Krieg verschärften dann die Territorien – und zwar nicht nur auf der normativen Ebene – ihre weitgehend repressive Politik gegenüber der wachsenden Zahl vagierender Menschen. Erst gegen Ende des 18. Jahrhunderts zeigt sich eine kurze Entspannung, denn die Französische Revolution und die damit ausgelösten Migrationsvorgänge führten wieder zu einer verstärkten Policeygesetzgebung gegen Fahrende Leute und Fremde/Reisende, insbesondere die französischen Emigranten.

Zahlreiche Policeygesetze diskriminieren mobile Lebensformen pauschal als verdächtig, deviant oder kriminell: Umherziehen, eine ›vagabundische Lebensweise‹ und damit verbundene Überlebensformen wie das Betteln wurden als strafbare Delikte festgeschrieben oder in einen engen Zusammenhang zu Eigentumskriminalität (Betrug und Diebstahl) gesetzt. Dabei ergibt sich ein durchaus ambivalentes Bild: Einerseits unterscheiden die Policeynormen im Kontext der Arbeitsmigration verschiedene Gruppen wie wandernde Handwerker, Gesinde oder Hausierer, die eher als ›harmlos‹, ›nützlich‹ oder allgemein ›verdächtig‹ eingestuft wurden; andererseits weist die Policeygesetzgebung eine pauschal diskriminierende Grundtendenz auf, die sich in dem Policeydelikt ›Vagabondage‹ und dem Etikett des ›kriminellen Vaganten‹ manifestierte. Als spezifische Merkmale des ›kriminellen Vaganten‹ galten über die mobile Lebensweise und die ›Herrenlosigkeit‹ hinaus die Bildung von Banden, die Sprache (Rotwelsch), Bewaffnung, Nähe zum soldatischen Milieu und vor allem ein zusätzliches (Eigentums-)Delikt. Dabei setzten die Policeynormen insbesondere Juden und Zigeuner mit ›kriminellen Vaganten‹ gleich und unterstellten Vagierenden pauschal die Bildung von ›Räuber- und Diebsbanden‹ bzw. sprachen

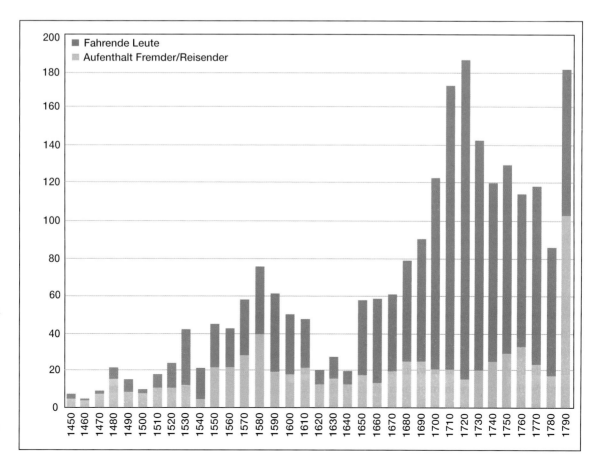

Schaubild 4
Policeynormen Fahrende Leute/Aufenthalt, 13 Reichsstände, 1450–1799 (n = 2341)

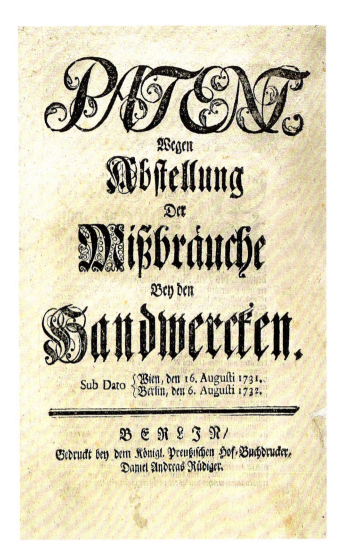

Patent zur Abstellung der Missbräuche im Handwerk,
Wien, 16. August 1731 / Berlin, 6. August 1732,
vgl. Kat. 7.1

von »dem gemeinen Weesen höchst-schädlichem / Rauberischem Zigeunern / Jauner / und Bettel-Juden / und anderen Gesindt«.[40] Als Sanktionen drohten Ausweisung, Pranger und Prügel, aber auch – je nach Gewicht der Delikte – Zuchthaus und Todesstrafen.

Schließlich soll zumindest noch darauf hingewiesen werden, dass weitere, insbesondere religiös motivierte Formen der Mobilität durch die Policeygesetzgebung eingeschränkt und reglementiert wurden, die allerdings keine große quantitative Bedeutung besaßen. Dabei handelt es sich um das frühneuzeitliche Asyl, das Verfolgte – überwiegend ›Verbrecher‹, Deserteure, Totschläger oder Schuldner, aber auch Angehörige von Randgruppen – in Kirchen, Klöstern, Städten und sonstigen Asylstätten finden konnten. Bis zum Ende des 18. Jahrhunderts hatten die meisten Territorien zahlreiche Asylformen weitgehend abgeschafft oder auf einen sehr kleinen Personenkreis Berechtigter beschränkt.[41] Zeitlich und örtlich eingeschränkt sowie einer Ausweis- oder Genehmigungspflicht unterworfen wurden auch Wallfahrer, Pilger und Bettelmönche, die insbesondere wegen des Bettelns als verdächtig oder unerwünscht galten.

ARBEITSMIGRATION

Die Unterscheidung zwischen ›kriminellen Vaganten‹ und den sonstigen ›harmlosen‹, aber ebenfalls als verdächtig eingeschätzten Umherziehenden bildete ein Strukturmerkmal und Kernproblem der Policeygesetzgebung und ihrer Durchsetzung. Denn es wurden keineswegs alle mobilen Gruppierungen unterschiedslos mit dem ›Diebsgesindel‹ gleichgesetzt, sondern es ergingen besondere Regelungen, die sich auf spezifische Gruppen von Arbeitsmigranten bezogen, die mehr oder weniger als ›harmlos‹ und nützlich, aufgrund ihrer Mobilität aber dennoch als ›verdächtig‹ eingestuft wurden.[42] Eine mehr oder weniger ausgeprägte mobile Lebensweise – die teilweise mit Betteln verbunden war – wiesen Dienstboten, Handwerksgesellen, Asche-, Glas- und Lumpensammler, Hausierer/Krämer, ›Unterhaltungskünstler‹, Handwerkschirurgen, Söldner, Studenten, Bettelmönche, Pilger sowie alle ›wahren‹ bedürftigen Armen und Kranken auf. Gegen solche Gruppen konnte oder wollte der frühneuzeitliche Territorialstaat nicht mit den Maßnahmen und Strafen vorgehen, wie sie gegen ›kriminelle Vaganten‹ vorgesehen waren. Folglich versuchten die Obrigkeiten besondere Differenzierungskriterien zu etablieren, die auch in der Verwaltungspraxis eine Unterscheidung ermöglichen. Heimatort bzw. Zugehörigkeit zu einer Herrschaft, zeitweiliges Umherziehen und ambulante Tätigkeiten reichten für die praktische Umsetzung durch die Lokalbeamten und Policeyorgane vor Ort nicht immer als Differenzierungskriterium aus. Das Problem stimulierte insofern die weitere Ausdifferenzierung der Policeynormen, die einzelne Gruppen definierten, Merkmale festschrieben und spezifische Kontrollmaßnahmen etablierten, die zunehmend die Arbeitsmigration betrafen. Wie Schaubild 5 zeigt, nahmen die Reglementierung wandernder Handwerker, des Wanderhandels und der Gesindemobilität im 18. Jahrhundert nahezu parallel zur Vagantengesetzgebung zu, was auch mit der wachsenden Bevölkerung und dem knapperen Nahrungsspielraum bzw. der wachsenden Konkurrenz um Arbeitsmöglichkeiten zusammenhängt.

Eine Kategorie von Policeymaßnahmen zielte auf die

genaue zeitliche Festschreibung erlaubter Migrationsformen durch Festlegung der Wanderjahre, einer Aufenthaltsdauer für Gesellen, die keine Arbeit bei einem Meister fanden (meist nur einige Tage), oder durch die zeitliche Befristung des Dienstherrenwechsels. So hielten die meisten Policeygesetze an St. Georg (23.4.) als dem Tag des jährlichen Wechsels fest, untersagten den vorzeitigen Dienstherrenwechsel, verordneten die Beurkundung des Wechsels (mit Datumsangabe) in einem »Pass« sowie einen »ungesäumten Wechsel« an festgelegten »Ziehtagen«. Gesinde und Dienstboten durften in Bayern maximal vier Tage frei »schlenkeln«, und wer sich in Zeiten großen Arbeitskräftebedarfs (Saat, Ernte) veränderte oder nicht innerhalb der vorgegebenen Frist erneut verdingte, wurde mit drei Jahren Landesverweisung bedroht.[43] Als zweite Maßnahme kam häufig die obrigkeitliche Festlegung von Routen und Aufenthaltsorten hinzu. So durften Hausierer und sonstige ambulante Gewerbe nur bestimmte Wochen- und Jahrmärkte auf festgelegten Routen zu bestimmten Zeiten besuchen. Ebenso verordneten zahlreiche Gesetze eine Kontrolle der Routen und des Aufenthalts wandernder Handwerker, die dem Wanderzwang unterworfen blieben, gegen Zahlung einer Gebühr aber auch dispensiert werden konnten. Deren Mobilität konnte der Territorialstaat nicht grundsätzlich untersagen, weil das Wandern auch im 18. Jahrhundert noch als ›nützlicher‹ Bestandteil der Ausbildung galt und die Obrigkeit mit Wanderdispensen Einfluss nehmen und gleichzeitig einen fiskalischen Gewinn erzielen konnte.[44]

Die Mobilität zahlreicher aus beruflichen Gründen migrierender Gruppierungen wurde folglich zeitlich und örtlich eingeschränkt, und die Arbeitsmigranten mussten in der Regel eine Genehmigung vorweisen oder eine Urkunde bzw. einen Pass mit sich führen, aus dem der Grund der Wanderung, Herkunfts- und/oder Zielorte, Routen sowie eine obrigkeitliche Legitimation hervorgingen. Ein charakteristisches Beispiel sind die Handwerksbücher der wandernden Gesellen. Auch Hausierer, ambulante Händler, Glas-, Asche und Lumpensammler mussten seit dem 18. Jahrhundert Konzessionen oder Atteste erwerben, die sich einige Territorien gut bezahlen ließen. Bei der policeylichen Reglementierung der Arbeitsmigration spielten folglich neben den ökonomischen auch fiskalische Motive eine Rolle. Aus diesen Gründen kam es auch nur selten zu völligen Verboten ambulanter Gewerbe, galten doch Hausierer und Krämer als ›nützlich‹ – insbesondere wenn sie Waren aus landesherrlichen Manufakturen vertrieben und zur Versorgung der Landbevölkerung beitrugen. Andererseits blieben sie aus der

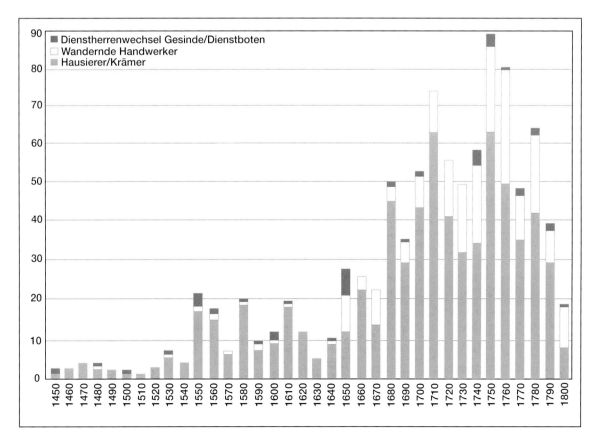

Schaubild 5
Policeynormen Arbeitsmigration, 13 Reichsstände, 1450–1799 (n = 960)

Perspektive der »guten Policey« verdächtig, ›Diebs- und Räubergesindel‹ zu unterstützen oder diesem anzugehören. Aus sicherheitspoliceylichen und teilweise auch aus protektionistischen Gründen versuchten zahlreiche Obrigkeiten, ›ausländische‹ Hausierer, Krämer und Sammler durch Erschwerung der Einreise- und Übernachtungsmöglichkeiten, rigorose Kontrollmaßnahmen und hohe Gebühren abzuschrecken oder doch zumindest fiskalisch abzuschöpfen.

Grundsätzlich untersagt wurde allen Arbeitsmigranten das Betteln: Wer bettelte, konnte rasch in die Kategorie des ›Müßiggängers‹ oder gar ›kriminellen Vaganten‹ eingestuft werden. Dies betraf besonders die wandernden Studenten und Handwerksgesellen, die häufig betteln mussten, um ihren Lebensunterhalt zu fristen. Der Mainzer Kurstaat setzte beispielsweise das Bettelverbot mit Strafen durch, und ließ Gesellen im »Blockhaus« des Armenhauses inhaftieren.[45] Insgesamt blieb die Policeygesetzgebung auch bezüglich der tolerierten Formen der (Arbeits-)Migration durch Ambivalenz und fundamentale Zielkonflikte geprägt: Die Mobilität von Handwerkern, Gesinde und Hausierern konnte nicht völlig unterbunden werden, ja galt teilweise als ökonomisch nützlich; andererseits wollten Obrigkeiten wie Einheimische ›ihren‹ Bereich gegen wirtschaftliche Konkurrenten abschotten und misstrauten allen Umherziehenden, deren Lebensweise generell als verdächtig und deviant galt. Zudem wurden auch die Arbeitsmigranten einer wachsenden Zahl an Maßnahmen unterworfen, mit denen der frühmoderne Staat die Policeynormen im Bereich von Migration und Mobilität durchsetzen und Kontrolle etablieren wollte.

Massnahmen und Wirkungen

In der Forschung werden Umsetzung und Wirkung der frühneuzeitlichen Gesetzgebung kontrovers diskutiert; dies gilt auch für den Bereich der Migration. Generell wird man kaum davon ausgehen können, dass die oben dargestellten Normen vollständig umgesetzt wurden und damit in der Frühen Neuzeit eine totale obrigkeitliche Kontrolle aller Wanderungsvorgänge durchgesetzt worden sei. Die Policeynormen blieben jedoch auch nicht völlig wirkungslos, denn der frühmoderne Staat etablierte – durchaus experimentierend – zahlreiche konkrete, teilweise nach sozialen Gruppen und Migrationsformen differenzierte Maßnahmen und Verfahren, die auf Kontrolle zielten und auch heute noch teilweise den staatlichen Umgang mit Migration prägen.

Zentral war zunächst die Kategorisierung und Identifikation unterschiedlicher Migrationsformen und migrierender Menschen bzw. Gruppen. Die Gesetzgebung schrieb normative Kategorien fest, die von den erwünschten und erlaubten Formen – nützliche Einwanderer oder gesuchte Arbeitsmigranten – über zumindest ›verdächtige‹ und genauer zu kontrollierende Gruppen wie Hausierer oder Gesinde bis hin zu ›kriminellen Vaganten‹ und illegalen Auswanderern reichten.[46] Komplexe Genehmigungsverfahren sollten sicherstellen, dass nur erwünschte Migrationsvorgänge stattfanden und die Obrigkeit ihre fiskalischen Interessen wahren konnte. Urkunden, Atteste, Konzessionen und schließlich staatliche Pässe einhergehend mit einem Passzwang für alle Reisenden dienten der Zertifizierung zugelassener Migrationsformen und der Identifikation ›legal‹ bzw. ›illegal‹ Migrierender. Umgesetzt wurde dies auch mittels Grenzkontrollen, Visitationen, Streifen und der Überprüfung aller Fremden bzw. Migrierenden durch Amtsträger, Verwaltungsbeamte und schließlich exekutive Polizeiorgane. Ausgebaut wurden auch das Fahndungswesen sowie die interterritoriale Zusammenarbeit insbesondere bezüglich der Abschiebung und Auslieferung ›illegaler‹ Migranten bzw. ›krimineller Vaganten‹. Ein weiterer Maßnahmenbereich zielte auf das Verhältnis der einheimischen Bevölkerung zu Fremden und Vaganten: Beherbergungsverbote, Anzeigepflicht, Belohnungen, besondere Meldepflichten für Gastwirte, Kontrolle der Übernachtungen sowie Überwachung des Immobilienverkehrs und des Vermögenstransfers ins Ausland dienten der Identifikation und Festnahme ›unerwünschter‹ oder ›illegaler‹ Migranten. Auch die Strafandrohungen setzte der frühmoderne Staat – allerdings nur selektiv – mittels Verwaltung und Strafjustiz um. Als ›kriminelle Vaganten‹ etikettierte Delinquenten wurden insbesondere bei nachgewiesenen Eigentumsdelikten deutlich härter – auch mit dem Tod – bestraft als einheimische Täter.[47] Auch wenn die angedrohten schweren Strafen nicht immer verhängt wurden, so bedeuteten ausgrenzende Maßnahmen wie Abschiebung, Landesverweisung, Prügel, Pranger, Brandmarkung, Konfiskation der Habe oder Desintegration von Familien- und Gruppenstrukturen für die Betroffenen eine massive Bestrafung.

Zwar entwickelten migrierende, mobile Menschen zahlreiche Überlebensstrategien und sie konnten auch auf bedingte Unterstützung in der Bevölkerung rechnen, die viele ambulante Dienstleistungen in Anspruch nahm und auch ›nützliche‹ Immigranten bis zu einem gewissen Grad integrierte. Dennoch bewirkten normative Etikettierung

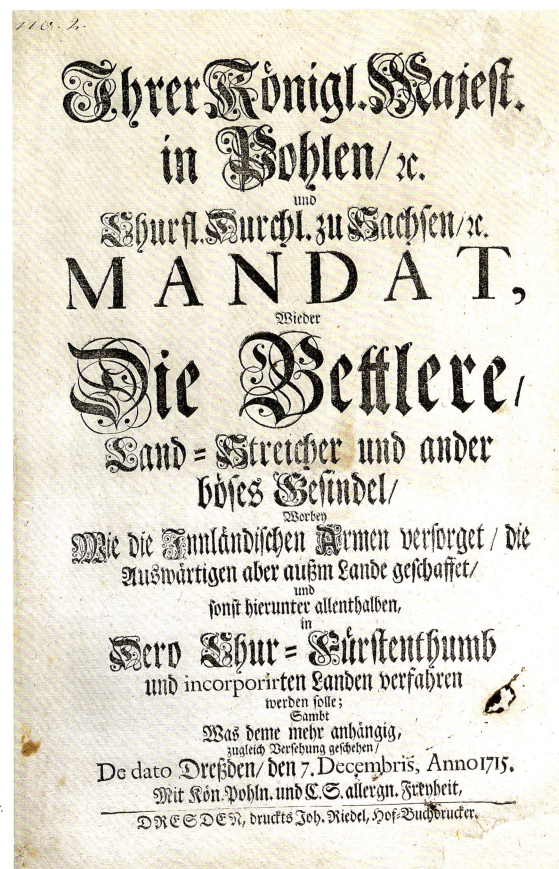

Mandat gegen Bettler, Landstreicher und andere, Dresden, 7. Dezember 1715, vgl. Kat. 10.9

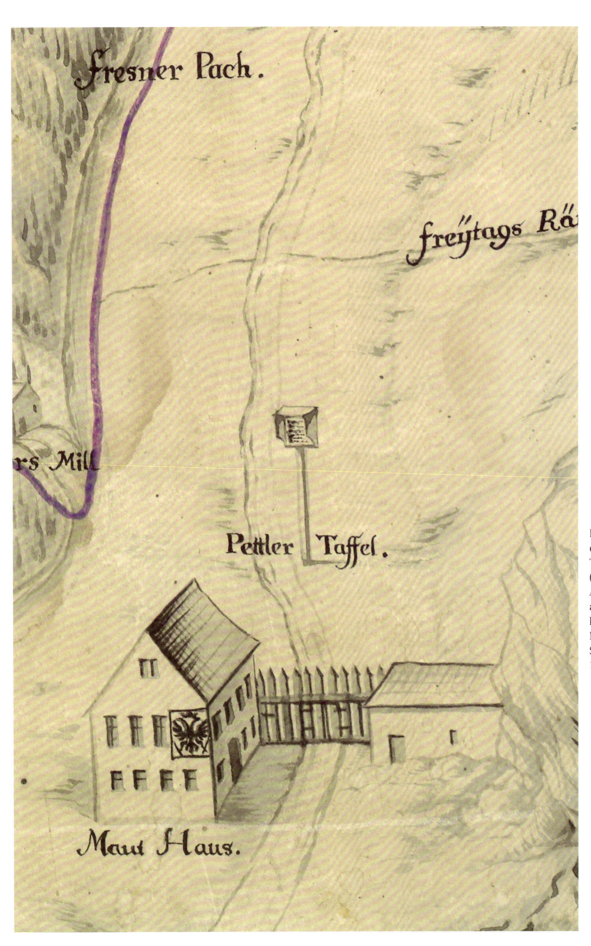

Darstellung einer »Pettler Taffel« (Bettlertafel), Ausschnitt aus: Grenzkarte »Plan-Nr. 9«, Steiermark, 1790

Bildvorlage für die Anfertigung einer ›Zigeunerwarntafel‹, Schlesien, 1708

und konkrete Verfolgungsmaßnahmen in der Frühen Neuzeit einen langfristigen gesamtgesellschaftlichen Einstellungswandel gegenüber migrierenden bzw. mobilen Menschen: Armut und Umherziehen wurden zunehmend mit Arbeitsscheu, Müßiggang und schließlich auch mit Eigentumsdevianz gleichgesetzt, und die ›sesshafte‹ Gesellschaft grenzte sich elementar von ›mobilen Fremden‹ ab. Der entstehende moderne Staat schuf dabei ein immer feineres Raster von erwünschten bis hin zu illegalen Migrationsformen, kategorisierte und normierte mobile Menschen und unterwarf sie einem ausdifferenzierten Kontrollinstrumentarium. Bis ins späte 18. Jahrhundert setzte der frühmoderne Staat das Monopol der Definition und Kontrolle von Migration durch, über das der Nationalstaat des 19. Jahrhunderts verfügen konnte. Die frühneuzeitliche Ordnungsgesetzgebung trug damit auch zur Normierung und Verrechtlichung von Wanderungsvorgängen bei, einen Rechtsanspruch auf Freizügigkeit oder gar Auswanderungsfreiheit etablierte sie jedoch nicht: Migration blieb in der Frühen Neuzeit ein im Rahmen »guter Ordnung und Policey« gewährtes obrigkeitliches Privileg – kein Recht.

1 Pfister 1994, bes. S. 44–58 und 104–116. Grundlegend zu Migration und Mobilität in der frühneuzeitlichen Ständegesellschaft: Schulze 1988; Jaritz/Müller 1988; Moch 2003; Bade 1992; Bade 2000.
2 Pfister 1994, S. 45. Aufgrund der jüngsten Forschungsergebnisse wird man eher von dem unteren Wert auszugehen haben; vgl. insgesamt zu migrierenden bzw. mobilen Menschen in der Frühen Neuzeit und zur schwierigen Schätzung ihres Anteils an der Bevölkerung: Küther 1983; Schubert 1983; Roeck 1993, S. 75; Hippel 1995, S. 89f.; Rheinheimer 2000, S. 30–33; Ammerer 2003, S. 17f.
3 Kleinschmidt 2002, S. 13–20 und 90–122.
4 Schubert 1995; Jütte 2000; Härter 2005b.
5 Schilling 1999; Härter 2000b.
6 Zur »guten Policey« bzw. Policeygesetzgebung: Stolleis 1996; Härter 2000; Blickle/Kissling/Schmidt 2003; Simon 2004.
7 ›Zigeuner‹ wird hier mangels Selbstbezeichnung als zeitgenössischer Quellenbegriff verwendet, der primär als normatives Etikett fungierte, aber auch eine ethnische Minderheit meinte, die sich selbst als eigenständige, migrierende Gruppe begriff; vgl. hierzu Härter 1998.
8 Jütte 2000, S. 190–200; zur Reichspoliceygesetzgebung: Härter 1993, S. 102–116.
9 Grundlage der quantitativen Auswertung der Regelungsmaterien: Härter/Stolleis 1996ff. (danach werden im folgenden Policeygesetze nur noch in Kurzform mit Angabe des Territoriums, der Nr., der Form und des Datums zitiert); es handelt sich um die Territorien (mit ›Nebenterritorien‹): Kurmainz, Kurköln, Kurtrier, Brandenburg-Preußen, Kleve-Mark, Kurpfalz, Bayern, Pfalz-Zweibrücken, Jülich-Berg, Baden und Württemberg sowie die Reichsstädte Frankfurt a. M. und Köln.
10 Möhlenbruch 1977; Scheuner 1950, bes. S. 204–211.
11 Gerteis 1987, S. 335; Gerteis 1981.
12 Zunächst in den Reichsstädten: Köln 38, Verordnung 05.03.1341 und 253, Verordnung 10.03.1405; dann auch in den Territorien: Brandenburg-Preußen 18, Ordnung 04.07.1518; Württemberg 29, Landesordnung 20.08.1521; Kurpfalz 89, Ausschreiben 00.00.1522; Bayern 225, Mandat 19.04.1533.

Vorweiser dieses, gebürtig von _____ aus dem _____ ist als ein Vagant beygefangen, ~~und zur öffentlichen Arbeit angehalten~~, nunmehro aber wiederum entlassen, und demselben anbefohlen worden, diese Fürstliche Lande innerhalb _____ zu raumen, und auf hiernach-gesetzter Route sich aus selbigem hinweg in seine Heymath zu begeben. Worbey ihme bedittem wird, daß, woferne sich derselbe ausserhalb der vorgeschriebenen Zeit, oder nach Ablauf obig-præfigirten Termins, mit oder ohne dessen Lauf-Zettul in diesen Fürstlichen Landen fernerhin betretten lassen würde, derselbe sofort abermalen angehalten, und gegen ihn nach denen Creyß-Edicten ohne Nachsicht verfahren werden solle.

den _____ 17__

Hochfürstl. Marggräfl. Baaden-Baadisches _____ Amt daselbsten.

Beschreibung der Personen.

Statur:

Alter:

Haar:

Augen:

Bart:

Kleidung:

Route zum Land hinaus:
Von

9

›Herrenloses Gesindel‹ wurde des Landes verwiesen. Der von der Obrigkeit ausgestellte »Laufpass« beinhaltete eine Personenbeschreibung und die einzuhaltende Route. Formular zur Personenbeschreibung, Markgrafschaft Baden, 1765/66, vgl. Kat. 10.11

13 Deutsches Reich 35, Reichsabschied 29.07.1541; Deutsches Reich 37, Reichsabschied 26.08.1542; zahlreiche weitere Verbote nachgewiesen unter dem Schlagwort ›Kriegslauf‹ bei Härter/Stolleis 1996ff., Bd. 1; frühe Verbote weiterhin in: Bayern 35, Landgebot 05.02.1475 und 210, Mandat 20.01.1530; Baden 20, Landesordnung 05.02.1517; Württemberg 15, Verordnung 11.09.1514; Brandenburg-Preußen 32, Landtagsrevers 17.03.1540 und 115, Patent 29.05.1587; Kurpfalz 173, Befehl 04.06.1547; Kurtrier 38, Verordnung 27.10.1542; Kurköln 16, Policeyordnung 04.11.1595.
14 Zum *ius emigrandi*: Gotthard 2004, S. 118–123, 216–218; Härter [im Druck].
15 Kurtrier 68, Verordnung 22.11.1572.
16 Beispiel: Postel 1997; Emrich 2002.
17 Pfister 1994, S. 54–58 und 112–116; Kleinschmidt 2002, S. 123–131; Postel 1997, S. 210–214.
18 Vgl. Bodmann 1795, bes. S. 6–9 und mit zahlreichen Beispielen.
19 Vgl. beispielhaft: Kurköln 24, Vertrag mit Kurmainz 19.08.1613; 571, Vertrag mit Kurpfalz 05.04.1749; 726, Vertrag mit Braunschweig-Lüneburg 12.03.1765; 778, Vertrag mit Paderborn 20.01.1769; 781, Vertrag mit Stadt Aachen 25.02.1769.
20 Duchhardt 1985; Hartweg/Jersch-Wenzel 1990; s. weiterhin den Beitrag von Stefi Jersch-Wenzel in diesem Band.
21 Dölemeyer 1997. Beispiele in: Mempel 1986.
22 Vgl. z. B. Brandenburg-Preußen: 815, Edikt 04.07.1696; 1132, Edikt 13.05.1709 und 1360, Edikt 26.04.1714.
23 Brandenburg-Preußen 809, Edikt 10.04.1696 und 2388, Edikt 25.02.1744.
24 Postel 1997, S. 210; Kurpfalz 545, Privileg 24.01.1607.
25 Kurmainz 183, Befehl 14.08.1648.
26 Brandenburg-Preußen 2445, Edikt 01.09.1747; vgl. zur preußischen Politik: Gerteis 1981, S. 170–173.
27 Kurmainz 1256, Protokollextrakt (Hofrat) 28.02.1764.
28 Vgl. beispielhaft: Kurtrier 562, Verordnung 16.10.1721 und 1584, Deklaration 27.06.1782.
29 Hippel 1984; Häberlein 1993; Brinck 1993; Bretting 1992, S. 135–185.
30 Kurmainz 458, Befehl 26.04.1709; ähnlich auch Württemberg 1664, Verordnung 25.06.1709; Kurpfalz 1268, Verordnung 12.05.1709; Kurpfalz 1272, Verordnung 12.06.1709.
31 Vgl. hierzu: Sundhaussen 1992; Sundhaussen 1992b; Schödl 1992.
32 Kurmainz 550, Reskript 18.03.1723; 552, Reskript 06.04.1723; 559, Reskript 16.07.1723 und die Akten in: Bayerisches Staatsarchiv Würzburg, Mainzer Regierungsarchiv, L 652.
33 Deutsches Reich 247, Patent 07.07.1768; vgl. auch Möhlenbruch 1977, S. 108.
34 Baden 2153, Konvention 16.12.1765; Kurköln 780, Vertrag mit Frankreich 15.02.1769; Kurtrier 1302, Verordnung 06.06.1767.
35 Küther 1983, S. 7f.
36 Das Folgende beruht auf der oben in Anm. 2 und 4 angegebenen Literatur und auf: Härter 2005, Kapitel 9.
37 Scherner 1979; Wüst 1987; Schubert 1988; Stolleis 1995; Landwehr 2001.
38 Härter 2003c.
39 Vgl. dazu ausführlich (mit Einzelnachweisen) Härter 1993, S. 108–116.
40 Kurmainz 522, Verordnung 07.10.1720. Zu den Zigeunern mit weiterführender Literatur: Härter 2003.
41 Härter 2003b.
42 Zur Arbeitsmigration in der Frühen Neuzeit generell: Bade 2000; Lucassen 1993.
43 Bayern 650, Landes- und Policeyordnung 28.09.1616; vgl. Dürr 1997, S. 125–129; Schröder 1992.
44 Bade 1982; Reininghaus 1988.
45 Härter 2005, S. 943–947. Vgl. auch Jaritz 1990, S. 109.
46 Vgl. dazu beispielhaft: Kurmainz 2698, Verordnung 04.12.1801, die 22 »Klassen von Personen« differenziert.
47 Härter 2003d; Härter 2005, Kapitel 9.

Selbstverständnis und Akzeptanz
Zuwanderer vom Westfälischen Frieden bis zum Ersten Weltkrieg

Stefi Jersch-Wenzel

Zuwanderung sei hier verstanden als Zuzug von Menschen, die mit dem Ziel nach Deutschland kamen, sich auf Dauer niederzulassen. Es geht also nicht um Durchwanderung, etwa von Auswanderungswilligen, oder um Personen und Gruppen, deren Aufenthalt von vornherein temporär angelegt war, wie den Wander- oder Saisonarbeitern oder denen, die als ›Fahrendes Volk‹ zu subsumieren sind. Vielmehr soll nach den Gründen der auf Dauer angelegten Zuwanderung gefragt werden, nach dem möglicherweise daraus resultierenden Selbstverständnis der Zuwandernden und der Reaktion der bereits ansässigen Bevölkerung auf diese zunächst Fremden.

Am ehesten sind derartige Gruppen unter Glaubensflüchtlingen und -vertriebenen und unter Arbeitsmigranten wie den ›Ruhrpolen‹ zu finden, die sich bis zum Beginn des 20. Jahrhunderts hier niedergelassen haben. Auf sie beschränken sich also die folgenden Ausführungen. Die bereits im Kaiserreich praktizierte Verhinderung der ständigen Ansiedlung von ›ausländischen Wanderarbeitern‹ wurde in den Jahren der Weimarer Republik strikt fortgesetzt und ebenso nach der Machtübernahme durch die Nationalsozialisten seit 1933. Hinzu kamen seit dem Ersten Weltkrieg umfangreiche, politisch bedingte Zwangsmigrationen, Durch- und Auswanderungswellen, die unter anderen Fragestellungen zu betrachten sind.[1]

Ausgehend von der Frühen Neuzeit lassen sich vor allem drei Kategorien von Zuwanderern in deutsche Territorien konstatieren. Es sind seit dem Ende des 16. Jahrhunderts bis ins 18. Jahrhundert Menschen, die wegen ihres Glaubensbekenntnisses in ihrer Heimat verfolgt oder aus ihrer Heimat vertrieben wurden, es sind Menschen, die während des Dreißigjährigen Krieges und vor allem danach in Gebiete abwanderten, die weniger als ihre Heimat von den Zerstörungen während des Krieges betroffen waren, und zu diesen aus Not Zuwandernden kamen als dritte Kategorie – zum Teil damit identisch – die von den jeweiligen Obrigkeiten vor allem im 18. Jahrhundert angeworbenen Kolonisten und Facharbeiter für den angestrebten wirtschaftlichen Aufschwung in ihren Herrschaftsgebieten.

Unter diesen Zuwanderern sind die verschiedenen Gruppen von Glaubensflüchtlingen und -vertriebenen diejenigen, bei denen man von einem ausgeprägten, von ihrer Religion bestimmten Selbstverständnis sprechen kann. Die Aussicht auf freie Religionsausübung war Anlass ihrer Migration und bildete im Zuzugsland die Basis für einen engen Gruppenzusammenhalt. Die 1685 erfolgende Aufhebung des Edikts von Nantes und die Niederlassungsangebote deutscher Territorialherren an die unterdrückten und verfolgten französischen Protestanten, die Hugenotten, gelten meist als Fixpunkte für die dann folgenden Wanderungen.[2] Dabei werden drei Dinge übersehen. Das ist zum einen die Tatsache, dass schon seit Anfang der 1670er Jahre eine zunehmende Zahl dieser Protestanten Frankreich verließ und zum zweiten, dass sich außer den deutschen Territorialstaaten auch Holland, England, Irland, Dänemark und Schweden an dem Wettstreit um die Gewinnung möglichst vieler französischer Glaubensflüchtlinge beteiligten, da sie mit ihren Kenntnissen und Fertigkeiten aus dem wirtschaftlich prosperierenden Frankreich kamen.[3] Und drittens beschränkte sich die Aufnahmebereitschaft deutscher Fürsten keineswegs auf die ersten Niederlassungsedikte für die Hugenotten. Angesichts ihrer starken Fluktuation in Mitteleuropa wurden allein in Brandenburg-Preußen, um das es hier vor allem gehen soll, bis zur Mitte des 18. Jahrhunderts eine ganze Reihe von Verfügungen über ihre Niederlassung und die ihnen dabei gewährten Vergünstigungen erlassen oder bestätigt: 1685, 1696, 1709, 1720, 1721, 1731, 1743/44 und 1755.

Hinzu kamen preußische Edikte für die Niederlassung anderer verfolgter oder vertriebener Protestanten: 1687/88 für die Waldenser, 1689/90, 1708, 1712/13, 1743, 1747, 1755 für die niederländischen französisch-reformierten Wallonen, die sich zunächst in der Pfalz angesiedelt hatten, 1732 für die große Zuwanderergruppe der Salzburger Protestanten, 1732, 1737 und 1742 für die böhmischen Protestanten, die zunächst im lutherischen Sachsen Zuflucht gesucht hatten, dort aber keine freie Religionsausübung zugestanden bekamen. Darüber hinaus bestimmten 1698 und 1743/44 erlassene Edikte, dass alle zuwandernden reformierten und lutherischen Glaubensflüchtlinge im preußischen Herrschaftsgebiet die gleichen Privilegien genießen sollten, die für die bereits im Lande ansässigen galten. Und auch die mährischen Brüder, die im sächsischen Herrnhut Repressionen ausgesetzt waren, erhielten im von Preußen annektierten Schlesien die Erlaubnis, ihren religiösen Vorstellungen entsprechende Herrnhuter Kolonien zu gründen (1742, 1746, 1763, 1782).

Die Ende des 16. und Anfang des 17. Jahrhunderts aus den unter spanischer Herrschaft stehenden Niederlanden in den Marienburger Werder und das Danziger Weichseldelta geflüchteten Mennoniten, die zunächst unter dem Schutz des polnischen Königs standen, und mit der ersten Teilung Polens unter preußische Herrschaft gerieten, wurden 1772–1774 und 1780 ebenfalls mit Toleranzedikten bedacht.[4] Sie umfassten etwa 12 000 Personen. Die kolonieartige mennonitische Ansiedlung in Krefeld, die zum Kurfürstentum Mörs gehörte, wurde mit diesem 1702 preußisches Herrschaftsgebiet und behielt danach alle früheren Rechte.

Alle diese Zuwanderer kamen nicht als Einzelpersonen, sondern als Angehörige einer Gruppe, die durch die Ausprägung ihres Glaubens eng verbunden war und die im Zuzugsland auf vielfältige Weise und in unterschiedlichem Ausmaß die Erhaltung des Gruppenzusammenhangs anstrebte. Grundlegend waren dabei Einrichtungen für die Glaubensausübung, für das gruppeninterne Wohlfahrts- und Bildungswesen und – sofern von der jeweiligen Obrigkeit zugelassen – eigene Verwaltungsinstitutionen. Ungeachtet der bei manchen dieser Zuwanderergruppen bestehenden, insbesondere bei den Hugenotten bis in die zweite Generation vorhandenen Vorstellung, in die Heimat zurückkehren zu können, verfügten alle nach relativ kurzer Zeit und in unterschiedlicher Ausdifferenzierung über eigene Andachtsräume und Friedhöfe, über Selbsthilfeeinrichtungen zur Versorgung der Armen, der Kranken, der Waisen und häufig auch über eigene Elementarschulen. Selbstverwaltungseinrichtungen wurden ihnen nicht generell zugestanden.

Am privilegiertesten waren die Hugenotten, die für die Französische Kolonie über ein französisches Oberdirektorium und ein französisches Oberkonsistorium verfügten.[5] Auch die mährischen Brüder in Schlesien erhielten ein eigenes mährisches Koloniedirektorium, während die böhmischen Kolonien durch einen vom Staat eingesetzten *Colonie-Commissarius* mit den für sie wichtigen Behörden verbunden waren, der auf die Einhaltung ihrer Privilegien und Freiheiten zu achten hatte und auch als Dolmetscher in Geschäfts- und Rechtsangelegenheiten fungierte.[6] Dies galt insbesondere im Verkehr mit den Behörden, denen sie verwaltungsmäßig unterstanden und die im 18. Jahrhundert noch durchaus bereit waren, in amtlichen Schriftstücken die deutsche wie die tschechische Sprache zu akzeptieren. Demgegenüber beließ man den Mennoniten in den östlichen Provinzen als einer ›übernommenen‹ Zuwanderergruppe die in polnischer Zeit praktizierte Selbstverwaltung und beschränkte die staatliche Einwirkung darauf, die Abgaben für die Gewährung von religiös bedingten Sonderrechten einzuziehen.[7]

Die dieser Politik zugrunde liegende Hilfsbereitschaft gegenüber verfolgten Glaubensgenossen und die Toleranz gegenüber (protestantischen) Andersgläubigen ist dem Zeitverständnis entsprechend als gewichtiger Faktor einzuschätzen. Sie ist aber vor allem in Preußen auch als Bestandteil der breit angelegten Kolonisationspolitik zu sehen, die das Ziel hatte, durch die Besiedlung der Städte und des ›platten Landes‹ mit möglichst qualifizierten Arbeitskräften die Macht des Staates zu mehren. »Je mehr Unterthanen, desto mehr Steuerzahler, desto mehr Soldaten«[8], war die Grundmaxime der zeitgenössischen Bevölkerungspolitik.

Insgesamt betrug die Zuwanderung von Protestanten verschiedener Prägung nach Preußen vom letzten Drittel des 17. Jahrhunderts bis in die 1730er Jahre zwischen 40 000 und 50 000 Personen. Sie alle erhielten in unterschiedlichem Umfang Starthilfen für die neue Existenz und in abgestufter Form auch längerfristige Privilegien, die für die Réfugiés weitreichend und für die böhmischen Protestanten gering bemessen waren.

Ihre Niederlassung erfolgte ebenfalls in unterschiedlicher Weise. Während die Fluktuation bei der Niederlassung der Hugenotten in den ersten Jahrzehnten relativ groß war, erfolgte die Ansiedlung der Salzburger Protestanten gezielt als ländliche Kolonisten in Ostpreußen,[9] und für die böhmischen Protestanten wurden eigens kleine Kolonistendörfer angelegt, in denen sie als Spinner und Weber lebten.

Fragt man nach der Reaktion auf diese Zuwanderungen im Aufnahmeland, so ist im Hinblick auf die Hugenotten zu unterscheiden zwischen der ›gehobenen Gesellschaft‹ und der wirtschaftenden Bevölkerung. Der Hof, große Teile des Adels und höhere Beamte sahen in den Adligen, Intellektuellen und Geistlichen unter den Réfugiés Exponenten der zu dieser Zeit in Europa bewunderten französischen Politik und Kultur. Sie erhielten sehr bald höhere

Daniel Nikolaus Chodowiecki,
»Les Réfugiés François établissent
des Fabriques dans le Brandebourg«,
1786

Daniel Nikolaus Chodowiecki,
»Le premier Temple François
acordé aux refugiés a Berlin«,
um 1786

Positionen in der Verwaltung, im Militär, im Bildungs- und im kirchlichen Bereich. Ganz anders reagierte die wirtschaftende einheimische Bevölkerung, zumal sie zur Finanzierung der Starthilfen aller dieser Zuwanderer zu Kollekten und schließlich zu Zwangskollekten herangezogen wurde. Ihr Empfang für die Hugenotten gestaltete sich deutlich distanziert, wenn nicht aggressiv.[10] Der vorhandene Wohnraum wurde durch sie reduziert, die entstehende Lebensmittelknappheit führte zu überhöhten Preisen, und im Erwerbsleben zeichnete sich eine spürbare Konkurrenz ab. Berufsständische Organisationen, wie die Zünfte und Gilden, verzögerten die Aufnahme der in Sprache, Kleidung, Lebensgewohnheiten und beruflicher Ausbildung Fremden; Magistrate in kleineren Städten und Amtshauptleute in ländlichen Kolonien erschwerten oder verhinderten durch hinhaltende bürokratische Einwände deren Ansiedlung, und die für die ganz überwiegend lutherische Bevölkerung zuständigen Geistlichen versuchten mit vielerlei Mitteln, die Abhaltung des reformierten Gottesdienstes zu verhindern. Vergleichbare Widerstände gab es etwa 50 Jahre später gegen die ebenfalls große Zuwanderungsgruppe der Salzburger nicht. Sie waren auf ihrem von brandenburgisch-preußischen Kommissaren begleiteten Weg durch die deutschen Territorien von der jeweiligen Bevölkerung freundlich, wenn nicht sogar mit Bewunderung begrüßt

›Freiheitskonzession‹, erteilt von
Karl Landgraf von Hessen-Kassel,
18. April 1685

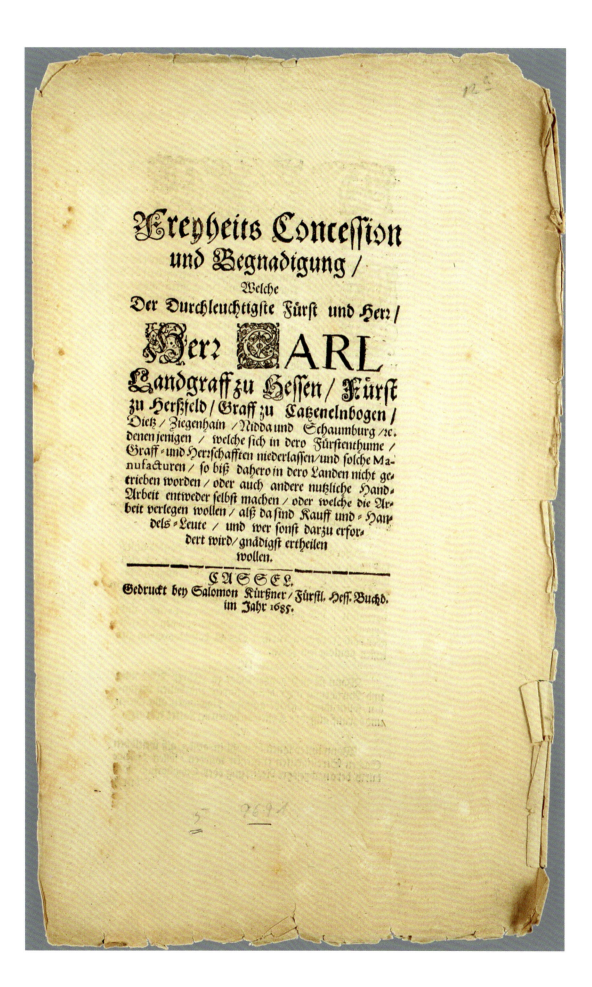

Freyheits Concession und Begnadigung,

Welche
Der Durchleuchtigste Fürst und Herz,
Herz CARL
Landgraff zu Hessen, Fürst
zu Herßfeld, Graff zu Catzenelnbogen,
Dietz, Ziegenhain, Nidda und Schaumburg, rc.
denen jenigen, welche sich in dero Fürstenthume,
Graff- und Herrschafften niederlassen, und solche Manufacturen, so biß dahero in dero Landen nicht getrieben worden, oder auch andere nutzliche Hand-Arbeit entweder selbst machen, oder welche die Arbeit verlegen wollen, alß da sind Kauff und Handels-Leute, und wer sonst darzu erfordert wird, gnädigst ertheilen
wollen.

CASSEL,
Gedruckt bey Salomon Kürßner, Fürstl. Heff. Buchd.
im Jahr 1685.

76 | Selbstverständnis und Akzeptanz

Antoine Pesne,
Bildnis eines alten Salzburgers,
1732,
vgl. Kat. 3.9

Emigrantenfamilie unter dem preußischen Adler, um 1732, vgl. Kat. 3.5

Salzburger Emigrantenfamilie mit sieben Kindern, um 1732, vgl. Kat. 3.10

worden.¹¹ Zwar reagierten die Einheimischen in den Niederlassungsgebieten zunächst abwartend, aber da sie fast ausschließlich auf brachliegenden Landstrichen in Ostpreußen angesiedelt wurden, die seit der großen Pestepidemie von 1709/10 nicht bewirtschaftet worden waren, bildeten sie im Erwerbsleben keine Konkurrenz. Als Lutheraner standen sie in religiöser Hinsicht der deutschen Bevölkerung nahe, allerdings fanden sich in dem einen oder anderen Haushalt Spuren ihrer früheren Existenz in einer streng katholischen Umgebung, wie »Rosenkränze […], Heiligenbilder, Beichtzettel, Ablasspfennige, geweihte Lichte […]«, die »entweder als Curiosa« aufbewahrt wurden oder den Kindern als Spielzeug dienten. »Starrsinn und Stierköpfigkeit« wurde ihnen nachgesagt, »Eigensinn«, »Grobheit« und »Vorliebe für den Branntwein«,¹² aber da diese Verhaltensweisen auch bei der bereits ansässigen Bevölkerung nicht selten gewesen sein dürften, stellte das keine Diskriminierung dar. Probleme ergaben sich in sprachlicher Hinsicht, da die im gebirgigen Erzbistum Salzburg gesprochene oberdeutsche Mundart stark von dem im Nordosten Preußens verbreiteten niederdeutschem Dialekt abwich, doch war die Sprachbarriere nicht so hoch wie bei den französischen oder den böhmischen Zuwanderern.

Auch die Böhmen erfuhren bei und nach ihrer Niederlassung weniger Widerstand seitens der Einheimischen, da sie in geschlossenen Kolonien lebten und dort als Tuch- und Leineweber ein qualifiziertes Arbeitskräftepotential für das Verlagssystem und die dezentralisierten, frühindustriellen Textilmanufakturen bildeten. Aufgrund ihres lang währenden Fluchtweges ging ihnen der Ruf voraus, dass sie »abermals vom Wandertrieb erfaßt« worden seien, und dass ein »unruhiger, unstäter Geist, der oft genug in Zänkereien zum Vorschein kam«, in ihnen »gärte«.[13] Tatsächlich kam es mehrfach zu innergemeindlichen Auseinandersetzungen, die bis zur Spaltung reichten, doch sind von Seiten der einheimischen Bevölkerung keine Reaktionen darauf bekannt.

Abendmahlskelche der böhmischen Exulantengemeinde in Dresden, 1616 und Ende 17. Jh., vgl. Kat. 2.3

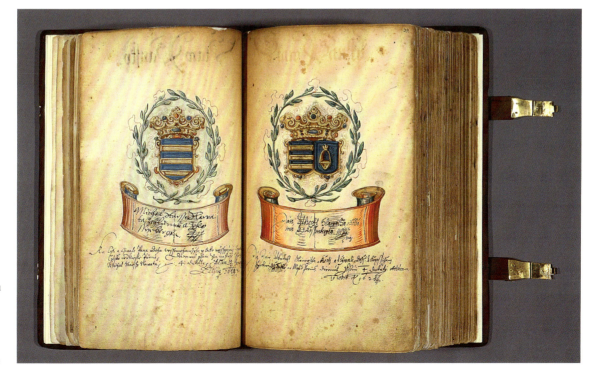

Pirnaer Wappenbuch der böhmischen Exulanten, erster Eintrag 1628, vgl. Kat. 2.4

Es ist schwer festzustellen, welchen Einfluss die unterschiedliche Aufnahme dieser Zuwanderungsgruppen durch die bereits ansässige Bevölkerung auf deren Selbstverständnis ausgeübt hat. Vieles deutet aber darauf hin, dass unabhängig davon der Gruppenzusammenhang bis etwa zur dritten Generation lebensbestimmend blieb. Das schloss nicht aus, dass vor allem im wirtschaftlichen Bereich sehr bald Kontakte entstanden, bei denen die Zuwanderer als gleichwertige Partner akzeptiert wurden. Das Festhalten an der je eigenen Herkunftsgeschichte, der spezifischen Religionsausübung, der eigenen Sprache und dem gruppeninternen Heiratsverhalten bestimmte aber über lange Zeit die Vorstellungswelt und das alltägliche Leben dieser Gruppen. Der Prozess der Akkulturation in den Bereichen der Sprache, Kultur und Zugehörigkeit zur preußischen Gesellschaft vollzog sich bei den Réfugiés seit der Mitte des 18. Jahrhunderts, bei den aus Salzburg und Böhmen Zugewanderten seit der Wende zum 19. Jahrhundert, ohne dass das Gruppengedächtnis in Vergessenheit geriet.[14] Erst gegen Ende des 19. Jahrhunderts drohte dieses Gedächtnis zu schwinden – eine Erkenntnis, die zu traditionsbewahrenden oder -neubelebenden Vereinigungen und Publikationsorganen führte.

Neben dieser glaubensbedingten Zuwanderung gerät die sehr viel umfangreichere, aber weniger Interesse weckende von Kolonisten verschiedenster Herkunft oft in Vergessenheit. Wie eingangs erwähnt, fanden bereits während des Dreißigjährigen Krieges und in noch stärkerem Maße danach Wanderungsprozesse größeren Umfangs in Mitteleuropa statt, die wegen der hohen Fluktuation kaum durch historische Quellen zu belegen sind. Kriegseinwirkungen, Missernten und Hungersnöte hatten zur Entvölkerung großer Gebiete geführt und Menschen in kaum zu schätzender Anzahl dazu veranlasst, einen Sicherheit und Auskommen versprechenden Ort zur Niederlassung zu suchen.

Bewerkenswert bei der Zuwanderung dieser Jahrzehnte sind die niederländischen Kolonisten, die zum Teil während des Unabhängigkeitskampfes gegen die spanische Vorherrschaft, zum Teil nach der Anerkennung der Unabhängigkeit der Republik der niederländischen Generalstaaten (1648) den Niederlassungsangeboten des brandenburgisch-preußischen Herrschers, Kurfürst Friedrich Wilhelm, des Großen Kurfürsten, folgten. Dabei sind im hier gemeinten Zusammenhang weniger die holländischen und friesischen Spezialisten für den Kanal- und Schleusenbau, die Architekten für den Festungsbau und Stadterweiterungen, die Künstler, Wissenschaftler oder Fayence-Produzenten von Interesse. Eine ganze Reihe von ihnen hinterließ zwar Zeugnisse oder Spuren ihres Wirkens, aber die meisten kehrten nach Erfüllung ihrer Aufträge bzw. nach Beendigung ihrer Studien in ihre Heimat zurück.[15] Vielmehr geht es um bäuerliche niederländische Zuwanderer, die in relativ geschlossener Gruppenverbundenheit in holländischen Kolonien angesiedelt wurden.[16] In Nutzung ihrer Spezialkenntnisse bei der Trockenlegung von Sümpfen, bei der Bodenmelioration insgesamt, beim Anbau von landwirtschaftlichen Produkten, der Viehzucht und der Milchwirtschaft gediehen die für sie angelegten Kolonien in Bötzow (später Oranienburg), in Tangermünde, Cremmen, den Ämtern Chorin und Gramzow, dem bei Liebenwalde angelegten Neuholland und anderen Orten sehr schnell. Bereits in

Patent des Königs Friedrich Wilhelm I. von Preußen zur Ansiedlung von Handwerkern und Bauern in Ostpreußen, 11. Februar 1724

der zweiten Hälfte des 17. Jahrhunderts erwiesen sich die ihnen zugestandenen Erbpachtverträge als so günstig und die landwirtschaftlichen Erträge als so reichlich, dass auch Siedler aus anderen deutschen Territorien in diesen Kolonien ansässig wurden.

Die genaue Anzahl der niederländischen Zuwanderer und der anderen Kolonisten ist nicht bekannt, da die Kirchenbücher fehlen oder unvollständig sind. Was sie alle zu einer keineswegs spannungsfreien Gemeinschaft zusammenführte, waren vor allem zwei Bereiche: der für alle obligatorische Damm- und Grabenbau, weil ständig Wassereinbrüche drohten, und die für die Ansiedlung zur Voraussetzung gemachte reformierte Religion, zu der auch lutherische oder katholische Neuzuwanderer übertreten mussten. Das geschah offenbar ohne größere Probleme.

Von diesen ›Musterkolonien‹, die bis in die zweite Hälfte des 19. Jahrhunderts in modifizierter Form weiter bestanden, unterschieden sich die im Zuge der im 18. Jahrhundert verstärkt betriebenen ›Peuplierungspolitik‹ geförderten, verstreuten Niederlassungen von angeworbenen Kolonisten. Den vor allem während der Regierungszeit Friedrichs II. erlassenen zahlreichen Einladungsedikten folgten aufgrund der zugesagten Starthilfen und anfänglichen Abgabenbefreiungen zwischen 300 000 und 400 000 zugewanderte Personen. Der Hauptzuzug (ca. 30 Prozent) erfolgte in die Kurmark Brandenburg, etwa 20 Prozent wurden in der Neumark, in Pommern, Ostpreußen, Westpreußen, im Magdeburgischen sowie in den westlichen Landesteilen Kleve, Mark und Geldern angesiedelt. Einer Schätzung zufolge haben diese Kolonisten rund vier Millionen Reichstaler ins Land gebracht, quasi ein Anfangskapital, da völlig mittellose Personen von der Aufnahme ausgeschlossen waren. Es ist zu vermuten, dass diese Kolonisten sich über längere Zeit auf die Neugründung einer Existenz unter den günstigen preußischen Niederlassungsbedingungen vorbereitet hatten, denn die Durchschnittssumme von 50 bis 60 mitgebrachten Talern pro Familie entsprach, je nach Qualifikation, dem Halbjahres- bzw. Jahresverdienst eines Manufakturarbeiters. Hinzu kamen, wiederum geschätzte, 70 000 bis 80 000 Nutztiere, vor allem Schafe, Rinder, Pferde und Schweine, die sie mit sich führten.[17]

Unter den Herkunftsländern der Kolonisten waren die unmittelbar an Preußen angrenzenden am stärksten vertreten, also Sachsen, Thüringen, Mecklenburg und Polen; aber auch Pfälzer, Württemberger, Böhmen, Schweizer und Zuziehende aus anderen europäischen Ländern, wie Russland, Dänemark oder Frankreich, fanden sich unter ihnen. Sie alle gehörten zu der Kategorie von Zuwanderern, die auf Dauer im Lande bleiben wollten, ohne dass sie ein gruppengebundenes Selbstverständnis herausgebildet hätten. Wir wissen nichts über ihre sicher entstandenen Eingewöhnungsprobleme, sei es im Erwerbsleben, sei es in sprachlicher Hinsicht oder im Verkehr mit der jeweils zuständigen Obrigkeit und ebenso wenig über Reaktionen der einheimischen Bevölkerung auf diese zugewanderten Fremden. In mancher Familie mag die Erinnerung an das Herkunftsland bewahrt worden sein, aber in der Regel ist davon auszugehen, dass sie in der zweiten Generation nicht mehr als fremd empfunden wurden und sich selbst zugehörig zu der Gesellschaft fühlten, in der sie lebten.

Eine spezielle Anwerbung, die nicht unter dem Gesichtspunkt der Peuplierungspolitik zu sehen ist, erfolgte im Hinblick auf ausländische Facharbeiter, die einzeln oder in kleinen Gruppen ›importiert‹ wurden.[18] Die Initiative dazu ging teils vom Staat, teils von einer Gruppe frühindustrieller Unternehmungen aus, die schon bestanden oder erst gegründet werden sollten. Die Anwerbung geschah außer in wenigen deutschen Territorien vor allem in Frankreich und Italien, den Niederlanden und der Schweiz. Es handelte sich um zahlreiche, noch fehlende Spezialisten in den neu entstehenden Textilmanufakturen, wie Färber, Dessinateure, Appreteure oder Seidenmüller, aber auch um Metallfacharbeiter, Spiegelhersteller und Facharbeiter für die Gewehr- und Munitionsherstellung. Die ihnen gewährten Vergünstigungen führten aber nicht immer zu einem dauerhaften Aufenthalt, teils weil die Voraussetzungen für eine erfolgreiche Anwendung ihrer Spezialkenntnisse noch nicht gegeben waren, teils weil ihre Leistungen nicht den an sie gestellten Erwartungen entsprachen. Bei ihnen und bei angeworbenen Soldaten wurde sogar die im Übrigen im preußischen Staat nicht geduldete katholische Religion und ihre Ausübung akzeptiert. Franzosen und Schweizer schlossen sich aber, wenn sie sich fest niederlassen wollten, häufig und ohne Glaubensübertritt der Französischen Kolonie an.

Sieht man von einer geringen Anzahl von ›Beutetürken‹[19] ab, so waren seit dem 17. Jahrhundert Juden die einzigen nichtchristlichen Zuwanderer.[20] Sie lassen sich von ihrem Selbstverständnis, von ihren Existenzbedingungen her und von der Einstellung der sie umgebenden Gesellschaft ihnen gegenüber mit keiner anderen Gruppe vergleichen.

Sie wurden weder eingeladen noch angeworben, sondern erhielten bestenfalls die Erlaubnis sich niederzulassen, und sie konnten nicht wie die protestantischen Glaubensflüchtlinge hoffen, in ihr Heimatland zurückzukehren, wenn dort die Restriktionen aufgehoben wurden. Seit den großen Judenvertreibungen aus deutschen Territorien im Spätmittelalter und zu Beginn der Frühen Neuzeit waren sie ständig auf der Suche nach sicheren Niederlassungsorten. In einigen west- und südwestdeutschen Territorien konnten sie sich verstreut auf dem Lande niederlassen, wo sie sich vor allem als Vieh- und Getreidehändler betätigten und sich im Laufe des 16. und 17. Jahrhunderts zu Landjudenschaften zusammenschlossen. Auch in einigen der damaligen Freien Reichsstädte behielten sie, abgesehen von kürzeren Unterbrechungen, ihr Bleiberecht, und an manchen fürstlichen Höfen begann sich die Institution des Hofjuden- oder Hoffaktorentums herauszubilden, was aber keineswegs zugleich die Entstehung einer jüdischen Gemeinde bedeutete. Einzelne Hofjuden waren auch in den Diensten von mittel- und norddeutschen Fürstenhöfen, wo sie sich mit ihren Familien und ihren Bediensteten niederließen.

In den räumlich weit auseinander liegenden preußischen Landesteilen lebten in den westlichen Gebieten Kleve und Mark einzelne Juden, ebenso in Minden und Halberstadt, in Hinterpommern und Ostpreußen. In Brandenburg hatten Juden ein Jahrhundert lang keine ständige Aufenthaltserlaubnis, als 1671 ihre Wiederzulassung begann. Anlass war die Vertreibung der Juden aus Wien, die als sehr wohlhabend galten. Ausgehend davon, dass er sich mit der Zulassung von 50 ausgewählten jüdischen Familien deren Handelsbeziehungen und ihre Erfahrung im Geld- und Kreditwesen zunutze machen konnte, erließ Kurfürst Friedrich Wilhelm im selben Jahr das entsprechende Niederlassungsedikt.[21] Ausdrücklich hieß es in dem Edikt, es sollten »reiche, wohlhabende Leute [sein, d. Verf.], welche ihre Mittel ins Land bringen und hier anlegen wollten«, mit dem Ziel der »Beförderung Handels und Wandels«. Wie bei keiner anderen Zuwanderergruppe war die Aufenthaltsdauer zunächst auf 20 Jahre begrenzt, für die jährlich Schutzgelder zu entrichten und für jede Heirat Gebühren zu zahlen waren. Ziel war es also, mit möglichst wenigen Menschen möglichst viel Geld ins Land zu holen und überregionale Handelsverbindungen erfolgreicher zu nutzen. Entgegen den kurfürstlichen Erwartungen folgten nur neun Wiener Familien dem Niederlassungsangebot, die sich in Berlin und Frankfurt an der Oder niederließen. Dennoch gewann Brandenburg in den Folgejahren offenbar an Attraktivität für jüdische

Edikt des Königs Friedrich Wilhelm I. von Preußen zur Bestrafung der Juden bei Hehlerei, 24. Dezember 1725

Zuwanderer, denn um 1 700 betrug die Mitgliederzahl der jüdischen Gemeinde in Berlin insgesamt 117 Familien, davon 70 mit Schutzbriefen Versehene (»Vergleitete«) und 47 nur vorübergehend Geduldete (»Unvergleitete«), mit rund 1 000 Personen; in der gesamten Mark Brandenburg waren es etwa 2 500, von denen nur etwa zwei Drittel mit Schutzbriefen versehen war.[22]

Bestimmend für die Existenzbedingungen der Juden in Brandenburg-Preußen vom ausgehenden 17. Jahrhundert bis zum Beginn des 19. Jahrhunderts war eine Sondergesetzgebung, die darauf abzielte, die Zahl der jüdischen Familien möglichst gering zu halten und die von ihnen für den landesherrlichen Schutz verlangten Abgaben ständig zu erhöhen. Die Unterscheidung von allen anderen Zuwanderergruppen setzte sich fort in der Beschränkung ihrer Erwerbsmöglichkeiten auf den Handel mit Geld und

Waren. Und auch hier wurden zunehmend Reduzierungen auf wenige Teilbereiche des Handels vorgenommen.²³ Die Juden wichen vielfach aus in wirtschaftliche Positionen, die noch nicht besetzt waren, in den Gebrauchtwaren- und den Trödel- und Hausierhandel, die Pfandleihe oder den Zwischenhandel. Galt der Handel ohnehin im Zeitverständnis als unproduktiv, so wurde derjenige mit Geld, mit gebrauchten Waren und ohne feste Verkaufsläden entsprechend verachtet und damit auch diejenigen, die ihn betrieben. Trotz dieser Restriktionen wuchs die jüdische Bevölkerung im Gegensatz zu den anderen zugewanderten Glaubensgemeinschaften ständig an, da in diesem engen Rahmen zumindest Rechtssicherheit für sie bestand. Sie waren in Preußen vom fürstlichen Regal zu Steuerzahlern des Staates geworden.

Wie im Falle der mennonitischen Siedlungen in Westpreußen führten die Teilungen Polens 1772, 1793, 1795 in den von Preußen annektierten Gebieten zu einem enormen Zuwachs an jüdischer Bevölkerung.²⁴ Seit dem Mittelalter, verstärkt seit den Vertreibungen im Spätmittelalter und der Frühen Neuzeit, bildete Polen mit seinen königlichen, kirchlichen und adligen Obrigkeiten eine Zufluchtsstätte für Juden vor allem aus Deutschland, aber auch aus anderen europäischen Ländern. Diese ebenfalls von Preußen ›übernommene‹ Zuwanderergruppe umfasste etwa 150 000 Personen, also mehr als das Dreifache der bis dahin in allen preußischen Landesteilen lebenden Juden. Sie aus den vielfältigen lokalen und regionalen Strukturen in die Kontrolle eines zentralistisch organisierten Staates zu überführen, stellte die führenden Beamten vor Ort vor nur mühsam zu bewältigende Probleme. Zwar war die dortige jüdische Bevölkerung in der Mehrzahl arm, doch hatte sie zwischen Adel und Bauern wichtige Funktionen des Bürgertums übernommen, so dass das Prinzip, nur wohlhabende Juden zu dulden, hier nur schwer durchsetzbar war. So orientierten sich die Bestimmungen des »General-Juden-Reglements für Süd- und Neu-Ostpreußen« von 1797 dann auch an den regionalen Gegebenheiten. Sie engten zwar die Existenzbedingungen, einschließlich der Gemeindeautonomie, kontrollierend ein, waren aber weniger restriktiv als in den alten Provinzen und sahen keine Ausweisungen mehr vor.

Nach den Beschlüssen des Wiener Kongresses von 1815 verblieb von dem umfangreichen preußischen Teilungsgebiet Polens nur das Großherzogtum Posen, die spätere Provinz Posen, bei Preußen. Die dort lebenden Juden machten zu diesem Zeitpunkt nur noch 42 Prozent aller Juden Preußens aus.

Lebten Juden in der polnischen Adelsrepublik seit Jahrhunderten keineswegs unangefochten, zuweilen auch bekämpft, aber in ihrer jüdischen Lebenswelt mit festen Funktionen im Wirtschaftsleben, so waren sie in den alten preußischen Provinzen als Neuzuwanderer offener Feindseligkeit ausgesetzt.²⁵ Es vermischte sich dabei die seit Jahrhunderten tradierte Vorstellung von den Juden als Christusmördern, die in ihren Gebeten die christliche Religion schmähten, mit dem Gefühl der Fremdheit gegenüber einer zunächst in strenger, selbstgewollter Abgeschlossenheit lebenden, ein eigenes Idiom – das Jiddische – sprechenden, abweichenden Normen und Wertvorstellungen folgenden und mit den erforderlichen Selbsthilfeeinrichtungen versehenen Gruppe, die sich in zentralen Lebensbereichen, wie der Erziehung der Kinder, der Kleidung, der Zubereitung der Speisen, den Anlässen zu und dem Ritual bei abweichenden Fest- und Gedenktagen, vor allem aber im Heiratsverhalten von der Mehrheit und allen anderen Zuwanderergruppen unterschied. Als abweichend wurde auch die Einstellung der

Karikatur auf die
Familie Rothschild,
um 1830

Juden zum Berufsleben empfunden und angeprangert. Nach deren Vorstellungen sollte der Broterwerb möglichst rational und effizient gehandhabt werden, um sich durch ökonomischen Erfolg die Freiheit von der Unterdrückung durch die christliche Umwelt zu erkaufen und damit die Möglichkeiten für ein gesetzestreues jüdisches Leben zu erweitern.[26] Diese instrumentale Einstellung zum Broterwerb in Verbindung mit den vorgeschriebenen Berufsbeschränkungen führte zu einem für die festen Regeln folgenden Zünfte und Gilden unkonventionellen Wirtschaftsverhalten, das als bedrohliche Konkurrenz empfunden wurde.

Angesichts dieser bis ins 19. Jahrhundert hineinreichenden latenten judenfeindlichen Einstellungen hatten jüdische und christliche Mittel- und Unterschichten im Wesentlichen nur den unumgänglichen geschäftlichen Kontakt miteinander. Daneben bahnte sich im Zuge der Aufklärung von christlicher Seite eine veränderte Sicht der Juden und ihrer Lage an, während von jüdischer Seite mit der *Haskala*, der jüdischen Aufklärung,[27] die Annäherung an den deutschen Sprach- und Kulturkreis begann. Diese Entwicklung wurde getragen von jüdischen Gelehrten, zumeist Autodidakten, und Mitgliedern der zweiten Generation erfolgreicher jüdischer Kaufleute sowie auf christlicher Seite von höheren Beamten und Vertretern der Aufklärung aus Wissenschaft und Kunst. Diskussionen in diesen Kreisen führten zu ersten gesellschaftlichen Kontakten, quasi zu einer »halbneutralen« Gesellschaft,[28] ohne dass sich am rechtlichen Status der Juden oder an ihrem Bild in der breiten Bevölkerung etwas änderte. Anders als bei den übrigen ihres Glaubens wegen Zugewanderten schwanden also im Hinblick auf die Juden bei der alteingesessenen Bevölkerung nicht die Abwehr und das Gefühl der Fremdheit.

Für das 19. Jahrhundert stand die glaubensbedingte Zuwanderung ebenso wie die zielstrebige Peuplierungspolitik nicht mehr an, es sei denn, man rubrizierte hierunter die weiter erfolgende, steigende Zuwanderung von Juden, vorwiegend aus Ostmitteleuropa. Vielmehr waren, bedingt durch ein rapides Bevölkerungswachstum und die zunehmende Industrialisierung, zwei andere Wanderungsformen für diesen Zeitraum kennzeichnend: die oft kurzfristige, stark fluktuierende Arbeitsmigration der städtischen und ländlichen Unterschichten und die in drei großen Auswanderungsphasen erfolgende Abwanderung von mehreren Millionen Menschen aus Deutschland im Zeitraum von 1846 bis 1893.[29] Aus einem Zuwanderungsland war Deutschland für mehrere Jahrzehnte zu einem Auswanderungsland geworden. Ein gleich bleibend hoher Geburtenüberschuss und eine relativ sinkende Sterblichkeitsrate – weder lang andauernde Kriege, noch sich breit ausweitende Epidemien, mit Ausnahme der Choleraepidemie von 1831/32, verursachten eine vermehrte Sterblichkeit, und die medizinische Versorgung verbesserte sich – führten im Zeitraum von 1815 bis 1910 im Gebiet des Deutschen Reichs zu einem Anwachsen der Bevölkerung von rund 24 Millionen auf rund 65 Millionen Einwohner, die ernährt sein wollten. Zunächst entsprach der Bedarf an Arbeitskräften in den einzelnen Wirtschaftszweigen nicht der Masse der Arbeitsuchenden. Das erklärt die Auswanderungswellen. Erst im Zuge der Hochindustrialisierung seit der Mitte und verstärkt seit dem letzten Drittel des 19. Jahrhunderts setzte daraufhin die Abwanderung vom Land in die nächstgelegenen Städte und von dort in die größeren und großen Städte ebenso wie die europäische Ost-West-Binnenwanderung in größerem Umfang ein. Bevorzugte Zielorte wurden bald die schwerindustriellen Ballungsgebiete Rheinland, Westfalen und Oberschlesien, in denen sich neben dem Bergbau und dem Hüttenwesen auch die zuliefernden und die weiterverarbeitenden Industrien schnell entwickelten und Dienstleistungs- ebenso wie Versorgungsbetriebe nach sich zogen. Auch das hoch industrialisierte Sachsen und die sich zum größten deutschen Industriestandort entwickelnde Metropole Berlin bekamen eine starke Anziehungskraft.

In diesem zunächst überwiegend als Binnenwanderung zu bezeichnenden Prozess entstand eine Gruppe, die mehr als Reaktion auf den Druck von außen als aus eigenem Antrieb ein ausgeprägtes Selbstverständnis entwickelte: die ›Ruhrpolen‹.[30] Bis in die 1860er Jahre kamen die Beschäftigten im Ruhrgebiet aus dem Umland oder, zu einem kleineren Teil, aus anderen deutschen Territorien. Erst zu Beginn der 1870er Jahre begann allmählich eine Zuwanderung von Personen, die in den östlichen preußischen Provinzen Westpreußen, Posen und Schlesien geboren waren und sich verstreut, ohne Gruppenbildungstendenzen, niederließen. Behörden und Öffentlichkeit registrierten die Masseneinwanderung »preußischer Staatsbürger polnischer Nation« erst in den 1890er Jahren während des allgemeinen Konjunkturaufschwungs. Unter wesentlicher Mitwirkung, wenn nicht Initiative der katholischen Kirche entstanden zahlreiche polnische Vereine mit kultureller und sozialer Ausrichtung, es erschienen polnische Zeitungen, und eine polnische Gewerkschaft wurde gegründet. Diese ›Groß-

Belegschaft der Zeche »Julia« in Baukau/ Herne, 1897

gruppe‹ umfasste auf ihrem Höchststand 300 000 bis 350 000 Personen. Die preußischen Behörden und die Presse zogen Vergleiche mit der ›Polengefahr‹ in den Ostprovinzen und unterstellten ihr, einen eigenen ›Polenstaat‹ im Westen errichten zu wollen. Die schnell einsetzende polizeiliche Überwachung aller polnischen Aktivitäten, die Diskriminierung in vielen Lebensbereichen und die angestrebte Germanisierung der Polen »schufen jetzt aus der Vielzahl zusammenhangloser, verstreuter Immigrantengruppen eine sich ihrer Stellung und Herkunft zunehmend bewusster werdende Minderheit«[31]. Indem man sie als ›Reichsfeinde‹ bekämpfte, verstärkte man den Gruppenzusammenhalt, der seinen Kern in dem Festhalten an der polnischen Nationalität hatte. Von einer Reaktion der bereits ansässigen Bevölkerung speziell auf diese Zuwanderer kann man nicht sprechen, da die Einwohnerzahl in der Rheinprovinz und in Westfalen im Zeitraum von 1871 bis 1910 um mehr als 100 Prozent von 5,4 auf 11,2 Millionen anstieg, so dass Zuwanderung in dieser Region der Normalfall war.

Die Situation nach dem Ersten Weltkrieg brachte die ›Ruhrpolen‹ in schwere Konflikte. Einerseits begeisterte sie die Wiederbegründung eines polnischen Staates, andererseits erwiesen sich die im Laufe der Zeit seit ihrer

Postkarte aus Herne/ Ruhrgebiet mit polnischem Straßennamen, um 1915

Zuwanderung entstandenen sozialen Bindungen an das Revier als Eigengewicht bei der Entscheidung, ob sie nach Polen zurückkehren sollten. Im Ergebnis ist ein nicht bekannter Anteil von ihnen nach Frankreich abgewandert. Etwa ein Drittel ist im Ruhrgebiet geblieben und pflegte dort, ohne politische Bestrebungen, national-kulturelle Traditionen in den Bereichen von Bildung, Religion und Geselligkeit und wurde ein fester Bestandteil dessen, was man als ›Ruhrvolk‹ bezeichnet. Dazu gehörten auch die häufig zu den ›Ruhrpolen‹ gerechneten, bei ihrem Höchststand etwa 150 000 Personen umfassenden ostpreußischen Masuren, die sich jedoch politisch nicht als Polen, sondern als Preußen verstanden.[32] Sie waren königstreue Protestanten, gründeten kaum eigene Organisationen, widerstrebten national-polnischen Zielen und wurden von den Behörden deutlich gefördert. Nimmt man die Anzahl der deutsch-polnischen Mischehen und die Eindeutschung polnischer Namen als Indikatoren für die Integration, so vollzog sie sich bei den Masuren schneller und in größerem Umfang als bei den national engagierten Polen. Hier handelt es sich also eher um eine durch die gemeinsame Heimat verbundene Gruppe, die aber an den Zuzugsorten keine Gruppeninteressen verfolgte.

Eine selten beachtete Zuwanderungsgruppe in das Ruhrgebiet stellten die ostjüdischen Arbeiter dar.[33] Bereits in den ersten Jahren des 20. Jahrhunderts waren mit den Polen auch jüdische Handwerker, Kleinhändler und Hausierer in das Rheinland gekommen. Doch erst im zweiten Jahr des Ersten Weltkriegs begann eine breit gestreute Anwerbung ostjüdischer Arbeiter für die Rüstungs- und Montanindustrie, aber auch für den Tiefbau und die chemische Industrie, da die wehrpflichtigen deutschen Männer eingezogen worden waren. Zunächst warb man Facharbeiter an, bald aber auch Ungelernte, denen man einträgliche Lohnzahlungen und spezielle Versorgungseinrichtungen zusagte. Sie erhielten befristete Arbeitsverträge, in der Regel für sechs Monate, die jeweils verlängert wurden, da ihre Beschäftigung für die Kriegsdauer gedacht war. Es liegen keine genauen Angaben über die Anzahl der Angeworbenen vor, doch ist von 15 000 bis 16 000 Personen auszugehen, und zwar ausschließlich Männer ohne Familien, da eine dauerhafte Ansiedlung nicht vorgesehen war. Ihre Bezahlung erwies sich als keineswegs lukrativ, und ihre Unterbringung in Massenunterkünften war, wie aus zahllosen Petitionen ihrerseits hervorgeht, katastrophal. Mehrere jüdische Arbeiterfürsorgeämter versuchten, Abhilfe zu schaffen, doch kamen auch sie nicht gegen die Diskriminierung durch die preußischen Behörden und die Arbeitgeber an. Dennoch gab es bereits während des Krieges Anfänge jüdischer Kulturvereine, die sich ab 1920 zu einer ostjüdischen Arbeiterkulturbewegung entwickelten und mit dem *Verband Jüdischer Kulturvereine von Rheinland und Westfalen* ihren Dachverband gründeten. Kulturelle und soziale Betätigungsfelder, gewerkschaftliche und zionistische Bestrebungen machten die Vereinsarbeit keineswegs konfliktfrei, doch schufen sie unter den im Ruhrgebiet Gebliebenen einen bis weit in die 1920er Jahre hinein anhaltenden Gruppenzusammenhalt. Ein Teil der ostjüdischen Arbeiter kehrte nach Kriegsende nach Polen zurück. Die Mehrheit aber wanderte nach Palästina, in die USA oder in westeuropäische Staaten aus.

Eine zweckgebunden für eine kurze Frist angeworbene Gruppe, die von den Behörden strikt und restriktiv auf die Arbeit als ihren einzigen Aufenthaltszweck verwiesen und von der übrigen Bevölkerung gemieden wurde, hatte in dem ihrer Ankunft folgenden Jahrzehnt ein ihrem Selbstverständnis entsprechendes eigenes soziales, politisches und kulturelles Netzwerk entwickelt.

Wenig bekannt ist auch die beträchtliche Zuwanderung von Polen in das industrielle Ballungszentrum Berlin seit dem letzten Drittel des 19. Jahrhunderts.[34] Die Bevölkerung der Stadt war im Zeitraum von 1867 bis 1905 von rund 700 000 auf rund zwei Millionen Einwohner gestiegen. Neben dem Geburtenüberschuss war dieses Wachstum vor allem auf Wanderungsgewinne zurückzuführen, die zunächst aus dem Umland, dann aber verstärkt aus den preußischen Ostprovinzen erfolgten. Dazu gehörten zunehmend auch Polen, die einer Sprachenstatistik von 1910 zufolge 62 Prozent aller in der Stadt lebenden Fremdsprachigen ausmachten (insgesamt wurden zwölf fremde Muttersprachen erfasst).[35] Ihre Anzahl ist nicht genau bekannt, da viele wegen der vorteilhaften Aufenthalts- und Niederlassungsbedingungen die deutsche Sprache als Muttersprache angegeben haben und ein weiterer Teil sich durch kurzfristige Entfernung aus der Stadt jeweils den Zählungen entzog. Man kann aber davon ausgehen, dass im ersten Jahrzehnt des 20. Jahrhunderts bis zu 100 000 Polen in Berlin lebten, die, soweit es die Männer betrifft, vor allem im Hoch- und Tiefbau, in der Metall verarbeitenden und in der Maschinenbauindustrie, in der chemischen Industrie und in der Holz- und Schnitzstoffverarbeitung Beschäftigung fanden. Frauen arbeiteten in kleinerem Umfang im Textil- und Bekleidungsgewerbe, in der Hauptsache aber als häusliches Gesinde.

Wie im Ruhrgebiet entstanden auch hier sehr schnell zahlreiche religiös-nationale Vereine, Selbsthilfevereine und Auskunftsbüros für Neuzuwanderer, die auch aus Galizien und dem Königreich Polen kamen, sowie erste Arbeitervereine. Nationalpolnische Bestrebungen artikulierten und formierten sich, stets von den Behörden überwacht, erst in den 1890er Jahren, fanden aber nicht die breite Gefolgschaft wie im Ruhrgebiet, wie ohnehin keine in ihrer Breite vergleichbare polnische Subkultur entstand. Dazu trug wesentlich die Tatsache bei, dass es keine festen polnischen Wohngegenden gab. Vielmehr lebten sie verstreut in den Arbeitervierteln verschiedener Stadtteile, sich selbst in der zweiten Generation schon als angesessen verstehend und nicht mit den Neuzuwanderern, den Tagelöhnern oder Saisonarbeitern gleichgesetzt werden wollend. In gewisser Weise erinnert dieses Verhalten an das etablierte jüdische Bürgertum während des Kaiserreichs und der Weimarer Republik in seiner Einstellung gegenüber den zuwandernden osteuropäischen Juden.

Dennoch wurde das Bewusstsein, zur polnischen Nation zu gehören, durch die breit gefächerte Vereinsstruktur und vor allem durch die alle verbindende katholische Religion in der Diaspora Berlin aufrechterhalten. Allerdings wurde in den polnischen Vereinen gegen die zunehmende Zahl von Heiraten mit Deutschen polemisiert, weil sie als Ergebnis der preußischen Germanisierungspolitik gegenüber den Polen begriffen wurden.

Wie im Fall der ›Ruhrpolen‹ kehrte ein Teil der in Berlin lebenden Polen nach dem Ersten Weltkrieg in den wiederbegründeten polnischen Staat zurück, ein weiterer Teil wanderte nach Frankreich aus, die Mehrheit aber wollte weder den Arbeitsplatz noch die Wohnung und die Zukunft für die Kinder aufgeben, sie wollte ein fester Bestandteil der Berliner Bevölkerung werden.

Angesichts dieser im Vergleich zum 17. und 18. Jahrhundert ganz anders verursachten und verlaufenden Migrations- und Integrationsformen fragt es sich, mit welchem Selbstverständnis die früheren Zuwanderergruppen am Ende des 19. und zu Beginn des 20. Jahrhunderts lebten. Wie bereits erwähnt, nahm der Zusammenhalt der ursprünglich der freien Religionsausübung wegen Zugewanderten zum Teil schon gegen Ende des 18. Jahrhunderts spürbar ab. Das geschah durch das Nachlassen der gemeinsamen Erinnerung an Vertreibung oder Flucht, durch die Integration in die sie umgebende Gesellschaft und die sich allgemein vollziehende Säkularisierung des Weltbildes. Um diese Entwicklung aufzuhalten und das Bewusstsein für die gemeinsame Geschichte wieder lebendig zu machen, entstand im letzten Drittel des 19. Jahrhunderts eine ganze Reihe von Vereinen mit historisch-religiösem Bezug. Bei den Hugenottennachfahren war es zunächst die *Réunion* (1868); ihr folgte die sich der gehobenen Gesellschaft zugehörig fühlende *Hugenottische Mittwochsgesellschaft* (1871) und 1890 – im Nachgang zu den Feierlichkeiten aus Anlass der 200. Wiederkehr des Jahrestages des Potsdamer Edikts – die Gründung des *Deutschen Hugenotten-Vereins*. Durch Publikationsorgane wie *Die Französische Colonie* und die *Geschichtsblätter des Deutschen Hugenotten-Vereins* erfolgte die kontinuierliche Information der Mitglieder über das Gemeindegeschehen und über die Geschichte einzelner Gemeinden und Persönlichkeiten.[36] Da es noch lange als etwas Besonderes galt, aus ›der‹ Kolonie zu stammen, spielten von Beginn an, und bis heute andauernd, familiengeschichtliche Anfragen und Nachforschungen eine wichtige Rolle.

Der Tendenz nach, wenn auch in kleinerem Umfang, zeigte sich die gleiche Entwicklung bei den in Ostpreußen sesshaft gewordenen Salzburgern. Ausgehend von der *Salzburger Anstalt* – zunächst ein Hospital, dem zahlreiche andere Einrichtungen angegliedert wurden – kam es 1911 zur Gründung des *Salzburger Vereins*[37], der sich in seinen Mitteilungsblättern vor allem der Traditionspflege widmete und wie der Hugenotten-Verein eine viel konsultierte Auskunftsstelle für familiengeschichtliche Anfragen war und bis heute ist.

Von den böhmischen Exulanten ist zwar keine traditionsbewahrende oder -neubelebende Vereinsgründung bekannt, doch zeichnete die im Umfang stark reduzierte Gruppe eine strikt der Überlieferung folgende religiöse Verbundenheit aus. Das galt für die Liturgie, das Begehen der kirchlichen Feste, das Musizieren oder das Totengedenken.[38] Das hinderte sie nicht, überzeugte preußische Bürger zu sein, die zum Dank dafür, dass er sie in seinem Land aufgenommen hat, 1912 ein Denkmal für König Friedrich Wilhelm I. im ›Böhmischen Dorf‹ errichten ließen.[39] In diesem böhmischen Dorf in Berlin-Neukölln findet man auch heute noch eine sehr lebendige Traditionspflege.

Schließlich ist nach dem Wandel des Selbstverständnisses der in Deutschland lebenden Juden zu fragen. Zunächst ist festzuhalten, dass sie als einzige der hier betrachteten religiösen Gruppen während des 19. Jahrhunderts Zuwachs durch die Zuwanderung von Glaubensgenossen erhielten. Sie bestanden also nicht nur aus Einwanderungsnachfahren. Sodann erhielten sie, ebenfalls nur sie, erst in den Jahrzehnten bis zur Reichsgründung allmählich den Status von gleichberechtigten Staatsbürgern.[40] Ebenfalls in diesen Jahrzehnten kam es zu tief greifenden, innerjüdischen Auseinandersetzungen, die sich schon in der Aufklärungsphase angebahnt hatten und zu einem Reformjudentum auf der einen Seite und einer Orthodoxie auf der anderen führten.[41] Zunehmende Teile der jüdischen Bevölkerung verstanden die jüdische Religion als Konfession und nicht mehr als jüdische Lebenswelt mit bindenden Regeln. Da das jüdische Vereinswesen aus religiösen und sozialen Gründen ohnehin traditionsreich und weit gefächert war, entstanden bei ihnen kaum neue Zusammenschlüsse zur Traditionsbewahrung. Vielmehr zeichneten sich eine Abkehr vom reinen Talmud- und Thorastudium und eine Hinwendung zur Verwissenschaftlichung des Judentums ab. Den Anfang bildete der von nur wenigen Mitgliedern getragene und nur wenige Jahre existierende, aber für die weitere Entwicklung richtungsweisende *Verein für Cultur und Wissenschaft der Juden*, der 1819 gegründet wurde. Seinen weiter entwickelten Zielsetzungen entsprach die 1872 eröffnete, liberal ausgerichtete *Hochschule für die Wissenschaft des Judentums*, die bis 1942 bestand. Parallel dazu verliefen die Bestrebungen zur Akademisierung der Rabbinerausbildung für die vor allem die Rabbinerseminare in Breslau (1854) und Berlin (1873) gegründet und mit hohem wissenschaftlichen Standard geführt wurden.[42] Hier wurde also das abnehmende Traditionsbewusstsein in das wissenschaftliche Denken des 19. Jahrhunderts transponiert.

Diese Entwicklung wurde im Wesentlichen von dem jüdischen Bildungs- und Wirtschaftsbürgertum getragen, das sich als Bestandteil der deutschen Gesellschaft verstand, ohne von dieser vorbehaltlos akzeptiert zu werden.[43] Durch allgemeinen, informellen Konsens blieben sie noch immer Benachteiligungen bei hoheitlichen Funktionen ausgesetzt. Während sie die Hoffnung haben konnten, diese Hemmnisse allmählich überwinden zu können, stellte das Aufkommen des modernen, rassistisch argumentierenden Antisemitismus eine offene Bedrohung dar, die der 1893 gegründete *Centralverein deutscher Staatsbürger jüdischen Glaubens* abzuwehren versuchte. Hinzu kam der massenhafte Zustrom von osteuropäischen Juden, die aus wirtschaftlicher Not, vor allem aber vor den Pogromen in ihrer Heimat flohen und durch Deutschland zogen, um auszuwandern oder auch zu bleiben und das öffentliche Bild aller Juden, auch der etablierten, zu beeinträchtigen drohten.[44] Eine weitere Irritation bildeten die Anfänge der zionistischen Bewegung, die an Stärke zunahm und deren Zielsetzungen in der Weimarer Republik zu scharfen Auseinandersetzungen und Parteibildungen führten.[45] Man kann also für diesen Zeitraum weder über das Selbstverständnis der Juden als Bevölkerungsgruppe noch über den Grad ihrer Akzeptanz durch die Mehrheit der Bevölkerung eindeutige Aussagen machen.

Im Ergebnis lässt sich feststellen, dass diejenigen unter den hier betrachteten Zuwanderergruppen am ehesten von der Mehrheit der Bevölkerung als zugehörig akzeptiert wurden, die sich durch eine verwandte, protestantische Religion – sei es die lutherische, die reformierte oder die hussitische – verbunden fühlten. Anfängliche Abwehr gegenüber diesen Fremden nahm mit deren Bereitschaft, sich nach zwei oder drei Generationen in Sprache und Kultur zu akkulturieren und die eigene Herkunft auf ein begrenztes Traditionsbewusstsein zu reduzieren, spürbar ab. Die anderen aber, die, wie die bereits in Deutschland ansässigen Juden, die polnischen Juden und die Polen, verschiedenartig in der Ausrichtung und im Ausmaß in ihren eigenen religiösen, kulturellen oder politischen Wertvorstellungen und Zielsetzungen leben wollten bzw. denen man dieses Bedürfnis als negatives Stereotyp zusprach, erfuhren eine deutlich begrenzte Akzeptanz. Administrative Maßnahmen und partielle gesellschaftliche Ausgrenzung machten ihnen die Grenzen ihrer Zugehörigkeit klar und ließen viele von ihnen die Aus- oder Weiterwanderung wählen.

1 Vgl. zu diesen Prozessen Bade/Oltmer 2003b und die dort angegebene Literatur.
2 Einen Überblick gibt Dölemeyer 1999.
3 Vgl. Yardeni 1985, bes. S. 66–94; Scoville 1952.
4 Dazu Beheim-Schwarzbach 1874, S. 627–636.
5 Mengin 1929; Muret 1885.
6 Ausst. Kat. Berlin 1983, S. 25f., 32–38; Graffigna 1990, S. 521f., 534–537.
7 Penner 1978, S. 216f., 221f.
8 Jolles 1886, S. 198.
9 Kenkel 1981, S. 123–126. Vgl. auch Florey 1977.
10 Vgl. Jersch-Wenzel 1978, S. 75–77 und die dort angegebene Literatur; s. a. den Beitrag von Andreas Reinke im gleichzeitig zur Ausstellung *Zuwanderungsland Deutschland. Migrationen 1500–2005* erschienenen Band *Zuwanderungsland Deutschland. Die Hugenotten*.
11 Dazu Ludwig/Welke 1981, S. 109–111.
12 Ausführliche Schilderung ihrer Aufnahme und Ansiedlung in Ostpreußen bei Beheim-Schwarzbach 1874, S. 201–221.
13 Ebd. S. 249, 251. Zu den innergemeindlichen Auseinandersetzungen: Graffigna 1990, S. 547–549.
14 Jersch-Wenzel 1981, S. 486–499.
15 Vgl. Gramlich 1991.
16 Hierzu und zum Folgenden: Peters/Harnisch/Enders 1989, S. 18–39.
17 Hierzu und zum Folgenden: Beheim-Schwarzbach 1874, passim.
18 Vgl. Jersch-Wenzel 1978, S. 122–130.
19 Diese waren 1683 bei der Schlacht vor Wien von preußischen Truppen gefangen genommen und als Beute verschleppt worden. Zunächst dienten sie als exotische Lakaien am Hof, doch wurden ihre Nachkommen bald in die preußische Gesellschaft integriert, vgl. Kreuter 1986.
20 Als Überblick dazu: Breuer 1996.
21 Abgedruckt bei Stern 1962, S. 13–16.
22 Vgl. Jersch-Wenzel 1978, S. 43–45, 58–64.
23 Ihre schärfste Ausformung fanden diese Einschränkungen im »Revidierten General-Privilegium und Reglement vor die Judenschaft im Königreiche Preußen« von 1750. Es ist abgedruckt bei Rönne/Simon 1843, S. 240–264.
24 Hierzu und zum Folgenden: Kemlein 1997, S. 25–54. Das »General-Juden-Reglement für Süd- und Neu-Ostpreußen« von 1797 ist abgedruckt bei Rönne/Simon 1843, S. 292–302.
25 Zu den häufigsten gegen sie erhobenen Anschuldigungen vgl. Jersch-Wenzel 1978, S. 45–51.
26 Vgl. Katz 1961, S. 64–75.
27 Eingehend dazu: Schulte 2002.
28 Katz 1986, S. 54–56.
29 Vgl. Bade/Oltmer 2003b, S. 270–273 und die dort angegebene Literatur.
30 Dazu vor allem: Kleßmann 1978, passim.
31 Ebd. S. 188.
32 Ebd. S. 20, 73, 188. Vgl. auch Peters-Schildgens 1997.
33 Dazu vor allem Heid 1995, passim.
34 Dazu vor allem: Hartmann 1990, passim.
35 Ebd. S. 693.
36 Vgl. Fuhrich-Grubert 1994, S. 17f., 97–106.
37 Kenkel 1981, S. 126–128.
38 Diesen Bereichen sind mehrere Beiträge in dem Ausst. Kat. Berlin 1987 gewidmet.
39 Ebd. S. 236.
40 Vgl. Rürup 1986.
41 Als Überblick dazu: Meyer 1996.
42 Vgl. u. a. Schochow 1969, S. 13, 51–63.
43 Dazu eingehend: Lässig 2004.
44 Maurer 1986.
45 Lowenstein 1997; Barkai 1997.

Wer ist Deutscher?
Deutsche Staatsangehörigkeit
im 19. und 20. Jahrhundert

Dieter Gosewinkel

Die Staatsangehörigkeit in Deutschland entstand mit den modernen Staaten, die aus dem Zerfall des Heiligen Römischen Reiches deutscher Nation hervorgingen. Mit dem Ausbau und der Konzentration staatlicher Herrschaftsgewalt im Übergang zur Moderne vom 18. zum 19. Jahrhundert wuchs die Bedeutung der Staatsangehörigkeit für den Einzelnen, der in den Verfassungen der deutschen Territorialstaaten zunehmend *Staatsbürger* genannt wurde. Die Zugehörigkeit zum Staat vermittelte mehr und mehr fundamentale Rechte und Pflichten gegenüber dem Staat und gewann an Bedeutung. In den verschärften nationalen Auseinandersetzungen des ausgehenden 19. Jahrhunderts wurde die Staatsangehörigkeit zur Institution des entstehenden deutschen Nationalstaats. Im Verfahren der Einbürgerung, der Aufnahme in die Staatsangehörigkeit, spielten nationale Unterscheidungen und nationalpolitische Motive zunehmend eine Rolle. Staatsangehörigkeit und Einbürgerungspolitik wurden zum Austragungsort nationaler Abgrenzungskämpfe. Die Frage »Wer ist Deutscher?« wurde zunehmend gleichbedeutend mit der Frage »Wer gehört zur deutschen Nation – und wer nicht?«[1]

Der folgende Beitrag untersucht die Entstehung und Entwicklung der Staatsangehörigkeit in Deutschland während des 19. und 20. Jahrhunderts im Zusammenhang mit der Herausbildung, Entfaltung und Krise des deutschen Nationalstaats. Gezeigt wird die Geschichte der Staatsangehörigkeit in Deutschland als Entwicklung der rechtlichen Regelungen sowie der Praxis der Einbürgerung, aus denen nationale, politische und soziale Leitbilder ermittelt werden, die darüber bestimmten, wer wann Deutscher wurde – und wer nicht. Im Mittelpunkt stehen vor allem folgende Fragen: Welche Besonderheiten ergaben sich daraus, dass sich die Staatsangehörigkeit in Deutschland in einem stark föderativ geprägten Staatswesen ohne zentralistische Tradition entwickelte? Was bedeutete es für die Ausprägung der Staatsangehörigkeit, dass Deutschland als Nationalstaat spät entstand, verglichen mit den westeuropäischen Staaten? Ist die Staatsangehörigkeit in Deutschland von Beginn an durch einen ethnisch-kulturellen Grundzug geprägt,[2] der die Zugehörigkeit zum Staat aufgrund der Zugehörigkeit zu einer ethnisch, später zunehmend völkisch-rassisch definierten Nation bestimmt und bis zum Ende des 20. Jahrhunderts vorherrscht? Lässt sich also eine kontinuierliche Entwicklung nachzeichnen, die von der Durchsetzung des Abstammungsprinzips der deutschen Staatsangehörigkeit im 19. Jahrhundert bis hin zum Rasseprinzip des Nationalsozialismus und zur privilegierten Aufnahme von so genannten Volksdeutschen auch nach 1945 reicht? Gab es – national oder religiös definierte – Gruppen, die von jeher als ›Deutsche‹ akzeptiert, und andere, die regelmäßig diskriminiert wurden? Inwieweit wurden Frauen in ihrem Staatsangehörigkeitsstatus diskriminiert gegenüber Männern?

Gezeigt wird die Entwicklung von der Entstehung moderner deutscher Staaten aus dem Zerfall des Heiligen Römischen Reiches nach 1803/06 über die Entstehung und den Aufstieg des deutschen Nationalstaats nach 1871 bis hin zu seiner Zerstörung und Spaltung 1945, die nach 1989 mit der Wiedervereinigung zu einer Neubestimmung der deutschen Staatsangehörigkeit im Jahre 2000 führte. Die Eigenschaft des ›Deutschen‹ war zunächst ein kulturell, auch ethnisch bestimmter Begriff, der auf das politische Programm der deutschen Einigung verwies. Erst mit der Gründung des deutschen Nationalstaats 1871 wurde die Eigenschaft ›Deutsch‹ zunehmend auch ein fest umrissener Rechtsbegriff. Doch blieb ein Spannungsverhältnis zwischen dem ethnisch-kulturell bzw. politisch geprägten Begriff des Deutschen einerseits, dem Rechtsbegriff andererseits bestehen. Dieses Spannungsverhältnis durchzieht als Leitfaden die folgende Darstellung.

Vornationale Staatsangehörigkeit im Deutschen Bund

Der Eintritt in die Moderne revolutionierte die äußere und innere Gestalt Deutschlands. Die Staatenwelt Mitteleuropas erfuhr die tief greifendsten politischen und territorialen Umwälzungen seit dem Dreißigjährigen Krieg

(1618–1648). Durch Untergang, Neubildung und Veränderung von Staaten und Staatenverbindungen verschob sich mit den Grenzen auch die staatlich-politische Zuordnung großer Bevölkerungsgruppen.[3] Nach dem Abschluss der Phase staatlicher Rekonstruktion und Neubildung zu Beginn des 19. Jahrhunderts bildeten die Staaten des Deutschen Bundes auf der Grundlage der Bundesakte von 1815 eine territoriale Staatshoheit aus, die bis weit in die zweite Hälfte des Jahrhunderts hinein die institutionelle Gestalt der Staatsangehörigkeit in Deutschland prägte. Hinzu traten wachsende Wanderungsbewegungen zwischen den deutschen Staaten. Sie leiteten ein Zeitalter ein, in dem die Mobilisierung der Bevölkerung zugleich das Problem ihrer Zugehörigkeit und Zuweisung in staatliche Verantwortung stellte. Territoriale Neubildungen und Wanderungsbewegungen waren die zentralen Momente, die die Herausbildung der Staatsangehörigkeit vorantrieben. Der Auflösung des seit langem zerfallenden Heiligen Römischen Reiches deutscher Nation im Jahre 1806 folgte angesichts der Heterogenität politischer Interessen und Entwicklungen kein Zusammenschluss der Staaten Mitteleuropas zu einem neuen deutschen Staat. Die beiden Hegemonialstaaten, Preußen und Österreich, waren in sich multinational. Anstelle eines einheitlichen deutschen Nationalstaats, den die entstehende deutsche Nationalbewegung anstrebte, setzte sich das Prinzip monarchischer Legitimität in einem lockeren Staatenbund durch. Die staatliche Neuordnung Deutschlands folgte bis in die zweite Hälfte des 19. Jahrhunderts nicht dem Prinzip der Nationalität, sondern der Territorialität.

Diese Entwicklung hatte unmittelbare Auswirkungen auf die Definition staatlicher Zugehörigkeit, die im Rahmen des Deutschen Bundes allein in der Zugehörigkeit zu einem Territorialstaat, nicht in einer gemeindeutschen Staatsangehörigkeit auf der Ebene des Bundes, bestand. Wo aber entwickelte sich die Staatsangehörigkeit in Deutschland, wenn – im Unterschied zu Frankreich[4] – ein zentraler Nationalstaat nicht bestand? Die neuere Forschung zeigt, dass sich die Staatsangehörigkeit nach 1815 zum einen in einem zunehmend dichter werdenden Netz von zwischenstaatlichen Verträgen herauszubilden begann. Der Sinn dieser Regelungen bestand darin, die wachsende Zahl von Migranten zu kontrollieren, die zwischen den deutschen Staaten wanderten, ihnen einen gesicherten Aufenthaltsstatus, gegebenenfalls auch die Staatsangehörigkeit des Aufnahmestaates zu verschaffen. Zum anderen begannen spätestens ab den dreißiger Jahren des 19. Jahrhunderts die Einzelstaaten des Bundes, systematische Staatsangehörigkeitsgesetze zu entwickeln, um Bestand und Zusammensetzung ihres Staatsvolks genauer erfassen zu können. Die beiden mächtigsten Staaten innerhalb des Deutschen Bundes, zunächst Österreich, später dann Preußen, waren Vorreiter dieser Entwicklung.

Österreich trat als einziger deutscher Staat mit einer modernen Regelung der Staatsangehörigkeit in den Deutschen Bund ein, das heißt mit generellen und abstrakten, staatsweit und für jedermann geltenden Angehörigkeitsnormen in Form des *Allgemeinen bürgerlichen Gesetzbuchs* von 1811, das systematisch ›Staatsbürger‹ von Fremden unterschied. Die Staaten des süddeutschen Konstitutionalismus, Bayern, Baden und Württemberg, waren in besonderer Weise herausgefordert, eine für das gesamte Staatsterritorium einheitliche Staatsangehörigkeit zu entwickeln. Ihr Territorium und ihre staatlichen Institutionen waren zwischen der Auflösung des Alten Reiches 1803 und dem Wiener Kongress 1815 völlig neu gestaltet worden. Zugleich stieß der zentrale staatliche Impetus konstitutioneller Modernisierung und Vereinheitlichung auf die Beharrungskraft eines starken Gemeindebürgerrechts. Hier hielt sich ein älteres Gemeindebewusstsein, das die Gemeinde als »Grundlage des Staatsvereins«[5] begriff und politisch verteidigte. Der konfliktreiche Zusammenhang zwischen der Schaffung eines einheitlichen Staatsangehörigkeitsrechts und der Verteidigung partikularer kommunaler Angehörigkeitsbeziehungen brach hier deutlicher als in anderen Teilen Deutschlands auf. Dies zeigte sich beispielsweise an der Gruppe der Juden. Während sie als *Staats*bürger – auf der Ebene der Verfassung – Gleichheit genossen, waren sie in ihrer Niederlassungsfreiheit und in den Rechten als Gemeindebürger beschränkt.

Während die Staaten des süddeutschen Konstitutionalismus früh den politischen Begriff des Staatsbürgers mit der Staatsangehörigkeit verbanden, ging die größte Prägekraft für die Politik der Staatsangehörigkeit in Deutschland während der zweiten Hälfte des 19. Jahrhunderts von Preußen aus: vom Modell des 1842 erlassenen preußischen »Untertanengesetzes«[6]. Das Gesetz entstand spät im Vergleich zu den übrigen großen Staaten des Deutschen Bundes. Es entstand auch unabhängig von einer Verfassung und dem konstitutionellen Leitbild des Staatsbürgers – im Unterschied zu den süddeutschen Staaten. Wer war Preuße nach 1815? Der größte und militärisch bedeutendste, bevölkerungsreichste und wirtschaftlich expansivste Staat innerhalb des Deutschen Bundes war staatsrechtlich ein zerklüftetes Gebilde. Mehr als ein Viertel des Staatsterritoriums war erst mit dem Friedens-

Preußische Naturalisationsurkunde für den italienischen Gipsfigurenhändler Davino Gianello, 8. März 1848, vgl. Kat. 12.2

schluss 1815 an die preußische Krone gekommen.⁷ Ein Großteil dieser Gebiete hatte nach 1806 unter dem Einfluss des revolutionären französischen Rechts gestanden und war stärker von egalitären, konstitutionellen, laizistischen und zentralistischen Strukturen geprägt als die altpreußischen Gebiete. Zudem hatten die bedeutenden Gebietsveränderungen Territorien überaus unterschiedlichen Entwicklungsgrads unter preußische Herrschaft gebracht. Angesichts dieser sozialen und politischen Lage waren die überkommenen Rechtsregeln des *Preußischen Allgemeinen Landrechts* von 1794 zur Bestimmung der Staatszugehörigkeit in Preußen überholt. Eine einheitliche, systematische Bestimmung der Kriterien preußischer Staatsangehörigkeit war ein staatspolitisches Erfordernis, um eine fragmentarische Regelungs- und Verwaltungspraxis zu beenden. Die preußischen Juden beispielsweise wurden je nach Gebietszugehörigkeit und Rechtsgrundlage in sozial höchst unterschiedliche staatsbürgerliche Rechtsklassen unterteilt.

Schließlich erwuchs das Bedürfnis nach einer einheitlichen preußischen Staatsangehörigkeit und Einbürgerungspraxis aus den Erfordernissen einer Gesellschaft, die nach dem Ende des Absolutismus wirtschaftlich, sozial und räumlich in Bewegung geraten war. Ein sprunghaftes Bevölkerungswachstum gerade der unteren Einkommensschichten und starke Verelendungserscheinungen förderten rasch zunehmende Wanderungsbewegungen sowohl innerhalb Preußens wie auch über die Grenzen Preußens hinweg. Zudem machte die Frage nach der Wehrpflicht der Auswanderer die Bestimmung ihrer Staatsangehörigkeit notwendig. Es kennzeichnet das Staatsangehörigkeitsrecht der vornationalen Phase, dass Preußen im Zuge von Ein- und Auswanderung die Zugehörigkeit zum Staat nach dem hergebrachten territorialen Prinzip regelte: Die preußische Staatsangehörigkeit konnte durch mehrjährigen, zumeist zehnjährigen regulären Aufenthalt im Land erworben werden und durch entsprechend lange Abwesenheit im Ausland verloren gehen.

Das »Untertanengesetz«, das im Zusammenhang einer umfassenden Reform des preußischen Armen- und Niederlassungsrechts stand, unternahm den Versuch, die Brüche des preußischen Staatsangehörigkeitsrechts systematisch zu überwinden. Das Gesetz folgte insofern einem *modernen Prinzip*, als es die Einbürgerung an den individuellen Willen der Einwandernden sowie die ausdrückliche Aufnahme knüpfte und nicht mehr automatisch an den Aufenthalt im Land. Gestärkt wurde gegenüber ständischen Rechtstraditionen mehrfacher Loyalitätsbeziehungen die Eindeutigkeit der Staatsangehörigkeit. Schließlich setzte sich die Abstammung von preußischen Staatsangehörigen anstelle der Gebietszugehörigkeit als Leitprinzip des *Staatsangehörigkeitserwerbs durch Geburt* durch. In der Forschung ist hierin immer wieder der Durchbruch zu einem ethnisch-nationalen Prinzip gesehen worden. Betrachtet man hingegen den historischen Entstehungszusammenhang genauer, so lassen sich keine nationalen, den preußischen Staat übergreifenden Integrationsmotive nachweisen. Das Abstammungsprinzip galt ohne nähere Problematisierung als »natürliches Prinzip«⁸, dem im Sinne einer rationellen Verwaltung der Vorteil höherer Bestimmtheit gegenüber dem Prinzip des fluktuierenden Aufenthalts zugeschrieben wurde. Schließlich lässt sich die Interpretation des Abstammungsprinzips als Mittel der nationalen Selbstreproduktion und Erhaltung des *Volkskörpers* nicht damit vereinbaren, dass aufgrund des Gesetzes von 1842 auch weiterhin Preußen, die sich mehr als zehn Jahre unerlaubt im Ausland aufhielten, die Staatsangehörigkeit entzogen wurde. Der preußische Staat hielt nicht unbedingt, sondern nur dann an seinen Staatsangehörigen fest, wenn sie ausdrücklich ihre Loyalitätsbindung an den Staat bekräftigten.

Das preußische Gesetz von 1842 wurde zum Prototyp des modernen Staatsangehörigkeitsgesetzes in Deutschland schlechthin. Es ersetzte das System der Staatsangehörigkeitsverträge durch eine systematische gesetzliche Lösung und schuf prägnante Regeln für den Erwerb und Verlust der Staatsangehörigkeit. Es ließ zugleich der Verwaltungspraxis Ermessensspielraum für eine gezielte Einbürgerungspolitik. Erstmals etablierte das Gesetz ein einheitliches, nicht nach Ständen, Klassen, historischen, nationalen oder regionalen Besonderheiten geschiedenes preußisches Staatsvolk. Es war aber auch darin prototypisch, dass es den Gedanken moderner Gleichheit für zwei Gruppen durchbrach: Verheiratete Frauen waren in der Staatsangehörigkeit von ihrem Ehemann abhängig; die Einbürgerung von Juden unterlag weiterhin der besonderen Zustimmung des Innenministers.

DAS KONZEPT DES ›DEUTSCHEN‹ IN DER NATIONALEN REVOLUTION VON 1848

Während das preußische Untertanengesetz von 1842 klarer denn je umriss, wer ›Preuße‹ war, geriet in der Revolution von 1848 erstmals die Frage, wer denn ›Deutscher‹ sei, in das Zentrum der Auseinandersetzung. Die Revolution stand am Beginn einer Unterscheidung der

Staatsangehörigkeiten nach nationalen Kriterien: der Nationalisierung der Staatsangehörigkeit. Vor 1848 wäre diese Frage nach sprachlichen oder kulturellen Kriterien entschieden worden.[9] Der großen Mehrheit der Wortführer der deutschen Nationalbewegung erschien es selbstverständlich, dass die Einheit der deutschen Nation in ihrer kulturellen und ethnischen Gemeinsamkeit bestand, die zum Beispiel Österreich einschloss. Diese Idee besaß besondere Brisanz im sehr dichten nationalen Mischungsraum Mitteleuropa, der sich zwar sprachlich-kulturell unter deutscher Hegemonie befand, zugleich aber unter dem Druck einer Vielzahl zentrifugaler, ihrerseits nach nationaler Unabhängigkeit strebender Nationalbewegungen stand. Das ethnisch-kulturelle Konzept der deutschen Nation musste in Spannung geraten zu einem territorial bestimmten deutschen Nationalstaat, den die deutsche Nationalbewegung erstrebte. Wer ›Deutscher‹ war, das heißt Angehöriger eines zu gründenden deutschen Nationalstaats, bedurfte einer neuen Definition; denn der staatsrechtliche Begriff des ›Deutschen‹ war im Unterschied zum ›Preußen‹ oder ›Bayern‹ kein eingeführter Verfassungsbegriff.

In den Debatten der Paulskirche wurde hart um den Inhalt des staatsrechtlichen Begriffs ›Deutscher‹ gerungen. Die Mehrheit der Nationalversammlung folgte der Absicht, dem deutschen Nationalstaat so viele Menschen deutscher Nationalität wie außenpolitisch möglich und vertretbar einzuverleiben. Das ethnisch-kulturelle und das territoriale Prinzip wurden also nicht gegensätzlich, sondern komplementär nach Maßgabe eines expansiven territorialen Anspruchs verfochten. Entscheidend war, dass beide Prinzipien nebeneinander bestanden. Neben dem territorialen drang daher das ethnisch-kulturelle Konzept der Staatsangehörigkeit vor und blieb fortan in der politischen Vorstellung präsent, auch wenn die Paulskirchenverfassung vorderhand politisch-territorial formulierte: »Das deutsche Volk besteht aus den Angehörigen der Staaten, welche das Deutsche Reich bilden.«[10]

Erstmals wurde 1849 ein für alle Staatsangehörigen des zu gründenden Deutschen Reiches einheitliches Reichsbürgerrecht, ein gemeinsames Indigenat, geschaffen, das allen Deutschen gleiches Recht auf Niederlassung und Berufsausübung in allen Staaten des Reiches garantierte.[11] Neben dem Reichsbürgerrecht verfügten Deutsche über das Staatsbürgerrecht, einen umfangreichen Katalog von Grundrechten. Deutscher, das heißt Angehöriger des Deutschen Reiches, zu sein, vermittelte erstmals in der deutschen Geschichte bürgerliche und politische Rechte, die Deutsche gegenüber Ausländern scharf unterschieden und privilegierten. Darin waren auch deutsche Juden eingeschlossen, denen der Grundrechtsteil der Paulskirchenverfassung während der kurzen Zeit seiner Geltung die vollen Rechte deutscher Staatangehöriger und Staatsbürger gewährte.

Scheiterte auch der Versuch einer revolutionären Begründung des Nationalstaats und damit einer deutschen Staatsangehörigkeit 1848/49, so setzten sich doch im fortbestehenden Deutschen Bund Tendenzen einer inhaltlichen Angleichung des Staatsangehörigkeitsrechts in den deutschen Bundesstaaten fort. Neben der Auswanderung aus dem Gebiet des Deutschen Reiches kam es zu anhaltenden Wanderungsbewegungen zwischen den deutschen Staaten, die eine Homogenisierung der Einbürgerungsvorschriften nahe legten. Mit der Konvergenz der Staatsangehörigkeitsregeln setzte sich zunehmend das Recht des politisch dominanten Preußen als Leitmodell durch. Die Abstammung von staatsangehörigen Eltern wurde zum Leitprinzip des Staatsangehörigkeitserwerbs. Die Verstaatlichung der Einbürgerungsentscheidung setzte sich gegen starken kommunalen Partikularismus durch. Andererseits verfestigten sich Strukturen der Ungleichheit im Erwerb der Staatsangehörigkeit: Verheiratete Frauen unterlagen dem patrilinearen Prinzip, ihre Staatsangehörigkeit blieb abhängig vom Ehemann. Juden wurden überwiegend aus wirtschaftlichen, Polen aus nationalpolitischen Gründen diskriminierenden Sonderregeln unterworfen.

Die Einigungskriege und Siege der von Preußen geführten Truppen über Dänemark und Frankreich ebneten zwischen 1864 und 1871 den Weg zu einem deutschen Nationalstaat, der den Durchbruch zu einer einheitlichen Regelung der deutschen Staatsangehörigkeit in einem nationalen Bundesstaat brachte. Das Gesetz des Norddeutschen Bundes über »die Erwerbung und den Verlust der Bundes- und Staatsangehörigkeit« von 1870[12] kodifizierte in fast wortgleicher Übereinstimmung mit dem preußischen »Untertanengesetz« von 1842 das deutsche Staatsangehörigkeitsrecht bis zur Endphase des Kaiserreichs. Das neue, bundesweit verbindliche Rahmenrecht trieb die Unitarisierung des Deutschen Kaiserreichs durch ein gemeinsames Staatsangehörigkeitsrecht voran. Es bekräftigte die Politisierung der deutschen Staatsangehörigkeit, die mehr und mehr Rechte vermittelte, an Attraktivität gewann und darüber zunehmend in die politische Auseinandersetzung geriet. Aber Unitarisierung und Politisierung waren noch nicht gleichbedeutend mit Nationalisierung. Eine Strömung, die den Verlust der deutschen Staatsangehörigkeit bei langjährigem, unerlaubtem Aufenthalt im Ausland mit dem Hinweise abschaffen wollte, eine »Nation, die sich selbst achtet«, dürfe nicht den stillschweigenden Verlust der Staatsangehörigkeit zulassen,[13] drang politisch nicht durch. Stattdessen behauptete sich die etatistisch-militärstaatliche Linie, die administrative Klarheit und die Wehrpflichtbindung des Einzelnen über sein *Recht auf Nationalität* stellte.

DIE NATIONALISIERUNG DER STAATSANGEHÖRIGKEIT IM DEUTSCHEN KAISERREICH

Der Übergang vom multinationalen, inhomogenen Staatenbund zum deutschen Nationalstaat veränderte zugleich Funktion und Wirkung der Staatsangehörigkeit. Die Staatsangehörigkeit der deutschen Bundesstaaten vor 1866/71 war eine pränationale. Mit der Gründung eines von Preußen geführten Nationalstaats und seiner Abgrenzung von Österreich wurde zugleich das Staatsverständnis auf eine neue, eben nationale Grundlage gestellt. Staat und Nation traten in ein neues Verhältnis zueinander. Die Zugehörigkeit zum National-Staat implizierte die Zugehörigkeit zur Nation, die ihrerseits substantielle Anforderungen stellte, welche über die Verbundenheit mit einem abstrakten Staat hinausgingen. Die Vorstellung eines nationalen Zusammenhangs und seine politische Durchsetzung veränderten die Konzeption des Staates grundlegend. Damit ist der sich über eine lange Zeit erstreckende Prozess der *Nationalisierung* umschrieben, der sich im Verlauf des Deutschen Kaiserreichs auf mehreren Ebenen vollzog und der in der Staatsangehörigkeit ein politisches Instrument besaß.

Die sozialen Veränderungen der steigenden Wanderungsbewegungen während der Industrialisierungsphase verstärkten die Koordination und Angleichung der Einbürgerungspraxis in den Bundesstaaten, die damit gemeindeutsche Strukturen der Staatsangehörigkeit herauszubilden begannen. Die deutschen Gebietsgewinne in den Einigungskriegen, in Elsass-Lothringen und Dänemark, brachten die Option als Instrument der Staatsangehörigkeitspolitik mit sich. Im Zuge einer Politik des Nationalitätenkampfes und der kulturellen Verdrängung wurde die Option für die deutsche Staatsangehörigkeit zunehmend zu einer Option für den deutschen Nationalstaat: Die Entscheidung für die deutsche Staatsangehörigkeit geriet zum Mittel nationaler Integration. Ein neuer Reichsnationalismus drang vor. Er verband sich in Teilen mit einer neuen, radikalen Form der Judenfeindschaft, prägte

Gegen ›Ostjuden‹ gerichtete antisemitische Postkarte, um 1900, vgl. Kat. 21.8

die höhere Beamtenschaft, ihre Politik statistischer Erhebung und ihre Entscheidungspraxis in Staatsangehörigkeitsangelegenheiten. Die antijüdischen Motive, die die restriktive Einwanderungspolitik wie auch den Ausbau der preußischen Einbürgerungsstatistik zwischen 1881 und 1892 trugen, rechtfertigen es, von der Geburt einer preußischen Einbürgerungsstatistik aus dem Geist des Antisemitismus zu sprechen. Polen und mehr noch Juden wurden im Einbürgerungsverfahren besonders scharfen Bedingungen unterworfen, die neben den allgemeinen politischen und wirtschaftlichen Anforderungen an Einbürgerungskandidaten spezifische Voraussetzungen der Assimilation stellten: der kulturellen Assimilation durch die Sprache und der staatsbürgerlichen Assimilation durch den Wehrdienst. Juden blieben in der *ersten Generation* grundsätzlich aus »nationalen und politischen Gründen« von der Einbürgerung ausgeschlossen.

Der Nationalitätenkampf im Innern des Deutschen Reiches forcierte schließlich in doppelter Weise die Nationalisierung der Staatsangehörigkeit. Die rechtliche Institution der Staatsangehörigkeit verlor nach innen ihre vereinheitlichende soziale Wirkung. Es entstanden nach nationalen Kriterien diskriminierte Gruppen von *Staatsbürgern erster und zweiter Klasse*. Die als nationalpolitisch besonders gefährlich geltenden Gruppen der Polen und Dänen wurden, obwohl sie zumeist preußische Staatsangehörige waren, zum Beispiel im Bereich der öffentlichen Verwaltung, des Sprachen- und Bodenrechts diskriminierenden Sonderrechtsregimen unterworfen. Die Staatsangehörigkeit trug somit zur Konstituierung der deutschen Nation durch Fernhaltung bei: als Instrument der Unterscheidung von ›fremd‹ und ›zugehörig‹, von Freund und Feind.

Festzuhalten bleibt allerdings, dass auf der Ebene der allgemeinen Regelung nur relative, grundsätzlich überwindbare – noch nicht absolute, rassisch definierte – Einbürgerungsschranken errichtet wurden. Die Einbürgerungswürdigkeit von Juden blieb an ihre Religionszugehörigkeit sowie an wirtschaftliche und militärische Zweckerwägungen gebunden.

Nationalitätenkämpfe und Wandlungen des nationalen Selbstverständnisses veränderten die Einbürgerungspraxis im Deutschen Kaiserreich tief gehend und von dort aus auch die gesetzlichen Grundlagen der Staatsangehörigkeitspolitik. Eine Generation nach dem Bundesgesetz über die Staatsangehörigkeit von 1870 entstand eine parlamentarische Reforminitiative, die erstmals nicht von Regierungsseite, sondern aus dem Innern der deutschen Gesellschaft auf eine neue – nationale – Gestaltung der grundlegenden Zugehörigkeitsregeln zum deutschen Nationalstaat drängte: Fremden sollte die Einbürgerung im Deutschen Reich erschwert, hingegen Deutschen im Ausland die Beibehaltung ihrer deutschen Staatsangehörigkeit erleichtert werden. Die Staatsangehörigkeit sollte dabei als nationalpolitisches Instrument in zweifacher Hinsicht konservativ wirken: Sie sollte das ›Deutschtum‹ im Staatsinnern wie im Ausland gegen den Ansturm ›Fremder‹, gegen Vermischung und Auflösung schützen. Die Initiative des Jahres 1894/95 reflektierte, ohne selbst offen antisemitisch zu sein, die latente Abwehrhaltung der deutschen Gesellschaft gegenüber Juden, insbesondere jüdischen ›Ostausländern‹, sowie die Verschärfung nationalpolitischer Spannungen mit der polnischen und der dänischen Minderheit. Das Prinzip der Abstammung von deutschen Staatsangehörigen wurde für die Mehrheit der politischen Entscheidungsträger zum Sinnbild einer ethnisch-kulturell homogenen, nach außen hin geschlossenen nationalen Gemeinschaft. Auch Vertreter rassisch-biologischer Vorstellungen der deutschen Nationszugehörigkeit konnten sich der Metapher des ›Bluts‹ (*ius sanguinis*) bedienen, um ihre nationalen Gemeinschaftswünsche in eine juristische Institution der Staatsangehörigkeit hineinzulegen, die bereits in vornationaler Zeit entstanden war. In einer derart nationalkonservativen Atmosphäre besaßen emanzipatorische Reformwünsche nach Schaffung einer gleichberechtigten Staatsangehörigkeit der Ehefrau keine Chance auf Realisierung.

Das »Reichs- und Staatsangehörigkeitsgesetz« von 1913[14], das schließlich nach mehr als 20 Jahren politischer Auseinandersetzungen erlassen wurde, war ein gesetzgeberisches Jahrhundertwerk, das bis zum Jahre 2000 galt. Es schrieb den Übergang vom Territorial- zum Abstammungsprinzip fest. Das Gesetz beruhte auf einer konkreten Abwehrvorstellung gegenüber ›Ostausländern‹ und

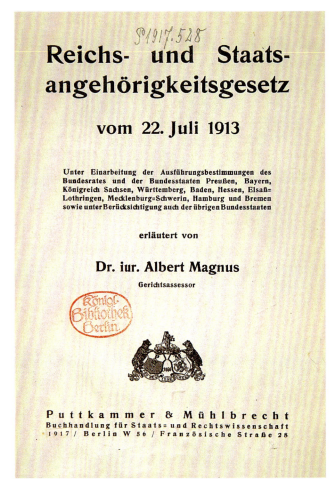

»Reichs- und Staatsangehörigkeitsgesetz vom 22. Juli 1913«, vgl. Kat. 15.2

Juden und verfestigte sie. Die Vererbung der Staatsangehörigkeit nach dem Abstammungsprinzip entsprach in besonderer Weise ethnischen Homogenitätsvorstellungen, die von der *objektiven* Qualität der Eigenschaft des Deutschen und ihrer genetischen Übertragung ausgingen. Die Nationalisierung des Staatsbürgers im Sinne einer Angleichung der Staatsangehörigkeit an vorstaatlich-vorpolitische Vorstellungen der Nation fand – vorderhand – im *ius sanguinis* ihre rechtliche Legitimation.

Gleichwohl ist dieser Befund gegen zweierlei interpretatorische Vereinfachungen abzugrenzen. Zum einen bedeutete die Verfestigung des exklusiven *ius sanguinis* nicht die Übernahme des blutsbezogenen, biologischen Rassetheorems in das deutsche Staatsangehörigkeitsrecht[15], denn die vornationale Rechtskonstruktion des Abstammungsprinzips begünstigte Diskriminierungen nach ethnisch-kulturellen Kriterien, erzwang sie aber nicht, solange ein Einbürgerungsverfahren bestehen blieb, in dem auch ›Rassefremde‹ die deutsche Staatsangehörigkeit erwerben konnten. Zum anderen begrenzten staatlich-nationale Tendenzen das Prinzip der *Ethnonationalisierung*[16]: Der Grundsatz »Keine Volksgemeinschaft ohne Wehrgemeinschaft« machte die Erhaltung der deutschen Staatsangehörigkeit von der Wehrbereitschaft abhängig, und zwar ungeachtet der ethnisch-kulturellen Zugehörigkeit. Die deutsche Staatsangehörigkeit erlosch im Ausland auch weiterhin, wenn sich der Betreffende der deutschen Wehrpflicht entzog. Schließlich ließ das Gesetz Spielräume für eine liberale Einbürgerungspolitik. Letztlich bestimmten auch aufgrund des Gesetzes von 1913 politische Entscheidungen und Mentalitäten die restriktive bzw. liberale Handhabung des Gesetzes.

Die Ethnisierung der Staatsangehörigkeit: Vom Ersten Weltkrieg zur Weimarer Republik

Die Verengung politischer Spielräume einer liberalen Einbürgerungspolitik setzte mit dem Ersten Weltkrieg ein. Der Kriegsausbruch aktualisierte schlagartig die staatsnationale Bedeutung des neuen Staatsangehörigkeitsrechts. Auf dem Höhepunkt der Mobilmachung standen mehr als 13 Millionen deutscher Männer unter Waffen, weil sie deutsche Staatsangehörige waren. Entzogen sie sich der Wehrpflicht, wurden sie ausgebürgert oder bestraft. Der Krieg mobilisierte also den Status der Pflichtigkeit gegenüber dem Staat. Er deckte aber zugleich andere Gemeinschaftsvorstellungen nationaler und religiöser Art auf, die den rechtlichen Rahmen der Staatsangehörigkeit durchbrachen, wie sich am Beispiel der Russlanddeutschen und der jüdischen Deutschen zeigte. Hatten vor dem Krieg ›Auslandsdeutsche‹ vorwiegend als Vorposten kultureller und wirtschaftlicher Expansionspläne gegolten, gerieten sie nunmehr durch die Kriegsereignisse in militärische und politische Reichweite. Die während der vorangehenden Jahrhunderte nach Russland ausgewanderten Deutschen waren vor dem Krieg loyale Untertanen der Zarenkrone gewesen. Im Verlaufe des Krieges aber wurden sie von der russischen Propaganda als ›Deutsche‹ wiederentdeckt und als Feinde behandelt. Die Russlanddeutschen waren ein treffendes Beispiel für die (Re-)Ethnisierung der Staatsangehörigkeit unter dem Druck konkurrierender Nationalismen. Aus einer vergleichsweise kleinen Gruppe loyaler russischer Staatsangehöriger deutscher Herkunft wurde eine herausgehobene *Minderheit*, die beide Nationalbewegungen – die russische wie die deutsche – übereinstimmend nicht mehr nach rechtlichen, sondern nach ethnisch-kulturellen Kriterien definierten. Die staatliche Wehrgemeinschaft zwischen Deutschen und Russen löste sich an den Bruchlinien teils zugeschriebener, teils real wirksamer ethnisch-kulturell begründeter Differenzen auf. Die ›Deutsch-Russen‹ wurden vom russischen Staat diskriminiert und verfolgt, vom Deutschen Reich als ›Russlanddeutsche‹ umworben und zur Rückkehr ›heim ins Reich‹ aufgefordert. Während also die Russlanddeutschen als bedrohte, politisch nützliche und einbürgerungswürdige Minderheit zunehmend in die Wehrgemeinschaft der deutschen Nation einbezogen wurden, geriet andererseits die nationale Zugehörigkeit der jüdischen Minderheit mehr und mehr in Zweifel.

Die latente Spannung zwischen dem ethnisch-kulturellen und dem staatsnationalen Pol der deutschen Staatsangehörigkeit brach in der zweiten Kriegshälfte auf. Aufgrund antisemitischer Propaganda wurde im Herbst 1916 die Zahl der Juden im deutschen Heer ermittelt. Diese so genannte Judenzählung markierte einen tiefen Einschnitt und legte frei, wie sehr sich die deutsche Nation in Entgegensetzung zum Judentum definierte. Die Judenzählung unterlief den in der Staatsangehörigkeit formalisierten Gleichheitsanspruch der *Wehrgemeinschaft im Krieg* und ersetzte ihn durch einen ethnisch, religiös bzw. rassisch bestimmten Substanzbegriff. Der Erste Weltkrieg hatte damit den Mechanismus kriegsbedingter nationaler Segregation, Entrechtung und Vertreibung ausgelöst, der zum Ursprung und *Modell* ethnischer Vertreibungen und *Säuberungen* deutscher und anderer Minderheiten im Zweiten Weltkrieg und der Folgezeit werden sollte.

Der Erste Weltkrieg hat die Vorstellung von den Deutschen im Ausland revolutioniert. Nicht mehr die vor Generationen ausgewanderten Deutschen, vielmehr große, geschlossen siedelnde Gruppen Deutscher im europäischen Ausland, die erst der Krieg in die militärische Reichweite des Deutschen Reiches gebracht oder zu Ausländern gemacht hatte – zum Beispiel in Polen, Dänemark oder Belgien – bestimmten das Bild. Deutsche, die in den Abtretungsgebieten ihre deutsche Staatsangehörigkeit aufgaben, bildeten somit eine nationale Irredenta.[17] Die Vorstellung ihrer Zugehörigkeit zu Deutschland wurde zwar von ihrer früheren Staatsangehörigkeit gestützt, jedoch zunehmend davon abgelöst. Außerhalb der Grenzen der Weimarer Republik drang eine Konzeption des ›Deutschen‹ vor, die ihre Zusammengehörigkeits- und Schutzansprüche gerade nicht aus staatlich-rechtlichen, sondern aus ethnisch-kulturellen Kategorien der *Nationalität* bezog. Die Vorstellung einer deutschen Volksnation, die die staatlichen Grenzen überschritt, trat in Spannung zur realen Lage des politisch besiegten und territorial beschnittenen Staates. In dieser Spannungslage kompensierte der diffuse, territorial nicht begrenzte Substanzbegriff des ›Volkes‹ die Defizite der real begrenzten Staatsangehörigkeit und weckte politische Erwartungen auf einen größeren Nationalstaat.

Der erste republikanische Staat in Deutschland brachte mit der Weimarer Reichsverfassung eine bis dahin in der deutschen Verfassungsgeschichte einmalige Erweiterung staatsbürgerlicher Rechte mit sich. Die politischen Rechte erstreckten sich auf alle deutschen Staatsangehörigen, erstmals auch auf Frauen. Zugleich minderte die Einführung der Demokratie indirekt den Rechtsstatus der Ausländer: Ihr strikter Ausschluss von politischen Rechten wurde politisch folgenträchtiger und ließ ihren minderen Status deutlicher hervortreten. Der Status des deutschen Staatsangehörigen wurde dadurch noch begehrter, zumal die Wehrpflicht abgeschafft worden war. Er gewährte neben politischen vermehrt auch soziale Rechte und Schutz vor Ausweisung in einem Zeitalter ethnisch motivierter Bevölkerungsverschiebungen und Vertreibungen. Angesichts der Bedeutung, die die Staatsangehörigkeit auf dem Höhepunkt der nationalstaatlichen Abgrenzung in Europa erhielt, gerieten die Kriterien des Staatsangehörigkeitserwerbs in besonders scharfen politischen Streit.

Spendenaufruf der »Rückwandererhilfe E. V.«, nach 1919

»Ehrenmünze der Volksspende für vertriebene Auslanddeutsche«, Vorder- und Rückseite, 1919, vgl. Kat. 23.3

Ein Grundsatzkonflikt brach im Jahr 1927 auf, als das preußische Innenministerium inmitten einer Phase relativer wirtschaftlicher Erholung und außenpolitischer Entspannung die Bedingungen für den Erwerb der deutschen Staatsangehörigkeit erleichtern wollte: Die Voraussetzung der ›Deutschstämmigkeit‹ sollte aufgegeben werden, stattdessen die Eigenschaft des ›Kulturdeutschen‹, das heißt die Zugehörigkeit zur deutschen Kulturgemeinschaft, genügen. Der Vorstoß richtete sich vor allem gegen den Ausschluss von Juden durch das Kriterium der Deutschstämmigkeit. Wie sehr er die überkommene Vorstellung vom wertvollen Deutschtum in Frage stellte, zeigte sich an dem Widerstand, den Preußen im Bundesstaat erfuhr. In einer Mischung aus wirtschaftlichen Bedrohungsvisionen, außenpolitischen Vorbehalten, völkischen Homogenitätsvorstellungen und antisemitischen Untertönen verhinderte die Mehrheit der deutschen Bundesstaaten eine Lockerung der Einbürgerungsrichtlinien. Sie hielt an dem Begriff der ›Fremdstämmigkeit‹ fest, um die Grenzlinie zwischen Homogenität und Dishomogenität zum deutschen Staatsvolk zu markieren. Die Vermutung der Inhomogenität, die in der Zuschreibung ›fremdstämmig‹ steckte, enthielt neben dem kulturellen ein unauflösliches ethnisches Element. Darin angelegt war die mögliche Forderung absoluter, nicht erwerbbarer Homogenitätskriterien nach den Kriterien eines vorstaatlichen ›Volks‹-Begriffs. Die Wahrnehmung einer millionenfachen *auslandsdeutschen* Minderheit außerhalb der Grenzen des Deutschen Reiches gab dem Begriff des ›Volkstums‹ zunehmende politische Anziehungskraft, hinter der die Staatsangehörigkeit verblasste.

Die Zerstörung der Staatsangehörigkeit im Rassestaat: Nationalsozialismus

Die Machtübernahme durch den Nationalsozialismus bedeutete einen Bruch mit der tradierten institutionellen Struktur der deutschen Staatsangehörigkeit insgesamt. Das nationalsozialistische Regime radikalisierte die Staatsangehörigkeitspolitik und stellte sie auf eine qualitativ neue Grundlage. Dies zeigte sich bereits an den ersten tiefen, ideologisch motivierten Eingriffen des Regimes in das System der Staatsangehörigkeit. Das Gesetz vom 14. Juli 1933 über den »Widerruf von Einbürgerungen und die Aberkennung der deutschen Staatsangehörigkeit« führte sowohl die Denaturalisation als auch die Strafexpatriierung als politisch motivierte Sanktionen ein, die

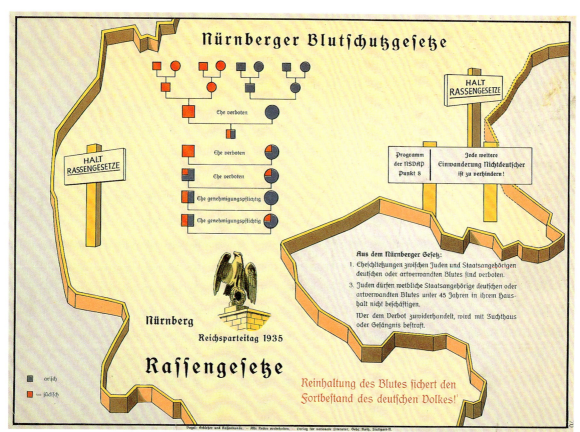

Plakat zu den »Nürnberger Gesetzen«, 1935, vgl. Kat. 24.1

gleichermaßen der Durchsetzung ›völkischer‹ wie auch politischer Homogenität des Staatsvolks dienen sollten. Die Aberkennung der Einbürgerung ›nicht erwünschter‹ Ausländer zielte vornehmlich auf ›Ostjuden‹, die bereits während der Weimarer Republik von der nationalsozialistischen Propaganda angegriffen worden waren. Die Expatriierungen galten vorderhand den politisch unerwünschten Deutschen, denen Verletzungen ihrer »Pflicht zur Treue gegen Reich und Volk« angelastet wurden. Nach der Ausbürgerung bekannter Künstler und Intellektueller, die als Gegner des NS-Regimes hervorgetreten waren, wurde die Strafexpatriierung in den Händen der Gestapo zunehmend nach allgemeinen rassischen, sexuellen und kriminellen Kriterien angewandt. In ihrer massenhaften, systematischen Anwendung lief diese Maßnahme ebenso wie die Denaturalisierung auf rassische Homogenisierung im Wege des Staatsangehörigkeitsentzugs hinaus. Sie griff tief in das Leben zehntausender Deutscher ein, entzog ihnen den staatlichen Schutz und die Existenzgrundlage, vielfach auch ein Symbol ihrer Ehre.

Den Ausbürgerungsmaßnahmen lag der Kerngedanke der Ungleichheit im Staatsangehörigkeitsrecht zugrunde, den die »Nürnberger Gesetze« vom 15. Juli 1935 systematisch für die Staatsangehörigkeit im Nationalsozialismus formulierten. Das »Reichsbürgergesetz« schuf eine besondere Gruppe Staatsangehöriger: die ›Reichsbürger‹. Vor den übrigen deutschen Staatsangehörigen zeichneten sie sich dadurch aus, dass sie »deutschen oder artverwandten Blutes« waren und zudem durch ihr Verhalten bewiesen, dass sie »gewillt und geeignet« waren, »in Treue dem Deutschen Volk und Reich zu dienen«.[18] Allein Reichsbürger sollten die Träger der vollen Rechte und Pflichten sein. Das gleichzeitig mit dem »Reichsbürgergesetz« erlassene »Gesetz zum Schutz des deutschen Blutes und der deutschen Ehre« verbot »Staatsangehörigen deutschen oder artverwandten Blutes« die Eheschließung mit Juden, auch wenn sie deutsche Staatsangehörige waren.

Damit war die deutsche Staatsangehörigkeit von einem ehemals umfassenden Grundstatus rechtlicher Gleichheit zu einem Status minderer Wertigkeit gegenüber dem nach Rassekriterien definierten Reichsbürger herabgestuft. Die Verbindung aus Blutschutz- und Staatsangehörigkeitsgesetzgebung etablierte ein geschlossenes System der rassischen Segregation. Der Kernstatus der Staatsangehörigkeit, die Reichsbürgerschaft, wurde nicht einfach durch physische Abstammung von Deutschen, sondern durch eine bestimmte ›rassische‹ Qualität des weitergegebenen Blutes erworben. Damit hatte der Begriff des Staatsangehörigen in der deutschen Geschichte seine Funktion umgekehrt: von der Integration in den Staat zur Stigmatisierung durch den Staat. Dadurch realisierte das nationalsozialistische Staatsangehörigkeitsrecht nicht ad hoc, wie es in der Literatur bisweilen heißt, sondern nach systematischer ideologischer Vorbereitung einen Grundgedanken rassischer Segregation.[19]

Auf der Grundlage der Rassendiskriminierung im Staatsangehörigkeitsrecht wurde die Aushöhlung der staatsbürgerlichen Rechte von innen her betrieben. Die ›einfachen‹ Staatsangehörigen, zumeist Deutsche jüdischer Religion oder ›Rasse‹ – nach nationalsozialistischen Kategorien –, wurden im Gegensatz zu Reichsbürgern schrittweise ihrer wirtschaftlichen, bürgerlichen und politischen Rechte beraubt. Der zunehmende Ausschluss von wirtschaftlicher Tätigkeit und jeder noch so geringen politischen Teilhabe, die Beschneidung von Eigentumsrechten und kulturellen Wirkungsmöglichkeiten entzog allen, die nicht die Privilegien von Reichsbürgern genossen, mehr und mehr die Existenzgrundlage. Damit löste sich die hergebrachte Unterscheidung zwischen ›Staatsbürgern‹ und ›Ausländern‹ auf, denn die ›einfachen‹ deutschen Staatsangehörigen erhielten zum Teil weniger staatlichen Rechtsschutz als Ausländer. Nicht die Diskriminierung des Fremden als Ausländer, sondern die Stigmatisierung und Aussonderung des Fremden im eigenen Staat war das Hauptziel der nationalsozialistischen Politik und zeugte vom Bedeutungsverfall der Staatsangehörigkeit insgesamt.

Die ›Volkszugehörigkeit‹ verdrängte als Rechtsbegriff die zunehmend inhaltsleere Staatsangehörigkeit. Als nach der Zerschlagung der Tschechoslowakei das »Protektorat Böhmen und Mähren« dem Staatsgebiet des Deutschen Reiches einverleibt wurde, erwarben grundsätzlich nur

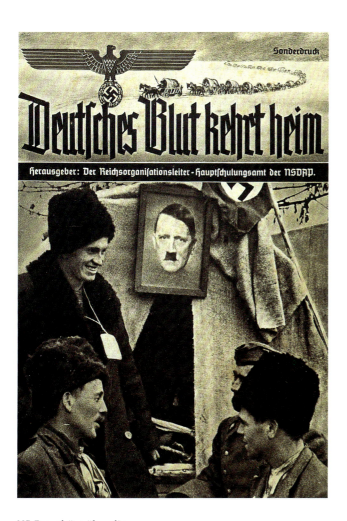

NS-Broschüre über die
Umsiedlung ›Volksdeutscher‹
ins Deutsche Reich, 1941

Einbürgerungsurkunde des
Deutschen Reiches für eine in Reval
(heute: Tallinn/Estland) geborene
›Volksdeutsche‹, 2. August 1939

deutsche ›Volkszugehörige‹ den Status deutscher Staatsangehöriger. »Deutscher Volkszugehöriger ist, wer sich als Angehöriger des deutschen Volkes bekennt, sofern dieses Bekenntnis durch bestimmte Tatsachen wie Sprache, Kultur usw. bestätigt wird. Personen artfremden Blutes, insbesondere Juden, sind niemals deutsche Volkszugehörige, auch wenn sie sich bisher als solche bezeichnet haben.« Die Definition dieses Runderlasses des Reichsinnenministeriums vom März 1939[20] schuf die Grundlage der folgenden Kriegspolitik, in der die Staatsangehörigkeit systematisch als Instrument ethnischer Entmischung im Rasse- und Eroberungskrieg eingesetzt wurde. Nur die Bewohner »deutschen oder artverwandten Blutes« konnten Staatsangehörige, nur ›Volksdeutsche‹ darüber hinaus Reichsbürger werden. Dazu wurde das Selektionssystem der Volkslisten in den besetzten Gebieten geschaffen, das in vier Kategorien deutsche Volkszugehörige bzw. so genannte *Eindeutschbare* von den nicht Volkszugehörigen unterscheiden sollte. Die untere Grenze dieses Selektionsverfahrens bezeichnete der neue Rechtsstatus des Staatsangehörigen *auf Widerruf*, jenseits dessen die große Masse derjenigen lag, die bloß den minderen Status eines ›Schutzangehörigen‹ oder Staaten- und vollends Schutzlosen hatten. Die große Mehrheit der Polen zum Beispiel und alle – nach nationalsozialistischen Rassekriterien – als ›Juden‹ geltenden Menschen unterlagen der vollständigen Entrechtung, indem sie aus den Kategorien des Volkslistenverfahrens und damit aus jeglichem Schutz einer Staatsangehörigkeit herausfielen.

Im Verlauf des Zweiten Weltkriegs verfielen die Rechtskategorien der deutschen Staatsangehörigkeit und wichen einem vielfach gestuften rechtlichen Kolonialsystem, dessen primärer Zweck darin bestand, die tiefe Ungleichheit der Lebens- und Überlebenschancen im nationalsozialistischen Rassesystem rechtlich zu bemänteln. Diese Schichtung verdeckte eine vielfach herrschende Regellosigkeit, die nur an der Basis stabil war: mit dem Ausschluss ›Fremdvölkischer‹ von der Staatsangehörigkeit zu deren Ausbeutung und Vernichtung.

Erst die Zerschlagung des nationalsozialistischen Regimes durch die Alliierten setzte dem mörderischen Rassesystem des Nationalsozialismus ein Ende – nicht aber der Existenz einer deutschen Staatsangehörigkeit. Die alliierte Besatzungsgewalt hob das gesamte System rassisch diskriminierender Vorschriften auf und kehrte zum deutschen Staatsangehörigkeitsrecht vor 1933 zurück. Beide deutschen Staaten, sowohl die einheitsstaatlich umgestaltete DDR als auch die föderative Bundesrepublik Deutschland, gingen bei ihrer Gründung 1949 übereinstimmend von einer fortbestehenden gemeinsamen deutschen Staatsangehörigkeit aus, die im weiterhin geltenden Reichs- und Staatsangehörigkeitsgesetz von 1913 verkörpert war.

REKONSTRUKTION UND REFORM: VOM GRUNDGESETZ ZUM STAATSANGEHÖRIGKEITSGESETZ 2000

Das Grundgesetz von 1949 reflektiert die zweifache Spannung einer unrechtsstaatlichen Vergangenheit und einer zerrissenen Gegenwart des geteilten deutschen Nationalstaats. Das soziale und rechtliche Chaos, durch Millionen von Menschen hervorgerufen, die aus Osteuropa und der sowjetischen Besatzungszone in den westlichen Teil Deutschlands strömten, zwang den Verfassungsgeber erstmals in der deutschen Verfassungsgeschichte, den Begriff des ›Deutschen‹ zu definieren. Gemäß Art. 116 Grundgesetz war zunächst Deutscher, wer die deutsche Staatsangehörigkeit besaß. Diese Frage entschied sich nach dem Reichsgesetz von 1913. Daneben bestand eine zweite Kategorie des ›Deutschen‹, die den paradigmatischen Wandel verkörperte, den die deutsche Staatsangehörigkeit während des Zweiten Weltkriegs durchgemacht hatte. Gemäß Art. 116 Abs. 1 sollte auch Deutscher sein, wer »als Flüchtling oder Vertriebener deutscher Volkszugehörigkeit« Aufnahme im Gebiet des Deutschen Reiches gefunden hatte. Eben hieran zeigte sich, wie sehr sich der Verfassungsgeber in die historische Kontinuität des deutschen Staatsangehörigkeitsrechts stellte – und von seinem Staatsverständnis her auch stellen musste. Der Begriff ›deutsche Volkszugehörigkeit‹ führte zum einen die ethnisch-kulturelle Konzeption der Staatsangehörigkeit fort, die im dominanten Abstammungsprinzip des Reichsgesetzes von 1913 verkörpert war. Zugleich aber lag darin die Übernahme historischer, staatlicher Verantwortung für die Taten des nationalsozialistischen Deutschen Reiches, und zwar in doppelter Hinsicht: Die Zuschreibung deutscher Volkszugehörigkeit in den eroberten Gebieten Osteuropas hatte betreffende ›Volksdeutsche‹ nach der Befreiung dieser Gebiete zu Objekten kollektiver Revanchemaßnahmen großen Ausmaßes gemacht. Zum einen nahm die millionenfache Entrechtung und Vertreibung jener Menschen, die im Namen des Deutschen Reiches zu Deutschen gemacht worden waren, den deutschen Nachfolgestaat in die Schutzpflicht. Auf der anderen Seite bestand die Schutzpflicht darin, die Ausbürgerungen rückgängig zu

»Bundes-
vertriebenen-
gesetz«,
1953,
vgl.
Kat. 26.10

machen, die das nationalsozialistische Regime aus politischen, rassischen oder religiösen Gründen vorgenommen hatte.
Insgesamt war die Staatsangehörigkeitskonzeption des Grundgesetzes provisorisch und rückwärtsgewandt. Im Bestreben um Kontinuität entfernte sie sich von der politischen Realität. Die Vorstellung einer primär durch Abstammung von deutschen Staatsangehörigen vermittelten deutschen Staatsangehörigkeit stieß sich an der Wirklichkeit eines Staates, der mit zunehmender Arbeitsimmigration immer mehr ausländische Wohnbevölkerung aufnahm, die auf Dauer im Land blieb und die staatsbürgerliche Integration erwartete. Das Gleichberechtigungspostulat des Grundgesetzes wurde 1974[21] mit der

Der *Spiegel* mit Titelthema zur ›doppelten Staatsbürgerschaft‹, 11. Januar 1999

unabhängigen Staatsangehörigkeit der Ehefrau auch im Staatsangehörigkeitsrecht umfassend durchgesetzt. Die DDR ihrerseits gab mit einem eigenen Staatsbürgerschaftsgesetz von 1967[22] die Fiktion einer gesamtdeutschen Staatsangehörigkeit auf. Erst die Wiedervereinigung Deutschlands 1989 bestätigte rückblickend das Festhalten an der Kontinuität einer gemeinsamen deutschen Staatlichkeit und Staatsangehörigkeit, um sie dann allerdings zu überwinden: Das neue deutsche Staatsangehörigkeitsgesetz von 2000 löste das fast ein Jahrhundert lang geltende Reichs- und Staatsangehörigkeitsgesetz von 1913 ab und führte erstmals systematisch neben dem Abstammungs- das Territorialprinzip ein.[23] Nicht ein völkisches, gar rassisches Prinzip der deutschen Staatsangehörigkeit wurde erst damit abgeschafft. Vielmehr wurde die weiter zurückreichende Hegemonie des Abstammungsprinzips gebrochen, das im Verlauf der Nationalisierung der deutschen Gesellschaft wie auch der staatlichen Politik zunehmend ethnisch-kulturell exklusiv interpretiert worden war und eine restriktive Einbürgerungspolitik legitimiert hatte. Deutscher kann man seit 2000 auch durch Geburt auf deutschem Boden werden. Dies liegt in der Konsequenz einer Staatlichkeit, die sich zunehmend transnationalen Bevölkerungsbewegungen und supranationalen Institutionen öffnet.

1 Zum Folgenden durchgehend: Gosewinkel 2003.
2 Dazu: Brubaker 1992.
3 Nipperdey 1983, S. 11; Bade 1983; Bade 2000, S. 17.
4 Weil 2002.
5 Württembergische Verfassungsurkunde vom 25. September 1819, § 62, in: *Württembergisches Staats- und Regierungsblatt 1819*, S. 633.
6 Gesetz über die Erwerbung und den Verlust der Eigenschaft als Preußischer Untertan, so wie über den Eintritt in fremde Staatsdienste vom 31. Dezember 1842, in: *Preußische Gesetzessammlung* 1843, S. 15.
7 Vgl. zu einer Aufstellung der Gebiete: Huber 1975, S. 577.
8 Gosewinkel 2003, S. 94.
9 Schulze 1997, S. 62–70; Schulze 1994, S. 145–148, 170.
10 § 131 Verfassung des Deutschen Reiches vom 28. März 1849; zu 1848 und zur gesamten Entwicklung s. auch Nathans 2004, bes. S. 79–83.
11 § 132–134 Verfassung des Deutschen Reiches vom 28. März 1849.
12 Gesetz über die Erwerbung und den Verlust der Bundes- und Staatsangehörigkeit vom 1. Juni 1870 (BGBl 1870, S. 355).
13 Verhandlungen des Reichstags des Norddeutschen Bundes, 1. Legislaturperiode, 18. Sitzung (10. März 1870), S. 268 (Abgeordneter Johannes von Miquel).
14 Reichs- und Staatsangehörigkeitsgesetz vom 23.07.1913 (RGBl I, S. 583).
15 In diese Richtung aber vgl. insbesondere Turner 1996, S. 147, der durch das »ius sanguinis einen fruchtbaren Boden für die nationalsozialistische Saat des Völkermords« gelegt sieht, da es den Glauben genährt habe, »dass die Zugehörigkeit zur Nation eine *Sache der Abstammung und daher der Biologie* sei« [Hervorhebung d. Verf.]. Die Veränderung des Prinzips im rassistischen NS-Recht tritt hinter der »völkischen Uminterpretation« zu sehr zurück auch bei Mommsen 1996, S. 138; die funktionale Kontinuität ohne weiteres aufgrund des rechtlichen Prinzips voraussetzend Wippermann 1999, S. 141, sowie El-Tayeb 1999, S. 149; Rasseprinzip und *ius sanguinis* in eins setzend Fahlbusch 1999, S. 55.
16 Brubaker 1989, S. 4.
17 Dazu eingehend: Oltmer 2005, S. 89–218.
18 Reichsbürgergesetz vom 15.09.1935 (RGBl 1935, S. 1146).
19 Essner 2003, S. 76–173.
20 Runderlass des Reichsministers des Inneren vom 29.03.1939 (RMBliV 1939, S. 785).
21 Gesetz zur Änderung des Reichs- und Staatsangehörigkeitsgesetzes vom 20.12.1974 (BGBl I, S. 3714).
22 Gesetz über die Staatsbürgerschaft der Deutschen Demokratischen Republik (Staatsbürgerschaftsgesetz) vom 20.02.1967 (GBl I, S. 3).
23 Gesetz zur Reform des Staatsangehörigkeitsgesetzes (BGBl I 1999, S. 1618).

Migration und Ausländerpolitik in der Bundesrepublik Deutschland
Öffentliche Debatten und politische Entscheidungen

Karen Schönwälder

Wie kam es dazu, dass die Bundesrepublik scheinbar gegen ihren Willen zum Einwanderungsland wurde? Warum wehrten sich, als dies einmal geschehen war, weite Teile der Gesellschaft dagegen, die neue Realität anzuerkennen? Welche Konsequenzen haben die Einwanderungsprozesse in Vergangenheit und Gegenwart für Politik und Gesellschaft? Und wie gestaltbar sind überhaupt Migrationsprozesse und ihre sozialen und politischen Folgen? In der gesellschaftlichen und wissenschaftlichen Debatte sind dies seit langem zentrale Fragen.

»Gastarbeiter oder Einwanderer?«

Erst im Rückblick erscheint der Dezember 1955 mit dem Abschluss des deutsch-italienischen Anwerbevertrages als Einschnitt in der bundesdeutschen Migrationsgeschichte und als entscheidender Schritt in der Transformation der Bundesrepublik zum Einwanderungsland. Damals wurde dies nicht so erlebt. Die Rekrutierung ausländischer Arbeitskräfte war ja nichts Neues, und in den Ministerien griff man bei der Gestaltung gesetzlicher und vertraglicher Regelungen auf alte Vorlagen zurück. Wie neuere, archivgestützte Forschungen zeigen konnten, begann aber bereits ab 1962/63 in den Bonner Ministerien die Erkenntnis Raum zu greifen, dass im Gefolge der Rekrutierungspolitik und der europäischen Integra-tion dauerhafte Einwanderungsprozesse in die Bundesrepublik eingesetzt hatten.[1] Denn schon jetzt lebten immer mehr ausländische Familien in der Bundesrepublik, und der Druck wuchs, zu Familiennachzug, Wohnungsversorgung und Eingliederung Stellung zu beziehen. Zehn Prozent der ›Gastarbeiter‹, so glaubten viele Fachleute damals, würden bleiben. Tatsächlich siedelte sich dann etwa ein Viertel der bis 1973 beschäftigten ausländischen Arbeitskräfte dauerhaft an. Auch in der öffentlichen Debatte gab es sehr früh Stimmen, die forderten, einen Einwanderungsprozess zur Kenntnis zu nehmen. »Gastarbeiter oder Einwanderer?«, fragte 1964 die *Kirchenzeitung für das Erzbistum Köln*

(12.4.). Richard Haar von der *Arbeiterwohlfahrt* erklärte: »Es gibt eine Wanderung mit dem endgültigen Ziel, hier seßhaft zu werden.«[2] Auch der Präsident des *Caritasverbandes* Stehlin glaubte: »Viele unserer ausländischen Arbeitnehmer werden hier bleiben.« »Familiennachführung, Kindergärten, Einschulung – das alles geht auf einen Dauerzustand hinaus.«[3] Selbst in der *Bild Zeitung* war bereits 1966 zu lesen, dass »wir es mit einer echten Einwanderung zu tun [haben, d. Verf.]. Viele der heutigen ›Gastarbeiter‹ werden ohne Frage in absehbarer Zeit versuchen, sich in der Bundesrepublik ›naturalisieren‹ zu lassen, d. h. die deutsche Staatsbürgerschaft zu erwerben.« Unter Verweis auf historische Einwanderungsprozesse wandte sich *Bild* gegen das damals gängige, aber wie die Zeitung fand, böse Wort von der »Überfremdung« und erinnerte an die Integration von Hugenotten und ›Ruhrpolen‹ (18.4.1966). Von multikultureller Pluralität allerdings war noch nicht die Rede. Die ›Gastarbeiter‹ sollten »alles tun, um ihren Anpassungswillen zu beweisen. Sie sollten Deutsch lernen und versuchen, in der Öffentlichkeit nicht aufzufallen. Auch sollen sie die Sitten und Gebräuche des Gastlandes achten« (23.4.1966).

»Denn schliesslich wollen wir Europa«

Obwohl also intern über die Konsequenzen der Arbeitskräfterekrutierung im Ausland diskutiert wurde, ließen die von Adenauer und Erhard geführten Bundesregierungen letztlich den Dingen ihren Lauf und intervenierten weder, um Einwanderung zu verhindern, noch mit dem Ziel, Integrationsprozesse zu fördern. Intern wurde heftig gestritten. Gerade die Innenministerien von Bund und Ländern wollten scharfe Kontrollen und drängten auf eine effektive Anti-Einwanderungspolitik. Immer wieder aber – zum Beispiel im Zusammenhang mit dem Anwerbeabkommen mit der Türkei – unterlagen diejenigen, die forderten, ausländische Arbeitskräfte nur kurzfristig ins Land zu lassen und dann auszutauschen (›Rotation‹) sowie den Familiennachzug zu verhindern. Damit wurde

Unterzeichnung der deutsch-italienischen Vereinbarung über die Anwerbung und Vermittlung von italienischen Arbeitskräften, 20. Dezember 1955, vgl. Kat. 28.1

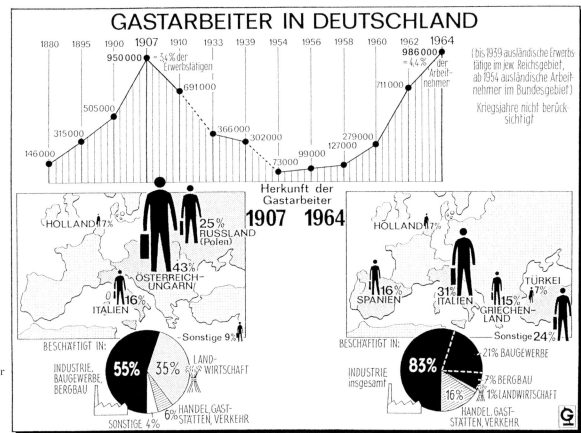

Schaubild »Gastarbeiter in Deutschland«, 1880–1964, um 1965

faktisch entschieden, die – wie man glaubte – begrenzten Einwanderungsprozesse hinzunehmen. Maßgeblich waren mehrere Gründe: Die Unternehmen brauchten die zusätzlichen Arbeitskräfte, von deren Verfügbarkeit der Wirtschaftsboom nicht unwesentlich abhing. Permanent neue Arbeitskräfte einzuarbeiten wäre aus ihrer Sicht eine erhebliche Belastung gewesen. Der Familiennachzug förderte unter Umständen deren Zufriedenheit und die Bindung an einen Ort und einen Betrieb.

Wirtschaftliche Gründe allein waren es aber nicht, die die bundesdeutsche Ausländerpolitik bestimmten. Hier war die Forschung zum Teil bislang zu einseitig ausgerichtet. Ganz wesentlich ging es auch um Außenpolitik: Italien war ein wichtiger Partner in Europa und konnte die in den 1960er Jahren schrittweise umgesetzten Freizügigkeitsregelungen der EWG nutzen, italienische Staatsangehörige durften ohnehin sehr bald nicht schlechter als deutsche Arbeitskräfte behandelt werden. Die Türkei verwies nachdrücklich auf ihre Bedeutung für die NATO und auf deutsche Exportinteressen, als über die Behandlung türkischer Arbeitskräfte verhandelt wurde. Und Tunesien bekam eine Anwerbevereinbarung geschenkt, weil es den bundesdeutschen Alleinvertretungsanspruch gegenüber der DDR unterstützte.

Schließlich standen auch sicherheits- und sozialpolitische Erwägungen einer harten Einwanderungsverhinderungspolitik entgegen. Nicht integrierte, unzufriedene (männliche) Ausländer galten – gerade im Kalten Krieg – als Sicherheitsrisiko und der Katholischen Kirche als Bedrohung von Sitten und Moral. Die Bundesregierung, erklärte Staatssekretär Kattenstroth 1966, verfolge nicht das Ziel, »die ausländischen Arbeitnehmer mit ihren Familien für dauernd im Bundesgebiet anzusiedeln«. Gleichzeitig aber solle man »auch nicht darüber unglücklich sein, wenn sich der eine oder andere ausländische Arbeitnehmer entschließt, ständig in Deutschland zu bleiben. Denn schließlich wollen wir Europa.«[4]

ROTATION ODER INTEGRATION

1972/73 kam es erneut zu einer Debatte über Ausländerbeschäftigung und Einwanderung. Zwischenzeitlich hatte die Wirtschaftskrise von 1966/67, als Hunderttausende der arbeitslos gewordenen Ausländerinnen und Ausländer das Land verließen, das Thema weniger dringlich erscheinen lassen. Schon zwischen Juni 1969 und September 1970 aber stieg die Zahl der in der Bundesrepublik beschäftigten Ausländerinnen und Ausländer von 1,37 auf fast zwei Millionen an, bis September 1973 erreichte sie 2,6 Millionen. Zugleich wuchsen die sichtbaren Probleme vor allem im Zusammenhang mit den zum Teil skandalösen Wohnverhältnissen.

Bundesanstalt für Arbeit, Deutsche Verbindungsstelle in der Türkei, Istanbul, 1972, vgl. Kat. 28.3

Italienische ›Gastarbeiter‹ warten vor dem *Centro di Emigrazione* in Verona auf die Abreise nach Deutschland, 1960

Die ab Ende 1969 regierende sozialliberale Koalition hatte zunächst das schnelle Wachstum der Ausländerbeschäftigung für unverzichtbar gehalten. Wie schon in den 1960er Jahren war das rasche Wirtschaftswachstum und damit die deutliche Verbesserung des Lebensstandards in der Bundesrepublik von zusätzlichen Arbeitskräften abhängig. Hinzu kamen nun die Wirkungen der sozialdemokratischen Reformen, die durch erweiterte Bildung, mehr Urlaub und einen früheren Renteneintritt das deutsche Arbeitskräftepotential verringerten. Ab 1972 aber wurden die Stimmen immer vernehmlicher, die ein weiteres Anwachsen der Ausländerbeschäftigung – und damit der Zahl in der Bundesrepublik lebender Menschen vor allem aus Südeuropa und der Türkei – nicht für tragbar hielten. Man könne nicht, mahnte Bundeskanzler Brandt im Juni 1972 vor der Mitgliederversammlung des Bundesverbandes der Deutschen Industrie, »die Zahl der Ausländer in unserer Wirtschaft beliebig steigern. Ich vermute, wir könnten mit zwei bis zweieinhalb Millionen Gastarbeitern schon eine kritische Grenze erreicht haben.«[5] Noch aber zögerte die Bundesregierung zu handeln. Erst im November 1973 sollte sie die durch die Ölkrise entstandene Gelegenheit für eine entschiedene Intervention nutzen und die Anwerbung von außerhalb der Europäischen Gemeinschaft einstellen.

Erneut zeigt sich, dass die Ausländer- und Ausländerbeschäftigungspolitik nur in ihrer komplexen Verflechtung mit der Wirtschafts-, Arbeitsmarkt- und Außenpolitik verstanden werden kann. Und schon damals wurde offenbar, dass Wanderungsbewegungen nur sehr schwer gesteuert und gelenkt werden können.

Die Debatte spitzte sich 1972/73 auf zwei Optionen zu, die als ›Rotation oder Integration‹ etikettiert wurden. Die Politik der ›Rotation‹ wurde vor allem vom Land Bayern und von Teilen der Bundesvereinigung der Deutschen Arbeitgeberverbände befürwortet. Sie zielte darauf, die Zahl ausländischer Arbeitskräfte hoch zu halten, diese aber nach einigen Jahren zur Rückkehr in die Heimatländer zu zwingen und Familien gar nicht erst zuzulassen. Damit hätten die Unternehmen weiter auf ausländische Arbeitskräfte zugreifen können, Infrastrukturkosten aber wären nicht in der für deutsche Beschäftigte normalen Höhe entstanden.

Tatsächlich wurde, anders als vielfach zu lesen ist, eine derartige Rotationspolitik seitens der Bundesrepublik nie praktiziert. In der politischen Debatte der frühen siebziger Jahre hatte das Rotationskonzept keine Chance. Nicht nur widersprach es den Rechten der aus EWG-Staaten stammenden AusländerInnen und Vereinbarungen in einigen Anwerbeverträgen. Die Unternehmer wollten

Ankunft des 500 000sten ›Gastarbeiters‹ in München, 21. Juli 1972, vgl. Kat. 28.6

keine rotierenden, sondern eingearbeitete Arbeitskräfte. Die Gewerkschaften opponierten. Zu sehr auch widersprach ein solches Konzept dem sozialen und humanitären Zeitgeist. »Es darf nicht der Eindruck geweckt werden«, betonte Bundeskanzler Brandt im Juni 1973 vor Opel-Beschäftigten, »wir betrachteten die ausländischen Arbeitnehmer in der Bundesrepublik Deutschland als industrielle Reservearmee, die man nach Belieben ins Land holen und wieder abschieben könnte. Das wäre unsozial, das wäre unmenschlich – es wäre obendrein noch höchst unwirtschaftlich.« Aus dem »Geist der sozialen Verantwortung« habe man die Zwangsrotation abgelehnt.[6]

Auch in der Presse überwogen die Voten für eine Politik der Integration: »Integration ist zeitgemäßer, liberal, frei von nationaler Engstirnigkeit«, kommentierte die *Augsburger Allgemeine*.[7] Schon 1971 hatte es deutliche Stimmen für eine Integrationspolitik auch mittels Einbürgerungen gegeben. Beim Ökumenischen Pfingsttreffen wurde im Sommer eine Resolution verabschiedet, die forderte, die Situation der Bundesrepublik als »faktisches Einwanderungsland« zu akzeptieren.[8] Und ebenfalls 1971 erklärte die Konferenz der CDU-Sozialausschüsse, Deutschland sei »de facto Einwanderungsland« geworden.[9] Viele zeitgenössische Kommentatoren gingen davon aus, dass eine Politik der Integration letztlich Einbürgerungen meinte, denn was sonst, wenn nicht umfassende Gleichstellung, konnte Integration heißen? Selbst von führenden Politikern wurde die Einbürgerungsoption ins Gespräch gebracht. Im Innenausschuss des Bundestages äußerte der damalige Innenminister Hans-Dietrich Genscher im Februar 1973, »daß wir nach meiner Überzeugung gar nicht darum herumkommen – wir sind in Wahrheit ein Einwanderungsland –, auch eine Einwanderungspolitik zu treiben«.[10]

EINBÜRGERUNG DER ›GASTARBEITER‹: WARUM EIGENTLICH NICHT?

Es stimmt also nicht, dass Bevölkerung und Politik in der Bundesrepublik die Einwanderung übersahen oder ignorierten und erst in den 1980er Jahren begannen, die Realität zur Kenntnis zu nehmen. Warum aber wurden dann nicht schon Anfang der 1970er Jahre Konsequenzen gezogen und eine entschiedene Integrations- und Einbürgerungspolitik eingeleitet?

Zunächst einmal hätten eine demonstrative Anerkennung dieses Einwanderungsprozesses und die Öffnung des Staatsangehörigkeitsrechts bedeutet, politische Verantwortung für die Folgen der Gastarbeiterpolitik zu übernehmen. Die regierende Sozialdemokratie, die im Interesse hoher Wachstumsraten und der für ihre Reformpolitik notwendigen Arbeitskräfteressourcen die Arbeitsmigration gefördert hatte, fürchtete nun, als die Partei dazustehen, die umfangreiche Einwanderungsprozesse angestoßen hatte. In der Bevölkerung hätte das vielleicht ihrem Ansehen geschadet.

Insbesondere nach dem Attentat einer Palästinensergruppe bei den Olympischen Spielen 1972 in München wuchs die Angst vor ausländerfeindlichen Reaktionen. Zudem deutete sich mit der Ölkrise an, dass es zu einem geringeren Wirtschaftswachstum und einer wachsenden Arbeitslosigkeit kommen könnte. In einer solchen Situation würde die Ausländerbeschäftigung zum brisanten Thema werden.

Offen nationalistische Positionen waren in der öffentlichen Debatte selten. Ohne Zweifel aber fanden viele Deutsche es schwer, sich eine ethnisch plurale deutsche Nation vorzustellen, und Ängste vor Nationalitätenkonflikten waren verbreitet.

Broschüre der Bundesanstalt für Arbeit mit Informationen für ausländische Arbeitnehmer, in türkischer Sprache, 1972, vgl. Kat. 28.13

Gegen eine Einwanderungspolitik sprachen auch außenpolitische Rücksichten. Im Kabinett verwiesen der Außen- und der Entwicklungshilfeminister auf die Interessen der Herkunftsländer, die ihre Staatsangehörigen nicht verlieren wollten.[11] Willy Brandt fürchtete, dass bei einer Wendung der Bundesrepublik hin zu einer offensiven Einbürgerungspolitik Jugoslawien die Arbeitsmigration stoppen würde. Der Bundeskanzler, der sehr engagiert für Völkerverständigung und gegen Diskriminierung auftrat, sah die ausländischen Arbeitskräfte in der Bundesrepublik als eine »fluktuierende« Minderheit, »keine ansässige und verwurzelte«.[12] Der Einfluss, den außenpolitische Erwägungen auf die ablehnende Haltung zu einer offensiven Einwanderungs- und Einbürgerungspolitik hatten, sollte nicht unterschätzt werden.

Und schließlich fürchtete man, dass die Wendung zu einer offensiven Einwanderungspolitik von vielen Ausländern als Einladung aufgefasst werden würde, fest in Deutschland ansässig zu werden. Zumindest einige Hunderttausend der 1973 vier Millionen Ausländerinnen und Ausländer aber hoffte man wieder loszuwerden. Die Interessen der deutschen Beschäftigten und Arbeitslosen sollten Vorrang haben und ihre Arbeitsplätze unter Umständen auch auf Kosten von Ausländern gesichert werden. Umfangreiche Einbürgerungen hätten dies unmöglich gemacht. »Jede Erklärung, dass die Bundesrepublik Deutschland ein Einwanderungsland ist«, äußerte 1977 der beim DGB für Ausländerpolitik zuständige Funktionär Richter, »würde die Situation in der Bundesrepublik verschärfen und würde unter Umständen für den Arbeitsmarkt anarchische Zustände zur Folge haben, was wir als Gewerkschaften auf keinen Fall unterstützen können.«[13]

1973 BIS 1993: KONTINUITÄT EINER VERDRÄNGUNGSPOLITIK

Vom Anwerbestopp im November 1973 bis etwa 1993 war die Ausländerpolitik im Grunde wesentlich von dem Versuch bestimmt, die Zahl der in der Bundesrepublik lebenden AusländerInnen zu reduzieren. Mit dem Verlust ihres Arbeitsplatzes, so hatte man nach dem Anwerbestopp gehofft, würden viele in ihre Heimatländer zurückkehren. Indem Arbeitsverträge und Aufenthaltserlaubnisse nicht verlängert wurden, wurde mehr oder weniger sanfter Druck ausgeübt. Tatsächlich verließen viele der bis 1973 rekrutierten Arbeitskräfte die Bundesrepublik. Keineswegs jeder, nicht einmal die Mehrzahl der ›Gastarbeiters‹ entpuppte sich als Einwanderer. Da aber Familien nachzogen und Kinder geboren wurden und zudem immer mehr Flüchtlinge in Deutschland Asyl begehrten, stieg die Zahl der in der Bundesrepublik lebenden AusländerInnen langfristig an und lag 1982 mit 4,7 Millionen deutlich über dem 1973 erreichten Stand von vier Millionen.

1975/76 wurde im Kabinett Schmidt ernsthaft erwogen, durch Zwangsmaßnahmen die Ausländerzahl deutlich zu verringern.[14] Eine derartig konsequente Ausländerverdrängungspolitik scheiterte daran, dass dem die gewachsenen und international verbürgten Rechte vieler Migranten, außenpolitische Interessen der Bundesrepublik sowie humanitäre Normen entgegenstanden. Schon im Kabinett fanden die Befürworter um Arbeitsminister Arendt keine Mehrheit – hier opponierten unter anderem liberale Kräfte in der FDP, die mit Werner Maihofer den Innenminister stellte. Bundeskanzler Helmut Schmidt fürchtete einen Konflikt mit Kirchen, Gewerkschaften und dem Koalitionspartner FDP. Stattdessen wurde jetzt mit der Einsetzung einer Bund-Länder-Kommission versucht, eine Ausländerpolitik zu entwickeln, die von allen wichtigen politischen Kräften gemeinsam verantwortet werden sollte. Langsam bewegte die SPD sich um 1980 in Richtung einer öffentlichen Anerkennung der Einwanderung. Denen, »die auch für die Dauer ihres Lebens hier bleiben wollen«, versprach Kanzler Schmidt 1980 Staatsbürgerrechte.[15] 1982 brachte die Regierung Schmidt einen Gesetzentwurf zur Liberalisierung des Staatsangehörigkeitsrechts auf den Weg, scheiterte aber im Bundesrat. Auch in der breiteren öffentlichen Debatte hatte vor allem das 1979 vorgelegte Memorandum des ersten Ausländerbeauftragten Kühn erheblichen Wirbel verursacht und die Notwendigkeit einer Anerkennung der Realitäten und effektiver Maßnahmen zur Verbesserung der Lebenschancen vor allem der zweiten Generation unterstrichen.

Um 1980 aber veränderten sich die politischen Rahmenbedingungen zuungunsten entschiedener Reformmaßnahmen in der Migrationspolitik, und in mancher Hinsicht ergab sich eine neue Konstellation. Nach einer vorübergehenden konjunkturellen Besserung kam es 1981/82 zu einer erneuten Wirtschaftskrise und zu einem Anstieg der Arbeitslosenzahl von 0,89 Millionen im Jahr 1980 auf bereits 1,83 Millionen 1982. In der Bevölkerung nahmen feindselige Einstellungen zur Einwanderung und zu den in der Bundesrepublik lebenden Menschen fremder Herkunft zu. Zunehmend traten auch extrem rechte Gruppierungen mit zum Teil deutlich rassistischen Parolen auf und kandidierten zum Beispiel in Hamburg und Kiel als Listen für einen ›Ausländerstopp‹. Umfragen, die einen Anstieg von Ausländerfeindlichkeit in der Bevölkerung zeigten, machten die SPD, deren Popularität ohnehin rapide abnahm, zunehmend nervös. Mächtige Landesfürsten wie Hessens Ministerpräsident Börner verlangten nun, die Grenzen der Bundesrepublik »rigoros« zu schließen.[16] Jetzt wurde die Integration zu einem »Türkenproblem« erklärt, denen auch SPD-Politiker »eine völlig andere Kultur« attestierten.[17]

Die öffentliche Debatte konzentrierte sich immer mehr auf die Asylzuwanderung, die die Grenzen einer Steuerbarkeit der Zuwanderung symbolisierte. Gleichzeitig rückte nun immer mehr die Veränderung der Gesellschaft durch ihre ethnische Pluralisierung in den Mittelpunkt: Von den einen als attraktive Vision der ›multikulturellen Gesellschaft‹ thematisiert, forderten andere die Verteidigung deutscher Kultur und Identität gegen drohende Veränderungen. Und schließlich wurde das bislang über-

Informationsbroschüre der Landeszentrale für politische Bildungsarbeit Berlin, 1980, vgl. Kat. 28.25

wiegend im Konsens der wichtigen politischen Akteure bearbeitete Thema Migration und Integration zum Gegenstand parteipolitischen Konflikts und populistischer Profilierung. Anders als in europäischen Nachbarländern waren dabei die MigrantInnen selbst als Akteure in der bundesdeutschen Politik noch wenig sichtbar – auch, da ihre politischen Rechte als AusländerInnen eingeschränkt waren.

In dieser Situation konterkarierte die SPD ihre eigene Bewegung hin zur Anerkennung der Einwanderung, indem sie im Dezember 1981 den Zuzugsstopp zur Priorität und neu einwandernde Ausländer zur Gefahr für den sozialen Frieden erklärte. Im Juli 1982, kurz bevor die SPD die Regierungsmacht verlor, beschloss das Kabinett Maßnahmen zur Rückkehrförderung, die dann von der Regierung Kohl umgehend wieder aufgenommen wurden. Etwa zehn Jahre lang sollte nun die Regierung Kohl die Politik der partiellen Revision vergangener und der Verhinderung neuer Einwanderungsprozesse fortsetzen und diese teilweise verschärfen.

NATIONALE ERNEUERUNG UNTER KOHL

Die CDU hatte noch Anfang der 1970er Jahre keine eindeutige Position gehabt und bis 1969 als Regierungspartei die Zuwanderung durchaus gefördert. Bereits vor dem Regierungswechsel im Herbst 1982 aber wurden deutliche Akzente im Sinne einer sich national verstehenden Politik gesetzt, die Einwanderung vor allem als Problem und AusländerInnen als Belastung definierte. So forderte Alfred Dregger, 1982–1991 Vorsitzender der Bundestagsfraktion der CDU/CSU, im Februar 1982 in einer Bundestagsdebatte die Deutschen zur Verteidigung ihrer nationalen Identität auf; Türken, Asiaten und Afrikaner erklärte er für prinzipiell nicht assimilierbar.[18] Der bislang dominierende Konsens in der Ausländerpolitik wurde nun zugunsten eines konfrontativen Herangehens aufgekündigt.

Im 1982/83 von Helmut Kohl verkündeten »Programm der Erneuerung« nahm die Ausländerpolitik einen pro-

Jugoslawische ›Gastarbeiter‹ bei ihrer Ankunft im Münchner Hauptbahnhof, 1963, vgl. Kat. 28.4

minenten Platz ein. Integration, Zuzugsstopp und Rückkehrförderung lauteten die Eckpunkte, wobei die AusländerInnen vor die Alternative gestellt wurden, »ob sie in ihre Heimat zurückkehren oder ob sie bei uns bleiben und sich integrieren wollen«.[19] Integration wurde hier als wesentlich abhängig von der Entscheidung der Ausländer dargestellt, Anpassung zur Bedingung für ein Leben in der Bundesrepublik gemacht. Auch die neue Regierung tat sich dann aber schwer, die eigenen Ankündigungen umzusetzen und die AusländerInnen tatsächlich entweder zum Verlassen der Bundesrepublik oder zur kulturellen und sozialen Anpassung zu bewegen. Leistungen des ab Dezember 1982 geltenden Gesetzes zur Rückkehrförderung nahmen 250 000 bis 300 000 AusländerInnen in Anspruch – die meisten wären aber vielleicht ohnehin wieder in ihre Heimat zurückgekehrt. Wirksamer war wohl das politische Signal, die Botschaft, dass Ausländerinnen in der Bundesrepublik nicht erwünscht waren.

Als Manifest nationalen, ausländerfeindlichen Denkens wurde vielfach auch der Entwurf eines neuen Ausländergesetzes des vom CSU-Politiker Zimmermann geleiteten Innenministeriums aufgefasst. 1988 bekannt geworden, mobilisierte dieser Entwurf einer restriktiven Politik eine gesellschaftliche Koalition für eine entschiedene Integrationspolitik und wurde nicht realisiert. Das vom neuen Innenminister Schäuble verantwortete, ab 1991 gültige Ausländergesetz entsprach dann zwar vielen Reformforderungen auch nicht, stärkte aber gegenüber dem ersten Ausländergesetz von 1965 die Rechte der bereits länger in der Bundesrepublik lebenden AusländerInnen. 1993 wurden die damals eingeführten Einbürgerungsansprüche noch einmal erweitert.

Die Reform von 1993 war allerdings nur um den Preis des Einverständnisses der SPD zu einer substantiellen Einschränkung des Asylrechts und als Reaktion auf rassistische Gewalttaten zustande gekommen. 1991 bzw. 1992 waren in Hoyerswerda und Rostock Flüchtlingsunterkünfte regelrecht belagert und unter beifälliger Anteilnahme von Anwohnern in Brand gesetzt worden. Im Westen der Bundesrepublik, in Mölln und Solingen, fielen mehrere Menschen rassistischen Brandanschlägen zum Opfer. Im Ausland entstand teilweise der Eindruck, die neue Bundesrepublik werde zu einem von Nationalismus und Rassismus gekennzeichneten Land. Immer wieder in der Geschichte der Bundesrepublik waren das Ansehen des Landes im Ausland und die deutliche Abgrenzung vom Nazismus Faktoren, die die Migrationspolitik beeinflussten und liberale Akzente begünstigten. Wenn Hunderttausende damals in Lichterketten für Toleranz und

»handbuch für die beratung rückkehrender ausländer«,
Herkunftsland Jugoslawien, 1984–1986,
vgl. Kat. 28.26

Völkerverständigung demonstrierten, signalisierte dies gleichzeitig, dass in der deutschen Gesellschaft eine breite Basis für ein gleichberechtigtes Zusammenleben von Menschen unterschiedlichster Herkunft existierte.

Konfliktthema Asyl

Seit etwa 1980 hatte sich die politische Debatte zunehmend auf die Flüchtlingszuwanderung konzentriert. Gerade diese Form der Migration war schwer kontrollierbar, und auf diesem Wege gelangten nun auch größere Gruppen dunkelhäutiger Menschen nach Deutschland, die von der Arbeitskräfteanwerbung der Gastarbeiterphase gezielt ausgeschlossen worden waren.[20] In der öffentlichen Debatte waren nicht die Hintergründe dieser Fluchtbewegungen aus Palästina, Pakistan, der Türkei (Putsch 1980), dem Iran (›Volksrevolution‹ und Errichtung des Chomeini-Regimes 1979) und anderen Krisenregionen das Hauptthema, sondern der Verdacht, dass diese Menschen nur aus wirtschaftlichen Gründen kamen und die deutsche Gesellschaft untragbar belasteten. Das vorrangige Ziel der Asylpolitik verschob sich vom Schutz Verfolgter hin zur Abschreckung potentieller Flüchtlinge

›Gastarbeiter‹ in den beengten Verhältnissen einer Wohnbaracke in Berlin(-West), 1963

und zur Abwehr eines unterstellten Missbrauchs des Asylrechts.[21]

Seit 1978 wurden die Regelungen des Asylverfahrens immer wieder geändert. Durch Lagerunterbringung, die Bindung an einen Aufenthaltsort, ein Arbeitsverbot und reduzierte Sozialleistungen sollten Flüchtlinge abgeschreckt werden. 1983 bescheinigte der UNHCR der Bundesrepublik, in Europa beispiellose Abschreckungsmaßnahmen eingeführt zu haben, und zeigte sich besorgt insbesondere über die Konsequenzen der Lagerunterbringung der häufig traumatisierten Flüchtlinge. Der Erfolg der Restriktionen aber blieb begrenzt, 1990 zum Beispiel beantragten knapp 200 000 Menschen Asyl in der Bundesrepublik. Erst die Änderung des 1949 als Kontrapunkt zur Vertreibungspolitik der Nationalsozialisten ins Grundgesetz geschriebenen Rechts auf Asyl ermöglichte es seit 1993, potenzielle Flüchtlinge effektiver fern zu halten.

Türkische Frauen vor einem Kaufhaus an der Kottbusser Brücke in Berlin-Kreuzberg, 1975

Die Debatte über diese Grundgesetzänderung war eine der großen politischen Auseinandersetzungen in der Geschichte der Bundesrepublik und nach dem Konflikt über die Notstandsgesetze die heftigste Verfassungsdebatte. Die Attacke des Philosophen Jürgen Habermas auf eine »moralisch-politische Verwahrlosung« und seine Warnung vor einem »Mentalitätsbruch« in der neuen Bundesrepublik[22] illustriert, wie sehr das Asylrecht für einige politische Kräfte die demokratische Transformation Deutschlands nach 1945 symbolisierte und wie sehr im Umgang mit Fremden immer auch über Selbstverständnis und politische Kultur der Bundesrepublik gestritten wurde.

Neuorientierungen seit 1998

In der Ausländer- bzw. Migrationspolitik bleibt die Kontrolle – und das heißt fast immer die Begrenzung – der Zuwanderung das Anliegen, das zumindest die großen Parteien immer wieder in den Vordergrund rücken. Auch die 1998 gewählte, von SPD und Grünen gestellte Bundesregierung hat diese Prioritäten letztlich bekräftigt. Die Spielräume aber sind, da Zuwanderer meist ein Recht auf Familiennachzug wahrnehmen, deutschstämmige Aussiedler, Studierende oder nachgefragte Saisonarbeitskräfte sind, weitgehend ausgeschöpft. Und zumindest zeitweise dominierte in der öffentlichen Debatte 2000–2001 sogar die Einsicht, dass angesichts der negativen Bevölkerungsentwicklung eine zusätzliche Einwanderung unbedingt erforderlich ist. Wichtige politische und gesellschaftliche Kräfte sind sich zudem einig, dass Deutschland im globalen ›Kampf um die Köpfe‹ mithalten und für hoch qualifizierte MigrantInnen attraktiv werden muss. »Deutschland braucht Zuwanderinnen und Zuwanderer«, bekräftigte 2001 die »Süßmuth-Kommission« und plädierte für eine neue Politik der aktiven Gestaltung von Zuwanderung und Integration.[23] Zeitweise wurde ein breiter politischer Konsens über die Anerkennung der Einwanderungsrealität und die Notwendigkeit einer aktiven Förderung der Integration sichtbar.

Für die Verankerung einer arbeitsmarktorientierten Zuwanderungspolitik im ab 2005 geltenden Zuwanderungsgesetz konnte dennoch letztlich keine Mehrheit gefunden werden. Nur die Zuwanderung hoch qualifizierter Arbeitskräfte wurde erleichtert, ein vielfach geforderter Paradigmenwechsel hin zur Öffnung Deutschlands für Einwanderer aber fand nicht statt. Nur zeitweise war die öffentliche Debatte von einer positiven Sicht wirtschaftlich notwendiger und gesellschaftlich unter Umständen vitalisierender Einwanderungsprozesse bestimmt worden. Forderungen nach einer Durchsetzung deutscher ›Leit-

Karikatur zum Thema Asylbewerber,
Frankfurter Allgemeine Zeitung,
24. Juli 1986

generation zur Partizipation an den gesellschaftlichen Gütern deutlich schlechter als die der Alteingesessenen. Dieses Unvermögen der deutschen Gesellschaft, Menschen unterschiedlicher Herkunft eine »gleichberechtigte Teilhabe am gesellschaftlichen, wirtschaftlichen, kulturellen Leben unter Respektierung kultureller Vielfalt zu ermöglichen«,[25] spielt in der öffentlichen Debatte eine noch erstaunlich marginale Rolle. Stattdessen dominiert zunehmend die Forderung nach sprachlicher und kultureller Anpassung sowie nach deutlicher demonstrierter politischer Loyalität. Tatsächlich gibt es heute in der Bundesrepublik weder ›Ghettos‹ noch echte ›Parallelgesellschaften‹, auch wenn soziale Ausgrenzungsprozesse in den Städten zum Teil besorgniserregend sind und verweigerte Lebenschancen durchaus einmal radikale Proteste provozieren könnten.

Mit dem Zuwanderungsgesetz und der vorangegangenen Reform des Staatsangehörigkeitsrechts wurden einige Erblasten der Gastarbeiterpolitik beseitigt. Damit verschiebt sich der Fokus der Debatte nun deutlicher hin zur Gestaltung der Einwanderungsgesellschaft. Hier drehen

kultur‹ mobilisierten bald wieder negative Haltungen zur Einwanderung. Und nach den Anschlägen des 11. September drohten ein Verständnis von Migrationspolitik als Sicherheitspolitik und Ängste vor einem islamischen Fundamentalismus dominant zu werden. Allerdings wird mit dem neuen Gesetz die Tatsache der Einwanderung nun offiziell anerkannt, die Lage von Flüchtlingen wieder leicht verbessert und – auch mit Sprach- und Integrationskursen für neue Einwanderer – eine energischere und nun durch den Bund koordinierte Integrationspolitik versprochen. Den wichtigsten Schritt hierzu bedeutete das neue, seit 2000 geltende Staatsangehörigkeitsrecht, das endlich hier geborenen Kindern auch ausländischer Eltern unter bestimmten Bedingungen die deutsche Staatsangehörigkeit gewährt.

Neu sind öffentlich geförderte Maßnahmen zur Unterstützung der Integration von MigrantInnen nicht. ›Hinter den Kulissen‹ der öffentlich proklamierten Negation der Einwanderung in die Bundesrepublik[24] gab es schon seit Jahrzehnten Sprachkurse, berufliche und schulische Fördermaßnahmen. In der wissenschaftlichen Diskussion wird zunehmend gefragt, ob in Westeuropa jenseits eher inklusiver oder aber ausgrenzender Politikmodelle nicht ähnliche, allerdings auch ähnlich bescheidene, Integrationspolitiken betrieben wurden. Die Hauptlast der Integration jedoch tragen überall die MigrantInnen selbst, und trotz erheblicher Integrationsleistungen bleiben die Chancen auch der zweiten und dritten Einwanderer-

Der *Spiegel* mit Titelthema zu Flüchtlingen,
Aussiedlern und Asylbewerbern,
9. September 1991, vgl. Kat. 31.7

sich die Kontroversen einerseits um Rechte, andererseits um die Basis gesellschaftlichen Zusammenhalts. Muss vor allem die Gesellschaft dafür sorgen, dass das Recht der ›neuen Deutschen‹ auf Partizipation verwirklicht, Diskriminierung verhindert wird? Oder liegt es vor allem an den MigrantInnen, selbst eigene Defizite auszugleichen? Haben Zuwanderer das Recht, diese Gesellschaft zu verändern, ihre Religion auch öffentlich zu leben, Kultur und Werte mitzugestalten? Oder liegt die Definitionsmacht bei den Alteingesessenen, die Anpassung fordern können – und ab wann zählt man zu den Alteingesessenen? Unsere Verfassung garantiert die individuelle Freiheit, so dass es den Einzelnen selbst überlassen bleibt, wie sie – im Rahmen gesetzlicher Regelungen – ihr Leben führen wollen. Wie aber ist mit unter Umständen konkurrierenden Ansprüchen und in Konflikt geratenden Werten und Rechten umzugehen?

Wie viel soziale und kulturelle Heterogenität kann und will die deutsche Gesellschaft aushalten? Wie kann einer eklatanten sozialen Ausgrenzung begegnet werden? Gibt es und braucht unsere demokratische Gesellschaft eine ›Leitkultur‹ oder eine ›nationale Identität‹, die mit der deutschen Sprache, Kultur und Geschichte untrennbar verbunden ist? Oder kann eine offene, demokratische Gesellschaft ihren Zusammenhalt nur auf Basis des Konsenses über Verfassungsprinzipien und – wie die Ausländerbeauftragte der Bundesregierung es 2000 formulierte – durch »den beständigen Prozess der Verständigung über die gemeinsamen Grundlagen und Regeln des Zusammenlebens in einem Gemeinwesen«[26] herstellen?

Da Migration heute eine Normalität ist und anhalten wird, werden derartige Fragen nicht kurzfristig gelöst und wird die Debatte immer wieder geführt werden. Als neues Element treten verstärkt die MigrantInnen selbst hervor, die nun vermehrt auch als deutsche Staatsangehörige eingreifen und zu einem politischen Faktor werden, der immer weniger ignoriert werden kann.

1 Vgl. zur Zeit bis 1973 mit detaillierten Belegen: Schönwälder 2001; Schönwälder 2003.
2 Magnet Bundesrepublik 1966, S. 115.
3 Stehlin 1966, S. 4.
4 Kattenstroth 1966, S. 240.
5 Ziele und Grundsätze der Wirtschafts- und Finanzpolitik der Bundesregierung, in: *Bulletin des Presse- und Informationsamtes der Bundesregierung* Nr. 88, 15.6.1972, S. 1205–1213, hier S. 1211.
6 Besuch in Rüsselsheim. Rede vor der Belegschaft der Opel-Werke am 26.6.1973, in: *Bulletin des Presse- und Informationsamtes der Bundesregierung* Nr. 79, 28.6.1973, S. 795–797, hier S. 796f.
7 Gernot Römer, *Unsere ausländischen Mitarbeiter*, Kommentar am 19.4.1973.
8 Vgl. den Text in: *konsequenzen*, Sonderausgabe Oktober 1971, S. 48.
9 Die Beschlüsse der 14. Bundestagung der CDU-Sozialausschüsse vom 3./4.7.1971 sind abgedruckt in: *Soziale Ordnung*, H. 8/9 vom 5.8.1971, S. 20.
10 Anlage zum Protokoll der 3. Sitzung des Innenausschusses am 21. Februar 1973: Fortsetzung der Aussprache über das Arbeitsprogramm des BMI in der 7. Wahlperiode, S. 20, in: Bundestagsarchiv.
11 Brief von Außenminister Scheel an Innenminister Genscher, 28.2.1973; Bundesministerium für Wirtschaftliche Zusammenarbeit an das Bundesarbeitsministerium, 17.4.1973, in: Bundesarchiv Koblenz B 106/69845 bzw. 69846.
12 Willy Brandt, Rede bei der Eröffnungsveranstaltung zur »Woche der Brüderlichkeit« am 21.3.1971, in: *Bulletin des Presse- und Informationsamtes der Bundesregierung* Nr. 43, 23.3.1971, S. 441–446, hier S. 442.
13 Zitiert nach Offe 1977, S. 217. Vgl. zu diesem Zeitraum auch Dohse 1981.
14 Vgl. die Dokumentation in der *Frankfurter Rundschau*, 23.2.1976.
15 Vgl. die *WAZ*, 12.3.1980.
16 *NRZ* (Neue Ruhr Zeitung), 15.3.1982.
17 Farthmann: Integration ein Türkenproblem, in: *WAZ*, 28.12.1981. Friedhelm Farthmann war Arbeits- und Sozialminister in Nordrhein-Westfalen.
18 *Verhandlungen des Deutschen Bundestages*, Sitzung vom 4.2.1982, S. 4891–4895.
19 Helmut Kohl, Für eine Politik der Erneuerung. Regierungserklärung vor dem Deutschen Bundestag vom 13. Oktober 1982, Bonn 1982, S. 24.
20 Vgl. Schönwälder 2004.
21 Marx 1985.
22 *Die zweite Lebenslüge der Bundesrepublik: Wir sind wieder »normal« geworden*, in: *Die Zeit*, 11.12.1992.
23 *Zuwanderung gestalten – Integration fördern. Bericht der Unabhängigen Kommission ›Zuwanderung‹*, Berlin, 4.7.2001.
24 Vgl. Bade/Bommes 2000.
25 *Zuwanderung gestalten – Integration fördern. Bericht der Unabhängigen Kommission ›Zuwanderung‹*, Berlin, 4.7.2001, S. 200.
26 Bericht der Beauftragten der Bundesregierung für Ausländerfragen über die Lage der Ausländer in der Bundesrepublik Deutschland, Berlin/Bonn 2000, S. 202, 205f.

Die DDR, ein anderer deutscher Weg?
Zum Umgang mit Ausländern im SED-Staat

Patrice G. Poutrus

Dem proklamierten Selbstverständnis der SED-Führung zufolge hatte sich die DDR als Staat und Gesellschaft von der Entstehung jeglicher fremdenfeindlich oder rassistisch begründeter Diskriminierungen grundsätzlich abgekoppelt. Der darin von der Staatspartei für sich reklamierte Anspruch auf »gesellschaftlichen Fortschritt« durch den »Kampf gegen den Imperialismus«, also gegen den ›kapitalistischen‹ Westen, war nicht nur ein ideologisches Etikett. Vielmehr war dies eines der Prinzipien, mit denen die SED ihren Herrschaftsanspruch in der DDR rechtfertigte.[1] Diese fundamentale Bedeutung verstärkte jedoch zugleich den Unwillen des SED-Regimes, sich im Grundsatz wie im Einzelfall mit den Schwierigkeiten im Zusammenleben von Deutschen und Ausländern bzw. Fremden auseinander zu setzen. Jüngere Forschungen zur Geschichte des Stalinismus berechtigen zu der Annahme, dass das Bild des ›Klassenfeindes‹ auch mit ethnozentrischen bzw. rassistischen Inhalten aufgeladen werden konnte.[2] So war nicht das Postulat des Menschheitsfortschritts, sondern die dahinter liegende dichotomische Struktur des Klassenkampfes für den Umgang mit Fremden im ›Arbeiter-und-Bauern-Staat‹ grundlegend. Wie im Folgenden gezeigt werden soll, war es unter Berufung auf den ›proletarischen Internationalismus‹ durchaus möglich, im Alltag fremdenfeindliche Vorurteile bzw. nationalistische Stereotypen bedenkenlos zu benutzen.[3]

Nationalsozialismus, Besatzung und Nationalismus in den Farben der DDR

Letztlich stand auch der SED-Staat in der Nachfolge des nationalsozialistischen Dritten Reiches. Von Beginn der SED-Herrschaft an war jedoch in der SBZ/DDR keine öffentliche Debatte darüber möglich, sondern es herrschte ein parteioffizieller Diskurs vor, der weniger der persönlichen Auseinandersetzung mit dem NS-Regime als der polemischen Abgrenzung vom Westen diente. De facto war die öffentliche Rede über den Nationalsozialismus identisch mit einer Brandmarkung der Bundesrepublik als ›klerikalfaschistisch‹, ›restaurativ‹ etc. – und das machte die Rede über den Nationalsozialismus an sich bei der Mehrheit der deutschen Bevölkerung unglaubwürdig.[4] Hinzu kommt, dass die drakonischen Säuberungen in der öffentlichen Verwaltung der SBZ während der unmittelbaren Nachkriegszeit nicht nur ehemaligen Nazis galten, sondern sich in zunehmendem Maße gegen Gegner der kommunistischen Herrschaft richteten. Das schnelle Bekenntnis zur neuen ›antifaschistischen Ordnung‹ und zur SED konnte dagegen eine Möglichkeit bieten, den Systemwechsel zu mildern und persönliche Konsequenzen abzufedern.[5] An die Stelle offener Rede über die Zeit des Nationalsozialismus trat vierzig Jahre lang der Versuch, die DDR-Bevölkerung auf die Minderheitenperspektive der kommunistischen Widerstandskämpfer, die in radikaler Opposition zum Nationalsozialismus gestanden hatten, einzuschwören.[6] Es erscheint jedoch fraglich, ob die rassistischen und nationalistischen Stereotype der NS-Propaganda, die in der deutschen Bevölkerung zweifelsohne verbreitet waren, allein durch die gebetsmühlenartige Wiederholung des antifaschistischen Gründungsmythos der DDR tatsächlich aus dem Wertekanon der Bevölkerung getilgt wurden.

Zugleich ist auch zu fragen, wie die Erfahrungen und Prägungen aus der Zeit der NS-Herrschaft, die Erlebnisse mit ›Fremdarbeitern‹ während des Zweiten Weltkriegs und die traumatischen Erfahrungen in den Jahren der sowjetischen Besatzungsherrschaft mit den Aussagen der SED-Propaganda in Verbindung gebracht wurden.[7] Jedenfalls hat die SED während ihrer Herrschaft stets die historische Mitverantwortung der DDR für die Verbrechen des nationalsozialistischen Deutschland bestritten und konsequenterweise auch – nach dem Ende der unfreiwilligen Reparationszahlungen an die Sowjetunion – keine Wiedergutmachungszahlungen geleistet.[8] Diese aus der Externalisierung der historischen Verantwortung abgeleitete Verweigerungspolitik konnte von der Bevölkerung auch als Freispruch der (ost-)deutschen Bevölkerung verstanden werden – ein attraktives Integrationsangebot gerade auch für diejenigen, die der SED eher fern standen.[9] Die Mehrheit der Deutschen hatte die NS-Diktatur

Plakat »Internationale Woche des Kampfes, der Aktionen und der Solidarität aller Textil-, Bekleidungs- und Lederarbeiter der Welt«, 1961, vgl. Kat. 27.1

aber eher als Unterstützer oder als Mitläufer erlebt, so dass schon früh eine Lücke zwischen den Erfahrungen und Einstellungen der Menschen und der Propaganda der SED entstand. Letztlich vermochte sich die Mehrheit der DDR-Bevölkerung »ohne Gewissenskonflikte und ohne große Brüche in ihrer bisherigen politischen Mentalität mit dem antifaschistischen Selbstverständnis des Staates zu arrangieren bzw. es selbst [zu] verinnerlichen«.[10] Konkret gefragt war Loyalität zur SED-Politik und Konformität im Alltag.

Die Zwanghaftigkeit des ›Antifa-Mythos‹ resultierte wesentlich aus dem ähnlich gelagerten Verhältnis der DDR-Bevölkerung zur Sowjetunion. ›Die Russen‹ kamen als fremde Sieger- und Besatzungsmacht, die ihr eigenes diktatorisches Herrschaftssystem mit Hilfe der deutschen Kommunisten in der SBZ implementierte. Aufgrund der Willkür der Verhaftungen und Einweisungen in die sowjetischen Speziallager war an eine offene politische Auseinandersetzung in der SBZ nicht zu denken.[11] Darüber hinaus waren für das Verhältnis zu den Russen in den ersten Jahren die Gewalterfahrungen gegen Kriegsende prägend, insbesondere die Massenvergewaltigungen von deutschen Frauen. Wilde Plünderungen, die Vertreibung aus den Ostgebieten[12] und die anhaltende Demontage wurden auch östlich der Elbe nicht gutgeheißen und schadeten schon früh dem Ansehen der als ›Russenpartei‹ geltenden SED.[13] Darüber hinaus bildeten sowjetische Soldaten und Zivilpersonen mit einer Gesamtzahl von über einer halben Million Menschen die größte Gruppe von Ausländern in der DDR. Durch ihre flächendeckende Präsenz gehörten sie beinahe 50 Jahre lang für einen sehr großen Teil der DDR-Bevölkerung zum Alltag. Nach jüngeren Schätzungen hielten sich zwischen 1945 und 1994 insgesamt etwa zehn Millionen Bürger der Sowjetunion bzw. ihrer Nachfolgestaaten als Soldaten, Zivilbeschäftigte der Streitkräfte oder deren Familienangehörige auf deutschem Boden auf.[14] Verglichen mit den quantitativ deutlich kleineren Gruppen der Vertragsarbeiter, politischen Emigranten und ausländischen Studenten, stellten sie daher in der DDR gleichsam ›die Fremden‹ schlechthin dar.

Trotz 1954 proklamierter Souveränität verfügte die DDR in allen die Sicherheitspolitik und insbesondere die Stationierung sowjetischer Truppen betreffenden Fragen allenfalls über ein begrenztes Mitspracherecht, während letztere – zum Teil sogar im Gegensatz zu bestehenden

»Freundschaftstreffen der Berliner Bevölkerung mit Sowjetsoldaten«, 1. Juli 1953

bilateralen Verträgen – weiterhin Vorrechte aus der Besatzungszeit bis 1954 beanspruchte. Die Präsenz der Gruppe der sowjetischen Streitkräfte in Deutschland (GSSD) und – falls für notwendig befunden – auch ihr gewaltsames Eingreifen spielte über Jahrzehnte eine elementare Rolle für die Stabilität der DDR wie des sozialistischen Systems im Allgemeinen. Die enge Kopplung an die Sowjetunion stellte für die SED ein Dilemma dar. Einerseits hätte sich die Einheitspartei ohne die Garantiemacht kaum halten können, andererseits war die Anwesenheit der ›Russen‹ in der DDR bis zu ihrem Ende ein Symbol für den ›Fremdherrschaftscharakter‹ des SED-Regimes. Doch die Dimension der Kontakte zwischen DDR und Sowjetunion, zwischen Deutschen und Russen, erschöpfte sich nicht in den offiziellen Freundschaftsritualen.[15] Vielmehr drangen Elemente der politischen und der Arbeitskultur der Sowjetunion in einem ambivalenten Prozess von Aneignung, Umformung und Ablehnung in das öffentliche Leben und den betrieblichen Alltag der DDR ein. Erhalten blieb aber auch das Paradox parallelen Zusammen- und Nebeneinanderlebens, von hermetischer Abschottung der sowjetischen Besatzungstruppen und oktroyierter Aneignung sowjetischer Arbeitsmethoden, von propagierter Fortschrittlichkeit des sowjetischen Gesellschaftssystems und erlebter Fremdheit und Rückständigkeit seitens der DDR-Bevölkerung.[16]

Folgt man jedoch den offiziellen Verlautbarungen der DDR, so hatte jede Form von Nationalismus im Arbeiter- und Bauern-Staat durch die »antifaschistisch-demokratische Umwälzung« ein Ende gefunden. Gleichwohl nutzte der SED-Staat während der gesamten Zeit seiner Existenz nationale Legitimationsmuster.[17] Bereits in der Ikonographie der frühen DDR mischten sich nationale mit sozialistischen Komponenten. Während Westdeutschland in der SED-Propaganda – an ältere antiwestliche und antiliberale Elemente des deutschen Nationalismus anknüpfend – als »Kolonie des amerikanischen Imperialismus« angegriffen wurde, bezeichnete sich die Regierung der DDR als »wahrhaft deutsche Regierung«. Mit dem Appell an die nationalen Gefühle der Bevölkerung sollten die Zumutungen der kommunistischen Herrschaft überspielt und um Zustimmung zur eigenen Staatsgründung geworben werden. Als die sozialliberale Bundesregierung Ende der sechziger Jahre ihre Politik der innerdeutschen Annäherung startete und die einheitliche Kulturnation betonte, bemühte sich die SED-Führung mit einer Zwei-Nationen-Theorie um Abgrenzung. Zwischen der DDR als »sozialistischer Nation« und der Bundesrepublik als »bürgerlich kapitalistischer Nation« bestünden nicht nur grundlegende

Tageszeitung *BZ* zur Lage in Berlin
nach dem Mauerbau, 14. August 1961,
vgl. Kat. 26.18

Unterschiede der Wirtschafts- und Sozialordnung, sondern in deren Konsequenz differierten auch psychisch-moralische Eigenschaften und Gefühle, Kultur und Geschichte beider deutscher Bevölkerungen.[18]

Das Kalkül der SED, mit dem Appell an das nationale Empfinden der DDR-Bürger gewissermaßen über einen Anker in der Gesellschaft zu verfügen, erfüllte sich allerdings nur teilweise. Unabhängig vom SED-Bemühen erhielt sich eine nationale ›deutsche‹ Identität in verschiedenen Abbildungsfolien, bei Industriearbeitern etwa durch den Bezug auf die aus der Zeit vor 1945 tradierte ›Qualitätsarbeit‹.[19] Im ländlichen Bereich bemühte sich die Bevölkerung trotz der mit der Kollektivierung verbundenen Zumutungen, ihre Wertewelt von Bodenständigkeit und bäuerlichem Selbstbewusstsein zu erhalten.[20] Die patriotischen Gesten der SED gewannen dagegen nur an Glaubwürdigkeit, wenn sie mit der etablierten Vorurteilsstruktur der Bevölkerung korrespondierten. Hilflos gegenüber der Allgegenwart des Westfernsehens und der wirtschaftlichen Überlegenheit der Bundesrepublik versuchte die Staatspartei durch den Vergleich mit den sozialistischen Bruderländern bzw. den Verweis auf die eigene Spitzenstellung (hinter der Sowjetunion), Punkte zu sammeln. Insbesondere in Krisensituationen war die Parteiführung auch bereit, ungeniert antipolnische Stereotype zu bedienen. Auch bei ihrem Bemühen um nationale Legitimation stand die SED vor dem Dilemma, entweder den sozialistischen Gehalt ihrer Herrschaftspraxis zurückzustellen oder aber mit ihrer Ideologie in Isolation von der Bevölkerung zu verharren.[21]

Vom Umgang mit Ausländern im DDR-Alltag

Die Einreise von Ausländern in das Staatsgebiet der DDR war für die dort ansässige deutsche Bevölkerung wie auch für die Führung der herrschenden Staatspartei eine extreme Ausnahme, denn allgemein war die innere Mobilität in der DDR-Gesellschaft und die Migration in den SED-Staat – abgesehen von den bereits erwähnten sowjetischen Besatzungstruppen – über dessen vierzigjährige Existenz hinweg vergleichsweise gering. Im Gegensatz dazu war die Flucht aus der DDR – trotz erheblicher Schwankungen – ein Massenphänomen.[22] Zugleich setzte die staatssozialistische Diktatur mit ihrem allumfassenden Regelungsanspruch den rechtlichen Rahmen für den Aufenthalt von und den Umgang mit Ausländern, der jede Form und Gelegenheit des Kontakts zu Fremden ›offizialisierte‹, so wie das der SED-Staat mit allen sozialen Beziehungen zu verwirklichen suchte. »Ins Land gekommen sind Ausländer grundsätzlich nur auf Einladung von Organisationen, Parteien, der Gewerkschaft oder staatlichen Institutionen. Klar war, wer einlädt, wer das bezahlt, der Zweck des Aufenthalts und wann derjenige wieder geht«, beschreibt die DDR-Pfarrerin Dagmar Henke diese Wahrnehmung.[23] Kontakt und Umgang außerhalb der staatlich festgelegten Regeln waren nicht vorgesehen, häufig explizit verboten, zumindest aber unerwünscht. Staatsbürger verschiedener Nationen sollten sich der SED-Ideologie zufolge als ›Repräsentanten‹ ihrer jeweiligen Staatsvölker, quasi in diplomatischer Funktion, begegnen, nicht jedoch auf einer ›Von-Mensch-zu-Mensch-Basis‹. Die Botschaft der offiziellen Regelungswut war: ›Staatsbürgerschaft‹ war praktisch identisch mit ›Nationalität‹ und nicht nur von eminenter Wichtigkeit, sondern auch mit der Geburt permanent fixiert. Der Inter-Nationalismus stellte die Vorrangstellung der Nation in der DDR nicht infrage.[24]

»Studieren im Freundesland«: Ausländische Studierende in der DDR

Man kann davon ausgehen, dass in der Zeit von 1951 bis 1989 zwischen 64 000 und 78 400 ausländische Studierende aus über 125 verschiedenen Staaten an akademischen Bildungseinrichtungen der DDR einen Abschluss erwarben und damit bis zu drei Prozent aller Hochschulabsolventen in diesem Zeitraum stellten.[25] Seit den 1960er Jahren machten ausländische Studierende im Schnitt bis zu etwa sieben Prozent aller in der DDR lebenden Ausländer aus – wenn man die sowjetischen Streitkräfte (GSSD) nicht mitzählt. Die Verteilung der ausländischen Studierenden war aber in der DDR sehr unterschiedlich: So gab es 1989 zum Beispiel 1 200 ausländische Studierende aus 80 verschiedenen Ländern an der Humboldt-Universität zu Berlin, was zehn Prozent aller dort immatrikulierten Studenten entsprach.[26] Nicht alle ausländischen Studenten kamen aus sozialistischen Staaten, und genauso wenig waren all diejenigen aus der nichtsozialistischen Welt notwendigerweise kommunistische Sympathisanten. Zur international betriebenen Imagewerbung der DDR gehörte es auch, dass sie Studenten beinahe jeden Landes der Welt ermöglichte, an ihren Universitäten zu studieren. 1988 wurden über 13 400 Studenten aus 126 Ländern an DDR-Einrichtungen immatrikuliert, unter ihnen waren auch 103 Studierende aus den USA und vier aus dem Vatikan-Staat. Bezeichnend für die Veränderungen der DDR-Außenpolitik ist, dass die Zahl der arabischen Studenten zwischen 1959 und 1967 um zehn Prozent zurückging, der Prozentsatz der Studenten aus afrikanischen Ländern aber um zehn Prozent anstieg. Der Anteil der Studenten aus Asien, Westeuropa und Lateinamerika blieb dagegen in diesem Zeitraum relativ konstant.

Über all die Jahre hinweg waren die ausländischen Studierenden eine undeutlich konturierte, heterogene Gruppe. Obwohl die DDR-Repräsentanten das Ausländerstudium beharrlich als Ausdruck der sozialistischen Solidarität und des proletarischen Internationalismus darstellten, war es doch zugleich auch direkteren diplomatischen, politischen und handelspolitischen Zielen unterworfen. Ein entscheidendes und vielleicht einzigartiges Charakteristikum des Ausländerstudiums in der DDR war jedoch die Tatsache, dass der Staat für sämtliche Ausbildungskosten aufkam.[27]

Bevor ausländische Arbeitskräfte seit den späten 1960er Jahren in der DDR ankamen, stellten somit ausländische Studierende die größte Gruppe derjenigen Ausländer, die,

»Im Auftrag des Ministerpräsidenten der DDR empfing der Stellvertreter des Ministers für Auswärtige Angelegenheiten Botschafter Sepp Schwab [...] eine Abordnung der arabischen Studenten in der Deutschen Demokratischen Republik«, 21. Juli 1958

anders als solche mit ständiger Aufenthaltserlaubnis oder Angehörige der sowjetischen Truppen, für einen begrenzten Zeitraum ihren Aufenthalt in der DDR nehmen durften. Trotz ihrer Heterogenität teilten ausländische Studierende zahlreiche, ihrem Status geschuldete gemeinsame Erfahrungen, die zwischen ihnen ein Gefühl der Solidarität entstehen lassen konnten, das kulturelle Barrieren und Grenzziehungen überwand. Im Gegensatz dazu wurden ausländische Studierende in Studentenwohnheimen möglichst in einer Etage untergebracht, und Studenten aus der DDR mussten sich häufig verpflichten, mit diesen keinen Kontakt zu pflegen. »Mit Studienkollegen durften wir fachliche Diskussionen führen, aber keine persönlichen Beziehungen aufnehmen.«[28]

Es steht außer Zweifel, dass die DDR vielen Menschen eine Hochschulausbildung ermöglichte, die diese Möglichkeit ansonsten niemals gehabt hätten. Die individuellen Bedürfnisse dieser Menschen jedoch wurden vom SED-Staat im Allgemeinen ignoriert. Trotz der Rhetorik des Internationalismus und der Solidarität sah dieser die ausländischen Studierenden vor allem als diplomatisches und handelspolitisches Kapital an. Die Verantwortlichen führten sich die unvermeidlichen sozialen Konsequenzen nicht vor Augen, die es haben musste, wenn jungen Studierenden über so viele Jahre hinweg erlaubt wurde, in der DDR zu leben, und sie ignorierten durchweg die Existenz rassistischer Einstellungen in der DDR-Gesellschaft. Zugleich entstand dadurch erneut der Raum für fremdenfeindliche Gewalttaten in der DDR-Gesellschaft. Obwohl es ausländischen Studierenden auf vielen Ebenen gelang, funktionierende Beziehungen mit den DDR-Bürgern zu knüpfen, lehnte die offizielle Politik binationale Heiraten mit Rücksicht auf die Entwicklungshilfepolitik der DDR ostentativ ab. Im Namen dieser Politik wurden binationale Paare und Familien auseinander gerissen. Das zerstörte letztlich nicht nur viele positive Beispiele interkultureller Verständigung in der DDR, es machte auch die Effekte zunichte, die die DDR sich vom Ausländerstudium erhofft hatte, und hier vor allem die Verbreitung eines positiven DDR-Bildes bei den Bürgern nichtsozialistischer Länder.

Weil die DDR sich bei der Entwicklung eines Systems von Nachkontakten mit den Absolventen sehr schwerfällig zeigte, ist es unmöglich, deren Lebensweg nach ihrer Studienzeit in Ostdeutschland anhand von DDR-Quellen nachzuvollziehen. Einiges weist jedoch darauf hin, dass

»Der Verdiente Züchter und Genossenschaftsbauer Otto Fettback führt dem Afrikaner Abel Teyang aus Kamerun, Praktikant auf dem Volksgut Bernburg, seinen wertvollsten jungen Zuchtbullen vor«, 17. August 1961

viele Absolventen schlussendlich in Westdeutschland oder bei westdeutschen Firmen im Ausland Arbeit fanden. Ironischerweise hat so letztlich vielleicht gerade die BRD am stärksten vom Ausländerstudium in der DDR profitiert.

Asyl im Ausreiseland: Die »Polit. Emigranten«

Schon die erste Verfassung der DDR enthielt die formalrechtliche Möglichkeit für die Aufnahme von politischen Flüchtlingen in den SED-Staat. In der »sozialistischen Verfassung« von 1968, Artikel 23, wandelte sich dann allerdings das Asylrecht in der DDR sehr deutlich in eine reine Kann-Bestimmung.[29] Ohnehin existierte eine Rechtswegegarantie für die Asylsuchenden in solchen Fällen wie auch im allgemeinen Ausländerrecht der DDR nicht.[30] Die eigentlichen Entscheidungsträger waren die Führungskader der kommunistischen Staatspartei der DDR. Von Fall zu Fall waren das SED-Politbüro bzw. das Sekretariat des ZK der SED die zentralen, nichtstaatlichen Gremien, die über die Gewährung von Asyl bzw. über den dauerhaften Aufenthalt von Ausländern in der DDR entschieden. Von hier aus gingen die Anweisungen an das Ministerium des Innern und die anderen staatlichen bzw. nichtstaatlichen Institutionen. Die unmittelbare politische Kontrolle über diese Vorgänge übte entsprechend die ZK-Abteilung Internationale Verbindungen aus.[31]

Bereits 1949 fand eine kleine Gruppe von Menschen aus dem damaligen Königreich Griechenland in der DDR eine Zuflucht. Diesen ersten Asylsuchenden folgte im Juni 1950 eine größere Anzahl griechischer Emigranten – insgesamt 700 Personen –, die nach dem Zusammenbruch des kommunistischen Widerstandes im griechischen Bürgerkrieg in den SED-Staat einreisten. Bis 1961 fanden nach bisherigen Untersuchungen ca. 1 600 griechische Staatsbürger aller Altersgruppen im Auswanderungsland DDR ihr Asyl. Eine zweite, kleinere Gruppe von in der DDR aufgenommenen politischen Emigranten bildeten spanische Bürgerkriegsflüchtlinge, die zumeist aus Frankreich ausgewiesen worden waren. Gemeinsam war beiden Gruppen, dass es sich bei den Aufgenommenen nicht einfach um humanitäre Opfer von inneren Unruhen oder um Verfolgte von Willkür und Gewaltherrschaft in den Herkunftsländern handelte. Sie waren vielmehr politische, meist kommunistische Gegner der jeweiligen Regime in Griechenland und Spanien. Sie sollten sich in der DDR auf künftige Aufgaben in ihrer Heimat vorbereiten.[32]

Diese Politik der Unterstützung von »fortschrittlichen

»Josif Mukandga aus Uganda kennt das Simson-Moped schon aus Afrika. Melker Karl Heinz Nich ermöglicht ihm, das neue Modell selbst zu probieren«, 17. August 1961

»90 künftige Studenten aus der DR Afghanistan trafen am 25.8.80 mit einer Solidaritätsmaschine der Interflug in der DDR-Hauptstadt ein«, 25. August 1980, vgl. Kat. 27.21

Kräften« im »Kampf gegen den Imperialismus« spiegelte sich auch in der Ausbildung bzw. begrenzten Aufnahme von Mitgliedern und Funktionären der FLN während des algerischen Unabhängigkeitskrieges, des südafrikanischen ANC, der palästinensischen Befreiungsorganisation PLO und der namibischen SWAPO. Bis zum Fall der Berliner Mauer 1989 kam es auch zur Aufnahme verfolgter Einzelpersonen aus unterschiedlichsten Ländern. Hierbei galt wie auch sonst die Regel, dass vor allem Funktionäre bzw. als zuverlässig geltende Mitglieder der jeweiligen kommunistischen Parteien und so genannter Bündnisorganisationen aufgenommen wurden. Für diesen Personenkreis war es gegebenenfalls möglich, mit ihren Familien in die Emigration zu gehen. Die eigentlichen Spitzenkräfte der jeweiligen ›Bruderpartei‹ gingen jedoch häufig nach Moskau bzw. in die übrige Sowjetunion ins Exil.[33] Die letzte größere Gruppe von politischen Emigranten – bis zu 2 000 Personen – waren Chilenen, die nach dem blutigen Militärputsch gegen die Linksregierung von Präsident Salvador Allende Mitte der siebziger Jahre in der DDR Asyl suchten. Die individuelle Rechtlosigkeit von Asyl suchenden Ausländern in der DDR und ihre Abhängigkeit von den außenpolitischen Interessen der SED-Führung kontrastiert scharf mit der propagandistisch vorgestellten Bedeutung dieser Menschen für die SED-Herrschaft in den DDR-Medien. Der DDR-Bevölkerung wurden diese als Freiheitskämpfer und Objekte ihrer ›Solidarität‹ präsentiert, die eine neue Lebensperspektive in der DDR gefunden hatten.[34]

In Widerspruch zum inszenierten Bild von Völkerfreundschaft und Solidarität erschienen die politischen Emigranten gegenüber der DDR-Bevölkerung durch ihren politischen Status und die erhaltenen staatlichen Zuwendungen in hohem Maße als privilegierte Abgesandte der Staatspartei. Hinzu kam, dass die politischen Emigranten ihre Pässe aus dem Herkunftsland behielten und so ein reger Reiseverkehr über Westberlin nach Westeuropa zu anderen chilenischen Emigranten einsetzte. Für die DDR-Bürger jedoch blieb ›der Westen‹ weiterhin unerreichbar. Allerdings lässt sich zeigen, dass sich im Einzelfall sowohl Distanz zum Regime und Sympathie für die Fremden als auch die entgegengesetzte Haltung »eigen-sinnig« verbinden bzw. wechselseitig verstärken konnten.[35] Die Ablehnung der ›fremden‹ politischen Emigranten fand ihre Entsprechung aber auch in der Perspektive des SED-Staates. Gerade die offensiv demonstrierte und trotz allem faktisch noch relativ große Unabhängigkeit sowie ihre politischen Aktivitäten in den eigenen Organisationen machte die Chilenen zugleich auch zu einem Sicherheitsrisiko für die Überwachungsbehörden der DDR. Noch problematischer erschien für die SED und das Ministerium für Staatssicherheit (MfS), dass aus Chile erstmals nicht nur Kommunisten als politische Emigranten in die DDR einreisten, sondern auch Vertreter der gesamten *Unidad Popular* (Volksfront). So wandelte sich die Haltung der Sicherheitsorgane der DDR gegenüber den politischen Emigranten bald grundsätzlich. Während es am Beginn noch um den Schutz der Flüchtlinge vor weiterer Verfolgung ging, galten diese zunehmend entweder als potentielle Kandidaten für die Zusammenarbeit mit dem MfS oder als potentielle Feinde.[36] Auf sinnfällige Weise berührten sich hier die Erwartungen von Staatspartei und Bevölkerung gegenüber Ausländern im Allgemeinen und den politischen Emigranten im Besonderen.

Letztlich erwarteten der SED-Staat wie die Bevölkerung, dass die Fremden nicht als Individuen in Erscheinung traten, sondern sich widerspruchslos in die Alltagswelt der DDR einfügten. In nicht wenigen Fällen zogen chilenische politische Emigranten aus dem daraus für sie resultierenden politischen wie sozialen Anpassungsdruck die Konsequenzen. Diejenigen, die nicht resignierten oder zu keinem Arrangement bereit waren, kamen staatlichen Sanktionen meist zuvor, indem sie handelten wie schon viele DDR-Bürger vor ihnen und den SED-Staat in Richtung Westen verließen.[37]

FREMDE ARBEITSKRÄFTE FÜR DEN SOZIALISMUS: DIE VERTRAGSARBEITER

Die größte Gruppe von permanent in der DDR lebenden Ausländern – abgesehen von den sowjetischen Besatzungstruppen – bildeten die so genannten Vertragsarbeiter aus Vietnam, Mosambik und Angola, Kuba, Algerien, Ungarn und anderen sozialistischen Staaten, die auf der Grundlage von geheimen Regierungsabkommen in der DDR arbeiteten.[38] Während der Zeit ihres Aufenthalts unterlagen die Vertragsarbeiter einer »staatlich verordneten Abgrenzung«. In der offiziellen Propaganda galt der Aufenthalt der ›ausländischen Werktätigen‹ im Arbeiter- und Bauernstaat als ›Arbeitskräftekooperation‹ im Rahmen der ›sozialistischen ökonomischen Integration‹: Durch ›Arbeitskräftekooperation‹ – so der amtliche Terminus – sollte das unterschiedliche Entwicklungsniveau zwischen den sozialistischen Staaten ausgeglichen werden. Der Aufenthalt in der DDR sollte die vietnamesischen ›Werktätigen‹ auf die »künftige Arbeit beim Aufbau des Sozialismus« vorbereiten und galt entsprechend als staatlicher Auftrag, dem die »Entsandten« ihre persönlichen Interessen unterzuordnen hatten.[39] Untergebracht wurden die Vertragsarbeiter grundsätzlich kollektiv in Wohnheimen des Einsatzbetriebes. Die Ausstattung – »nach dem Prinzip der strengsten Sparsamkeit« – war exakt festgelegt. Fünf Quadratmeter pro Person, maximal vier Personen pro Raum, für 50 Personen ein Klubraum. Für die DDR galten die fremden Arbeiter als Sicherheitsrisiko: »Die Gemeinschaftsunterkünfte sind so abzugrenzen, dass Ordnung und Sicherheit gewährleistet sind. Der Betrieb hat die durchgehende Einlasskontrolle zu sichern.« Die Unterbringung erfolgte nach Geschlechtern getrennt, auch Ehepartner hatten keinen Anspruch auf eine gemeinsame Wohnung. Übernachtungen von Bekannten waren nur »bei freier Bettenkapazität« für höchstens drei Nächte möglich, und um

»Jeder zehnte Student an der Hochschule für Ökonomie ›Bruno Leuschner‹ in Berlin kommt aus dem Ausland«, 6. April 1984, vgl. Kat. 27.22

»illegalen Übernachtungen« beizukommen, veranstalteten besonders vietnamesische Gruppenleiter mit den deutschen Heimleitungen nächtliche Razzien.[40]

Aufgrund der Abschottung erfuhren die DDR-Bürger nur wenig über die Vertragsarbeiter. So hielten sich viele Gerüchte, etwa über die Bezahlung in Valuta bzw. aus Solidaritätsbeiträgen der DDR-Bürger. Dem staatlichen Misstrauen und der Segregationspolitik gegen die Fremden folgte nun Misstrauen seitens der Bürger. Im Betrieb waren die Vertragsarbeiter ihren deutschen Kolleg formal gleichgestellt. Dennoch blieben deutliche Barrieren zur deutschen Belegschaft. Schon im Regierungsabkommen mit Vietnam vom 11. April 1980 und der darauf beruhenden Rahmenrichtlinie für den Vertragsarbeitereinsatz vom 1. Juli 1980 war der Einsatz in Gruppen ab 50 vorgesehen. Als die DDR 1987 zum Masseneinsatz vietnamesischer Vertragsarbeiter überging, wurden diese hauptsächlich in geschlossenen Kollektiven beschäftigt, meist in Extraschichten, mit denen die Planungsbehörden Versorgungsmängel zu beheben suchten.[41]

Die Vertragsarbeiter taten nun vornehmlich die Arbeit, für die sich kein DDR-Bürger und keine DDR-Bürgerin mehr fanden, monotone Maschinenarbeit, körperlich schwere Arbeit, Schichtarbeit. Aus Interviews mit Vertragsarbeitern geht hervor, dass auch manche/r deutsche Kollege/Kollegin oder Vorgesetzte diese Hierarchie verinnerlichte.[42] Wenn Vertragsarbeiter gegen Anweisungen, die sie als diskriminierend empfanden, protestierten, drohten ihnen Vorgesetzte mit Polizei und Zwangsrückkehr wegen Verstoßes gegen die ›sozialistische Arbeitsdisziplin‹. Da die offizielle antirassistische Ideologie dieses Problem als Konsequenz kapitalistischer Gesellschaftsordnungen und damit als alleiniges Problem der ›imperialistischen‹ Staaten, insbesondere der USA, interpretierte, war eine ernsthafte Auseinandersetzung mit rassistischen Stereotypen unmöglich. Entsprechende Vorfälle wurden in der kontrollierten Öffentlichkeit der DDR tabuisiert.[43]

Konflikte erwuchsen aber auch aus einer wirtschaftlichen Konkurrenz zwischen Vertragsarbeitern und DDR-Bürgern. Aufgrund des Wohlstandsgefälles zwischen den Herkunftsländern und der DDR trugen einige der fremden Arbeiter marktwirtschaftliche Elemente in die Betriebe und Kaufhallen. Sie sahen ihren Aufenthalt als begrenzt an, während dieser Zeit wollten sie ihre Familien nach Möglichkeit unterstützen. Wer dies Ziel verfolgte, versuchte über hohe Normerfüllung auch ein hohes Einkommen zu erzielen. Das im Vergleich bessere Warenangebot der DDR lohnte solche Anstrengungen. In Thüringen kam es aufgrund dieses Mechanismus zu Beginn der achtziger Jahre zu einem Überfall einheimischer Jugendlicher auf

Ausländische Industriearbeiter in Berlin (DDR), 1980/88, vgl. Kat. 27.6

Unterricht für Arbeiter aus Ghana im Funkwerk Berlin-Köpenick, 1976

Wettbewerbsverpflichtung für eine polnische Arbeiterin im Kombinat VEB Halbleiterwerk Frankfurt an der Oder, um 1970, vgl. Kat. 27.4

ein Wohnheim, in dem Vietnamesen lebten, die die Vertragsarbeiter – laut FDGB-Bericht – von weiterer zu hoher Normerfüllung abhalten wollten.[44]

Ein weiteres Konfliktfeld war das Konsumverhalten mancher Vertragsarbeiter: Die Reglementierungen des Lohntransfers machten es attraktiv, vom Lohn Konsumgüter zu kaufen, die im Heimatland einen hohen Wiederverkaufswert erzielen würden. Der Ankauf von Waren bestimmte schnell die Sicht des MfS und auch manches DDR-Bürgers. Sie sprachen von ›kriminellen Gruppierungen‹ und ›spekulativem‹ Handel mit Elektrogräten. Die offizielle Kritik erwartete mehr Begeisterung der Vertragsarbeiter für Sprachkurse, Fortbildung und das erstellte Sport- und Kulturprogramm. Doch eine berufliche Qualifikation ergab für die meisten Vietnamesen keinen Sinn, da sie zu Hause nur Arbeitslosigkeit erwartete. Und ihre Freizeit nutzten sie zu Besuchen untereinander oder zu lukrativer Nebentätigkeit. Gefragt waren unter den DDR-Bürgern die von Vietnamesen genähten

Stefan Moses, Facharbeiter für Textiltechnik, 1989/90

Jeans, die das Kleidungsangebot bereicherten, doch die Stasi beklagte nur das Streben nach dem »Besitz eines bestimmten Mehrgeldbetrages«.[45] Als Wertanlagen, die es in die Heimat zu schicken galt, waren Fahrräder und Mopeds begehrt. Aufgrund ihrer anderen Ernährungsgewohnheiten konkurrierten sie mit den DDR-Bürgern auch um mangelnde Lebensmittel wie Reis. Mit der Zuspitzung der Versorgungskrise in der DDR Ende der achtziger Jahre hielten die Schlagworte ›Schmuggel‹ und ›Warenabkauf‹ durch Ausländer Einzug in die gesteuerten DDR-Medien, versuchte die SED doch auf diesem Wege von ihrer verfehlten Wirtschaftspolitik abzulenken.[46]

Dennoch kam es zwischen Vertragsarbeitern und DDR-Bürger zu privaten Kontakten und Beziehungen. Aussagen über die Quantität und die Intensität dieser Kontakte sind schwer zu treffen, da bisher meist nur isolierte Berichte von Zeitzeugen vorliegen. Einzig die Arbeit von Almut Riedel zur Wahrnehmung des DDR-Aufenthalts und der Kontakte zu DDR-Bürgern durch algerische Vertragsarbeiter bildet hier eine Ausnahme.[47]

Schliefen Vertragsarbeiter außerhalb des Wohnheims, wurde dies gemeldet. Entdeckten die Behörden eine Liebesbeziehung oder wollten die Betroffenen heiraten, so entstand ein die Nerven belastendes Tauziehen. Für die Heirat benötigte das Paar das Einverständnis beider Staaten. Vietnam ging gegen Ende der achtziger Jahre dazu über, von seinen Vertragsarbeitern ein dem Qualifikationsgrad entsprechendes Lösegeld zu fordern, wenn diese in der DDR bleiben wollten. Sonst drohte ihnen die Rückführung ins Heimatland.[48]

Ein besonders heikles Thema waren Schwangerschaften: Nur polnische Frauen durften in der DDR entbinden, während sonst die Alternative von Abtreibung oder Zwangsrückkehr galt. Erst in den letzten beiden Jahren der DDR bemühten sich die DDR-Behörden um Einvernehmen mit den Schwangeren. Viele Beziehungen scheiterten an der staatlichen Willkür, manche deutsche Frau verleugnete gar den ausländischen Vater ihres Kindes, um diesem Schwierigkeiten nach der Rückkehr ins Heimatland zu ersparen.

Wenngleich dieser staatliche Druck auf binationale Beziehungen Ausdruck der generellen Politisierung eines jeden Auslandskontakts war: De facto bestätigte er bestehende rassistische Vorbehalte. Ein unbefangenes Verhältnis zu den Vertragsarbeitern zu entwickeln war unter den Verhältnissen der DDR schwer, wenn nicht unmöglich. So wurde deren Bild zunehmend von der Versorgungskrise bestimmt, die Vertragsarbeiter wurden zu Sündenböcken für die Mangel- und Misstrauensgesellschaft der späten DDR.[49]

FAZIT

Für alle Ausländergruppen in der DDR galt, dass sie im SED-Staat eine äußere wie innere Mehrdeutigkeit durch den ihnen gewährten Aufenthaltsstatus erfuhren. Dies vertrug sich schlecht mit der letztlich doch vorherrschenden nationalen Orientierung und dem eingegrenzten Lebenshorizont der DDR-Gesellschaft. Trotz der Lehre vom ›proletarischen Internationalismus‹ waren Ausländer keine gleichberechtigten Mitglieder einer transnational gedachten sozialistischen, sondern geduldete Gäste einer national definierten deutschen Gemeinschaft in der DDR. Es zeichnete sie – sowohl in ihrer Selbstdefinition als auch in der Wahrnehmung durch den SED-Staat und die DDR-Bevölkerung – eine »Mehrfachcodierung von personaler Identität«[50] aus, die sie zu einer Randgruppe in der nationalen Gemeinschaft von DDR-Deutschen machte. Die notwendige Folge waren Konflikte, in denen sich die Ausländer in einer institutionell abhängigen und somit schwachen und letztlich gefährdeten Position befanden. Damit ist die Geschichte der Ausländer in der DDR ein Beleg für die These, dass in der DDR sowohl die gesellschaftliche Stellung ›Fremder‹ als auch der Umgang der herrschenden SED mit ihnen prekär und ambivalent waren, was für eine nachfolgende demokratische Gesellschaft eine erhebliche Hypothek darstellen musste.[51]

1 Walter Ulbricht 1968 zur Begründung der neuen sozialistischen DDR-Verfassung, zitiert in: Kleßmann 1988, S. 564.
2 Dies belegen z. B. Unterdrückung und Deportation der Tschetschenen und Krimtataren während und nach dem Zweiten Weltkrieg, dazu: Baberowski 2003.
3 Vgl. Griese/Marburger 1995, bes. S. 115.
4 Groehler 1992.
5 Malycha 2000.
6 Classen 2003.
7 Vgl. Herbert 1999.
8 Vgl. Goschler 2005, S. 361–412.
9 Münkler 1998.
10 Danyel 1995.
11 Vgl. Plato 1998.
12 Zur Situation der Vertriebenen in der SBZ/DDR: Schwartz 2004.
13 Vgl. Naimark 1997.
14 Arlt 2004, S. 209.
15 Behrends 2005.
16 Müller 2005.
17 Vgl. Frevert 1998.
18 Zitiert bei Meuschel 1992, zitiert nach Reihenfolge: S. 110, S. 277f., S. 279.
19 Lüdtke 1994.
20 Langenhan 1999.
21 Zatlin 2005.
22 Grundmann/Müller-Hartmann/Schmidt 1992.
23 Henke 1992, S. 121.
24 Stach/Hussain 1991.
25 Wenn nicht anders ausgewiesen, dann stammen alle Angaben in diesem Abschnitt aus: Mac Con Uladh 2005.
26 Vgl. Runge 1990, S. 107.
27 Wiedmann 1987.
28 Vgl. Bröskamp/Jaschok/Noschak 1993, S. 83.
29 Vgl. Mampel 1997, S. 597f.
30 Vgl. Beyer 1993.
31 Poutrus 2004.
32 Plate 1989, S. 601f.
33 Poutrus 2003.
34 Stolle 2003.
35 Maurin 2003.
36 Vgl. dazu Gieseke 2000, S. 304ff.
37 Vgl. dazu Hite 2000, S. 45.
38 Einen Überblick über die Regierungsabkommen bietet: Gruner-Domić 1996.
39 Vgl. Müggenburg 1996, S. 81.
40 Marburger 1993, S. 24.
41 Vgl. Berger 1998, S. 6.
42 Vgl. Schüle 2003.
43 Vgl. Bröskamp/Jaschok/Noschak 1993, S. 57.
44 Vgl. Elsner 1994, S. 56.
45 Zitiert in Feige 1999, S. 85, S. 69.
46 Stach/Hussain 1991, S. 18f.
47 Vgl. Riedel 1994. Vgl. allgemein Krüger-Potratz 1991.
48 Vgl. Feige 1999, S. 83, S. 108–121.
49 Vgl. Kuck 2003.
50 Bronfen/Marius 1997, S. 7.
51 Behrends/Kuck/Poutrus 2001.

Migrations- und integrationspolitische Entwicklungen, Herausforderungen und Strategien in ausgewählten EU-Staaten

Steffen Angenendt

Einleitung

Die Europäische Union (EU) ist seit Jahrzehnten auch im weltweiten Vergleich ein wichtiges Zuwanderungsgebiet. Viele Migranten, die ihre Staaten in der Hoffnung auf bessere wirtschaftliche Lebensumstände verlassen haben, und zahlreiche Flüchtlinge, die aus ihren Ländern aus Furcht vor Verfolgung, Unterdrückung und Vertreibung fliehen mussten, haben hier eine neue Heimat gefunden. Allerdings waren und sind die EU-Staaten von diesen Wanderungsbewegungen in höchst unterschiedlicher Weise betroffen.[1] Ein Indikator dafür ist der Ausländeranteil[2], der im Jahr 2002 beispielsweise in Finnland zwei Prozent, in Luxemburg hingegen 38 Prozent betrug.[3] Ähnlich unterschiedlich ist auch der Anteil der EU-Bürger an der ausländischen Bevölkerung, der im Jahr 2002 in Finnland 17 Prozent, in Belgien aber 66 Prozent ausmachte. Die Gründe für diese Unterschiede sind vielfältig.

Die Staaten unterscheiden sich vor allem in Bezug auf ihre Wanderungstraditionen: Einige EU-Staaten, wie Belgien und Frankreich, haben eine lange Einwanderungstradition, die weit vor die beiden Weltkriege zurückreicht; in anderen hat sich die Struktur der heute sichtbaren Zuwanderung vornehmlich nach dem Zweiten Weltkrieg herausgebildet, beispielsweise in Großbritannien, Deutschland, Österreich und den Niederlanden. Schließlich haben die Staaten, die bis vor einigen Jahrzehnten noch Auswanderungsländer waren, wie Italien, Spanien, Portugal, Griechenland und Irland kaum mehr als ein Jahrzehnt Einwanderungserfahrung. Die Bedeutung der Zuwanderung für das betreffende Land lässt sich allerdings nicht allein mit dem Ausländeranteil erfassen. Wichtiger noch ist, wie die Zuwanderung wahrgenommen und wie mit ihr umgegangen wird. Die ›klassischen‹ Einwanderungsländer Kanada, Australien und USA akzeptieren Einwanderung als integralen Bestandteil ihrer Nationswerdung – im Gegensatz zu den EU-Staaten, wo Zuwanderung weit weniger akzeptiert wird und dies die Entwicklung einer umfassenden und nachhaltigen Migrations- und Integrationspolitik erschwert.[4]

Das Wanderungsgeschehen in den EU-Staaten ist auch deshalb so unterschiedlich, weil es sich im Zuge der bisherigen Erweiterungen und Vertiefungen der EU grundlegend gewandelt hat: Die südlichen EU-Staaten, die früher Arbeitskräfte in den Norden exportiert haben, importieren nun selbst Arbeitsmigranten aus den südlichen Mittelmeeranrainern, die mittelosteuropäischen Mitgliedstaaten, die während des Ost-West-Konflikts in der Regel nur eine strikt regulierte Migration mit anderen Staaten des sozialistischen Wirtschaftsraumes unterhielten, entsenden nun Arbeitskräfte in die ›alten‹ EU-Staaten und sind darüber hinaus zu Transit- und Aufnahmeländern für Zuwanderer aus Drittstaaten geworden. Schließlich ist das Wanderungsgeschehen auch in den Ländern, die in den vergangenen Jahrzehnten größere Zuwanderungen verzeichnet haben, wie zum Beispiel Deutschland, vielfältiger geworden.[5]

Das unterschiedliche Wanderungsgeschehen in den EU-Mitgliedstaaten hat auch zu nationalen Besonderheiten in der Migrations- und Asylpolitik geführt. Inzwischen gibt es eine große Bandbreite von migrations- und integrationspolitischen Ansätzen. Die mit dem Amsterdamer Vertrag von 1997 beschlossene Vergemeinschaftung der Visa-, Einwanderungs- und Asylpolitik hat daran wenig geändert. In einigen migrations- und asylpolitischen Bereichen hat es zwar inzwischen eine Harmonisierung gegeben, in wichtigen Bereichen wie etwa der Arbeitsmigration konnten sich die Staaten aber bislang nicht auf eine gemeinschaftliche Politik einigen.

Der vorliegende Beitrag kann und will keinen flächendeckenden migrationspolitischen Vergleich der EU-Staaten vornehmen. Es soll lediglich am Beispiel einiger ausgewählter EU-Staaten aufgezeigt werden, welche Entwicklungstendenzen das Wanderungsgeschehen in der EU derzeit aufweist, welche politischen Herausforderungen damit verbunden sind und wie die Staaten darauf reagieren. Betrachtet werden Deutschland, Frankreich, Großbritannien, die Niederlande, Spanien und die Tschechische Republik.

Das Wanderungsgeschehen im Vergleich

Die EU-Staaten weisen sowohl bei den aktuellen Zuwanderungen als auch bei der zugewanderten Bevölkerung Gemeinsamkeiten und Unterschiede auf.

Zuwanderungstrends

Insgesamt nehmen die Zuwanderungen in die EU seit 1998 wieder zu, nach einigen Jahren des Rückgangs in Folge der starken Zunahme zu Beginn der 1990er Jahre. Sie sind in der EU-15 in den Jahren von 1998 bis 2002 um 63 Prozent gestiegen, auf rund 2,5 Millionen Menschen.
In den hier betrachteten Mitgliedstaaten haben sich die Zuzüge in diesem Zeitraum unterschiedlich entwickelt. So haben sie in den Niederlanden mit sechs Prozent, in Deutschland mit neun Prozent und in Frankreich mit zwölf Prozent unterdurchschnittlich zugenommen, in Großbritannien sind sie um 46 Prozent gestiegen, in der Tschechischen Republik hingegen um 452 Prozent und in Spanien um 675 Prozent.[6] In absoluten Zahlen nahm Deutschland trotz dieses Rückgangs die meisten Zuwanderer (3 271 000) auf, gefolgt von Großbritannien (1 795 000), Spanien (1 324 000), Frankreich (678 000), den Niederlanden (432 000) und der Tschechischen Republik (74 000).

Diese Zuzüge stellen aber nur einen Teil des aktuellen Migrationgeschehens dar. Zur Erfassung der Wanderungssalden müssen auch die Fortzüge erfasst werden, was aber in vielen EU-Staaten nicht geschieht. Die vorliegenden lückenhaften Daten lassen aber zumindest vermuten, dass die Fortzüge aus der EU seit Mitte der 1990er Jahre abgenommen haben und dass auch diese in den Mitgliedstaaten unterschiedlich ausfielen.
Betrachtet man die Entwicklung der einzelnen Zuwanderungsformen in den vergangenen zehn Jahren, stellt man zunächst fest, dass die arbeitsmarktbezogene Zuwanderung in allen EU-Staaten zugenommen hat. Einige Regierungen haben versucht, den vor allem wegen des Wirtschaftsaufschwungs in der zweiten Hälfte der 1990er Jahre stark gestiegenen Bedarf an hoch qualifizierten Arbeitskräften durch Anwerbungen aus Drittstaaten zu schließen. Hierzu gehörten Deutschland, Frankreich und Großbritannien. Mit der allgemeinen Verschlechterung

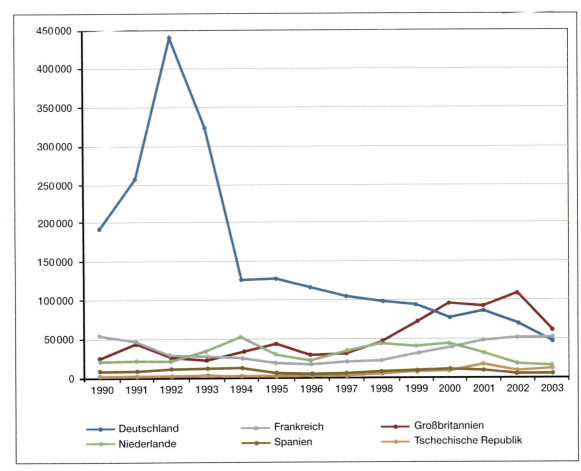

Schaubild 1
Asylanträge in ausgewählten EU-Staaten, 1990–2003 (Datenquelle: UNHCR)

der wirtschaftlichen Lage seit Ende der 1990er Jahre hat die Zuwanderung über diese Programme abgenommen. Hingegen hat die Beschäftigung temporärer ausländischer Arbeitskräfte in fast allen Ländern trotz der konjunkturellen Abschwächung stark zugenommen, insbesondere in Deutschland, Frankreich und Spanien.
Einen deutlichen Rückgang gab es bei der Zahl neuer Asylbewerber. Diese hatten zu Beginn der 1990er Jahre vor allem in Deutschland einen historischen Höchststand erreicht,[7] dann aber mit der Beendigung der Kriege im ehemaligen Jugoslawien und der Verschärfung der Asylpolitik in den EU-Staaten stark abgenommen (vgl. Schaubild 1).
Insgesamt ging in der EU-15 von 1994 bis 2003 die Zahl neuer Asylbewerber um fünf Prozent zurück, dabei allein zwischen 2001 und 2003 um über 25 Prozent. Dieser Rückgang betraf allerdings nicht alle Mitgliedstaaten in gleicher Weise. In einigen Staaten halbierte sich von 1994 bis 2003 die Flüchtlingszuwanderung (Deutschland, Niederlande, Spanien), in Großbritannien nahm sie hingegen um 40 Prozent zu, in Frankreich sogar um 97 Prozent, in der Tschechischen Republik um 850 Prozent. Das Bild verändert sich jedoch nochmals, wenn die jüngsten Entwicklungen berücksichtigt werden, die einmal mehr deutlich machen, wie stark gerade die Flüchtlingszuwanderung in Abhängigkeit von politischen Krisen und den Aufnahmemöglichkeiten in den Zufluchtsländern schwankt: Von 2003 bis 2004 nahm die Zahl neuer Asylbewerber in den Niederlanden um 27 Prozent, in Deutschland um 30 Prozent, in Großbritannien um 33 Prozent und in der Tschechischen Republik um 52 Prozent ab, stieg jedoch in Frankreich um drei Prozent an. Die Reihenfolge der Staaten, welche die größte Zahl an Flüchtlingen aufgenommen haben, hat sich entsprechend verändert: Im Jahr 2003 nahm Großbritannien die größte Zahl an Asylbewerbern in Europa auf, gefolgt von Frankreich und Deutschland.
Insgesamt sind bezüglich der Herkunft der Zuwanderer in der EU zwei Trends festzustellen: Zum einen bestehen traditionelle nationale Wanderungsmuster aufgrund von historischen Bindungen, Sprache und geographischer Nähe fort und prägen die betreffenden Zuwanderungen. Zum anderen verfestigen sich in vielen Mitgliedstaaten auch neue Netzwerke und Migrationspfade, sichtbar beispielsweise in der Zunahme von Wanderungen aus bestimmten Weltregionen: In Frankreich nahmen beispielsweise Zuwanderungen aus Asien überproportional zu, in Spanien von Rumänen, Ukrainern, Bulgaren und Litauern, in der Tschechischen Republik die Zuwanderung von Ukrainern.

DIE AUSLÄNDISCHE BEVÖLKERUNG

Betrachtet man nicht die Zuwanderungen (*inflows*), sondern die in den betreffenden Ländern lebende ausländische Bevölkerung (*stocks*), lassen sich für die EU insgesamt drei Entwicklungstendenzen feststellen:
Erstens hat in den vergangenen zehn Jahren der Umfang der ausländischen Bevölkerung beständig zugenommen, und zwar sowohl in absoluten Zahlen als auch hinsichtlich des Anteils an der Gesamtbevölkerung. Von 1993 bis 2002 ist die Zahl der in den EU-Staaten lebenden Ausländer um 20 Prozent auf etwa 20 Millionen Menschen gestiegen. In diesem Zeitraum hat sich der ausländische Anteil an der Wohnbevölkerung in Ländern mit einem ehemals niedrigen Ausländeranteil verdoppelt oder ist sogar noch stärker angewachsen, wie beispielsweise in Spanien, wo er jährlich um durchschnittlich 15,5 Prozent zugenommen hat, während er in Ländern mit einem höheren Ausländeranteil – beispielsweise in Deutschland, Frankreich und den Niederlanden – kaum gestiegen ist. In Frankreich war er sogar rückläufig, was allerdings vornehmlich auf die relativ große Zahl von Einbürgerungen zurückzuführen ist. Die Länder mit der größten ausländischen Bevölkerung waren im Jahr 2002 Deutschland mit 7,3 Millionen, Frankreich mit schätzungsweise 3,6 Millionen und Großbritannien mit rund 2,7 Millionen Ausländern. Auch der Anteil der Ausländer an der Gesamtbevölkerung unterschied sich zum Teil erheblich (vgl. Schaubild 2).
Zweitens verstetigt sich der Aufenthalt der Zuwanderer. Viele der in den 1960er und 1970er Jahren angeworbenen temporären Arbeitskräfte haben sich im Laufe der Zeit zur dauerhaften Niederlassung entschlossen und ihre Familien nachziehen lassen. Auch werden zahlreiche Asylbewerber, deren Anträge abgelehnt wurden und die damit ausreisepflichtig sind, aus humanitären Gründen faktisch als dauerhafte Zuwanderer geduldet.
Ein *dritter* Trend ist die Diversifizierung der zugewanderten Nationalitäten. Die in der EU lebende ausländische Bevölkerung stammt aus einer zunehmend großen Zahl von Ländern. Dabei zeigen sich Veränderungen der geographischen Wanderungsmuster: So ist Frankreich zwar immer noch Hauptaufnahmeland für Zuwanderer aus Afrika – im Jahr 2002 stammten schätzungsweise 45 Prozent der in Frankreich lebenden Ausländer von diesem Kontinent –, Flüchtlinge und Migranten von dort haben sich in den vergangenen zehn Jahren aber auch zunehmend in Deutschland, in den Niederlanden und in Spanien niedergelassen. Die algerische Zuwanderung

hat sich auch in den letzten Jahren fast ausschließlich auf Frankreich konzentriert, Marokkaner und Tunesier sind aber verstärkt nach Spanien ausgewandert. Dort hat sich die Zahl von Zuwanderern aus afrikanischen Staaten von 1995 bis 2002 vervierfacht – auf rund 370 000 Menschen, von denen drei Viertel marokkanischer Staatsangehörigkeit waren.

Folgende Veränderungen bei den Herkunftsländern sind derzeit zu erkennen: In Frankreich ist in den vergangenen zehn Jahren der Anteil der Portugiesen und der Algerier zurückgegangen, während der Anteil der Marokkaner um ein Drittel und derjenige der Tunesier um ein Fünftel zugenommen und sich der Anteil der Türken fast verdoppelt hat. In Spanien hat sich ebenfalls der Anteil der Marokkaner in diesem Zeitraum verfünffacht, während der von Briten, Deutschen, Franzosen und Portugiesen durchschnittlich um ein Drittel zurückgegangen ist. In Großbritannien, den Niederlanden und der Tschechischen Republik ist der allgemeine Trend der Diversifizierung der Zuwanderernationalitäten besonders gut zu beobachten: In diesen Ländern hat der Anteil der traditionell stark vertretenen Zuwanderernationalitäten abgenommen – in Großbritannien vor allem von Indern, Iren und US-Bürgern, in den Niederlanden von Marokkanern und Türken –, was durch Zuwanderungen aus einer Vielzahl von Herkunftsländern ersetzt wurde. In der Tschechischen Republik hat die Zuwanderung aus der Slowakischen Republik sowie aus anderen EU-Staaten stark zugenommen, zudem die aus Russland und aus Vietnam. Kaum Veränderungen der Zusammensetzung der ausländischen Bevölkerung hat es hingegen in Deutschland gegeben; am auffälligsten ist hier, dass der Anteil der Zuwanderer aus den ehemaligen Anwerbeländern deutlich zurückgegangen ist.

Eine Aufschlüsselung der ausländischen Bevölkerung nach EU-Regionen zeigt,[8] dass sich die Zuwanderer vornehmlich in bestimmten Regionen ansiedeln, dass aber der Grad dieser Konzentration in den EU-Staaten unterschiedlich ist. So ist in Großbritannien die Konzentration besonders ausgeprägt, in den Niederlanden besonders niedrig. Hierfür sind offensichtlich die Wirtschaftskraft der betreffenden Region, das Arbeitsangebot, grenzübergreifende Wanderungsräume sowie familiäre oder ethnische Netzwerke von Bedeutung. So zeigen die OECD-Daten beispielsweise eine starke Konzentration von Algeriern in der Pariser Region und in Südspanien sowie von Marokkanern an der spanischen Mittelmeerküste.

Zusammenfassend lässt sich – trotz der beschriebenen Unterschiede der nationalen Entwicklungen – feststellen, dass die EU-Staaten wie alle wirtschaftlich entwickelten Regionen der Welt steigende Zuwanderungen verzeichnen. Dabei nimmt der Zuzug vor allem von befristeten Arbeitsmigranten zu, der Familiennachzug bleibt auf hohem Niveau, und der Zuzug von Flüchtlingen nimmt ab. Die ausländische Bevölkerung insgesamt nimmt vor allem aufgrund ihrer demographischen Entwicklung zu, und sie stammt aus einer größeren Zahl von Herkunftsländern; die ethnische Heterogenität in den EU-Staaten nimmt also zu.

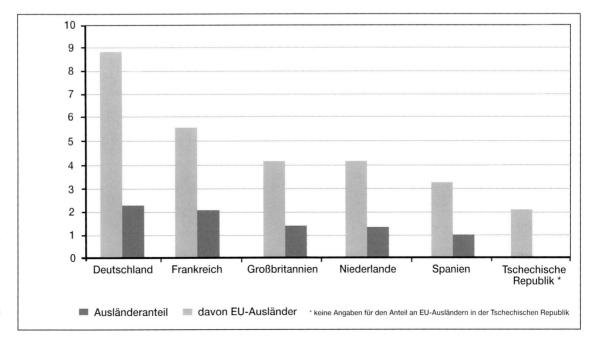

Schaubild 2
Ausländeranteil in ausgewählten EU-Staaten, 2001, in Prozent (Datenquelle: Eurostat)

MIGRATIONSPOLITISCHE HERAUSFORDERUNGEN

Welche politischen Herausforderungen sind mit dem beschriebenen Wanderungsgeschehen verbunden? Es lassen sich fünf zentrale Herausforderungen benennen: Bevölkerungsentwicklung, wirtschaftliche Konkurrenzfähigkeit, Arbeitsmärkte, Integration und innere Sicherheit.

BEVÖLKERUNGSENTWICKLUNG

Alle EU-Staaten verzeichnen seit Ende des 19. Jahrhunderts eine Bevölkerungsentwicklung, die als demographischer Wandel bezeichnet wird. Dieser besteht zum einen darin, dass die Zahl der Geburten abnimmt; in den meisten EU-Staaten liegt sie schon seit langem unterhalb der für den Bevölkerungserhalt notwendigen Größe von etwa zwei Kindern pro Frau. 1965 lag die Geburtenzahl statistisch gesehen noch bei 2,65 Geburten pro Frau, 1995 hingegen nur noch bei 1,5 Geburten pro Frau. Eine Folge ist, dass der Anteil der über 65-Jährigen an der Bevölkerung von 9,5 Prozent (1950) auf 15,5 Prozent (1995) zugenommen hat. Die langfristigen Folgen dieser Änderung des generativen Verhaltens sind dramatisch: Die geburtenschwachen Jahrgänge werden – bei gleicher Geburtenhäufigkeit – noch weniger Neugeborene pro Jahrgang als die Vorgeneration haben und damit künftig einen weiteren Einbruch bei der Geburtenzahl bewirken.

Der andere Aspekt des demographischen Wandels besteht darin, dass auch die Sterblichkeit abnimmt. Die durchschnittliche Lebenserwartung hat sich seit Ende des 19. Jahrhunderts mehr als verdoppelt und steigt immer noch an. Allein von 1950 bis 1995 ist sie durchschnittlich von 67,0 Jahre auf 76,5 Jahre gestiegen. Das Durchschnittsalter der Bevölkerung wird in den nächsten Jahrzehnten dramatisch zunehmen (vgl. Schaubild 3).

Beide Entwicklungen werden die Altersstruktur in der EU grundlegend verändern: Der Anteil jüngerer Menschen wird abnehmen, und der Anteil älterer Menschen wird zunehmen. Diese Entwicklung wird zum einen Probleme für die sozialen Sicherungssysteme aufwerfen, die auf der Annahme beruhen, dass immer eine ausreichende Zahl von Erwerbstätigen beitragspflichtige Arbeitsverhältnisse ausübt, um eine – kleinere – Zahl von Kindern und Jugendlichen und älteren Menschen zu versorgen. Dies wird aber fraglich, wenn sich – wie prognostiziert – beispielsweise bis zum Jahr 2030 der Anteil der über 60-Jährigen an der Gesamtbevölkerung verdoppeln wird. Zudem liegt in der demographischen Alterung der Bevölkerung die Gefahr, dass die Innovationsfähigkeit der Gesellschaft

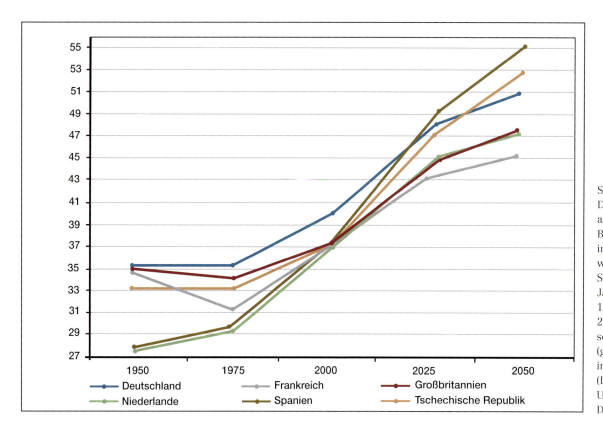

Schaubild 3 Durchschnittsalter der Bevölkerung in ausgewählten EU-Staaten in den Jahren 1950, 1975, 2000, 2025 (geschätzt), 2050 (geschätzt), in Jahren (Datenquelle: UN Population Division)

abnimmt, weil eine überalterte Bevölkerung größere Schwierigkeiten hat, dem immer schnelleren Wandel des Wissens in einer hochtechnisierten Welt zu folgen, und weil ein eher statisches, auf Besitzstandswahrung und Abwehr von Veränderungen zielendes Denken überhand nehmen kann.

Dieser demographische Wandel und seine Folgen werden durch Zuwanderung nicht verhindert werden können. Modellberechnungen der Bevölkerungsabteilung der Vereinten Nationen haben gezeigt, dass bis zum Jahr 2050 zur Bestandserhaltung der Bevölkerung in der EU eine Nettozuwanderung von 47 Millionen Menschen erforderlich wäre.[9] Auch damit würde sich aber das Verhältnis der über 65-Jährigen zu den 15- bis 64-Jährigen, also den Personen im erwerbsfähigen Alter, immer noch verdoppeln. Die Zuwanderer würden dann ein Viertel der Gesamtbevölkerung ausmachen. Um das Verhältnis der Älteren zu den Erwerbstätigen auf dem gegenwärtigen Stand zu halten, wäre sogar die Zuwanderung von 700 Millionen Ausländern nötig, was einer jährlichen Nettozuwanderung von 12,7 Millionen Ausländern entspräche. Die Bevölkerung in der EU würde dann im Jahr 2050 1,2 Milliarden Menschen betragen, von denen 80 Prozent Zuwanderer oder deren Nachkommen wären.

Es ist offensichtlich, dass die demographische Schrumpfung und Alterung der Bevölkerung durch Zuwanderung, wenn sie im politisch verträglichen Rahmen bleiben soll, nicht verhindert werden kann. Eine gezielte Zuwanderungspolitik, die für eine dauerhafte Einwanderung junger und gut qualifizierter Menschen sorgt, kann aber ein Beitrag sein, um die Folgen dieses demographischen Wandels abzumildern.

WIRTSCHAFTLICHE KONKURRENZFÄHIGKEIT

Für alle EU-Staaten ist die Globalisierung der Märkte die wichtigste wirtschaftliche Rahmenbedingung. Die Exportabhängigkeit der Länder wird künftig noch zunehmen, und die Bedeutung der technologischen Innovationsfähigkeit und generell der Forschung und Entwicklung für die internationale Konkurrenzfähigkeit der Wirtschaft wird sich weiter erhöhen. Das zur internationalen Konkurrenzfähigkeit nötige Wissen kann schon seit langem nicht mehr in der EU erzeugt werden; wie jedes moderne Wirtschaftsgebiet ist auch die EU auf den Import von Wissen aus anderen Weltgebieten und auf einen entsprechenden Austausch angewiesen.

Im Zusammenhang mit der deutschen Debatte um die so genannte *Green Card* ist deutlich geworden, wie stark die internationale Konkurrenz um Hoch- und Höchstqualifizierte, die den Wissensaustausch in besonderer Weise vorantreiben können, schon geworden ist, und dass die klassischen Einwanderungsländer mit ihrer Offenheit für Zuwanderer komparative Vorteile bei der Bemühung um solche Arbeitskräfte haben. Es ist zu erwarten, dass diese Zuwanderer nur dann in die EU-Staaten kommen werden, wenn die rechtlichen Zuwanderungshindernisse reduziert werden und wenn in den Mitgliedstaaten eine ›Aufnahmekultur‹ mit einer entsprechenden Behandlung der Zuwanderungswilligen und Zugewanderten durch die Behörden und Verwaltungen entsteht.

Wie Schaubild 4 zeigt, sind die EU-Staaten bei der Anwerbung ausländischer Studenten unterschiedlich erfolgreich. Generell verzeichnen aber alle hier betrachteten Staaten eine Zunahme ausländischer Studenten. So nahm

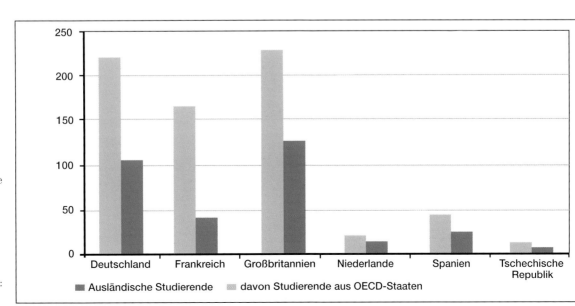

Schaubild 4
Ausländische Studierende in ausgewählten EU-Staaten, 2002, in Tausend
(Datenquelle: OECD)

von 2001 auf 2002 die Anzahl ausländischer Studierender in Großbritannien um 0,7 Prozent, in Deutschland, Frankreich, den Niederlanden und Spanien um 10–14 Prozent und in der Tschechischen Republik sogar um etwa 26 Prozent zu.
Auch Deutschland hat mit dem Zuwanderungsgesetz Anstrengungen unternommen, um sich auf diesem an Bedeutung zunehmenden internationalen Bildungsmarkt besser zu positionieren.

Arbeitsmarkt und Beschäftigung

Viele EU-Staaten weisen eine hohe strukturelle Arbeitslosigkeit auf. Es gibt aber erhebliche Unterschiede hinsichtlich der Größe und der Art der migrationsbezogenen Arbeitsmarktprobleme und der politischen Gegenstrategien. So unterscheiden sich nicht nur die Beschäftigungsraten in den EU-Staaten – bei ausländischen Männern lagen sie im Jahr 2003 zwischen 72 Prozent in den Niederlanden und 89 Prozent in Spanien, bei ausländischen Frauen zwischen 52 Prozent in Deutschland und 65 Prozent in Spanien –, sondern auch die Arbeitslosenquoten: Sie betrug 2003 für ausländische Männer beispielsweise in den Niederlanden 9,2 Prozent (Frauen 9,9 Prozent) und in Deutschland 17,9 Prozent (Frauen 14,7 Prozent).
Grundsätzlich wird sich der oben beschriebene demographische Wandel nicht nur langfristig, sondern bereits mittelfristig auf das Arbeitskräfteangebot auswirken. Im Gegensatz zu demographischen Prognosen, die auch langfristig relativ exakt sein können, weil ihre wichtigsten Faktoren heute schon abschätzbar sind, hängen Arbeitsmarktprognosen von einer Vielzahl heute noch nicht absehbarer Einflussgrößen ab. Exakte quantitative Schätzungen des mittel- und langfristigen Arbeitskräftebedarfs sind daher nicht möglich, lediglich qualitative Vorhersagen.[10] So kann man erwarten, dass bei gleichbleibender Zuwanderung das Arbeitskräfteangebot in den EU-Staaten auch mittelfristig abnehmen wird. Zudem wird die Nachfrage nach hoch qualifizierten Arbeitskräften steigen, und der Dienstleistungssektor wird weiter an Bedeutung gewinnen. Bei niedrig Qualifizierten wird es hingegen weiterhin ein großes Angebot an Arbeitskräften geben, gleichzeitig werden aber Arbeitsplätze im Niedriglohnsektor nicht besetzt werden können. Die Gründe dafür sind vielfältig und liegen unter anderem darin, dass viele Arbeitslose aufgrund fehlender Mobilität nicht am Arbeitsmarkt vermittelbar sind, dass die Beschäftigung unattraktiv ist, weil die Entlohnung nahe dem Standard der sozialen Transferleistungen liegt oder weil es sich um eine saisonale Beschäftigung handelt.
Die Politik hat angesichts dieses Zustands und der zu erwartenden Entwicklung des Arbeitsmarktes und der Beschäftigung zwei vordringliche Aufgaben: Sie muss zum einen – vor allem durch Qualifizierungsmaßnahmen – Rahmenbedingungen und Anreize dafür schaffen, dass möglichst viele Menschen wieder in Beschäftigungsverhältnisse kommen. Zum anderen muss dem drohenden Mangel an qualifizierten Arbeitskräften durch eine bessere Ausschöpfung der einheimischen Potentiale entgegengewirkt werden. Dazu muss vor allem die Frauenerwerbsquote erhöht werden, indem eine bessere Vereinbarkeit von Familie und Beruf ermöglicht wird.

Integration

In vielen europäischen Staaten wird zur Zeit intensiv über Integration diskutiert, weil sichtbar geworden ist, dass Integrationsprobleme erheblichen gesellschaftlichen Sprengstoff bergen. Integrationsdefizite von Zugewanderten werden heute schärfer als noch vor einigen Jahren wahrgenommen. Das Schulversagen jugendlicher Migranten, die hohe Arbeitslosigkeit nicht qualifizierter Zuwanderer und die im Vergleich zur Mehrheitsgesellschaft höhere Kriminalitätsbelastung bestimmter Zuwanderergruppen werden ebenso aufmerksam beobachtet wie der bei einigen Zuwanderern festzustellende Rückzug in ethnische und religiöse Gemeinschaften. Viele Menschen in den EU-Staaten sind inzwischen überzeugt, dass die Integration von Zuwanderern generell gescheitert sei – obwohl offensichtlich ist, dass sich in den vergangenen Jahrzehnten viele Zuwanderer erfolgreich integriert haben, oft auch ohne staatliche Unterstützung.
Eine nachhaltige Integrationspolitik würde voraussetzen, dass über die Ziele und einzusetzenden Mittel Konsens hergestellt würde. Diese sind in modernen Gesellschaften, die hochgradig funktional differenziert sind und es ihren Mitgliedern weitgehend selbst überlassen, in welcher Weise sie sich aktiv oder passiv an welchen gesellschaftlichen Lebensbereichen beteiligen, schwierig zu bestimmen. Die Debatte ist in keinem der hier betrachteten Staaten abgeschlossen, und es ist offensichtlich, dass sie weitaus intensiver als bislang geführt werden muss.
Im Kern geht es bei Integration um gleiche Chancen für gesellschaftliche Teilhabe.[11] Dafür sind Sprachkenntnisse, Zugang zu Bildung und Weiterbildung, Beteiligung an Wirtschaft und Arbeitsmarkt, hinreichende Wohnbedingungen und das Wohnumfeld ebenso notwendig wie eine

hinreichende rechtliche Stellung der Zuwanderer. Die Entwicklung einer strategischen Integrationspolitik würde drei Schritte erfordern: Das Wissen über Integrationserfolge und -defizite in den jeweiligen Bereichen muss vertieft werden, es muss eine Debatte über die Gewichtung dieser Aspekte in der Integrationspolitik geführt werden, und daraus müssen Programme und Maßnahmen entwickelt werden, die der zunehmenden Heterogenität der Zuwanderer angemessen sind. Denn diese sind in keinem EU-Staat eine einheitliche Gruppe, sondern bestehen längst auch aus Menschen, die sozial aufgestiegen sind und einen Platz in der betreffenden Gesellschaft gefunden haben.

INNERE SICHERHEIT

Viele EU-Bürger sind der Auffassung, dass eine umfangreiche Zuwanderung sich nachteilig auf die innere Sicherheit ihrer Länder auswirken würde und befürchten in diesem Fall eine Zunahme der Ausländerkriminalität, der Ausländerfeindlichkeit und des ausländischen Extremismus bzw. Terrorismus.

Zur Ausländerkriminalität ist zunächst festzustellen, dass zwar in allen hier betrachteten EU-Staaten der Anteil der ausländischen Tatverdächtigen über dem Anteil der Ausländer an der Wohnbevölkerung liegt. Die Statistiken müssen aber mit Vorsicht interpretiert werden, weil sie zum Teil Straftaten wie etwa Verstöße gegen das Zuwanderungsrecht enthalten, die nur von Ausländern begangen werden können. Außerdem verwischen die Statistiken in der Regel die Unterschiede zwischen Zuwanderern und Touristen, weil ein erheblicher Teil der Straftaten nicht durch Zuwanderer, sondern durch ausländische Touristen begangen wird. Dies gilt auch für die beiden Kriminalitätsbereiche mit besonders hohem Anteil ausländischer Tatverdächtiger, Menschenschmuggel und Menschenhandel, zu deren Bekämpfung die Regierungen einerseits auf eine Intensivierung der Zusammenarbeit der Mitgliedstaaten setzen, andererseits auf bilaterale Abkommen mit den Nachbar- und Herkunftsstaaten, die zum Austausch von Informationen, Forschungsergebnissen und Fachleuten sowie zu gemeinsamen Maßnahmen verpflichten.

Die Kriminalität gegen Ausländer ist ein weiterer wichtiger Bereich der inneren Sicherheit. Hier weist Deutschland im Vergleich der betrachteten Länder immer noch die höchste Zahl an Delikten auf, obwohl deren Zahl seit dem Höhepunkt der fremdenfeindlichen Gewalt in der ersten Hälfte der 1990er Jahre zurückgegangen ist. Ein Teil der Täter gehört rechtsextremistischen Gruppen an, ein anderer Teil Skinhead-Gruppen. Die Grenzen zwischen organisiertem Rechtsextremismus und politischem Rechtsradikalismus sind fließend. So wie für Skinheads und rechtsextremistische Gruppierungen Fremdenhass der wichtigste Rekrutierungs- und Mobilisierungsfaktor ist, benutzen die rechtsradikalen Parteien die ›Überfremdung‹ als Ansatzpunkt für politische Kampagnen und Agitation – nicht nur in vielen EU-Staaten, sondern zunehmend auch in den mittel- und osteuropäischen Ländern.

Rechtsextreme Parteien und Gruppierungen stellen aufgrund ihrer geringen Mitgliederzahl in den meisten Mitgliedstaaten nach Auffassung der Sicherheitsbehörden keine direkte Gefahr für die innere Sicherheit dar. Neben der Verunsicherung und Bedrohung der zugewanderten Bevölkerung üben sie aber einen nicht zu unterschätzenden Einfluss auf die Themensetzung der anderen Parteien aus, indem auch diese aus Angst vor Wählerverlusten die Zuwanderungsproblematik zum Thema machen.

Der dritte Aspekt von Zuwanderung und innerer Sicherheit ist der politische Extremismus von Ausländern bzw. der Terrorismus. Einige EU-Staaten, insbesondere Frankreich und Spanien, waren in den vergangenen Jahrzehnten bereits häufiger Ort extremistischer Gewalttaten, die durchaus nicht nur islamistische Hintergründe hatten. Seit den Anschlägen auf die USA steht diese Form des Terrorismus aber im Mittelpunkt, weil die Kombination aus dem eingeplanten Tod der Attentäter, religiös-fundamentalistischen Motiven, einer grenzübergreifenden Planung und Ausführung und einem möglichen Einsatz von Massenvernichtungswaffen ein besonderes Gefährdungspotential darstellt.[12] Nicht nur in den USA, sondern auch in den EU-Staaten wird nach den Zusammenhängen zwischen Terrorismus und Zuwanderung gefragt; beispielsweise, ob es Verbindungen zwischen Terroristen und radikalen muslimischen Organisationen gibt oder ob terroristische Organisationen versuchen, Attentäter oder Unterstützer in den betreffenden Ländern zu rekrutieren. Die Regierungen der EU-Staaten haben jedenfalls in Reaktion auf die Anschläge umgehend vermutliche Sicherheitslücken identifiziert und Sicherheitsgesetze erlassen, welche zum Teil deutliche Verschärfungen der innerstaatlichen Personenkontrollen im öffentlichen Raum erlauben. Zudem haben sie sich bemüht, die europäische Zusammenarbeit zu verbessern, insbesondere durch eine engere Zusammenarbeit der EU-Einrichtungen in der Terrorismusbekämpfung, durch neue Strukturen und Mechanismen wie regelmäßige Konsultationen der Nachrichtendienste und durch eine gemeinsame Kontrolle der Außengrenzen.

Viele dieser Vorschläge wurden bereits vor dem 11. September diskutiert, waren aber regelmäßig bei einigen EU-Mitgliedstaaten auf Vorbehalte gestoßen, vor allem wegen der unterschiedlichen Datenschutzregelungen, polizeilichen Praktiken und Strafrechtssysteme.[13] Die in ungewöhnlich kurzer Zeit und ohne nennenswerte parlamentarische Debatte vollzogenen Maßnahmen wurden vor allem wegen einer ungenügenden Abwägung zwischen Sicherheitserfordernissen und individuellen Freiheitsrechten kritisiert.[14]

Die EU-Staaten, die größere muslimische Einwanderergruppen haben, werden versuchen müssen, diejenigen Muslime, die mit friedlichen Mitteln für ihre Überzeugungen werben, in die Auseinandersetzung mit dem Terrorismus einzubeziehen.

Migrations- und integrationspolitische Ansätze in den EU-Staaten

Migrationspolitik

Wie oben dargestellt, haben die EU-Länder in den vergangenen Jahrzehnten unterschiedliche Erfahrungen mit der Steuerung der Zuwanderung von Arbeitsmigranten, Familienangehörigen und Flüchtlingen sowie von anderen aus humanitären Gründen Zuwandernden gemacht. Manche Länder haben hoch regulierte Arbeitsmärkte, andere Länder lassen den Marktkräften mehr Spielraum. Hier können Deutschland und Spanien als gegensätzliche Beispiele dienen. Unterschiede gibt es gerade auch in Hinblick auf die Steuerung der humanitären Zuwanderung, die durch nationale Traditionen der Asylgewährung oder besondere historische Verpflichtungen beeinflusst wird. Solche bestehen beispielsweise in Frankreich, Großbritannien und den Niederlanden gegenüber den früheren Kolonien, die zum Teil auch heute noch privilegierte Zuwanderungsmöglichkeiten haben, sie gelten aber auch für ethnische Deutsche in der ehemaligen Sowjetunion.

Mit welcher Zielsetzung und mit welchen Instrumenten haben also die hier betrachteten Staaten die Zuwanderungen gesteuert?

Häufig werden die Staaten danach unterschieden, ob sie sich als Einwanderungsländer verstehen oder nicht. Zu den Einwanderungsländern gehören, wenn man die regierungsoffiziellen Selbstdarstellungen als Kriterium nimmt, Frankreich, Großbritannien und die Niederlande. Die Regierungen Deutschlands, Spaniens und der Tschechischen Republik haben hingegen bislang bestritten, Einwanderungsländer zu sein. In jüngster Zeit allerdings hat in Deutschland ein Wandel eingesetzt; in dem seit Januar 2005 gültigen neuen Zuwanderungsgesetz ist erstmals davon die Rede, dass Deutschland Zuwanderung steuere und gestalte, also Funktionen erfüllt, die Einwanderungsländer kennzeichnen.

Die Frage ist allerdings, welche praktische Relevanz solche Selbstzuschreibungen haben und ob sie sich in der Offenheit eines Landes für Zuwanderung und in der Verfolgung einer entsprechenden Zuwanderungspolitik niederschlagen. Sowohl für restriktive Elemente in der Zuwanderungspolitik von sich selbst so bezeichnenden ›Einwanderungsländern‹ als auch für eine gewisse Offenheit für dauerhafte Zuwanderung in den ›Nicht-Einwanderungsländern‹ lassen sich in den hier betrachteten Ländern Beispiele finden. Auch wenn zu vermuten ist, dass sich das regierungsoffiziell vertretene Selbstverständnis eines Landes sowohl auf das Verwaltungshandeln als auch auf die Einstellungen der Öffentlichkeit gegenüber der Zuwanderung auswirkt, ist offensichtlich, dass die Zuwanderungspolitik noch von einer Vielzahl anderer Faktoren beeinflusst wird. Dazu zählen vor allem rechtliche und völkerrechtliche Bindungen, wie das Recht auf Familienzusammenführung oder der völkerrechtliche Flüchtlingsschutz. Diese binden auch dann nationales Recht und nationale Politik, wenn ein Land sich nicht als Einwanderungsland bezeichnet. Gleichwohl zeigen empirische Studien, dass sich die rechtlichen Rahmenbedingungen für die Integration von Zuwanderern in verschiedenen Lebensbereichen in den untersuchten europäischen Ländern voneinander unterscheiden. Eine kürzlich veröffentlichte Studie des *British Council Brussels*, des *Foreign Policy Centre* und der *Migration Policy Group*[15] veranschaulicht, dass beispielsweise die rechtlichen Hürden der Arbeitsmarktintegration in Deutschland höher sind als in den anderen vier betrachteten Staaten, dass jedoch der Familiennachzug erleichtert ist. Die rechtlichen Voraussetzungen für die nachhaltige Integration von Zuwanderern unterscheiden sich also von Land zu Land (vgl. Schaubild 5).

Eine grundlegende Frage der Migrationspolitik lautet in diesem Zusammenhang, ob Obergrenzen für Zuwanderung festgelegt werden sollen. Das ist in den klassischen Einwanderungsländern üblich, und zwar sowohl als Gesamtquote wie auch als Teilquote für bestimmte Zuwanderungen. Diese Obergrenzen beruhen auf einer regelmäßigen Beobachtung der Zuwanderung und werden häufig in Abstimmung mit Vertretern der Wirtschaft und anderen staatlichen und nicht staatlichen Akteuren festgelegt. In den hier betrachteten Ländern werden solche Obergrenzen jeweils nur für einzelne Zuwanderungen bestimmt. In Deutschland wird beispielsweise seit einigen Jahren eine jährliche Höchstzahl für Spätaussiedler, jüdische Kontingentflüchtlinge und temporäre Arbeitskräfte festgelegt. Auch die im Jahr 2000 zur Anwerbung von Fachkräften der Informations- und Kommunikationstechnik eingeführte *Green-Card*-Regelung sah Obergrenzen vor. Ähnliches gilt für Frankreich, Großbritannien und Spanien.

Familiennachzug

Der Familiennachzug ist für alle hier betrachteten Länder ein wichtiger Bereich der Zuwanderungssteuerung, in den meisten Ländern stellt er die umfangreichste legale Zuwanderung dar. Alle Länder versuchen, diese Zuwanderung zu begrenzen. Sie müssen aber schwierige Zielabwägungen treffen, insbesondere zwischen dem auch integrationspolitisch erwünschten und notwendigen Schutz der Familie, die eine wichtige Rolle im Integrationsprozess spielt, und der Begrenzung dieser Zuwanderung. Auch hierbei ist die Souveränität der Staaten durch Vorgaben des nationalen, europäischen und internationalen Rechts eingeschränkt. Die Instrumente, zu denen die Mitgliedstaaten greifen, sind vielfältig: die Festlegung eines Mindestalters für den Nachzug, die Bestimmung einer Wartezeit vor der Zuwanderung oder die Definition von Mindestanforderungen an die materiellen Lebensverhältnisse desjenigen, der seine Familie nachziehen lassen will. In Frankreich, wo der Familiennachzug derzeit fast 75 Prozent der gesamten legalen Zuwanderungen ausmacht, bemüht sich die Regierung seit einigen Jahren verstärkt darum, den Nachzug vom Integrationsgrad der in Frankreich lebenden Familienangehörigen abhängig zu machen. Dazu hat sie verfügt, dass nachgezogene Familienangehörige nicht mehr automatisch einen dauerhaften Aufenthaltstitel erhalten, sondern nur noch dann, wenn sie eine erfolgreiche Integration nachweisen können. Eine Beurteilung dieser Regelungen steht noch aus.

Die deutschen Regierungen haben zur Steuerung des – für einzelne Zuwanderergruppen unterschiedlich geregelten – Familiennachzugs in den vergangenen Jahren mehrfach die Obergrenzen des Nachzugsalters verändert. Das zentrale Argument war, dass die Integration der nachziehenden Kinder leichter falle, je jünger sie seien. Bei den Verhandlungen über die EU-Richtlinie zur Familienzusammenführung vom September 2003, die ursprünglich vorsah, allen minderjährigen Kindern ein Zusammenleben mit den Eltern zu ermöglichen und die möglicherweise zu einer Ausweitung des Familiennachzugs geführt hätte, setzte die Bundesregierung durch, dass die Mitgliedstaaten den Nachzug von über 12-jährigen Kindern, die nicht im Familienverband einreisen, einschränken können.

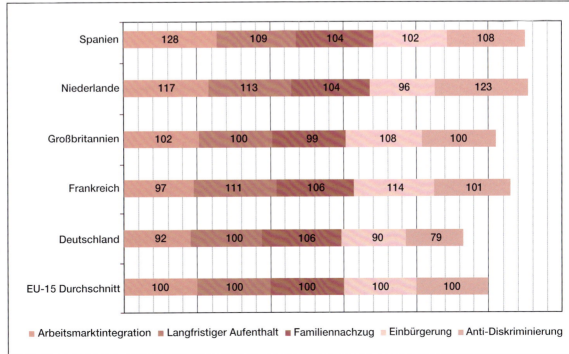

Schaubild 5
Stärken und Schwächen der rechtlichen Integrationsbedingungen in bestimmten Lebensbereichen in ausgewählten EU-Staaten (100 = EU-15-Durchschnitt) (Datenquelle: British Council)

Humanitäre Zuwanderung

Die klassischen Einwanderungsländer legen auch Obergrenzen für die humanitäre Zuwanderung fest. Die Regierungen der hier betrachteten Staaten haben dies zumindest für Asylbewerber bislang zurückgewiesen. Sie haben allerdings andere Instrumente und Verfahren entwickelt, um potentiellen Asylbewerbern die Einreise zu erschweren. Hierzu wurden auf bilateraler und auf EU-Ebene Konzepte wie die der »sicheren Drittstaaten« und »sicheren Herkunftsstaaten« sowie besondere Verfahren für die Einreise über die Flughäfen entwickelt. Diese Maßnahmen waren zum Teil äußerst wirkungsvoll. Allein in Deutschland, das zu Beginn der 1990er Jahre den größten Teil der in der EU um Asyl nachsuchenden Flüchtlinge aufgenommen hatte, haben sie – vor dem Hintergrund der Beendigung der Kriege im ehemaligen Jugoslawien und anderer Konflikte, die für die starke Flüchtlingszuwanderung ursächlich waren – dazu beigetragen, dass die Zahl der Asylanträge von 438 000 im Jahr 1992 auf 40 000 im Jahr 2004 zurückgegangen ist. Da diese Steuerungsinstrumente Teil der gemeinschaftlichen asylpolitischen Regelungen der EU geworden sind, bestehen inzwischen nur noch stark eingeschränkte legale Möglichkeiten, in einen EU-Staat einzureisen, um dort einen Asylantrag zu stellen. Kritiker bezeichnen das als faktische Aushöhlung des Asylrechts.

In jüngster Zeit wurden in einigen EU-Staaten, unter anderem in Großbritannien und in Deutschland, Überlegungen angestellt, ob Flüchtlinge nicht die Möglichkeit erhalten sollten, bereits außerhalb der EU einen Asylantrag für ihr Zielland zu stellen, beispielsweise in Aufnahmeeinrichtungen in Afrika. Auch hiergegen wurden zahlreiche rechtliche, politische und humanitäre Bedenken geäußert, nicht nur von anderen EU-Staaten, sondern auch von Seiten des UN-Hochkommissars für Flüchtlinge (UNHCR).

Arbeitsmigration

Die Steuerung der Arbeitsmigration ist für alle hier betrachteten Staaten eine zentrale migrationspolitische Herausforderung, da hier oftmals widerstreitende volkswirtschaftliche, arbeitsmarktpolitische und andere politische Interessen zur Deckung gebracht werden müssen. Von Bedeutung ist dabei nicht nur die Anwerbung von qualifizierten und hoch qualifizierten Arbeitskräften, sondern auch diejenige von gering qualifizierten Arbeitskräften. Während die Anwerbung der *High Potentials* in der Öffentlichkeit in der Regel keinen besonderen Widerstand findet, weil ihre wirtschaftliche Notwendigkeit offensichtlich ist, ist die Zuwanderung gering Qualifizierter umstritten, weil es in den meisten EU-Staaten eine strukturelle Arbeitslosigkeit in diesem Arbeitsmarktbereich gibt. Die Regierungen sind hier in einer schwierigen Lage: Sie müssen den oft nachdrücklich vorgetragenen Wünschen beispielsweise der Agrarwirtschaft entsprechen, die Erntearbeiter braucht, diesen Bedarf aber nicht aus dem inländischen Arbeitsangebot decken kann. Andererseits müssen die Regierungen die Sorge der Wählerschaft um zusätzliche Konkurrenz auf dem Arbeitsmarkt berücksichtigen. Dies mag ein Grund sein, warum die Regierungen – wie beispielsweise die deutsche – zwar häufig in großer Zahl befristete Arbeitserlaubnisse erteilen, sich aber davor scheuen, die angewendeten Verfahren transparent zu gestalten. Eine weitere Strategie, zu der beispielsweise Frankreich und Spanien in den vergangenen Jahrzehnten mehrfach gegriffen haben, ist die nachträgliche Legalisierung irregulärer Zuwanderer, die oft dringend benötigt werden, um Arbeitsmarktlücken zu schließen (vgl. Tabelle 1).[16]

Ein grundlegendes Problem aller Regierungen ist, den Arbeitskräftebedarf zu ermitteln. Die Einwanderungsländer beziehen hierbei in regulierten Verfahren Arbeitgeber, Gewerkschaften und andere relevante Akteure ein, um die Zuwanderung auf die Anforderungen des Arbeitsmarktes abstimmen zu können. In Spanien legen paritätisch besetzte Gremien regelmäßig für einzelne Wirtschaftsbereiche und Regionen Höchstzahlen für Saisonarbeiter und andere Arbeitsmigranten fest.[17]

Zur Steuerung der dauerhaften Einwanderung von qualifizierten Zuwanderern wenden die klassischen Einwanderungsländer schon seit langem Punkteverfahren an. In Deutschland wurde deren Einführung im Zusammenhang mit dem Zuwanderungsgesetz diskutiert, dann aber wegen des Widerstands der CDU/CSU-Opposition nicht realisiert.

In Großbritannien und in der Tschechischen Republik werden solche Verfahren hingegen bereits angewendet – in Großbritannien seit 2002 im Zuge des *Highly Skilled Migrant Programme*,[18] in der Tschechischen Republik seit 2003 als Pilotprojekt mit einer Laufzeit von vier Jahren. Die Ausgestaltung der Verfahren ist unterschiedlich, die Grundidee besteht aber darin, einem potentiellen Zuwanderer Punkte zu verleihen, beispielsweise für seine Qualifikation, Berufserfahrung, Sprachkenntnisse oder Integrationsfähigkeit, und seine Zuwanderung davon abhängig zu machen, ob er eine Mindestpunktzahl erreicht hat. Die Kriterien des Punktesystems müssen regelmäßig überprüft und neu gewichtet werden, um das Auswahl-

Tabelle 1
Regularisierungsprogramme in Spanien, 1991–2001, nach Staatsangehörigkeit, in tausend Personen (Datenquelle: OECD)

1991		1996		2000		2001	
Marokko	49,2	Marokko	7,0	Marokko	45,2	Ecuador	52,3
Argentinien	7,5	Peru	1,9	Ecuador	20,2	Kolumbien	40,8
Peru	5,7	China	1,4	Kolumbien	12,5	Marokko	31,7
Dominikan. Republik	5,5	Argentinien	1,3	China	8,8	Rumänien	20,4
China	4,2	Polen	1,1	Pakistan	7,3		
Polen	3,3	Dominikan. Republik	0,8	Rumänien	6,9		
Andere	34,7	Andere	7,8	Andere	63,1	Andere	89,4
Gesamt	110,1	Gesamt	21,3	Gesamt	163,9	Gesamt	234,6

verfahren an die Arbeitsmarktwicklung anzupassen. In der Tschechischen Republik werden mit diesem Verfahren vor allem Facharbeitskräfte aus Bulgarien, Kroatien und Kasachstan angeworben, die nach Qualifikationen, Sprachkenntnissen, Berufserfahrung, Lebensalter und Integrationsfähigkeit bewertet werden.[19] Die Arbeitserlaubnis wird nach Prüfung der lokalen Arbeitsmarktverhältnisse zunächst für ein Jahr erteilt, und zwar für einen bestimmten Arbeitsplatz. Nach 30 Monaten kann der Zuwanderer eine dauerhafte Aufenthalts- und Arbeitserlaubnis erhalten.

Grundsätzlich ist es für eine strategisch ausgerichtete Steuerung der Arbeitsmigration notwendig, verschiedene Instrumente und Verfahren aufeinander abzustimmen. Großbritannien hat dies in den vergangenen Jahren angestrebt, indem die bestehenden Verfahren zur Zulassung ausländischer Arbeitskräfte kombiniert und erweitert wurden. So wurde unter anderem die Einstellung ausländischer Hochschulabsolventen erleichtert, und es wurden neue Regelungen für ›Spezialisten‹ mit mindestens dreijähriger Arbeitserfahrung in bestimmten Tätigkeiten erlassen. Zudem wurde die Arbeitsmarktprüfung für bestimmte Mangelberufe – beispielsweise Lehrer und Pflegekräfte –, ausgesetzt, und es wurden für Teilarbeitsmärkte mit einem besonderen Bedarf an gering qualifizierten Arbeitskräften, wie etwa die Gastronomie und die Nahrungsmittelindustrie, Kontingente für befristete Zuwanderungen eingeführt.

INTEGRATIONSPOLITIK

Lange Zeit konnte die in den EU-Staaten verfolgte Integrationspolitik bestimmten Mustern oder Modellen zugeordnet werden:[20]
– In Deutschland – in jüngerer Zeit auch in Spanien – wurden die Zuwanderer vornehmlich als Gastarbeiter gesehen, also als lediglich befristet anwesende Arbeitskräfte, die deshalb auch keine besonderen Integrationshilfen benötigten (›Gastarbeitermodell‹);
– in Großbritannien und in den Niederlanden herrschte die Vorstellung, dass es sich bei den Zuwanderern um Einwanderer handelt, die spezifische religiöse, ethnische und kulturelle Eigenschaften haben, sich nur langsam integrieren und dabei viele Aspekte ihrer kulturellen Identität behalten (›multikulturelles Modell‹);
– in Frankreich dominierte das Bild des Zuwanderers als eines Individuums, das durch einen Vertrag mit dem Staat verbunden und unter der Bedingung willkommen ist, dass er die französische Kultur und Sprache erlernt und als dominante Kultur akzeptiert.

Inzwischen muß man mit solchen Zuordnungen vorsichtiger sein. Zum einen machen vergleichende Untersuchungen zu den Lebensbedingungen von Zuwanderern in den EU-Staaten deutlich, dass sich die Lebensumstände hinsichtlich der Arbeitssituation, des Bildungsstandes oder der Wohnbedingungen in den verschiedenen EU-Staaten nicht mehr so signifikant voneinander unterscheiden, dass solche Kategorisierungen zu rechtfertigen wären.[21] Zum anderen gibt es in den hier betrachteten Staaten inzwischen entweder eine Richtungsänderung in der Integrationspolitik oder zumindest eine Debatte über notwendige Änderungen, und beides zeigt, dass es grundlegende Zweifel an der bisher offiziell verfolgten Integrationspolitik gibt.[22]

In den Niederlanden wurde bereits frühzeitig – mit dem Regierungswechsel von 1994 und vor dem Hintergrund steigender Zuwandererzahlen, einer wachsenden Arbeitslosigkeit bei Zuwanderern und einer zunehmenden Unsicherheit, wie mit der kulturellen Verschiedenheit und Eigenständigkeit der Zuwanderer umzugehen sei – eine

Wende weg von der Politik des Minderheitenschutzes und des Multikulturalismus hin zu einer Integrationspolitik vollzogen.[23] Neuzuwanderer aus Drittstaaten wurden verpflichtet, neben einem 500-stündigen Sprachkurs auch einen 100-stündigen Kurs über Politik und Gesellschaft der Niederlande zu absolvieren.

Ein ähnlicher Politikwechsel wurde in den letzten Jahren auch in Großbritannien, in Frankreich und – mit dem Zuwanderungsgesetz – ab 2005 auch in Deutschland vollzogen. Insgesamt ist also eine Konvergenz der integrationspolitischen Konzepte und Vorstellungen zu beobachten, eine Entwicklung, zu der die Europäische Kommission mit ihren Überlegungen zur Integration von Drittstaatlern einen wichtigen Beitrag geliefert hat.[24]

Betrachtet man die nationale Integrationspolitik, stellt man zwei aktuelle Schwerpunkte fest: Zum einen wird – unter anderem in den Niederlanden – diskutiert, ob Neuzuwanderer bereits vor ihrer Einreise Kenntnisse der Sprache des Aufnahmelandes erwerben sollen. Zum anderen wird die grundsätzliche Frage gestellt, welche Ziele mit den Integrationskursen erreicht werden sollen, wie überprüft werden soll, ob die Ziele erreicht worden sind und ob bzw. welche Sanktionen mit einer Nicht-Teilnahme oder einer nicht erfolgreichen Teilnahme verbunden werden sollen. Als Ziel des 600-stündigen Sprachkurses hat Deutschland beispielsweise das Erreichen des Sprachniveaus B1 des Europäischen Referenzrahmens für Sprachen[25] festgelegt.[26] Unklar ist aber, ob das angesichts der Heterogenität der Zuwanderer mit den zur Verfügung stehenden Finanzmitteln für die Sprachkurse in Höhe von 2,05 Euro pro Teilnehmer und Unterrichtsstunde erreicht werden kann. Unterschiede zwischen den EU-Staaten gibt es auch hinsichtlich der Evaluierung der Kurse, wobei aber zumindest für Frankreich und Großbritannien festzustellen ist, dass dort weniger das Lernergebnis als der Lernfortschritt bewertet werden soll.

Bei all diesen Debatten besteht die Gefahr eines zu mechanistischen Integrationsverständnisses. Eine zentrale und bislang nirgendwo hinreichend beantwortete integrationspolitische Frage lautet, wie die Integrationskurse mit anderen Maßnahmen, vor allem für die Integration in die Arbeitsmärkte, verbunden werden können.

Fazit

Der Überblick über die Zuwanderungssituation und die Migrations- und Integrationspolitik in den hier betrachteten Staaten zeigt, wie groß die Unterschiede hinsichtlich des Umfangs und der Struktur des Wanderungsgeschehens und wie spezifisch die daraus folgenden migrations- und integrationspolitischen Herausforderungen sind und wie unterschiedlich die Staaten darauf reagiert haben. Andererseits ist aber auch zu erkennen, wie stark die Kräfte sind, die auf eine Konvergenz der migrationsbezogenen Probleme und Steuerungsinstrumente drängen. Vor allem die wirtschaftliche Globalisierung, die zunehmende Regelungsdichte des Völkerrechts und die Erweiterung und Vertiefung der EU werden die Angleichung der nationalen Spezifika weiter vorantreiben.

Für die EU-Staaten bedeutet dies, bei der Entwicklung der nationalen Politik – denn diese muss jeder Vergemeinschaftung im EU-Rahmen vorausgehen – viel stärker als bisher Erfolge und Misserfolge anderer Staaten bei der Zuwanderungssteuerung und der Integrationsgestaltung zu berücksichtigen. Im Grunde geht es bei der Migrations- und Integrationspolitik um die zentrale Zukunftsfrage, wie die Staaten künftig mit der wachsenden ethnischen und kulturellen Vielfalt auf ihrem Territorium umgehen wollen. Diese Frage ist bislang aber in keinem der hier betrachteten Länder hinreichend diskutiert worden, und es ist offensichtlich, dass dies im Austausch der EU-Staaten untereinander und mit den neuen Nachbarn im Osten und Süden der EU geschehen muss. Dazu kann die EU-Kommission einen wichtigen Beitrag leisten, wie sie mit ihren jüngsten integrationspolitischen Projekten, insbesondere dem im Jahr 2004 erstmals veröffentlichten *Handbook on Integration* und der die Zivilgesellschaft einbindenden Suche nach *best practices* der Integrationsgestaltung gezeigt hat.[27]

Ich danke Silvie Frnkova für die Unterstützung bei der Sammlung und Auswertung des Ländermaterials und Svea Rochow für die Erstellung der Schaubilder.

1 Vgl. Angenendt 1999; zur Übersicht in Form eines Länderalmanachs s. a. Gieler 2003.
2 In den meisten Ländern wird in den offiziellen Statistiken bislang nur der Anteil der Personen mit ausländischer Staatsangehörigkeit ausgewiesen, nicht aber – wie in den traditionellen Einwanderungsländern Australien, Kanada und den USA – der Anteil der im Ausland Geborenen, der naturgemäß höher liegt, da er eingebürgerte Zuwanderer einschließt. Einige Länder, beispielsweise die Niederlande, verwenden noch weiter reichende Konzepte und weisen in einigen Statistiken auch die Zahl derjenigen, deren Eltern im Ausland geboren wurden, aus. Für eine vergleichende Erfassung der Bevölkerung mit Migrationshintergrund reichen die zur Verfügung stehenden Statistiken jedenfalls nicht aus. Vgl. dazu OECD, *SOPEMI. Trends in International Migration. Annual Report 2004*, Paris 2005, S. 118–121, S. 322. Alle im Folgenden genannten Zahlen stammen – falls nicht anders vermerkt – aus diesem Bericht.
3 Die derzeit aktuellsten Vergleichsdaten liegen für das Jahr 2002 vor. – Mit der EU-Erweiterung von 2004 sind diese Unterschiede noch größer geworden: In Polen betrug der Ausländeranteil im Jahr 2002 0,1 Prozent, in der Slowakischen Republik 0,5 Prozent, in Ungarn 1,1 Prozent.
4 Vgl. Rinus Penninx, *Integration Policies for Europe's Immigrants: Performance, Conditions and Challenges*, Gutachten für den Sachverständigenrat Zuwanderung und Integration, Berlin 2004 <http://www.bamf.de/template/zuwanderungsrat/expertisen/expertise_penninx.pdf>.
5 Vgl. zur Übersicht über die Entwicklung der Ost-West-Wanderungen: Fassmann/Münz 2000.
6 Der starke Anstieg in der Tschechischen Republik ist z. T. auf Umstellungen der Statistik zurückzuführen, derjenige in Spanien ist z. T. Ergebnis der in diesem Zeitraum durchgeführten Legalisierungsaktionen.
7 Vgl. zur damaligen Entwicklung der Zuwanderungen in Deutschland und zu den politischen Reaktionen darauf: Angenendt 1997, S. 91–119.
8 Vgl. OECD, *SOPEMI-Report 2003*, Paris 2004, S. 89–113.
9 Vgl. hierzu die Modellrechnungen der UN-Bevölkerungsabteilung: Population Division, Department of Economic and Social Affairs, UN Secretariat, Replacement Migration: Is It a Solution to Declining and Ageing Populations?, New York 2000 <http://www.un.org/esa/population>.
10 Vgl. Sachverständigenrat für Zuwanderung und Integration, *Migration und Integration – Erfahrungen nutzen, Neues wagen*, Berlin 2004 (Jahresgutachten 2004 des Sachverständigenrates) <http://www.zuwanderungsrat.de>.
11 Vgl. hierzu auch die Überlegungen des Zuwanderungsrates (s. Anm. 10), S. 19–25.
12 Vgl. hierzu auch Angenendt 2004.
13 Vgl. Monar 2002.
14 Vgl. u. a. Chalk 2000.
15 Vgl. British Council Brussels, *European Civic Citizenship and Inclusion Index*, Brüssel 2005.
16 Vgl. hierzu die immer noch grundlegende Darstellung in OECD, *SOPEMI-Report 1999*, Paris 1999, S. 226–251.
17 Vgl. Ortega Pérez 2003 und Zapata-Barrero 2003.
18 Vgl. hier auch Baldaccini 2003.
19 Vgl. Barsa 2004; Horakova 2004.
20 Vgl. Hans Entzinger, *Die Integration islamischer Migranten in europäischen Ländern: die Niederlande, Deutschland, Großbritannien, Frankreich und Spanien* (unveröffentl. Manuskript, Vortrag beim Journalisten-Seminar »Integrationsmodelle für muslimische Bevölkerungsgruppen in Europa – ein Vergleich«, 14.–15.5.2002, Presse- und Informationsamt der Bundesregierung, Berlin).
21 Vgl. z. B. Liebaut 2000.
22 Vgl. auch Felk 2003.
23 Vgl. Entzinger 2002 und Ministerie van Binnenlandse Zaken en Koninkrijksrelaties, *Integration from the Perspective of Immigration*, Den Haag 2002.
24 Vgl. Europäische Kommission, *Mitteilung über Einwanderung, Integration und Beschäftigung*, Brüssel 2003 (KOM (2003) 336 endg.).
25 Council of Europe, *A Common European Framework of Reference for Languages*, Straßburg 2002.
26 Vgl. Bundesamt für Migration und Flüchtlinge, *Konzept für einen bundesweiten Integrationskurs*, Nürnberg 2005.
27 Vgl. European Commission, *Handbook on Integration*, Brüssel 2004.

Ausgewählte Exponate
Im historischen Kontext

Die Weseler Prunkpokale (›Geusenbecher‹) der Flamen und Wallonen

Gilles Sibricht (eingeschrieben Köln 1542–1598 Frankfurt a. M.)
Wesel, 1578
Silber, gegossen, getrieben, vergoldet, graviert, H 58,5, Dm Kuppa 15,5
Wesel, Städtisches Museum Wesel, SMW 85/426
Kat. 1.8

Der Kölner Goldschmied Gilles Sibricht fertigte diese reich verzierten, im Renaissance-Stil gearbeiteten Deckelpokale im Auftrag niederländischer Glaubensflüchtlinge an. Diese hatten im niederrheinischen Wesel, der größten Stadt innerhalb der Vereinigten Herzogtümer Kleve-Jülich-Berg, eine neue Heimat gefunden.

Am 24. Februar 1578 überreichten die Vertreter der flämisch-niederländischen und der wallonischen Gemeinde dem Rat der Stadt Wesel die beiden Pokale. Mit ihnen drückten die in den katholischen Spanischen Niederlanden verfolgten Protestanten ihren Dank für die Aufnahme in die Stadt aus.

Die Prunkpokale wurden auch ›Geusenbecher‹ genannt. Das Wort ›Geusen‹, das sich von dem französischen Wort *gueux* für ›Bettler‹ ableitete, entstand 1566 als Spottbezeichnung für die gegen die spanische Herrschaft in den Niederlanden opponierenden Adligen, die sich fortan offensiv selbst als ›Geusen‹ bezeichneten.

In der zweiten Hälfte des 16. Jahrhunderts galt in Europa die konfessionelle Homogenität des Landes als Voraussetzung gesellschaftlicher Einheit und sozialen Friedens. Andersgläubigen drohte Verfolgung und Vertreibung, so auch den Anhängern der Reformation in den katholischen Spanischen Niederlanden. Zwischen 100 000 und 150 000 Niederländer verließen im 16. Jahrhundert ihre Heimat; mindestens 19 000 gingen nach Deutschland. Der überwiegende Teil der Emigranten bekannte sich zum Calvinismus, doch waren auch Lutheraner, Wiedertäufer und sogar Katholiken unter ihnen. Nicht alle kehrten den Spanischen Niederlanden aus religiösen Gründen den Rücken, manche flohen auch vor den wirtschaftlichen und sozialen Folgen der spanischen Unterdrückungspolitik.

In Deutschland ragt Wesel neben Emden, Köln, Aachen, Frankfurt, Hamburg und anderen Städten unter den Zufluchtsorten heraus. Allein dort ließen sich rund 8 000 Flüchtlinge nieder – manche von ihnen auf Zeit, andere auf Dauer. Obwohl Wesel keine Reichsstadt war, hatte 1540 weitgehend unabhängig vom reformkatholischen Landesherrn, Herzog Wilhelm V. von Jülich-Kleve-Berg-Mark (1539–1592), ein Konfessionswechsel zum Luthertum stattgefunden. Vor diesem Hintergrund, aber auch weil Wesel eine wichtige Drehscheibe für den deutsch-niederländischen Warenverkehr war, galt die Stadt bei den Immigranten aus den Spanischen Niederlanden sowohl auf religiöser als auch auf wirtschaftlicher Ebene als attraktives Einwanderungsziel. Die meisten Neuankömmlinge waren Handwerker und Fernhändler.

L.B.

Kipp 2004; Schilling 2002; Ausst. Kat. Wesel 2000; Ausst. Kat. Wesel 1990; Reininghaus 1983; Schilling 1972; Sarmenhaus 1913

Zitat: Die Rede in niederdeutscher Sprache findet sich in der Akte »Die reformierte Gemeinde zu Wesel betreffend« (Gefach 6, Nr. 5, 1) im Archiv der Evangelischen Kirchengemeinde Wesel. Sie wurde abgedruckt in: Janssen o. J., S. 14ff. – Die Übertragung aus dem Niederdeutschen hat Walter Stempel, Archivar der Evangelischen Kirchengemeinde Wesel, 1978 vorgenommen. Diese Übertragung liegt nicht in gedruckter Form vor. Sie wurde uns freundlicherweise vom Autor zur Verfügung gestellt.

»Denn wer wüsste nicht, mit welcher Bereitwilligkeit die Fremden aus den Niederlanden über einen Zeitraum von mehr als dreißig Jahren wie in einem sicheren Zufluchtsort empfangen und aufgenommen worden sind«

Aus dem Dank der Flamen und Wallonen an den Rat der Stadt Wesel, 1578

Kirchenordnung der reformierten Kirche der Niederlande

»Kercken Ordnung in den general Synodo der Nederlandtschen kercken gestelt tot Middelborch in Junio Anno 1581«
Zeitgenössische Abschrift
Middelburg, 29. Mai / 29. Juni 1581
Handschriftlich, 33,0 x 21,0
Wesel, Evangelische Kirchengemeinde Wesel, Gefach 60, 7.1
Kat. 1.7

Das lutherische Wesel war im 16. Jahrhundert ein bedeutender Zufluchtsort für zahlreiche Glaubensflüchtlinge aus den Spanischen Niederlanden, die zeitweise 20 Prozent der Gesamtbevölkerung stellten. Der Fall Wesel ist insofern ungewöhnlich, als sich in der zweiten Hälfte des 16. Jahrhunderts unter dem Einfluss der in ihrer Mehrheit calvinistischen Immigranten eine ›zweite Reformation‹ vollzog: Der Calvinismus wurde zum vorherrschenden Bekenntnis. Höchstwahrscheinlich war die Stadt am Niederrhein 1568 Schauplatz des so genannten Weseler Konvents. Vertreter der niederländisch-reformierten Gemeinden im Exil, aber auch von Gemeinden im Untergrund – »unter dem Kreuz« – in den Spanischen Niederlanden entwickelten dort theologische Leitlinien für eine Niederländisch-reformierte Kirche. Diese traten mit der Synode von 1571 im ostfriesischen Emden offiziell in Kraft.

Auch die Weseler Flüchtlingsgemeinde war Teil des in Emden begründeten niederländischen Synodalverbandes, wie die abgebildete Kirchenordnung von 1581 belegt, die im Rahmen der Generalsynode von Middelburg (in der heutigen Provinz Zeeland in den Niederlanden gelegen) entstanden ist. Zwar hatte keiner ihrer Vertreter persönlich an der Synode teilnehmen können, doch wurde der Gemeinde diese Abschrift der Kirchenordnung überbracht. Sie regelte detailliert alle Aspekte des Bekenntnisses und des gemeindlichen Lebens.

Anders als die katholische oder die lutherische Kirche konstituierte sich die reformierte Kirche von unten. Die wichtigste Organisationsform war dabei die Gemeinde, deren Leitung in den Händen des Presbyteriums lag, eines Gremiums aus Theologen und Laien. So handhabte es auch die reformierte Immigrantengemeinde in Wesel.

In der lutherischen Reformation hingegen war der jeweilige Landesherr ›Notbischof‹ geworden. In Wesel nahm diesen Platz der Stadtrat ein, da der Landesherr katholisch geblieben war. Auf diese Weise war eine eigene Stadtkirche entstanden, der die niederländischen Einwanderer offiziell angehörten.

Diese paradoxe Situation – Zugehörigkeit zur Stadtkirche bei gleichzeitiger reformierter Gemeindeorganisation – führte zum einen dazu, dass ein reger Kontakt zwischen Zugezogenen und Einheimischen stattfand, da es innerhalb der Stadtkirche vielfältige Berührungspunkte gab. Zum anderen kam es zu wachsenden personellen und theologischen Verflechtungen zwischen den städtischen Predigern und den Gremien der niederländischen Gemeinde. Eine schrittweise ›Calvinisierung‹ des städtischen Kirchenwesens war die Folge. 1612 schlossen sich Stadtkirche und Immigrantengemeinde schließlich zu einer reformierten Stadtgemeinde mit gemeinsamem Presbyterium zusammen.

L.B.

Kipp 2004; Schilling 2002; Booma/Gouw 1991; Ausst. Kat. Wesel 1990; Schilling 1972

Porträt des Bořek Mateřovský z Mateřova und seiner Frau Anna

In: Gedenkbuch der böhmischen Exulantenfamilie Mateřovský
Pirna, 1633
Handzeichnung, koloriert, 15,0 x 19,0
Wolfenbüttel, Herzog August Bibliothek Wolfenbüttel, Cod. Guelf. 1123 Nov. 8°
Kat. 2.5

Zu sehen sind der aus Böhmen emigrierte Adlige Bořek Mateřovský z Mateřova und seine Gattin Anna im Exil in der sächsischen Stadt Pirna an der Elbe. Das fein gezeichnete Bild zeigt die Eheleute in der Kleidung böhmischer Adliger, neben ihnen die Familienwappen mit den Initialen ihrer Namen. Das biblische Motiv des alten, verdorrten Baumstumpfes (links unten), aus dem ein junger, kräftiger Trieb wächst, lässt sich mit der Situation der Exulanten in Verbindung bringen, die auf bessere Zeiten und eine Rückkehr in ihre Heimat hofften. Zugleich korrespondiert es mit dem Motto des Gedenkbuchs, ausgedrückt in einem Auszug aus dem 71. Psalm Davids (Aufschrift oben): »Herr, bei Dir suche ich Zuflucht, lass mich niemals scheitern; verwirf mich nicht im Alter, wenn meine Kräfte schwinden und wenn ich ergraut bin, Herr, verlass mich nicht.«

Bořek Mateřovský ließ das Buch im Jahre 1635 im Gedenken an die Ausweisung aus der von ihm so geliebten böhmischen Heimat anfertigen, als er sich im 68. und seine Gemahlin sich im 56. Lebensjahr befanden – wie die Aufschrift in der Bildmitte festhält. Im weiteren Verlauf beschreibt der Exulant die Ereignisse des frühen Dreißigjährigen Krieges, die nach der Schlacht am Weißen Berg 1620 und dem kaiserlichen Rekatholisierungsmandat schließlich dazu führten, dass sich Bořek zusammen mit vielen anderen böhmischen Adligen 1628 gegen einen Übertritt zum katholischen Glauben und für die Emigration entschied. Andere Bevölkerungsgruppen waren gleichermaßen vor die Wahl einer Emigration gestellt, auch wenn sich bei den insgesamt über 100 000 Migranten oft konfessionelle mit politischen, wirtschaftlichen und sozialen Motiven mischten. Durch Krieg, Seuchen, aber auch durch Auswanderung verringerte sich die Bevölkerung Böhmens im 17. Jahrhundert um etwa ein Drittel.

Die deutsch- oder tschechischsprachigen Exulanten gingen häufig ins benachbarte Sachsen, wo mancherorts eigene Wohnviertel und Kirchengemeinden entstanden: zunächst im grenznahen Pirna, dessen Einwohnerschaft zur Zeit Bořeks zu etwa zwei Dritteln aus Migranten bestand. In Pirna fand sogar ein eigener böhmischer Gottesdienst in tschechischer Sprache statt. Die beengten Wohnverhältnisse führten dazu, dass auch Adlige unter oft unwürdigen Bedingungen zur Miete leben mussten. Politisch setzten viele Migranten zunächst auf die Hilfe des sächsischen Kurfürsten, der die Aufnahme der Exulanten zwar zugelassen hatte, tatsächlich aber im Kriegsgeschehen meist auf der Seite der Katholiken und des Kaisers (Ferdinand II. von Habsburg, 1619–1637, dann Ferdinand III. von Habsburg, 1637–1657) stand. Daher richteten sich die Hoffnungen auf Unterstützung einer Rückkehr bald auf das protestantische Schweden, dessen König Gustav Adolf (1611–1632) einen wichtigen Platz im Gedenkbuch des Bořek Mateřovský einnimmt.

A.S.

Ryantová 2001

Brustbild des böhmischen Steuereinnehmers Daniel Hubatka

Anhang zur Bittschrift des Daniel Hubatka an den sächsischen Kurfürsten
Wahrscheinlich Böhmen, um 1654
Handzeichnung, koloriert, beidseitig bemalt, 13,0 x 10,5
Dresden, Sächsisches Hauptstaatsarchiv Dresden, Geheimer Rat, Loc. 8754,
Intercessiones 1654–1657, Bl. 56r–58v
Kat. 2.6

Das Bild ist die ungewöhnliche Beilage einer Bittschrift, die der ehemalige kaiserliche Soldat und Steuereinnehmer Hubatka an den sächsischen Kurfürsten (wohl Johann Georg I., 1611–1656) richtete. Er saß in Böhmen wegen des Vorwurfs der Veruntreuung von Steuern im Gefängnis und bat den Kurfürsten, für ihn beim Kaiser in Wien (wohl Ferdinand III., 1637–1657) zu intervenieren, da er unschuldig sei. Seine Ehrbarkeit unterstrich er unter anderem mit dem beigelegten Bild. Es zeigt auf Vorder- und Rückseite die Verletzungen, die sich der Bittsteller zwanzig Jahre zuvor im Dreißigjährigen Krieg zugezogen hatte, als er auf der kaiserlich-sächsischen Seite gegen die feindlichen Schweden gekämpft hatte. Die einzelnen Wunden und Narben sind durchnumeriert und lassen sich auf Hubatkas Porträt dank der Bildlegende (oben rechts) den Schlachten bei Magdeburg 1631 (Wunden 1, 3, 7) und Wittstock 1636 (2, 4, 5, 6, 8) zuordnen. Besonders gravierend sei die Wunde Nummer 8 am Rücken in der Nierengegend, die wohl nie mehr ganz verheilen werde, schrieb der ehemalige Soldat.

Ob der Kurfürst tatsächlich seiner Bitte entsprach und sich für ihn einsetzte, ist nicht überliefert. Die Bittschrift Hubatkas ist aber nicht nur wegen des Bildes ungewöhnlich. Sie zeigt vielmehr, wie stabil die Kommunikationsstrukturen der böhmischen Exulanten waren und wie stark sie ins Ausgangsland zurückwirkten. Seit Beginn der Auswanderungen aus Böhmen in den frühen zwanziger Jahren des 17. Jahrhunderts hatten sich tausende Migranten mit Bittschriften an den sächsischen Kurfürsten gewandt. Darin ging es um Unterstützung bei der Ansiedlung, später um die Ausstellung von Pässen zur Rückreise nach Böhmen oder, wie im Falle Hubatkas, um eine Intervention beim Kaiser, der zugleich König von Böhmen war. Immer häufiger wurden diese Petitionen nicht erst in Sachsen, sondern schon aus Böhmen abgeschickt, um eine Auswanderung möglichst genau vorzubereiten.

Die Argumente der Bittsteller sind aufschlussreich: Sie wiesen dem sächsischen Kurfürsten die besondere Rolle eines Beschützers des Luthertums und der Exulanten zu. Im Duktus der Bittschriften des 17. Jahrhunderts wurde er mitunter geradezu zum ›Heiligen‹ stilisiert. Innerhalb dieser Argumentationslogik musste jeder Bittsteller seinerseits natürlich betonen, dass er ein guter Lutheraner war und die gewünschte kurfürstliche Unterstützung auch verdiente. Hubatka tat dies nicht: Er war Katholik, aber er begründete sein Begehren damit, dass der sächsische Kurfürst als besonders christlicher Herrscher berühmt dafür sei, gerade jenen zu helfen, die ohne eigene Schuld in Armut und Elend geraten seien. Damit spielte er auf die Exulanten an und argumentierte so, als ob er aus Glaubensgründen seine Heimat verlassen wolle. Indem er sich als Nichtlutheraner an den lutherischen Kurfürsten wandte, überschritt er die Konfessionsgrenzen des 17. Jahrhunderts.

A.S.

Schunka 2005; Schunka 2005b

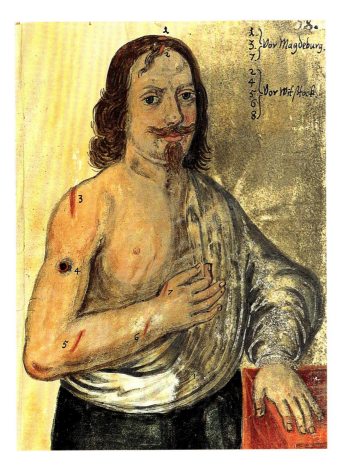
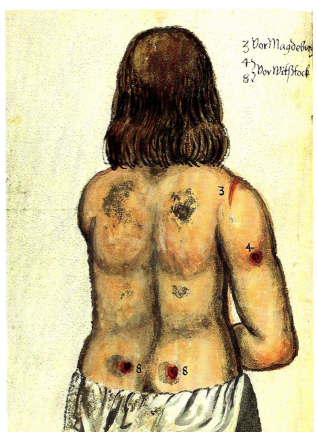

Schraubmedaille mit Darstellungen zur Salzburger Emigration

Stecher: Daniel Höckhinger (tätig in Augsburg um 1732)
Augsburg, 1732
Silber; 17 Radierungen, koloriert, Medaille Dm 4,4, Radierungen Dm 3,9
Berlin, Deutsches Historisches Museum, 1988/1331
Kat. 3.8

Die hier gezeigte Augsburger Schraubmedaille enthält einen von Daniel Höckhinger gefertigten Bilderzyklus, der aus 17 kolorierten Radierungen besteht. Zu sehen sind biblische Gleichnisse und die Geschichte der Salzburger Protestanten von ihrer Vertreibung durch den katholischen Erzbischof Leopold Anton Eleutherius Freiherr von Firmian (1727–1744) bis hin zu ihrer Aufnahme durch den preußischen König Friedrich Wilhelm I. (1713–1740).

Die Vertreibung von rund 20 000 Protestanten aus dem Erzstift Salzburg auf der Grundlage des Emigrationsedikts vom 31. Oktober 1731 (vgl. Kat. 3.1) löste in der frühen Aufklärung europaweite Empörung aus.

Am 2. Februar 1732 veröffentlichte Friedrich Wilhelm I. von Preußen ein Einladungspatent, in dem er den Salzburger Protestanten die preußische Staatsbürgerschaft sowie zahlreiche Privilegien im Falle ihrer Ansiedlung in Ostpreußen anbot. Der preußische König hatte bereits 1721 mit dem *Retablissement* der entvölkerten und durch Kriege in Mitleidenschaft gezogenen ostpreußischen Domänen begonnen. Im Zentrum des Plans zur wirtschaftlichen Wiederbelebung Ostpreußens stand die Peuplierungspolitik. Mit der Ansiedlung der Salzburger Emigranten in Preußen-Litauen folgte der König aber nicht nur wirtschaftlichen Interessen. Es gelang ihm gleichzeitig, sich als Führer der Protestanten in Deutschland und Europa zu profilieren.

Das Schicksal der Salzburger Protestanten wurde nicht nur durch zahlreiche zeitgenössische Schriften publik gemacht; auch die Kupferstecher, die »Bildreporter« des 18. Jahrhunderts (Angelika Marsch), griffen das Thema auf: Mittels Bilderfolgen, Gedenkgraphiken, Andachtsbildchen und illustrierten Flugblättern (vgl. Kat. 3.4–3.6) berichteten sie detailliert von dem triumphalen Zug der Salzburger nach Ostpreußen.

Weniger bekannt hingegen sind die Schattenseiten des Emigrationsgeschehens: Fast ein Viertel der Auswanderer starb nach dem Verlassen des Erzstifts Salzburg innerhalb der nächsten beiden Jahre, die meisten noch vor der Neuansiedlung.

Zudem mussten die Salzburger Protestanten bei der Ankunft in ihrer neuen Heimat ernüchtert feststellen, dass sie hier keine herzliche Begrüßung erwartete. Den ersten Winter verbrachten sie in Notunterkünften. Die Einheimischen – Litauer, Deutsche und Schweizer –, mit denen sie sich nur schwer verständigen konnten, betrachteten sie mit Misstrauen. Zu ihrer großen Enttäuschung wurden die Salzburger Kolonisten auch nicht, wie erwartet, geschlossen angesiedelt. Trotz dieser anfänglichen Schwierigkeiten galt die Ansiedlung spätestens 1736 als erfolgreich abgeschlossen.
L.B.

Pressler 2000; Ausst. Kat. Berlin 1997; Walker 1997; Roll 1989; Marsch 1986; Marsch 1981; Förschner 1978; Florey 1977

Zitat nach: Ausst. Kat. Salzburg 1981, S. 259f.

»So geh ich heut von meinem Haus, die Kinder muss ich lassen;
Mein Gott, das treibt mir Tränen aus, zu wandern fremde Straßen.
Ach führ mich, Gott, in eine Stadt, wo ich Dein Wort kann haben,
Damit will ich mich früh und spat in meinem Herzen laben.«

Schaitbergers Exulantenlied

Darstellung des Salzburger Emigranten
»Hanns Klammer aus Bischoffshofen«,
um 1732, vgl. Kat. 3.11

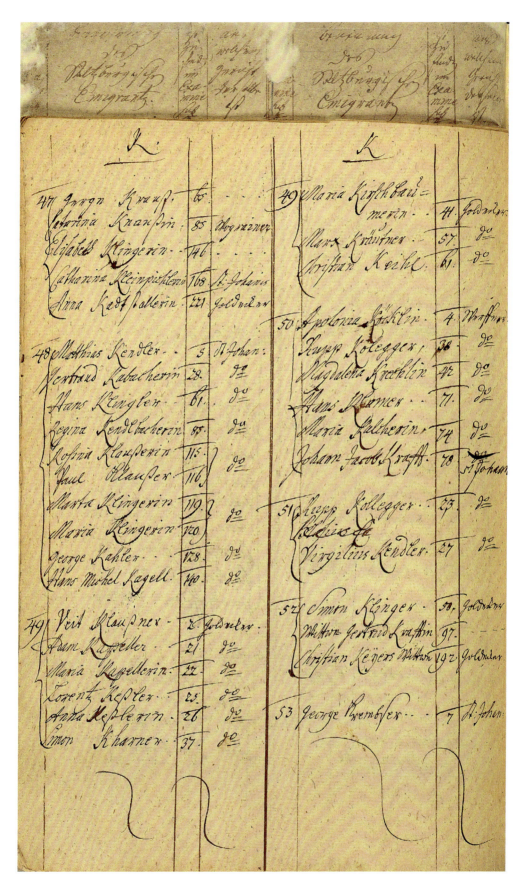

Register der nach Preußen immigrierten
Salzburger Protestanten (Auszug), unter ihnen
Han(n)s Klam(m)er, 1732, vgl. Kat. 3.2

Reglement betr. die Lebensverhältnisse der Juden in Hamburg

Das »Neue-Reglement Der Judenschafft in Hamburg So Portugiesisch- als Hochteutscher Nation.«
Hamburg, 7. September 1710
Typendruck, 30,7 x 19,0
Hamburg, Staatsarchiv Hamburg, Bestand Bibliothek, Mandaten-Sammlung, Sig. X 620/12
Kat. 4.2

Das Reglement beendete die Rechtsunsicherheit, die das Leben der deutschen Juden – der Aschkenasim – in der Hansestadt Hamburg, einem vom Rat unter Mitwirkung verschiedener Bürger-Kollegien regierten Stadtstaat, bis dahin geprägt hatte. Erst jetzt verfügten sie über ein offiziell verbrieftes Niederlassungsrecht.

Auf Antrag der Hamburger Juden hatte sich eine kaiserliche Kommission, die mit der Schlichtung von Verfassungsstreitigkeiten zwischen Rat und Bürgerschaft in Hamburg befasst war, dieses Reglement erarbeitet. Es behandelte Fragen des Wohnrechts, des Handels, der Besteuerung sowie der Religionsausübung. Zwar wurde den Juden gegen Zahlung einer korporativen Steuer die Ansiedlung zugestanden, die Errichtung von Synagogen blieb ihnen aber verwehrt.

Die Geschichte der Juden in Hamburg begann um 1590 mit der Ankunft erster portugiesischer Juden – auch Sephardim genannt –, die unter dem Druck der Rekatholisierung der iberischen Halbinsel zum Christentum übergetreten waren und nun von der Inquisition als ›Scheinchristen‹ verfolgt wurden.

Da die ›Portugiesen‹ zunächst nicht als Juden auftraten, stand ihrer Niederlassung in Hamburg nichts im Wege. Sie waren vielmehr hochwillkommen, da sie als wohlhabende Kaufleute mit Verbindungen in die spanischen und portugiesischen Kolonien zum Motor des immer wichtiger werdenden Überseehandels wurden. Vor diesem Hintergrund machte sich der Rat immer noch für ihr Bleiberecht stark, als ein Teil von ihnen zum Judentum zurückkehrte. Gleichzeitig erließ er aber – auf Betreiben der Bürgerschaft und der lutherischen Geistlichkeit – eine Folge von Fünfjahresverträgen (vgl. Kat. 4.1), die den Sephardim nicht nur hohe Abgaben auferlegten, sondern auch stark in ihr religiöses und privates Leben eingriffen.

Zunehmende Restriktionen führten zur Abwanderung vieler ›Portugiesen‹ ins benachbarte Altona, wo sich erst unter der Herrschaft der Grafen von Schauenburg und seit 1640 unter dänischer Krone ein blühendes jüdisches Gemeindeleben entwickelt hatte.

Aschkenasische Juden sind in Hamburg erstmals 1621 nachgewiesen. Es handelte sich um ›Schutzjuden‹, die nach den Vertreibungswellen des 15. und 16. Jahrhunderts zunächst im liberalen Altona eine neue Heimat gefunden hatten und die nun auf der Basis von privaten Vereinbarungen sowie mit stillschweigender Duldung des Rates in der Hansestadt wohnten und ihren Geschäften nachgingen.

Das Judenreglement von 1710, das diesem unsicheren Status ein Ende bereitete, war bis ins 19. Jahrhundert hinein die Grundlage des Hamburger Judenrechts.
L.B.

Battenberg 2001; Böhm 1991; Marwedel 1991; Graupe 1973; Ausst. Kat. Hamburg 1991

Das Neue Millerntor von der Stadtseite

Johann Georg Stuhr (Hamburg um 1640 – 8. Mai 1721 Hamburg)
Hamburg, 1700
Öl auf Leinwand, 67,5 x 84,2
Hamburg, Hamburger Kunsthalle, 3090
Kat. 4.4

Auf dem Gemälde ist das 1663 von Hans Hamelau († 1671) vollendete neue Millerntor und der Zeughausmarkt von der Hamburger Stadtseite aus zu sehen.
Spätestens seit Beginn des 18. Jahrhunderts durften die Juden Hamburg nur noch durch das Millerntor betreten. Die jüdische Gemeinde musste einen eigenen Torsteher stellen, der seine Glaubensgenossen am Tor kontrollierte. So heißt es in einer zeitgenössischen Beschreibung: »Vor dem Schlagbaum ist zur Rechten das Thorschreiberhäuschen, und zur Linken eine Bude, worin ein Voigt und ein Jude zum Aufpassen bettelhafter Fremde bestellt ist.«
Die wohlhabende Hafenstadt Hamburg zog nichtsesshafte und arme Juden besonders an, boten sich hier doch vielfältige Verdienstmöglichkeiten. Der Rat der Hansestadt duldete aber nur diejenigen, die Handel und Geldverkehr nützlich waren. Vor einer Zulassung musste der Torsteher also die wirtschaftliche Potenz der Neuankömmlinge prüfen und dafür Sorge tragen, dass unerwünschte Juden die Stadt umgehend wieder verließen.
Da selbst die in Hamburg wohnhaften Juden immer wieder Angriffen von Bürgerschaft und Geistlichkeit ausgesetzt waren, distanzierten auch sie sich von ihren armen Glaubensbrüdern, da sie sonst befürchten mussten, ihren prekären Aufenthaltsstatus zu gefährden.
Hinzu kam, dass die vagierenden ›Betteljuden‹ – so die behördliche Terminologie –, in der Gemeinde auch deswegen ungern gesehen waren, weil ihre Verpflegung das Pro-Kopf-Vermögen der Gemeindemitglieder verminderte. War die Gemeinde aber nicht in der Lage, das jährliche Schutzgeld aufzubringen, konnte dies wiederum die Ausweisung der gesamten Gemeinde zur Folge haben.
So entstand ein großes Heer von ›unvergleiteten‹, schutzbrieflosen ›Betteljuden‹, die gezwungen waren, ihr Leben auf der Straße zu verbringen.
L.B.

Battenberg 2001; Graupe 1973; Ausst. Kat. Hamburg 1991 (Zitat: Jonas Ludwig von Hess, *Hamburg topographisch, politisch und historisch beschrieben, erster Theil*, 1787, S. 56, ebd. S. 244); Kromminga 1991

Zitat nach: Feilchenfeld 1987, S. 15

»so haben manchen arme und bedürftige Leute oft gewagt, sich ohne Pass in die Stadt hineinzuschleichen.«

Glückel von Hameln (1645–1724)

LIEDBLATTVERKÄUFER

Martin Dichtl (um 1639/40–1710)
1669
Öl auf Leinwand, 98,0 x 76,0
Salenstein/Schweiz, Margit & Hans-Roland Becker
Kat. 4.8

Porträts von Menschen aus den niederen Schichten sind rar. Doch nicht nur in dieser Hinsicht ist Martin Dichtls Darstellung eines jüdischen Wanderhändlers aus dem 17. Jahrhundert, eines Liedblattverkäufers, eine große Ausnahme. Sie ist überdies frei von jeglichem physiognomischen Vorurteil, mit dem Juden zumeist übertrieben dargestellt und zur Zielscheibe von Spott und Verachtung wurden. Demgegenüber stellt Dichtl den Menschen unabhängig von Stand und Tätigkeit in den Mittelpunkt.

Der dargestellte Wanderhändler ist namentlich nicht bekannt. Schläfenlocken und Kinnbart entsprechen dem Darstellungstypus eines Juden in dieser Zeit. Die Kopfbedeckung, eine hohe Mütze mit breitem Pelzbesatz, legt die Vermutung nahe, dass der Händler in Osteuropa, vielleicht in Galizien, beheimatet war. Der schlichte Umhang ist locker zurückgeschlagen und gibt den Blick frei auf eine alte, am Ärmel eingerissene Jacke, die nachlässig geschlossen ist und an der einige Knöpfe fehlen.

An einer geknoteten Schnur, an der ein einfacher Metallbügel hängt, trägt der Händler eine sackartige Stofftasche, aus der zwei Liedblätter herausschauen. Ein weiteres Liedblatt hält der Verkäufer in der rechten Hand. Deutlich ist der Titel *Zwey Schonnen Weltliche Lieder* zu erkennen. Dabei handelt es sich wahrscheinlich um einen Phantasietitel. Solche Blätter verkauften Wanderhändler in Dörfern und Städten oder boten sie auf Jahrmärkten und Messen einem Publikum an, das begierig auf neue Lieder, Geschichten und Anekdoten war. Das angebotene Lied trugen die Verkäufer dabei zumeist singend vor.

Unter den Arm hat der Händler eine einfache Holzstange geklemmt, eine weitere hält er in der linken Hand. Herab baumelt ein aus Papier gefaltetes und bemaltes Vögelchen – ein Kinderspielzeug, das der Händler wohl zum Surren brachte und damit sein Erscheinen akustisch ankündigte.

Die abgenutzte Kleidung und die einfache Ware, die der Händler mit sich führt, werden im Gemälde nicht zum Anlass genommen, eine Typologie der Armut zu entwickeln. Vielmehr fügen sie sich, zusammen mit der überaus feinen Porträtierung, zur sensiblen Charakterisierung eines Menschen als Individuum. Ernst und zugleich offen ist der Blick des Händlers gehalten. Nichts ist zu spüren von Befangenheit gegenüber der ungewöhnlichen Situation, porträtiert zu werden.

Über den Maler Martin Dichtl ist nur wenig bekannt. Dichtl wirkte wohl in Wien, später in Nürnberg, und stellte insbesondere den Alltag einfacher und alter Leute dar.
R.B.

Ausst. Kat. Berlin 1999; Blanchar 1998; Tacke 1995; Maurenbrecher 1980; Beall 1975; Bushart 1967; Andresen 1878, Bd. 5
Schriftliche Auskunft Prof. Dr. Bruno Bushart, Augsburg, 22. Juni 2005; Frau Barbara Boock, Deutsches Volksliedarchiv, Freiburg, 29. Juni 2005; Prof. Dr. Konrad Vanja, Museum Europäischer Kulturen, Berlin, 15. Juli 2005

Taufe eines Knaben aus dem Osmanischen Reich

Anonym
1617
Öl auf Leinwand, 130,0 x 80,0
Michelau, Dekanatsbezirk Michelau
Kat. 5.1

Im Gefolge der Türkenkriege wurden vom 16. bis ins 18. Jahrhundert zahlreiche Türken oder, genauer gesagt, Muslime aus dem Osmanischen Reich als ›Beute‹ in die Krieg führenden europäischen Länder verschleppt. Für Deutschland wurden bislang knapp 600 dieser ›Beutetürken‹ nachgewiesen, etwa die Hälfte davon Kinder unter 16 Jahren.
Durch Unterweisung in Bibel, Katechismus und Kirchenliedern sollten die ›Heiden‹ auf die Taufe vorbereitet werden, die man von jedem ›Ungläubigen‹ erwartete oder gar forderte. Die Taufe als sichtbarer Beleg für die ›Rettung einer Heidenseele‹ wurde im Kirchenbuch oft überhöht dargestellt – wie etwa in der Memminger Agenda von 1689, der zufolge eine »türkische Frau« mit »Lust und Herzensfreud« der »christlichen allein seligmachenden Religion« zugetan sei. Mit der Taufe war die Übernahme eines christlichen Vornamens, zumeist der des Taufpaten, verbunden.
So wurden zum Beispiel aus Achmeth, Hussein und Fatyma Johann Heinrich, Johann Mauritz und Susanna Rosina.
Einzigartig ist, dass solch eine ›Türkentaufe‹ bildlich belegt ist, wie im Fall der 1602 vollzogenen Taufe eines Knaben in dem bei Bamberg gelegenen Ort Lahm im Itzgrund. Die Taufe erfolgte auf Anordnung des Adligen Wolf von Lichtenstein, der den Jungen – eines türkischen »Pascha« Sohn, so die Bildunterschrift – hatte gefangen nehmen lassen. Das Gemälde zeigt im geschmückten Kirchenraum drei zeitlich aufeinander folgende Szenen in simultaner Darstellung. Zunächst wird der Täufling vom Pfarrer in der christlichen Glaubenslehre examiniert, dann vom bereits erwähnten Wolf von Lichtenstein zum Taufbecken geleitet.
Abschließend ist im oberen Bildfeld die Taufe selbst festgehalten. Assistiert von einem Gehilfen, der die Taufagenda liest, sowie von einem weiteren Helfer, der ein Handtuch bereithält, tauft der Pfarrer den Knaben auf den Namen Wolff Christof. Als Namensgeber fungierte Wolff Christof Truchseß von und zu Pommersfelden. Er und der zweite Taufpate Martin von Lichtenstein sind im Gemälde zusammen mit dem vorgenannten Wolf von Lichtenstein dargestellt.
Fünfzehn Jahre nach dem Ereignis wurde das Gemälde von der Familie Lichtenstein 1617 in Auftrag gegeben und von ihr 1677 restauriert sowie um eine aufwendige Bildumschrift ergänzt. Über die weitere Lebensgeschichte Wolff Christofs wissen wir nichts. Generell scheinen die Verschleppten mit der Konversion relativ unauffällig in die christliche Umgebung integriert worden zu sein. Kirchenbücher dokumentieren, dass Männer osmanischer Herkunft Dienstmädchen, Bäckers- oder Wirtstöchter heirateten. Mädchen und Frauen sind als Gattinnen von Mühlknechten, Böttchern, Schulmeistern, Pfarrern etc. belegt. Ob die Verschleppten und Konvertierten innerlich in der neuen Lebenswelt ankamen, wissen wir nicht.
R.B.

Hartmut Heller, *Exotische Lebensläufe am Ammersee*, <http://www.helmwart.hierdeis.at.tf> (15.06.2005);
Hartmut Heller, *Carl Osman und das Türkenmariandl. Schon Jahrhunderte bevor die ersten Arbeitsimmigranten kamen, wurden hierzulande aus Türken Deutsche gemacht*, in: *Die Zeit* Nr. 37, 2003; Heller 2000; Ausst. Kat. Bad Windsheim 1994; *Agenda für die Taufe einer »türkischen« Frau am 16. Mai 1689 zu St. Martin in Memmingen*, Memmingen 1689, nicht pag. (vgl. Kat. 5.2) (Zitat)

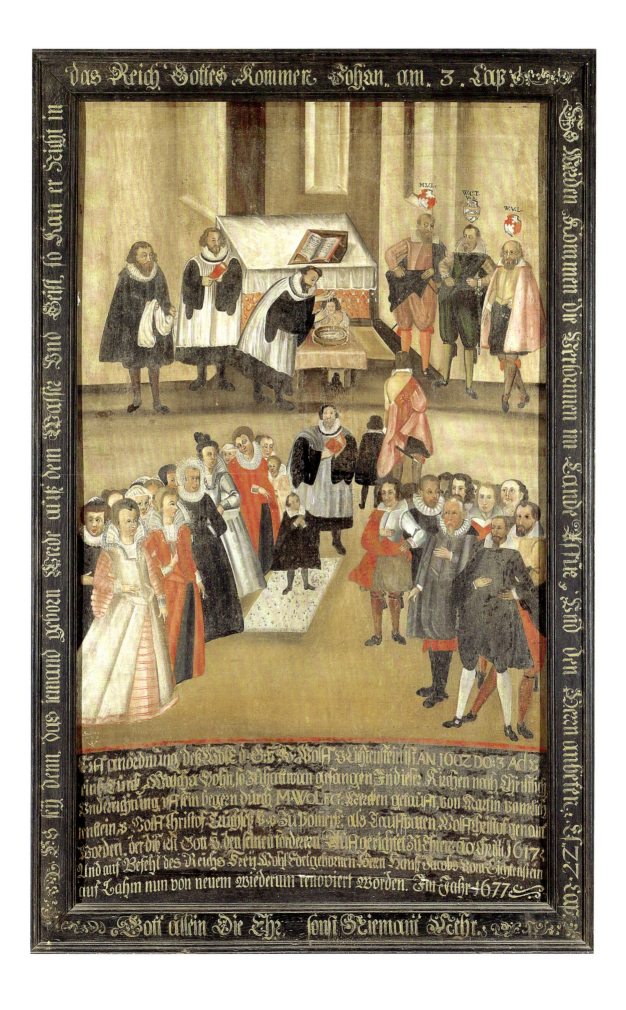

Gesinde und Gesindel –
Flugblatt von der Frankfurter Messe

Peter Schöffer d. J. (ohne Ort um 1480 – nach 1520 ohne Ort)
Mainz (?), um 1515
Holzschnitt, 27,4 x 52,2
Halle, Stiftung Moritzburg – Kunstmuseum des Landes Sachsen-Anhalt, F 1137
Kat. 6.3

Auf dem hier abgebildeten Flugblatt sind 14 Personenpaare zu sehen, die in den darüber stehenden Dialogen in Versform über ihre jeweiligen Tätigkeiten berichten. Schalk und Narr, die das erste Paar bilden, kündigen folgendes »seltsame Volk« an: Geschäftsleute, Hausfrauen, Frauen, die über ihre Liebschaften berichten, Mägde, Wegelagerer, Bauern, ›Zigeuner‹, Wandergesellen, Bettler und Wucherer. Den Schluss bilden zwei Paare, die womöglich Müßiggänger sowie Chirurg und Bader darstellen sollen. Dieses »Gesinde und Gesindel« sei zahlreich auf der Frankfurter Messe anzutreffen, so der Künstler und Verfasser der Verse, Peter Schöffer d. J.
Die am Main gelegene Messestadt Frankfurt war spätestens seit dem 14. Jahrhundert Treffpunkt von Kaufleuten aus allen Ecken Europas und wurde in der Frühen Neuzeit zu einer Drehscheibe des mitteleuropäischen Handels.
Bis zum Ende des 16. Jahrhundert gehörte die Mehrheit der in Frankfurt ansässigen Kaufleute der städtischen Elite der Patrizier an. Mit der Einwanderung reformierter Flamen und Wallonen aus den Spanischen Niederlanden in der zweiten Hälfte des 16. Jahrhunderts und italienischer Wanderhändler vom Comer See im 17. Jahrhundert ging der Handel mehrheitlich in die Hände europa- und weltweit verzweigter Familien über.
Der Rat der Stadt Frankfurt sowie die einzelnen Berufsstände wachten streng über das Prinzip des ›Nahrungsschutzes‹ und damit über eine deutliche Abgrenzung verschiedener Gewerbezweige:
So wurde klar zwischen dem Großhändler, dem Krämer und dem Hausierer unterschieden. Auch die Bandbreite des jeweiligen Warenangebots, das der Einzelne verkaufen durfte, war genau reglementiert.
Die nach Frankfurt zugewanderten italienischen Händler, zu deren breit gefächertem Warenangebot Zitrusfrüchte, Gewürze, Tabak, Öl und vieles mehr gehörte (vgl. Kat. 6.4), lagen diesbezüglich von Anfang an im Streit mit großen Teilen der Bürgerschaft, insbesondere mit den Spezerei- und Gewürzhändlern. Diese warfen der ungeliebten Konkurrenz vor, außerhalb der Messen offene Läden zu halten, neben spezifisch ›italienischen‹ Waren andere ihnen nicht erlaubte Produkte feilzubieten, und zwar sowohl im Klein- und Hausierhandel als auch im Großen.
Im Zeitraum von 1628 bis 1716 sind zu diesem Problem über 50 Ratsbeschlüsse nachweisbar (vgl. Kat. 6.1). Die Angriffe kulminierten in dem Vorwurf des Betrugs. Die Vorurteile gegen die italienischen Einwanderer ähnelten in vielem denjenigen gegen die Juden, wovon beispielsweise das zeitgenössische Sprichwort »Die Italiäner sind halbe Juden« zeugt.
L.B.

Reves 2002; Ausst. Kat. Karlsruhe 1995; Ausst. Kat. Frankfurt 1994; Ausst. Kat. Frankfurt 1991; Augel 1971

Zitat: Beysassen-Ordnung, Institut für Stadtgeschichte Frankfurt a. M., Ratsverordnungen 1708, Bl. 2 r. (vgl. Kat. 6.2)

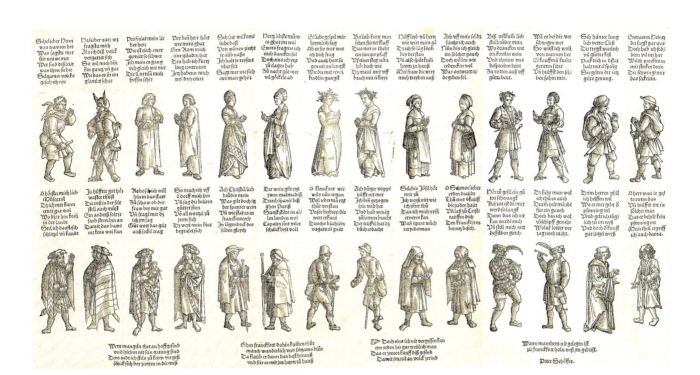

»Und weilen gegen die mit Italiänischen Waaren handelnde Beysassen, dass sie denjenigen Conditionen, worauf sie angenommen wurden, schnur stracks zuwider handleten, und mehr andere Waaren, als ihnen darinnen zugestanden, zu führen continuirten, verschiedentlich geklagt worden.«

Beysassen-Ordnung, Frankfurt a. M., 1708

Druckschrift des Prozesses des Domenico Martino Brentano gegen die Stadt Frankfurt am Main

»Kurtzer Geschichts=Verlauff, samt obwaltenden Rechtlichen Gründen, in der bey Höchstpreißlichem Reichs=Hof=Rath Rechts=hängigen Sache, BRENTANO (DUOMENICHO MARTINO) entgegen Burgermeister und Rath der Stadt Franckfurth.«
Frankfurt a. M., 1755
Typendruck, 32,4 x 20,0
Frankfurt a. M., Institut für Stadtgeschichte, Prozessdruckschriften 23
Kat. 6.6

Die florierenden Handelsbeziehungen zwischen Deutschland und Italien haben seit dem Mittelalter immer wieder zu Wanderungen und Niederlassungen von Italienern in deutsche Territorien geführt. Auch in der Frühen Neuzeit zog es immer wieder Italiener über die Alpen nach Deutschland: Unter ihnen waren ebenso Kaufleute und Bankiers wie Künstler und Musiker, aber auch Kaminfeger, Zinngießer und Bauarbeiter.

Nach dem Ende des Dreißigjährigen Krieges wanderten ungefähr 1 400 Italiener in das Rhein-Main-Gebiet ein. Ungefähr 90 von ihnen – mehrheitlich Wanderhändler vom Comer See im Herzogtum Mailand – ließen sich in der Messe- und Handelsstadt Frankfurt am Main nieder. Zu diesen Einwanderern gehörten auch Mitglieder der Familie Brentano, die später zu großer Berühmtheit gelangen sollte.

Um in Frankfurt außerhalb der Messezeiten Handel zu treiben, benötigten die italienischen Einwanderer eine Aufenthaltsgenehmigung. Da das Bürgerrecht seit der Reformation maßgeblich an die lutherische Konfession gebunden war, stand den Händlern vom Comer See zunächst nur der so genannte Beisassenschutz offen.

Beisassen waren aber in ihren wirtschaftlichen Aktivitäten eingeschränkter als die Bürger. Da es trotzdem immer wieder zu ökonomisch bedingten Konflikten zwischen alteingesessenen und neu zugewanderten Frankfurtern kam, versuchten die Einheimischen, die Aufnahme weiterer italienischer Händler in den Beisassenstatus völlig zu verhindern.

Davon zeugt die hier abgebildete Prozessdruckschrift, die Auskunft über das Gerichtsverfahren zwischen Domenico Martino Brentano (Tremezzo, Italien 1686–1755 Frankfurt a. M.) und dem Rat der Stadt Frankfurt gibt. Dieser warf ihm Dokumentenfälschung vor und verwehrte ihm unter diesem Vorwand das Aufenthaltsrecht.

Neben konkreten Anschuldigungen spielte der Vorwurf des Kapitalexports eine Rolle. So wurde der Verdacht geäußert, dass die Italiener »ihr erworbenes Geld, zum Nachtheil derer Orte, wo sie wohnen, an andere Orte, und endlich gar nach Italien, wo sie ihre Wohnungen und Güter immer daneben beybehalten, verschleppen, und das Geld aus Teutschland ziehen«.

Das Motiv des nur seiner Heimat verbundenen italienischen Kaufmanns war eine willkommene Waffe im Kampf der einheimischen Händler gegen die Einwanderer. Dieses Klischee entsprach jedoch nicht der Realität. Vielmehr gliederte sich die Mehrheit der Italiener selbst in Frankfurt, wo sie einen erbitterten Kampf mit der einheimischen Konkurrenz ausfechten mussten, recht schnell in die Aufnahmegesellschaft ein. Die Bindungen an die Herkunftsgesellschaft lösten sich über kurz oder lang.

L.B.

Reves 2002 (Zitat: Institut für Stadtgeschichte, Frankfurt a. M., Prozessdruckschriften 23, S. 21, ebd. S. 325f.); Augel 1971

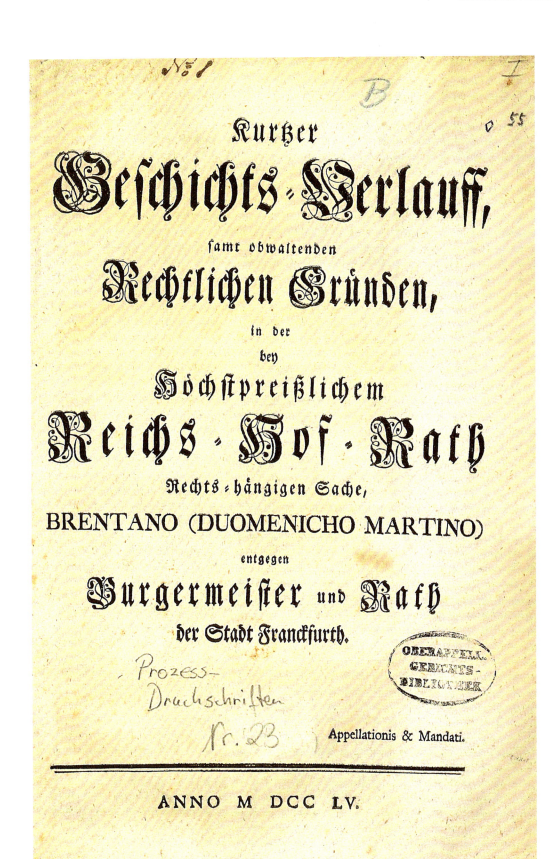

»DER WIRT ODER GASTGEB(ER)«

Erhard Schön (Nürnberg um 1491–1542 Nürnberg)
Um 1536
Holzschnitt, koloriert, Typendruck, am unteren Rand beschnitten, 28,0 x 39,8
Gotha, Stiftung Schloss Friedenstein Gotha, Kupferstichkabinett, 39,33
Kat. 7.4

In der Frühen Neuzeit waren Menschen aller Stände und Schichten auf Europas Straßen unterwegs, so auch wandernde Handwerksgesellen auf Arbeitssuche.
Bei der Ankunft in einer neuen Stadt standen diesen Unterkunftsmöglichkeiten zur Verfügung, wie es sie für die verschiedensten Berufssparten gab. Bereits im Spätmittelalter hatten die Zünfte in den größeren Städten damit begonnen, gesonderte Unterkünfte für die wandernden Gesellen ihres jeweiligen Handwerks einzurichten. Besonders wohlhabende Zünfte betrieben eine eigene Herberge.
Darüber hinaus entwickelte sich zunächst in den größeren Städten und entlang der wichtigsten Verkehrsadern ein immer dichter werdendes Netz von Schenken und Wirtshäusern, die jedermann offen standen, sofern er über die nötigen Mittel verfügte. So konnte das Wirtshaus auch Anlaufstelle für wandernde Handwerksgesellen sein.
Auf dem hier abgebildeten kolorierten Holzschnitt Erhard Schöns ist ein Wirtshaus zu sehen, das bereits von weitem an seinem großen, mit Buschen ausgesteckten Aushänger zu erkennen ist. Links steht der Wirt, der die ankommenden Gäste willkommen heißt. Die drei Versblöcke unterhalb des Bildes geben seine Grußworte wieder. In der Hand hält er einen Pokal in Form einer goldenen Gans – womöglich eine implizite Kritik am Wirt, der an seinen Gästen viel Geld verdient. Bei diesen handelt es sich vermutlich um einen wandernden Handwerksgesellen, einen Landsknecht, einen Bauern, eine Bäuerin und einen Edelmann. Wahrscheinlich diente der Holzschnitt ursprünglich als Illustration eines Spruchgedichts des berühmten Nürnberger Meistersängers und Schuhmachers Hans Sachs, das den Titel *Die neun ellenden wandrer* trägt und in dessen dritten Vers er die Mühen und Gefahren der Gesellenwanderung schildert.
Schilderungen von Wirtshäusern und Klagen über die schlechte Verpflegung sowie zwielichtige Gäste sind weit verbreitete Motive frühneuzeitlicher Reiseberichte wandernder Handwerksgesellen. So schreibt der Elsässer Kannengießer Augustin Güntzer (vgl. Kat. 7.7–7.11): »In dem großen Stettinerwald […] bin ich fast Hungers und Durst gestorben. Als ich zwei Meilen im Wald gegangen war, kam ich zu einem Wirtshaus und Meierhof […] Als ich hinzukam, saßen ein ganzer Tisch voll räuberischer Gesellen da. Ich ließ nichts verlauten, dass ich Geld hätt', da ich ihnen nicht traute, stelle mich armselig und sprach sie um ein Stück Brot an. Sie gaben mir eine trotzige Antwort, musste derohalben groß Hunger leiden und zog also meine Straße fort durch den Wald.«
L.B.

Wadauer 2002 (Zitat S. 47; vgl. auch S. 284–286 in diesem Band); Gräf/Pröve 1997; Röttinger 1925; Keller 1870

Der Wirt oder Gastgeb.

¶ Hierein zu mir jr lieben Gest Gewürtzet wol vnd recht gesaltzen Von Wein vnd Bier vnd Muscateller
Ich wil euch legen auff das best Gekochet frisch vnd wol geschmaltzen Von Maluasier vnd Romoneller
Vnd euch herbergen vber nacht Gesotten / gesultzt / eingepicket Die Pett sind auch bereytet zů
Die strew den Pferden ist gemacht Gepachen / praten / wol durch spicket Das man die nacht darinnen thů
So setzt euch nur zu dem Tisch Hüner / Genß vnd gut schweynen praten Vnd wer nicht essen will das mal

›Kundschaft‹ für den Gesellen Johann Daniel Weber

Augsburg, 12. September 1773
Typendruck, handschriftlich, Kupferstich, 34,0 x 43,9
Berlin, Deutsches Historisches Museum, Do 2001/44
Kat. 7.3

In diesem ›Kundschaft‹ genannten Ausweisdokument von 1773 attestiert die Augsburger Meisterinnung der Knochenhauer dem Gesellen Johann Daniel Weber, dass er »bey uns allhier ein Jahr in Arbeit gestanden, und sich solche Zeit über treu, fleißig, still, frid=sam und ehrlich, wie einem ieglichen Handwerks-Pursch gebühret verhalten hat«. Das Blatt ziert eine Ansicht der freien Reichsstadt Augsburg, über der der Reichsadler schwebt.

Handwerker gehörten im deutschen Sprachraum bis ins 19. Jahrhundert hinein zu den mobilsten Bevölkerungsgruppen. In mitteleuropäischen Städten waren rund drei Viertel der Gesellen zugewandert.

Bereits im späten Mittelalter war die Gesellenwanderung weit verbreitet, doch erst im 16. Jahrhundert wurde sie zur Pflicht. Ausgenommen waren nur Mitglieder ›gesperrter Handwerke‹ wie die böhmischen Glashersteller, die um ihre Produktionsgeheimnisse fürchteten. Während der Wanderjahre hatten die Gesellen die Möglichkeit, ihre Kenntnisse fernab der Heimat zu vertiefen und neue Fertigungsmethoden zu erlernen.

Den territorialen und städtischen Obrigkeiten war die Gesellenwanderung gleichermaßen erwünscht wie suspekt. Auf der einen Seite förderten sie die Mobilität zum Zweck der Gewerbeförderung, auf der anderen Seite wollten sie die Verbreitung unliebsamer politischer Ideen oder das Betteln unterbinden. Auch vor diesem Hintergrund entstand das Reichsgutachten »der Handwercker angestellte Missbräuche betreffend«, das am 16. August 1731 ratifiziert wurde (vgl. Kat. 7.1). Dieses Patent gestattete es den Reichsterritorien, in das Zunftwesen einzugreifen. Die Zünfte waren nun verpflichtet, jedem aus dem Dienst scheidenden Handwerksgesellen eine mit dem Zunftsiegel versehene ›Kundschaft‹ auszustellen.

Diese ›Kundschaften‹ traten an die Stelle der seit Ende des 16. Jahrhunderts gebräuchlichen Ausweisdokumente. Diese waren zunächst handgeschrieben, später gedruckt; exakte Vorschriften gab es für sie jedoch nicht. Demgegenüber war der Text der ›Kundschaften‹ genau vorgegeben und enthielt Namen, Geburtsort, Alter und Dauer des Arbeitsverhältnisses des Gesellen sowie die Bezeugung seines Wohlverhaltens.

Zunächst druckte man die Kundschaften in Typendruck als einfache Zettel, seit der Mitte des 18. Jahrhunderts wurden sie mit Veduten der jeweiligen Stadt verziert.

Die Kundschaft blieb bis zur Einführung der Wanderbücher Anfang des 19. Jahrhunderts das wichtigste Reisedokument der wandernden Gesellen.

L.B.

Bade 2004; Ausst. Kat. Berlin 1999; Ehmer 1997; Stopp 1982

Wir Obrigkeitlich Vorgesezte sind unterschriebene und andere Meister des erbaren Handwerks der Knopfmacher in des Heil. Röm. Reichs Stadt Augsburg, bescheinen hiemit daß gegenwärtiger Gesell Namens Johan Daniel Arbter von Straßburg gebürtig, so 20 Jahr alt und von Statur lang auch braunen Haaren ist, bey uns allhier zu Jahr Wochen in Arbeit gestanden, und sich solche Zeit über treu, fleißig, still, fridsam und ehrlich, wie einem ieglichen Handwerks-Pursch gebühret verhalten hat, welches wir auch attestiren, und deßhalben unsere sämtliche Mit-Meistere disen Gesellen nach Handwerks-Gebrauch überall zu fördern geziemend ersuchen wollen. Augsburg den 12 Nov: 1773.

Aus dem Tagebuch des Augustin Güntzer, Kannengiesser aus dem Elsass, erste Reise 24. August 1615 – 22. Juni 1619 (Auszug)

anno 1615
Zog also erstlich von Oberehn, auß meiner Geburdtstatt,

Nacher Straßburck [Strassburg/Strasbourg]	3	M[1]
Nacher Hagenau [Hagenau/Haguenau]	4	M
Nacher Cronweißenburck [Weissenburg/ Wissembourg]	4	M
Nacher Berckzabern [Bad Bergzabern]	1	M
Nacher Landtaue [Landau in der Pfalz]	2	M
Nacher Speier [Speyer]	4	M
Nacher Heidelberg [Heidelberg]	3	M
Nacher Ladenburck [Ladenburg]	1	M
Nacher Worms [Worms]	3	M
Nacher Opnum [Oppenheim]	4	M
Nacher Mentz [Mainz]	3	M
Nacher Franckfordt [Frankfurt am Main]	4	M
Nacher Hanaue [Hanau]	2	M
Nacher Aschenburck [Aschaffenburg]	3	M
Nacher Miltenburck [Miltenberg]	3	M
Nacher Wertten [Wertheim]	2	M
Nacher Wirtzburck [Würzburg]	4	M
Nacher Oxenfordt [Ochsenfurt]	3	M
Nacher Eb [Aub]	2	M
Nacher Rodenburck [Rothenburg ob der Tauber]	3	M
Nacher Krelhen [Crailsheim]	3	M
Nacher Dinckelspill [Dinkelsbühl]	2	M
Nacher Nerlingen [Nördlingen]	3	M
Nacher Donawertt [Donauwörth]	3	M
Nacher Neyburck [Neuburg an der Donau]	3	M
Nacher Ingolstatt [Ingolstadt]	3	M
Nacher Neystatt [Neustadt an der Donau]	3	M
Nacher Kellin [Kelheim]	2	M
Nacher Rengspurck [Regensburg]	3	M
Nacher Straubingen [Straubing]	6	M
Nacher Dökendorff [Deggendorf]	4	M
Nacher Feltzhoffen [Vilshofen]	4	M
Nacher Bassaue [Passau]	4	M[2]
Nacher Lintz [Linz an der Donau]	12	M
Nacher Ibßt [Ybbs an der Donau]	10	M
Nacher Kremß [Krems an der Donau]	10	M
Nacher Egenburck [Eggenburg]	4	M
Nacher Retz [Retz]	2	M
Nacher Znem [Znaim/Znojmo]	2	M

1 M = Meile(n). Eine deutsche Meile entsprach bis 1871 ca. 7420 m.
2 Von hier an vermutlich Fahrt auf dem Schiff. Wohl bis Krems an der Donau.

Nacher Hollenpron [Hollabrunn]	4	M
Nacher Korneyburck [Korneuburg]	4	M

Hab alhier garbet 14 Wochen.[3]

Zob[4] widerumb zurück

Nacher Closterburck [Klosterneuburg]	2	M
Nacher Korneyneyburck [Korneuburg]	1/4	M
Nacher Wien [Wien]	2	M

Hab alhier garbeidt 22 Wochen.

anno 1616
Nacherdem ich mihr wid[er]umb
ein andere Reiße fohrgenomen,
zoge demnacher von Korney-

burck naher Znem [Znaim/Znojmo]	8	M
Nacher Budwitz [Mährisch-Budwitz/Moravské Budějovice]	3	M
Nacher Trigel [Iglau/Jihlava]	10	M
Nacher Deischtenbrodt [Deutsch-Brod/Havlíčkův Brod]	2	M
Nacher Kottenberg [Kuttenberg/Kutná Hora]	6	M
Nacher Kellin [Kalin/Kolín?]	1	M
Nacher Bemisch Brodt [Böhmisch-Brod/Český Brod]	4	M
Nacher Prach [Prag/Praha]	4	M
Nacher Schlan [Schlan/Slaný]	4	M
Nacher Diblitz [Teplitz/Teplice?]	3	M
Nacher Grauben [Graupen/Krupka]	1	M
Nacher Altenburck [Altenberg]	1	M
Nacher Dibiltzwalten [Dippoldiswalde]	2	M
Nacher Tressen [Dresden]	2	M
Nacher Meissen [Meissen]	3	M[5]
Nacher Dorien [Torgau]	6	M
Nacher Erllenburck [Eilenburg]	3	M
Nacher Leipzig [Leipzig]	3	M

Hab alhier garbeidt 14 Dag.

Zog weitters fordt nacher

Weißenfelß [Weissenfels]	4	M
Nacher Naumburck [Naumburg]	2	M

3 Die Möglichkeit, Arbeit, Unterkunft und Verpflegung in der angelaufenen Stadt zu erhalten, bestand in der Regel 14 Tage lang.
4 Original Güntzer = zog.
5 Danach wohl Fahrt auf der Elbe.

Aus: Güntzer 2002, S. 114–116 © Böhlau Verlag, Köln/Weimar/Wien
Vgl. Kat. 7.7

Gesindeordnung

»Ihrer Chur=Fürstl. Durchl. zu Sachßen, u. u. neu=erläuterte und verbeßerte Gesinde=Ordnung.«
Dresden, 16. November 1769
Typendruck, 34,7 x 21,2
Berlin, Deutsches Historisches Museum, Do 57/158
Kat. 8.1

Als Gesinde wurden bis ins 19. Jahrhundert jene Frauen und Männer bezeichnet, die im Rahmen eines zeitlich befristeten Arbeitsvertrages in privaten Haushalten oder in der Landwirtschaft tätig waren. Die meisten von ihnen waren Mädchen und junge Frauen aus den unteren Schichten. Während ein Teil des Gesindes nur den Lebensabschnitt bis zur Heirat und Gründung eines eigenen Haushalts in dieser Stellung verbrachte, blieben viele mangels anderer Perspektiven ein Leben lang im Gesindedienst. Um 1800 standen etwa zehn Prozent der preußischen Bevölkerung in Gesindearbeitsverhältnissen.

Ähnlich wie die Handwerksgesellen gehörte das Gesinde zu den mobilsten Gruppen der frühneuzeitlichen Ständegesellschaft. Da die Arbeitsverträge auf ein Jahr beschränkt waren, wechselten die Hausangestellten häufig ihre Stellung. Doch anders als die Gesellen stammten Knechte und Mägde meist aus der näheren Umgebung: Zwischen Herkunftsort und Arbeitsplatz lagen selten mehr als 20 Kilometer.

Die Reichspolizeiordnung von 1530 führt einen Maximallohn sowie Zeugnisse für das Gesinde ein. Damit begann eine zunehmende obrigkeitliche Verrechtlichung des Gesindestatus. So sollte den Arbeitgebern ein billiges Arbeitskräftereservoir gesichert werden.

Insbesondere im 18. Jahrhundert erließen zahlreiche Territorial- und Stadtherren eigene Gesindeordnungen, so auch der sächsische Kurfürst, der 1769 die hier abgebildete Gesindeordnung veröffentlichte. Sie schrieb die Modalitäten des Gesindedienstes, wie Vertragsabschluss und -ende, Lohn, Verpflegung und Unterkunft sowie Art und Umfang der Pflichten detailliert fest.

Rechtlich unterstand das Gesinde der Befehls- und Strafgewalt des Hausherrn. Knechte und Mägde waren ihm gegenüber zu Treue, Gehorsam und Arbeitsamkeit verpflichtet. Widerrechtliches Verhalten konnte mit körperlicher Züchtigung seitens des Hausherrn geahndet werden. Dies schlägt sich auch in der vorliegenden Gesindeordnung nieder. Sie widmet sich wesentlich der Disziplinierung des Gesindes, dem bereits im Vorwort generell »trotziges Bezeigen, Forderung übermäßigen Lohnes, Entlauffen aus dem Dienst vor der Zeit« unterstellt wird.
L.B.

Dürr 2001; Dürr 1997; Hippel 1995; Schröder 1995; Schröder 1992

No. 5.

Ihrer Chur-Fürstl. Durchl. zu Sachßen, ꝛc. ꝛc. neu-erläuterte und verbeßerte Gesinde-Ordnung.

Ergangen

De dato Dreßden, den 16. Novbr. 1769.

Mit Chur-Fürstl. Sächß. gnädigstem Privilegio.

Dreßden, gedruckt und zu finden beym Chur-Fürstl. Sächß. privil. Hof-Buchdrucker Johann Carl Krausen.

Reliefstein vom alten Rathaus Bergen-Enkheim

Auch ›Fratzenstein‹ genannt
Inschrift »far du gauch 1479«
Auftraggeber wohl: Philipp d. J. Graf von Hanau (1467–1500)
Sandstein, bearbeitet; in den Vertiefungen Reste farbiger Fassung, 35,0 x 94,0 x 22,0
Frankfurt a. M., Heimatmuseum Bergen-Enkheim
Kat. 9.1

Zwar gibt die Inschrift dieses Reliefsteins als genaue Datierung das Jahr 1479 an, doch Entstehung und Funktion sind nicht überliefert. Bekannt ist, dass der Stein an der seit 1440 errichteten Befestigungsanlage der Stadt Bergen (heute als Bergen-Enkheim ein Stadtteil von Frankfurt am Main) eingelassen war. Dort befand er sich jahrhundertelang am Torturm der Unterpforte, also des Stadttores, das Richtung Frankfurt lag. 1872 wurde er demontiert.
Das spätgotische Kopfrelief stellt einen Narren dar, der die charakteristische Kopfbedeckung, eine langohrige Narrenkappe, trägt. Die langen Ohren verweisen auf die Dummheit des Esels. Mit verachtungsvoll heruntergezogenem Mundwinkel schaut der Kappenträger aus einer viereckigen Öffnung und hält dem Betrachter ein flatterndes Schriftband mit den Worten »far du gauch« entgegen.
Der Heimat- und Regionalforscher Werner Henschke legte in den 1970er Jahren die bislang überzeugendste Interpretation des Reliefsteins vor. Sie geht aus von der Bedeutung des heute aus dem Sprachgebrauch verschwundenen Wortes ›Gauch‹. Dieses war ein Sammelbegriff für Narren, Landstreicher, Seiltänzer, Vagabunden etc., kurz für das Fahrende Volk. Die Schrift auf dem Stein lässt sich also übersetzen mit »Verschwinde, du Gaukler«. Da die Unterpforte, an der sich der Stein über Jahrhunderte befunden hatte, die direkte Verbindung von und nach Frankfurt am Main gewesen war, kommt Henschke zu der Einschätzung, dass der Stein ein ›Abweiseschild‹ gegen unerwünschte Besucher war: nämlich gegen Bettler, Vaganten, Landstreicher und ›Zigeuner‹, die nach den Frankfurter Messen die umliegenden Ortschaften geradezu ›überschwemmten‹.
Diese plausible Deutung wird unterstützt durch die Tatsache, dass der Reliefstein wohl von dem für Bergen zuständigen Territorialherrn, Graf Philipp d. J. von Hanau, in Auftrag gegeben wurde. Zudem befand sich in der Nähe des Steins seit 1727 ein ›Zigeunerstock‹. Diese Verbotstafel untersagte ›Zigeunern‹ und anderem Fahrenden Volk den Zutritt zur Stadt unter Strafe für Leib und Leben (vgl. S. 196f.). So spricht vieles dafür, dass der Reliefstein ein früher Vorläufer dieses Rechtszeichens war.
Anders als die mehr als zwei Jahrhunderte später überall im Alten Reich aufgestellten Zigeunerstöcke entspricht dem Gebrauch des Bergener Reliefsteins keine juristisch kodifizierte Grundlage. Seine Funktion mag sich im täglichen Gebrauch immer wieder aufs Neue hergestellt und bestätigt haben – und dies zu einer Zeit, als der frühneuzeitliche Staat mit den drei großen Reichspolizeiordnungen, die 1530, 1548 und 1577, also wenige Jahrzehnte nach Anbringung des Bergener ›Fratzensteins‹, verfasst wurden, eine neue restriktive Rechtspraxis gegenüber dem Fahrenden Volk durchzusetzen suchte.
R.B.

Carlen 2005; Mezger 1999; Kat. Frankfurt 1984; Werner Henschke, *Ein »Doppelgänger« unseres »Fratzensteins« am Rathaus in Bad Nauheim*, in: *Aus der Heimat. Beilage zur Bergen-Enkheimer Zeitung*, Nr. 2, Juni 1976, S. 7–11; Wolfgang Fleckenstein, *»Menschenkopf mit Säuohren« gibt Nüsse zu knacken*, in: *Frankfurter Rundschau*, 02.10.1975; Werner Henschke, *Far, du Gauch! 1479. Zur Geschichte des »Fratzensteins« am alten Rathaus in Bergen*, in: *Aus der Heimat. Beilage zur Bergen-Enkheimer Zeitung*, Nr. 1, August 1975, S. 1–24; Deutsches Wörterbuch s. v. Gauch

»PERSONEN, AUF WELCHE ZUR ERHALTUNG DER ALLGEMEINEN SICHERHEIT EIN VORZÜGLICHES AUGENMERK ZU RICHTEN IST«

§ 1.
Einleitung.
Die Erfahrung hat es bestätiget, daß ein großer Theil der Menschen, welche sich gewissen Gattungen von Beschäftigungen widmen, der allgemeinen Sicherheit äußerst gefährlich sind. Mehrere Kreisbeschlüsse sowohl – als Landesverordnungen haben sie bereits als solche bezeichnet, und die neueren Beispiele stimmen mit der älteren Erfahrung überein. Wir wollen daher, daß in jedem Falle auf dieselbe ein wachsames Aug gehalten werde.

§ 2.
Personen, welche der Polizeiaufsicht besonders unterworfen sind.
Unter diese Klasse von Personen, welche der Polizeiaufsicht besonders unterworfen sind, zählen Wir folgende:
- a) Umherziehende Betteljuden, deren Anzahl sich besonders zum wahren Nachtheile Unserer Landeingesessenen Schutzjuden, und zur größten Belästigung Unsrer getreuen Unterthanen überhaupt, seit einiger Zeit von aussenher sehr beträchtlich anhäufte.
- b) Alle jene, welche meineidig aus fremden Kriegsdiensten, in denen sie sich befanden, entwichen sind; von Deserteurs aus Unseren selbsteignen Truppen kann hier keine Sprache seyn, weil selben ohnehin in Unsern Landen kein Aufenthalt gegeben werden darf.
- c) Angebliche Pilgrimme.
- d) Vorgeblich verarmte Edelleute.
- e) Angebliche abgedankte Offiziere und deren Weiber.
- f) Verabschiedete Laquayen, Läufer und Jäger, besonders die sogenannten Kammerjäger.
- g) Angebliche Geistliche, welche für gefangene Christen, ihrem Vorgeben nach, kollektiren.
- h) Falsche Werber.
- i) Jene, welche sich zu Aufwiegelung der Unterthanen gebrauchen lassen.

k) Jene mit allerlei Spiel und Musik den Messen und Jahrmärkten, auch Kirchweihen, nachziehende Personen.
l) Quacksalber und empyrische Zahnärzte.
m) Die sogenannten Brandbrief- und Kollektenträger.
n) Jene Handwerkspursche, welche ohne gehörige Pässe und Kundschaften reisen, oder durch öffentliche und Privatsteckbriefe und Requisitoriales als unruhige Menschen bezeichnet sind.
o) Das sich einschleichende fremde Bettelgesinde jeder Art.
p) Jene, die Jahrmärkte, Messen und Kirchweihen mit sogenannten kurzen Waaren besuchende Krämer, wie nicht minder –
q) Die Zeitweis sich einfindenden Kesselflicker und Korbmacher, desgleichen –
r) Jene Leute, welche mit steinernen oder erdenen Krügen oder Gefäßen handeln, auch gewöhnlich Esel zum Transporte dieser Waaren bei sich führen, und bereits durch vordere Kreisedikte und Landesverordnungen als gefährlich geschildert sind.
s) Solche Wilddiebe, welche aus dieser unerlaubten Beschäftigung einen wahren Nahrungszweig sich gemacht, und sich derselben so sehr ergeben haben, daß sie fast stets in den Waldungen oder auf dem Felde sich aufhalten, und eigentlich nirgends eine stete Wohnung haben.
t) Die Zigeuner.
u) Jene Leute, welche wilde Thiere, als Bären, Löwen etc. in dem Lande zur Schau umherführen.
w) Jede auf abgelegenen Orten und Mühlen sich aufhaltende fremde unbekannte Person.
x) Alle jene fremde unbekannte Menschen, welche entweder ganz ohne Pässe oder mit verdächtigen Pässen reisen, und Merkmaalen eines Vagabunden an sich tragen.

In: Kurmainzer Erlass gegen das »Uibel von ausgearteten, korrupten, müßig umherschweifenden und gefährlichen Menschen«,
4. Dezember 1801, I. Abschnitt, vgl. Kat. 10.10

Almosentafel

›Der Rothenburger Almosenkasten‹
Rothenburg o. d. T., 1555
Tempera auf Holz, 33,0 x 55,0
Rothenburg o. d. T., Ev.-Luth. Kirchengemeinde St. Jakob
Kat. 10.1

Im Mittelalter galt Armut als gottgegeben und das Betteln war eine gesellschaftlich anerkannte Tätigkeit. Doch im 14. Jahrhundert setzte ein Mentalitätswandel ein: Bedürftigkeit wurde zunehmend als Folge moralischen Versagens und liederlichen Lebenswandels interpretiert. Die Obrigkeiten begannen, das Betteln immer stärker zu reglementieren und zwischen ›würdigen‹ sowie ›unwürdigen‹ Armen zu unterscheiden. Letzteren wurde unterstellt, sich unter falschen Vorwänden Almosen erschleichen zu wollen; der Topos des ›starken‹ Bettlers, der seine Bedürftigkeit lediglich vortäuschte, entstand. Die ›würdigen‹ Armen hingegen mussten sichtbar an der Kleidung angebrachte ›Bettelzeichen‹ tragen (vgl. Kat. 10.2–10.6 und Abb. S. 51). Anfang des 16. Jahrhunderts wurde das Betteln schließlich gänzlich untersagt (vgl. Kat. 10.8–10.10 und Abb. S. 50).
Gleichzeitig ging die Armenfürsorge von der Kirche in weltliche Hände über: Die Reichspolizeiordnung von 1530 (vgl. Kat. 9.2) schrieb fest, dass es fortan Aufgabe der Gemeinden sei, sich um die Bedürftigen zu kümmern.
Die lutherische Reichsstadt Rothenburg ob der Tauber richtete 1554 einen so genannten Almosenkasten ein. Es handelte sich hierbei um eine städtische Stiftung, die das Vermögen der im Zuge der Reformation aufgelösten kirchlichen Stiftungen übernahm und fortan für die Armenfürsorge zuständig war. Um die Bürger auf die neue Einrichtung aufmerksam zu machen, ließ der Rat der fränkischen Stadt in verschiedenen Kirchen ›Almosentafeln‹ anbringen.
Die hier abgebildete, auf 1555 datierte ›Almosentafel‹ stammt aus der Rothenburger St.-Jakobs-Kirche. Auf der linken Tafelhälfte ist ein Bettler zu sehen. Er sitzt am Straßenrand auf einem Holzstumpf und hält zwei Männern – ihrer Kleidung nach wohlhabende Bürger – ein Schälchen hin, in das der vordere der beiden ein Almosen legt. Darüber steht der Satz: »Gebt hausarmen Leuten umb Gottes willen«. Auf der rechten Bildhälfte sind vier Bibelsprüche zu lesen. Sie appellieren an die Barmherzigkeit gegenüber den Bedürftigen und versprechen dem Spender Seelenheil.
Die ›Almosentafel‹ sollte die Kirchgänger dazu animieren, eine Geldspende in den unterhalb des Gemäldes angebrachten ›Opferstock‹ zu legen. Der ›Kastenmeister‹ verwaltete den Erlös. Ehrenamtliche Armenpfleger verteilten das Geld nach festgelegten Kriterien an die ortsansässigen ›Hausarmen‹ oder ›verschämten‹ Armen, die als unterstützungswürdig eingestuft wurden. Das waren zumeist Alte, Kranke, Witwen und Waisen.
Ausgenommen von der städtischen Armenfürsorge waren die ›fremden‹ Bettler, die am Betreten der Städte gehindert werden sollten. Da sie als Sicherheitsproblem galten und die ›gute Ordnung‹ des Gemeinwesens störten, wurden sie von den städtischen Obrigkeiten ausgegrenzt und kriminalisiert. Dies führte dazu, dass ganze Bettlerscharen auf der Suche nach einem Auskommen über Land zogen.
L.B.

Beitrag von Karl Härter in diesem Band; Jütte 2000; Rheinheimer 2000; Maué 1999; Hippel 1995; Ausst. Kat. München 1992; Ausst. Kat. München 1987; Sachße/Tennstedt 1980; Dannheimer 1966

Zitat nach: Weber 2002, S. 161

»Item daß auch die oberkeyt versehung thü daß eyn jede statt und Cummun ire armen selbst ernenen und underhalten und imm Reich nit gestattet an eynem jeglichen ort frembde zu bettlen.«

Auszug aus Artikel 34 (»Von bettlern und müssig gengern«) der Reichspolizeiordnung von 1530

Zwei Bettlerfiguren:
Bettlerin
Bettler mit zwei Stöcken

Umkreis des Simon Troger (Abfaltershausen/Südtirol 1693–1768 Haidhausen bei München)
Süddeutschland, 2. Drittel 18. Jahrhundert
Holz, Elfenbein, Glas, H 26,5, 27,5
Berlin, Deutsches Historisches Museum, KG 98/41, KG 98/47
Kat. 10.12 und 10.14

Darstellungen von Bettlern sind in der barocken Kunst eher selten zu finden. Einige Künstler widmeten sich jedoch bevorzugt diesem Thema. Dazu zählen der Lothringer Jacques Callot, dessen Graphiken weite Verbreitung fanden, Wilhelm Krüger, der als Elfenbeinkünstler in Dresden ansässig war, und Simon Troger, ein Bildschnitzer aus Osttirol, der ab circa 1730 hauptsächlich in München arbeitete und dort auch eine Werkstatt unterhielt.

Das Thema Armut bot den Bildschnitzern die Gelegenheit zu expressiven Kombinationsfiguren. Die durchlöcherten Kleiderfetzen wurden aus Holz geschnitzt, die eingefügten Körperteile aus Elfenbein. Dank der Seeverbindung nach Ostindien stand das Elfenbein, das vor allem durch die holländischen Handelskompanien nach Europa importiert wurde, in ausreichenden Mengen zur Verfügung. Die aufwendigen Schnitzereien waren schon zum Zeitpunkt ihrer Herstellung kostbar und fanden ihre Abnehmer zumeist in fürstlichen Sammlerkreisen, die das Pittoreske, Ungewöhnliche liebten. Die Bettlerfiguren in der Sammlung des Kurfürsten Friedrich August I. von Sachsen – heute im Grünen Gewölbe in Dresden – sind nicht nur aus Elfenbein geschnitzt, sondern auch mit Edelsteinen besetzt.

Die beiden aus Süddeutschland stammenden Bettlerfiguren zeigen dagegen keinerlei Luxusattribute. Die Körper erscheinen gebrechlich und ausgemergelt, die Kleidung zerrissen und schäbig. Der Mann trägt eine Kopfbedeckung, aber keine Schuhe und tastet sich wie ein Blinder mit zwei Stöcken voran. Die Frau stützt sich beim Gehen in leicht gebeugter Haltung mit beiden Armen auf einen Stock.

Die Hälfte der in bayerischen Gemeinden im 18. Jahrhundert aufgegriffenen Vaganten waren Frauen. Nur ehrbare Witwen erhielten seitens der Stadt, der Kirche oder der Dorfgemeinschaft Unterstützung. Anspruch auf eine Bettellizenz hatten lediglich die ortsansässigen Bettler. Strafverfolgung bis hin zur Todesstrafe drohte den fremden, umherziehenden Bettlern, die gegen Verbote verstießen.

Kurfürst Maximilian III. Joseph von Bayern sammelte und verschenkte die von Simon Troger geschaffenen Figuren, die in vielen ehemals höfischen Kunstkammer-Sammlungen erhalten sind. Die Berliner Kunstkammer besaß laut Berichten aus dem 19. Jahrhundert früher über 20 Bettler und Musikanten, Kombinationsfiguren aus Holz und Elfenbein.

L.K.

Friedeburg 2002; Kappel 2001; Möller 2000; Rheinheimer 2000; Theuerkauff 1994; Philippovich 1961; Scherer 1903

Fahrendes Volk: Kesselflicker und Korbmacher

Künstler unbekannt
Wohl Süddeutschland, um 1750
Öl auf Holz, je 30,0 x 37,0
Ottobeuren, Benediktinerabtei Ottobeuren, Inv. 63/18a–d
Kat. 10.22–10.23

Die beiden Darstellungen sind Teil einer Serie von vier Bildern. Sie zeigen charakteristische Berufe und Tätigkeiten des Fahrenden Volkes. Dazu gehören neben dem Kesselflicker und dem Korbmacher Siebmacher sowie ein Scheren- und Glasschleifer. Die Herkunft der Gemälde ist nicht bekannt. Ihre naive Darstellungsweise lässt einen ›Volkskünstler‹ vermuten. Vielleicht hingen sie einst in einer Wirtschaft oder einer Herberge.

Der Bildaufbau der Gemälde variiert nur leicht. Silhouettenhaft hebt sich die dargestellte Person von einem Hintergrund ab, der auf eine alpenländische Landschaft verweist. Während Körper und Kleidung der Person fast schablonenhaft wirken, sind die Bilder in der Charakterisierung der jeweiligen Profession realistisch und detailreich.

Vor einer einfachen Holzhütte sitzt der Kesselflicker. Prüfend schaut er, auf der Suche nach der undichten Stelle, in einen dreibeinigen Kessel. Das Reparaturwerkzeug liegt griffbereit: Mit dem Dorn, der zur leichteren Handhabung an einem Handgriff befestigt ist, vergrößert der Kesselflicker die undichte Stelle, um sodann mit Zange und Hammer das pilzförmige Metallstück hineinzutreiben und von innen festzuklopfen.

Der Korbmacher (süddeutsch auch: Kermzäuner) sitzt vor einem fast fertig gestellten Korb. Der Handgriff fehlt noch, auch müssen die Enden der herausstehenden Weidenäste noch abgeschnitten werden. Die *Schinen* waren aus Fichtenwurzeln gefertigt, der Span (dünne, weiche Weidenwurzeln) wurde bündelweise dazwischen gebunden. Das Gemälde zeigt, wie der Korbmacher die Späne mit einem speziellen Messer fest zusammenschiebt, um den Korb zu stabilisieren. Das Material zur Korbherstellung ›fand‹ der Korbmacher im Wald, insbesondere in den meist nur wenig kontrollierten Staatsforsten.

Fahrende Leute zogen von Dorf zu Dorf, um Aufträge zu bekommen und ihre Erzeugnisse zu verkaufen. Sie übernachteten, wo immer sich eine Gelegenheit bot: in Heuschobern, leer stehenden Kapellen, Ruinen und in Hüthütten. Solch eine Hütte zum Unterstand für Hirtenjungen und Schäfer ist auf den Bildern möglicherweise dargestellt. Die Dorfbewohner nahmen die Dienste des Fahrenden Gewerbes in Anspruch, wollten die Fahrenden ansonsten aber – aus Furcht vor Mundraub und Diebstahl – so schnell wie möglich wieder loswerden. Noch bis ins 20. Jahrhundert zogen Kesselflicker, Korbmacher, Siebmacher und Scherenschleifer über Land. Sie bildeten – wie es in einem Bericht um 1900 heißt – den »Kern des fahrenden Volkes«, während demgegenüber die »Musikanten, Tänzer, Gaukler, Tierbändiger, Bärentreiber, Mausfallenhändler, Drehorgelmänner, Zirkusleute, Affenbesitzer u. s. w.« von ihnen als »Eindringlinge« angesehen wurden.
R.B.

Beitrag von Karl Härter in diesem Band; Manglkammer 1911 (Zitat S. 88)

Persönliche Beschreibung der Räuber und Spitzbuben, 1781

1) **Johann Henrich Wilhelm Gundermann**, angeblich von Seck bey Limburg gebürtig, 46 Jahre alt, spielt die Violin und stand ehedem in kayserlichen und preußischen Kriegsdiensten. Er hat sich in der hiesigen Inquisition, worinnen er noch befangen ist, anfänglich **Johannes Schmidt**, dann **Johannes Gundermann**, sofort **Johannes Seybold**, aus Brünn gebürtig, und endlich mit seinem dermaligen Namen genennet und angegeben, daß er bey der Oberländischen oder Wetterauischen Bande von seinen Kameraden der alte **Wilhelm** geheisen worden sey. Seine zwey Weiber, mit denen er copulirt zu seyn angiebt, hiesen **Grethchen Linckin** und **Kirchnerin**, außer diesen aber hätte er noch drey Beyschläferinnen, nämlich die **Schreiberin**, die **Anna Maria**, und **Margrethe** gehabt, und die Schreiberin führe seine drey Kinder, **Johann Henrich Wilhelm** von 8 Jahren, **Christian** von 6 Jahren und **Johannes** von etwa drey Jahren bey sich. Er ist nicht nur fast bey allen unten vorkommenden Diebstählen und Straßenraubereyen gewesen und hat seinen Antheil davon bekommen, sondern er hat auch

    a) zu Weilburg, allwo er sich aus dem Wittgensteinischen, und daß
seine Frau von Lamenstruth gebürtig seye, falsch angegeben
    b) Vor 20 Jahren zu Lauterbach.
    c) " 16 " Braunfels.
    d) " 13 " Hadamar.
    e) " 8 " Büdingen.
    f) " 7 " Alzey.
    g) " " " Lich, auch
    h) " " " Marburg, wo er 5 Stunden davon, als er
nach Cassel geführt werden sollen, aus dem Gefängnis durchgegangen, und
    i) Im Jahre 1777 zu Meurs gefangen gesessen, und ist, da er nebst 4 seiner Kameraden den Postwagen zwischen Eberstadt und Bickenbach attaquirte, von dem Conducteur in den Mund geschossen, demohngeachtet von jenen noch fort und nach Niederrad gebracht, hier aber entdeckt und darauf am 25. April des vorigen Jahrs von Frankfurt anher ausgeliefert worden.

2) **Johann Tobias Kiefer**, sonst **Razof** genannt, ein Metzgerknecht, von Lohr im Churmaynzischen gebürtig, ist in Frankfurt arretirt und am 5. Nov. v. J. hier eingebracht worden. Er hat ehedem zweymal zu Maynz geschanzet, öfters die schwereste Ausbrüche versucht, ist zu Würzburg wegen seinen Begangenschaften ausgepeitscht und auf ewig des Landes verwiesen worden, und hier in dem Gefängniß gestorben.

3) **Matthäus Gansert**, der **Wollenkämmer von Rohrbach** genannt, 32 Jahre alt, zu Walldorf im Oberamte Heydelberg gebohren, hat zu Rohrbach, eine Stunde von Heydelberg gewohnet, und Krämerey getrieben. Er giebt an, sein Stiefvater, **Sarva Kolb** und seine Mutter, **Maria Elisabetha Erzerin**, von Elzes im Oberamte Hilzbach gebürtig, seyen 1761 in Rohrbach gestorben, und seine Frau, **Catharina Stauderin** von Zahlbach, welche zuerst den Steinhauer **Kayser** und hernach den Stroharbeiter **Christoph Krug** von Bischofsheim, Amts Rüsselsheim, zu Ehemännern gehabt und mit der er zu Otterstadt copulirt worden sey, halte sich in Düsseldorf auf und habe 6 Kinder, nämlich:

    a) **Francisca**, aus der Kayserischen Ehe, so an den Krämer, **Johann Kahl** zu Hochheim verheurathet sey.
    b) **Maria Margaretha**, aus der Krugischen Ehe, 30 Jahre alt, und von ihm Gansert gezeugt:
    c) **Margaretha**.
    d) **Johann Sebastian**, 6 Jahre alt.
    e) **Catharina Barbara**, 4 Jahre alt.
    f) **Johannes**, die Ostern ein Jahr alt.

Dieser Ganßert hat vor 4 Jahren schon in Frankfurt gesessen, ist zu Düsseldorf in die Gefangenschaft gekommen und von dorther am 13. Jänner d. J. hieher abgehohlet worden.

Diese hiesige 3 Inquisiten haben nicht nur die zur Bande gehörige Kameradschaft, sondern auch was ein jeder für Verbrechen auf sich habe, angezeiget, und erstere also, wie hier folget, beschrieben:

4) Johannes, von Schmalkalden gebürtig, sonst der **Schmalkalder Hannes**, auch **Sachs** genannt, ein Papiermachersgeselle und etwa 32 Jahre alt. Als er 1777 zu Meurs gesessen, hat er sich für **Johannes Seipel** von Umstadt fälschlich angegeben, und die dorther von ihm erhaltene Beschreibung ist diese: daß er kleiner Statur sey, ein schmales eingefallenes Gesicht, auf dem linken Backen einen von der Nase anfangenden Messerschnitt, blaue Augen und hellbraune rund herabhangende Haare habe, in welchen er einen Kamm trage. Bey der Postwagenattaque in der Bergstrase soll er einen schlechten dunkelblauen Rock, gestriften Brustlappen, leinene Hosen, graue wollene Strümpfe und Rahmenschuhe angehabt und außer Meurs auch schon zu Windecken, Marburg und Oppenheim gesessen haben und überall theils durchgebrochen, theils entwischet seyn, und zu Oppenheim habe er das eine Bein so verfallen, daß er lange habe an Kricken gehen müssen. Die **Anna Maria Flankin**, so unten vorkommen wird, sey seine Frau und des Wilhelms Frau seine Beyschläferin; auch habe er des **stumpfärmigen Johannes** (der, als er von Marburg nach Cassel geführt werden sollen, 5 Stunden davon aus dem Gefängnis durchgegangen.) seine Schwester, welche sich bey den Ziegeunern aufgehalten, gehabt. Er soll 2 Mädgen haben.

5) Johannes von Diez, der **Diezer Hannes**, auch **Henrich** genannt, gegen 30 Jahre alt, sey etwas dick, habe ein rundes rothes glattes Gesicht mit einer dicken starken Nase, ein weises länglichtes Haar und einen Schnitt am Daumen. Er soll 4 Jahre auf den Galeeren gewesen seyn. So wohl er, als seine Frau, welche Strümpfe stricke und eines Schinders Tochter seyn solle, trügen Közen mit kurzer Waare. Als er das letztemal gesehen worden, habe er ein altes blaues Camisohl, einen Brustlappen von grauem Tuch, schwarze lederne Hosen und blaue Strümpfe getragen.

6) Der **Drucker Henrich**, welcher Leinwand drucke, habe eine buckeligte spitze Nase und hohe Brust. Er trage in dem linken Ohr ein Ohrgehäng und führe seine Waaren auf einem Maulesel mit sich. Er habe 2 Mädgen und einen Buben, der lahme Hände habe. Unter andern vielen Diebstählen habe er im Hanauischen ein Pferd gestohlen und solches einem Hofmann eine halbe Stunde von Lich verkauft. Bey der Bande seye er der **vornehmste** und werde auch der **kleine Henrich** genannt.

7) **Anna Eva**, des Drucker Henrich seine Frau, habe eine Warze auf dem Backen und vorher den zu Zweybrücken hingerichteten **Johann Adolph** zum Manne gehabt. Von diesem habe sie zwey Kinder und sitze dermal zu Düsseldorf gefangen. Sie sey auch eine Beyhälterin vom Matthäus Gansert gewesen und habe noch 3 Schwestern, welche mit den Spitzbuben in Gemeinschaft stünden, und zwar sey die eine beym Gottfried, die andere beym Henrich, der sich Seipel nenne, und die dritte beym Hannes mit dem Schuß in der Wade. Der Sau Jacob sey ihr Vater und der Johann Jost ihr Bruder.

8) Der **Sau Jacob**, ein alter kurzer dicker Mann, und der Vater von eben beschriebenen 4 Schwestern, sey auf Kricken gegangen, weil ihn der Schlag gerührt gehabt, und sey im Friedbergischen auf dem Mist tod gefunden worden.

9) **Anna Elisabetha Schreiberin**, von Götzen, Amts Schotten gebürtig, etwa 29 Jahre alt. Sie sey des Gundermanns Beyhälterin und bis zu seiner Arretierung seit 8 Jahren bey ihm gewesen, wie sie dann auch 1777 mit ihm in Meurs gesessen habe. Von da wird folgende Beschreibung von ihr gemacht: sie sey mittelmäsiger gesetzter Statur, sehe gut aus, habe lebhaft rothe Wangen, schwarzbraune Haare, und ins Blaue fallende Augen. Sie wird gemeiniglich die Liese, und ihre Mutter, eine kurze dicke Frau, welche der zu Hanau im Gefängniß verstorbene **Andreas Boni** nach dem Schreiber zur Beyhälterin gehabt habe, des **Boni Mariechen**, auch **Bonisin** genannt. Jene, die Schreiberin, solle sich von Rödelheim über Bonames nach dem Siegischen, wo die Eisenhämmer sind, gewendet haben, und vielleicht zu Grenzhaußen und Heer im Churtrierischen aufhalten.

10) **Anna Maria Flankin**, eine Stiefschwester von des Gundermanns Frau, der **Grethge Linkin**, ist des **Schmalkalder Hanneßen** seine Frau, etwa 25 Jahre alt, hat mit ihrem Manne zu Meurs gesessen, von wannen die Beschreibung von ihr eingekommen ist, daß sie zu Flörsheim, 2 Stunden oberhalb Maynz gebohren, langer Statur und von gutem äusserlichen Ansehen sey, schwarze Haare und hellblaue Augen habe, und einen blauen tüchernen Rock und Mutzen und eine besondere Haube von braunem Tuch getragen hätte.

11) **Henrich**, der sich fälschlich Seipel nennet, hat ebenfalls in Meurs gesessen, von da folgende Beschreibung von ihm gemacht worden ist: er sey ohngefehr 38 Jahre alt und habe, wie der **Schmalkalder Hannes**, welche beyde sich für Brüder ausgegeben, gethan, von Umstadt gebürtig zu seyn, fälschlich angegeben. Sonst sey er von mittelmäsiger Gestalt, blassen eingefallenen Angesichts, habe blaue Augen und hellbraune Haare, die er in einem Zopf mit einem Kamm über den Kopf stecke. Er solle unter andern bey dem Hauderer Jacob Müller in Frankfurt ehedem als Kutscher gedienet haben, und insgemein der **Henrich** und seine Frau die **Lies** genannt worden seyn.

12) **Hanns Georg**, etwa 19 Jahre alt, handele im hessischen mit irdenem Geschirr, seine ohngefehr 17 jährige Frau sey stammhaft, habe ein schwarzes Gesicht und keine Kinder.

13) **Johann Jost**, von ohngefehr 20 Jahren, sey ein stammhafter Mannskerl von 5 Schuh 6 Zoll, und habe ein rundes Gesicht. Das schwarzbraune Haar trage er unter dem Kamm und wenn solches geschnitten seye, so krauße es sich. Er gäbe sich auch für einen Bruder vom Johann und Henrich Seipel aus, das aber falsch sey. Zu Windecken habe er auch schon gesessen, sey aber daselbst durchgebrochen. Seine Frau, **Anna Maria**, eine kleine, schmale und dürre Weibsperson, sitze zu Düsseldorf gefangen, und sonst hätten sie ihre Porcellanwaaren auf 1 Pferd und 3 Eseln geführet. Dessen 4 Schwestern sind sub n.7 zu finden.

14) **Conrad**, ein langer Mannskerl, habe geschnittene braune in natürliche Locken gekrauste Haare. Seine Frau sey von mittelmäßiger Statur, schön von Gesicht und habe ein Mädchen mit einem kleinen rothen Muttermaal im Gesicht.

15) **Friedrich Reichert**, welcher von hier mit dem **Jacob Herr**, eigentlich Heß genannt, der am 20. Jan. 1775 zu Maynz geköpft wurde, dahin gebracht worden, ist ein Knopfmacher von Colbach im Büdingischen, und ein Schwager von des Ganserts Tochtermann. Er hat 6 Jahre zu Maynz geschanzet.

16) **Gottfried**, gebe sich für **Nickes** aus, sey 5 Schuh, 5 Zoll gros, habe ein schwarzes Gesicht und Haar, ein aufgeworfenes Mohrenmaul, und sehe sehr graß aus den Augen. Gundermann giebt an, er habe ihn mit unter die Preussen unter das Salomonische Regiment genommen, wo er vielleicht noch stehe. Er habe des Christians Frau, **Catharine** geheurathet.

17) **Justus Flanck**, etwa 18 Jahre alt, habe ein schwarzes Gesicht und dergleichen krauße Haare, sey noch ledig und habe bey einem Preußischen Freycorps, so in Berlin reduciret worden, gestanden. Er sey ein Schwager vom Schmalkalder und vom Carl, und habe vor 7 Jahren zu Alzey gefangen gesessen.

18) **Philipp von Bieberich**, sey ein groser Mensch, habe noch keinen Bart und trage bald einen Zopf, bald schlage er die Haare auf. Er soll seines Handwerks ein Schumacher, zu Bieberich Bedienter gewesen und von da hinweggejagt worden seyn. Mit seiner Frau und 2 Kindern habe er die Ostermesse v. J. zu Sachsenhaußen im Adler logirt.

19) **Grethge Linkin**, gebe sich fälschlich von Weydenhaußen im Hachenburgischen gebürtig zu seyn an. Gundermann sagt, er sey vor 17 Jahren im Franciskanerkloster zu Wetzlar mit ihr copulirt worden, habe sie aber bereits vor 9 Jahren verlassen und nun hielte sie sich beym Carl auf. Des Schmalkalder Hannes seine Frau sey ihr Stiefschwester und vor 10 Jahren sey sie bey der Mudacher Höhe arretirt und, wie er glaube, nach Erbach geführt worden, da sie aber durchgegangen sey. Auch hätte sie und ihre Mutter **Marielies** zu Braunfels, Hadamar, Cassel, woselbst sie entwischet, wie auch zu Coblenz gesessen.

20) **Marielies**, der eben beschriebenen **Greth(g)e Linkin** ihre Mutter, und des alten Hannes seine Frau, sey ein langes schwarzes Weibsbild mit einem langen Gesicht und schwarzen Haaren und sey dreymal, nemlich zu **Hachenburg**, **Limburg** und **Weilburg** gebrandmarket worden.

Aus: Actenmäsige Beschreibung derer von denen hiesigen Inquisiten entdeckten meistens zur sogenannten Oberländischen oder Wetterauischen Räuber- und Spitzbuben-Bande gehörigen Personen, beyderley Geschlechts, und der von denselben theils wirklich verübten, theils vorgehabten Straßenraubereyen, Diebstählen und anderer Verbrechen, wie sie von jenen ebenfalls angezeiget worden, Darmstadt: Fürstliche Hof- und Canzleybuchdruckerey 1781, S. 5–10

›ZIGEUNERSTOCK‹

Auch ›Zigeunerwarntafel‹ genannt
Wohl Herrschaft Oettingen-Wallerstein, wohl 1709/25
Metallblech, polychrom gefasst, 32,0 x 23,5
Nördlingen, Stadtmuseum Nördlingen, 1698b (VIII B 7)
Kat. 11.6

Die Tafel zeigt einen Galgen, an dem ein Zigeuner hängt. Im Vordergrund steht ein Mann mit entblößtem Oberkörper und hinter dem Rücken gebundenen Händen. Ein Scharfrichter hält in der linken Hand einen Strick, in der angehobenen Rechten eine Rute, mit der er auf den Mann einschlägt. Am unteren Rand der Tafel ist die Aufschrift »Jauner u. Zigeiner Straff«, »Strafe für Gauner und Zigeuner«, zu lesen.

1498 erklärte die Gesetzgebung des Alten Reiches die Zigeuner für vogelfrei und verwies sie des Landes. Seit dem 16. Jahrhundert wurden die ›Landfahrer‹ mit stets strenger werdenden gegen sie gerichteten Verordnungen bekämpft.

Die bildhafte Darstellung sollte den des Lesens unkundigen Zigeunern die ihnen drohenden Strafen verdeutlichen und sie vom Betreten des Territoriums abhalten. Diese Bekanntmachung von Gesetzen beruhte auf dem alten Grundsatz, dass Gesetze denjenigen, die sie binden, auch bekannt sein müssen. Die Verordnungen über die Verfolgung der Landstreicher und Zigeuner wurden vorgelesen und in gedruckter Form an Toren, Rats-, Gerichts- und Wirtshäusern etc. angeschlagen. Um die in ihnen enthaltenen Strafen adressatengerecht bekannt zu geben, begann man – anknüpfend an die ältere Tradition der so genannten Pestsäulen –, besondere Warntafeln, die so genannten Zigeunerstöcke, aufzurichten.

Die ›Zigeunerstöcke‹ bestanden aus einem hölzernen Pfahl, auf dem ein Blechschild oder eine Holztafel befestigt war. Sie wurden an Grenzen, Straßen, Pässen, Überfahrten, vor Dörfern etc. aufgestellt. Aus Schlesien ist eine vom Oberamt gelieferte Vorlage (Holzschnitt) für die Bemalung der Holztafeln erhalten (vgl. S. 69), aus der Steiermärkischen Herrschaft Murau die Darstellung einer weiteren Tafel (vgl. S. 68).

Die ersten ›Zigeunerstöcke‹ wurden bereits vor dem Erlass der Verordnung vom 4. Oktober 1685 in Kleve-Mark aufgestellt. Diesem Beispiel folgten Böhmen 1706, Schlesien 1708, Kurpfalz und Braunschweig-Lüneburg 1709. Andere Gebiete des Deutschen Reiches wie auch habsburgische Erbländer schlossen sich an. Die Reihe schloss am 9. März 1784 die Grafschaft Lippe. Hier ist die Verwendung der ›Zigeunerstöcke‹ noch im Jahre 1808 nachgewiesen.

Die meisten ›Zigeunerstöcke‹ richteten sich an Landstreicher und Zigeuner, nur wenige allein an Zigeuner. Die Bleche oder Tafeln enthielten teilweise entweder nur Text (Kurtrier 1711, Lippe 1784) oder nur Bild (Schlesien 1708), meistens aber beides. Die erhaltenen bebilderten ›Zigeunerstöcke‹ sowie die in Edikten beschriebenen Tafeln variieren stark. Symbolisch stellen sie einige der in Edikten genannten Strafen dar: Galgen mit gehängtem Zigeuner, Brandeisen, Scharfrichter, einen Landstreicher oder eine Zigeunerin austäupend (= auspeitschend), Karren und Spindel als Symbole der Zwangsarbeit.

Die wiederholt angeordneten Erneuerungen der ›Zigeunerstöcke‹ und amtliche Berichte bezeugen eine beschränkte Wirkung der Warntafeln und der angeschlagenen Patente. Doch waren die Zigeunerstöcke ein wichtiges Instrument der Rechtsprechung: Gaben sie vor Gericht zu, die Warntafel gesehen zu haben, bedeutete dies für die männlichen Zigeuner den Tod.

J.H.

Hanzal [im Druck]; Hanzal 2004; Hanzal 2002; Fricke 1996; Härter/Stolleis 1996ff.; Bott-Bodenhausen 1988; Arnold 1965; Andree 1911; Datenbank der frühneuzeitlichen Policeygesetze, Max-Planck-Institut für Rechtsgeschichte, Frankfurt a. M.

Urkunde zur Verleihung der sächsischen Staatsangehörigkeit

Budissin (Bautzen), 30. November 1863
Handschriftlich, gestempelt, 34,5 x 21,2
Berlin, Deutsches Historisches Museum, Do 52/507 (MfDG)
Kat. 12.5

1815 wurde der Deutsche Bund gegründet, ein Zusammenschluss 41 selbständiger, souveräner deutscher Staaten. Das Staatengebilde besaß weder eine gemeinsame Verfassung noch eine gemeinsame Staatsbürgerschaft. Wer ›fremd‹ und wer ›Untertan‹ war, legten die Staaten in ihren Verfassungen oder Edikten fest. So wollten sie zum Beispiel die Einwanderung von Armen und ›unerwünschten‹ Fremden verhindern.

1842 erließ der preußische König Friedrich Wilhelm IV. (1840–1861) das »Gesetz über die Erwerbung und den Verlust der Eigenschaft als preußischer Unterthan, so wie über den Eintritt in fremde Staatsdienste« (vgl. Kat. 12.1). Es wurde zum »politischen Leitbild« (Gosewinkel) für die zweite Hälfte des 19. Jahrhunderts, als die Migration von Bundesstaat zu Bundesstaat zunahm. Als letzter großer Staat des Deutschen Bundes regelte Sachsen 1852 die Staatsangehörigkeit. Das »Gesetz über Erwerbung und Verlust des Unterthanenrechts im Königreiche Sachsen« (vgl. Kat. 12.4) folgte im Wesentlichen den Bestimmungen des preußischen Vorbildes: An erster Stelle definierte die Abstammung den sächsischen Untertanen, des Weiteren konnte durch Legitimation, Adoption, Verheiratung, Aufnahme oder Übertragung eines öffentlichen Amtes die sächsische Staatsangehörigkeit erworben werden.

In Sachsen hatte das Heimatgesetz von 1834, das die Bedingungen für Aufenthalt und Wohnsitz festlegte, die Staatsangehörigkeit zur Voraussetzung für das Recht auf ›Heimat‹ und damit auf kommunale Armenunterstützung festgeschrieben. So blieb gesichert, dass ›Fremde‹, die sich im Königreich niederließen, den Gemeinden nicht zur Last fallen konnten. Das Gesetz von 1852 hielt nun eindeutig fest, wem als sächsischem Untertanen solche Leistungen zustanden.

Sachsen war mit seinen prosperierenden Industrieregionen im 19. Jahrhundert ein Ziel für Migranten. Bis zum Ende des Jahrhunderts blieb seine Wanderungsbilanz positiv. Solange Arbeitskräfte benötigt wurden, war die Niederlassung von Ausländern möglich; ihre Naturalisation war jedoch nicht immer erwünscht. Dies galt besonders – wie in Preußen – für ausländische Juden.

Für den Schneidergesellen Wilhelm Rothe, der sich in Bautzen niederließ, war die Prozedur jedoch erfolgreich: Durch Überreichung der Verleihungsurkunde wurde der Hesse »in den Unterthanenverband des Königreichs Sachsen aufgenommen«.

C.J.

Gosewinkel 2001; Fahrmeir 2000; Höppner 1994

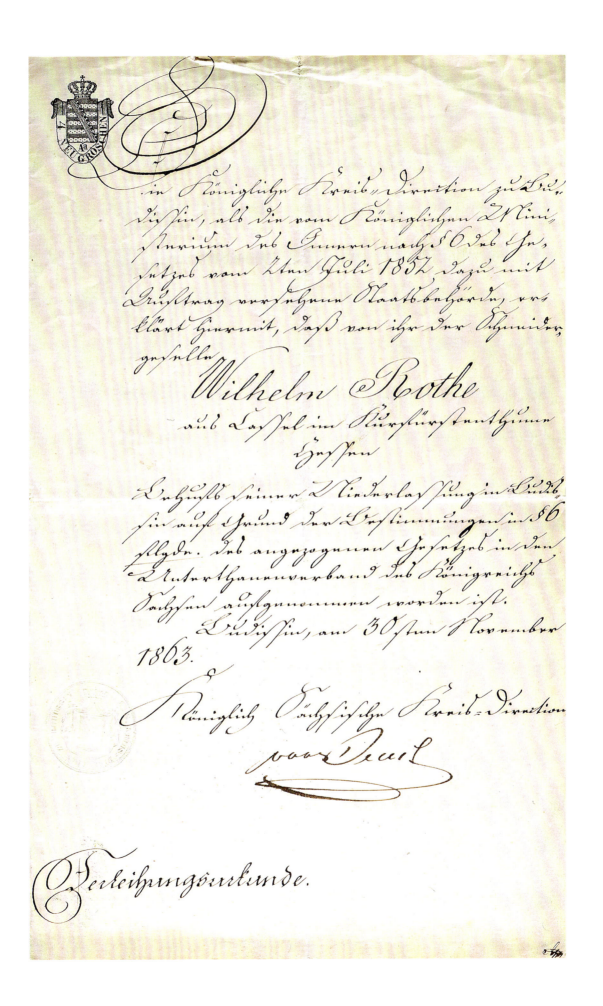

Reisepass für Friedrich Draeger

Worbis, 22. August 1847
Druck, handschriftlich, 34,0 x 22,0 (geschlossen)
Heiligenstadt, Landratsamt Landkreis Eichsfeld, Kreisarchiv, 4-1449
Kat. 13.2

Das Eichsfeld, östlich von Göttingen gelegen, besteht aus dem Untereichsfeld mit dem Zentrum Duderstadt und dem Obereichsfeld mit den Zentren Heiligenstadt und Worbis. Seit 1815 war die Region politisch geteilt: Das Untereichsfeld gehörte zum Königreich Hannover, das Obereichsfeld zu Preußen.

Seit Beginn des 19. Jahrhunderts konnten sich die Bewohner des Eichsfeldes kaum von den Erträgen der Landwirtschaft und dem weit verbreiteten textilen Heimgewerbe ernähren. So waren sie gezwungen, ihre Arbeit außerhalb der Heimat zu suchen: Wandernde Wollkämmer zogen im Sommer mit ihrem Werkzeug bis nach Sachsen oder Hessen (vgl. Kat. 13.6). Eichsfelder arbeiteten beim Straßen- und Eisenbahnbau, als Maurer und Zimmerleute, in der Landwirtschaft oder in brandenburgischen Ziegeleien wie Glindow oder Stolpe. Seit der Jahrhundertmitte gingen viele preußische Eichsfelder in die Magdeburger Börde, um auf den Rübenfeldern oder in Zuckerfabriken zu arbeiten. Andere versuchten, sich ihren Unterhalt als Hausierer oder Wandergewerbetreibende zu verdienen. Allein im Sommer 1848 suchten von 42 500 Einwohnern des Kreises Worbis 2 260 Arbeit außerhalb des Eichsfeldes. Eine Statistik von 1863 weist aus, dass in einigen Gemeinden des Obereichsfeldes über 20 Prozent der Einwohner Wanderarbeiter waren.

Oft unterstellten die Obrigkeiten den auswärts Arbeitenden andere Motive als wirtschaftliche Not. Sie waren der Meinung, dass die Wanderarbeit »nur oft einem schädlichen Vagabundieren zum Vorwande dient«. Die 1858 von der Regierung in Erfurt erlassene »Polizeiverordnung das Arbeitsuchen der Eichsfelder in der Fremde betreffend« (vgl. Kat. 13.3) sollte den »aus dem Umherziehen der Bewohner des Eichsfeldes hervorgegangenen Uebelständen [...] begegnen«. Sie regelte die Vergabe von Pässen, denn nur mit diesen amtlichen Dokumenten konnten die Wanderarbeiter ihre Heimat verlassen: »Namentlich soll keiner Person die verdächtig ist, den Paß zum Umherstreichen und Betteln benutzen zu wollen, das Reisen auf angebliches Arbeitsuchen gestattet werden.«
Auch Unverheirateten und schulpflichtigen Kindern ohne Begleitung der Eltern wurde der Pass verweigert.

Jeder Passinhaber musste darüber hinaus ein Arbeitsbuch (vgl. Kat. 13.4) mit sich führen, das die jeweiligen Arbeitgeber auszufüllen und der Ortspolizeibehörde vorzulegen hatten. Bei Verstößen gegen die Vorschriften des Arbeitsbuches konnte der Inhaber mit Geld- oder Gefängnisstrafe belegt werden, und »Arbeiter, die aus Trägheit oder Nachlässigkeit drei Tage ohne Arbeit bleiben«, sollten von der Polizei in ihre Heimat zurückgeschickt werden. Die rigiden Disziplinierungsmaßnahmen blieben bis zum Ende des Jahrhunderts in Kraft.

Der aus Breitenworbis stammende Friedrich Draeger erfüllte die polizeilichen Anforderungen: Sein Pass gestattete ihm die Reise nach »Cöln, um Handarbeit zu verrichten«.
C.J.

Ausst. Kat. Duderstadt 1990; Godehardt 1990 (Zitat 1: Der Mühlhäuser Landrat an den preußischen Finanzminister von Motz, 4. Juni 1826, ebd. S. 40); Polizeiverordnung das Arbeitsuchen der Eichsfelder in der Fremde betreffend, in: Amtsblatt der Königlichen Regierung zu Erfurt, Beilage zum 17. Stück, 24. April 1858, S. 122–125 (Zitat 2: S. 122, Zitat 3: S. 125)

Zitat nach: Ausst. Kat. Duderstadt 1990, S. 42

»Aus dieser Armut und Dürftigkeit entspringt die traurige Notwendigkeit, dass Hunderte von Familienvätern, nicht selten mit Frau und Kindern, sowie Hunderte von Jünglingen und Jungfrauen ihren Unterhalt und nötigen Ausgabsgelder in fernen Gegenden zu erzielen suchen.«

Bittgesuch an das Königliche Ministerium für Handel und Gewerbe, 1836

Fusswärmer (Stövchen)

1870
Ton, gebrannt, 18,0 x 22,0 x 21,0
Lingen, Emslandmuseum, 363
Kat. 14.6

Im kleinen Fürstentum Lippe war die Wanderarbeit seit dem 17. Jahrhundert verbreitet. Die strukturschwache Region bot den Einwohnern nur wenige Möglichkeiten, ihren Lebensunterhalt zu verdienen. So gingen Männer aus dem Lippischen nach Friesland und Holland, um dort saisonal als Grasmäher oder Torfstecher zu arbeiten. Seit dem Ende des 17. Jahrhunderts sind Lipper auch in holländischen Ziegeleien nachgewiesen. Die lippische Regierung versuchte bereits Ende des 18. Jahrhunderts, die Arbeitswanderung ins Ausland zu kontrollieren und zu begrenzen, indem sie Statistiken und Passlisten erstellen ließ; sie wollte sicher stellen, dass ausreichend Arbeitskräfte für die Landwirtschaft im Land blieben und die Männer sich nicht dem Militärdienst entzogen. Seit 1714 warben staatlich privilegierte *Ziegelboten* (Agenten) die Arbeiter an und vermittelten sie den Ziegeleibesitzern. 1851 erließ die Regierung sogar ein »Zieglergewerbegesetz«, das Anwerbung, Schlichtung von Streitigkeiten oder die Wahl des Ziegel-Agenten festlegte. Diese Regeln blieben bis zur Einführung der Gewerbefreiheit 1869 gültig.
Die lippischen Ziegler waren Spezialisten: Bis gegen Ende des 19. Jahrhunderts dominierten sie das Ziegeleigewerbe im gesamten nordwestdeutschen Raum, in den Niederlanden und in Dänemark. Eine feste Gruppe, bestehend aus einem Brandmeister und rund 20 bis 30 Arbeitern (darunter auch Jugendliche), verließ um Ostern Lippe. Zunächst zu Fuß, seit den 1850er Jahren mit der Eisenbahn, reiste sie zu der Ziegelei, für die sie der Meister bereits im Winter verpflichtet hatte. Meister und Ziegeleibesitzer schlossen einen Vertrag über die *Kampagne* ab, die bis Oktober oder November dauerte. Der Meister übernahm die Verantwortung für die gesamte Produktion und Mannschaft, der Besitzer stellte Rohstoffe und Produktionsmittel zur Verfügung.
Die Arbeiter waren in einfachen Gemeinschaftsunterkünften untergebracht und versorgten sich selbst. Ihr Arbeitstag dauerte bis zu 16 Stunden, nur der Sonntag war frei. Gearbeitet wurde in der Regel im Akkord; am Ende der Kampagne zählte der Besitzer die brauchbaren Steine und berechnete danach den Gesamtlohn, der unter den Arbeitern aufgeteilt wurde, wobei Meister und Former den höchsten Betrag erhielten. So verdiente ein Meister in den 1840er Jahren um die 300, ein Ziegler um die 70 Taler.
In einer *Kampagne* konnten bis zu einer halben Million Ziegel gebrannt werden, die in den expandierenden Städten und Industriezentren verbaut wurden. Erst nach der Jahrhundertwende lösten Mechanisierung und Rationalisierung der Ziegelherstellung die mühsame Handarbeit ab, und die Zahl der lippischen Ziegler ging stark zurück.
Das Stövchen, ein Wärmegerät, das mit Holzkohle beheizt wurde, ist eine typische ›Feierabendarbeit‹ lippischer Ziegler und war wohl ein Geschenk. Es besteht aus rotem Ziegelton, ist mit Stempelmustern verziert und trägt die Inschrift »Hinrich Fridrich Wilhelm Siekmann Gebohren den 19. Februar 1844 zum Andenken 1870«.
C.J.

Lourens/Lucassen 1999; Gilhaus 1997; Linderkamp 1992; Ausst. Kat. Detmold 1992; Fleege-Althoff 1928

»Staatsangehörigkeits=Ausweis«

Halle, 4. August 1910
Druck, handschriftlich, 33,0 x 21,0
Berlin, Deutsches Historisches Museum, Do 52/863 (MfDG)
Kat. 15.4

Im Deutschen Reich galt bis 1914 das »Gesetz über die Erwerbung und den Verlust der Bundes- und Staatsangehörigkeit« vom 1. Juni 1870 (vgl. Kat. 15.1). Es regelte zunächst die Staatsangehörigkeit im Norddeutschen Bund und galt mit geringfügigen Änderungen im 1871 gegründeten Deutschen Reich weiter. Die Grundstruktur des Norddeutschen Bundes war föderativ, ein Vertrag souveräner Monarchen und Städte. Seine Verfassung von 1867 legte die gemeinsame Staatsangehörigkeit aller Bundesangehörigen fest »mit der Wirkung, daß der Angehörige (Unterthan, Staatsbürger) eines jeden Bundesstaates in jedem andern Bundesstaate als Inländer zu behandeln« ist. Nach Diskussionen um eine Vereinheitlichung der verschiedenen Staatsangehörigkeitskonzepte in den Ländern des Norddeutschen Bundes bestimmte das Gesetz von 1870, dass die Staatsangehörigkeit in einem Bundesstaat durch Abstammung, Legitimation und Verheiratung definiert war und »für einen Norddeutschen durch Aufnahme und für Ausländer durch Naturalisation« erfolgte. Frauen besaßen die Staatsangehörigkeit des Ehemannes.

Bei der Naturalisation setzte sich die preußische Linie durch: So war die zuständige Gemeinde bzw. Armenbehörde nur noch »zu hören«, sie entschied aber nicht mehr (wie zuvor in acht deutschen Staaten) über Ablehnung oder Zustimmung zu einer Naturalisation. Dies tat der Staat. Voraussetzungen der Einbürgerung waren die »Dispositionsfähigkeit« (Einsichts- und Urteilsfähigkeit), ein unbescholtener Lebenswandel, eine eigene Wohnung oder »Unterkommen« und die Fähigkeit, sich und seine Angehörigen zu ernähren.

1892 veranlasste das preußische Innenministerium jährliche Statistiken der erfolgten Einbürgerungen, in denen ab 1896 auch die Religionszugehörigkeit und die eingebürgerten Familienangehörigen erfasst wurden. Danach wurden in sieben statistisch ausgewerteten Jahren zwischen 1896 und 1911 50 792 Personen in den preußischen Staatsverband aufgenommen.

1913 wurde das neue »Reichs- und Staatsangehörigkeitsgesetz« (vgl. Kat. 15.2) verabschiedet, dessen Genese sich fast 20 Jahre hingezogen hatte. Sie war begleitet von Vorstößen konservativer und antisemitischer Kreise, die die Naturalisation von Ausländern, besonders von ausländischen Juden, erschweren oder sogar verhindern wollten. Das neue Gesetz verlangte zur Einbürgerung in einen Bundesstaat die Zustimmung der anderen Bundesstaaten: »erhebt ein Bundesstaat Bedenken, so entscheidet der Bundesrat. Die Bedenken können nur auf Tatsachen gestützt werden, welche die Besorgnis rechtfertigen, dass die Einbürgerung des Antragstellers das Wohl des Reiches oder eines Bundesstaates gefährden würde.« Damit konnte jede noch so rigide Ablehnungspraxis, wie sie vor allem in Preußen praktiziert wurde, legitimiert werden.

Der hier gezeigte Staatsangehörigkeits-Ausweis bescheinigt, dass der Besitzer, der Buchhändler Hugo Willy Taatz, »durch Abstammung die Eigenschaft als Preuße besitzt«.

C.J.

Gosewinkel 2001; Gosewinkel 1998; Reichs- und Staatsangehörigkeitsgesetz vom 33. Juli 1913, § 9; Gesetz über den Erwerb und den Verlust der Bundes- und Staatsangehörigkeit vom 1. Juni 1870, § 2; Verfassung des Norddeutschen Bundes vom 16. April 1867, Artikel 3, Abs. 1 (Zitate)

Staatsangehörigkeits-Ausweis.

(Ausschließlich zur Benutzung innerhalb des deutschen Reichsgebiets gültig.)

Dem Buchhändler Hugo Willy Taatz in Leipzig, geboren am 25ten Dezember 1883 zu Halle a/Saale, wird bescheinigt, daß derselbe und zwar durch Abstammung die Eigenschaft als Preuße besitzt.

Merseburg, den 4ten August 1910.

Der Königlich Preußische Regierungs-Präsident.

Ausgefertigt im Auftrage des Königlichen Regierungs-Präsidenten zu Merseburg.

Halle a/S, den 4ten August 1910.

Der Oberbürgermeister

›Sachsengänger‹ auf der Durchreise in Berlin

Otto Haeckel (Sprottau 1872–1945 Berlin)
Berlin, 1907
Photographien, 12,1 x 16,7, 11,7 x 16,0
Berlin, Deutsches Historisches Museum, BA110566, BA108508
Kat. 16.5–16.6

Seit den 1880er Jahren breitete sich in den landwirtschaftlich geprägten Ostprovinzen des Deutschen Reiches die ›Leutenot‹ aus. Landarbeiter und Tagelöhner folgten den Versprechungen der Industrie auf höheren Verdienst, geregelte Arbeitszeiten, Aufstiegschancen und größere Rechtssicherheit: Sie verließen in Massen die Güter im Osten und zogen in die westlichen preußischen Provinzen, ins Rheinland, nach Westfalen oder Brandenburg, um in Fabriken und im Bergbau zu arbeiten. Andere, die so genannten Sachsengänger, gingen als Saisonarbeiter in Rübenanbaugebiete wie die Magdeburger Börde. Zuckerrübenanbau war besonders arbeitsaufwendig: Aussaat und Aufzucht, Verziehen und Hacken im Frühjahr, Roden, Abhacken der Blätter, Verladen bei der Ernte waren Handarbeit (vgl. Kat. 16.13–16.16). Sie wurde nun zunehmend von Wanderarbeiterinnen übernommen.

Den durch die Ost-West-Wanderung entstandenen Arbeitskräftemangel im Osten wollten die Großgrundbesitzer durch den Einsatz ausländischer Arbeitskräfte beheben. Dem stand jedoch ein 1885 vom preußischen Ministerpräsidenten Bismarck erlassenes Verbot der Zuwanderung polnischer Arbeiter aus Russland und Österreich-Ungarn nach Preußen entgegen, mit dem er eine ›Polonisierung‹ verhindern wollte. Nach massivem Druck der Gutsbesitzer erlaubte die preußische Regierung seit 1890 den saisonalen Einsatz russischer, polnischer und galizischer Arbeiter in der Landwirtschaft der vier Grenzprovinzen. Im Jahr 1900 kamen schon mehr als 100 000 auslandspolnische Saisonarbeiter über die Grenzen, die in den Wintermonaten in ihre Heimat zurückkehren mussten.

Durch Kontrolle der Zuwanderung wollte die preußische Regierung »das Bedürfnis der Landwirtschaft nach Ausländerarbeit und das durch Selbsterhaltung diktierte Verlangen des Staates nach Abwehr bewußt antinationaler Einwanderung tunlichst [...] versöhnen«. 1909 führte sie die »Inlandslegitimierung« für ausländische Arbeiter ein: Nur mit einer »Legitimationskarte« (vgl. Kat. 15.7–15.10) durften die Ausländer in Preußen arbeiten, bei Verstößen konnten sie ausgewiesen werden. Bis 1914 stieg die Zahl der ausgegebenen Karten auf 433 247.

Die Saisonarbeiter reisten meist in Gruppen per Bahn ins Reich. Berlin war der Knoten- und Umsteigepunkt, an dem sie aus den verschiedenen Gegenden zur Weiterfahrt eintrafen. Auf den Gütern waren sie oft in schlecht ausgestatteten Gemeinschaftsunterkünften untergebracht (vgl. Kat. 16.8). Die als »billig und willig« geltenden Ausländer arbeiteten in der Regel 12 bis 14 Stunden täglich. Um 1900 verdienten die männlichen Arbeiter zum Beispiel im Rübenanbau bis zu 2,25 Mark pro Tag, die weiblichen Arbeitskräfte zwischen 1,55 und 1,75 Mark. Viele kamen jedes Jahr wieder: Die Arbeits- und Lebensbedingungen in Preußen waren zwar hart, aber dennoch besser als in ihrer Heimat.

C.J.

Obermeier 1999; Roller 1994; Bade 1984b; Nichtweiß 1959; Denkschrift, betreffend den Anschluß der Preußischen Landwirtschaftskammern an die »Deutsche Feldarbeiter-Zentralstelle«, Berlin, 7. Februar 1905, in: Berlin, Geheimes Staatsarchiv Preußischer Kulturbesitz, I. HA, Rep. 87 B Nr. 133, Ministerium für Landwirtschaft, Domänen und Forsten, B. 133, Bl. 239 (Zitat)

»Im Frühjahr und im Herbst hat man [...] an den Bahnhöfen häufig Gelegenheit, eigenartige Menschengruppen zu beobachten. [...] Etwas außerordentlich Primitives hat schon das Aussehen dieser Leute. Die Frauen mit den fußfreien Röcken und den großen Kopftüchern starren ordentlich verschüchtert in das verwirrende Großstadttreiben.«

Die neue Welt, Nr. 13, 1912, S. 104

Die Bauarbeiter

Wolfgang Wagner (Furth 1884–1931 München)
München, 1912
Öl auf Leinwand, 140,5 x 110,0
Berlin, Deutsches Historisches Museum, 1987/202
Kat. 17.10

Realistisch hielt der Maler die Szene auf einer Baustelle in München fest: erschöpft ruhen die Männer von der körperlich harten Arbeit aus. Kleidung und Haartracht des rechten Arbeiters verweisen auf dessen südländische Herkunft. Italienische Arbeitsmigranten bildeten um 1900 nach den auslandspolnischen die zweitgrößte Gruppe im Kaiserreich. 1913 erreichte ihre Zahl mit rund 170 000 den höchsten Stand. Seit dem 17. Jahrhundert waren vor allem Wanderhändler und Kaufleute aus Italien nach Deutschland gekommen; am Ende des 19. Jahrhunderts suchten Italiener besonders in den Industrie- und Bergbauregionen des Kaiserreiches Arbeit. Das Rheinland und Westfalen, die süddeutschen Staaten und Elsass-Lothringen waren die häufigsten Zielorte der Migranten; in diesen Regionen wurden auch die höchsten Löhne gezahlt. Sie arbeiteten vor allem im Baugewerbe, besonders im Straßen-, Eisenbahn-, Kanal- und Brückenbau, im Bergbau, in Steinbrüchen und in Ziegeleien. Ähnlich wie vor ihnen die Lippischen Ziegler, reisten sie in Familienverbänden und Gruppen, die oft aus demselben – meist friaulischen – Dorf stammten. Kinder und Frauen arbeiteten in den Ziegeleien mit; darüber hinaus fanden die Italienerinnen auch Beschäftigung in der Textilindustrie. Die meisten Italiener waren Saisonarbeiter, die in den Wintermonaten wieder in ihre Heimat zogen.
Italiener brachten auch die Kunst der *Terrazzo* genannten Mosaikfussböden nach Deutschland. In Norditalien ausgebildete *terrazieri* fanden dank des expandierenden Bauwesens im Kaiserreich gute Arbeitsmöglichkeiten. Einige machten sich nach Jahren der Wanderschaft selbständig und ließen sich dauerhaft in Deutschland nieder; manche dieser um die Jahrhundertwende gegründeten Betriebe existieren noch heute (vgl. Kat. 17.1–17.3).
In rechtlicher Hinsicht waren italienische Arbeitsmigranten besser gestellt als die auslandspolnischen, denn die preußische Karenzzeitregelung galt nicht für Italiener. In den süddeutschen Staaten, die von Italienern bevorzugt aufgesucht wurden, gab es zudem keinen Legitimationszwang. Sie waren in Deutschland besser angesehen als die Arbeiter aus Auslandspolen, denen eine ›deutschfeindliche‹ Haltung unterstellt und deren dauerhafte Einwanderung aus ›nationalpolitischen‹ Gründen möglichst verhindert wurde. Italiener galten als widerstandsfähig, nüchtern und leistungsfähig; sie »haben im allgemeinen nur den Wunsch, mit ihrem Erwerb in die Heimat zurückzukehren, der deutschen Politik stehen sie gleichgültig gegenüber«. Blieben sie jedoch in Deutschland, seien sie »sehr wohl der deutschen Nationalität friedlich zu animilieren«. Tatsächlich erwarben im Kaiserreich zwischen 1 000 und 2 000 Italiener mit ihren Familienangehörigen die deutsche Staatsangehörigkeit.
C.J.

Trevisiol 2003; May 2000; Del Fabbro 1999; Wennemann 1997; Del Fabbro 1996 (Zitat: August Sartorius von Waltershausen, Die italienischen Wanderarbeiter, Leipzig 1903, ebd. S. 233); Schäfer 1982

Zitat nach: Del Fabbro 1996, S.174

»*Auch im Baugewerbe ist der Zuzug von Italienern und Österreichern ein ziemlich bedeutender [...] Wird hiedurch auch die Arbeitsgelegenheit für die einheimischen Arbeiter verringert, so wird dieser nachtheilige Einfluß doch insofern wieder gemildert, als die Ausländer im Winter zumeist in ihre Heimat ziehen und so den Arbeitsmarkt zu Gunsten der Einheimischen gerade in der schlechtesten Zeit entlasten.*«

Jahresbericht der Königlich Bayerischen Fabriken- und Gewerbe-Inspectoren, 1903

Niederländische Tiefbauarbeiter

Essen, um 1912
Photographie, 9,0 x 13,6
Privatsammlung F. Hofsteenge, Assen, Niederlande
Kat. 18.2

Seit dem 17. Jahrhundert waren Deutsche als Grasmäher oder Torfstecher in die wohlhabenden Niederlande gezogen. In der zweiten Hälfte des 19. Jahrhunderts verschlechterten sich dort die Lebensbedingungen für Land- und Torfarbeiter, so dass sich die Wanderungsbewegung umkehrte und Niederländer zunehmend Arbeit in Deutschland suchten. Sie arbeiteten auch hier in der Landwirtschaft, als Torfstecher und in der Textilindustrie, vor allem jedoch als Erdarbeiter. Beim Bau des Dortmund-Ems-Kanals zum Beispiel waren rund 4 000 Niederländer beschäftigt (vgl. Kat. 18.1). Für sie wie für alle ausländischen Arbeiter galt, dass sie die schwersten Arbeiten verrichteten, für die sich oft keine Einheimischen fanden.

In Preußen waren niederländische Arbeitsmigranten gern gesehen. So berichtete der Oberpräsident der Rheinprovinz 1908, dort seien die »Erfahrungen hinsichtlich der Beschäftigung holländischer Arbeiter im allgemeinen durchaus gute. Mit Rücksicht hierauf, sowie in der weiteren Erwägung, dass große Teile der Provinz in hohem Maße auf die Heranziehung ausländischer Arbeiter angewiesen sind, möchte ich mich [...] gegen alle Maßnahmen aussprechen, welche eine Fernhaltung der Niederländer oder auch nur eine Einschränkung ihres Zuzuges zum Ziele haben könnten. Wird letzteres erschwert, dann ist die unausbleibliche Folge, dass die arbeitersuchenden Betriebe auf andere Ausländer zurückgreifen, wie Polen, Italiener, Tschechen, Kroaten, unter welchen sich [...] zum Teil mehr als minderwertige und zweifelhafte Elemente mit niedrigster Moral befinden. Zudem verdienen die stamm- und sprachverwandten Niederländer, mit denen eine Verständigung leichter ist, als mit anderen, fremdsprachigen Ausländern, schon aus diesem Grunde den Vorzug vor Slawen und Romanen.«

In den grenznahen Regionen entwickelte sich um 1900 ein funktionierender, unbürokratischer ›kleiner Grenzverkehr‹: Niederländische Unternehmer gründeten auf deutschem Gebiet Textilfabriken, wie in Nordhorn (vgl. Kat. 18.7), oder kauften Moorgebiete zum Torfabbau auf (vgl. Kat. 18.3–18.4). Die niederländischen Fachkräfte, die hier arbeiteten, pendelten täglich über die Grenze oder siedelten sich dauerhaft in Deutschland an. Als Fremde galten sie nicht.
C.J.

Kösters-Kraft 2000; Broek 1993; Akten des Ministeriums für Handel und Gewerbe, I. HA, Rep. 120 BB, Fach VII, Nr. 8, Bl. 163, Berlin, Geheimes Staatsarchiv Preußischer Kulturbesitz (Zitat)

Fahne der polnischen Bruderschaft des lebenden Rosenkranzes Gelsenkirchen-Schalke

Nach 1895
Seide, bestickt, 100,0 x 150,0
Bochum, Bund der Polen in Deutschland e. V.
Kat. 19.1

Seit den 1880er Jahren benötigte der expandierende Bergbau im Ruhrgebiet immer mehr Arbeitskräfte. Von den Zechen beauftragte Agenten reisten in die seit der dritten polnischen Teilung 1795 zu Preußen gehörenden Ostprovinzen Oberschlesien, West- und Ostpreußen und Posen, um dort gezielt ›Deutschpolen‹ als Arbeitskräfte anzuwerben. Mit der Aussicht auf preisgünstige Zechenwohnungen, hohe Löhne und soziale Aufstiegsmöglichkeiten folgten Tausende Kleinbauern und Landarbeiter den attraktiven Arbeitsangeboten im Westen. Aus bescheidenen Anfängen entwickelte sich eine Massenwanderung: vor 1914 lebten rund 350 000 Polen im damaligen Rheinland-Westfalen. In 19 Zechen (den ›Polenzechen‹) stellten sie um 1900 die Hälfte der Belegschaft.

Im Gegensatz zu den Polen aus Russland und Österreich-Ungarn – zu denen Teile Polens ebenfalls seit 1795 gehörten –, deren Arbeits- und Aufenthaltsmöglichkeiten in Preußen stark eingeschränkt und reglementiert waren, galten die ›Ruhrpolen‹ rechtlich nicht als Ausländer: Sie besaßen die deutsche Staatsangehörigkeit. In der Praxis jedoch unterlag die polnisch sprechende Minderheit strenger Überwachung und Kontrolle der Behörden, die so der befürchteten ›Polonisierung des Westens‹ und großpolnischer Agitation vorbeugen wollten.

Besonders die zahlreichen Vereine der ›Ruhrpolen‹ galten als verdächtig (vgl. Kat. 19.2). Seit den 1890er Jahren hatten sich die Migranten in katholischen Arbeitervereinen, Rosenkranzbruderschaften, Gesangs-, Sport- und Frauenvereinen zusammengeschlossen. Hier wollten sie ihren Glauben, die polnische Sprache und Kultur pflegen; politische Zielsetzungen hatten die meisten Organisationen nicht. Die preußischen Behörden allerdings unterstellten ihnen pauschal, »unter dem Deckmantel der Kirchlichkeit die politisch noch gleichgültigen Polen für die nationalpolnischen Bestrebungen« gewinnen zu wollen. Unter Berufung auf das preußische Vereinsgesetz mussten die Vereine ihre Satzungen von der Polizei genehmigen lassen und ihre Veranstaltungen polizeilich anmelden. 1904 gab es bereits 150 religiös orientierte Vereine mit rund 15 000 Mitgliedern.

Um deren Aktivitäten noch effektiver zu überwachen und zu unterdrücken, wurde 1909 beim Bochumer Polizeipräsidenten die »Zentralstelle für Überwachung der Polenbewegung im Rheinisch-Westfälischen Industriegebiet« eingerichtet.

Konfliktstoff zwischen der Obrigkeit und den Migranten bot deren Forderung nach polnischen Seelsorgern: Der Staat fürchtete eine unerwünschte Stärkung des nationalen Bewusstseins und versuchte durch Verweigern oder Einschränken der polnischsprachigen Seelsorge die Zuwanderer zu ›germanisieren‹ und assimilieren. Diesem Ziel diente auch die Schulpolitik, die ausschließlich deutsche Schulen zuließ; Anträge auf Zulassung polnischer Privatschulen blieben grundsätzlich erfolglos.

Der Integrationsdruck und die staatlichen Unterdrückungsmaßnahmen führten letztlich zu einer defensiven Haltung der Minderheit gegenüber der deutschen Mehrheitsgesellschaft. Mit der Gründung der Republik Polen 1918 verließen viele ›Ruhrpolen‹ Deutschland.
C.J.

Parent 2000; Braßel 1998; Peters-Schildgen 1997; Stefanski 1991; Murphy 1983; Murzynowska 1979; Kleßmann 1978
(Zitat: Überwachungsbericht der Bochumer Polenüberwachung von 1913, ebd. S. 96)

Zitat nach: Kleßmann 1978, S. 84

»Scharfe Überwachung der Agitation und Vereinsthätigkeit, Fernhaltung national-polnischer Geistlicher, Beschränkung des Gebrauchs der polnischen Sprache in öffentlichen Versammlungen, ausschließlich deutsche Schulbildung, das werden die Mittel sein, mit denen das Polenthum im Westen der Monarchie dem Einflusse der deutschfeindlichen Agitation entzogen und der Germanisierung zugeführt wird.«

Denkschrift des Oberpräsidenten von Westfalen, Konrad von Studt, 31. Oktober 1896

›Schwabenkinder‹ vor der Rückfahrt

Peter Scherer (1869–1922)
Friedrichshafen, um 1900
Photographie (neuer Abzug vom Glasnegativ)
Ravensburg, Sammlung Thomas Weiss
Kat. 20.2

Seit Mitte des 17. Jahrhunderts verließen Kinder aus Vorarlberg, Tirol und Graubünden ihre Heimat, um jenseits der Alpen, in Bayern und Württemberg, als Hütekinder und landwirtschaftliche Helfer zu arbeiten. Die heimische Landwirtschaft ernährte die kinderreichen Familien kaum. In der ersten Hälfte des 19. Jahrhunderts erreichte die so genannte Schwabengängerei ihren Höhepunkt, als jährlich rund 2 000 Kinder aus Vorarlberg, 2 300 aus Tirol und 700 aus Graubünden nach Süddeutschland gingen. Dort waren sie auf den großen und wohlhabenden Höfen billige Arbeitskräfte, die hart und lange arbeiten mussten: Oft begann der Tag um 3 Uhr morgens und endete erst nach 22 Uhr. Viele Kinder litten unter Heimweh.

Die Reise über die Alpen traten die meist 8- bis 16-jährigen Kinder in kleinen Gruppen um den 19. März an. Unter Führung eines Erwachsenen überquerten sie zu Fuß auf verschneiten Pässen die Berge. Die Wanderung dauerte ein bis zwei Tage, unterwegs mussten viele Kinder ihre Verpflegung erbetteln. Einige Streckenabschnitte konnten auf Fuhrwerken oder mit der Bahn zurückgelegt werden – wenn Fahrgeld vorhanden war. Die Kinder, deren Reise nach Südwürttemberg und Südbaden führte, überquerten von Bregenz aus seit 1885 den Bodensee auf einem Sonderschiff. Auf so genannten Kinder- oder Sklavenmärkten (vgl. Kat. 20.3) suchten sich die Landwirte die benötigten Arbeitskräfte und handelten den Lohn aus. Dieser lag um die Jahrhundertwende zwischen 50 und 70 Mark, neben Kost und Logis erhielten die Kinder auch neue Kleidung. Am 11. November, dem Martinstag, endete die Dienstzeit und die Kinder konnten endlich – meist besser ernährt und neu gekleidet, wie die Fotografie zeigt – in ihre Heimat zurückkehren.

Die Behörden in Österreich und der Schweiz standen der Kindermigration zwiespältig gegenüber, denn sie fürchteten um die sittliche Erziehung der Kinder: Sie waren in Bayern und Württemberg nicht schulpflichtig. In Österreich konnte der bis zum 14. Lebensjahr vorgeschriebene Schulbesuch leicht umgangen werden. Der Verdienst der Kinder war von wirtschaftlicher Bedeutung für die armen Regionen, die Schulbildung musste hinter den ökonomischen Interessen zurückstehen.

Die Graubündner Behörden versuchten 1862, über die gesetzliche Festlegung des Abreisedatums für Schwabenkinder auf den 1. April und Begrenzung des Mindestalters auf 14 Jahre den Besuch der Winterschule zu gewährleisten (vgl. Kat. 20.5). Manche Kinder versuchten danach, die Grenze mit gefälschten Papieren zu übertreten.

In Deutschland gab es kaum Einschränkungen, und Versuche, die ausländischen Kinder zum Schulbesuch zu zwingen, scheiterten meist. Die Bedürfnisse der Landwirtschaft wogen schwerer, da die Kinder, »weil sie von ihrer Arbeit durch die Schulpflicht nicht behindert sind, eben aus diesem Grunde bei den Landwirten als wertvolle Arbeitskraft sehr begehrt sind«.

Die ›Schwabengängerei‹ aus der Schweiz endete mit dem Ersten Weltkrieg; Vorarlberger Kinder kamen vereinzelt noch bis Anfang der dreißiger Jahre nach Deutschland.
C.J.

Seglias 2004; Laferton 2000; Laferton 2000b; Lampert 2000 (vgl. auch S. 298–301 in diesem Band); Uhlig 1983 (Zitat: Erklärung des landwirtschaftlichen Gauverbandes von Oberschwaben zur Frage des Schulbesuches der Schwabenkinder vom 2. November 1911, ebd. S. 255)

Zitat nach: Lampert 2000, S. 83

»Endlich kam der Martinetag. Früh schon vor sieben Uhr ist mein Bruder gekommen und noch drei andere Kinder, die in unserer Nähe dienten. Doch es hatten alle eine gute Stunde zu laufen bis zu meinen Bauersleuten; aber die große Freude, dass man jetzt heim kann zu Vater und Mutter und Geschwister, lässt alles vergessen.«

Regina Lampert, ›Schwabenkind‹, 1864

Verzeichnis der Schwabengänger aus dem Schulbezirk »Kath. Oberland« im Schuljahr 1874/75

	Name, Vorname	Heimatgemeinde	Alter	Bemerkungen
1	Wellinger, Johannes	Schluein (Schleuis)	13 Jahre	
2	Egger, Christ Anton	Schluein (Schleuis)	13 Jahre	
3	Cavegn, Julius	Schluein (Schleuis)	11 Jahre	
4	Wellinger, Anton	Schluein (Schleuis)	12 Jahre	
5	Caduff, Martin Otto	Schluein (Schleuis)	12 Jahre	
6	Job, Luisa	Schluein (Schleuis)	12 Jahre	
7	Caduff, Johann Fidel	Schluein (Schleuis)	9 Jahre	
8	Cabalzar, Mar. Anna	Sevgein (Seewis)	11 Jahre	
9	Cathomen, Ludwig	Breil / Brigels	13 Jahre	
10	Fry, Johann Bapt.	Breil / Brigels	12 Jahre	
11	Degonda, Joh. Franz	Breil / Brigels	12 Jahre	
12	Fry, Maria Monica	Breil / Brigels	12 Jahre	
13	Cathomen, Dorothe	Breil / Brigels	12 Jahre	
14	Cahans, Jos. Anton	Breil / Brigels	12 Jahre	
15	Ballet, Margaritha	Breil / Brigels	13 Jahre	
16	Cathomen, Monica Barb.	Breil / Brigels	12 Jahre	
17	Weber, Casper Ant.	Breil / Brigels	13 Jahre	
18	Seiler, Theresia	Breil / Brigels	12 Jahre	
19	Stivett, Nicolaus Leonh.	Breil / Brigels	12 Jahre	
20	Cathomen, Melcher Ant	Breil / Brigels	13 Jahre	
21	Capaul, Durisch Ant.	Andiast (Andest)	10 Jahre	Besuchte die Schule zu Brigels
22	Capaul, Clara	Andiast (Andest)	11 Jahre	Besuchte die Schule zu Brigels
23	Cadosch, Chr. Georg	Andiast (Andest)	13 Jahre	
24	Cadosch, Chr. Fidel	Andiast (Andest)	12 Jahre	
25	Cadosch, Joh. Blasius	Andiast (Andest)	9 Jahre	
26	Alig, Maria	Pigniu (Panix)	11 Jahre	
27	Schlosser, Chr. Valentin	Pigniu (Panix)	9 Jahre	
28	Capaul, Monica Barb.	Falera (Fellers)	10 Jahre	
29	Capaul, Agnes	Pigniu (Panix)	12 Jahre	
30	Cahenzli, Leo	Siat (Seht)	12 Jahre	
31	Cahenzli, Luis Ant.	Siat (Seht)	10 Jahre	
32	Cahenzli, Maria Anna	Siat (Seht)	12 Jahre	
33	Winzens, Mar. Barbara	Siat (Seht)	13 Jahre	
34	Curtins, Balthasar	Siat (Seht)	13 Jahre	
35	Wenzin, Philomena	Medel (Medels)	10 Jahre	
36	Beeli, Joh. Bapt.	Medel (Medels)	13 Jahre	
37	Derungs, Agatha	Disentis / Muster	13 Jahre	Besuchte die Schule zu Ilanz
38	Derungs, Cäcilia	Disentis / Muster	11 Jahre	Besuchte die Schule zu Ilanz
39	Quinter, Jac. Math.	Trun (Trons)	13 Jahre	
40	Frisch, Johann	Trun (Trons)	13 Jahre	
41	Vincens, Jac. Ant.	Trun (Trons)	13 Jahre	

42	Thomaschet, Jac. Ant.	Trun (Trons)	12 Jahre	
43	Grigis, Joh. Jos.	Aus Italien	12 Jahre	Besuchte die Schule zu Trons
44	Vinzens, Stephan	Trun (Trons)	11 Jahre	
45	Alig, Georg Jos.	Trun (Trons)	11 Jahre	
46	Vinzens, Maria Barb.	Trun (Trons)	12 Jahre	
47	Vinzens, Jos. Ant.	Trun (Trons)	10 Jahre	
48	Thomaschet, Jac. Franz	Trun (Trons)	9 Jahre	
49	Fazendin, Albert	Danis	12 Jahre	
50	Nay, Mathias	Danis	12 Jahre	
51	Fryberg, Joh. Chr.	Danis	12 Jahre	
52	Fryberg, Bapt.	Danis	11 Jahre	
53	Fryberg, Chr.Ant.	Danis	10 Jahre	
54	Fryberg, Chr.Ant.	Danis	13 Jahre	
55	Schuoler, Joh. Casper	Sumvitg (Somvix)	10 Jahre	Besuchte die Schule zu Laax
56	Schuoler, Jos.Ant.	Sumvitg (Somvix)	8 Jahre	Besuchte die Schule zu Laax
57	Schuoler, Mar. Dorothe	Sumvitg (Somvix)	13 Jahre	Besuchte die Schule zu Laax
58	Arpagaus, Joh. Casper	Peiden	12 Jahre	Besuchte die Schule zu Laax

Quelle: Stadtarchiv Graubünden, StAGR IV 4g
Vgl. Kat. 20.5

Aus Russland vertriebene Juden kommen nach Deutschland

»Austreibung der Juden aus Russland«
Trier: J. Mandewirth, 31. März 1899 (Poststempel)
Chromolithographie, 9,1 x 14,0
Berlin, Sammlung Wolfgang Haney
Kat. 21.3

Armut, Pogrome und Unterdrückung in Russland zwangen seit den 1880er Jahren viele Juden zur Flucht. Bis 1914 verließen von über fünf Millionen russischen Juden rund zwei Millionen das Zarenreich, um in die USA zu emigrieren (vgl. Kat. 21.10–21.14). Ähnlich rechtlos waren die fast zwei Millionen Juden, die in den östlichen Teilen Österreich-Ungarns lebten: in Galizien, der Bukowina, Ungarn und Rumänien.

Für die meisten dieser auswandernden so genannten Ostjuden war Deutschland ein Transitland, das sie vor ihrer Reise über den Atlantik durchquerten. Nur wenige blieben im Kaiserreich. Die meisten ›Ostjuden‹ lebten in Preußen und Sachsen: so kamen zum Beispiel von den 415 867 Juden, die 1910 in Preußen lebten – die Mehrzahl in Berlin – nur 48 166 aus Österreich-Ungarn und Russland. In Sachsen zählte die Statistik im selben Jahr 17 587 Juden, von denen 9 642 ›Ostjuden‹ waren. Sie konzentrierten sich vor allem in der Messe- und Handelsstadt Leipzig, die traditionell jüdische Händler anzog.

Vor allem die Regierung Preußens reglementierte und beschränkte seit den 1880er Jahren die Niederlassung ausländischer Juden aus antisemitischen und nationalistischen Gründen. Ein Höhepunkt dieser unter Bismarck verschärften Politik war die Ausweisung von rund 32 000 russischen und österreichischen Polen aus Preußen in den Jahren 1885 und 1886: Ein Drittel von ihnen waren Juden (vgl. Kat. 21.4–21.5). Neben der Ausweisung nutzten die Behörden andere Möglichkeiten, um die ›lästigen‹ Fremden fern zu halten, wie strenge Grenzkontrollen, die Nichterteilung von Wandergewerbescheinen für reisende Händler oder andere Beschränkungen in der Berufsausübung.

Für ausländische Juden war es in Preußen fast unmöglich, die deutsche Staatsangehörigkeit zu erlangen. Entsprechende Naturalisationsanträge lehnten die zuständigen Behörden überwiegend ab: Nur durchschnittlich 1,06 Prozent der jährlich in Preußen Eingebürgerten waren Juden. Ähnlich restriktiv verfuhren Bayern und Sachsen. Hier galt seit 1885 eine Verordnung, nach der osteuropäische Juden, die in der ersten Generation in Sachsen lebten, nicht eingebürgert werden sollten.

Das neue Reichs- und Staatsangehörigkeitsgesetz von 1913 (vgl. Kat. 15.2) legte fest, dass alle Bundesstaaten jeder Einbürgerung zustimmen mussten. Damit hatte sich Preußen mit seiner harten Linie durchgesetzt.

Der antisemitische Charakter der preußischen »Abwehrpolitik« (Bade) korrelierte mit entsprechenden Vorurteilen in der Bevölkerung. Die aus Osteuropa stammenden Juden verkörperten durch Sprache, Kleidung und Gestik das ›Fremde‹, sie galten als Inbegriff der kulturellen und gesellschaftlichen Rückständigkeit. Stereotype über schmutzige, bettelnde oder betrügerische ›Ostjuden‹ gehörten zum Repertoire des wilhelminischen Antisemitismus (vgl. Kat. 21.6–21.9), demzufolge Juden keine Deutschen sein konnten.
C.J.

Höppner 2004; Hornemann/Laabs 1999; Gartner 1998; Gosewinkel 1998; Maurer 1989; Wertheimer 1987; Neubach 1967; Adler-Rudel 1959

Zitat nach: Gosewinkel 1998, S. 95

„Die grundsätzliche Nichtaufnahme von ausländischen Juden erfolgt nicht wegen ihres Glaubensbekenntnisses, sondern wegen ihrer Abstammung und Rasseeigenschaften. Diese werden durch die – aus geschäftlichen Gründen angestrebte – Taufe nicht behoben."

Runderlass des preußischen Innenministers an die Regierungspräsidenten und den Polizeipräsidenten von Berlin, 7. Februar 1911

Russisch-polnische Zivilinternierte mit Gepäck werden durch Magdeburg geführt

Magdeburg, wohl August 1914
Photographien
Berlin, Bildarchiv Preußischer Kulturbesitz, 30.016.125-2.1, 30.016.126-2.1
Kat. 22.2–22.3

Wenige Tage nach dem Beginn des Ersten Weltkriegs wies das Preußische Kriegsministerium die Stellvertretenden Generalkommandos an, russisch-polnische Saisonarbeiter an der Rückkehr in ihr Heimatland zu hindern. Aus militärisch besonders gefährdeten Gebieten waren sie ins Reichsinnere abzuschieben. Als Angehörige des ›feindlichen Auslands‹ standen die Landarbeiter aus Russisch-Polen – dem Gebiet, das seit der dritten polnischen Teilung 1795 zu Russland gehörte – unter Spionage- und Sabotageverdacht. Während sie bisher jeweils nach Ende der Erntesaison das Deutsche Reich hatten verlassen müssen, wurden sie nun zum Bleiben gezwungen: Seit 1915 war die deutsche Kriegswirtschaft zunehmend auf ausländische Arbeitskräfte angewiesen.
Anfang August 1914 kam ein Transport von »454 Russen, darunter vielleicht 20 Frauen und einige Kinder« aus den östlichen Grenzbezirken Deutsch-Eylau und Allenstein in Magdeburg an. Die beiden Fotos dokumentieren wahrscheinlich dieses Ereignis. Mit großen Gepäckstücken beladene Männer – zu sehen ist auch eine Frau mit Kindern – werden von deutschen Soldaten durch eine Straße bzw. über einen Platz in Magdeburg geleitet. Zahlreiche Passanten und Passantinnen bilden ein Spalier und beobachten das Geschehen. Der Oberpräsidialrat der Provinz Sachsen-Anhalt hielt am 3. August 1914 fest, dass die Personen sofort einer »sorgfältigste(n) Visitation« von »Leib und Gepäck« zu unterziehen, ihnen alle Papiere und Geldmittel abzunehmen und sie polizeilich zu vernehmen seien. Anschließend seien sie in landwirtschaftliche Arbeit zu vermitteln.
Die Lebensbedingungen der Auslandspolen verschlechterten sich seit Kriegsbeginn zunehmend. Die Arbeiter und Arbeiterinnen durften ihren Wohnort nicht wechseln und waren an einen Arbeitgeber gebunden. Sie mussten eine nächtliche Ausgangssperre einhalten, Androhungen von militärischer Schutzhaft sowie von »Kost-, Licht-, und Bettentziehung« sollten »widerspenstige Polen« gefügig machen.
Den russischen Juden des Transports nach Magdeburg vom August 1914 sollte die Ausreise gestattet werden, sofern sie »Schiffskarten nach Amerika [...] bei sich führen«. Die übrigen seien »in sorgsamer Bewachung« zu halten, zudem sie »zu landwirtschaftlichen Arbeiten [...] meist nicht brauchbar« seien.
Aus Russland stammende Juden wurden wie die Auslandspolen seit Kriegsbeginn im Deutschen Reich als »feindliche Ausländer« interniert. Ihre Anwerbung als Arbeitskräfte war aufgrund antisemitischer Klischees des »zu körperlicher Arbeit untauglichen« und »sich widersetzenden Juden« umstritten. Dennoch kam es zu teilweise gewaltsam durchgesetzten Rekrutierungen. Zwischen 1915 und 1917 wurden ›russisch-jüdische‹ Arbeiter offiziell nach Deutschland angeworben. Mit einem Erlass vom April 1918 beendete das Preußische Innenministerium die Anwerbung jüdischer Arbeiter mit deutlich antisemitischen Begründungen.
F.M.

Herbert 2003; Heid 1995; Oltmer 1995; Elsner 1989; Zunkel 1970; Arbeitsnachweisverband Sachsen-Anhalt, Tagebuch No. 2000/14, Magdeburg, 3. August 1914 und Tagebuch No. 2023/14, Magdeburg, 5. August 1914, Landeshauptarchiv Sachsen-Anhalt, Abteilung Magdeburg, Rep. C 20 I Ib, Nr. 3438 Bd. I, Bl. 10–11 (Zitate)

Schreiben an den Oberpräsidenten der Provinz Westfalen über die Behandlung »arbeitsscheuer Belgier«

VII. Armeekorps, Stellvertretendes Generalkommando
Münster, 2. Dezember 1916
Maschinenschriftlich, 17,0 x 20,0
Landesarchiv Nordrhein-Westfalen, Staatsarchiv Münster, Oberpräsidium Münster,
Nr. 4115, Bl. 289
Kat. 22.7

Nach längeren Debatten zwischen der Industrie und der Reichsregierung wurden seit dem 26. Oktober 1916 bis zum 10. Februar 1917 rund 61 000 Arbeiter aus dem besetzten Belgien nach Deutschland deportiert und zur Arbeit gezwungen. In seinem Schreiben ordnet der kommandierende General des VII. Armeekorps die sorgfältige Überwachung und laufende Kontrolle der aus dem besetzten Gebiet »zur Arbeit abgeschobenen arbeitsscheuen Belgier« an. Erläuternd fügt er hinzu, die Belgier seien »zum Teil auf freiwillig abgeschlossenen Vertrag hin als freie Arbeiter tätig«, zum Teil seien sie »unter Arbeitszwang in Arbeitskommandos unter militärischer Bewachung der Industrie zugeführt« worden.

Vertreter der Rüstungsbetriebe hatten einen wachsenden Arbeitskräftebedarf angemeldet, der nur durch Zwangsrekrutierungen aus dem Ausland zu decken gewesen wäre. Aus den besetzten Gebieten im Osten wurden bereits vermehrt Arbeitskräfte angeworben, die aufgrund sozialer Not Arbeit im Reich suchten. Die deutschen Besatzungsbehörden übten zunehmend Druck auf die Menschen in den okkupierten Gebieten aus und sorgten durch ökonomische Ausbeutung und Betriebsschließungen gezielt dafür, dass sich deren wirtschaftliche Situation verschlechterte. Auslandspolnische Arbeiter unterlagen einem Rückkehrverbot und durften weder den Wohnort noch den Arbeitgeber wechseln, leisteten im Grunde also Zwangsarbeit.

In Belgien herrschte zwar eine hohe Arbeitslosigkeit, da die deutschen Behörden Maschinen und Rohstoffe beschlagnahmt hatten und Belgien zahlreiche Betriebe geschlossen hatte, um nicht für den Feind zu produzieren. Dennoch gelang die freiwillige Anwerbung aus Belgien durch das *Deutsche Industriebüro* in Brüssel im Grunde nicht. Die deutschen Behörden scheuten aber vor ähnlichen Zwangsmaßnahmen wie gegenüber den Polen zurück. Im November 1916 erklärte schließlich Reichskanzler Bethmann Hollweg (1856-1921), Zwangsdeportationen belgischer Arbeiter seien völkerrechtlich akzeptabel, wenn es sich um Arbeitslose handele, die in Belgien von öffentlicher Unterstützung leben mussten, und wenn die Arbeit nicht militärischen Zwecken diene. Die daraufhin durchgeführten Deportationen erwiesen sich jedoch organisatorisch und politisch als Fehlschlag. Rund 13 000 arbeitsunfähige Belgier mussten zurückgeschickt, ursprüngliche Zielvorstellungen von wöchentlich 20 000 Zwangsrekrutierten konnten nicht verwirklicht werden. Im Februar 1917 wurde die Aktion wegen Kritik aus den neutralen Ländern abgebrochen. Offenbar zeigten zudem nicht alle Arbeiter die gewünschte Leistung, wie Berichte von Streiks und Protesten belegen. Ab März 1917 änderte die Reichsregierung ihre Strategie: Sie erhöhte die materiellen Anreize zur Arbeitsaufnahme in Deutschland, während das deutsche Militär in Belgien die ökonomischen Grundlagen weitgehend zerstörte. Daraufhin ließen sich deutlich mehr belgische Arbeitskräfte ›freiwillig‹ ins Reich anwerben.
F.M.

Oltmer 1995; Elsner 1976; Zunkel 1970

Zitat nach: Herbert 2003, S. 104

»man könne mir gleich 80.000 Arbeiter beschaffen, aber nur, wenn sie zwangsweise nach Deutschland gebracht werden«

Carl Duisberg (Vorstandsmitglied des Deutschen Industrie- und Handelstages), September 1916

VII. Armeekorps
Stellvertr. Generalkommando   Münster, den 2. Dezember 1916.
Abt. Ib Nr. 53578

Die seit kurzer Zeit aus dem besetzten Gebiet in den hiesigen Korpsbezirk zur Arbeit abgeschobenen arbeitsscheuen Belgier müssen besonders sorgfältig überwacht und über ihr Verhalten und ihre Behandlung muß eine laufende Kontrolle geführt werden. Zu diesem Zweck ersuche ich Euer Hochgeboren – Hochwohlgeboren – die Fürstliche Regierung – das Fürstliche Ministerium – die Gewerbeaufsichtsbeamten anzuweisen, bei ihren regelmäßigen Revisionen ihre Aufmerksamkeit besonders auch auf diese Arbeiter zu richten. Die Belgier sind z.T. auf freiwillig abgeschlossenen Vertrag hin als freie Arbeiter tätig, z.T. sind sie unter Arbeitszwang in Arbeitskommandos unter militärischer Bewachung der Industrie zugeführt.

Der kommandierende General.

Verteilungsplan umseitig.

Totenbuch des Kriegsgefangenenlazaretts Soltau/Hannover

Soltau, 1914–1921
Handschriftlich, 33,0 x 43,0 x 2,5 (aufgeschlagen)
Bad Fallingbostel, Kreisarchiv Soltau-Fallingbostel
Kat. 22.16

Die Gefangennahme von Soldaten feindlicher Armeen und deren Einsatz in der Kriegswirtschaft erreichten im Ersten Weltkrieg bis dahin nicht gekannte Ausmaße. Bis zum 10. Oktober 1918 wurden insgesamt 2,5 Millionen Kriegsgefangene im Reich interniert, von denen mehr als 1,4 Millionen aus Russland stammten. Kurz vor Kriegsende waren rund 1,9 Millionen Kriegsgefangene in der deutschen Landwirtschaft und Industrie beschäftigt.

Die Reichsregierung hatte weder mit einer solch großen Zahl an Kriegsgefangenen gerechnet, noch war ihr Arbeitseinsatz zunächst geplant. Daher waren die Gefangenen in den ersten Kriegsmonaten in überfüllten provisorischen Unterkünften, Zelten und Erdlöchern unter katastrophalen hygienischen Bedingungen untergebracht. Die Gefangenen wurden zur Kultivierung von Marschböden und zum Aufbau von Unterkünften und Lagern herangezogen, so auch in der Soltauer Heide, wo sich eines der größten Kriegsgefangenenlager des Deutschen Reiches befand. Hier waren im Dezember 1914 rund 22 000 Gefangene interniert, darunter rund 1 000 Zivilgefangene. Seit 1915, als offensichtlich wurde, dass der Krieg länger andauern würde, und als aufgrund der Mobilmachung ein erheblicher Arbeitskräftemangel vor allem in der Kriegsproduktion entstand, wurden Kriegsgefangene in großer Zahl zur Arbeit eingesetzt. Sie entwickelten sich bald zu einem wichtigen Faktor in der deutschen Kriegswirtschaft.

Besonders schwer war die Arbeit im Bergbau und in den Salzminen. Ehemalige Kriegsgefangene des Lagers Soltau berichteten, dass sich Internierte selbst Verletzungen zugefügt hätten, um nicht in den extrem gesundheitsbelastenden Kaliwerken arbeiten zu müssen. Unterbringung und Krankenversorgung waren vielfach mangelhaft. Im Lager Soltau diente zunächst das ungenutzte Verwaltungsgebäude eines Kaliwerks als Lazarett. Die Kranken mussten in der verschmutzen, schlecht belüfteten Baracke auf Strohsäcken auf dem Boden liegen. Nur Schwerstkranke wurden überhaupt ins Lazarett eingewiesen. Im Dezember 1914 wurde ein neues Barackenlazarett fertig gestellt. Hier bestanden zwar bessere hygienische Voraussetzungen, dennoch war die medizinische Versorgung mangels Medikamenten und Personal vollkommen unzureichend.

Ingesamt starben im Ersten Weltkrieg mehr als 135 000 ausländische Soldaten in deutscher Gefangenschaft. Die häufigsten krankheitsbedingten Todesursachen waren Tuberkulose und Lungenentzündung, was auch das Totenbuch des Kriegsgefangenlazaretts Soltau/Hannover dokumentiert. Oft starben die Gefangenen am Tag oder wenige Tage nach ihrer Einlieferung ins Lazarett.

F.M.

Herbert 2003; Otte 1999; Oltmer 1998b (vgl. auch S. 303–305 in diesem Band)

KRIEGSGEFANGENE | 225

Laufende Nummer	Regiment, Bataillon, Abteilung, usw.	Nr. der Kompagnie oder Escadron usw.	Dienst-grad	Vor- und Zunamen	Alter Jahre	Dienst-zeit	Geburtsort	Kreis	Provinz usw.	Krankheit oder Verwundung	Zugang den	Art des Zuganges	Abgang den	Art des Abganges	Bemerkungen
138. 521 6544	Zivilist 10518		A.	Henri Tenagier belg. Unt.	11. Juli 1881	v	Eerensines d'Enghien	Soignies	Hennegau	Kopfstreifschuß	28. Jan. 1917	Lazar. II	28. Jan. 1917	Tod 11:20 Uhr vorm.	kath. Eisenbahnarbeiter ledig
139. 522 6495	Zivilist 12914		A.	Herman Waterlows belg. Unt.	6. Juni 1897	v	Renaix	Courtrai	West-flandern	Lungen-entzündung	25. Jan. 1917	Lazar. II	28. Jan. 1917	Tod 2:15 Uhr morg.	kath. Schlosser in der Fabrik Dunloperie zu Nepit Robert Luxemburg ledig
135. 523 6483	Zivilist 6274		A.	Henri Hegh belg. Unt.	17. Nov. 1887		Enghien	Enghien-Soignies	Hennegau	Lungen-entzündung	24. Jan. 1917	Lazar. II	30. Jan. 1917	Tod 12:55 Uhr vorm.	kath. ledig Eisenbahnarbeiter in Enghien rue des Tanneurs etc. 7
524	Zivilist		A.	Louis Degauduer belg. Haus.	28 Jahre		Naast	Kreis Soignies	Henne-gau	Schädelbruch Hirnerschütterung Zwischenrippen-fellentzündung	Uestaftoven im Zivilgefangenen Lazarett Celle		5. Jan. 1917	Tod 5:00 Uhr Nachm.	kath. bez. Gastwirt in Naast haute folie Str. No 53
525	Ostr. Ryft. Kriegsgefangenenlager	2.	Husar	Pawel Bystrytski russ. Haus.	26 Jahre		Kampferlawki	Gouv. Samara		Im Dienst vom Pferde gestürzt	Uestaftoven im Reserve-Lazarett Celle		8. Jan. 1917	Tod 5:45 Uhr morg.	kath. Landwirt verh. Abteilung Gouv. Samara
136. 526 6030	Inf. Ryt. I M. Btl.	3	Gemeiner	Mirko Komitsch serb. Haus.	22 Jahre		Selo Busahkin	Vranski		Einschwärzen (Einziehung der Brust)	16. Dez. 1916	Res. Laz. Pevita Emden	31. Jan. 1917	Tod 7:00 Uhr vorm.	griech.-kath. Landwirt in Selo Busahkin
527	Zivilist 3466		A.	Oskar Depester belg. Unt.	44 Jahre		Braine le Conte	Soignies	Henne-gau	Allgemeine Schwäche mit Herzmuskel entartung	Uestaftoven im Zivilgefangenen-Lager Hesepe		15. Jan. 1917	Tod 11:25 Uhr vorm.	kath. Eisenbahnarbeiter
528	Zivilist 6097		A.	Leon Beysart belg. Unt.	21 Jahre		Rebecq Braine le Coste		Luxem-bourg	am Gehirnleiden	Uestaftoven im Zivilgefangenen Lager Hesepe		16. Jan. 1917	Tod 8:00 Uhr vorm.	kath. ledig Jurist in Braine le Conte chausée de Bruxelles
529	Zivilist 3416		A.	Leon Emile Steinhault belg. Unt.	34 Jahre		Soignies	Soignies	Henne-gau	an Lungen-entzündung	Uestaftoven im Steinhorst b. Celle		24. Jan. 1917	Tod 7:24 Uhr vorm.	kath. unbekannt Steinzeuger in Soignies
530	Zivilist 2157		A.	Victor Cevert belg. Unt.	35 Jahre		Louvignies	Lüttich		Lungenent-zündung	Uestaftoven in Steinhorst b. Celle		24. Jan. 1917	Tod 3:30 Uhr vorm.	kath. unbekannt Ackerbauer in Soignies

SAISONARBEITERINNEN AUF EINEM GUT BEI BERLIN

1932
Photographie
München, Süddeutscher Verlag, Bilderdienst, 00047132
Kat. 23.10

In der Weimarer Republik ging die Erwerbsmigration aus dem Ausland deutlich zurück, nachdem am Ende des Ersten Weltkriegs zahlreiche polnische Landarbeiter in das neu gegründete Polen ausgereist waren. Dennoch benötigte gerade die Landwirtschaft weiterhin billige Arbeitskräfte aus dem Ausland. In den 1920er Jahren wurde nicht nur die allgemeine Arbeitsverwaltung aufgebaut, sondern auch die Vermittlung, Verwaltung und Kontrolle ausländischer Arbeitskräfte zentralisiert und effektiver gestaltet. Ziel der Neuordnung war es, den nationalen Arbeitsmarkt vor ungeregelter Zuwanderung aus dem Ausland, vor allem aus Polen, zu schützen.

Seit 1920 durften ausländische Arbeitskräfte nur dann in der Landwirtschaft arbeiten, wenn sich für die Tätigkeit kein ›Inländer‹ fand, der Arbeitgeber eine entsprechende Genehmigung und sie selbst eine Legitimationskarte besaßen. Das Arbeitsnachweisgesetz von 1922 und die Festlegung von jährlichen Kontingentzahlen für ausländische Arbeiter in der Landwirtschaft seit 1924 dienten dem Zweck, die Ausländerbeschäftigung an der Entwicklung des Arbeitsmarkts auszurichten. Während Reichsarbeits- und -innenministerium die Beschäftigung ausländischer, insbesondere polnischer Arbeitskräfte als »nationales Problem« und »in solch hoher Zahl als etwas Unerträgliches« ansahen, forderten vor allem die Arbeitgeberverbände, die Vermittlungszahlen heraufzusetzen. Tatsächlich wurden die Kontingente regelmäßig überschritten. So arbeiteten im Jahr 1928 statt der zugelassenen 110 000 rund 146 000 Ausländer in der Landwirtschaft.

Nachdem während des Ersten Weltkriegs der Rückkehrzwang russisch-polnischer Saisonarbeiter aufgehoben worden war, drängte die Regierung seit Ende 1925 die polnischen Landarbeiter und -arbeiterinnen in den Wintermonaten wieder zur Ausreise. Selbst jene, die bereits seit 1919 hier lebten, sollten sich langfristig »wieder in die Wanderbewegung einreihen«, also ebenfalls nur noch saisonweise in Deutschland arbeiten. Parallel zu ihrer antipolnischen Migrationspolitik versuchte die Regierung, einheimische Deutsche und ›Deutschstämmige‹ aus dem südosteuropäischen Ausland für die Arbeit in der Landwirtschaft zu rekrutieren. Im Jahr 1928 schloss die Reichsregierung entsprechende Abkommen mit Jugoslawien und mit der Tschechoslowakei.

Unter den ausländischen wie auch den ›deutschstämmigen‹ Arbeitskräften war der Anteil an Frauen mit bis zu 80 Prozent sehr hoch. Da ihre Löhne deutlich geringer als die der Männer waren, wurden sie bevorzugt beschäftigt. Das Photo zeigt eine Gruppe Saisonarbeiterinnen auf dem Acker eines ostelbischen Gutshofes nördlich von Berlin beim Pflanzen von Kartoffeln im Jahr 1932, als die Ausländerbeschäftigung allerdings aufgrund der Weltwirtschaftskrise insgesamt stark zurückgegangen war.

F.M.

Oltmer 2005; Herbert 2003; Oltmer 2003; Bade 1980

Zitat nach: Oltmer 2003, S. 100

»*Vom psychologischen Standpunkt aus [...] muss die deutsche Landwirtschaft wie die gesamte Öffentlichkeit dahin erzogen werden, die Beschäftigung von Ausländern in solch hoher Zahl als Unerträgliches zu betrachten.*«

Oskar Weigert, Abteilungsleiter im Reichsarbeitsministerium, Berlin, 22.10.1927

Behelfsquartier im Auffanglager für deutschstämmige Flüchtlinge in Schneidemühl (Provinz Grenzmark Posen-Westpreussen)

1925
Photographie
Berlin, ullstein bild, 00066442
Kat. 23.1

Die größte Zuwanderungsgruppe in der Weimarer Republik bildeten die Deutschen aus den aufgrund des Versailler Vertrages abgetretenen Gebieten. Aus Elsass-Lothringen wanderten bis 1923 rund 150 000, aus dem neu gegründeten Polen bis 1925 rund 850 000 deutsche ›Grenzlandvertriebene‹ aus. Sie wurden zur Ausreise gedrängt, ausgewiesen oder abgeschoben, viele gingen auch aus eigenem Entschluss. Sie wollten nicht unter einer fremden, darüber hinaus im Krieg feindlichen Regierung leben. Im Deutschen Reich konnten sie dagegen Entschädigungs- und Fürsorgezahlungen erwarten.

Die Deutschen aus Elsass-Lothringen gliederten sich im Gegensatz zu jenen aus den an Polen abgetretenen Gebieten relativ zügig und problemlos in die Gesellschaft ein. Zur schnelleren Integration trug zum einen die soziale Struktur der Zuwandernden bei: Überwogen unter den Elsass-Lothringern Beamte und Angehörige der Montanindustrie, so waren die Deutschen aus dem nun polnischen Staat vor allem selbständige Landwirte mit ihren Familienangehörigen. Zum anderen verfolgte die deutsche Regierung aus außenpolitischen Erwägungen gegenüber den beiden Gruppen eine unterschiedliche Politik. Sie rechnete nicht damit, das nun französische Territorium bald wiedergewinnen zu können. Hingegen galt die Grenzziehung im Osten, wie sie der Versailler Vertrag vorsah, als revisionsfähig. Insofern akzeptierte die Weimarer Regierung die dauerhafte Ansiedlung der Deutschen aus Elsass-Lothringen, dagegen sollte die Abwanderung der Deutschen aus dem Osten verhindert und die dortige Minderheit gestärkt werden.

Ab 1921 wurde die vor allem von Deutschen aus Polen in Anspruch genommene Flüchtlingsfürsorge schrittweise abgebaut, und die Einreisebeschränkungen gegenüber dieser Zuwanderungsgruppe wurden verschärft. Deutsche Konsulate durften die Ausreise nur unterstützen, wenn die Antragsteller nachweislich zur Abwanderung genötigt worden waren; Zuwanderer ohne anerkannten Flüchtlingsstatus konnten keinen Entschädigungsanspruch mehr geltend machen. Wer keine Zuzugsgenehmigung einer Gemeinde im Reich hatte, galt als ›zielloser Flüchtling‹ und wurde in einem so genannten Heimkehrlager einquartiert. Im Oktober 1922 ließ das Reichsinnenministerium die deutsch-polnische Grenze für deutsche Zuwanderer sperren, wenn auch Ausnahmen zugelassen wurden.

Die ›Heimkehrlager‹ waren in der Regel ehemalige Kriegsgefangenenlager und behelfsmäßige Notunterkünfte in schlechtem baulichem und unzureichendem hygienischem Zustand. Einige Zuwanderer lebten hier jahrelang. Das Photo zeigt eine Gruppe von Zuwanderern in der Grenzstadt Schneidemühl in der ehemaligen Provinz Posen in Westpreußen, die noch 1925 behelfsmäßig in einem Güterwaggon der Deutschen Reichsbahn untergebracht waren. Die meisten Lager wurden in den Jahren 1923/24 aus finanziellen Gründen unter Protest der noch einquartierten Bewohner geräumt.
F.M.

Oltmer 2005; Bade/Oltmer 2004; Grünewald 1984

Schreiben an den Regierungspräsidenten in Düsseldorf, betr. das »Anwachsen des Zuzuges von Polen« und die Internierung »lästige[r] Ostjuden«

Staatskommissar für öffentliche Ordnung
Berlin, 26. April 1921
Maschinenschriftlich, 33,0 x 21,0
Landesarchiv Nordrhein-Westfalen, Hauptstaatsarchiv Düsseldorf, Reg. Düsseldorf 15854-15855, Bl. 3
Kat. 23.14

In den ersten Jahren der Weimarer Republik lebten rund 150 000 Juden aus Ost- und Südosteuropa in Deutschland, von denen viele bereits vor 1914 zugewandert waren. Die Übrigen waren während des Krieges als Arbeitskräfte angeworben oder verschleppt bzw. als Soldaten interniert worden oder vor Pogromen geflüchtet. Nach dem Ersten Weltkrieg flohen erneut rund 10 000 Juden vor antisemitischen Ausschreitungen im revolutionären Russland und im wieder gegründeten Polen ins Deutsche Reich. Juden aus Osteuropa durften seit April 1918 nicht mehr ins Reich einreisen. Noch im Frühjahr 1919 wurden etliche ›Ostjuden‹ nach Polen und Russland abgeschoben. Aufgrund der Kritik aus dem Ausland ordnete der preußische Innenminister am 1. November 1919 an, dass ›ostjüdische‹ Flüchtlinge nicht ausgewiesen werden dürften, da sie nicht der Verfolgung in ihren Herkunftsländern ausgesetzt werden sollten. Anders als beispielsweise Bayern, wo es zu Massenausweisungen kam, die von antisemitischen Exzessen begleitet waren, duldete Preußen nun den Aufenthalt jüdischer Flüchtlinge. Allerdings mussten die Flüchtlinge eine Unterkunft und eine »nutzbringende Beschäftigung« vorweisen, andernfalls konnten sie ausgewiesen bzw. der Fürsorge durch die jüdischen Wohlfahrtsorganisationen unterstellt werden. Gleichzeitig kündigte der preußische Innenminister an, die ›Ostjuden‹ in ›Konzentrationslagern‹ zusammenzufassen, so die zeitgenössische Bezeichnung, die nicht mit der für nationalsozialistische Konzentrationslager gleichzusetzen ist.
Bereits im Frühjahr 1920 verhaftete die Polizei zahlreiche jüdische Zuwanderer aus Osteuropa bei Razzien und internierte sie in Lagern. Im Frühjahr 1921 wurden die Konzentrationslager Stargard in Pommern und Sielow bei Cottbus eingerichtet. Dorthin sollten »lästige Ausländer« – hiermit waren fast ausschließlich Juden aus Osteuropa gemeint – verbracht werden, die gegen bestehende Gesetze und Verordnungen verstoßen hatten. Tatsächlich wurden nicht nur straffällig gewordene Zugewanderte interniert, sondern auch unbescholtene Flüchtlinge und Arbeiter von der Straße oder vom Arbeitsplatz weg verhaftet und in die Lager verschleppt. Die Internierten waren judenfeindlichen Beleidigungen und Misshandlungen ausgesetzt, Unterbringung und Verpflegung waren mangelhaft. Bei einem Brand im Stargarder Lager im Mai 1921 versuchte das Wachpersonal, die Gefangenen an der Flucht aus dem brennenden Gebäude zu hindern, verprügelte die aus dem Fenster Gesprungenen und unterließ Löschmaßnahmen. Mehrere Internierte trugen Brandverletzungen davon. Die Vorfälle lösten Proteste in der jüdischen und linken Presse aus.
Nach heftigen Debatten um die ›Ostjudenfrage‹ wurde die Internierung im August 1923 ausdrücklich auf Vorbestrafte und »staatsfeindliche Elemente« beschränkt. Im Dezember 1923 gab der preußische Innenminister bekannt, dass das Lager Sielow bei Cottbus aufgelöst würde. Grund hierfür waren weniger humanitäre als vielmehr finanzpolitische Überlegungen. Der Status der jüdischen Flüchtlinge blieb jedoch prekär.
F.M.

Oltmer 2005; Walter 1999; Heid 1995; Adler-Rudel 1959

Der Staatskommissar
für öffentliche Ordnung

Tageb.-Nr. III 26597/21

Es wird gebeten, bei der Antwort die Tagebuch-Nummer anzugeben.

W.

Berlin W., 26. April 1921
Wilhelmstr. 64

Auf die gefällige Mitteilung vom 21. d.Mts. - Mst. 2702 - über das Anwachsen des Zuzuges von Polen nach Duisburg bitte ich ergebenst mich über das Ergebnis der weiteren Beobachtungen auf dem Laufenden zu erhalten. Ich bitte auch dafür Sorge zu tragen, dass durch den Zuzug der Polen und ihre Unterbringung zur Arbeit eine Benachteiligung deutscher Arbeitskräfte unter allen Umständen vermieden wird. Lästige Ostjuden, die sich gegen die bestehenden Gesetze und Verordnungen vergangen haben, sind in das zur Aufnahme lästiger Ausländer eingerichtete Lager Stargard in Pommern abzuschieben.

Weismann

An
den Herrn Regierungspräsidenten,
Nebenstelle,
z.Hd. des Herrn Amtsgerichtsrat Jürgens,
Essen

Reichswehrsoldaten kontrollieren jüdische Frauen, Berlin, 1920, vgl. Kat. 23.11

Erfassung und Selektion von Polen durch das Rasse- und Siedlungshauptamt »Durchgangslager Wiesenstraße«

Litzmannstadt (Łódź), 1940
Photographie
Washington, United States Holocaust Memorial Museum, 70235,
Courtesy of Instytut Pamięci Narodowej
Kat. 24.4

Vertreibung von Juden aus dem polnischen Sieradz

Sieradz, 1940
Photographie
Israel, Beit Lohamei Haghetaot Ghetto Fighters' House Museum, 89785
Kat. 24.5

In der Zeit vom 12. Juni 1940 bis zum 18. Dezember 1940 befand sich in der Wiesenstraße in Litzmannstadt, vormals Ulica Łąkowa, Łódź, ein so genanntes Durchgangslager des »Rasse- und Siedlungshauptamtes« der SS (RuSHA). Anschließend hatte es seinen Sitz in der Spornastraße, wo sich die zentrale Außenstelle des Amtes im besetzten Polen befand.

Das RuSHA arbeitete im Auftrag von Heinrich Himmler (1900–1945) in seiner Funktion als »Reichskommissar für die Festigung deutschen Volkstums«. Himmler hatte bereits Ende Oktober 1939 ein Umsiedlungs- und Vertreibungsprogramm für die annektierten polnischen Gebiete zum Zwecke ihrer ›Germanisierung‹ erlassen. Es sah vor, alle Juden und Polen aus den eingegliederten Gebieten zu vertreiben und dort so genannte Volksdeutsche aus Osteuropa anzusiedeln. Bereits in den ersten Kriegswochen hatten deutsche Truppen in Einzel- und Massenaktionen Tausende polnische Nationalisten, Intellektuelle, Geistliche, psychisch Kranke, ›Asoziale‹ und Juden ermordet. Im Zuge der ›Neuordnung der ethnographischen Verhältnisse‹ in Europa unterzogen so genannte Eignungsprüfer die in Bezug auf Sprache und Kultur sehr heterogene polnische Bevölkerung einer ›Rasseselektion‹. Aus der Gruppe der ›Fremdvölkischen‹ wurden ›rassisch hochwertige‹ Personen herausgefiltert und zur ›Wiedereindeutschung‹ ins Altreich verbracht, wo sie Zwangsarbeit leisten mussten. Die überwiegende Mehrheit wurde ins Generalgouvernement Polen abgeschoben, das den Nationalsozialisten als ›Abladeplatz‹ für ›unerwünschte‹ Bevölkerungsgruppen diente. Viele überlebten bereits den Transport dorthin nicht.

›Volksdeutsche‹ aus dem annektierten Polen waren verpflichtet, sich in die »Deutsche Volksliste« eintragen zu lassen. Nach Sprache und Abstammung ›eindeutig‹ als Deutsche bestimmbare Menschen blieben unbehelligt, Personen aus ›Mischehen‹ und ›rassisch‹ Uneindeutige wurden enteignet, erhielten die deutsche Staatsangehörigkeit nur auf Widerruf und durften nicht heiraten.

Deutsche Truppen trieben Juden, Sinti und Roma mit dem Ziel ihrer Vernichtung zunächst in Ghettos zusammen. Das untere Photo dokumentiert die ›Umsiedlung‹ der jüdischen Bevölkerung im polnischen Sieradz. Vor der deutschen Besetzung am 3. September 1939 lebten rund 5 000 Juden in dem Ort, sie machten 40 Prozent der gesamten Bevölkerung aus. Ende August 1942 wurden die letzten 1 200 Juden, die bis dahin im Ghetto von Sieradz überlebt hatten, ins Vernichtungslager Chełmno transportiert, rund 180 ausgebildete Handwerker wurden zunächst ins Ghetto Łódź überführt, dessen Bewohner wiederum im Jahr 1944 nach Auschwitz deportiert wurden. Bis 1944 ließ die »Einwandererzentrale« unter dem Kommando von Himmler mehr als eine Million ›Volksdeutsche‹ aus dem Ausland in den annektieren Gebieten ansiedeln.
F.M.

Urban 2004; Heinemann 2003; Pohl 2003; Herbert 1998; Aly/Heim 1995; Benz 1995

Zitat nach: Aly/Heim 1995, S. 131

»bis zum Beginn der Volkszählung am 17.12.39 [sind ...] so viele Polen und Juden abzutransportieren, daß die hereinkommenden Baltendeutschen untergebracht werden können.«

»Nahplan« des ›Reichskommissariats für die Festigung deutschen Volkstums‹, 1939

Plakat in russischer Sprache zur Anwerbung von Arbeitskräften für Deutschland aus den besetzten sowjetischen Gebieten

»Wir gehen nach Deutschland, um für den Frieden und eine bessere Zukunft zu arbeiten«
Deutsches Reich, um 1942
Offset, 49,8 x 83,5
Berlin, Deutsches Historisches Museum, P 96/978
Kat. 24.14

Der schnell wachsende Bedarf an Arbeitskräften in der nationalsozialistischen Kriegswirtschaft konnte nicht allein durch gesteigerte Arbeitszeiten für deutsche Männer gedeckt werden, die zunehmend zum Kriegsdienst eingezogen wurden. Vom verstärkten Arbeitseinsatz deutscher Frauen sah die Reichsregierung ab, um die »volksbiologische Kraft des Deutschen Volkes« nicht zu gefährden. Auch den planmäßigen Einsatz ausländischer, insbesondere osteuropäischer Arbeitskräfte lehnten die Nationalsozialisten aufgrund rassenideologischer Bedenken zunächst ab. Zudem befürchtete man, Arbeitskräfte aus der Sowjetunion könnten die deutsche Bevölkerung kommunistisch beeinflussen. Dennoch begannen die Nationalsozialisten bereits wenige Wochen nach dem Überfall auf Polen mit der Verschleppung von Kriegsgefangenen und Zivilisten aus den annektierten und besetzen Ländern zur Zwangsarbeit ins Reich. Ab Ende 1939, verstärkt ab Januar 1940, wurden auf Anweisung Hermann Görings (1893–1946) systematisch polnische Zivilarbeiter und Zivilarbeiterinnen zwangsweise ins Reich überführt. Die sowjetischen Kriegsgefangenen wurden nach dem Angriff auf die Sowjetunion zunächst nicht zur Arbeit eingesetzt. Ohne Versorgung ließ man sie in den Lagern an Hunger und Seuchen sterben, Juden und politische Kommissare wurden selektiert und erschossen. Als sich abzeichnete, dass der Krieg länger dauern und Arbeitskräfte in großer Zahl fehlen würden, genehmigten Adolf Hitler (1889–1945) und Göring im Oktober und November 1941, auch sowjetische Kriegsgefangene und Zivilarbeiter zur Arbeit im Reich heranzuziehen, die bei geringster Versorgung maximale Arbeitsleistung erbringen sollten. Aufgrund ihrer schlechten körperlichen Verfassung konnten jedoch wesentlich weniger sowjetische Kriegsgefangene zur Arbeit eingesetzt werden als geplant.

In der Sowjetunion, wie auch zuvor in Polen und in den westlichen besetzten Ländern, versuchten die Nationalsozialisten Zivilisten zur freiwilligen Arbeitsmigration zu bewegen, ab 1942 unter der Leitung des »Generalbevollmächtigten für den Arbeitseinsatz«, Fritz Sauckel (1894–1946). Entsprechende Werbeplakate verhießen eine friedliche Zukunft und eine angenehme Arbeit unter guten Bedingungen in Deutschland. Tatsächlich wurden massenhaft Frauen, Männer und Jugendliche in Dörfern und Städten zusammengetrieben und gewaltsam zur Zwangsarbeit ins Reich deportiert. Mit den ›Polenerlassen‹ vom März 1940 und den ›Ostarbeitererlassen‹ vom Februar 1942 begründete das Reichssicherheitshauptamt die extreme Ausbeutung und massive Diskriminierung der Arbeiter und Arbeiterinnen aus Polen bzw. der Sowjetunion.
F.M.

Herbert 2001 (Zitat: NS-Arbeitswissenschaftler Eduard Willeke in: ders., *Der Arbeitseinsatz im Kriege*, Jena 1942, S. 347f., zitiert nach: ebd. S. 131); Spoerer 2001; Herbert 1999

Liste ›russischer‹ Zwangsarbeiterinnen im Hattinger »Gemeinschaftslager Henrichshütte«

Hattingen, 1942/45
Druck, handschriftlich, 14,6 x 21,0
Hattingen, Stadtarchiv
Kat. 24.22

Die zum Konzern Ruhrstahl AG gehörende Henrichshütte in Hattingen hatte Ende 1944 mit nahezu 50 Prozent einen überdurchschnittlich hohen Anteil ausländischer Arbeitskräfte in der Eisen- und Stahlindustrie. Nach dem deutschen Angriff auf Frankreich im Sommer 1940 waren hier zunächst mehrheitlich französische Kriegsgefangene sowie unter Androhung von Zwangsmaßnahmen ›freiwillig‹ angeworbene Niederländer zur Arbeit eingesetzt. Zwischen 1943 und 1945 stieg der Anteil der ›Ostarbeiter‹, also der aus der Sowjetunion verschleppten Zivilarbeiter, auf der Henrichshütte auf knapp acht Prozent der Gesamtbelegschaft. 20 bis 25 Prozent der ›Ostarbeiter‹ waren Frauen.

Auf der Karteikarte des »Gemeinschaftslagers Henrichshütte« sind »Russinnen« aus der Sowjetunion mit dem Anfangsbuchstaben des Nachnamens »S« eingetragen. Sie waren am Tag der ›Anmeldung‹ nicht älter als zwanzig Jahre. Allein drei der sieben Frauen sind am selben Tag, am 21. Oktober 1942, aus Woroschilowgrad (heute: Luhansk, Ukraine) »zugezogen«, also vermutlich gemeinsam und mit noch weiteren Bewohnern der Stadt verschleppt worden.

Wie in anderen Betrieben wurden die Zwangsarbeiter und Kriegsgefangenen in der Henrichshütte nach einer rassistischen Hierarchie je nach Herkunft und Nationalität unterschiedlich behandelt. Die ›Westarbeiter‹, also Franzosen, Belgier, Niederländer und zunächst auch Italiener, standen – nach den Deutschen – auf der höchsten Rangstufe. Niederländer erhielten in der Henrichshütte als Angehörige eines ›germanischen Nachbarvolks‹ Arbeitsverträge mit angemessener Entlohnung, sie wohnten in beheizten Unterkünften mit sanitären Anlagen und konnten sich in ihrer Freizeit frei bewegen. Personen aus den zum Teil mit Deutschland verbündeten oder abhängigen südosteuropäischen Ländern wurden auf einer niedrigeren Rangstufe eingeordnet, gefolgt von Arbeitern aus der Tschechoslowakei bzw. dem Protektorat Böhmen und Mähren. Polen und Bürger der Sowjetunion galten als Menschen ›minderwertiger Rassen‹. Sie mussten bei geringfügigen Lebensmittelrationen länger und unter schwersten Bedingungen arbeiten und waren vollkommen unzureichend untergebracht. Geringste Vergehen wurden mit dem Tod bestraft. Ähnlich behandelte man die italienischen Militärinternierten nach dem Sturz Mussolinis.

Am untersten Ende der Hierarchie standen die Häftlinge in Konzentrations- und Arbeitserziehungslagern, die zur Arbeit in der Rüstungsproduktion gezwungen wurden. Ihr Tod durch Arbeit und Entkräftung innerhalb weniger Wochen war einkalkuliert.
F.M.

Kuhn/Weiß 2003; Zwangsarbeit 2003; Spoerer 2001; Herbert 1999; Siegfried 1988

Karte Nr. 10	Russinnen							Gemeinschaftslager Henrichshütte Nr.			
Lfde. Nr.	Zu- u. Vornamen, Beruf (bei Ehefrauen auch Geburtsname, gegebenenfalls auch Name aus der letzten früheren Ehe)	Geburts- Tag u. Monat	Jahr	Ort und Kreis	Familienstand	Gl. Bek.	Staatsangeh.	Tag der An-/Abmeldung	Zugezogen von	Verzogen nach	Vermerke Stellung / zu Nr.
1	Sachrotschenko Antonia, Hilfsarbeiterin	20/9	23	Ustanlowka	vh	ub	S.U.	21.10 1942	Woroschilowgrad		
2	Sachwerinowa Anna, Hilfsarbeiterin	5/1	24	Wenejinochino	ld	ub	S.U.	21.10 1942	Uspienka		
3	Sulima Katjana, Hilfsarbeiterin	8/10	24	Unsaprelitka	ld	ub	S.U.	8.6 1943	Winniza		
4	Swinchenko Barbara, Hilfsarbeiterin	13/8	22	Uspenka	ld	ub	S.U.	21.10 1942	Uspenka	1/6.1945 unbekannt	
5	Simanowa Wera, Hilfsarbeiterin	3/6	23	Schakowka	ld	ub	S.U.	21.10 1942	Schakowka		
6	Sarotschenko Lyboro, Hilfsarbeiterin	8/4	23	Upranlowka	vh	ub	S.U.	21.10 1942	Woroschilowgrad		
7	Saleredina Maria, Hilfsarbeiterin	27/5	24	Mischikinda	ld	ub	S.U.	21.10 1942	Woroschilowgrad		

Ausreise jüdischer Displaced Persons über Paris nach Israel

München, 20. August 1948
Photographie
Augsburg, Bildarchiv Haus der Bayerischen Geschichte, 2041
Kat. 25.4

Photo des Schildes »Regierungslager für Heimatl.[ose] Ausländer Föhrenwald«

Föhrenwald, um 1959
Photographie
Wolfratshausen, Stadtarchiv
Kat. 25.2

Am Ende des Zweiten Weltkriegs hielten sich schätzungsweise zehn bis zwölf Millionen so genannte *Displaced Persons* (DPs) in Deutschland auf, also Überlebende aus Konzentrationslagern, Zwangsarbeiter und andere Zivilpersonen, die ohne die Hilfe der Alliierten nicht in ihre Heimat oder in ein anderes Land reisen konnten. Unter ihnen befanden sich in den westlichen Besatzungszonen etwa 50 000 jüdische Überlebende, von denen jedoch viele noch an den Folgen der Misshandlungen durch die Nationalsozialisten starben. Die DPs wurden in rasch errichteten, schlecht ausgestatteten und überfüllten Lagern untergebracht. Juden waren häufig den antisemitischen Anfeindungen ihrer nichtjüdischen Landsleute ausgesetzt. Im August 1945 legte der amerikanische Beobachter Harrison einen Bericht über die für jüdische Überlebende unhaltbaren Zustände in den Lagern vor. Daraufhin brachten die US-Alliierten die jüdischen DPs in eigenen Lagern unter und verbesserten ihre Versorgung. In vielen Lagern entwickelte sich bald eine eigene administrative, politische, religiöse und kulturelle Infrastruktur, so auch in Föhrenwald bei München. Dort befand sich eines der größten jüdischen DP-Lager in der amerikanischen Zone. Bis September 1945 organisierte die *United Nations Relief and Rehabilitation Administration* (UNRRA) die Rückführung von knapp sechs Millionen DPs in ihre Herkunftsländer. Etliche konnten jedoch nicht in ihre Heimat zurückkehren. Zudem verweigerten zahlreiche ehemalige Zwangsarbeiter aus Polen und der Sowjetunion aufgrund politischer Differenzen mit den kommunistischen Regimes die Repatriierung. In der Sowjetisch Besetzten Zone (SBZ) wurden sie gegen ihren Willen in die Herkunftsländer verbracht bzw. als ›Landesverräter‹ in Arbeitslager interniert. Zwischen Herbst 1945 und Ende 1947 flüchteten erneut Tausende vor antisemitischen Pogromen aus Osteuropa. Deutschland war für sie in der Regel nur eine Zwischenstation auf dem Weg nach Palästina bzw. in den neu gegründeten Staat Israel oder nach Übersee. Im Vordergrund der Politik der Alliierten stand nun die ›Neuansiedlung‹ der DPs in anderen Ländern. 1950 lebten noch rund 150 000 DPs in der Bundesrepublik, etwa ein Drittel in Lagern.
Es waren überwiegend jene, die wegen Krankheit und Schwäche nicht reisefähig waren oder die Einreisekriterien der Aufnahmestaaten nicht erfüllten. In der Bundesrepublik erhielten sie 1951 den Status der ›Heimatlosen Ausländer‹, der sie zwar weitgehend mit deutschen Staatsangehörigen gleichstellte, ihnen aber nicht dieselben Rechte einräumte wie den deutschen Flüchtlingen und Vertriebenen, wie es DP-Organisationen gefordert hatten. Im Frühjahr 1957 wurde mit dem Lager Föhrenwald das letzte DP-Lager aufgelöst. Nicht wenige ehemalige Zwangsarbeiter und KZ-Häftlinge lebten ohne nennenswerte Entschädigungsleistungen relativ verarmt in der Bundesrepublik.
F.M.

Königseder/Wetzel 2004; Dietrich/Schulze Wessel 1998; Eder 1998; Displaced Persons 1997; Stepień 1989; Jacobmeyer 1985

Zitat nach: Königseder/ Wetzel 2004, S. 21

»Vor der Befreiung hielt uns die Hoffnung am Leben. Wir träumten vom Tag unserer Befreiung und malten uns aus, wie es sein würde. Und dann kam der Tag, und wir sahen eine neue Welt vor uns, kalt und fremd.«

Josef Rosensaft, späterer Präsident des Zentralkomitees für die befreiten Juden in der Britischen Zone

Informationsbroschüre über den Lastenausgleich für Aussiedler und Vertriebene

Waldemar Klatt
Bayreuth, um 1955
Druck, 20,8 x 14,8
Berlin, Deutsches Historisches Museum, Do2 2005/122
Kat. 26.5

Spendenmarke der »Konrad Adenauer Flüchtlingsspende«

»Ich gab 1 Deutsche Mark für die Flüchtlinge«
Bundesrepublik Deutschland, 1953
Aluminium, Dm 2,1
Bonn, Stiftung Haus der Geschichte der Bundesrepublik Deutschland, 1989/1/165.3
Kat. 26.9

Mit dem Vordringen der Roten Armee setzten im Sommer 1944 Fluchtbewegungen und gewaltsame Vertreibungen der ›Reichs‹- und ›Volksdeutschen‹ aus Ost- und Südosteuropa ein. Auf der Konferenz von Potsdam im August 1945 beschlossen die Alliierten die ›Westverschiebung‹ Polens und die »Umsiedlung deutscher Bevölkerungsteile« in »geordneter und humaner Weise«. Bis 1950 flüchteten insgesamt rund 12,5 Millionen Deutsche unter vielfach katastrophalen Umständen aus Polen, der Tschechoslowakei, Ungarn, Rumänien und Jugoslawien in die vier Besatzungszonen bzw. in die Bundesrepublik und die DDR. Sie wurden zunächst in Lagern und Behelfsunterkünften notversorgt oder in privaten Quartieren untergebracht, was häufig zu Konflikten mit den Alteingesessenen führte. Die Bundesregierung unter Konrad Adenauer (1876–1967) leitete frühzeitig Maßnahmen zur Integration der Flüchtlinge und Vertriebenen ein. Gleichwohl forderte sie die Revision der polnischen Westgrenze und hielt die Parole der Vertriebenenverbände vom »Recht auf Heimat« aufrecht.

Das Grundgesetz garantierte den Vertriebenen die rechtliche und staatsbürgerliche Gleichstellung mit den Alteingesessenen. 1952 löste das Lastenausgleichsgesetz das Soforthilfegesetz von 1949 ab. Der Lastenausgleich sprach den Vertriebenen eine finanzielle Entschädigung für die erlittenen Verluste zu, so Zuschüsse für die Beschaffung von Hausrat, Stipendien für Umschulungen und Ausbildung der Kinder, günstige Kredite für Hausbau und Firmengründungen sowie Steuerbegünstigungen.

Weitere Maßnahmen zur Aufnahme sowie zur beruflichen und sozialen Integration regelte schließlich das Bundesvertriebenengesetz von 1953 (vgl. Kat. 26.10). Es garantierte unter anderem Bundesmittel zur »Pflege des Kulturguts« der Deutschen aus dem Osten, von denen zum Beispiel der Bund der Vertriebenen (vgl. Kat. 26.12) und die verschiedenen Landsmannschaften profitierten. Auch die Konrad Adenauer Flüchtlingsspende appellierte an die Solidarität der Alteingesessenen mit den Flüchtlingen. Der Bundeskanzler hatte in Rundfunk und Fernsehen Bürger und Firmen dazu aufgerufen, sich an der Spendenaktion zu beteiligen. Als Beleg erhielten die Spender diese Aluminium-Marken.
F.M.

Urban 2004; Aust/Burgdorff 2003; Hoffmann 2000; Frantzioch-Immenkeppel 1996; Reichling 1995; Benz 1985;
Zitat 1: Kommuniqué über die Konferenz von Potsdam, 2. August 1945, zitiert nach: Jacobsen/Tomala 1992, S. 66f.
Zitat 2: Gesetz über die Angelegenheiten der Vertriebenen und Flüchtlinge (Bundesvertriebenengesetz – BVFG) vom 19.5.1953, in: Haberland 1994, S. 127.

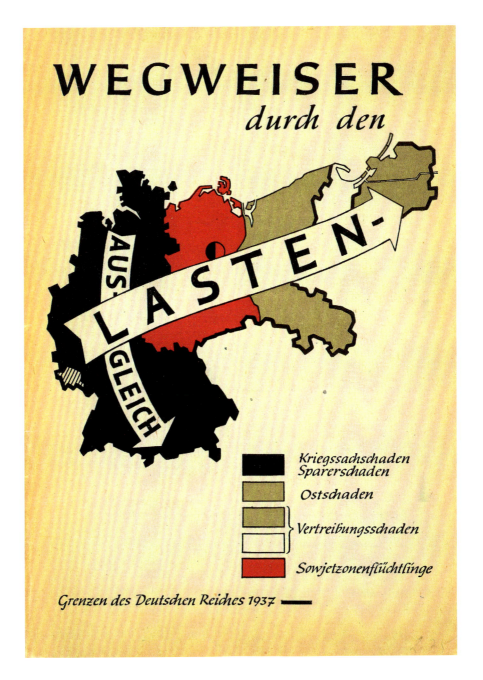

Wahlplakat der SED

»Umsiedler / Die SED hilft Euch eine neue Heimat schaffen«
Köthen, um 1946
Lithographie, 61,5 x 86,0
Berlin, Deutsches Historisches Museum, P 94/1960
Kat. 26.13

Die Sowjetisch Besetzte Zone (SBZ) nahm rund 4,5 Millionen Flüchtlinge und Vertriebene auf. Von ihnen wanderten bis 1961 schätzungsweise eine bis zwei Millionen weiter in den Westen. Ähnlich wie in den Westzonen bzw. der Bundesrepublik erkannten die politischen Parteien in der SBZ/DDR das große Wählerpotential der Neubürger. Besonders die SED, die Flüchtlinge und Vertriebene verharmlosend als ›Umsiedler‹ bezeichnete, versuchte mit Werbeplakaten und Vorträgen in den Aufnahmelagern Stimmen zu gewinnen.
Das Plakat zeigt einen Mann, eine Frau und zwei Kinder, die mit ihrem auf einen Handwagen geladenen Gepäck durch eine sonnige Landschaft ziehen. Im Vordergrund blickt ein Mann, der sein Gepäckbündel bereits geschultert hat und offenbar ebenfalls aufbruchbereit ist, der Familie nach. Die Darstellung widerspricht den bekannten Abbildungen von Flüchtlingstrecks und den Berichten von gewaltsamen Vertreibungen. Die Flüchtlinge scheinen aus eigenem Entschluss, in geordneter Weise und ohne besondere Eile ihre Häuser zu verlassen. Mit seinem optimistischen Zukunftsversprechen, dem Slogan »Umsiedler – Die SED hilft Euch eine neue Heimat schaffen« und der Aufforderung, die SED zu wählen, richtete sich das Plakat in erster Linie an die Vertriebenen. Aber auch den Einheimischen, die den Flüchtlingen häufig abwehrend und feindlich begegneten, sollte ein positives Bild der Neuankömmlinge vermittelt werden, die in überschaubarer Zahl kämen und leicht integrierbar wären.
Eine gezielte Integrationspolitik gegenüber den Flüchtlingen und Vertriebenen verfolgten die Sowjetische Militäradministration in Deutschland und die SED allerdings nur in der unmittelbaren Nachkriegszeit. Einmalige finanzielle Unterstützungsleistungen, die rasche Einquartierung in Privatwohnungen, vielfach von Alteingesessenen, und die Beteiligung an der Bodenreform sollten es den ›Umsiedlern‹ ermöglichen, sich schnell in die neue Gesellschaft einzugliedern. Noch im September 1950 wurde das »Umsiedlergesetz« erlassen, das sich für die Mehrzahl der Vertriebenen jedoch als Enttäuschung erwies, weil es viele Gruppen von einer Förderung ausschloss. Bald wurde die Förderung komplett eingestellt, ab Mitte der 1950er Jahre strich die SED das Thema ganz von der Tagesordnung. Nachdem die DDR 1950 die polnische Westgrenze entlang der Oder-Neiße-Linie anerkannt hatte, setzte die SED Äußerungen über Flucht- und Vertreibungserfahrungen mit revanchistischen Gebietsforderungen an Polen und die ČSSR gleich. Um das Bild der Freundschaft unter den ›sozialistischen Bruderländern‹ nicht zu stören, wurden Bemühungen der Vertriebenen, ihre Traditionen und Bräuche zu pflegen, diffamiert und behördlich unterbunden.
F.M.

Schwartz 1998; Ther 1998; Wille 1997; Plato/Meinicke 1991

Polnische Spezialisten errichten die Kühltürme eines Kraftwerkes

Thierbach bei Leipzig, 9. August 1967
Photographie
Koblenz, Bundesarchiv, Ela5d2 Polen 1967
Kat. 27.7

In den 1970er und 1980er Jahren arbeiteten zahlreiche ausländische Arbeitskräfte auf der Grundlage von bilateralen Regierungsabkommen für einen befristeten Zeitraum in der DDR. Die DDR-Regierung schloss 1967 ein erstes Abkommen mit Ungarn (vgl. Kat. 27.2), weitere folgten unter anderem mit Polen, Algerien, Kuba, Mosambik und Vietnam. Formaler Bestandteil der Abkommen war die Qualifizierung der Arbeitskräfte, jedoch machte die DDR im Laufe der Jahre sehr deutlich, dass ihr in erster Linie daran gelegen war, den Arbeitskräftemangel im eigenen Land zu kompensieren. 1981 hielten sich rund 24 000 Vertragsarbeiter in der DDR auf, 1989 waren es etwa 93 500. Neben Vertragsarbeitern kamen insbesondere aus Polen weitere temporäre Arbeitsmigranten in die DDR, so bereits zwischen 1951 und 1959 rund 2 500 Fachkräfte zur zeitlich befristeten Weiterbildung. 1963/64 schlossen die Regierungen Polens und der DDR die ersten Verträge über die Beschäftigung bzw. Ausbildung von Polen in der Grenzregion der DDR. Bald arbeiteten jährlich zwischen 3 000 und 4 000 polnische Pendler, darunter viele Frauen, in grenznahen DDR-Betrieben, die ihren Wohnsitz in Polen behielten. Seit 1965 führten auf der Basis von so genannten Außenhandelsverträgen polnische Betriebe mit ihren Fachkräften Bau- und Montagedienstleistungen in der DDR aus. Im Gegenzug erhielt Polen Rohstoffe und Produkte.
Der Aufenthalt der Migranten war auf den für die Ausführung der Arbeiten festgelegten Zeitraum befristet. Zwischen 1972 und 1990 entsandte Polen – zusätzlich zu den 3 000 bis 11 500 Vertragsarbeitern – jährlich zwischen 10 000 und 30 000 überwiegend männliche, relativ junge, oft hoch qualifizierte Arbeitskräfte. Die Beschäftigung mittels Außenhandelsverträgen war für die Fachkräfte besonders attraktiv, denn sie profitierten von Sonderzollbestimmungen und der Auszahlung eines Teils des Lohns in Gutscheinen im Gegenwert von US-Dollar.
Die DDR-Presse hob die Leistungen polnischer Spezialisten gern als ein Zeichen der Kooperation sozialistischer Bruderländer lobend hervor, ohne freilich Genaueres über die Lebensbedingungen der Polen zu berichten. Im offiziellen Pressetext zu dem abgebildeten Foto heißt es: »In diesen Tagen erreichten polnische Montagearbeiter, die Kühltürme für das neue Kraftwerk Thierbach errichten, einen Vorsprung von vier Wochen. Sie verpflichten sich bis zum 50. Jahrestag der Oktoberrevolution, den Kühlturm mit sechs Wochen Vorsprung zu übergeben. Stanislaw Sztuka, Jerzy Zarzycki und Tadeusz Tylek (v. l. n. r.) aus Gliwice gefällt es in der DDR.« Die propagierte Völkerfreundschaft zwischen beiden Staaten schützte jedoch nicht vor polenfeindlichen Ressentiments in der Bevölkerung.
F.M.

Miera 2004; Röhr 2001; Elsner/Elsner 1994; Gruner-Domić 1996; Marek 1996; Helias 1992; Jasper 1991

ABKOMMEN

zwischen der Regierung der Deutschen Demokratischen Republik und der Regierung der Ungarischen Volksrepublik über die zeitweilige Beschäftigung junger ungarischer Werktätiger zur Erwerbung praktischer Berufserfahrungen in sozialistischen Betrieben der Deutschen Demokratischen Republik

Die Regierung der Deutschen Demokratischen Republik und die Regierung der Ungarischen Volksrepublik treffen im Interesse der Vertiefung ihrer Zusammenarbeit und der Erweiterung der freundschaftlichen Beziehungen zwischen beiden Staaten folgendes Abkommen:

Artikel 1

(1) Die Regierung der Ungarischen Volksrepublik entsendet 1967 1000 bis 2000 und von 1968 – 1970 jährlich 4000 bis 5000 junge ungarische Werktätige zur Beschäftigung in sozialistische Betriebe der Deutschen Demokratischen Republik.

(2) Die Vertragspartner organisieren die zeitweilige Beschäftigung zur Erwerbung praktischer Berufserfahrungen im Rahmen dieses Abkommens.

(3) Die Beschäftigung erfolgt entsprechend dem Bedarf der sozialistischen Betriebe der Deutschen Demokratischen Republik sowie der beruflichen Ausbildung der ungarischen Werktätigen für eine Zeitdauer von jeweils 2 - 3 Jahren.

Artikel 2

Das vorliegende Abkommen gilt ausschließlich für die Beschäftigung von ungarischen Werktätigen, die auf Grund jährlich zu vereinbarender Protokolle von der Ungarischen Volksrepublik zur Beschäftigung in sozialistische Betriebe der Deutschen Demokratischen Republik zur Erwerbung praktischer Berufserfahrungen entsandt werden.

Artikel 3

Das im Artikel 2 genannte Protokoll beinhaltet:

    a) die Anzahl der ungarischen Werktätigen, die im jeweils folgenden Jahr die Beschäftigung in der Deutschen Demokratischen Republik aufnimmt, gegliedert nach Berufsgruppen;

    b) die Produktionszweige, in denen die Beschäftigung erfolgt;

    c) den Zeitpunkt des Beginns und der Beendigung der Beschäftigung;

    d) die Durchführungsaufgaben für die Vertragspartner.

Artikel 4

(1) Die deutsche Seite verpflichtet sich, nach Ablauf der Beschäftigung die Rückkehr der ungarischen Werktätigen in ihre Heimat zu organisieren.

(2) Die deutsche Seite verpflichtet sich, nach Ablauf der Beschäftigung den ungarischen Werktätigen – abgesehen von besonderen Fällen – keinen Wohnsitz zu gewähren.

Artikel 5

Die arbeits- und sozialversicherungsrechtliche Stellung der ungarischen Werktätigen während ihrer Beschäftigung in der Deutschen Demokratischen Republik richtet sich nach den in der Deutschen Demokratischen Republik geltenden arbeits- und sozialversicherungsrechtlichen Bestimmungen sowie den Bestimmungen des geltenden Abkommens zwischen der Regierung der Deutschen Demokratischen Republik und der Regierung der Ungarischen Volksrepublik über die Zusammenarbeit auf dem Gebiet der Sozialpolitik, soweit durch das vorliegende Abkommen nichts anderes festgelegt ist.

Artikel 6

(1) Mit jedem ungarischen Werktätigen wird für die im Protokoll vereinbarte Dauer der Beschäftigung ein Arbeitsvertrag in deutscher und ungarischer Sprache abgeschlossen.

(2) Dem für eine zeitweilige Beschäftigung eingestellten ungarischen Werktätigen wird bei Arbeitsaufnahme ein entsprechender Vorschuss gezahlt.

Artikel 7

(1) Die zeitweilig beschäftigten ungarischen Werktätigen werden entsprechend den gegebenen betrieblichen bzw. örtlichen Möglichkeiten konzentriert eingesetzt.

(2) Den ungarischen Werktätigen ist bei Verhandlungen vor Konfliktkommissionen über Konfliktfälle sowie bei der Untersuchung von Betriebsunfällen eine ungarische Interessenvertretung zu sichern.

Artikel 8
Der für eine zeitweilige Beschäftigung abgeschlossene Arbeitsvertrag kann vorfristig sowohl vom Werktätigen als auch vom Betrieb nur mit vorheriger Zustimmung des übergeordneten Leitungsorgans des Betriebes gelöst werden. Im Falle einer Auflösung des Arbeitsvertrages kann das übergeordnete Leitungsorgan des Betriebes den Werktätigen in einen anderen Betrieb versetzen. Ungarische Werktätige, die wegen schwerwiegender Verletzung der Gesetze der Deutschen Demokratischen Republik oder der sozialistischen Arbeitsdisziplin fristlos entlassen werden, können zur Rückkehr in die Ungarische Volksrepublik veranlaßt werden.

Artikel 9
Die Unterbringung der ungarischen Werktätigen wird vom Einsatzbetrieb entsprechend den in der Ungarischen Volksrepublik gültigen Normen und den in der Deutschen Demokratischen Republik üblichen Gepflogenheiten organisiert. Bei Zahlung der Mietkosten stehen den ungarischen Werktätigen die gleichen Vergünstigungen zu wie den Werktätigen der Deutschen Demokratischen Republik.

Artikel 10
(1) Den ungarischen Werktätigen werden die Fahrkosten (II. Klasse Eisenbahn) für die Anreise vom Heimatort zum Arbeitsort und die Rückreise vom Arbeitsort zum Heimatort von den Betrieben der Deutschen Demokratischen Republik erstattet. Darüber hinaus erstatten die Betriebe in jedem Jahr, frühestens 6 Monate nach Arbeitsaufnahme, die Fahrkosten für eine Reise in den Heimatort und zurück.

(2) Bei Urlaubsreisen zum Heimatort werden die ungarischen Werktätigen zusätzlich 2 Tage von der Arbeit freigestellt. Für die Zeit dieser Freistellung wird ein Ausgleich in Höhe des Tariflohnes gezahlt.

(3) Bei weitern Heimreisen aus Gründen, bei deren Vorliegen nach den gesetzlichen Bestimmungen der Deutschen Demokratischen Republik eine Freistellung von der Arbeit erfolgt, werden die ungarischen Werktätigen darüber hinaus 2 Tage von der Arbeit freigestellt. Der Ausgleich für die Zeit der gesamten Freistellung erfolgt in Höhe des Tariflohnes. Die Fahrkosten für diese Heimreisen tragen die ungarischen Werktätigen.

Artikel 11
(1) Die Sachleistungen der Sozialversicherung werden nach den innerstaatlichen gesetzlichen Bestimmungen vom Versicherungsträger des Staates und zu dessen Lasten gewährt, auf dessen Territorium sich der ungarische Werktätige bzw. der anspruchsberechtigte Familienangehörige aufhält.

(2) Die kurzfristigen Geldleistungen der Sozialversicherung werden den ungarischen Werktätigen vom Versicherungsträger der Deutschen Demokratischen Republik zu dessen Lasten nach den für ihn geltenden gesetzlichen Bestimmungen gewährt. Ist das Arbeitsrechtsverhältnis in der Deutschen Demokratischen Republik beendet und der ungarische Werktätige in die Ungarische Volksrepublik zurückgekehrt, werden, sofern über diesen Zeitpunkt hinaus darauf Anspruch besteht, die kurzfristigen Geldleistungen der Sozialversicherung vom ungarischen Versicherungsträger zu dessen Lasten nach den für ihn geltenden gesetzlichen Bestimmungen gewährt.

(3) Nach Rückkehr der ungarischen Werktätigen in die Ungarische Volksrepublik gewährt der Versicherungsträger der Ungarischen Volksrepublik zu seinen Lasten den ungarischen Werktätigen und ihren Familienangehörigen alle Rentenleistungen, einschließlich Renten bei Arbeitsunfall und Berufskrankheit, nach den ungarischen gesetzlichen Bestimmungen. Für die von den ungarischen Werktätigen nach den Bedingungen dieses Abkommens in der Deutschen Demokratischen Republik zurückgelegten Versicherungs- und Ersatzzeiten besteht bei Rentengewährung in der Ungarischen Volksrepublik keine Leistungsverpflichtung der Sozialversicherung der Deutschen Demokratischen Republik.

(4) Nach Rückkehr der ungarischen Werktätigen in die Ungarische Volksrepublik werden die von den ungarischen Werktätigen in der Deutschen Demokratischen Republik zurückgelegten Versicherungs- und Ersatzzeiten bei der Gewährung und Festsetzung der Leistungen der Sozialversicherung durch den ungarischen Versicherungsträger angerechnet bzw. berücksichtigt.

(5) Für Verpflichtungen der Sozialversicherung der Deutschen Demokratischen Republik, die nach diesem Abkommen vom ungarischen Versicherungsträger zu tragen sind, gewährt die Deutsche Demokratische Republik der Ungarischen Volksrepublik als Abgeltung einen Ausgleichsbetrag. Dieser Ausgleichsbetrag wird in Höhe von 47 % der gemäß den gesetzlichen Bestimmungen der Deutschen Demokratischen Republik vom Lohn der ungarischen Werktätigen in Abzug gebrachten Beiträge zur Sozialversicherung sowie des entsprechenden Betriebsanteils zur Sozialversicherung und der Unfallumlage gewährt. Die Vertragspartner können sich dahingehend vereinbaren, dass der Ausgleichsbetrag als Pauschalsumme festgesetzt werden kann.

[...]

Industrienähmaschine »Textima«

VEB Nähmaschinenwerke Altenburg, Kombinat Textima
1980
Eisen, Holz, Gummi, Kunststoff, 143,0 x 106,5 x 53,0
Berlin, Deutsches Historisches Museum, AK 99/8
Kat. 27.16

Im Jahr 1987 startete die SED eine Offensive zur Erhöhung der Produktion in der Leichtindustrie, die insbesondere durch die Anwerbung vietnamesischer Arbeitskräfte gewährleistet werden sollte. Im März legte das Politbüro die über den Jahresplan hinausgehende Produktion von »3,5 Millionen Kinderschuhen, 2 Millionen Kinderanoraks, 500 000 Kinderhosen und 200 000 Kinderjacken« fest: Daher seien knapp 20 000 »vietnamesische Werktätige der DDR zuzuführen« (vgl. Kat. 27.11). Mit der Volksrepublik Vietnam hatte die DDR bereits 1973 eine Vereinbarung über die Ausbildung von Jugendlichen geschlossen, 1980 folgte ein Vertrag zur »Beschäftigung und Qualifizierung vietnamesischer Werktätiger«. Die Zahl der vietnamesischen Beschäftigten stieg zwischen 1980 und 1985 von 1 500 auf rund 10 000 an. Auf der Grundlage eines neuen Abkommens von 1987 kamen im selben Jahr rund 30 500 Vietnamesinnen und Vietnamesen in die DDR. Zwei Jahre später bildeten die knapp 60 000 vietnamesischen Vertragsarbeiter den größten Anteil an Ausländern in der DDR (vgl. Kat. 27.10).
Die Arbeitsverträge der ausländischen Vertragsarbeiter waren auf zwei, teilweise auch auf vier oder fünf Jahre befristet. Der Aufenthalt eines Vertragsarbeiters konnte vorzeitig beendet werden, wenn dieser gegen DDR-Recht oder gegen die ›sozialistische Arbeitsdisziplin‹ verstieß oder die Arbeitsnormen dauerhaft nicht erfüllte. Mosambikanerinnen mussten seit 1980, Vietnamesinnen seit 1987 im Fall einer Schwangerschaft in ihre Herkunftsländer zurückkehren. Der Kontakt zur einheimischen Bevölkerung außerhalb der Betriebe wurde durch die Wohnunterbringung, die von offizieller Seite geregelte Freizeitgestaltung und Kontrollmaßnahmen explizit unterbunden. Die Vertragsarbeiter übten in der Regel körperlich anstrengende Tätigkeiten mit geringen Qualifikationserfordernissen im unmittelbaren Produktionsbereich der Leicht- und Schwerindustrie sowie im Maschinenbau aus, für die Deutsche kaum zu gewinnen waren. Die Bedingungen bezüglich Entlohnung, Ausfuhrbestimmungen und Heimreisen waren für Arbeitskräfte aus den europäischen sozialistischen Länder und Kuba günstiger als für jene aus den sozialistisch orientierten Entwicklungsländern. Vietnamesische Arbeitskräfte mussten einen Teil ihres Lohns an den Heimatstaat abgeben.
Während der Wende kündigte die DDR die noch bestehenden Abkommen mit Vietnam, Mosambik und Angola. Die ausländischen Arbeiter gehörten zu den ersten, die aus den DDR-Industriebetrieben entlassen wurden. Viele kehrten mit geringen Abfindungszahlungen in ihre Heimatländer zurück. Der Status der Übrigen blieb lange unklar, eine große Zahl beantragte daher Asyl. Erst 1993 erhielten diejenigen ein Bleiberecht, die einen legalen Einkommenserwerb und ausreichenden Wohnraum nachweisen konnten.
F.M.

Gruner-Domić 1996; Müggenburg 1996 (Zitat: Akte J IV- 2/2a/2996, SAPMO, zitiert nach: ebd. S. 12); Sextro 1996; Stach/Hussain 1991; Marburger u. a. 1993; Jasper 1991

Zitat nach: Krüger-Potratz 1991, S. 204

»Das gemeinsame Ziel der zwischen den Seiten vereinbarten Arbeitskräftekooperation besteht darin, daß vietnamesische Werktätige in Betrieben der DDR in einem bestimmten Zeitraum beschäftigt und qualifiziert werden. [...] Schwangerschaft und Mutterschaft verändern die persönliche Situation der betreffenden werktätigen Frauen so grundlegend, daß die damit verbundenen Anforderungen der zeitweiligen Beschäftigung und Qualifizierung nicht realisierbar sind.«

Vereinbarung über die Verfahrensweise bei Schwangerschaft vietnamesischer werktätiger Frauen in der DDR, Abs. 1, Berlin, 21.7.1987

Vietnamesische Näherinnen, Rostock, 1990, vgl. Kat. 27.10

Broschüre über Leben und Studium ausländischer Studenten in der DDR, in englischer Sprache

»Foreign Students in the GDR«
Gesellschaft für kulturelle Verbindungen mit dem Ausland
Berlin (DDR), 1957
Druck, 14,0 x 20,0
Berlin, Deutsches Historisches Museum, DG 58/723 (MfDG)
Kat. 27.18

Seit Anfang der 1950er Jahre besuchten Studenten aus dem Ausland Hochschulen der DDR und bildeten damit eine relativ kleine Gruppe temporärer Zuwanderer. Im Studienjahr 1970/71 waren 4 700, 1989/90 immerhin rund 13 400 Studierende aus afrikanischen und asiatischen Entwicklungsländern und aus dem europäischen sozialistischen Ausland an Universitäten der DDR immatrikuliert. Mit der Ausbildung junger Kader wollte die SED die jeweiligen Herkunftsländer wirtschaftlich unterstützen und Einfluss auf die dortige politische Entwicklung nehmen.
Die Studenten kamen in der Regel auf der Basis zwischenstaatlicher Regierungsabkommen, um eine einjährige Sprachausbildung und anschließend ein Studium oder einen Aufbau- oder Promotionsstudiengang zu absolvieren. Sie studierten in festen Seminargruppen gemeinsam mit deutschen Kommilitonen, mit denen sie auch das Wohnheim teilten. Die enge soziale und fachliche Betreuung durch Vertrauensdozenten und Seminargruppen ermöglichte die intensive Beobachtung der ausländischen Studierenden, auch durch den Staatssicherheitsdienst der DDR.
Dennoch war für viele ein Studium in der DDR sehr attraktiv. Die jungen Männer und Frauen waren mit einem Stipendium und zusätzlichen Vergünstigungen materiell gut versorgt. Der Hochschulabschluss in der DDR diente häufig als Sprungbrett zu einflussreichen Positionen im Heimatland. Besondere materielle Privilegien genossen Studenten aus einigen afrikanischen Ländern. Sie durften ins westliche Ausland reisen und erhielten einen Teil ihres Stipendiums in Devisen. Andererseits wurden gerade afrikanische Studenten besonders diskriminiert. Der Internationale Bund Freier Gewerkschaften in Brüssel berichtete im Juni 1961 von »skandalösen Zuständen«, »rassistischer Diskriminierung« und »schlechter Ernährung« afrikanischer Studenten an der Gewerkschaftshochschule in Bernau. Nach einem Streik der Afrikaner hätten sich die Verhältnisse schließlich gebessert.
Die offizielle Werbebroschüre der Humboldt Universität Berlin vermittelt ein ausnahmslos positives Bild vom Studium in der DDR. Auf dem Titelbild schauen neun junge Leute unterschiedlichster Herkunft und Hautfarbe gut gelaunt, neugierig und einander freundschaftlich umfassend auf Papiere, die ihnen eine Dozentin präsentiert. Die Publikation erläutert die Vorzüge der akademischen Ausbildung in der DDR. Während hier jeder unabhängig von sozialem Stand und Einkommen Zugang zu Bildung habe, seien in der Bundesrepublik der Lebensstandard der Studenten und das Niveau der Ausbildung auf ein »gefährliches Level« gesunken.
F.M.

Schmelz 2004; Feige 1999; Freier Deutscher Gewerkschaftsbund, Bundesvorstand, Büro für nationale Gewerkschaftseinheit, Information, 13.6.61, Berlin, Bundesarchiv, Stiftung Archiv der Parteien und Massenorganisationen der DDR, DY 34 FDGB, 2134 (Zitat)

Laufzettel für das Notaufnahmeverfahren für Flüchtlinge aus der DDR

Berlin, Januar–Februar 1954
Druck, handschriftlich, gestempelt, 15,0 x 21,0
Berlin, Erinnerungsstätte Notaufnahmelager Marienfelde
Kat. 26.17

Neben den Flüchtlingen und Vertriebenen aus den ehemaligen deutschen Ostgebieten zählten in der Nachkriegszeit die Flüchtlinge und Abwanderer aus der Sowjetisch Besetzten Zone bzw. der DDR zur größten Zuwanderungsgruppe im Westen Deutschlands. Die junge Bundesrepublik begrüßte einerseits die Zuwanderung der Deutschen, andererseits schreckte sie angesichts des hohen Arbeitsplatz- und Wohnraummangels vor einer Politik der uneingeschränkten Aufnahme zurück. Zudem fürchtete sie, dass die Sowjetunion bei einer zu starken Auswanderung ihren Einfluss auf die DDR erhöhen würde. Mit dem Notaufnahmegesetz von 1950 wurde daher ein einheitliches Prüfverfahren eingeführt. Demzufolge erhielten nur politische Flüchtlinge eine Aufenthaltsgenehmigung für die Bundesrepublik oder für Berlin (West). Als politischer Flüchtling galt, wer glaubhaft machen konnte, dass er aus der DDR flüchten musste, um sich einer durch die politischen Verhältnisse bedingten besonderen Zwangslage zu entziehen (vgl. Kat. 26.16). Die übrigen Zuwanderer durften zwar aus humanitären Gründen im Westen bleiben, waren aber von den Eingliederungsmaßnahmen ausgeschlossen. In Berlin unterlagen sie einem Arbeitsverbot.
Als die DDR im Jahr 1952 die Grenzen zur Bundesrepublik abriegelte, versuchten noch mehr Menschen über die Berliner Sektorengrenze in den Westen zu gelangen: Nur hier war die Grenze noch passierbar. Im zentralen Notaufnahmelager in Berlin-Marienfelde erhielten die Zuwanderer Unterkunft, Verpflegung und ärztliche Versorgung (vgl. Kat. 26.19). Bevor sie in ein anderes Bundesland weitergeleitet wurden, befragten deutsche Behörden und Dienststellen der drei westlichen Alliierten sie intensiv über die Motive ihrer Ausreise und über Details zur Situation in der DDR. Die einzelnen Stationen der bürokratischen Prozedur wurden auf beidseitig bedruckten Laufzetteln wie dem hier abgebildeten vermerkt.
Im Laufe der 1950er Jahre entspannte sich die soziale Situation der Zuwanderer aus der DDR, denn sie wurden nun zunehmend als Arbeitskräfte gebraucht. Allmählich hoben die Aufnahmestellen auch die scharfe Trennung zwischen politischen und wirtschaftlichen Fluchtmotiven auf. Seit 1961 galt selbst der Wunsch nach Verbesserung des Lebensstandards als politischer Fluchtgrund. Auf diese Weise konnte in der Bundesrepublik die Migration aus der DDR fortdauernd als politisch motiviert dargestellt werden. Mit dem Mauerbau am 13. August 1961 stoppte die SED die massenhaften Ausreisen. Nun kamen nur noch Personen mit Genehmigung der DDR-Behörden, freigekaufte politische Häftlinge sowie so genannte Sperrbrecher aus der DDR in die Bundesrepublik, denen es unter Lebensgefahr gelungen war, die streng gesicherte Grenze zu überwinden.
F.M.

Effner/Heidemeyer 2005; Hoffmann 1999; Ackermann 1995; Heidemeyer 1994

Zitat nach: Heidemeyer 1994, S. 297

»In tiefer Verbundenheit stehen wir zu den Millionen Deutscher, die trotz aller Bedrückung in ihrer Heimat bleiben und damit eine hohe nationale Aufgabe erfüllen. Denen aber, die jetzt im freien Teil Deutschlands vor Bedrohung und Zwang Zuflucht suchen, wollen und müssen wir Schutz und Hilfe gewähren.«

Entschließung der Bundestagsfraktionen der CDU/CSU, SPD, FDP, DP (Deutsche Partei) und FU (Föderalistische Union) vom 4.3.1953

Ankunft der DDR-Flüchtlinge aus der Prager Botschaft in Hof

Stephan Pladeck (Berlin 1963–1995 San Francisco)
Hof/Bayern, Oktober 1989
Photographie
Berlin, Deutsches Historisches Museum, BA008786
Kat. 30.1

Im Sommer und Herbst 1989 flüchteten Tausende DDR-Bürger über die bundesdeutschen Botschaften in Prag, Warschau und Budapest in die Bundesrepublik. Nachdem der sowjetische Staats- und Parteichef Michail Gorbatschow den Weg für die allmähliche Demokratisierung der Warschauer Pakt-Staaten freigemacht hatte, lockerten seit Ende 1988 zunächst Polen, Ungarn und die ČSSR ihre Ausreiseregelungen. Ausreisewillige DDR-Bürger besetzten zu Hunderten und Tausenden die Botschaften. Nach Verhandlungen zwischen dem Bundesaußenminister, der UdSSR und der DDR erhielten am 30. September 1989 etwa 6 000 Flüchtlinge in Prag eine Ausreiseerlaubnis. In Sonderzügen kamen die Flüchtlinge im fränkischen Hof an, der ersten Station jenseits der DDR-Grenze, wo sie euphorisch begrüßt wurden. Am 4. Oktober erteilte die DDR-Regierung erneut Ausreiseerlaubnisse für die ›Botschaftsflüchtlinge‹ in Prag und Warschau, um größere Unruhen während der Feierlichkeiten zum 40. Jahrestag der DDR zu verhindern. Seit dem 3. November durften DDR-Bürger schließlich direkt über die Grenze zur ČSSR in die Bundesrepublik ausreisen. Innerhalb von zwei Tagen verließen rund 23 200 Menschen auf diesem Weg die DDR. Weitere reisten über Ungarn und Österreich aus. Ungarn hatte bereits am 11. September seine Grenze nach Westen geöffnet. Am 9. November fiel schließlich die Berliner Mauer. Insgesamt kamen im Jahr 1989 388 000 und 1990 weitere 395 000 Übersiedler in die alten Bundesländer. Die Zuwanderung der DDR-Übersiedler stellte die Länder und Gemeinden vor ungeahnte logistische Aufgaben. Zusammen mit den seit 1988 in wachsender Zahl einreisenden Aussiedlern aus Osteuropa wurden sie in Wohnheimen, Turnhallen und anderen Notunterkünften untergebracht, viele kamen bei Verwandten oder Bekannten unter. Als deutliches Willkommenssignal an die Zuwanderer und Besucher aus der DDR ließ die Bundesregierung an jeden ein Begrüßungsgeld in Höhe von 100 DM auszahlen (vgl. Kat. 30.2 und 30.3). DDR-Übersiedler hatten auch in den früheren Jahren ein Überbrückungsgeld erhalten, sie besaßen Anspruch auf Arbeitslosengeld, Sozialhilfe und Rentenzahlungen. Wegen der bevorzugten Behandlung der Übersiedler fühlten sich andere Zuwanderungsgruppen benachteiligt, aber auch westdeutsche Bürger äußerten nach der anfänglichen Begeisterung über die Öffnung der Grenzen Neid und Unmut (vgl. Kat. 30.4). Im weiteren Verlauf zeigten sich nicht wenige Übersiedler in ihren Erwartungen vom ›goldenen Westen‹ enttäuscht und kehrten in die DDR bzw. die neuen Bundesländer zurück. Vielen gelang aber nach einer Anpassungsphase die berufliche Eingliederung relativ schnell.
F.M.

Seifert 1996; Vollbrecht 1993; Ronge 1990; Gärtner 1989; *Ostberlin läßt erneut alle Flüchtlinge ausreisen*, in: Süddeutsche Zeitung, 4.10.1989; <http://www.chronik-der-wende.de> (29.7.2005)

›GASTARBEITER‹ IN DER ›WEITERLEITUNGSSTELLE‹ DER BUNDESANSTALT FÜR ARBEIT IM EHEMALIGEN LUFTSCHUTZBUNKER DES MÜNCHNER HAUPTBAHNHOFS

F. Neuwirth
München, 1970
Photographie
München, Süddeutscher Verlag, Bilderdienst, 00118315
Kat. 28.5

Am 20. Dezember 1955 schloss die Bundesregierung mit der italienischen Regierung ein Abkommen über die Anwerbung und Vermittlung von italienischen Arbeitskräften (vgl. Kat. 28.1 und 28.2). Da der heimische Arbeitsmarkt den steigenden Bedarf an Arbeitskräften vor allem in der Industrie nicht mehr decken konnte und nachdem mit dem Bau der Berliner Mauer 1961 die Zuwanderung aus der DDR ausgeblieben war, vereinbarte die Bundesregierung bis 1968 weitere Anwerbeabkommen mit Spanien, Griechenland, der Türkei, Marokko, Portugal, Tunesien und Jugoslawien. Die Bundesanstalt für Arbeit richtete Vermittlungsstellen in den Entsendestaaten ein, um die Bewerber – vielfach gruppenweise – auf ihre fachliche und gesundheitliche Eignung zu prüfen (vgl. Kat. 28.3).

Nach den Vorgaben des Arbeitsamtes reiste die Mehrheit der Arbeitskräfte zunächst nach München, nur die Neuankömmlinge aus Spanien und Portugal wurden nach Köln geleitet. Bald erwies sich, dass die Infrastruktur des Münchner Hauptbahnhofs für die neuen Anforderungen nicht ausreichte. Nach der anstrengenden und unkomfortablen Reise standen den Ankömmlingen nicht einmal Wartehallen zur Verfügung. Sie warteten auf den Bahnsteigen auf ihre nächste Verbindung, während Mitarbeiter der Caritas Verpflegungspakete verteilten, Vertreter des Arbeitsamtes Listen prüften, Dolmetscher der Firmen ›ihre‹ Arbeiterinnen oder Arbeiter abholten und andere, bereits in München lebende Migranten ihre Verwandten und Freunde suchten oder auf Nachrichten aus dem Heimatland hofften.

1956 beschwerte sich das italienische Generalkonsulat über die Zustände am Bahnhof. 1960 schließlich richtete die Bundesanstalt für Arbeit in einem ehemaligen Luftschutzbunker des Münchner Hauptbahnhofs auf rund 500 Quadratmetern Aufenthaltsräume, sanitäre Anlagen und Schlafplätze für diejenigen ein, die nicht am selben Tag weiterreisen konnten, sowie einen Arztraum, Küchen und eine Verpflegungsstelle. Das Arbeitsamt wollte nicht nur aus organisatorischen Gründen eine vorübergehende Unterbringung außerhalb des Bahnhofs vermeiden. Der Anblick von ›Gastarbeitern‹, die übermüdet und mit schwerem Gepäck in größeren Kolonnen durch die Stadt geleitet würden, hätte, so die Einschätzung, an die Transporte von Zwangsarbeitern im Nationalsozialismus erinnert, ein Eindruck, der dem Ansehen der Bundesrepublik geschadet hätte.

Im Jahr 1970, auf dem Höhepunkt der Anwerbung, nahm die ›Weiterleitungsstelle‹ etwa 260 000 ausländische Arbeitnehmer, das heißt wöchentlich durchschnittlich 5 000 Menschen, in Empfang. Mit dem Anwerbestopp von 1973 wurde die Einrichtung am Münchner Hauptbahnhof geschlossen.
F.M.

Herbert 2003; Schönwälder 2001; Dunkel/Stramaglia-Faggion 2000; Jamin 1998; Bade 1994 (vgl. auch S. 318 in diesem Band)

›Gastarbeiter‹ in der Bundesrepublik

VEREINBARUNG
zwischen der Regierung der Bundesrepublik Deutschland und der Regierung der Italienischen Republik über die Anwerbung und Vermittlung von italienischen Arbeitskräften nach der Bundesrepublik Deutschland

Die Regierung der Bundesrepublik Deutschland und die Regierung der Italienischen Republik von dem Wunsch geleitet, die Beziehungen zwischen ihren Völkern im Geiste europäischer Solidarität zu beiderseitigem Nutzen zu vertiefen und enger zu gestalten sowie die zwischen ihnen bestehenden Bande der Freundschaft zu festigen, in dem Bestreben, einen hohen Beschäftigungsstand der Arbeitskräfte zu erreichen und die Produktionsmöglichkeiten voll auszunutzen, in der Überzeugung, dass diese Bemühungen den gemeinsamen Interessen ihrer Völker dienen und ihren wirtschaftlichen und sozialen Fortschritt fördern, haben die folgende Vereinbarung über die Anwerbung und Vermittlung von italienischen Arbeitskräften nach der Bundesrepublik Deutschland geschlossen:

ACCORDO
Fra il Governo della Repubblica Italiana e il Governo della Repubblica Federale di Germania per il reclutamento ed il collocamento di manodopera Italiana nella Repubblica Federale di Germania

Il Governo della Repubblica Italiana e il Governo della Repubblica Federale di Germania nel desiderio di approfondire e di stringere sempre più nell'interesse reciproco le relazioni tra i loro popoli nello spirito della solidarietà europea, nonchè di consolidare i legami d'amicizia esistenti fra di loro, nello sforzo di realizzare un alto livello di occupazione della manodopera ed un pieno sfruttamento delle possibilità di produzione, nella convinzione che questi sforzi servono l'interesse comune dei loro popoli e promuovono il loro progresso economico e sociale hanno concluso il seguente Accordo sul reclutamento ed il collocamento di manodopera italiana nella Repubblica Federale di Germania.

Abschnitt I
Allgemeine Bestimmungen

Artikel 1

(1) Die Regierung der Bundesrepublik Deutschland (nachstehend Bundesregierung genannt) teilt, wenn sie einen Mangel an Arbeitskräften feststellt, den sie durch Hereinnahme von Arbeitern italienischer Staatsangehörigkeit beheben will, der Italienischen Regierung mit, in welchen Berufen oder Berufsgruppen und in welchem annähernden Umfange Bedarf an Arbeitskräften besteht.

(2) Die Italienische Regierung teilt der Bundesregierung mit, ob sie grundsätzlich die Möglichkeit sieht, diesen Bedarf zu decken.

(3) Auf Grund dieser Mitteilungen vereinbaren die beiden Regierungen, in welchem Umfange, in welchen Berufen oder Berufsgruppen und zu welcher Zeit die Anwerbung und Vermittlung von Arbeitern italienischer Staatsangehörigkeit nach der Bundesrepublik durchgeführt werden soll.

Artikel 2

(1) Die Durchführung der Anwerbung und Vermittlung der italienischen Arbeiter nach der Bundesrepublik obliegt auf deutscher Seite der Bundesanstalt für Arbeitsvermittlung und Arbeitslosenversicherung (nachstehend Bundesanstalt genannt) und auf italienischer Seite dem Ministero del Lavoro e della Previdenza Sociale (nachstehend Ministero del Lavoro genannt).

(2) Die beiden Behörden arbeiten zu diesem Zweck zusammen; sie werden bemüht sein, das in dieser Vereinbarung geregelte Anwerbe- und Vermittlungsverfahren zu beschleunigen und – soweit es zweckmäßig und im Rahmen der Bestimmungen dieser Vereinbarung möglich erscheint – zu vereinfachen.

Artikel 3

(1) Die Bundesanstalt entsendet jeweils für die mit der Anwerbung und der Vermittlung der italienischen Arbeiter verbundenen Aufgaben eine Kommission nach Italien (nachstehend deutsche Kommission genannt), die ihren Tätigkeitsort und ihre Tätigkeitsdauer im Einvernehmen mit dem Ministero del Lavoro festlegt.

(2) Das Ministero del Lavoro stellt der deutschen Kommission die erforderlichen, mit den üblichen Büromöbeln eingerichteten Räumlichkeiten kostenlos zur Verfügung. Die Provinzialarbeitsämter unterstützen die deutsche Kommission bei der Durchführung ihrer Aufgaben in geeigneter Weise.

(3) Die Italienische Regierung kann zu der Bundesanstalt jeweils eine eigene Kommission entsenden, falls dies von beiden Seiten als zweckmäßig erachtet wird.

Abschnitt II
Anwerbung und Vermittlung

Artikel 4

(1) Die deutsche Kommission gibt im Rahmen der nach Artikel 1 Absatz (3) getroffenen Vereinbarung dem Ministero del Lavoro die Stellenangebote deutscher Arbeitgeber bekannt.

(2) Die Stellenangebote enthalten Angaben über Beruf, Qualifikation und etwaige andere Wünsche des Arbeitgebers bezüglich der Arbeiter, über die Art der Beschäftigung und ihre voraussichtliche Dauer, über die Besonderheiten der vorgesehenen Arbeit, über die maßgebenden Lohn- und Arbeitsbedingungen, über die Möglichkeiten der Unterkunft und der Verpflegung sowie etwaige sonstige für den Arbeiter wichtige Angaben.

Artikel 5
(1) Das Ministero del Lavoro trifft die notwendigen Maßnahmen für die Bekanntgabe der Stellenangebote; es sammelt die jeweiligen Gesuche der Bewerber und sorgt für die berufliche und gesundheitliche Vorauslese.
(2) Das Ministero del Lavoro übernimmt die Vorstellung der Bewerber bei der deutschen Kommission. Bewerber, für die im Strafregister andere als geringfügige Strafen eingetragen sind, und Bewerber, die bei den Polizeibehörden wiederholt wegen asozialen Verhaltens in Erscheinung getreten sind, werden nicht vorgestellt.
(3) Das Ministero del Lavoro stellt eine Bescheinigung über das Ergebnis der beruflichen Prüfung und eine weitere über die ärztliche Untersuchung aus entsprechend den zweisprachigen Mustern in Anlage 1 und 2.

Artikel 6
Die italienischen Bewerber haben der deutschen Kommission bei der Vorstellung folgende Dokumente vorzulegen:
die in Artikel 5 genannten beiden Bescheinigungen über das Ergebnis der Prüfung ihrer beruflichen und gesundheitlichen Eignung;
einen mit Lichtbild versehenen Personalausweis;
ein vom Bürgermeister ausgestelltes Führungszeugnis;
eine amtliche Bescheinigung ihres Familienstandes.

Artikel 7
(1) Die deutsche Kommission stellt ihrerseits fest, ob die in dieser Vereinbarung festgelegten Voraussetzungen für die Beschäftigung der italienischen Bewerber, insbesondere ihre berufliche und gesundheitliche Eignung für die zu besetzenden Arbeitsplätze, gegeben sind.
(2) Art und Umfang der gesundheitlichen Prüfung ergibt sich aus Anlage 3.

Artikel 8
(1) Die deutschen Arbeitgeber, die über die Einstellung der von der deutschen Kommission vorgeschlagenen Bewerber entscheiden, können ihre Entscheidung auch an dem Ort treffen, an dem die deutsche Kommission ihre Tätigkeit ausübt.
(2) Die Entscheidung des Arbeitgebers wird von der deutschen Kommission unverzüglich dem Ministero del Lavoro mitgeteilt. Ist die Entscheidung ablehnend, so wird die deutsche Kommission darum bemüht sein, den Bewerber für ein anderes Stellenangebot, für das er sich eignet, vorzuschlagen. Die deutsche Kommission wird das Ministero del Lavoro hiervon in Kenntnis setzen. Die Bewerber werden in allen Fällen durch das Ministero del Lavoro über die Entscheidung unterrichtet.

Artikel 9
(1) Die deutsche Kommission händigt den italienischen Arbeitern vor der Abreise einen von dem Arbeitgeber oder einem bevollmächtigten Vertreter unterschriebenen zweisprachigen Arbeitsvertrag entsprechend dem Muster in Anlage 4 aus. Der Arbeitsvertrag ist von dem Arbeiter zu unterschreiben und von der deutschen Kommission mit einem Durchgangsvermerk zu versehen.
(2) Die italienischen Behörden tragen dafür Sorge, dass der Arbeiter einen nationalen Pass erhält und sich möglichst bald zum Abreiseort begibt. Ist ein bestimmter Einstellungstermin vorgesehen, so soll der Arbeiter am Abreiseort zu einem Zeitpunkt eintreffen, der unter Berücksichtigung seines dortigen Aufenthalts und der Reisedauer einen rechtzeitigen Antritt der Beschäftigung gewährleistet.
(3) Die deutsche Kommission sorgt dafür, dass die Reisepässe der Arbeiter kostenlos mit dem deutschen Einreisesichtvermerk versehen werden, wenn die Ausländerpolizeibehörde die Erteilung der Aufenthaltserlaubnis zugesichert hat.
(4) Ferner händigt die deutsche Kommission den Arbeitern eine Arbeitserlaubnis aus, die zugleich als Beschäftigungsgenehmigung für den Arbeitgeber gilt. Diese Erlaubnis für den ersten Arbeitsplatz ist kostenlos für den Arbeiter und den Arbeitgeber; sie gilt für die Dauer des Arbeitsvertrages, längstens ein Jahr.
(5) Nach Ablauf der Arbeitserlaubnis oder im Falle eines Wechsels des Arbeitgebers muss der Arbeiter eine neue Arbeitserlaubnis beantragen, die gebührenpflichtig ist. Seine weitere Beschäftigung in der Bundesrepublik richtet sich nach den geltenden Vorschriften über die Beschäftigung ausländischer Arbeitnehmer.

Artikel 10
(1) Die deutsche Kommission organisiert mit Unterstützung des Ministero del Lavoro den Transport der Arbeiter zu den für die Arbeitsorte zuständigen deutschen Arbeitsämtern; diese sorgen für die Weiterleitung der Arbeiter zu den jeweiligen Arbeitgebern. Wenn es zweckmäßig erscheint, können die Arbeiter unmittelbar vom italienischen Abreiseort zu den Arbeitgebern geleitet werden.
(2) Die Arbeiter erhalten eine nach der Reisedauer bemessene Reiseverpflegung und einen Betrag für kleine Ausgaben. Statt der Reiseverpflegung kann ein entsprechender Barbetrag gewährt werden.

Artikel 11
Das Ministero del Lavoro unterrichtet die italienischen Arbeiter, dass sie sich unverzüglich nach ihrer Einreise in das Gebiet der Bundesrepublik bei der örtlichen Meldebehörde anzumelden und spätestens innerhalb von 3 Tagen, jedoch möglichst vor der Arbeitsaufnahme, bei der Ausländerpolizeibehörde die Aufenthaltserlaubnis zu beantragen haben.

[...]

Werbeblatt für Wohnheimbetten

»Wo schlafen Ihre neuen Gastarbeiter?«
Schulte KG Wiesbaden
Um 1970
Druck, 29,3 x 30,0
Delmenhorst, Museen der Stadt Delmenhorst, Fabrikmuseum Nordwolle, 3.3 (Bildarchiv)
Kat. 28.16

Die Regierungsabkommen zur Anwerbung ausländischer Arbeitskräfte legten fest, dass einen Arbeitsvertrag nur anbieten durfte, wer ›angemessenen‹ Wohnraum zur Verfügung stellte. Die 1959 erlassene Ausführungsverordnung zum »Gesetz über die Unterkünfte bei Bauten« von 1934 konkretisierte die Standards für die Unterbringung ausländischer Arbeitnehmer. Schlafräume durften mit maximal sechs Personen belegt werden, für je fünfzehn Arbeiter war eine Toilette vorgesehen, Wascheinrichtungen waren nicht vorgeschrieben. Bemerkenswert war die Regelung, dass jeder Arbeiter Anspruch auf eine Bettstelle hatte: Sie lässt auf die Praxis der Mehrfachbelegung von Betten bei Schichtarbeit schließen.

In der ersten Phase der Anwerbung wohnten die Arbeitskräfte in der Regel in spärlich ausgestatteten und überbelegten Baracken (vgl. Kat. 28.15). Besuche von Frauen und »anderen Fremden« waren meist untersagt und wurden durch den Hausmeister oder den Werkschutz kontrolliert. Die Arbeitsämter überprüften die Unterkünfte nicht besonders streng und ohnehin nur die jener Arbeitskräfte, die über die Anwerbekommissionen vermittelt worden waren. Zahlreiche Migranten und Migrantinnen wurden aber direkt von Firmen angeworben oder suchten sich mit einem Touristenvisum in Deutschland selbst einen Arbeitsplatz. Anfang der 1960er Jahre, als die Bundesregierung die Auflösung der Lager für Flüchtlinge, Vertriebene und *Displaced Persons* unter dem Schlagwort der ›Schandfleckbeseitigung‹ weit vorangetrieben hatte, waren auch die provisorischen Sammelunterkünfte für ausländische Arbeitskräfte nicht mehr erwünscht. Die Bundesanstalt für Arbeit startete im September 1960 ein Programm zur Förderung von Wohnheimen. Die vorgeschriebenen Standards waren immer noch relativ niedrig. Eine gemeinsame Belegung von Ausländern und Deutschen war nicht erwünscht. Die Errichtung und Ausstattung von Wohnheimen für ›Gastarbeiter‹ entwickelte sich zu einem neuen Markt, den zum Beispiel die Firma Schulte KG in Wiesbaden mit ihrem Angebot von »stabilen Stahlrohrbetten« bediente.

Ende der 1960er und Anfang der 1970er Jahre sorgten immer wieder Berichte über verschmutzte, provisorisch eingerichtete ›Gastarbeiter‹-Unterkünfte für öffentliches Aufsehen. In einem Fall standen beispielsweise 800 Menschen nur acht Duschen zur Verfügung. Erst am 1. Oktober 1973 trat das Gesetz über die »Mindestanforderungen an Unterkünfte für Arbeitnehmer« in Kraft. Darin wurde erstmals nicht mehr zwischen Unterkünften für deutsche Arbeitnehmer, die höhere Standards zu erfüllen hatten, und solchen für Ausländer unterschieden. Inzwischen lebte die überwiegende Mehrheit der Migranten bereits ohnehin in privaten Einzelwohnungen.
F.M.

Herbert 2003; Dunkel/Stramaglia-Faggion 2000 (Zitat 1: Deutsch-italienischer Arbeitsvertrag, § 4, nach dem Anwerbeabkommen von 1955, zitiert nach: ebd. S. 158; Zitat 2: Hausordnung für italienische Bewohner eines Barackenlagers der Firma M.A.N. 1969, zitiert nach ebd. S. 171); Oswald/Schmidt 1999; Ausst. Kat. Essen 1998

Zitat nach: Dunkel/Stramaglia-Faggion 2000, S. 171

»Es ist streng verboten, die Möbel zu verrücken. [...]
Es ist nicht erlaubt, angezogen im Bett zu liegen. [...]
Es ist nicht erlaubt, Fotografien oder Zeitungsausschnitte
auf den Mauern oder Möbeln der Zimmer anzuheften.«

Hausordnung für italienische Bewohner eines Barackenlagers der Firma M.A.N., 1969

Wo schlafen Ihre neuen Gastarbeiter?

Am besten in stabilen Stahlrohrbetten 190 x 90 cm mit verzinktem Federnetz, bestehend aus einem Kettengeflecht mit 16 Zugfedern. Betten, die ausgezeichnet federn und außerordentlich standfest sind — dank des Kopf- und Fußteils aus robusten Stahlrohren.
Jedes Bett kann im Handumdrehen mit Hilfe von Adapterrohren zu einem Doppel-Etagenbett aufgestockt werden.
Passende, 14 cm dicke Vollpolster-Matratzen, die mit starkem gestreiftem Drell bezogen und einem Jute-Schoner ausgestattet sind, machen dieses Bett zu einer bequemen Schlafstelle.

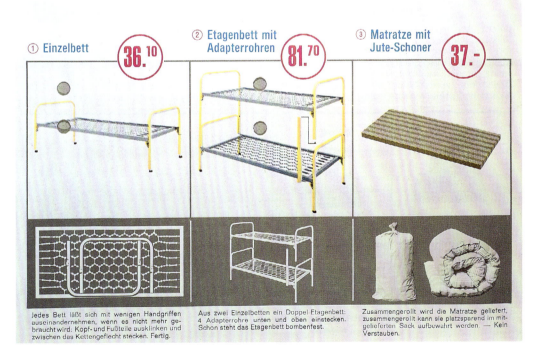

»Kummerkasten« der Ausländer-Abteilung der Arbeiterwohlfahrt in Dortmund

»Dert ve Dilek Kutusu« – Beschwerde- und Wunschkiste
Dortmund, 1970/1989
Holz, Eisenblech, 47,3 x 56,3 x 12,3
Berlin, Deutsches Historisches Museum, AK 98/230.1-3
Kat. 28.18

Als die ersten ›Gastarbeiter‹ Ende der 50er/Anfang der 60er Jahre nach Deutschland kamen, herrschte unter den Regierungen der Entsendestaaten, deutschen Politikern und den Migranten selbst die Überzeugung, dass die Beschäftigung in der Bundesrepublik befristet sein würde. Die Anwesenheit der so genannten Gastarbeiter und -arbeiterinnen war erwünscht, und Politiker betonten wiederholt ihren Beitrag zum deutschen Wirtschaftswunder sowie die Bedeutung der Anwerbung für Völkerverständigung und europäische Integration. Gleichzeitig berichteten Presseartikel distanziert und herablassend über die ›Südländer‹, die fern jeder Zivilisation aufgewachsen seien, versuchten aber auch, Verständnis für deren ›Anpassungsprobleme‹ zu schaffen.

Die ausländischen Beschäftigten leisteten monotone und körperlich anstrengende Industriearbeit ohne besondere Qualifikationsanforderungen. Während der Wirtschaftskrise in den Jahren 1966/67 zeigte sich schnell ihre Funktion als ›Konjunkturpuffer‹ des deutschen Arbeitsmarktes. Die Zahl der sozialversicherungspflichtig beschäftigten Ausländer reduzierte sich von 1,3 Millionen im Jahr 1966 um 30 Prozent auf 900 000 im Januar 1968. Nach Überwindung der kurzen Rezessionsphase schloss die Bundesregierung im Jahr 1968 erneut eine Anwerbevereinbarung mit Jugoslawien. Mittlerweile hatten sich viele Arbeitsmigranten auf einen längeren Aufenthalt in Deutschland eingestellt und ihre Familienangehörigen nachkommen lassen.

1965 ersetzte das erste Ausländergesetz die bis dahin geltende Ausländerpolizeiverordnung aus dem Jahr 1938. Das neue Gesetz zielte auf Restriktion und Kontrolle der Ausländer (vgl. Kat. 28.17). Eine Gesamtkonzeption zur Integration der Migranten existierte nicht, auch wenn sich deren arbeits- und sozialrechtliche Stellung im Laufe der 1970er Jahre verbesserte. Der Anwerbestopp von 1973, das Rückkehrprogramm von 1983 (vgl. Kat. 28.26), die Diskussionen um die ›Grenzen der Belastbarkeit‹, die Herabsetzung des Nachzugsalters für Kinder und die Instrumentalisierung des Ausländerthemas für Wahlkampfzwecke signalisierten den Einwanderern jedoch wiederholt, dass sie unerwünscht seien. Forderungen nach einer konsequenten Integrationspolitik, wie sie zum Beispiel der erste Ausländerbeauftragte Heinz Kühn (1912–1992) 1979 formulierte, blieben folgenlos (vgl. Kat. 28.24). Politiker verschiedener Parteien weigerten sich anzuerkennen, dass die ›Gastarbeiter‹ dauerhaft eingewandert waren.

Wichtige Aufgaben in der gesellschaftlichen und ökonomischen Eingliederung übernahmen neben den Migranten selbst die verschiedenen Wohlfahrtsverbände mit ihrer rechtlichen und sozialen Beratungstätigkeit ebenso wie mit Bildungs- und Kulturangeboten. Die Ausländer-Abteilung der Dortmunder Arbeiterwohlfahrt etwa nahm die »Beschwerden« und »Wünsche« ihrer Klienten in einem Briefkasten mit der entsprechenden türkischen Aufschrift an.
F.M.

Herbert 2003; Sonnenberger 2003; Meier-Braun 2002; Schönwälder 2001; Ausst. Kat. Essen 1998; Bade 1994

Polnische Saisonarbeiter und -arbeiterinnen bei der Gurkenernte im Spreewald auf dem ›Gurkenflieger‹

15. August 1996
Photographie
Berlin, ullstein bild, 00472584
Kat. 29.2

Der Fall der Berliner Mauer 1989, die Öffnung der Grenzen der Warschauer Pakt-Staaten und die sozialen und wirtschaftlichen Umwälzungen in Osteuropa zogen Migrationsbewegungen in ungeahntem Ausmaß nach sich. Um die Zuwanderung zu kanalisieren, änderte die Bundesregierung ihre bisherige Migrationspolitik gegenüber den osteuropäischen Staaten. Bisher waren Zuwanderer aus diesen Staaten uneingeschränkt als politische ›Ostblockflüchtlinge‹ oder als Aussiedler aufgenommen worden. Mit den Liberalisierungen in Osteuropa galt das politische Asyl für sie bald als obsolet, aber auch die Bedingungen der Aussiedleraufnahme schränkte die Bundesregierung schnell ein.

Gleichzeitig erließ das Parlament nun verschiedene Gesetze und Verordnungen, die die zeitlich befristete Erwerbsarbeit in Deutschland ermöglichten. So regelt die so genannte Anwerbestopp-Ausnahme-Verordnung unter anderem die Beschäftigung auf der Grundlage zwischenstaatlicher Vereinbarungen zur Erfüllung von Werkverträgen, den Aufenthalt zum Zweck von Aus- und Weiterbildung, die Grenzgängerbeschäftigung und die zeitlich begrenzte Erwerbstätigkeit zum Beispiel von Sprachlehrern, Spezialitätenköchen, Wissenschaftlern oder Künstlern.

Darüber hinaus können Ausländer nun für maximal drei Monate als Saisonarbeiter in der Land- und Forstwirtschaft oder der Obst- und Gemüseverarbeitung arbeiten. In kleinerem Umfang wird Saisonarbeit auch im Hotel- und Gaststättengewerbe oder in der Schaustellerei ausgeübt.

Seit 1991 arbeiten jährlich bis zu 265 000 ausländische Saisonarbeiter legal in Deutschland; die Mehrheit – bis zu 90 Prozent – kommt aus Polen. Die Grenznähe, das besonders Anfang der 1990er Jahre hohe Preis- und Lohngefälle zwischen Deutschland und Polen und die hohe Erwerbslosigkeit in Polen machen die Saisonarbeit für viele attraktiv, obwohl die Arbeit körperlich sehr anstrengend und bei schlechtem Wetter besonders mühsam ist.

Auf dem so genannten Gurkenflieger liegen die Erntehelfer und -helferinnen nebeneinander auf einer nah über dem Boden angebrachten Bank eines Traktors und sammeln kopfüber die reifen Gurken ein, während sich das Fahrzeug langsam fortbewegt. Sie arbeiten täglich bis zu zehn oder zwölf Stunden, auch an Wochenenden und Feiertagen, oft im Akkord. Vielfach umgehen die Arbeitgeber die Tariflöhne, indem sie überhöhte Kosten für Unterkunft und Verpflegung direkt vom Lohn abziehen (vgl. Kat. 29.4 und 29.5). Schätzungen zufolge arbeiten jährlich weitere rund 250 000 Saisonarbeitskräfte ohne Arbeitserlaubnis in Deutschland. Sie müssen häufig noch geringere Löhne sowie schlechtere Arbeits- und Lebensbedingungen in Kauf nehmen.
F.M.

Miera 2004; Hönekopp 2001; Korczyńska 1997; Kienast/Marburger 1996; Mehrländer 1996

Broschüre für Spätaussiedler

»Auf in die Zukunft! Was Sie über Deutschland wissen müssen«
Arbeitsgemeinschaft Katholischer Flüchtlings- und Aussiedlerhilfe
Freiburg, Januar 2000
Druck, 27,0 x 21,0
Freiburg, Deutscher Caritasverband e. V. – Katholische
Arbeitsgemeinschaft Migration
Kat. 30.7

Die Zahl der in die Bundesrepublik Deutschland einreisenden Aussiedler stieg mit den sozialen, politischen und wirtschaftlichen Umbrüchen und der schrittweisen Öffnung der Grenzen in Osteuropa von 78 000 im Jahr 1987 auf 202 000 im Jahr 1988. 1990 erreichte sie mit 397 000 Menschen ihren Höhepunkt. Den größten Anteil machten zunächst die Aussiedler aus Polen, anschließend jene aus der Sowjetunion bzw. deren Nachfolgestaaten aus. Seit den 1950er Jahren hatte die Bundesrepublik mehr als zwei Millionen Vertriebene und Aussiedler aufgenommen, deren Ausreise während des Kalten Krieges als Ablehnung der sozialistischen Gesellschaftsordnung gewertet wurde.

Während der Wendejahre deuteten Presse und Politiker die ansteigende Zuwanderung von Aussiedlern zunehmend als wirtschaftlich motiviert. Spekulationen, dass bis zu 25 Millionen Sowjetbürger in den Westen, bevorzugt nach Deutschland, migrieren wollten, schürten Ängste vor unkontrollierbaren ›Zuwanderungsströmen‹. Die Bundesregierung änderte angesichts der neuen Situation die Verfahren zur Aussiedleraufnahme, wodurch sich die Einreisezahlen deutlich reduzierten. Seit dem 1. Januar 1993 können Deutschstämmige aus Polen und Rumänien nicht mehr als Aussiedler einreisen. Sie müssen nun glaubhaft machen, dass sie in ihrem Herkunftsland als ›deutsche Volkszugehörige‹ benachteiligt werden. Seit dem Sommer 1996 müssen sich Ausreisewillige im Herkunftsland einer Prüfung ihrer Deutschkenntnisse unterziehen. Seither sind auch die Einreisezahlen aus den Nachfolgestaaten der Sowjetunion merklich zurückgegangen.

Während sich die Aussiedler, die bis Ende der 1980er Jahre eingereist sind, recht gut in die neue Gesellschaft integriert haben, fällt den Zuwanderern aus der Zeit nach der Wende die Eingliederung wesentlich schwerer. Dies liegt an der veränderten Arbeitsmarktsituation, aber auch an den geringeren Sprachkenntnissen und dem niedrigeren Ausbildungsniveau der neuen Zuwanderer. Zudem hat die Bundesregierung die Integrationshilfen für Aussiedler seit 1993 gekürzt. So verringerte sie die Eingliederungshilfe erheblich und reduzierte die Höchstdauer geförderter Deutsch-Sprachkurse. Inzwischen leben zahlreiche russischsprachige Aussiedler in Wohnsiedlungen ausschließlich unter ihresgleichen; die Zukunftsperspektiven gerade von Jugendlichen, deren Schul- und Berufsausbildung in Deutschland nicht als gleichwertig anerkannt wird, sind gering. Beratungseinrichtungen versuchen den Zuwanderern mit Veranstaltungen, Informationsmaterial und individueller Betreuung die Orientierung zu erleichtern (vgl. Kat. 30.9). Die zweisprachige Broschüre *Auf in die Zukunft* erläutert Aufbau und Organe des deutschen Staates und gibt praktische Tipps für Behördengänge, Arztbesuche, Versicherungsfragen oder die Stellensuche.
F.M.

Aussiedlerjugendliche 2002; Bade/Oltmer 1999; Dietz 1998; Koller 1997

Wertgutscheine für Asylbewerber

Greifswald, März 1994
Druck, 0,2 x 14,4 x 6,5
Bonn, Stiftung Haus der Geschichte der Bundesrepublik Deutschland, 1996/02/1051
Kat. 31.11

Das Grundrecht auf Asyl für politisch Verfolgte war 1949 vor dem Hintergrund der nationalsozialistischen Verfolgungs- und Vertreibungspolitik in das bundesdeutsche Grundgesetz aufgenommen worden (vgl. Kat. 31.1). Die außerordentlich offene Regelung richtete sich in erster Linie an die Flüchtlinge aus den kommunistischen Staaten des ›Ostblocks‹, die in vergleichsweise niedriger Zahl um Asyl nachsuchten. In den 1970er Jahren stiegen die Asylbewerberzahlen an, unter anderem auch deshalb, weil mit dem Anwerbestopp von 1973 ein zentraler Zugang in die Bundesrepublik versperrt war. Zudem flüchteten nun zunehmend Menschen aus den Ländern der ›Dritten Welt‹ vor Verfolgung, Bürgerkriegen, Umweltkatastrophen oder Armut in Richtung Nord- und Westeuropa. Im Jahr 1980 überschritt die Zahl der Asylbewerber in der Bundesrepublik erstmals die Marke von 100 000. Die Umbrüche und Krisen in Ost- und Südosteuropa ließen die Zahl der Asylbewerber im Jahr 1992 auf 438 000 ansteigen. Bereits in den 1980er Jahren forderten Politiker und Medien, das Asylrecht einzuschränken. Asylsuchende wurden in Wahlkampagnen wiederholt als ›Wirtschaftsflüchtlinge‹ oder ›Scheinasylanten‹ diffamiert. Anschläge auf Asylbewerber und Flüchtlinge häuften sich (vgl. Kat. 31.8).

Das Asylrecht war schon in den 1970er und 1980er Jahren durch Änderungen in der Auslegungspraxis und im Asylverfahren eingeschränkt worden. Nach langen Debatten einigten sich die Parteien 1992 schließlich auf den so genannten Asylkompromiss. Nach der seit dem 1. Juli 1993 geltenden Grundgesetzänderung lehnen deutsche Behörden die Asylanträge von Personen ab, die über einen ›sicheren Drittstaat‹ einreisen oder aus einem ›verfolgungsfreien Staat‹ stammen. Da Deutschland von ›sicheren Drittstaaten‹ umgeben ist, bleibt Flüchtlingen allein der Luftweg zur legalen Einreise, ein für die wenigsten finanzierbarer Weg. Asylsuchende ohne gültige Papiere oder aus so genannten Nichtverfolgerstaaten werden nach einer Schnellprüfung im Transitbereich des Flughafens in der Regel zurückgeschickt. Die Antragszahlen sanken daraufhin rapide und liegen seit 1998 wieder unterhalb von 100 000.

Seit der Änderung des Asylrechts erhalten Asylbewerber und geduldete Ausländer nur noch reduzierte soziale Unterstützungsleistungen. Kleidung und Gegenstände des persönlichen Bedarfs werden in Sachmitteln ausgegeben. In einigen Bundesländern und Gemeinden erhalten Asylbewerber standardisierte Lebensmittel- und Sanitärpakete, die selten ihren individuellen Bedürfnissen entsprechen. Andere bekommen Gutscheine von den Kommunen, die sie nur in bestimmten Geschäften einlösen können. Diese Maßnahmen sind in die Kritik geraten, weil die Asylbewerber, abgesehen von einem geringen Taschengeld, nicht frei über Bargeld verfügen können. Zudem missbrauchten einzelne Geschäfte die Gutschein-Regelung, indem sie die Waren zu überhöhten Preisen anboten.
F.M.

Renner 2005; Blaschke/Pfohmann 2004; Luft 2003; Angenendt 1997; Höfling-Semnar 1995; Bade 1994

Zitat nach: Bundesgesetzblatt I 1993, S. 1074

„Der notwendige Bedarf an Ernährung, Unterkunft, Heizung, Kleidung, Gesundheits- und Körperpflege und Gebrauchs- und Verbrauchsgütern des Haushalts wird durch Sachleistungen gedeckt. Kann Kleidung nicht geleistet werden, so kann sie in Form von Wertgutscheinen oder anderen vergleichbaren unbaren Abrechnungen gewährt werden. [...] Zusätzlich erhalten Leistungsberechtigte

1. bis zur Vollendung des 14. Lebensjahres 40 Deutsche Mark,

2. von Beginn des 15. Lebensjahres an 80 Deutsche Mark monatlich als Geldbetrag zur Deckung persönlicher Bedürfnisse des täglichen Lebens.«

Asylbewerberleistungsgesetz § 3, Abs. 1, 30. Juni 1993

Aufruf zu einer Demonstration gegen Abschiebung

Berlin, Mai 1995
Offset, 58,8 x 41,0
Berlin, Deutsches Historisches Museum, P 98/419
Kat. 31.13

Neben der Einschränkung des Asylrechts beschloss der Deutsche Bundestag 1993, Kriegs- und Bürgerkriegsflüchtlinge ohne Einzelfallprüfung aufzunehmen. Außerdem können Flüchtlinge aus humanitären oder völkerrechtlichen Gründen ›geduldet‹ werden. Diese Flüchtlingsgruppen werden in ihr jeweiliges Herkunftsland zurückgeschickt, sobald sich die Situation dort nach Einschätzung des Auswärtigen Amtes stabilisiert hat. Menschenrechtsorganisationen kritisieren, dass diese Flüchtlinge vom Asylrecht ausgeschlossen sind und fordern, ihnen mit einem Bleiberecht dauerhaft Schutz in Deutschland zu gewähren.

Anfang 1995 setzte die Bundesregierung die Abschiebungen von mehr als 200 000 kurdischen Flüchtlingen aus der Türkei aus, da sichere Erkenntnisse über die Einhaltung der Menschenrechte dort fehlten. Im Mai einigten sich die Innenminister von Bund und Ländern darauf, den allgemeinen Abschiebestopp aufzuheben und die Flüchtlinge nach einer Einzelfallprüfung abzuschieben, da den Kurden in der Türkei keine Gruppenverfolgung drohe. Diese Entscheidung wollten Solidaritätsgruppen mit Demonstrationen verhindern. In drastischen Bildern veranschaulicht das Plakat die für Kurden bedrohliche Lage in der Türkei ebenso wie die Verfolgung von Deserteuren im ehemaligen Jugoslawien.

Flüchtlingsorganisationen kritisieren zudem die Praxis der Abschiebehaft. Die Innenminister der Länder verständigten sich 1992/93 darauf, verstärkt Ausländer ohne legalen Aufenthaltsstatus und abgelehnte Asylbewerber in Abschiebehaft zu nehmen. Dies kann bis zu 18 Monate dauern, wenn der Ausländer bei der Beschaffung der notwendigen Papiere nicht ausreichend mitwirkt. So kann es vorkommen, dass ein Migrant, dem von der zuständigen Botschaft keinen Pass ausgestellt wird, oder der aus einem Entwicklungsland stammt, in dem kein Geburtsregister geführt wird, zu Unrecht der Freiheit beraubt wird, wie Kritiker des Ausländergesetzes hervorheben.

Seit 1998 testen verschiedene Bundesländer die Einrichtung von »Ausreisezentren«. In diesen Lagern werden Flüchtlinge und Migranten untergebracht, die aufgrund fehlender Papiere nicht abgeschoben werden können. Sobald ein potentielles Herkunftsland die Staatsangehörigkeit eines Flüchtlings ohne Dokumente bestätigt, wird er abgeschoben, auch wenn der Flüchtling selbst seine Zugehörigkeit zu dem fraglichen Land abstreitet.

Seitdem Deutschland seine legalen Zuwanderungswege reduziert hat und die Mitgliedsstaaten der Europäischen Union ihr Asyl- und Zuwanderungsrecht stärker aufeinander abstimmen, versuchen mehr Menschen ohne Erlaubnis einzureisen, vielfach unter lebensgefährlichen Umständen. Andere überziehen ihren Aufenthalt unerlaubt. Restriktive Maßnahmen wie die verschärften Grenzkontrollen an den EU-Außengrenzen, Abschiebehaft und »Ausreisezentren« erfüllen offenbar nicht ihren Zweck, die Wanderungsbewegungen zu reduzieren.
F.M.

Hubert 2004; Alt 2003; Bade 2001; Höfling-Semnar 1995; europäisches forum für migrationsstudien (Hrsg.), *Migration Report Februar/Mai/Juni 1995* <http://www.uni-bamberg.de> (8.8.2005)

Das erste türkische Baby, das nach dem neuen Staatsbürgerrecht die doppelte Staatsangehörigkeit besitzt

K.-H. Egginger
München, 21. Januar 2000
Photographie
München, Süddeutscher Verlag, Bilderdienst, 00024677
Kat. 32.2

Seit dem 1. Januar 2000 erhalten Kinder von Ausländern automatisch die deutsche Staatsangehörigkeit, sofern sich ein Elternteil seit mindestens acht Jahren rechtmäßig in Deutschland aufhält. Gleichzeitig können Neugeborene die Staatsangehörigkeit der Eltern behalten. Bis zur Volljährigkeit dürfen sie zwei Pässe führen, müssen sich aber nach dem so genannten Optionsmodell bis zum 23. Lebensjahr für eine der beiden Staatsangehörigkeiten entscheiden. Das seit 1913 im Grundsatz bis Ende 1999 gültige Staatsangehörigkeitsgesetz kannte – abgesehen von der Einbürgerung – nur den Erwerb der deutschen Staatsangehörigkeit nach dem *ius sanguinis*, also nach dem Abstammungsprinzip. Seit der Gesetzesreform gilt nun in Einschränkungen auch das *ius soli*, wonach der Geburtsort über die Staatsangehörigkeit entscheidet. Das neue Gesetz erleichtert darüber hinaus die Einbürgerung von Ausländern in Deutschland und trägt somit der Tatsache Rechnung, dass viele Migranten dauerhaft eingewandert sind und bereits in der zweiten und dritten Generation in Deutschland leben. Die Einbürgerungszahlen stiegen daher im Jahr 2000 auf 187 000 gegenüber 143 000 im Vorjahr an. Die rot-grüne Bundesregierung hatte die Reform des Staatsangehörigkeitsgesetzes als einen ersten Schritt zu einer umfassenden Neukonzeption des Ausländerrechts und der Gestaltung von Integration angekündigt. Ursprünglich hatte die Koalition geplant, die doppelte Staatsangehörigkeit dauerhaft zuzulassen. Nach einer Gegenkampagne der CDU/CSU im hessischen Wahlkampf 1998 nahm die Regierung von diesem Vorhaben Abstand und führte das bereits erwähnte Optionsmodell in das Gesetzesvorhaben ein.

Das neue Gesetz lässt nur in Ausnahmefällen die ›Mehrstaatigkeit‹ zu. Bis zur Reform war es in Deutschland lebenden Migranten rechtlich möglich, nach ihrer Einbürgerung wieder die ursprüngliche Staatsangehörigkeit zu erhalten, ohne automatisch ausgebürgert zu werden. Zahlreiche türkische Einwanderer hatten diese Regelung genutzt, um sich die Option offen zu halten, dauerhaft oder vorübergehend in ihr Herkunftsland zurückzukehren. Eine solche Rückeinbürgerung führt seit dem 1. Januar 2000 zum Verlust der deutschen Staatsangehörigkeit und auch des Aufenthaltsrechts in Deutschland. Bei der Erteilung einer neuen Aufenthaltsgenehmigung werden Härtefälle berücksichtigt. Dieser Sachverhalt erfuhr erst Anfang 2005 eine breite Aufmerksamkeit, als das Zuwanderungsgesetz in Kraft trat. Schätzungsweise 50 000 eingebürgerte Türken drohten die deutsche Staatsangehörigkeit zu verlieren, weil sie den türkischen Pass beantragt, ihn aber erst nach dem 1. Januar 2000 erhalten hatten. Bundesinnenminister Otto Schily forderte die türkische Regierung auf, die Namen wieder eingebürgerter deutscher Türken aufzulisten. Deren deutsche Staatsangehörigkeit erlischt, sobald deutsche Behörden von der erneuten türkischen Staatsangehörigkeit Kenntnis haben. Dieses Verfahren verunsicherte etliche Migranten in Deutschland. Seit dem Jahr 2000 ist die Zahl ihrer Einbürgerungen rückläufig, 2004 ließen sich nur noch 127 000 Ausländer einbürgern.
F.M.

Hailbronner/Renner 2005; Kugelmeier 2004; Meier-Braun 2002; Staatsangehörigkeitsreform 2002; Heckmann 2003; *Schily streitet mit Ankara über türkischen Doppelpass*, 11.4.2005 <http://www.spiegel.de/politik/deutschland/0,1518,350831,00.html> (3.8.2005); Günter Renner, *Doppelte Staatsbürgerschaft, Türken, Deutsche Pass ade?*, 11.2.2005 <http://www.migrationsrecht.net/modules.php?name=News&file=article&sid=179> (3.8.2005)

Zitat nach: <http://www.tgd.de/tgd/> (4.8.2005)

»Mit Besorgnis nehme ich den Rückgang der Einbürgerungen zur Kenntnis.«

Kenan Kolat, Vize-Bundesvorsitzender der Türkischen Gemeinde in Deutschland, 31.7.2005

Broschüre zum Zuwanderungsgesetz der Bundesrepublik Deutschland

»Zuwanderung – das neue Gesetz«
Bundesministerium des Innern
Berlin, Mai 2005
Druck, 21,0 x 14,7
Berlin, Deutsches Historisches Museum, Do2 2005/121
Kat. 32.3

Das seit dem 1. Januar 2005 geltende »Gesetz zur Steuerung und Begrenzung der Zuwanderung und zur Regelung des Aufenthalts und der Integration von Unionsbürgern und Ausländern« führt die Vielfalt bestehender Gesetze zusammen und vereinfacht institutionelle Zuständigkeiten. Es regelt alle legalen Wanderungsformen, also die Aufnahme von Flüchtlingen und Asylbewerbern, jüdischen Kontingentflüchtlingen und Spätaussiedlern, die Anwerbung von Arbeitsmigranten sowie die Familienzusammenführung. Außerdem formuliert es erstmalig ein Integrationskonzept für Migranten.
Entgegen ursprünglichen, weitaus offeneren Plänen der rot-grünen Koalition lässt das neue Gesetz nur die Arbeitsmigration von hoch Qualifizierten und Unternehmern mit entsprechendem Kapital zu. Ausländische Hochschulabsolventen erhalten eine Arbeitserlaubnis, wenn sie in ihrer Branche einen Arbeitsplatz finden, sofern kein Deutscher hierfür in Frage kommt. Für niedrig Qualifizierte gilt der Anwerbestopp weiterhin, von den Ausnahmen der Saisonarbeiter und temporären Werkvertragsarbeitnehmer abgesehen.
Auf Drängen der Europäischen Union stellt das deutsche Asylrecht nun nicht staatlich Verfolgte mit politisch Verfolgten weitgehend gleich. Allerdings relativiert sich diese Erweiterung durch die Drittstaatenregelung des Schengener Abkommens, wonach Flüchtlinge ihren Asylantrag nur in dem verfolgungsfreien Land stellen können, in das sie zuerst eingereist sind.
Migranten, die sich ohne Erlaubnis in Deutschland aufhalten, werden in dem Gesetz lediglich unter dem Aspekt ihrer Ausweisung oder Abschiebung thematisiert. Überlegungen, Kindern von ›illegalen Ausländern‹ den Schulbesuch zu gestatten oder gar den Aufenthalt ›Illegaler‹ über eine Amnestie zu legalisieren, wie es in anderen Staaten praktiziert wird, flossen nicht in das Gesetz ein.
Ein Novum in der deutschen Ausländergesetzgebung ist das staatliche Angebot von Sprach- und Integrationskursen bei gleichzeitiger Verpflichtung der Migranten zur Teilnahme. Angesichts des geringen Umfangs der Kurse bezweifeln Kritiker allerdings deren nachhaltige Wirksamkeit.
Unter dem Eindruck der Terroranschläge vom 11. September 2001 in New York erließ der Deutsche Bundestag so genannte Sicherheitspakete, die in das Zuwanderungsgesetz aufgenommen wurden. Nun können zum Beispiel Ausländer ausgewiesen werden, die als eine besondere Gefahr für die Sicherheit Deutschlands eingeschätzt werden, auch wenn sie nicht straffällig geworden sind. Zur Feststellung der Identität eines Ausländers können dessen Fingerabdrücke genommen, Messungen und Sprachanalysen vorgenommen werden. Datenschützer kritisieren diese Maßnahmen als Eingriff in das informationelle Selbstbestimmungsrecht.
F.M.

Oberndorfer 2005; Bundesministerium des Innern (Hrsg.), *Migrationsbericht, Bericht des Sachverständigenrates für Zuwanderung und Integration im Auftrag der Bundesregierung in Zusammenarbeit mit dem europäischen forum für migrationsstudien (efms) an der Universität Bamberg*, Berlin 2004; Sachverständigenrat für Zuwanderung, *Migration und Integration – Erfahrungen nutzen, Neues wagen*, Berlin 2004; Schönwälder 2004b; Treibel 2001; Marei Pelzer, *Über die Auswirkungen der Sicherheitspakete auf Ausländer und Flüchtlinge, Flüchtlingsrat Niedersachsen*, März 2003 <http://www.nds-fluerat.org/rundbr/ru9192/pelzer.htm> (9.8.2005)

Gesetz
zur Steuerung und Begrenzung der Zuwanderung und zur Regelung des Aufenthalts und der Integration von Unionsbürgern und Ausländern (Zuwanderungsgesetz)

Kapitel 1
Allgemeine Bestimmungen

§ 1
Zweck des Gesetzes; Anwendungsbereich

(1) Das Gesetz dient der Steuerung und Begrenzung des Zuzugs von Ausländern in die Bundesrepublik Deutschland. Es ermöglicht und gestaltet Zuwanderung unter Berücksichtigung der Aufnahme- und Integrationsfähigkeit sowie der wirtschaftlichen und arbeitsmarktpolitischen Interessen der Bundesrepublik Deutschland. Das Gesetz dient zugleich der Erfüllung der humanitären Verpflichtungen der Bundesrepublik Deutschland. Es regelt hierzu die Einreise, den Aufenthalt, die Erwerbstätigkeit und die Förderung der Integration von Ausländern. Die Regelungen in anderen Gesetzen bleiben unberührt.

(2) Dieses Gesetz findet keine Anwendung auf Ausländer,

1. deren Rechtsstellung von dem Gesetz über die allgemeine Freizügigkeit von Unionsbürgern geregelt ist, soweit nicht durch Gesetz etwas anderes bestimmt ist,

2. die nach Maßgabe der §§ 18 bis 20 des Gerichtsverfassungsgesetzes nicht der deutschen Gerichtsbarkeit unterliegen,

3. soweit sie nach Maßgabe völkerrechtlicher Verträge für den diplomatischen und konsularischen Verkehr und für die Tätigkeit internationaler Organisationen und Einrichtungen von Einwanderungsbeschränkungen, von der Verpflichtung, ihren Aufenthalt der Ausländerbehörde anzuzeigen und dem Erfordernis eines Aufenthaltstitels befreit sind und wenn Gegenseitigkeit besteht, sofern die Befreiungen davon abhängig gemacht werden können.

§ 2
Begriffsbestimmungen

(1) Ausländer ist jeder, der nicht Deutscher im Sinne des Artikels 116 Abs. 1 des Grundgesetzes ist.

(2) Erwerbstätigkeit ist die selbstständige Tätigkeit und die Beschäftigung im Sinne von § 7 des Vierten Buches Sozialgesetzbuch.

(3) Der Lebensunterhalt eines Ausländers ist gesichert, wenn er ihn einschließlich ausreichenden Krankenversicherungsschutzes ohne Inanspruchnahme öffentlicher Mittel bestreiten kann. Dabei bleiben das Kindergeld und Erziehungsgeld sowie öffentliche Mittel außer Betracht, die auf Beitragsleistungen beruhen oder die gewährt werden, um den Aufenthalt im Bundesgebiet zu ermöglichen. Bei der Erteilung oder Verlängerung einer Aufenthaltserlaubnis zum Familiennachzug werden Beiträge der Familienangehörigen zum Haushaltseinkommen berücksichtigt.

(4) Als ausreichender Wohnraum wird nicht mehr gefordert, als für die Unterbringung eines Wohnungssuchenden in einer öffentlich geförderten Sozialmietwohnung genügt. Der Wohnraum ist nicht ausreichend, wenn er den auch für Deutsche geltenden Rechtsvorschriften hinsichtlich Beschaffenheit und Belegung nicht genügt. Kinder bis zur Vollendung des zweiten Lebensjahres werden bei der Berechnung des für die Familienunterbringung ausreichenden Wohnraumes nicht mitgezählt.

(5) Ein Schengen-Visum ist der einheitliche Sichtvermerk nach Maßgabe der als Schengen-Besitzstand in das Gemeinschaftsrecht überführten Bestimmungen (ABl. EG 2000 Nr. L 239 S.1) und der nachfolgend ergangenen Rechtsakte.

(6) Vorübergehender Schutz im Sinne dieses Gesetzes ist die Aufenthaltsgewährung in Anwendung der Richtlinie 2001/55/EG des Rates vom 20. Juli 2001 über Mindestnormen für die Gewährung vorübergehenden Schutzes im Falle eines Massenzustroms von Vertriebenen und Maßnahmen zur Förderung einer ausgewogenen Verteilung der Belastungen, die mit der Aufnahme dieser Personen und den Folgen dieser Aufnahme verbunden sind, auf die Mitgliedstaaten (ABl. EG Nr. L 212 S.12).

Kapitel 2
Einreise und Aufenthalt im Bundesgebiet

Abschnitt 1
Allgemeines

§ 3
Passpflicht

(1) Ausländer dürfen nur in das Bundesgebiet einreisen oder sich darin aufhalten, wenn sie einen anerkannten und gültigen Pass oder Passersatz besitzen, sofern sie von der Passpflicht nicht durch Rechtsverordnung befreit sind.

(2) Das Bundesministerium des Innern oder die von ihm bestimmte Stelle kann in begründeten Einzelfällen vor der Einreise des Ausländers für den Grenzübertritt und einen anschließenden Aufenthalt von bis zu sechs Monaten Ausnahmen von der Passpflicht zulassen.

§4
Erfordernis eines Aufenthaltstitels

(1) Ausländer bedürfen für die Einreise und den Aufenthalt im Bundesgebiet eines Aufenthaltstitels, sofern nicht durch Recht der Europäischen Union oder durch Rechtsverordnung etwas anderes bestimmt ist oder auf Grund des Abkommens vom 12. September 1963 zur Gründung einer Assoziation zwischen der Europäischen Wirtschaftsgemeinschaft und der Türkei (BGBl. 1964 II S. 509) (Assoziationsabkommen EWG/Türkei) ein Aufenthaltsrecht besteht. Die Aufenthaltstitel werden erteilt als

1. Visum (§ 6),

2. Aufenthaltserlaubnis (§ 7) oder

3. Niederlassungserlaubnis (§ 9).

(2) Ein Aufenthaltstitel berechtigt zur Ausübung einer Erwerbstätigkeit, sofern es nach diesem Gesetz bestimmt ist oder der Aufenthaltstitel die Ausübung der Erwerbstätigkeit ausdrücklich erlaubt. Jeder Aufenthaltstitel muss erkennen lassen, ob die Ausübung einer Erwerbstätigkeit erlaubt ist. Einem Ausländer, der keine Aufenthaltserlaubnis zum Zweck der Beschäftigung besitzt, kann die Ausübung einer Beschäftigung nur erlaubt werden, wenn die Bundesagentur für Arbeit zugestimmt hat oder durch Rechtsverordnung bestimmt ist, dass die Ausübung der Beschäftigung ohne Zustimmung der Bundesagentur für Arbeit zulässig ist. Beschränkungen bei der Erteilung der Zustimmung durch die Bundesagentur für Arbeit sind in den Aufenthaltstitel zu übernehmen.

(3) Ausländer dürfen eine Beschäftigung nur ausüben, wenn der Aufenthaltstitel es erlaubt, und von Arbeitgebern nur beschäftigt werden, wenn sie über einen solchen Aufenthaltstitel verfügen. Dies gilt nicht, wenn dem Ausländer auf Grund einer zwischenstaatlichen Vereinbarung, eines Gesetzes oder einer Rechtsverordnung die Erwerbstätigkeit ohne den Besitz eines Aufenthaltstitels gestattet ist.

(4) Eines Aufenthaltstitels bedürfen auch Ausländer, die als Besatzungsmitglieder eines Seeschiffes tätig sind, das berechtigt ist, die Bundesflagge zu führen.

(5) Ein Ausländer, dem nach dem Assoziationsabkommen EWG/Türkei ein Aufenthaltsrecht zusteht, ist verpflichtet, das Bestehen des Aufenthaltsrechts durch den Besitz einer Aufenthaltserlaubnis nachzuweisen. Die Aufenthaltserlaubnis wird auf Antrag ausgestellt.

§ 5
Allgemeine Erteilungsvoraussetzungen

(1) Die Erteilung eines Aufenthaltstitels setzt in der Regel voraus, dass die Passpflicht nach § 3 erfüllt wird und

1. der Lebensunterhalt gesichert ist,

1a. die Identität und, falls er nicht zur Rückkehr in einen anderen Staat berechtigt ist, die Staatsangehörigkeit des Ausländers geklärt ist,

2. kein Ausweisungsgrund vorliegt und

3. soweit kein Anspruch auf Erteilung eines Aufenthaltstitels besteht, der Aufenthalt des Ausländers nicht aus einem sonstigen Grund Interessen der Bundesrepublik Deutschland beeinträchtigt oder gefährdet.

(2) Des Weiteren setzt die Erteilung einer Aufenthaltserlaubnis oder einer Niederlassungserlaubnis voraus, dass der Ausländer

1. mit dem erforderlichen Visum eingereist ist und

2. die für die Erteilung maßgeblichen Angaben bereits im Visumantrag gemacht hat.

Hiervon kann abgesehen werden, wenn die Voraussetzungen eines Anspruchs auf Erteilung erfüllt sind oder es auf Grund besonderer Umstände des Einzelfalls nicht zumutbar ist, das Visumverfahren nachzuholen.

(3) In den Fällen der Erteilung eines Aufenthaltstitels nach den §§ 24, 25 Abs. 1 bis 3 sowie § 26 Abs. 3 ist von der Anwendung der Absätze 1 und 2 abzusehen; in den übrigen Fällen der Erteilung eines Aufenthalttitels nach Kapitel 2 Abschnitt 5 kann hiervon abgesehen werden.

(4) Die Erteilung eines Aufenthaltstitels ist zu versagen, wenn einer der Ausweisungsgründe nach § 54 Nr. 5 oder 5a vorliegt. Von Satz 1 können in begründeten Einzelfällen Ausnahmen zugelassen werden, wenn sich der Ausländer gegenüber den zuständigen Behörden offenbart und glaubhaft von seinem sicherheitsgefährdenden Handeln Abstand nimmt. Das Bundesministerium des Innern oder die von ihm bestimmte Stelle kann in begründeten Einzelfällen vor der Einreise des Ausländers für den Grenzübertritt und einen anschließenden Aufenthalt von bis zu sechs Monaten Ausnahmen von Satz 1 zulassen.

§ 6
Visum

(1) Einem Ausländer kann

1. ein Schengen-Visum für die Durchreise oder

2. ein Schengen-Visum für Aufenthalte von bis zu drei Monaten innerhalb einer Frist von sechs Monaten von dem Tag der ersten Einreise an (kurzfristige Aufenthalte)

erteilt werden, wenn die Erteilungsvoraussetzungen des Schengener Durchführungsübereinkommens und der dazu ergangenen Ausführungsvorschriften erfüllt sind. In Ausnahmefällen kann das Schengen-Visum aus völkerrechtlichen oder humanitären Gründen oder zur Wahrung politischer Interessen der Bundesrepublik Deutschland erteilt werden, wenn die Erteilungsvoraussetzungen des Schengener Durchführungsübereinkommens nicht erfüllt sind. In diesen Fällen ist die Gültigkeit räumlich auf das Hoheitsgebiet der Bundesrepublik Deutschland zu beschränken.

(2) Das Visum für kurzfristige Aufenthalte kann auch für mehrere Aufenthalte mit einem Gültigkeitszeitraum von bis zu fünf Jahren mit der Maßgabe erteilt werden, dass der Aufenthaltszeitraum jeweils drei Monate innerhalb einer Frist von sechs Monaten von dem Tag der ersten Einreise an nicht überschreiten darf.

(3) Ein nach Absatz 1 Satz 1 erteiltes Schengen-Visum kann in besonderen Fällen bis zu einer Gesamtaufenthaltsdauer von drei Monaten innerhalb einer Frist von sechs Monaten von dem Tag der ersten Einreise an verlängert werden. Dies gilt auch dann, wenn das Visum von einer Auslandsvertretung eines anderen Schengen-Anwenderstaates erteilt worden ist. Für weitere drei Monate innerhalb der betreffenden Sechsmonatsfrist kann das Visum nur unter den Voraussetzungen des Absatzes 1 Satz 2 verlängert werden.

(4) Für längerfristige Aufenthalte ist ein Visum für das Bundesgebiet (nationales Visum) erforderlich, das vor der Einreise erteilt wird. Die Erteilung richtet sich nach den für die Aufenthalts- und Niederlassungserlaubnis geltenden Vorschriften. Die Dauer des rechtmäßigen Aufenthalts mit einem nationalen Visum wird auf die Zeiten des Besitzes einer Aufenthaltserlaubnis oder Niederlassungserlaubnis angerechnet.

[...]

SELBSTZEUGNISSE

»Es geht noch drei Meilen«

Johannes Butzbach

Der auch »Piemontanus« genannte Johannes Butzbach (1477–1516) war Prior der Abtei Maria Laach. Als Kind reiste er als Bettelknecht eines Studenten durch Süddeutschland.

Als ich nunmehr des Anblicks meiner Eltern und meiner Vaterstadt beraubt war, folgte ich langsam dem Beanus[1], niedergeschlagen, betrübt und voller Schmerz, voller untröstlicher Seufzer, indem ich unablässig schluchzte und heulte. Er ging weit voraus, und als ich seinen Schritten auf sein Winken hin nicht folgte, erhielt ich, je weiter uns der Weg von der Vaterstadt wegführte, desto härtere Antworten, und desto schärfere Zurechtweisungen begann ich von ihm zu hören. So vergrößerte er den Brand meiner Wunden noch überall, denn er war von Natur durchaus grausam. Je weniger er glaubte, dass ich ihm entweichen könnte – weil ich den Weg nicht kannte und wegen der Ferne von meiner Heimat –, desto mehr versuchte er, mich am Zügel seines Schreckens nachzuschleppen und mit dem Stachel seiner Drohungen anzutreiben.

Bei Einbruch der Nacht gelangten wir nach der erwähnten Stadt Külsheim, die zwei Meilen – welche aber sehr lang und nicht sehr breit sind und die, wie man im Scherz sagt, einst von zwei Menschen gemessen wurden, die sich sehr gut mochten – vom Pius Mons, das heißt von Miltenberg, oder, wie andere es wollen, vom Largus Mons entfernt ist. Müde folgte ich dem Beanus zur besten Herberge am Ort.

Als wir uns anschickten, diese zu betreten, kam uns der Wirt entgegen; er fragte uns voller Neugier, woher wir kämen, wohin wir ziehen wollten und was wir begehrten. Der Beanus antwortete ihm kurz und bat ihn, uns in seiner Gaststätte aufzunehmen.

Der Wirt sagte: »Wenn ihr Geld habt und gute Zecher seid, so seid ihr mir als Gäste hochwillkommen.«

Darauf sprach der Beanus zu ihm: »Geld haben wir genug. Sorgt nur dafür, daß der Tisch gedeckt wird und daß eine Menge Speis und Trank darauf kommt!«

Der Wirt antwortete: »Vortrefflich – ich will, was du mir aufträgst, ebenso schnell wie gerne tun; aber ich wünschte doch, daß noch mehr von euch kämen, denn ich habe heute in der Erwartung, daß noch mehr Gäste eintreffen, ein reiches Mahl zubereitet.«

Als der Beanus das vernommen hatte, meinte er: »Das trifft sich gut, wenn Ihr heute eine ansehnliche Erquickung vorbereitet habt. Denn ich habe da einige gute Bekannte, mit denen ich heute abend mein Wohlergehen feiern will: weil sie unbemittelt sind und ihr Leben als Tagelöhner bei ihren Herren verdienen, will ich für sie gern die Zeche begleichen, da seid nur ganz unbesorgt.« Der Wirt darauf: »Einverstanden! Laß sie nur so schnell wie möglich holen!« Bald darauf kamen sie auch und setzten sich zu Tisch; voller Freude schlugen sie sich den Wanst voll. Den Beanus kümmerte es nicht, wo der arme Schüler war. Die Wirtin sagte zu ihm: »Wo ist denn der Kleine, der mit Euch gekommen ist?« Er blickte über die Schulter und meinte: »Ich denke, er ist da hinter dem Ofen, auf deutsch ›in der hell‹[2]; er wird wohl dort bei unserem Gepäck, ermüdet von der Reise, eingeschlafen sein. Soll er nur schlafen und sich ausruhen! Denn der Schlaf bekommt ihm nun besser als das Essen.«

Als ich das vernahm – denn ich lag noch gar nicht im Schlaf, wie er behauptet hatte –, wagte ich nicht zu sagen, was ich mir dachte. Den Tag über hatte ich nämlich wegen der Beschäftigung mit den Reisevorbereitungen wenig zu mir genommen, und ich hatte auch gar nicht essen mögen. Und obwohl ich jetzt hungrig war, wagte ich es nicht, mich ohne seine Aufforderung zu Tisch zu begeben, aber der Stachel des Hungers ließ mich mit meinem knurrenden Magen weder ruhen noch Schlaf finden. Indem ich so tat, als ob ich schlummerte, übte ich mich im Ausharren, während ich mich als erbärmlich Ausgestoßenen und Waisen empfand. Als das Gelage zu Ende war, zahlte der Beanus die Zeche für alle seine Gäste, wobei er unser gemeinsames Geld so munter ausgab, als ob es das seine wäre. Was ich nun sagen oder tun sollte, das konnte ich mir nicht einmal mehr vorstellen. Weil ich ihm übergeben worden war, hielt er mich für sein Eigentum, wie wenn ich ihm verkauft oder von ihm gefunden worden wäre.

Am frühen Morgen des folgenden Tages zogen wir weiter und gelangten zu der Stadt Tauberbischofsheim, welche von da zwei Meilen entfernt ist. Dort nahmen wir etwas zu uns und zogen unseres Weges weiter gegen Windsheim, eine kaiserliche Stadt. Als wir hier eingetreten waren, bestaunte ich die Stadtmauern, den hohen Bau der Häuser, Kirchen und Türme sehr, da ich natürlich solches in unserer Vaterstadt oder sonstwo vorher noch nie gesehen hatte.

Von hier brachen wir am folgenden Tag nach Langenzenn auf, wo wir von einem Bürger, einem Weber, der vor einiger Zeit meinem Vater während mehrere Jahre gedient hatte, sehr gastfreundlich aufgenommen und um Gotteslohn herzlich bewirtet wurden. Wie meine Eltern uns gebeten hatten, richteten wir ihm viele Grüße aus. Er tröstete mich äußerst gütig wie seinen eigenen Sohn über die Trennung von meinen Eltern, bis er wirklich den ganzen Schmerz von mir genommen hatte; er erleichterte unablässig meinen noch etwas umdüsterten Sinn, der ganz von Traurigkeit erfüllt war, mit aufheiterndem Zuspruch und hörte nicht auf, meine betrübte Seele zu besänftigen. Geschickt hielt er mir vor Augen, daß sowohl er als auch mein Vater und viele andere, die ich kannte, sowohl geistlichen als auch weltlichen Standes oder Berufes, in ihrer Jugend in der Fremde vieles erduldet hätten, um etwas zu lernen. Von ihm wurde ich am nächsten Morgen gut bewirtet und getröstet meinem Beanus ans Herz gelegt; so entließ er mich gegen Nürnberg, eine sehr berühmte Handelsstadt. Während ich mich mit meinem Bündelchen abmühte, da ich mich mit dem ungewohnten Marschieren schon schwertat, folgte ich langsam dem Beanus, der mir vorausging.

Da ich bereits von weitem Türme und Rauch erblickte, glaubte ich nicht eine Stadt zu sehen, sondern eine ganze Welt. Und als ich die Leute, die uns entgegenkamen, fragte, wie weit es noch sei, antworteten sie: »Es geht noch drei Meilen.« Dabei hatte ich angenommen, es sei kaum eine halbe Meile weit! Nicht so sehr die Entfernung zu der Stadt als vielmehr der Wunsch, sie endlich zu erreichen, machte mir den Marsch beschwerlich – dabei hatten wir sie die ganze Zeit über im Blick. Der Beanus begann mir etwas über ihre Vorzüge zu erzählen, um mir den Weg erträglicher zu machen. Denn ein Lied oder ein Gespräch mit einem Wanderer pflegt einen die Beschwerlichkeiten des Reisens vergessen zu lassen.
Gegen Abend näherten wir uns der Stadt. Vor den Befestigungen und den Mauern machten wir kurz halt, um uns für den Eintritt vorzubereiten. Der Beanus wollte mir dieses Erlebnis verderben, indem er spaßeshalber sagte: »Weil du noch nie hier gewesen bist, muß man dir das Maul zumauern.«[3] Als ich nach diesen Worten zu weinen begann, sagte er: »Folge mir auf dem Fuß, schau nicht überall zurück und gaffe nicht mit offenem Mund zu den Dächern hinauf! Paß nur auf, daß wir nicht wegen dir auf jedem Platz immer wieder warten müssen, sonst werde ich dich in der Herberge ganz tüchtig versohlen.«
Zitternd folgte ich dem Beanus, der die Stadt betrat; über meine Kräfte litt ich, als ich ihm durch die verschiedenen Gassen folgte, wegen der Straßenpflästerung, die mit ihren spitzen Steinen für meine müden Füße vollkommen unerträglich war. Von überall her strömten Schüler aus den Häusern auf mich zu, die mich mit Zurufen wie »Es tu scolaris?«[4] bis zur Gaststätte verfolgten. Als ich auf ihre Fragen hin schwieg, zeigten sie mit den Fingern auf mich, machten mir Schweinsohren und belästigten mich aufs verdrießlichste. Als sie erfuhren, daß wir dableiben wollten, hörten sie auf, uns zu plagen, indem sie ihr Gymnasium[5] mit dem höchsten Lob bedachten und es über alle andern dieses Landes rühmten.

1 Das Wort leitet sich aus dem frz. Bec jaune (»Gelbschnabel«) ab. Der »Beanus« ist ein Schüler der älteren Jahrgänge, der noch nicht zur Universität geht und dementsprechend ungehobelt ist.
2 Das mittelhochdeutsche Wort helle (»Hölle«) bezeichnet den kleinen Zwischenraum zwischen dem Stubenofen und der Wand.
3 Der Ausdruck (wörtlich: »Mörtel im Munde tragen«) verdeutlicht, daß Butzbach nicht mit offenem Mund die Stadt und ihre Bewohner anstarren soll, weil er sonst auffallen würde.
4 *Es tu scolaris?* (»Bist du ein Schüler?«) ist der Titel eines Schülergesprächs (erster Druck in Nürnberg 1495).
5 Es gab um 1500 in Nürnberg die vier Schulen Sankt Lorenz, Sankt Sebald, beim Spital und bei Sankt Egidien.

Aus: Johannes Butzbach, *Odeporicon*. Aus dem Lateinischen übersetzt von Andreas Beriger, © Manesse Verlag, Zürich 1993, S. 46–53

»WIR MUSSTEN UNTERWEGS VIEL HUNGER LEIDEN«

THOMAS PLATTER, UM 1513

Der spätere Humanist Thomas Platter (1499–1582) musste nach dem frühen Tod seines Vaters als Sechsjähriger seinen Lebensunterhalt zunächst als Ziegenhirt verdienen. Dann begleitete er seinen Vetter Paulus Summermatter als fahrender Schüler.

Als nun Paulus wieder auf die Wanderschaft gehen wollte, sollte ich zu ihm nach Stalden kommen. Herwärts Stalden ist ein Haus, das heisst »zum Mühlbach«, da wohnt einer, Simon zu der Summermatten, der Bruder meiner Mutter. Der sollte mein Vogt [Vormund] sein. Er gab mir einen Goldgulden, ich trug ihn im Händlein bis nach Stalden, schaute oft unterwegs, ob ich ihn noch habe und gab ihn dann dem Paulus. Also zogen wir zum Land hinaus.
Da musste ich für mich betteln und meinem Bacchanten (so nannte man die ältern umherziehenden Studenten), dem Paulus, auch geben; denn wegen meiner Einfalt und ländlichen Sprache gab man mir viel. Auf dem Weg über

die Grimsel kamen wir nachts in ein Wirtshaus. Ich hatte noch nie einen Kachelofen gesehen. Der Mondschein fiel auf den Kachelofen, der in jenem Wirtshaus stand. Da glaubte ich, es sei ein so grosses Kalb, denn ich sah nur zwei Kacheln glänzen; da meinte ich, es seien die Augen des Kalbes. Am Morgen sah ich Gänse. Gänse hatte ich auch noch nie gesehen. Da meinte ich, als sie mich anschnatterten, es sei der Teufel, der mich fressen wolle. Ich floh und schrie. In Luzern sah ich die ersten Ziegeldächer; da wunderte ich mich über die roten Ziegel. Wir kamen darauf nach Zürich. Da wartete Paulus auf mehrere Gesellen, die mit uns nach Meissen ziehen wollten. Inzwischen ging ich betteln, so dass ich den Paulus auch ernähren konnte. Denn wenn ich in ein Wirtshaus kam, hörten mich die Leute gern die Walliser Sprache reden und gaben mir gern.

Nachdem wir etwa acht oder neun Wochen auf Gesellschaft gewartet hatten, zogen wir gegen Meissen. Es war für mich eine weite Reise, da ich nicht gewohnt war, so weit zu ziehen und dazu unterwegs das Essen zu suchen. Wir waren acht oder neun, die miteinander loszogen, drei kleine Schützen [junge Schüler], die andern waren grosse Bacchanten. Unter diesen war ich der allerkleinste Schütz und auch der jüngste. Wenn ich nicht gut vorwärts kam, lief mein Vetter Paulus mir nach mit einer Rute oder einem Stecklein, zwickte mich um die blossen Beine, denn ich hatte keine Hosen an und schlechte Schühlein. Ich weiss nicht mehr alles, wie es uns auf den Strassen ergangen war; aber an einiges erinnere ich mich noch: Als man auf dem Wege allerlei redete, erzählten die Bacchanten, dass es in Meissen und Schlesien der Brauch sei, dass die Schüler Gänse und Enten, auch sonst Essbares rauben dürften, und dass die Leute einem nichts täten, wenn man einem entrinnen könne, dem die Sache gehört habe. Eines Tages waren wir nicht weit von einem Dorf entfernt. Da war ein grosser Haufen Gänse beieinander (jedes Dorf hat einen eigenen Gänsehirten). Der Gänsehirt war ziemlich weit von seinen Tieren bei dem Kuhhirten. Da fragte ich meine Gesellen, die Schützen: »Wann sind wir in Meissen? Dort darf ich doch Gänse tot werfen!« Sie antworteten: »Jetzt sind wir drinnen.« Da nahm ich einen Stein, warf nach einer und traf sie an einem Bein; die andern flogen davon, die hinkende aber konnte nicht fortkommen. Da nahm ich noch einen Stein, traf sie an den Kopf, dass sie niederfiel. (Ich hatte bei den Geissen gut werfen gelernt. Kein Hirt meines Alters übertraf mich, auch nicht im Hirtenhorn Blasen und mit dem Stecken springen, denn in solchen Künsten übte ich mich unter meinen Mithirten.) Ich lief hinzu, erwischte die Gans bei dem Kragen, versteckte sie unter dem Röcklein und ging die Strasse entlang durch das Dorf. Da kam der Gänsehirt mir nachgelaufen und schrie im Dorf: »Der Bub hat mir eine Gans geraubt!« Ich und meine Mitschützen flohen. Die Füsse der Gans hingen unter dem Röcklein heraus. Die Bauern kamen mit Hellebarten und liefen uns nach. Als ich sah, dass ich mit der Gans nicht entrinnen konnte, liess ich sie fallen. Vor dem Dorf sprang ich von dem Weg ab in ein Gesträuch; zwei meiner Gesellen aber liefen der Strasse nach, die holten zwei Bauern ein. Da fielen sie auf die Knie und baten um Gnade; sie hätten ihnen keinen Schaden getan. Und da auch die Bauern sahen, dass der nicht dabei war, der die Gans hatte fallen lassen, gingen sie wieder in das Dorf und nahmen die Gans mit. Ich aber sah, wie sie meinen Gesellen nachgeeilt waren; ich war in grossen Nöten und sprach zu mir: »Ach Gott, ich glaube, ich habe mich heute nicht besegnet!« Man hatte mich nämlich gelehrt, ich solle jeden morgen das Kreuz über mich machen. Als die Bauern wieder in das Dorf kamen, fanden sie unsere Bacchanten im Wirtshaus (denn sie waren voraus hingegangen, und wir kamen nach) und verlangten, dass sie die Gans bezahlen sollten. Es handelte sich etwa um zwei Batzen. Ich weiss aber nicht, ob sie bezahlt hatten oder nicht. Als sie nun wieder zu uns kamen, lachten sie und fragten, wie es gegangen sei. Ich entschuldigte mich, da ich glaubte, es sei so Landesbrauch.

Ein andermal kam ein Mörder zu uns in den Wald, elf Meilen vor Nürnberg. Wir waren alle beieinander. Der wollte anfangs nur mit unsern Bacchanten spielen, weil er uns aufhalten wollte, bis seine Gesellen zusammen wären. Da hatten wir einen gar redlichen Gefährten, mit Namen Antoni Schalbetter, aus dem Visperzehnten im Wallis; der hatte vor vier oder fünf keine Angst, wie er zu Naumburg und München und an anderen Orten bewiesen hatte. Der drohte dem Mörder, er solle sich davon machen; das tat er. Es war spät, so dass wir bloss noch in das nächste Dorf kommen konnten. Dort gab es zwei Wirtshäuser und sonst nur wenig andere Häuser. Als wir in das eine kamen, war der Mörder schon da und ohne Zweifel auch seine Gesellen. Wir wollten nicht bleiben und gingen in das andere Wirtshaus. Bald kamen sie auch dorthin. Als man nun zu Nacht gegessen hatte, war jeder so beschäftigt im Haus, dass man uns kleinen Buben nichts geben wollte; denn wir sassen nie mit zu Tisch bei dem Mahl. Man wollte uns auch kein Bett geben. Wir mussten im Rossstall liegen. Als man aber die Grossen zu Bett führte, sprach Antoni zum Wirt: »Wirt, mich dünkt, du habest seltsame Gäste und seist selbst nicht viel besser. Ich sage dir, Wirt, leg uns so, dass wir sicher sind, oder wir wollen dir ein Wesen [Unordnung] machen, dass dir das Haus zu eng wird!« Da wollten die Schelmen anfangs mit unsern Gesellen Schachzabel spielen (so nannten sie das Schach. Das Wörtlein hatte ich nie gehört). Da man sie nun zu Bette geführt hatte, ich aber und die andern kleinen Buben hungrig im Rossstall lagen, waren in der Nacht etliche, vielleicht der Wirt selbst, vor die Kammertür gekommen und wollten diese aufschliessen. Da hatte Antoni inwendig eine Schraube vor das Schloss gemacht, das Bett an die Türe gerückt und Licht geschlagen (denn er hatte immer Wachskerzen bei sich und ein Feuerzeug) und die andern Gesellen rasch aufgeweckt. Wie das die Schelmen hörten, rannten sie weg. Am Morgen fanden die unseren weder Wirt noch Knecht. Das sagten sie uns Buben. Wir waren alle froh, dass uns im Stall nichts geschehen war. Nachdem wir etwa eine Meile gegangen waren, kamen wir zu Leuten, welche, als sie hörten, wo wir die Nacht zugebracht hatten, sich wunderten, dass wir nicht alle ermordet waren, denn fast das ganze Dörflein war wegen Mörderei verschrien.

Etwa eine Viertelmeile vor Naumburg waren wieder unsere grossen Gesellen in einem Dorf zurückgeblieben; denn wenn sie zusammen Gelage halten wollten schickten sie und voran. Wir waren fünf. Da kamen auf freiem Feld acht Räuber auf Rossen zu uns mit gespannten Armbrüsten, umritten uns, verlangten von uns Geld und kehrten die Pfeile gegen uns; denn damals führte man noch keine Büchsen [Gewehre] zu Ross. Sprach einer: »Gebt Geld!« Antwortete einer von uns, der ziemlich gross war: »Wir haben kein Geld, wir sind arme Schüler.« Da sprach der noch zweimal: »Gebt Geld!« Und unser Gesell sagte wieder: »Wir haben kein Geld und geben euch kein Geld und sind euch nichts schuldig!« Da zückte der Reiter das Schwert, hieb ihm dicht am Kopf vorbei, so dass er ihm die Schnur an dem Bündel zerschnitt. Sie ritten davon, wieder in einen Wald. Wir aber gingen auf Naumburg zu. Da kamen bald unsere Bacchanten, die hatten die Schelmen nirgends gesehen. Wir sind auch sonst oft in Gefahr gewesen wegen Räubern und Mördern; so im Thüringer Wald, im Frankenland, in Polen.

Zu Naumburg blieben wir einige Wochen. Wir Schützen gingen in die Stadt, etliche, die singen konnten, um zu singen, ich aber, um zu betteln; wir gingen jedoch in keine Schule. Das wollten die andern nicht dulden, sie drohten, uns in die Schule zu jagen. Der Schulmeister liess auch unsere Bacchanten wissen, sie sollten in die Schule kommen, oder man würde sie holen. Antoni erwiderte ihm, er solle nur kommen. Weil auch Schweizer da waren, liessen die uns wissen, auf welchen Tag sie zu uns stossen würden, damit uns jene nicht unversehens überfielen. Da trugen wir kleine Schützen Steine auf das Dach, Antoni aber und die andern besetzten die Türe. Da kam der Schulmeister mit dem ganzen Haufen seiner Schützen und Bacchanten. Aber wir Buben warfen mit Steinen nach ihnen, so dass sie weichen mussten. Dann zog unser Studentenhaufen nach Halle in Sachsen, und wir Schützen gingen in die Schule zu St. Ulrich.

Als sich unsere Bacchanten ein weiteres Mal so ungebührlich verhielten, kamen ein paar von uns mit meinem Vetter Paulus überein, von ihnen wegzulaufen. So zogen wir nach Dresden. Dort war gar keine gute Schule und unsere Herbergen waren voll von Läusen, so dass wir sie nachts im Stroh unter uns krabbeln hörten.

Wir brachen auf und zogen gegen Breslau; wir mussten unterwegs viel Hunger leiden, weil wir etliche Tage nichts anderes assen als rohe Zwiebeln, gesalzen, und an anderen Tagen gebratene Eicheln, Holzäpfel und Birnen. Manche Nacht lagen wir unter freiem Himmel, da man uns nirgends bei den Häusern haben wollte, wie freundlich wir auch um Unterkunft baten; zuweilen hetzte man die Hunde auf uns.

Als wir aber in Breslau in Schlesien ankamen, war alles im Überfluss vorhanden, ja alles so billig, dass sich die armen Schüler überassen und oft in grosse Krankheit verfielen. Wir gingen zuerst im Dom zum Heiligen Kreuz in die Schule. Als wir jedoch vernahmen, dass in der obersten Pfarrei zu St. Elisabeth auch Schweizer waren, zogen wir dorthin. Da waren zwei von Bremgarten, zwei von Mellingen und andere, nebst vielen Schwaben; es gab keinen Unterschied zwischen Schwaben und Schweizern; sie sprachen miteinander wie Landsleute und sorgten füreinander.

Die Stadt Breslau hat sieben Pfarreien; jede hat eine eigene Schule. Da durfte kein Schüler in einer andern Pfarrei singen [betteln] gehn, sonst wurde er angeschrien: »Zurück, zurück!« und die Schützen liefen dann zusammen und schlugen einander. Es waren, wie man hörte, mehrere tausend Schützen und Bacchanten in der Stadt, die sich alle von Almosen ernährten; man erzählte auch, dass mehrere davon zwanzig bis dreissig Jahre und noch länger da waren. Diese hatten ihre Schützen, die ihnen Nahrung zutrugen. Ich habe meinen Bacchanten am Abend oft fünf bis sechs Portionen in die Schule getragen, wo sie wohnten. Die Leute gaben mir recht gern, weil ich klein war und ein Schweizer, denn man hatte die

Schweizer sehr lieb. Man hatte grosses Mitleid mit ihnen, weil sie zu dieser Zeit in der grossen Mailänder Schlacht [bei Marignano 1515], so sehr gelitten hatten, dass der Mann auf der Strasse sagte: »Jetzt haben die Schweizer ihr bestes Paternoster verloren»; denn vorher meinte man, sie seien unüberwindlich.

Eines Tages kam ich auf den Markt zu zwei Herren oder Junkern [Vertreter des niederen Adels] und vernahm hinterher, dass der eine Benzenauer hiess, der andere ein Fugger war. Sie spazierten umher. Von denen forderte ich ein Almosen, wie es arme Schüler zu tun pflegen. Sprach der Fugger zu mir: »Woher bist du?« Und als er hörte, dass ich ein Schweizer sei, besprach er sich mit dem Benzenauer; darauf sagte er zu mir »Bist du tatsächlich ein Schweizer, so will ich dich aufnehmen als meinen Sohn, will dir das bestätigen lassen vor dem Rat zu Breslau; du aber sollst dich verpflichten, dein Leben lang bei mir zu bleiben und immer da zu sein, wo ich bin.« Sprach ich: »Ich bin einem aus meiner Heimat empfohlen, den will ich darum fragen.« Als ich meinen Vetter Paulus deswegen fragte, sprach er: »Ich habe dich aus der Heimat geführt und will dich den Deinen wieder zurückbringen; was diese dich dann heissen, das tue.« Also sagte ich dem Fugger ab; aber so oft ich vor sein Haus kam, liess man mich nicht leer weggehen.

Aus: Thomas Platter, *Lebenserinnerungen*. Mit Beiträgen von Brigitte Kuhn und Peter F. Tschudin, © GS-Verlag, Basel 1999, S. 23–29

»DER EIN GING AN EINEM STECKEN, DER ANDER AN ZWYEN«

AUGUSTIN GÜNTZER, 1615

Der Elsässer Kannengießer Augustin Güntzer (1596–1657) entstammte dem Handwerkermilieu. Seine fünfjährige Wanderschaft als Geselle führte ihn durch halb Europa.

Nachdem ich nun im Jahrr ano 1615 auff Barttolimey außzog zu wandtern, ließ mihr mein Vatter ein ney Kleidt machen von Leder, gab mihr zugehöhrige Nodtdurfft wie auch 12 fl. in Gelt. Beynöben hatte ich auch 12 fl., so ich zusamengelegt hab, waß mihr zu Zeiten von meinen Frindten ist vererdt worden undt [ich] mitt Zinstechen verdienet habe. Mein Vatter begerdt, ich solte daz Landt auffwerdts ziehen, dieweil es in der Pfaltz sehr unsicher ist der Soldadten halben, welche sich hin undt wider zusamen rodtierdten, nach dem Malzheiner Krieg hero hin undt wider in den Welte[r]n auffhielten, derohalben die reißeten Leidt plindern undt ermerdten. Dißer Straßenreiber undt Merdter sindt in kurtzer Zeit etlich hundert am Reinstrom auff daß Radt gelegt worden, so ich zum Theil alle auff den Redern hab sehen ligen. [...]

Als ich nacher Franckfordt am Mein kam, pflegen die Kandtengießersgesellen ihre 4 Wochen Gebott undt Zusamenkunpfft zu halten, undt ich auch darzu berueffen wirdt und noch jung wahr, zuvohr niemalen beygewondt bey solchem Gebott, mich nicht vil auff die Handtwerkcksbewonung verstundte, wußte den Gruß noch nicht röcht zu geben nach Handtwerckspauch, undt bey der Umfrag vergaß ich meinen Stillet an der Seidten zu laßen, so ich ihne von mihr solte abgelegt haben. Wirdt darum von den Gesellen gestraft um 2 Reichsdaller, welches mich nicht nuhr ein wenig vertroß, dieweil ich daz Gelt in meiner Lehrjahren pfeningsweiß zusamengelegt habe. Alhier nam ein alter Kandtengießer Urlaub, zog mit mihr biß in daz Landts zu Meren. [...]

In dißem Jahr wahr es ein sehr heißer und dihrer Somer. Ich undt meine Geferdten hatten ale die Fieß auffgangen, der ein ging an einem Stecken, der ander an zwyen. [...]

Zogen also miteinander nacher Prag, alda wihr voneinander kamen. In dißen 3 underschidlichen Stetten zog ich nach Handtwerckspauch ein, dan die Meister des Handtwercks mißten mihr die Herberg und Cost geben. Auff der glinen Seiden lag ich deß Nachts neben einem bemischen Kandtengießergesellen. Dißer verweißt mihr, die deischten Kandtengießer im Reich hetten i[h]m schlecht Ehr erwißen, wolte derohalben solches an mihr rechen und auff mich zuschlagen. Gott halff mihr aber, daß ich deß Naren loß bin worden. Den andern Dag ging ich hinauff den Restin in die Schloßkirchen, alda sa[h] ich den Keißer Madias und seine Gemelin wie auch Bischoff Glesel. In der Fesper wird ein Musig gehalten mit mancherley Seidtenspil, auch Herbaucken, Zincken und Paussaunen, wahr also ein großes Gedoö, daran ich balt vergaffet.

Aber es wolte mihr ein fihrnemer Hoffdiener ein gifftiges Weywaßen anstrichen, darfihr ich i[h]me mit dem Deiffel gedanckt hette. Dißer Hoffdiener kam zu mihr, daschtet mich an mit groben Worden, ich sey ein Ketzer und ein

Zeichnung Augustin Güntzers, wohl 1657

Linke Seite: Begegnung mit Räubern im Stettiner Wald

Rechte Seite: Begegnung mit dem Mäher vor der Stadt Stettin, der Augustin Essen und Trinken spendiert, vgl. Kat. 7.10

[Texte auf der linken Seite der Zeichnung:]
[Die Szene mit den Räubern, von links nach rechts:]
[Die Tischrunde:] Gib Gelt her, so geben mihr dihr etwas.
[Charakterisierung der Tischrunde:] Diß sindt Merder an dißem Disch.
[Augustin zu den Räubern, oberhalb des Kopfs:] Deilet dem armen Handtwercksgesellen auch ein Stuck Brodt.
[Augustin, vermutlich als Antwort auf die Aufforderung der »Räuber«, für das Essen zu bezahlen, rechts auf der Seite:] Ich hab gantz kein Gelt. Ich stirb balt Hungers
[Güntzer unterwegs im Wald:] O du heiliger Gott, hilffe mihr, daß ich nicht Hungers stirb.

[Texte auf der rechten Seite, von oben nach unten und von links nach rechts:]
[Oberhalb der Köpfe der beiden Männer: Der ›Mäher‹ spricht Güntzer an:] Mein gudter Frindt, nemet hin und eßt in Gottes Namen.
[Güntzer links zu seinem Retter:] Grieße eich Gott. Mein gudter Frindt, warumb stehet ihr so lang alda?
[Der ›Mäher‹ rechts zu Güntzer:] Ich hab auf eich gewartt[et], wil eich essen undt trincken geben, dan der Walt ist groß. Ihr werdt sehr Hunger haben.
[Güntzer zum ›Mäher‹:] Ja freylich, ich bin balt Hungers gestorben. Esset mit mihr.
[Der ›Mäher‹ zu Güntzer:] Ich eß und trincke nicht daz Brodt und die 2 Visch. Esset nuhr auff und trincket daß Bier auß.
[Güntzer zum ›Mäher‹:] Gott undt eich seye Danck. Will es widerunb wett machen, so mihr ein Bomerr zu Handten kompt.
[Gebet Güntzers unten links:] Her, du hast mihr auß mancher Nodt errett, bite dich, hilff mihr dis Mall auch. Auff dich verlaße ich mich als meinen lieben Vatter im Himel.
[Gebet Güntzers unten rechts:] O Gott, du mein Helffer, dihr seye ewiges Lob gesagt, daß du mein Gebett hast erhöhret und mich gespießet und getröncket hast. Nun stirbt ich nimer alhier Hungers.

Aus: Augustin Güntzer, *Kleines Biechlin von meinem gantzen Leben. Die Autobiographie eines Elsässer Kannengießers aus dem 17. Jahrhundert*, hrsg. von Fabian Brändle und Dominik Sieber, © Böhlau Verlag, Köln/Weimar/Wien 2002, S. 125–181

Higonodt, darum daß ich den Hudt fihr daß Maul hielte und nicht niderkney gleich wie die ander thun. Gab ihme zur Antwordt: Es ist mein Gewonheidt und Prauch also. Sagt darauff, ich sole zum Keißer gon und den Hudt fihrs Maul halten. Gab i[h]me zur Antwordt: Ich habe bey dem Keißer nichts zu schaffen. Dißer Sopenschlecker sagt also, er darff mihr wol eine gudte Maulschel geben, wil mich also mit Gewalt in Halß schlagen. Hette derohalben balt daz Weywaß[e]r und die Firmung zugleich emppfang[en], dencke aber wie des Goltschmidts Jung, ging hiemit zur Kirch hinauß und wenig darin gebett.

Zu Forchheim in dem Bißthum Bamberg hatt unß der Wirdt zum Roden Ogxen Gifft in daz Bier legen, unß darmitt zu dedten, in der Nacht wolte er unß im Bett ermerdten.
Dißer Wirdt und sein Haußfrauen wahren Zauber. Ist i[h]nen Standtrecht gehalten worden, sindt zum Feihr verurdeilet worden, dan sie auch zuvohr 3 Burger mit Gifft vergaben. Ist aber ihnen daz Leben geschenkt worden und daz Landt verwißen worden, dieweil der oberst Her in der Statt deß Wirdts Schwester hatt, welcher i[h]m daz Leben erhalten hatt. Darauff ich sehr abnam an Gestalt, Stercken und Schenheidt. Daz Gepliedt wirdt mihr durch dißen Gifft so unrein, mein gantzer Leib wahr mihr voller Geschwehr und Eitermallen, eines an dem andern. Ich konde balt weder sitzen, ligen und stehen. Die Leidt trugen an mihr ein Abscheyen, als wehre ich mit den Franßosen oder Außsatz beladen. Mihr wahr sehr angst und bang, ruffe zu Gott Dag und Nacht um Hilff und Errettung. Ich prauch vil Mitel und Artziney, warme Beder [das Gift?] lag vil Jahr in mihr. Entlichen sindt mihr Lecher in die Schenkel gevallen, darauß mihr vil beße Maderi gangen 2 Jahre lang.

Anno 1618. Nachdem der große Grieg in Fryol zwisten den Venetige[r]n und Firsten von Gretz [vorbei war?], zog ich durch das Grener Landt in Italiam. Zwisten Venetig und Lawach leidete ich großen Hunger, kein Brodt wahr auff dem Landt zu bekomen, dan es wahr auffgezertt von den Soldaten. 3 Tag aß ich kein Brodt, zu Zeiten eine unzitge Biren oder Ap[f]el. Lag deß Nachts lag ich under dem helen Himel auff den wilten Heiden.

Auff dem Weg kam zu mihr ein Glaßergesel und ein Schiffzimerman von Ambsterdam, Italiam auch zu beschauen. Diße beide wahren der evanielisch[e]n Religion anzugethon, gleich wie ich auch wahr.

Zu unß kam ein 70-jöhriger alter Meßpfaff zu unß mit eim langen weißen Bardt und ein langer starcker Minch von etlich treißig Jahren, sagten zu unß, die Holenter haben sie vertriben, sie haben kein Gelt, mießen daz Brodt bedlen biß nacher Rom. [...]
Der Minch begeret, ich sole i[h]me einen Beichtzedel auffweißen, darmit zu erkundig[e]n, ob ich der böbstischer Religion wahr. Ich sagt zu i[h]me, der Windt hette mihr dem Beichtzedel ins Waßer geworffen. Er glaubet meinen Worden. Aber ich habe i[h]m, die Wahrheidt nicht gesagt, dan es ist niemallen kein Beichtzedel in meine Hende kommen. Der Minch wahr wol zufriden, sagt, ich sole in Loreta bichten. Als ich aber hinkam gon Loreta, flohe ich deß Minchen auff den Gaßen. Darmit ich aber auch von ihrem Götzenwerck etwaß konde sagen, ging ich in der Maria Capel, hörete darinen 2 Meß an, aber wenig Trost und Krafft darbey gesehen.
Geyen Dag gingen wihr 3 heimliche J[ü]nger weitters unßer Straßen geyen Rom. In der Zeit stieß mich die hitzige ungerische Krankckheitt an. [...]
Meine 2 Gesellen verließen mich, dieweil ich ihnen nicht mehr nach kondt folgen, dan ich wahr schwach und sehr krafftloß.

Nachdem ich nun auß Italiam in daß deisch Landt kam, arbeidet ich zu Botzen in Eschtlandt 14 Tag, mehr 4 Wochen zu Schootz in Tirol, alhie wahr ich ubel staffierdt. Ich gedachte, die Plegnatika wirdte mich dödten, meine Schenckel wahren mihr voler Lecher, welche mihr offen wahren durch gantz Italiam. Ja, ich wahr schöbig, voller Rauden, auch dudt mich der Sandt in der Plaßen sehr großen Schmertzen pringen, der Rißerstein dudt bey mihr auch nicht feiren. Zog also durch Tirol in das Algey. Auff Weinachten kam ich nacher Isnach anno 1619 [...] Zog in daß Schweitzerlandt gon Oberbaden, alda ich in dem warmen Badt 4 Wochen gebadet. Bin durch Gottes Genadte aler Dings heil und gesundt worden.
Wahr widerum frölich undt gudtes Mudt. Zog nacher Basel, arbeidete alda 17 Wochen.[...] Zoge also nacher Hauß, mein Vatter undt Geschwister zu besuchen, dieweil ich nahe bey ihnen wahr. [...]

Mein Vatter erfreyet sich meiner Ankunfft, wihr empfingen einander mit weinete[n] Augen. [...]

»Also war alle meine Beute wieder hin, samt mein Paßport, der mir am allerliebsten wäre gewesen«

Peter Hagendorf
Söldner im Dreißigjährigen Krieg, der ihn mehr als 20 000 km durch Deutschland geführt hat. Während des Krieges sterben sieben seiner Kinder und seine erste Frau.

Bellinzona ist die erste Stadt im Schweizer Land und hier endet Italien. Aber alles ist welsch, und heben sich die Berge wieder an. Der selbige Berg, wo man über muß, wird der Gotthard genannt. Dauert auch einen ganzen Tag, über zu gehen. Mitten auf dem Berg stehen eine Kapelle und ein Wirtshaus, denn wenn einer oben stirbt oder tut erfrieren – denn es ist Winter und Sommer eine grausame Kälte und viel Schnee auf dem Berg –, so wirft man ihn in die Kapelle. Im Wirtshaus aber gibt man bedürftigen Leuten ein Stück Brot und ein halbes Maß Wein und läßt sie gehen oder behält sie über Nacht, wenn sie nicht fort können. Denn sobald sich einer auf diesen Berg setzen tut, ist er alsbald des Todes.

Zu Mittag sind wir zum Wirtshaus gekommen. Ist schönes, helles Wetter gewesen, haben unser Brot gegessen und was man uns gegeben hat. Wir sind alsbald wieder fort. Da ist ein solches Unwetter gekommen, daß keiner den anderen gesehen hat. So bin ich vornean gegangen, alles bergunter, bis zu einer Brücke, die heißt man die Teufelsbrücke. Die geht von einem Berg zum andern, und unter der Brücke läuft Wasser, fällt von einem Felsen auf den andern und ist kirchturmshoch hinunter. Wenn einer einmal fällt, so ist er hin, und wenn er tausend Menschen wert wäre. So habe ich meinen Kamerad verloren, weiß auch noch nicht, wo er hingekommen ist.

Unter dem Berg liegt ein Dorf, heißt Andermatt. Darauf nach Altdorf mit der Linde. Da bin ich auf ein Schiff gegangen und über den See gefahren. Hier ist die Kapelle noch zu sehen, wo *Wilhelm Tell*[1] ist rausgesprungen, wo die Schweizer ihre Freiheit von her haben.

Wie wir über sind mit gutem Glück, bin ich nach Brugg. Hier ist alles wieder deutsch. Nach Königsfelden, ein schönes Kloster, darauf nach Schaffhausen. Zu Schaffhausen habe ich so viel erbettelt, daß ich habe wollen Schuhe kaufen, aber ich bin in das Wirtshaus vorgegangen. Da ist der Wein so gut gewesen, daß ich die Schuhe vergessen habe. Habe die Schuhe mit Weiden gebunden und bin gelaufen bis nach Ulm an der Donau.

In diesem Jahr 1627 im April den 3. habe ich mich unter das Pappenheimsche Regiment zu Ulm lassen anwerben als einen Gefreiten, denn ich bin ganz abgerissen gewesen. Von da aus sind wir auf den Musterplatz gezogen, in die Obermarkgrafschaft Baden. Dort in Quartier gelegen, gefressen und gesoffen, daß es gut heißt.

Acht Tage nach Pfingsten, auf die heilige Dreifaltigkeit, habe ich mich mit der ehrentugendsamen Anna Stadlerin von Traunstein aus dem Bayernland verheiratet und Hochzeit gehalten.

Auf den Tag Sankt Johannes sind unsere *Fähnlein an die Stange geschlagen worden*[2], zu Rheinbischofsheim. Hier sind wir mit dem ganzen Regiment auf Schiffe gegangen und gefahren bis nach Oppenheim, da sind wir ausgestiegen. Unterwegs aber ist ein Schiff aufgefahren, daß es in Stücke gegangen ist, so sind etliche ersoffen.

Von Oppenheim nach Frankfurt, durch die Wetterau und Westfalen durch und nach Wolfenbüttel im Braunschweiger Land. Das haben wir belagert und Schanzen davor gebaut und der Stadt heftig zu gesetzt mit *Wasserstauen*[3] und Bauen, so daß sie sich haben müssen ergeben. Hier ist mir mein Weib krank gewesen die ganze Belagerung, denn wir sind 18 Wochen davor gelegen. Am Heiligen Christabend sind sie abgezogen im Jahr 1627, aber meistenteils haben sie sich lassen anwerben.

Da sind an die 200 Mann aus der Altmark gekommen, um die Kranken und Verwundeten zu fahren. Da habe ich mein Weib auch aufgesetzt. Da sind wir in die Altmark gezogen. Unser Hauptquartier ist gewesen zu Gardelegen. Unser Hauptmann Hans Heinrich Kelman ist mit seiner Kompanie gelegen zu Salzwedel.

Hier bin ich krank geworden und das Weib wieder gesund. Bin gelegen 3 Wochen. 4 Wochen nach meiner Krankheit hat man uns kommandiert nach Stade, unterhalb von Hamburg. So bin ich mit kommandiert worden. Damals ist mein Weib niedergekommen, aber das Kind ist noch nicht geburtsreif gewesen sondern alsbald gestorben. Gott gebe ihm eine fröhliche Auferstehung.

† 1. Ist ein junger Sohn gewesen.

Vor Stad sind wir gelegen. Am Karfreitag haben wir Brot und Fleisch genug gehabt, und am heiligen Ostertag haben wir kein Mund voll Brot haben können. Wie sie nun abgezogen sind im Jahr 1628 sind wir wieder in unserem Quartier stillgelegen den Sommer.

Danach sind wir mit unserer Kompanie nach Stendal gezogen, auch gutes Quartier gehabt. Im Jahr 1629 hat Oberstleutnant *Gonzaga*[4], Fürst von Mantua, 2000 Mann genommen von dem Regiment, denn das Regiment ist 3500 Mann stark gewesen, und ist nach Pommern gezogen, und haben uns gelagert vor Stralsund. Aber sie hätten uns bald den Weg gewiesen, wenn wir noch einen Tag wären geblieben. Die Bagage ist im Quartier verblieben.

Dieses mal, während ich bin weg gewesen, ist meine Frau wieder mit einer jungen Tochter erfreut worden. Ist auch in meiner Abwesenheit getauft worden, Anna Maria. Ist auch gestorben, während ich weg gewesen bin. † 2. Gott verleihe ihr eine fröhliche Auferstehung.

Von Stralsund sind wir alle das Wasser hinauf, welches die Swine genannt wird, über das Wasser mit 2 Schiffen und in das Gebiet der *Kaschuben*[5], gar ein wildes Land, aber treffliche Viehzucht von allerlei Vieh.

Hier haben wir kein Rindfleisch mehr wollen essen, sondern es haben müssen Gänse, Enten oder Hühner sein. Wo wir über Nacht gelegen sind, hat der Wirt müssen einem jedweden einen halben Taler geben, aber im Guten, weil wir mit ihm zufrieden sind gewesen und haben ihm sein Vieh in Frieden gelassen.

So sind wir mit den 2000 Mann hin und her gezogen, alle Tage ein frisches Quartier, 7 Wochen lang. Bei Neustettin sind wir 2 Tage stillgelegen. Hier haben sich die Offiziere mit Kühen, Pferden, Schafen wohl versehen, denn es gab vollauf von allem.

Von da aus nach Spandau, ein mächtiger *Paß*[6], da hat man gleichzeitig nicht mehr als eine Kompanie durchgelassen. Wie wir nun wieder in die Mark, in unser Quartier gekommen sind, bald danach in diesem Jahr 1629 sind wir mit dem ganzen Regiment aufgebrochen und gezogen in die Wetterau.

Zu Wiesbaden, unterhalb von Frankfurt ist unser Hauptquartier gewesen, von Graf Pappenheim. Unser Hauptmann, mit der Kompanie, ist gelegen auf dem Vogelsberg. In Lauterbach ist der Hauptmann gelegen, die Kompanie auf dem Land. Hier haben wir wieder gutes Quartier gehabt, 20 Wochen lang.

Hier ist meine Frau wieder mit einer jungen Tochter verehrt worden, ist getauft worden Elisabet.

Nach 20 Wochen sind wir aufgebrochen und gezogen nach Westfalen. Unser Quartier ist gewesen in Lippstadt, den Winter sind wir darin gelegen. In diesem Land sind große, starke Leute, Manns- und Weibspersonen, und ein fruchtbares Land und viel Viehzucht. Auf dem Lande sind fast nur *Einzelgehöfte*[7], sie haben ihren Feldbau, Holz, Wiesenwachs, alles bei dem Hause.

In Lippstadt gibt es gutes altes Bier und auch böse Leute. Ich habe ihrer 7 verbrennen gesehen. Darunter ist sogar ein schönes Mädelein gewesen von 18 Jahren, aber sie ist doch verbrannt worden.

In diesem Land tut man Brote backen, die so groß sind wie ein großer Schleifstein, viereckig. Das Brot muß 24 Stunden im Ofen stehen. Man nennt es Pumpernickel. Ist aber gutes und schmackhaftes Brot, ganz schwarz.

Im Jahr 1630 sind wir hier aufgebrochen und gezogen nach Paderborn. Lippstadt liegt am schiffreichen Wasser, die Lippe genannt. Von Paderborn nach Niedermarsberg, liegt auf einem hohen Berg. Nach Goslar im Harz und nach Magdeburg.

Haben uns verlegt auf Dörfer und die Stadt blockiert, den ganzen Winter stillgelegen auf Dörfern, bis zum Frühling im Jahr 1631. Da haben wir etliche Schanzen eingenommen im Wald vor Magdeburg. Da ist unser Hauptmann vor einer Schanze, neben vielen anderen, totgeschossen worden. An einem Tag haben wir 7 Schanzen eingenommen. Danach sind wir dicht davorgezogen, haben mit Schanzen und Laufgräben alles zugebaut, doch hat es viel Leute gekostet.

Den 22. März ist uns Johan Galgort als Hauptmann vorgestellt worden, den 28. April ist er im Laufgraben wieder totgeschossen worden. Den 6. Mai ist uns Tilge Neuberg wieder vorgestellt worden. Der hat 10 Tage unsere Kompanie gehabt, danach hat er *resigniert*[8].

Den 20. Mai haben wir mit Ernst angesetzt und gestürmt und auch erobert. Da bin ich mit stürmender Hand und ohne allen Schaden in die Stadt gekommen. Aber in der Stadt, am Neustädter Tor, bin ich 2 mal durch den Leib geschossen worden, das ist meine Beute gewesen.

Dieses ist geschehen den 20. Mai im Jahr 1631 frühmorgens um 9 Uhr.

Nachher bin ich in das Lager geführt worden, verbunden, denn einmal bin ich durch den Bauch, vorne durchgeschossen worden, zum andern durch beide Achseln, so daß die Kugel ist in dem Hemd gelegen. Also hat mir der Feldscher die Hände auf den Rücken gebunden, damit er hat können den Meißel einbringen. So bin ich in meine Hütte gebracht worden, halbtot.

Ist mir doch von Herzen leid gewesen, daß die Stadt so schrecklich gebrannt hat, wegen der schönen Stadt und weil es meines Vaterlandes ist. […]

Unterwegs ist mir mein Junge krank in Aalen zurückgeblieben. Wie er wieder gesund ist und will zu mir, hat man ihm alles genommen. Denn er hat all mein Weißzeug, welches ich zu Landshut bekommen habe, bei sich gehabt. Es ist in der Nacht, wie wir haben schlagen wollen, weil wir alle in Bereitschaft stehen mußten, gestohlen worden, samt dem Paßport und alles was ich hatte. Also war alle meine Beute wieder hin, samt mein *Paßport*[9], der mir am allerliebsten wäre gewesen. Aber es war hin.

1 Der Schreiber kannte die Sage vom schweizerischen Freiheitshelden des 14. Jahrhunderts, der nach dem bekannten Apfelschuß in die Gefangenschaft gebracht werden sollte. Auf dem Vierwaldstätter See lenkte Tell das Schiff, das ihn bringen sollte, so nah ans Ufer, daß er von Bord auf eine Felsplatte springen konnte (Tellsplatte beim Axenberg).
2 Das Befestigen und Aufrichten der Fahne im Kreise des Fußvolks einer Kompanie bezeichnete die Bildung eines neuen Fähnleins (Kompanie) und/oder den Beginn des Abmarsches ins Feld.
3 Wasserstauen durch Dammbau. Durch die Abdämmung der Ocker ließ Pappenheim Straßen und Plätze der Stadt unter Wasser setzen.
4 Wahrscheinlich ist Hannibal Don Louis Gonzaga (1602–1668) gemeint, Fürst von Mantua und kaiserlicher Feldmarschall. Aber auch der kaiserliche Generalleutnant Collalto (ähnliche Schreibweise), der 1629 mit starken Abteilungen nach Italien kommandiert wurde (Mantuanischer Erbfolgekrieg) hatte kurz zuvor in Norddeutschland Hilfstruppen in verschiedene Richtungen entsandt, da die kaiserlichen Truppen (in Auseinandersetzung mit dem dänischen und in Erwartung des schwedischen Gegners) weit über die südliche Ostseeküste verteilt waren. Das Pappenheimsche Regiment konnte damals (mit 18 Kompanien) leicht 2000 Mann abgeben.
5 Land der wendischen Bevölkerung von »Pomerellen« (Westpreußen, Hinterpommern – »Kassubien«).
6 Enger Durchlaß, Gebirgsübergang. Auch: Möglichkeit zum Vorbeigehen, Durchgang.
7 Einzelgehöfte mit geschlossenem Besitzblock, im Gegensatz zu Gehöften in Gemengelage mit über die gesamte Gemarkung verstreuten Besitzanteilen.
8 Abgetreten.
9 Ausweis und Entlassungsschein, schriftliche Erlaubnis für Soldaten, sich zeitweilig von ihren Einheiten zu entfernen.

Aus: Jan Peters (Hrsg.), *Ein Söldnerleben im Dreißigjährigen Krieg. Eine Quelle zur Sozialgeschichte* (Selbstzeugnisse der Neuzeit 1), © Akademie Verlag, Berlin 1993, S. 134–138, 145–146

hung eines gutten Vermögenß, welcheß sich auf 1500 Gulden erstrecken thäte) unbilliger Weise und wider alles Völcker recht im Königreich Böheimb auf meinem vertraueten Pfarrhofe zu S. Moritz genannt, aufm Lande, der Stadt Schüttenhofen gehörigk, nicht allein überfallen, sondern mir auch all das Meine, welches sich an Viehe, allerlei Getrende auf den Böden, allerhand statlichem Hauß- und Vorrathe neben einer ansehnlichen Bibliothek, in Allem auf 4 000 Gulden gerechnet, erstrecken thut, von Maximiliano Bechlern, kaiserlichen Capitaneo von Memmingen, ergem feindt der Lutherischen Religion, mit seinen underhabenden Soldaten auß der Garnison zu Schüttenhofen überfallen, indem ich nit allein in das Exilium vertrieben, sondern auch nach meinem Leib und Leben getrachtet worden, indem man mich gesenglich annemen, nach Budweiß und von dannen nach Rom führen sollen und wollen. Aber wunderbarlicher Weise hatt mich der Allmechtige auß ihren bluttriesenden Henden errettet. Ist also nach meiner Flucht obgedachte Pfarrei zu S. Moritz von derselben Zeit an mit Soldaten besetzt gewesen biß auf Thomä des heil. Apostels tag (21. Dezember) kurtz vor Weihnachten, biß sie endlichen der Mangel und Hunger abgetrieben.«

Aus: Georg Buchwald, *Böhmische Exulanten im sächsischen Erzgebirge zur Zeit des dreißigjährigen Krieges*, Verlag von Hugo Klein, Barmen 1887, S. 8–10

»NIT ALLEIN IN DAS EXILIUM VERTRIEBEN, SONDERN AUCH NACH MEINEM LEIB UND LEBEN GETRACHTET WORDEN«

DER BÖHMISCHE EXULANT WENZESLAUS ALTWASSER

»*Anno Domini* 1622, den 26. Martij, am heil. Ostersonnabend bin ich, Wenzeßlauß Altwasser, auß Schlesien von der Olsse (nachdem ich zuvor ein Päbstischer Priester und Pfarrer viel Jahre lang in Schlesien gewesen, aber durch Gottes gnedige Vorleyhung zum heil. Evangelio getreten und zum Zeugniß dessen in lateinischer und deutscher Sprachen eine *Revocation* neben einer *Confession* geschrieben und in offenen Druck außgehen lassen, derentwegen ich in grosse Verfolgung mit inzie-

»WIR GINGEN AN DEN MAUERN ENTLANG, UM AUF DEN WEG NACH DEUTSCHLAND ZU KOMMEN«

DIE MEMOIREN DES BUCHHÄNDLERS JACOB ETIENNE (1655–1732)

Die Nachricht vom Widerruf des Nanter Edikts kam am Sonnabend, dem 20. Oktober in Metz an, zugleich mit dem Befehl, unsere Kirche zu zerstören. Der Intendant ließ sich am Abend die Schlüssel der Kirche herausgeben und verbot für den kommenden Tag die Benutzung der Kirche. Diese Nachricht breitete sich aus und versetzte unsere arme Gemeinde in äußerste Verzweiflung.

Ich befand mich in jenem Augenblick bei meinem Vater, der auch sehr mitgenommen war von dieser neuen Nachricht. Gemeinsam mit einem Freund machte mein

Vater mir einige Fluchtvorschläge, die mir aber nicht so gut erschienen wie die, die ich im Kopf hatte. Ich besprach mich noch an jenem Abend mit meiner Frau, die in allem ganz meine Ansicht teilte, d.h. wir entschlossen uns, unseren ganzen Besitz zurückzulassen, um unser Gewissen zu beruhigen.

Am Sonntag zogen wir unsere beide Kinder mit ganz einfacher Kleidung an, nahmen sie an die Hand und begaben uns an eines der Stadttore. Von dort wollten wir nach St. Julien, einer Art von Vorort. Meine Schwiegermutter hatte dort ein kleines Landhaus. Auf dem Weg begegneten wir einigen Papisten, die uns bespöttelten und die schon unser Elend verhöhnten. Sobald wir in dem Haus meiner Schwiegermutter ankamen, ließ ich meine Frau und meine Kinder dort und kehrte in die Stadt zurück, um ihr meine Dienstmagd und unser Silbergeschirr zu schicken, sowie etwas Wäsche. Ich wagte nicht viel zu senden aus Angst, es könne entdeckt werden, so daß man Verdacht schöpfte und uns verhaften ließ.

Mein Vater, meine Mutter und meine Schwiegermutter machten alle nur möglichen Anstrengungen, mich zurückzuhalten. Sie sagten mir, daß, wenn ich bei der verbotenen Flucht ergriffen würde, ich selbst auf die Galeeren und meine Frau in ein Kloster käme. Ich wußte, daß dem so war; indessen gab Gott mir die Festigkeit, allen diesen Argumenten gegenüber standhaft zu bleiben. Da mein Vater dies erkannte, sagte er mir: »Nun, mein Sohn, ich bitte Gott, daß er Euch begleiten möge, und bitte Dich, Deinen kleinen Bruder mitzunehmen.« Das versprach ich, mit Freuden zu übernehmen. Er war das jüngste seiner Kinder mit Namen Jacques. Er war ungefähr elf Jahre alt; er wurde zu meiner Frau gebracht. Ich nahm dann alles Geld zu mir, das ich im Hause hatte.

Ich kehrte wieder zu meiner Frau und unseren Kindern zurück und fand bei ihnen meinen Schwager Blanchois, seine Frau und ihre vier Kinder. Man hatte nach einem kleinen Wagen ausgeschickt. Wir setzten unsere Frauen und Kinder in den Wagen und gingen selbst zu Fuß hinterher. Der Pächter meiner Schwiegermutter drückte uns sein Erstaunen darüber aus, daß wir alles verlassen wollten und uns in das Ungewisse begäben. Er war Papist, aber ein guter Mensch. Wir ließen ihn wissen, daß wir unsere Meinung nicht ändern würden. Nachdem wir ihm Lebewohl gesagt hatten, nahmen wir den Weg nach Courcelles, einem schönen Dorf, vier Stunden von Metz entfernt. Courcelles war von vielen Reformierten bewohnt, welche an diesem Tag noch versammelt waren, um zu Gott zu beten. Wir kamen bei Einbruch der Nacht dort an und wurden von diesen guten Menschen, unseren Brüdern, mit wahrhaft christlicher Liebe empfangen wegen unseres bedauernswerten Geschicks, das bald auch sie bedrohen könnte.

Während unsere Frauen sich um die Kinder kümmerten, suchten mein Schwager und ich einen Wagen, der uns weiter fortbringen sollte. Nachdem wir uns etwas ausgeruht hatten und unser Wagen angekommen war, setzten wir unsere Familien darauf und zogen noch vor Tagesanbruch los. Wir hatten unterwegs keinerlei unangenehme Begegnung. Am Abend erreichten wir Saarbrücken, wo wir die Nacht verbrachten. Am nächsten Morgen ging es mit einem anderen Wagen weiter, und wir passierten ohne jede Schwierigkeit die Brücke. Wir trafen keine Wachen und kamen noch am gleichen Tag in Zweibrücken an.

Wir ließen am nächsten Tag unsere Familien da und machten uns nach Homburg auf. Wir begrüßten den Herrn Intendanten la Goupillére. Wir sagten ihm, daß wir uns gern in Homburg niederlassen wollten, womit er völlig einverstanden war und uns seinen Schutz versprach. Er versicherte uns, daß es die Absicht des Königs sei, in der Saarprovinz niemand wegen seines Glaubens zu beunruhigen. »Gehen Sie nur«, sagte er, »und holen Sie schnell Ihre Familien und Sachwerte hierher; denn hier sind Sie in Sicherheit.«

Noch am gleichen Tag kehrten wir beruhigt nach Zweibrücken zurück. Am nächsten Morgen brachten wir unsere Familien nach Homburg. Nachdem wir sie dort in einer Wohnung untergebracht hatten, verließen wir sie wieder, um nach Metz zurückzukehren und unsere Sachen zu holen.

Ich bemerkte allerdings mit Besorgnis, daß die Brücke von Saarbrücken bewacht war und daß man Pässe verlangte; wir setzten dennoch unseren Weg fort.

Als wir in Courcelles eintrafen, fanden wir die Kirche zerstört und die armen Menschen in einer großen Betrübnis. Wir kamen am nächsten Morgen, am Sonntag, dem 28. [Oktober], in Metz wieder an, acht Tage nach unserer Abfahrt. Wir bemerkten gleich, daß sich Bürger am Stadttor befanden, die verhinderten, daß Anhänger der protestantischen Religion die Stadt verließen. So mußten wir befürchten, in die Höhle des Löwen gekommen zu sein.

Mein Vater empfing mich in großer Freude, meine Mutter ließ nach meiner Schwiegermutter schicken, damit sie mit uns zu Abend äße. Aber unsere Freude wurde durch die Ankunft von Gremecieux getrübt, dem Brüder meiner Frau. Er kam aus Paris, wo er dumme Streiche begangen und sogar versprochen hatte, seinen Glauben zu wechseln. Gremecieux fing an, schrecklich zu weinen, ohne uns einen vernünftigen Grund dafür angeben zu können. Seine Mutter nahm ihn mit zu sich, und ich kehrte in meine Wohnung zurück. Zu Hause fand ich meine Sachen dort, wo ich sie verlassen hatte.

Am nächsten Morgen suchte ich mit großem Vertrauen die Befehlshaber der Stadt auf, um ihnen meine Absicht mitzuteilen, mich im Homburg ansiedeln zu wollen. Ich bat sie um einen Paß, damit ich mich mit meinen Sachen nach Homburg begeben könnte. Aber ich mußte jede Hoffnung begraben; denn sie erklärten mir einstimmig, daß sie es mir untersagten. Sie befahlen mir, meine Familie wieder zurückzuholen. Nun erkannte ich den Fehler, den ich begangen, indem ich mich in den Käfig zurückbegeben hatte.

Ich fand unsere Kirche zerstört und sah unsere Pfarrer Ancillon, de Combles, Bancelin und Jolly nach dem Edikt des Königs gezwungen, ihre geliebte Gemeinde, ihre Kinder und ihren Besitz zu verlassen. Sie zogen mit ihren Frauen fort, um sich in Frankfurt am Main niederzulassen. Sie bewahrten eine Haltung, die uns die Tränen in die Augen trieb. Die Wächter an den Stadttoren erhielten den Befehl, ihre Aufmerksamkeit zu verdoppeln, damit kein Reformierter die Stadt verlassen könnte, der nicht im Besitz eines Passes sei. Das brachte die arme Gemeinde in tiefe Bestürzung, und nur wenige entschlossen sich zum Verlassen der Stadt. [...]

Mein Schwager Blanchois besuchte mich jeden Tag, und wir berieten, wie wir uns wieder mit unseren Frauen und Kindern vereinigen könnten. Aber die Schwierigkeiten schienen unüberwindlich. Wir wagten uns niemandem mitzuteilen, selbst unseren nächsten Angehörigen nicht. So verbrachten wir drei Wochen in dieser traurigen Lage in Metz. Es war uns klar, daß wir nichts Gutes zu erwarten hatten. Gott ließ in mir den festen Entschluß und die Überzeugung reifen, daß ich mich retten könne und dadurch gleichzeitig meine Familie, ungeachtet der Risiken und Gefahren, die man auf sich nehmen müßte. Ich teilte diesen Entschluß meinem Schwager mit, der, nachdem er erst Schwierigkeiten gemacht hatte, sich dann meiner Ansicht anschloß. Er unterwarf sich meinen Vorschlägen, was die Ausführung der Pläne anbelangte. Da er selbst keinen Boten wußte, so sagte ich meiner Dienstmagd, daß sie mir ihren Vater schicken möchte, der Winzer war und eine Stunde von Metz entfernt lebte. Da er unseres Glaubens war, meinte ich, mich ihm anvertrauen zu können.

Als er da war, sagte ich ihm, er möchte mir am nächsten Tag, Sonnabend, dem 17. November, zwei alte Bauernanzüge für meinen Schwager und mich mitbringen. Er gab diese Kleidung bei mir ab, ich dankte ihm. Ferner bat ich ihn, einen gewissen Mann im Dorf, den ich ihm nannte, zu überreden, uns als Führer zu dienen.

Dann besprach ich mit meinem Schwager den Ort, an dem wir uns verkleiden könnten. Wir konnten dies weder bei meinem Schwager noch bei mir tun. Ich schlug vor, unsere Verkleidung an den Füßen und Beinen zu beginnen. Wir kauften uns dicke Strümpfe und derbe Bauernschuhe mit Nägeln. Als wir sie angezogen hatten, spazierten wir im Schmutz herum, um sie tüchtig zu beschmutzen. Während wir in den Schuhen gingen, fiel mir ein, daß wir uns an zwei gute Fräuleins wenden könnten, die zu den treuesten Anhängern unseres Glaubens gehörten. Sie wohnten an einem entfernteren, einsamen Ort. Wir würden ihnen unsere Pläne unterbreiten und sie bitten, daß wir uns bei ihnen verkleiden dürften.

Sie empfingen uns nicht so, wie ich es mir vorgestellt hatte. Sie sagten uns zitternd vor Angst, daß wir uns nicht bei ihnen verkleiden könnten. Um ihnen Zeit zu lassen, sagte ich ihnen, sie möchten doch bitte etwas darüber nachdenken und uns in einigen Tagen Bescheid geben. Wir zogen uns zermürbt zurück. Mein Schwager war fast entmutigt. Zu diesem Zeitpunkt rief mir Gott einen armen Schuster in das Gedächtnis, den ich als sehr eifrig kannte.

In der Tat zeigte er uns ein kleines Zimmer neben seiner Werkstatt. »Dort können Sie Ihre Kleidungsstücke hinlegen, und Sie können sich hier verkleiden, wann Sie wollen, ohne daß einer meiner Arbeiter Sie sieht«, sagte der Schuster. Wir hatten ihm zuvor unsere Pläne unterbreitet und ihm unsere Zivilkleidung angeboten. Wir gingen befriedigt fort. Wieder zu Hause angelangt, ließ ich unsere Verkleidung durch meine Dienerin in das kleine Zimmer bringen. Da wir sehr erschöpft waren, aßen wir etwas, um uns zu stärken. Dann schrieb ich meiner Frau mit der Post, unter keinen Umständen Homburg zu verlassen, da mein Schwager und ich kämen, um sie abzuholen und wieder nach Metz zu bringen. Ich ergriff diese Vorsichtsmaßregel, daß, wenn man uns aufhalten und verhaften würde, uns dieser Brief als Rechtfertigung dienen könnte.

Nachdem diese Maßnahmen ergriffen worden waren, verließen wir meine Wohnung, ohne irgend jemand etwas zu sagen, nicht einmal meiner Schwiegermutter, die meinen Laden hütete. Wir begaben uns gegen vier Uhr nachmittags zu unserem Schuster. Wir gingen, ohne mit ihm zu sprechen, in das kleine Zimmer. Dort fanden wir unsere kleine Bauernausrüstung. Wir entledigten uns ohne Bedauern unserer Kleidung, obgleich mein Jackett eine Garnitur silberner Knöpfe trug von mehr als dreißig Reichstalern. Wir zogen die Bauernkleidung an, die natürlich sehr ärmlich und ganz zerrissen war. Sie war sehr wenig geeignet, uns vor den Unbilden zu schützen.

Als wir so verkleidet waren, mußten wir sehr lachen: Wir sahen uns so eigenartig hergerichtet mit scheußlichen Hemden und Hosen aus grobem, ganz zerrissenem Tuch und mit greulichen Fuhrmannskitteln. Unsere Köpfe waren geschmückt mit ganz verschossenen Hüten, die uns über die Ohren hingen. Das war eine Ausrüstung, die offensichtlich sehr geeignet war, uns zu verbergen. Wir verließen eilig das Haus uns durchquerten einen Teil der Stadt, um uns an das Tor von Mazelle zu begeben. Wir glaubten, daß wir dort leicht hinauskönnten.

Als wir dicht beim Tor angelangt waren, kam der papistische Bürger, der dort die Hinausgehenden untersuchen mußte, auf uns zu. Er fragte, nachdem er uns ins Gesicht gesehen hatte: »Wo wollt Ihr ihn, Ihr Herren?« Diese Frage war – an Bauersleute gestellt – ein wenig zu höflich. Auch kannten wir der Fragesteller genau, ebenso wie auch er uns in unserer gewöhnlichen Kleidung genau kannte. So waren wir ein wenig aus der Fassung gebracht. Wir glaubten, er hätte uns erkannt, und zitterten, er würde uns durch den benachbarten Posten verhaften lassen. Ich faßte mich schnell und antwortete kühn in gutem Dialekt, daß wir nach Crépy gingen, wo wir wohnten. Er fragte uns, ob wir einen Paß hätten. Darauf erwiderte ich dreist, daß Bauern keinen brauchten. Er sagte uns, daß wir ohne Paß nicht aus der Stadt kommen würden. Daraufhin verließen wir ihn, indem wir sagten, wir wollten bei unserem Meister übernachten. Sobald wir um die nächste Straßenecke herumgekommen waren, verdoppelten wir unseren Schritt aus Angst, er könne uns verfolgen lassen.

Während die Nacht niederfiel, gingen wir durch die entlegensten Straßen zum Tor St. Thiebaut. Nach dem, was wir erlebt hatten, entschloß ich mich, nach einigem Nachdenken zu einem veränderten Verhalten an diesem Tor. Ich erklärte meinem Schwager, er möge sich nicht wundern über die Rolle, die ich spielen würde, und er möchte mich so gut wie möglich darin unterstützen. Ich fing an, zu schwanken, und kaum sah ich von weitem das Tor, da fing ich an, in Schlangenlinien von einer Straßenseite zur anderen zu torkeln. Dieses Schwanken wurde von Freudenschreien begleitet, so wie Bauern sie ausstoßen, wenn sie zu viel getrunken haben. Es gelang mir, so hervorragend den betrunkenen Bauern zu spielen, daß alle auseinander stoben, als sie mich kommen sahen. Mein Schwager tat, als ob er mich stützen müßte. Ich stieß meinen Schwager von mir als sich ein Bürger zeigte, der die Passierenden am Tor examinieren sollte. Ich verdoppelte meine Verrücktheiten und ging schwankend direkt auf die Wache zu. Die Wache hatte Angst, von mir angestoßen zu werden, und zog sich gegen die Häuser zurück; so passierten wir glücklich das eine Stadttor.

Als wir uns zwischen den beiden Stadttoren befanden, bemerkte ich schon von weitem einen der Weinbauern meiner Schwiegermutter, der mit seiner Frau und seinen Kindern aus seinen Weinbergen zurückkehrte. Sie kannten uns alle gut. Mein armer Schwager hielt uns schon für verloren, aber ich ließ den Mut nicht sinken. Ich trat wieder in meiner Rolle ein. Ich verdoppelte mein Gejohle und lief mitten durch diese arme Familie hindurch, indem ich sie nach links und rechts auseinanderstieß. Sie liefen davon, ohne uns anzusehen.

Auf solche Weise gelang es uns, die beiden Stadttore zu verlassen und auf das freie Feld vor der Stadt zu kommen. Kurz danach wurden die Stadttore geschlossen. Wir gingen an den Mauern entlang, um auf den Weg nach Deutschland zu kommen.

Aus: Jochen Desel und Walter Mogk (Hrsg.), *Wege in eine neue Heimat. Fluchtberichte von Hugenotten aus Metz*, © Verlag Johannis. Abt. der St.-Johannis-Druckerei C. Schweickhardt GmbH, Lahr-Dinglingen 1987, S. 96ff.

»Der Mutter wurde gedroht, daß ihr die Kinder weggenommen würden, und in katholische Familien kämen«

Aus dem Lebenslauf der protestantischen Böhmin Katharina Proske (1729–1763)

Sie war geboren 1729 am 19. November in Böhmen im Dorfe Hermaniz unweit Litomischl. [...] Bewegten Herzens erinnerte sie sich, wie ihr Vater in einer Nacht aus dem Bett geholt wurde und ins Gefängnis nach Litomischl gebracht. Sie war damals 6 Jahre alt. Dort wurde er mehrere Monate hart gehalten und sehr geschlagen. Sein Hemd, das die Mutter immer zum Waschen holte, war voll Blut und Schmutz, und er saß an der Kette in einem dunklen und kalten Raum. [...] Sie blieben dann noch (nachdem der Vater gestorben war) ein Jahr in Böhmen unter vielen Unterdrückungen und schlechter Behandlung. Besonders der Mutter wurde gedroht, daß ihr die Kinder weggenommen würden, und in katholische Familien kämen und sie selbst ins Gefängnis. Das bereitet ihr solche Not – ein Söhnlein trug die Mutter auf dem Rücken, und für unsere [...] Schwester, welche erst 8 Jahre alt war, wurde ein Mann angenommen, der sie meistens tragen mußte. So kamen sie unter großen Schwierigkeiten und Gefahren doch glücklich nach Gerlachsheim. 1737 mußte sie von dort weiterziehen und hatte bei schlechtem Wetter einen sehr schwierigen Weg. Der Heiland hat ihnen aber geholfen, daß sie [...] in Berlin ankamen.

Aus: Archiv der Brüdergemein[d]e Berlin-Neukölln, E II a) 1. Lebensläufe aus dem 18. Jahrhundert (zitiert nach: *Angelockt und fortgetrieben. Migration in der Neuzeit*, hrsg. von Hans-Jürgen Pandel, in: Wochenschau Geschichte (Quellenhefte). Geschichte aus erster Hand Nr. 3, Frankfurt a. M. 1998, S. 10

»Wir waren die einzigen Evangelischen in der ganzen Stadt«

Ein wandernder Weissgerbergeselle erinnert sich, verlegt 1751

Laybach, die Hauptstadt in Crain, ist groß, schöne und veste. Durch die Stadt laufft ein schiffreich Wasser, worauf sie Salz und andre Kaufmannsgüther aus Welschland bringen, die Laybach genannt. Es hat alhier sehr viel Klöster und Kirchen, dennoch wird blos nur bey denen Capucinern deutsch geprediget, weil ausser frembden Handwerkspurschen, wenig deutsche Leute in der Stadt sind. In der Kirche bey denen Capucinern ist ein Bild, auf welchem auf einer Seite der Himmel, auf der andern die Hölle abgemahlet. In dem Himmel siehet man nichts als lauter Heilige, Pfaffen und Nonnen, und stehet auf jeglichem ein deutscher Zettel, worauf geschrieben, warum sie in den Himmel kommen. In der Höllen hingegen ist kein Geistlicher, auch keine Nonne zu sehen, und man erblicket nichts als lauter weltliche Personen, Räuber, Mörder, Hurer, Ehebrecher, oder solche, die mit unrechtem Maaß und Gewicht gehandelt. Beyde Vorstellungen, nebst allen dazu gehörigen Personen, seyn überaus künstlich gemahlet. Unten in der Höllen stehet D. Luther mit seiner Frau, recht naturell abgebildet, eben so, wie man sie bey uns in denen Kirchen findet, wie denn der Mahler, der dieß Bild gemahlet, erstlich evangelisch gewesen, hernach katholisch worden, und in das Kloster gangen seyn soll. D. Luther hat in einer Hand eine große Weinkanne, in der andern eine lange Bratwurst, und das Feuer brennet ihm erbärmlich zum Halse und Augen heraus; Auf der Weinkanne klebet ein Zettel, worauf, wie ich selber gelesen, geschrieben stehet: Ketzerey, Weiber und der Wein, die haben mich bracht in diese Pein. Seine Frau neben ihm, siehet ihn jämmerlich an, das Feuer brennet ihr zu denen Brüsten und Augen heraus, sie weiset ihm die Feigen, und thut als wenn sie ihm die Augen auskratzen wolte, den Zettel aber, der bey ihr stehet, konnte ich nicht lesen, weil er in derselben Hand steckte, mit der sie ihm die Feigen wieß, und die Schrift aufwerts geschrieben war. Die Proceßion am Charfreytage ist hier sehr berühmt, indem man dabey das ganze Leiden Christi mit lebendigen Figuren, welche auf Wagen, worauf rechte Theatra gebauet seyn, geführet werden, zeiget, und reisen viel hundert Personen derselben zu gefallen, aus fremden Landen dahin.

Görtz, auf welsch, Goriza, die Hauptstadt in Forlain, ist wohl bebauet, hat vor diesem einem Grafen gehöret, nunmehro aber gehöret sie dem Kaiser. Sie grenzet mit dem venetianischen Gebiete, und ist auch schon einmal in venetianischen Händen gewesen, wie denn das Wappen der Republik ein Löwe, als das Bild des Evangelisten Marci, noch bis dato auf der Vestung stehet, welches ich selber gesehen habe; sie ist aber denen Venetianern wieder abgenommen worden. Sie hat eine schöne Vestung auf einem hohen Steinfelsen. Es regieret allezeit daselbst ein Landeshauptmann, der seine Residenz auf der Vestung hat, und war derselbe zu meiner Zeit ein Deutscher. Die gemeinen Leute reden alhier mehrentheils windisch, die andern aber wellsch, welches jedoch mit der rechten wellschen Sprache nicht übereinstimmt. Deutsche giebt es wenig, es waren nicht viel über 8 deutsche Bürger, und an deutschen Burschen, worunter sich auch 2 Kammerdiener des Grafens, der Landeshauptmann war, befanden, waren unser zusammen 12, die wir denn fast alle Feyertage mit einander gingen. Ich und mein Camerad, der Breßlauer, bekamen alhier Arbeit, und arbeiteten bey dem Meister, Joseph Thalern, 34 Wochen. Wir waren die einzigen Evangelischen in der ganzen Stadt, daher uns die Leute, wenn sie höreten, daß wir Lutheraner wären, als Meerwunder ansahen, indem die meisten ihr Lebetage keinen lutherischen Menschen gesehen, oder davon gehöret. Unser Meister selber hatte noch keinen lutherischen Gesellen gehabt, und ist er von denen Welschen oft ermahnet worden, uns abzuschaffen; er hat es aber nicht geachtet, und uns unsere Andacht im Singen und Beten nicht verwehret, auch selber vielmals zugehöret, wenn ich des Abends ein Capitel aus dem N. Testament, (das ist bey mir trug,) gelesen, auch wenn wir sungen, auf unsere Lieder mit der größten Aufmerksamkeit Acht gegeben. Ja auch die andern Welschen haben sich verwundert, wenn sie uns singen gehöret, und gesaget: was haben doch die Ketzer, die Lutheraner vor schöne Lieder! Denn das Fenster ging auf die Gasse, und die Melodien gefielen ihnen, ob sie wol das andre nicht verstunden. Es giebt viel unter ihnen, die nicht geglaubet, daß die Lutheraner Menschen, wie sie wären. [...]

Königsberg. Die Hauptstadt des brandenburgischen Preussen, in Samland gelegen, am Einflusse des Flusses Pergel in den frischen Haff. Es ist ein grosser und sehr weitläufiger Ort. Ich habe alhier 3 Vierteljahr lang bey dem Meister Heinrich Gallert, auf dem Roßgarten gearbeitet. [...] Dem hiesigen evangelischen Bischof, der ein Doctor der H. Schrift ist, muß jeder Geistlicher des Jahres einen Ducaten geben, weil er sie immer revidiren, und wo er hinkommt, predigen muß. Der König hat auch ein Waysenhaus alhier bauen, und dessen Einrichtung durch den berühmten Professor Francke von Halle, besorgen lassen; Es ist auch ein Kirchel dabey, worinnen von denen öffentlichen Lehrern, obwol man dieselben insgemein Pietisten nennet, vortrefliche Predigten gethan werden. Die Geistlichen von unsrer Religion tragen alhier keine weisse Chorkittel, sondern nur auf reformirte Art schwarze Mäntel. [...] Die Kost ist hier, wie in ganz Preussen, sehr hart, und hat man fast die halbe Woche durch immer einerley Gerichte, vornemlich Pöckelfleisch und Fische, welche Speisen von einem Tage zu dem andern aufgewärmet werden. Das Brod ist sehr schwarz, doch aber noch ziemlich schmackhaftig, das Korn wird nur geschroten, daher oft ganze Strohhalmen drunter seyn, und also wird es mit der Kleyen gebacken. Das Bier hingegen ist desto besser, und das Tischbier in Preussen übertrift gemeiniglich an Güte das rechte Bier selber an manchem Orte in Schlesien. [...] Die Handwerkspurschen müssen wegen derer Soldaten hier sehr eingezogen leben, daher sie immer auf denen Herbergen sitzen, und um Geld spielen, welches in Königsberg sehr gemein ist, doch darf unter währendem Gottesdienst niemand in einem Wirthshause trinken sitzen, sonst wird er in Arrest genommen. Weil es nun mit der Werbung immer schärfer hergieng, und mir sehr nachgestellet wurde, so fuhr ich wieder über den pillauischen Haf nach Danzig zurück, allwo ich in 24 Stunden glücklich anlangte.

Aus: *Der Reisende Gerbergeselle Oder Reisebeschreibung eines auf der Wanderschaft begriffenen Weißgerbergesellens*, verlegt von David Siegert, Buchhändler, Liegnitz 1751, S. 29–33, S. 154–160

»Wo hinaus, Freund?«

Der Handwerksbursche Christian Wilhelm Bechstedt (1787–1867), 1805–1810

Ich marschierte weiter nach Ohrdruf und kam tief in den Thüringer Wald hinein, wo es noch viel Schnee gab; doch schlug ich mich durch über Tambach, Brotterode, Barchfeld nach Salzungen. [...] Alsdann ging ich auf Vacha los und weiter fort auf der Straße, die ich schon kannte, nach Hanau, wo ich den 1. Mai bei schönem Wetter ankam.
Da die Herberge hier in einem guten Wirtshause war, wo es für billiges Geld schmackhaftes Essen, schönen Apfelwein und reine Betten gab, so gedachte ich hier einige Tage auszuruhen. [...]
Es wurde Sonntag; ich putzte mich an, ging spazieren, redete mehrere Leute an und erkundigte mich auch nach dem feinsten Kaffeehaus, das ich alsdann aufsuchte. Ein bißchen rauh kommandierte ich: »Kaffee, Kellner!« – »Complet?« fragte er. »Non, Monsieur,« sagte ich derb, ohne ihn anzusehen. Darauf brachte er mir auf einer Präsentierplatte eine Tasse schwarzen Kaffees, ein feines Töpfchen mit Sahne, ein Gläschen mit gutem Arac und Zucker. Bekanntschaften konnte ich hier nicht anknüpfen; die Kerls, die da waren, zeigten sich zu abstoßend.
Als ich wieder ins Freie kam, sah ich Leute mit Gesangbüchern gehen und folgte ihnen in die Kirche. Es wurde heute französisch gepredigt und gesungen. Ein Nachbar schob mir sein Buch her, und da ich die Melodie bald los hatte, sang ich mit, was ich nur prononcieren konnte. Der Nachbar, ein hoher Sechziger, sagte mir, daß sein Vater als kleiner Junge mit seinen Eltern aus Frankreich ausgewandert sei, als das Edikt von Nantes,

das den Protestanten Religionsfreiheit zusicherte, von Ludwig XIV. widerrufen wurde. [...]

Es war nun ganz dunkel geworden im Walde, und wenn sich etwas regte, so stand ich still und horchte – es war wohl ein Tier gewesen, das durch die Büsche lief – es ging vorüber. Aber jetzt wurde es mir zu toll; rechts aus dem Dickicht her kam ein Rauschen, ich trat an einen Baum, legte mein Bündel ab, nahm meinen Stock fest in die Faust und spitzte die Ohren. Es kam näher, ich konnte Tritte unterscheiden; auf einmal sah ich einen Schein und Bewegung. Da fuhr ein heroischer Geist in mich, ich trat mit aufgehobenem Stock einen Schritt vor und schrie mit fürchterlicher Stimme: »Wer geht da?« –
Ein Schiebekarren schob heran und hinter ihm ein Mann, der auf den Tod erschrocken war. Zitternd sagte er: »Ich habe mir ein wenig Holz geholt.« Als ich rasch Friede mit ihm gemacht hatte, erfuhr ich, dass ich noch eine halbe Stunde Waldweg habe, dann läge Stockach vor mir. Er fuhr quer über die Straße auf der andern Seite wieder zum Walde hinein, wahrscheinlich hatte er das Holz gestohlen. [...]

Memmingen ist eine hübsche Stadt; es liegt wohl drei Grad, wenn nicht mehr, südlicher als Langensalza; die Gegend muß im Sommer reizend sein. Von hier kam ich in das Städtchen Mündelheim, da herum stieß ich auf einen interessanten Gesellschafter. Ein junger Kerl, halbkopfs größer als ich, sehr noble, aber burschikos gekleidet, ging, ein Liedchen trällernd, vor mir hin. »Wo hinaus, Freund?« redete er mich an. »Nach Augsburg, wenn Sie mitwollen.« – »Später ja, aber heute nach Schwabmünchen, und Sie doch auch – ergo: marschieren wir zusammen. Was vor métier?« – »Bäcker.« – »A la bonne heure, pas mal! da gibt's satt zu essen. Gehen wohl nach Augsburg in Arbeit?« – »Wer kann das wissen, mein Herr, Sie sind wohl Student?« – »Alle Teufel! geraten. Was sind sie für ein Landsmann?« – »Ein Sachse bin ich.« – »Aha! wohl Lutheraner?« – »Aufzuwichsen, Monsieur.« »Soll wohl ›aufwarten‹ heißen? ist Herbergssprache, he?« – »So ohngefähr; Sie sind wohl Katholik?« – »Ein Philosoph.« – »Das bin ich auch, aber nicht so getauft!« Er guckte mich groß an. »Nun ja, ich bin katholisch, und wenn sie keinen Schlimmeren treffen, so wandern Sie sicher hier im Lande. Ich möchte Ihnen aber doch raten, Ihre Lutherschaft in dieser Gegend versteckt zu halten – es könnte einer nötig haben, sich ein paar Stufen in den Himmel zu bauen. Die hiesigen Spitzbuben haben zuviel Religion; sie schlagen lieber zehn Abtrünnige tot als einen Katholiken. Wenn hier in den Wäldern Ermordete gefunden werden, so sind es fast immer Lutheraner, Reformierte oder Juden.« – »Da müssen den Leuten doch schon in Schule und Kirche falsche Begriffe eingetrichtert worden sein?« – »Ach nein, so grell geschieht das nicht. Nur eine gewisse Verachtung der Andersgläubigen wird ihnen beigebracht; zuweilen gibt es auch Lehrer, die, meist aus Verstandesschwäche, die Sache noch weiter treiben – ergo, mon ami, seien Sie hier Katholik, bis Sie wieder in Ihr Land kommen.«

Aus: Christian Wilhelm Bechstedt, *Meine Handwerksburschenzeit 1805–1810*, © Akademie Verlag, Berlin 1991, S. 248f., S. 311f.

»DIESE EWIGEN GRENZEN IM DEUTSCHEN REICH SIND WAHRHAFT VOM TEUFEL ERFUNDEN«

DER HANDWERKSBURSCHE JOHANN EBERHARD DEWALD, 1836–1838

Den Nachmittag verbrachten wir auf der Herberge, um gegen 7 Uhr das bezeichnete Gasthaus aufzusuchen, wo wir mit Antoine und den Studenten einen fröhlichen Abend verbringen sollten. Hatten uns sauber herausstaffiert, und mein blauer Frack wie auch der aufgerauhte Seidenhut ließen mich gern für einen Herrn gelten, obgleich ich stolz auf mein Metier bin und durchaus nit gesonnen, jemals zu verleugnen, ein Wandergesell und ein Gerber zu sein!
Doch hätt mein Reiserock sich bei den Studenten nit gut ausgenommen und sollt keiner glauben, ich tät ihm ein Unehr. Ließ sich zuerst alles passabel an. Die Herren Studenten hielten sich gleich wie uns und tractierten uns ordentlich mit Wein, Kaiserstühler nannten sie ihn, sodaß bald eine allgemeine Lustigkeit entstand. Sie wollten von unserer Reise hören, und als wir auf die Kujoniererei der Stadtsoldaten kamen, die allerwärts andere Vorschriften uns unter die Nase hielten, schimpften die Herren Studierer weidlich darüber, holten dicke Liederbücher vor und sangen mit einem wahren Eifer darauf los. Den Fürsten widerfuhr wenig Gutes darin, und war ein Gelächter und Toben, wenn sie einen so recht abkonterfeit hatten.
Schließlich gebot einer Ruhe und hielt eine lange Rede, aus der ich nur soviel weiß, daß alle Schlagbäume Brenn-

holz werden müßten, an Straßen die, und andere noch, die zwischen Menschen des deutschen Landes gelegt seien. Eine Sprache nur wäre in Deutschland, und die Studenten aus Rostock seien nit anders Deutsche, wie die von Freiburg oder wie der Handwerksbursche vom Rhein. So sagte er und hieß uns als deutsche Brüder willkommen, womit er auf uns wies. Ich wußte nit, worauf das hinaussollte. Dann begann er von einem einzigen Deutschland zu sprechen, in dem nur der aufrechte Mann gelten sollte und einerlei, welchen Rock er trüge. Dann schlug er mit seinem Gäbeldings auf den Tisch, alles sprang auf, und sie sangen mit solcher Begeisterung ein Lied, das ich nit kannte, und so laut, daß mir die Ohren dröhnten.

Sie waren gerade am besten Tun, als draußen gegen die Läden geschlagen wurde. Mit eins verstummte der Gesang. In der nächsten Sekunde machten die Studenten hinaus wie die Katzen, riefen uns zu, aber wir wußten nit, worum es ging. Auch Antoine war verschwunden. Wir Hergereiste standen um die leeren Gläser wie Armsünder und sahen uns ratlos an.

Drei Stadtsoldaten traten in die Gaststube und nahmen uns für gefangen. Auf der Stadtwache wurden wir bis auf das Hemd ausgefragt. Was wir aber auch sagten, nichts glaubten sie und legten uns zuletzt Fesseln an die Hände, als wären wir die gemeinsten Straßenräuber. Da lagen wir nun im muffigen Kaschott und wußten nit, im geringsten nit, warum. Recht jämmerlich war uns, wenn wir an das wüste Schimpfen der Stadtsoldaten dachten. Ich meinte schon, meine ganze Burschenreise würde im Prison ihr Ende haben. Die beiden anderen schliefen bald, aber mir wollte kein Auge zufallen. Ich hatte schon öfter gehört, wie mit Gefangenen, die verbotene Lieder gesungen, umgesprungen würd'. Was sollten die zu Hause denken, die Eltern und Jungfer Theres! Dieser Laushund von Antoine hatte mir das üble Späßchen angedreht.

Es wollte nit wieder Tag werden! Beim ersten Dämmern rasselten Schlüssel. Ein Stadtsoldat hieß uns heraustreten. In der Wachstube stand Antoine und disputierte eifrig mit den Stadtsoldaten. Sein Meister wollte uns heraushaben, denn wir seien zugereiste, ehrliche Handwerksburschen, wie unsere Wanderbücher wohl auswiesen. Nur zufällig seien wir an das üble Pack geraten mit seinen aufsässigen Liedern. Weshalb man uns überhaupt arretiert hätte? Er schwätzte wie eine Flachsbreche, sprach von den Wanderbüchern, die er von der Herberge heimgeholt hatte und erwies den Stadtsoldaten, daß es wider alles Gesetz sei, ordentliche wandernde Gesellen in Ketten zu legen. Der Sergeant wies auf meinen Anzug und meinte, daß der nit gerad nach Wandern aussähe. Er wolle die Bücher sehen, eher glaube er kein Wort, denn der Antoine sei als Suitier wohl bekannt. So standen wir vor dem überheißen Ofen und das Verhandeln nahm kein End.

Antoine jagte wie besessen davon und war nach kurzer Weil wieder zurück, die von den Constablern benutzt wurde, uns mit den schönsten Ehrennamen zu belegen. Als sie aber unsere Reisebücher sahen, machten sie Gesichter, länger als der Tag vor Johanni und ließen sich unser Reisegeld vorweisen. Zum Überfluß, und wie ums Vergnügen recht auszukosten, wurden wir sehr umständlich auf Kretz untersucht und mußten uns nackt vor den Herren präsentieren. Ist mir allemal ein Angang, weil doch auch der Mann seine Scham im Leibe hat. Dies alles aber, weil wir mit den Studenten ein Lied auf das ganze Deutschland gesungen hatten! Machen es einem wahrlich nit leicht, auf sein Vaterland stolz zu sein, soll mir aber nichts nit die Liebe zu meiner Heimat aus dem Herzen reißen! [...]

So waren wir also in Bayern, wo in Hinsicht der reisenden Gesellen ein noch schärferes Lüftchen zu wehen scheint, wie ich es anderswo schon zur Genüge erfahren. Gleich am Stadttor wurde uns ein festlicher Empfang. Hier fiel mir mit eins bei, wie die Studenten in Freiburg doch in manchem recht gehabt hatten. Diese ewigen Grenzen im Deutschen Reich sind wahrhaft vom Teufel erfunden. Das unaufhörliche Passieren von Schlagbäumen und das Durchschnüffeln des Wanderbuches von Constablern und Stadtsoldaten aller Art ist mit viel Verdruß verbunden und lästig genug für einen ordentlichen Gesellen, der nichts will, als sich in der Welt umsehen und sein Metier tüchtig erlernen.

Aus: *Biedermeier auf Walze. Aufzeichnungen und Briefe des Handwerksburschen Johann Eberhard Dewald 1836–1838*, hrsg. von Georg Maria Hofmann, Schlieffen-Verlag, Berlin 1936, S. 72–74, 81

»Es ist für die Schweizer verboten, in Bayern zu reisen«

Der Gerbergeselle Joseph Anton Stärkle, 1853–1854

Den 24. Januar [1853] reiste ich nun ab, was mir wieder sehr leid tat. Ich ging am gleichen Tag nach Frankfurt a/M., wo ich in der Herberge drei Fremde traf, welche mich aufkrückten, weil ich sie nicht recht zünftig angesprochen haben soll. [...]
Den 29. morgens ging ich auf die Polizei und wollte ganz getrost nach Schweinfurt visieren lassen. Allein die saubere Polizei schrieb mich über die Grenze nach Mergentheim ins Württemberger-Gebiet. Obschon ich freundlich war und zweimal in das Bureau ging, da half alles nichts. »Es ist für die Schweizer verboten, in Bayern zu reisen«, so hiess es. Ich war sehr aufgebracht und sagte auf der Polizei: ich gehe doch hin, wo ich hin will, wenn sie mich schon verschreiben. Auch durfte ich mich gar nicht hier aufhalten. [...] Verdriesslich genug, da ich meinen Reiseplan wieder vereitelt sah, nahm ich Abschied von meinen Reisekollegen und ging am gleichen Tag noch nach Ochsenfurt.
Am 30. ging ich auf ungemein schlechten Feldwegen nach Mergentheim, mittags, es war Sonntag, ging ich in eine Mühle un bekam zu essen: Sauerkraut, Brot und ein schönes Stück Speck. Abends fuhr ich mit einem Postillon zwei Stunden weit. In Mergentheim wurde ich von den Bürgern wegen meinen grossen Reisen sehr bewundert uns respektiert.
Den 31. Januar fand ich drei Reisekollegen, welche in der Gegend von Stuttgart wohnten und eben aus Wien kamen. Es waren zwei Meztger und ein Buchbinder; wir liefen den ganzen Tag im badischen Gebiet, das ich als Schweizer auch nicht betreten durfte. [...]

Den 7. Febr. nach Fürth und Nürnberg und Erlangen, wo sehr gutes Bier zu haben ist. Dort traf ich einen Weissgerbergesellen, er studiert auf seiner Wanderschaft Theologie. Ich verbot dem Herbergsvater, mein Wanderbuch zu zeigen, da ich sonst unverzüglich verschrieben worden wäre. Er entsprach mir gerne. [...]
Den 12. Febr. abends in Gera, wo ich von sieben Gesellen zünftig gesprochen wurde. Ein Badener, der in Basel gelernt, verbot den Gesellen, mich aufzukrücken, da ich mehrere Fehler machte. Heute waren mir auch zwei Gerber begegnet, der eine war Meisterssohn aus Saalfeld, bei dessen Vater Johann Kübeli ich gearbeitet hatte. Der andere war ein Oesterreicher. Ich wurde von den Gesellen bis 12 Uhr nachts ausgeschenkt. Sie hatten, wie sie sagten, mehr Freude an einem Schweizer, als wenn zehn andere kommen würden. Den 13. Febr. morgens auf Geschenk 3? Silbergroschen; nachher visierte man mir bis Braunschweig. Zum Mittagessen wurde ich eingeladen von Heinr. Plarre (Pariser). Nachmittags bekam ich von den 14 hiesigen Gesellen die grosse Bierkanne, die nie mehr leer wurde, und zugleich Vesper- und Abendbrot. [...]
Am 18. ging ich morgens auf die Polizei, um mein Wanderbuch zu holen. Man hiess mich ein bisschen warten. Nun kam ein Polizeidiener mit mir in die Herberge und visitierte meine Sachen, ob ich nicht etwa politische Briefe oder Schriften bei mir trage. Ich gab ihm meine Brieftasche und dieses Tagebuch hin, aus welchem er mehrere Seiten mit Vergnügen durchlas. Auf die Polizei zurückgekommen gab man mir mein Wanderbuch mit folgendem Inhalt verschrieben zurück:
»Gut über die diesseitige Grenze, da Inhaber in der Schweiz und Frankreich gearbeitet hat und in Sachsen nicht wandern darf. Die Effekten sind heute durchsucht und nichts Verdächtiges vorgefunden. Nach Braunschweig per Bahn.« [...]

Den 26. [März 1854], Sonntag, nach Dresden, sächsische Residenz. [...]
Den 27. März, ein ziemlich merkwürdiger Tag. Als ich auf die Polizei kam, war ich schon in der Erwartung, man werde mich wieder über die Grenze schreiben, sonst aber werde man mir nichts anhaben können. Ich wurde von dem königlichen Aktuarius förmlich verhört und ausgefragt. Es wurde aus mir ein langes und breites gemacht und ganze Bogen voll geschrieben. Ich wurde bald zum Aktuar und bald zum Kommissär geschickt und hatte zu tun bis Mittag ein Uhr, bis ich abgefertigt war. Ein ganz genaues Signalement, ja sogar meine Kleider wurden beschrieben. Ich musste sagen was mein Vater ist und tut und deutsch und französisch schreiben. Ich war zornig und doch nicht im geringsten verzagt. Endlich war ich das letzte Mal vorgenommen und zu 29 Sbgr. und 5 Pfennig oder 3 Tage Brummen bei Wasser und Brot verurteilt. Ich bezahlte und erhielt Quittung, indem ich mir folgender Ausdrücke bediente: »Sie können mit mir machen, was Sie wollen; ich bin ein ehrlicher Kerl und dass ich ein Schweizer bin, da bin ich noch stolz darauf«. Mein Wanderbuch wurde mir mit folgendem Inhalt ver-

schmiert, wieder gegeben: »Inhaber wird über Chemnitz und Zwickau über die Grenze in seine Heimat gewiesen, indem er wegen der Rückkehr in die diesseitigen Staaten amnestiert worden war«. Auch sagte man mir, dass wenn ich wieder nach Sachsen komme, ich mit Korrektionshaus bestraft werde.

Aus: *Tagebuch und Reise-Memoiren von Joseph Anton Stärkle, Gerbergeselle von Abtwil bei St. Gallen, 1852–1854*, Buchdruckerei A. Bauer, Rapperswil 1921, S. 50f., 53–55, 74f.

»Wir konnten derzeit schon mit der Eisenbahn reisen«

Erinnerungen des lippischen Ziegelmeisters Friedrich Mahlmann (1858–1947), 1872

Am 17. November 1872 war unsere Konfirmation. Dann kam im Winter der Ziegelmeister Fritz Lutter aus Sabbenhausen, ein Vetter meines Vaters. Die beiden machten nun den Vertrag, daß wir beide, mein Bruder Christian und ich, mit ihm nach der Ziegelei in Kleinenhof bei Estebrügge im Altenlande gehen sollten. Von dem Schwein, das wir geschlachtet hatten, nahmen wir einen Schinken und einige Würste mit; das Weitere sollte drüben gekauft werden. Am 6. April machten wir uns auf die Reise. Ach, der erste Abschied war schwer, aber er mußte sein. Er ging mir auch, wie Fritz Wienke später schrieb: »Über Schleswig dort nach Süden gönnet mir noch einen Blick!« Leichter wurden uns Abschied und Reise, weil die meisten Arbeiter, darunter drei Jungen von vierzehn bis fünfzehn Jahren, die auf jene Ziegelei gingen, aus Sabbenhausen, Ratsiek und Wörderfeld waren. Wir konnten derzeit schon mit der Eisenbahn reisen, aber Lügde hatte noch keinen Bahnhof. Darum mußten wir erst den Weg bis Pyrmont, neun Kilometer, zu Fuß machen.

Auf der Ziegelei mußte ich zuerst lernen, Handsteine vom Streichtisch abzutragen. Jedesmal, wenn der Steinemacher einen Stein geformt hatte, trat ich auf einen Hebel, das Brett mit dem Stein wurde hochgehoben, es ging »klink, klink«, dann griff ich nach dem Stein und trug ihn ins Gerüst von Brettern, das wir eine »Ruste« nannten, zehn Schicht hoch. Das mußte aber behende gehen, denn wenn der Steinemacher den nächsten Stein gestrichen hatte, mußte ich schon wieder auf den Hebel treten und zugreifen. So mußte ich wohl siebentausendmal am Tage hin und her rennen. Dann hatte ich besonders darauf zu achten, daß die Steine auf der Ruste nicht schief zu stehen kamen, und weil das nicht so leicht war, sagte dann der Steinemacher wohl : »Ek mot düü euerst mol wüussen, wo diu'se setten moßt.« Vom ihm lernte ich es dann bald. Er war überhaupt ein guter Mann.

Wir waren mit 24 Mann auf dem Werke. Der Meister war streng. Er war wohl zufrieden mit unserer Arbeit, aber es sollte immer noch besser gehen und noch mehr geschafft werden, denn um jene Zeit wurde in Hamburg so flott gebaut. Doch arbeiteten wir schon so lange, wie das Tageslicht es erlaubte, von morgens früh drei bis abends neun Uhr. Bei dieser langen und schweren Arbeit kam in mir kein Heimweh auf, wohl aber sonntags, wenn ich allein war und an die Schulkameraden in der Heimat dachte.

Am 14. Oktober war Schluß der Kampagne. Ich hatte einen Stundenlohn von elf Pfennig gehabt und bekam nun für die Zeit von 27 Wochen 90 Taler ausgezahlt. Wenn ich die baren Ausgaben, die Beiträge zur Kommune und das Reisegeld abzog, konnte ich meinen Eltern noch 45 Taler hinlegen. Dabei hat die Freude des Wiedersehens ihnen und mir die Tränen in die Augen getrieben.

Aus: *Lippische Mitteilungen aus Geschichte und Landeskunde*, hrsg. im Auftrag des Naturwissenschaftlichen und Historischen Vereins für das Land Lippe, Nr. 42, Detmold 1973, S. 36–38

»In Friedrichshafen treffen wir uns wieder«

Erinnerungen des ›Schwabenkindes‹ Regina Lampert (1854–1942) aus Vorarlberg, 1864

Die Mutter und das Amreile[1] hatten alle Hände voll zu tun; aus dem selbstgesponnenen und selbstgewobenen Tuch müssen noch für die Brüder und für uns Hemden gemacht und aus dunkelblau gefärbtem Tuch Arbeitshosen und alles mögliche gemacht werden. Zwar hat das Amreile schon lang vorher für die grossen Brüder Hemden und Strümpfe gemacht, sie war der Mutter beste Stütze. Das jüngste Schwesterle, das kleine Veronikele war drei Jahre alt, mit schönem ganz weissem Lockenhaar, plauderte der Mutter und dem Amreile immer vor: ›I blib bi Dir, Muetterli, und bi Dir, Amreili. Gelt, wir gon nie furt?‹ Von da ab wird mir berichtet vom Schwabenland, ich stellte es mir natürlich so schön vor, dass mich niemand davon abhalten konnte nicht mitzugehen. Auch beim Zehrpfennigsammeln habe ich mitgeholfen. Es war erlaubt, dass die Kinder, die ins Schwabenland müssen, in den Nachbarsgemeinden Geld sammeln dürfen für die Reise, damit die Kinder nicht den ganzen langen Weg zu Fuss machen müssen. Auch da hab ich immer am meisten bekommen, weil ich das jüngste von den Schwabenkindern war. Heimlich hat es mich dann doch oft gereut, dass ich gesagt habe, ich wollte auch mit, hab manche Träne nachts im Bett vergossen und hatte zum voraus schon Heimweh. Wenn aber die Mutter und Schwester mich fragen, ob ich nicht lieber daheim bleiben und hier im Dorf das Vieh hüten wolle, dann sagte ich immer: ›Ich gehe gern ins Schwabenland.‹

Endlich rückt der Tag heran zu reisen; zwei Tage vor der Abreise mussten wir zur Beicht und zur heiligen Kommunion, ich nur zur Beicht. Am 17. März, zwei Tag vor Josefsfest, mussten wir reisen, morgens früh vier Uhr, um sechs Uhr ist Abmarsch. Das Frühstück ging ganz still zu, es hat ein jedes für sich zu denken, auch hat uns die Mutter zum Abschied Kuchen gebacken, der uns besonders gut dünkt. Während dem Essen wurde uns noch ans Herz gelegt, dass wir doch recht brav, gehorsam und fleissig sein sollen; morgens und abends beten sollen zum lieben Heiland und der Muttergottes. Mir hat die Mutter noch extra ans Herz gelegt, wenn mir etwas Böses zustosse, sofort an die Muttergottes denken und sie um Schutz und Hilfe bitten. Auch die Grossmutter, wie wir sie nannten, die Ahna und d'Ähne sind aufgestanden, um uns Adie und einige gute Worte uns zu sagen. Dann kam der Abschied von all den Lieben, Mutter, Schwestern und Ahna und Ähne, Grosseltern. Die Tränen haben wir tapfer hinunter gewürgt. ›Adiö, lebt wohl, bleibt gesund und recht viel Glück (und) Segen!‹ Dann beteten wir noch alle ein Vaterunser, und fort ging es.

Es war recht kalt und hat über Nacht fest geschneit, es war alles weiss, als wir vors Haus kamen und ins Dorf hinauf. Vor dem Pfarrhaus wartet ein Leiterwagen mit zwei Pferden auf uns. Es sind noch mehr Kinder von Düns und Schnifnerberg gekommen, im ganzen etwa fünfzehn Kinder haben Platz genommen auf dem Wagen. Als wir schon alle Platz genommen hatten, kam noch der Herr Pfarrer an den Wagen und nahm von uns Abschied, wünschte uns Glück und Segen, sprach noch einige Trostworte zu uns – mit dem Versprechen, er wolle uns einschliessen in die heilige Messe und beten für uns, dass wir gesund und brav bleiben und gute Plätzchen bekommen. Der Fuhrmann war ein lustiger Bauernsohn; durch das Dorf fing er an zu jauchzen und jodeln. Alle wurden dann fröhlicher und gemütlicher. Wir waren so schnell in Feldkirch; die Sonne ist hervorgekommen, es war so schön durch die Dörfer Röns, Satteins und Frastanz. Überall hat man uns Adie gerufen, auf Wiedersehn! In Feldkirch sind wir abgestiegen, haben unsere Rucksäcke auf den Rücken, den Stock in die Hand genommen, dann nahmen wir vom Fuhrmann Abschied und traten ganz guten Mutes zu Fuss die Reise weiters an. Mein Vater hat schon von zu Haus die andern Kinder übernommen, auf sie zu achten, bis sie am Ziel seien. Einige davon hatten schon Stellen vom vorhergehenden Jahr, die in Friedrichshafen dann abgeholt werden, die übrigen muss er bis Ravensburg mitnehmen. Die Reise zu Fuss ging langsam voran, die Sonne schien so schön warm; aber die Strasse war so schmutzig, dass man kaum vorwärts kam, schon fast zwei Stund sind wir gelaufen. Da sagte der Vater, ›wir suchen ein schön warm Plätzchen zum Sitzen, dass wir essen können‹. Gleich sahen wir ein Bretterhaufen, da nahmen wir alle Platz; mit Freuden haben wir unsern Proviant hervorgenommen und essen mit Vergnügen. Da kam ein Bauersmann und sagte: ›Wollt Ihr Most?‹ ›Ja, mit Freuden nehmen wir gern Most.‹ Er brachte dann ein Krug Most; für uns Mädchen, es waren nur drei mit mir, brachte er Milch. Nach fast einer Stunde Ruhepause ging es langsam weiter. Wir kamen nach Götzis, ein grosses Dorf; die Leute sind überall freundlich, oft sagten sie: ›So Kinder, wender is Schwobeland? Wünsch Euch Glück und Gesundheit.‹ Ausserhalb des Dorfes kam uns ein Fuhrwerk nach, wir Kleinen waren so müde, konnten kaum mehr gehen; Vater hat schon die Rucksäcke auf dem Rücken, die er uns abnam. Das grosse Fuhrwerk kam näher, Vater ging zum Wagen und sprach mit dem Mann. Der Wagen war fast leer; ein grosser Brückenwagen mit acht Pferden, vier waren hinten am Wagen angebunden. Vater fragt den Mann: ›Würdet Ihr die Kinder auf den Wagen nehmen bis Dornbirnen? Ich zahle gern eine kleine Entschädigung.‹ ›O, das kostet nichts, so hartherzig bin ich nicht, Mann. Die Kinder sollen aufsitzen, die Buben auf den Wagen, die Mädels zu mir auf den Bock, haben schon Platz.‹ Das war ein Jubel, schnell waren alle auf dem Wagen gut verpackt, Vater, auch wir drei Mädchen wurden auf dem Bock beim Fuhrmann in Decken warm verpackt. Wie waren wir alle froh und dankbar! Schnell ging das Fuhrwerk nicht, die Pferde sind auch müd, es ist ein Wagen, der Mehl und Fracht von Bregenz bis ins Tirol fährt; es hatte noch keine Eisenbahn im Vorarlberg.

Endlich in Dornbirn. Das Dorf ist zu Fuss eineinviertel Stund lang, und am Ende des Dorfes, gegen Bregenz zu, ist die Herberg, wo wir übernachten müssen. Vater hat es vorher schon angemeldet. Endlich waren wir da, steif und verfroren und hungrig. Es war doch erst März und noch ziemlich kalt, sind wir abgestiegen vom Wagen, haben uns bedankt beim Fuhrmann und verabschiedet. Er fuhr noch bis Bregenz. In der Herberg bekamen wir in einem warmen Lokal jedes ein grossen Teller gute Supp, eine Wurst, ein Pfund Brot. Nach dem Essen kamen wir in einen Schlafsaal; Strohsäcke, Wolldecken und je ein Kissen, alle in einem Saal. Nach einem gemeinsamen Nacht- und Dankgebet zogen alle die Schuhe und die Oberkleider ab und legten uns schlafen, Vater löschte die Lichter; es ging nicht lang, schliefen alle fest. Morgens halb acht Uhr weckte der Vater, schnell zogen wir uns an; wer sich waschen will, musste vors Haus an den Brunnen. Das Frühstück war ein Topf Milch und je ein Pfund Brot. Dann gings wieder zu Fuss bis Bregenz, es war gerade Mittagszeit. Wir gingen ins alte Hotel und zugleich Herberg ›Schäfli‹, da bekamen wir Supp, Wurst und Brot. Nach dem Essen hatten wir noch eineinhalb Stund Zeit zum Spazieren und die Stadt anzuschauen, die schönen Läden und Häuser. Auch ein paar Kirchen haben wir besucht, dann gings mit Jubel an [den] Hafen, aufs Zollamt, und der Polizei mussten wir unsere Pässe zeigen.

Das Wetter war gut, die Sonne schien so schön und warm, wir waren alle so fröhlich und freudig. Der Vater löste für uns drei die Billette, die andern haben alle selbst ein Billett gelöst. Ich liess den Vater nicht mehr los, er musste mich führen, so hab ich mich gefürchtet, auf das grosse Schiff und das grosse Wasser zu gehen. Auf dem Schiff sind mir die Tränen nur so heruntergerollt. Die andern lachten mich aus, dann endlich schämte ich mich und hab mich beruhigt. So etwas Schönes wie das Schiff und das grosse Wasser habe ich vorher noch nie gesehen. Bald kamen wir in den Hafen von Rorschach und dann nach Lindau, wo der grosse Löwe auf dem hohen Turm vor Lindau war, eine Überraschung nach der andern. Bald kam ein anderes grosses Schiff gegen uns gefahren, immer gab es etwas Neues anzusehen. So verging die Zeit recht schnell, ich bin so ruhig geworden, bewunderte alles, auch die Küche hab ich gefunden, eine dicke feste Köchin sah ich darin Gemüse richten. ›Komm nur herein, Kleine‹, sagt sie zu mir, ›wie heissest Du denn?‹ ›Regina‹, sagte ich. ›Und Du willst schon ins Schwabenland, noch so klein?‹ ›Ja‹, sagte [ich] grossmütig, ›ich wollte gehen.‹ ›Und wenn Du Heimweh bekommst?‹ sagte sie. ›Ja, das wird schon wieder vergehen.‹ ›Du bist tapfer, Kleine, jetzt bekommst Du ein Stück Kuchen.‹ Sie gab mir ein grosses Stück. Ich wollte davonrennen damit. ›Halt‹, sagte sie, ›wo willst jetzt hin?‹ ›Mein Bruder suchen und ihm auch davon geben.‹ Sie nahm mir den Kuchen wieder weg, ich holte meinen Bruder, der beim Vater stand, ›komm schnell, Anton, ich geb Dir etwas.‹ In der Küche angekommen, gab mir die dicke Köchin mein Stück wieder, und mein Bruder bekam auch eins – und noch dazu jedes eine Tasse Kaffee. ›Sagt nichts den andern Kindern, ich hab jetzt kein Kuchen mehr.‹ Wir dankten der Köchin vielmal, sprangen zum Vater und erzählten ihm, wie es uns gut gegangen. So verging die Zeit schnell, und bald waren wir in Friedrichshafen.

In Friedrichshafen warteten einige Bauern auf Buben, die schon ein oder zwei Sommer bei diesen Bauern in Dienst standen. Sie hatten gegenseitig Freude, einander wieder gesund und fröhlich begrüssen zu können; fast die Hälfte der Kinder, die dem Vater übergeben wurden, haben schon Stellen. Es bleiben noch zwölf mit uns zweien. Wir haben etwas Weniges gegessen, dann gingen wir mit Vater, der für alle Billette löste, auf die Bahn nach Ravensburg. Dort mussten wir nochmals übernachten, wieder in einer Herberge. Wir bekamen Suppe und Röste zum Nachtessen. Nachher gings ins Bett, auf Strohsäcke und Wolldecken. Der Vater sagte ganz bewegt unter Tränen: ›So, Kinder, jetzt wollen wir noch beten, dass der liebe Gott und die Mutter-Gottes Euch beschütze und Ihr Morgen gute Stellen und gute Bauern findet.‹ Nach dem Beten und gute Nacht-Sagen schliefen wir schnell ein, bis der Vater uns weckte. Rasch zogen wir uns an. Jedes hat noch ein wenig Proviant, den wir noch essen. Dann gings los auf den sogenannten Kinder- oder Hirtenmarkt.

Auf dem Marktplatz sahen wir eine Halle; da hing eine grosse Tafel, darauf geschrieben stand: ›Markthalle für Hirtenkinder und Dienstboten‹. Da gingen wir hinein. Die Halle hat Bänke im Ringsum, in der Mitte ein Ofen, der fest geheizt war, und nebenan ein langer Tisch auch mit langen Bänken, da setzten wir uns. Es waren noch mehr Buben und Mädchen da, auch Bauern und eine Bäuerin waren da. Das Lokal war ziemlich besetzt. Die grossen Buben, die mit uns gereist sind und zwei Mädchen konnten schon selbst mit den Bauern und den Bäuerinnen verhandeln; je nach der Grösse und Stärke bekamen sie Lohn für den ganzen Sommer. Heut ist hl. Sankt Josef, sagten die Bauern; bis hl. Sankt Martinstag zahlten sie von zehn Gulden bis 20 oder 25 Gulden und alles doppelt, das will heissen, jedes Mädchen oder Knabe wird vom Kopf bis zum Fuss doppelt gekleidet. Das gehörte noch zum Sommerlohn, also zwei Paar Schuhe, zwei Paar

Strümpfe oder Socken, zwei Hemden, ein Werktagsanzug und ein Sonntagsanzug, ein Hut für Sonntag und eine Kappe für Werktag, also, das heisst Sonntags- und Werktagskleider. Es ging keine Stunde, da waren alle schon verhandelt. Mein Bruder kam zu einem Lehrer in Ailingen, eineinhalb Stunden von Friedrichshafen entfernt. Der Lehrer hat ein wenig Land und zwei Küh, da sollte er dem Lehrer helfen. Es sind noch zwei Töchter da und seine Frau. Der Vater schrieb alles auf; der Bub sollte zehn Gulden und alles doppelt bekommen und zur Befestigung ein Gulden Haftung, die der Vater bar erhalten hat.

Ich hatte schon Hoffnung, ich könne mit dem Vater heim. Da kam noch ein Bauer, fast zu schön gekleidet für einen Bauern. Er sagte zum Vater: ›Was ists mit dieser Kleinen, suchen Sie auch ein Plätzchen fürs?‹ ›Ja‹, sagte der Vater, ›ich fürchte, sie sei noch etwas zu jung.‹ Zu mir sagte der Mann: ›Willst Du mit mir kommen? Ich könnte Dich brauchen zum Gänsehüten, zirka 50 bis 70 Stück, auch zum Posten, zum Obstauflesen und für so verschieden kleinere Arbeiten. Ich wohne in Berg bei Friedrichshafen, von Ailingen eine Stunde. Da kannst Deinen Bruder immer an Sonntagen besuchen und der Bruder Dich.‹ Das leuchtet mir ein, der Vater wurde einig mit dem Mann, bekam also auch zehn Gulden und alles doppelt und einen Gulden Haftung. So war es also abgemacht. Der Vater schaute mich immer an, während dem Verhandeln und konnte den Tränen kaum Herr werden. Der Bauer zog die Uhr aus der Tasche und sagte: ›Jetzt ists halb elf Uhr, ich lade Euch ein zum Mittagessen, nehmt den Bub auch mit, es können dann beide mit mir heimfahren. Den Bub will ich dann in Ailingen dem Lehrer Grossmann übergeben, er ist mir am Weg.‹ ›Sie, Mann, können auch mitfahren‹, sagt er zum Vater, ›und bei mir zu Haus übernachten, dann haben Sie nur eine Stunde zu Fuss nach Friedrichshafen zu laufen morgen. Dann können Sie doch noch sehen, wohin die Kinder kommen. Das wird Sie beruhigen.‹ Das war eine freudige Überraschung. Dann ging der Bauer: ›Ich erwarte Euch also pünktlich.‹

Jetzt gings ans Abschiednehmen von den grösseren Kindern, die mit uns gereist. Ziemlich lebhaft und munter waren alle, voll Gottvertrauen und guten Mutes. ›Behüt Euch Gott, alle miteinander‹, gaben einander die Hände, wünschten einander Glück und guten Sommer. ›Auf Wiedersehen am Martinstag! In Friedrichshafen treffen wir uns wieder. Morgens punkt sieben Uhr beim Schiff.‹ Dann gings auseinander. Der Vater ging mit uns noch in die Stadt Ravensburg, kaufte dem Anton und mir je ein Messer und jedem ein Notizbüchle, das wir uns zum Abschied gewünscht haben.

1 Regina Lamperts älteste Schwester, Anna Maria gen. Amreile (Anm. d. Red.).

Aus: Regina Lampert, *Die Schwabengängerin. Erinnerungen einer jungen Magd aus Vorarlberg 1864–1874*, hrsg. von Bernhard Tschofen, 6. Aufl., © Limmat Verlag, Zürich 2000, S. 54–59.

»ICH SAH NICHTS WEITER ALS ZÜGE, BAHNHÖFE, MENSCHENMASSEN«

AUS DEM ZARISTISCHEN RUSSLAND ÜBER BERLIN UND HAMBURG NACH AMERIKA, 1894

Mary Antin (1881–1949), geb. in Polotzk (heute Belarus) kam 1894 mit ihrer Mutter und drei Geschwistern auf dem Weg in die USA durch Deutschland. In ihrer Autobiographie zitiert sie aus Briefen an ihren Onkel aus dieser Zeit.

Gegen Abend erreichten wir Berlin. Mir wird jetzt noch schwindlig, wenn ich daran denke, wie wir durch die Stadt sausten. Es schien mir, als wenn wir immer schneller und schneller fuhren, aber das rührte nur von den nahe an uns in entgegengesetzter Richtung vorbeifliegenden Zügen her. Der Anblick von hier und her eilenden Menschenmassen, die in ungeahnter Fülle der grossen, vor unserer Augen schier tanzender Bahnhöfen entströmten, erhöhte dies Gefühl noch. Fremde Bilder, prächtige Bauten, Läden, Menschen und Tiere, alles verschwamm in eins, zu einem ungeheuren, wirren Ganzen, das in seiner wilden Haft kein anderes Ziel zu verfolgen schien, als dem Zuschauer in dem Wirrwarr hören und sehen vergehen zu lassen. Mir verging Hören und Sehen. Ich sah nichts weiter als Züge, Bahnhöfe, Menschenmassen – Menschenmassen, Bahnhöfe, Züge – immer und immer wieder, ohne Anfang ohne Ende, in einem einzigen tollen Tanze. Schneller geht es und schneller, immer schneller, und der Lärm scheint mit dem Tempo zu wachsen. Glockensignale, Pfeifen, Gehämmer, schrille Lokomotivenzeichen, Kommandostimmen, Ausrufer, Pferdegetrappel, Hundegebell, alles vereinigte sich, um möglichst jeden anderen Laut zu ersticken. Der Lärm war so betäubend, daß man sich durch nichts vor ihm schützen konnte.

Die unangenehme Lage des verwirrten Auswanderers auf seinem Wege in die neue Heimat ist an sich bemitleidenswert, aber für uns, die wir aus der russischen Nacht kamen, verdoppelten sich die Schrecknisse der Reise.

In einem weiten, öden Feld, gegenüber dem Hofe eines einzelstehenden Hauses, hielt unser Zug endlich an, und der Schaffner befahl uns, eiligst auszusteigen. Diese Ermahnung war unnötig, denn wir waren mehr als froh, nach der langen Gefangenschaft wieder ins Freie zu kommen. Alle stürzten zur Tür. Wir atmeten auf in der frischen Luft, aber der Schaffner ließ uns nicht viel Zeit, unsere Freiheit zu genießen. Er trieb uns erst in den einzigen großen Raum, den das Haus besaß, und dann in den weiten Hof hinaus. Dort empfing uns eine große Schar weißgekleideter Männer und Frauen. Die Frauen wandten sich den Mädchen und Frauen unter uns zu, die Männer den Männern.
Und nun gab es eine neue Szene des krausesten Durcheinanders. Eltern verloren ihre Kinder, und die Kleinen schrien; das Gepäck wurde ungeachtet seines Inhalts in einer Ecke des Hofes zusammengeworfen. Die weißgekleideten Deutschen riefen Befehle, die stets von einem »rasch, rasch!« begleitet waren. Die verwirrten Auswanderer gehorchten wie willenlose Kinder und wagten höchstens, dann und wann zu fragen, was man denn eigentlich mit ihnen vorhätte.
Kein Wunder, daß in der Erinnerung mancher dieser Leute Geschichten von Räubern, Mördern und dergleichen wieder auftauchten. Man hatte uns an den einsamen Ort geschleppt, wo nur das eine Haus im Umkreis zu sehen war, hatte uns unsere Sachen weggenommen und uns von den wenigen Bekannten getrennt. Ein Mann kam, um uns zu untersuchen, als ob er uns abschätzen wollte. Ganz fremdartig aussehende Menschen stießen uns wie hilfloses, willenloses Herdenvieh hin und her. Kinder, die man nicht sehen konnte, schrien, als wenn Furchtbares mit ihnen geschähe. Wir selbst wurden in einen engen Raum getrieben, wo ein großer Kessel auf einem kleinen Herd stand. Wir wurden ausgezogen, unsere Körper mit einer glitschigen Substanz eingerieben, die irgend etwas Schlimmes sein konnte; eine warme Dusche ging ohne vorherige Ankündigung auf uns nieder. Dann ging es in ein zweites kleines Zimmer, wo wir in Wolldecken eingehüllt sitzen und warten mußten, bis große, grobe Säcke hereingebracht und ihres Inhaltes entleert wurden. Wir sahen nichts als eine große Dampfwolke und hörten nichts als die Befehle der Frauen, und wieder zu bekleiden. »Rasch, rasch! oder sonst kommen wir zu spät!« Mehr konnten wir nicht verstehen. Wir müssen uns unsere Kleider aus dem großen Hausen heraussuchen, halb blind vor Dampf. Wir ersticken fast, husten, flehen die Frauen an, uns doch Zeit zu lassen. Aber sie bestehen auf ihrem »Rasch, rasch, sonst versäumen Sie den Zug!« – Ach, man wollte uns also doch nicht umbringen! Man bereitete uns nur auf die Weiterfahrt vor, indem man uns von allen erdenklichen Krankheitskeimen reinigte. Gott sei Dank!

Wenn in Polotzk die Cholera ausbrach, was vielleicht ein- oder zweimal während eines Menschenalters geschah, wurde nicht so viel Wesens davon gemacht wie es diese Deutschen taten. Wer an der Seuche starb, wurde eben begraben, und wer am Leben blieb, lief in die Synagoge und betete. Wir fühlten uns tief verletzt durch die Art und Weise, mit der uns die Deutschen behandelten. Meine Mutter wäre auch als Kind einmal beinahe an der Cholera gestorben, aber man gab ihr einen neuen Namen, einen Glücksnamen, und der rettete sie. Von uns allen aber war doch jetzt kein einziger krank, und doch behandelte man uns so! Die Gendarmen und Pflegerinnen schrien uns ihre Befehle aus einer Entfernung zu, als müßten sie die Berührung mit uns wie mit Leprakranken scheuen.

Früh am Morgen nach einer endlos langen Nacht in den überfüllten Wägen kamen wir in Hamburg an. Man brachte uns auf ein höchst merkwürdiges Gefährt, lang und schmal und hoch, mit zwei Pferden bespannt, von einem schweigsamen Kutscher geführt. Man packte uns auf den Wagen, warf uns das Gepäck nach, und wir machten eine Besichtigungsfahrt durch Hamburg. Die Schilderung der Sehenswürdigkeiten, die ich meinem Onkel getreulich aufzählte, begriff in sich kleine Wägelchen, die von Hunden gezogen wurden, und große Wagen, die von selbst liefen, und die ich später als elektrische Bahnen schätzen lernte.

Auch die humoristische Seite unserer Abenteuer entging mir nicht ganz. Immer und wieder wieder stoße ich auf ein Lachen in den vielen Seiten des historischen Dokumentes. Die Schilderung unserer Fahrt durch Hamburg endet mit den Worten:

Das Staunen war nicht allein auf unserer Seite. Allenthalben sah ich Menschen, die stehen blieben und uns belustigt nachsahen, wenn auch viele vorübergingen, die an den Anblick gewöhnt schienen. Wir mußten auch ein seltsames Bild abgeben, wie wir so in langen Reihen hoch über den Köpfen der Passanten saßen. Wir sahen tatsächlich aus wie ein Volk Riesenhühner auf ihrer Stange, mit dem einzigen Unterschied, daß wir nicht schliefen.

Lachen und Schauern machten sich bisweilen auf unserer Fahrt den Rang streitig.

Als die Sehenswürdigkeiten ein Ende zu nehmen schienen, kam es uns ganz plötzlich zu Bewußtsein, daß wir schon recht lange auf dieser komischen Fahrt begriffen waren. Stundenlang schien es, und doch liefen die Pferde unaufhaltsam. Jetzt fuhren wir durch stillere Straßen, wo es weniger Läden und mehr Häuser

aus Holz gab. Aber die Pferde liefen, als wenn sie gerade erst angezogen hätten. Ich überblickte noch einmal unsere Hühnerstange. Irgend etwas erinnerte mich an eine einmal gelesene Schilderung eines weiten Transportes von Verbrechern, die man auf unbequemen Gefährten – wie das unsrige? – beförderte. Ja, sie war entschieden seltsam, diese lange, lange Fahrt, dies Beförderungsmittel, dies Fehlen jeder Erklärung. Wir wollten doch keineswegs alle denselben Weg machen, und dennoch hatte man uns so zusammengepfercht? Wir waren Fremde; das mußte der Kutscher wissen. Es konnte uns ja irgend wohin bringen – wie konnten wir das ahnen? Mich überkam wieder eine Furcht wie in Berlin. Auf den Gesichtern um mich her stand die gleiche Angst geschrieben.
Ja wir ängstigten uns. Wir sitzen alle ganz still. Einige polnische Frauen mir gegenüber sind eingeschlafen. Und wir anderen sehen so jämmerlich und doch so drollig aus, daß ich es nicht vergessen werde.

Aber die geheimnisvolle Fahrt erreichte doch ihr Ende, und zwar vor den Toren der Stadt, wo wir nochmals in Reih und Glied aufgestellt, einem Verhör unterzogen, desinfiziert, sortiert und registriert wurden. Es war wieder eine Gelegenheit, wo uns der Verdacht kam, daß wir die Opfer einer Erpresserbande sein sollten; denn hier wie bei jeder dieser Säuberungsoperationen wurde von uns eine Taxe pro Kopf erhoben. Meine Mutter hatte längst an reichere Mitreisende einzelne Gepäckstücke verkauft, als sie sah, wie rasch ihr winziger Schatz zusammenschmolz. Aber dennoch hatte sie jetzt nicht genug Geld, um die in Hamburg geforderte Summe zu erlegen. Ihre Aussage wurde nicht anerkannt, und so mußten wir uns auch noch der Schmach einer Taschenvisitation unterziehen.
Ein wahres Gefängnis war der letzte Aufenthaltsort vor der endgültigen Abfahrt. Quarantäne nannte man ihn, und wir bekamen zwei Wochen! Zwei Wochen mußten wir zu einigen hundert eingepfercht in ein halbdutzend enger Räume, numerierter Räume, hinter hohen Ziegelmauern zubringen. Wir mußten in Reihen schlafen wie die Kranken in einem Hospital; morgens und abends mußten wir zum Appell antreten, und dreimal am Tage gab es schmale Rationen. Kein Zeichen der freien Welt drang durch unsere vergitterten Fenster; Sorge, Sehnsucht und Heimweh marterte unsere Herzen, und in unseren Ohren klang die fremde Stimme des unsichtbaren Ozeans, die uns zugleich reizte und schreckte. Die vierzehn Quarantänetage waren schon keine Episode mehr, sie waren eine Epoche, die man getrost in Aeren, Perioden und Ereignisse hätte einteilen können.

Das größte Ereignis war die Ankunft eines Schiffes, das einzelne von den wartenden Passagieren aufnahm. Als sich die Tore öffneten, und die Glücklichen ihr Lebewohl riefen, gaben die Zurückgebliebenen jede Hoffnung auf, daß ihnen je das gleiche Glück beschieden sein würde. Der Abschiedsruf klang froh und traurig zugleich, denn in der kurzen Zeit waren die Fremdesten einander Freund geworden, und jeder freute sich aufrichtig am Glück des anderen; allein gegen ein neidisches Bedauern wurde dennoch niemand herr.

Aus: Mary Antin, *Vom Ghetto ins Land der Verheißung*, Autorisierte Übersetzung von M. und U. Steindorff, Verlag Robert Lutz, Stuttgart 1913, S. 196–200

»DIE ERINNERUNG AN SIE IST FÜR MICH EIN ALPTRAUM, DER MICH IMMER NOCH VERFOLGT«

DER BELGISCHE KRIEGSGEFANGENE ERNEST DE LAMINNE, 1917

Die Arroganz des Vorgesetzten hatte ihre Entsprechung nur in der Unterwürfigkeit des Untergebenen. Im Mai 1917 sah ich, wie der Kommandant Sieburg in Soltau die Baracke besuchte, in der ich zusammen mit den vor dem Kriegsgericht Angeklagten eingesperrt war. Er begleitete einen Generalinspekteur aus Hannover und war durch dessen Anwesenheit derart in Schrecken versetzt, daß ihm die Stimme versagte. Jedesmal, wenn der General das Wort am ihn richtete, nahm er Haltung an und salutierte. Sein Gesicht war von Angst verzerrt. Unnötig zu sagen, daß Sieburg uns gegenüber von einer außerordentlichen Bosheit war. [...]

Der Soltauer Arrest war in einer riesigen Holzbaracke untergebracht. Die Zellen maßen 1,50 Meter mal 3 Meter in der Tiefe. Sie enthielten nicht einmal Pritschen, und man mußte auf dem Fußboden liegen. Die Kälte war zu dieser Zeit schrecklich, an manchen Tagen fiel die Temperatur auf 30 Grad unter Null. Der Arrestbau war an eine Zentralheizung angeschlossen, aber die war schadhaft und die Rohre froren ein. Im übrigen fehlte es den Deutschen an Kohle. Wir bekamen statt Decken zwei Tischtücher aus Baumwolle. Die Zivilgefangenen schrien unter der beißenden Kälte zeitweilig wie wilde Tiere, dann wieder hörte man, wie sie umherhüpften bei dem Versuch, sich wieder aufzuwärmen, oder wie sie sich in ihrer

Verzweiflung gegen die Bretterwände warfen. Die Militärangehörigen selbst verhielten sich ruhig.

Eines Morgens wurde mein Zellennachbar erfroren aufgefunden. Er hatte lange geschrien, dann war er plötzlich still geworden. Der Gefangenenwärter machte die Tür auf, um ihn mir zu zeigen. Ich trat näher an die dunkle Ecke heran, in der er saß. Er war in einen Sommermantel gehüllt und in die zwei Tischdecken, die man ihm gegeben hatte; die Mütze hatte er über die Augen gezogen. Er war wirklich tot. Ich trug ihn zur Wache, er wog nicht mehr als eine Feder. Er war ein belgischer Deportierter aus Antwerpen, 17 Jahre alt [mit dem Name Franz Overloo (oder Overlop)]. Er war erfroren. [...]

Am 6. Februar [1917] wurde ich aus dem Arrest entlassen und in die Baracke 13 eingewiesen. Ich machte die Bekanntschaft des Barackenchefs Albert Dijon, eines Rechtsanwalts aus Huy, der der Schutzengel der Männer seiner Baracke war und während der Zeit seines Aufenthalts in Soltau sich bemühte, die Moral seiner Kameraden dadurch zu stärken, daß er ihnen jeden Abend einen Vortrag hielt, in dem er die Nachrichten kurz zusammenfaßte, die sich am besten eigneten, sie zu trösten. [...]

Am 14. Februar unternahm ich zusammen mit dem Sergeanten Crucifix erneut einen Fluchtversuch.

Wir brauchten auf unsere Festnahme nicht lange zu warten; der Soldat, der uns festgenommen hatte, ein gewisser Kohle, behauptete, daß ich ihm Geld angeboten hätte, wenn er mich laufen ließe, und so wurde ich unter dem Vorwurf der versuchten Bestechung in Untersuchungshaft genommen. In Soltau wurde die Untersuchungshaft nur ausnahmsweise in der Arrestbaracke durchgeführt; es gab dort für die Angeklagten eine Art Gefängnis, das bei den Deutschen »Strafabteilung« hieß, und dem die Gefangenen den Beinamen »Le Poulailler« [»der Hühnerstall«] gegeben hatten.

Die Strafabteilung von Soltau bestand aus einem vierzehn Meter langen Teilstück einer Baracke und einem ebenso langen Gang. Dort wurde ich zusammen mit mehreren Russen eingesperrt, die Verbrecher waren und wegen strafbarer Handlungen unter Anklage standen.

Dieses Gefängnis hatte nichts Anziehendes, besonders bei der großen Kälte, die damals herrschte, denn wir waren ohne Heizung. Tag und Nacht wurden wir von einem Wachmann mit aufgepflanztem Bajonett bewacht. Abgesehen von einer Unterbrechung von fünfzehn Tagen, in denen ich in der Arrestzelle eingesperrt war, blieb ich dort bis zum 21. Juni. [...]

Als ich in Soltau eintraf, wurde ein Teil des Lagers (Lager 2) von belgischen Deportierten bewohnt.

Gleich nach ihrer Ankunft, um den 15. November [1916] herum, waren sie aufgefordert worden, eine Arbeitsverpflichtung zu unterschreiben. Sie hatten sich jedoch geweigert. Die Deutschen beschlossen, sie zur Arbeit zu zwingen, und überließen sie dem Hungertod.

Durch ihr Elend dazu getrieben, hatten manche sich bald dazu entschieden, dann weitere, immer mehr. Sobald sie zugestimmt hatten, wurden sie in Bergwerke und Fabriken geschickt. Dort waren sie am Tag des Waffenstillstands [11.11.1918] immer noch.

Diejenigen, die darauf beharrt hatten, nicht unterzuschreiben, das heißt der größte Teil, wurde auf Zweiglager (Ahlen, Haasel, Poggenmoor usw.) verteilt. Ungefähr Tausend waren in Soltau verblieben, die einen, weil sie krank waren, die anderen, um für bestimmte Arbeiten eingesetzt zu werden. Ihre Zahl vermehrte sich um all jene, die in den Zweiglagern erkrankten und in das Hauptlager zurückgeschickt wurden.

Als ich Anfang Januar 1917 in Soltau ankam, betrug ihre Zahl 2000. Die Erinnerung an sie ist für mich ein Alptraum, der mich immer noch verfolgt.

Mit 290 Gramm Brot pro Tag, einer Steckrüben-, Kohl- oder Fischsuppe am Mittag und einer Gersten- oder Maissuppe am Abend waren sie zu dieser Zeit schon fast alle Skelette. Es war verboten, den Kriegsgefangenen etwas zu geben, auch nicht die Reste der Suppe.

Obwohl die Baracken der Zivilinternierten an eine Zentralheizung angeschlossen waren, wurden sie nicht beheizt. Und das, obwohl die Zivilinternierten nur spärlich bekleidet waren! Sie liegen tagsüber mit zwei sehr dünnen Baumwollstücken ausstaffiert herum, die ihnen zugleich die Bettdecke ersetzten.

Am Abend des 5. Januar [1917] gelang es mir, in ihr Lager hinein zu kommen, und ich trat in eine ihrer Baracken ein. Die Hälfte der Tür war herausgerissen, und innen herrschte eine strenge Kälte. Eine kleine Glühlampe leuchtete mit ihrem rötlichen Licht auf Männer, die ausgestreckt lagen, und auf andere, die, an die Zwischenwand gelehnt, auf dem Boden saßen, den Kopf in den Händen.

Einer von ihnen, ein ganz junger, stand auf und kam auf mich zu: ich gab ihm einen Brotknust. Da erhoben sich plötzlich all diese Geister, liefen zu dem Jungen, entrissen ihm seinen Knust, der herunter fiel. Auf dem Boden begann ein Kampf, hartnäckig, heiß, und das Brot wurde zerbröselt. Danach erhoben sie sich mühsam wieder und umgaben mich jammernd.

Ich sah sie am nächsten Tag wieder, entlang des Zauns, der uns von ihnen trennte, die Füße im Schnee steckend. Sie hatten mich erkannt und gaben aus der Ferne flehentlich Zeichen. Die Wachmänner verboten, uns sich ihnen zu nähern; das war ihre Vorschrift.
Im Verlauf des Januars wurde das Elend dieser Männer schrecklich. Kein Tag verging, an dem nicht fünf, sechs und auch mehr von ihnen starben. Achtzehn war die höchste Todeszahl. Es ist festzuhalten, dass es keine Epidemie gab, sie starben an ihrem Elend. [...]

Was in Soltau geschah, geschah auch in den Zweiglagern. Der Soldat Albert Dijon, Kriegsfreiwilliger im 8. Linienregiment, Rechtsanwalt in Huy, von dem ich schon gesprochen habe, zeigte mir am 6. Februar einen Bericht des Arztes und des Kommandanten eines dieser Lager, desjenigen von Steinhorst, einen Bericht, den man vom Schreibtisch des Offiziers, der das Soltauer Zivillager kommandierte, entwendet hatte und den man übrigens wieder an seine Stelle zurücklegte, nachdem wir ihn abgeschrieben hatten.
Der Arzt sagte, daß der Gesundheitszustand der Deportierten erbärmlich sei und daß dies auf die schlechte Ernährung und auf die schlechte Moral zurückzuführen sei. »Sie sind so schwach«, schrieb er, »daß ich es auf mich genommen habe, sie nicht mehr zur Arbeit zu schicken. Ich lasse sie eine Stunde am Morgen und eine Stunde am Nachmittag hinausgehen, das ist alles, was sie können. Trotzdem werden sie immer schwächer und sterben, wenn sie weggebracht werden, innerhalb weniger Stunden. Ich habe keine Autopsie machen können, aber nach meinem Befund sterben sie an Lungenentzündung. Sie legen sich um 5 Uhr hin, um 10 Uhr sind sie tot. Die Lage ist so, daß ich mich weigere, die Verantwortung für den Gesundheitszustand im Lager weiterhin zu tragen.« Der Bericht des Kommandanten war dem des Arztes beigefügt, und er bestätigte diesen nur.

Aus: Ernest (de) Laminne, *Notes et impressions de captivité. Contribution à l'histoire de la Kultur*, Printig Edition, Liège 1919, S. 71, 132f., 134f., 135, 153 zitiert nach: Klaus Otte, *Lager Soltau. Das Kriegsgefangenen- und Interniertenlager des Ersten Weltkrieges (1914–1921)*, © Mundschenk Druck- und Verlagsgesellschaft mbH, Soltau 1999, S. 137, 251f., 196, 218f., 253f.; S. 135–137 nicht bei Otte, übersetzt von: Rosmarie Beier-de Haan, Mathilde Reumaux

> Trotz intensiver Recherchen war es uns nicht möglich, ein Selbstzeugnis aus der Zeit der Weimarer Republik wiederzugeben. Dadurch ist in der sonst dichten zeitlichen Abfolge eine bedauerliche Lücke entstanden. Für entsprechende Hinweise sind wir dankbar (Anm. d. Red.).

»Nach einigen Stunden trafen wir auf dem Bahnhof Hattingen ein, stiegen aus dem Zug aus«

Der sowjetische Kriegsgefangene Nikolai Gubaraw im ›Gemeinschaftslager Henrichshütte‹, Zweiter Weltkrieg

Nach einigen Stunden trafen wir auf dem Bahnhof Hattingen ein, stiegen aus dem Zug aus und schon nach einigen Minuten kamen wir zu einem großen Fabrikgebäude einer Gießerei, der Henrichshütte. Am Pförtner war ein Polizist postiert, der uns den Zutritt auf das Gelände des Betriebes freigab, der durch eine mehr als 2 m hohe Mauer mit darübergezogenen Stacheldraht abgegliedert war. Später erfuhr ich, daß dieses Werk sowohl im Betrieb selbst als auch vor dem eigentlichen Betriebsgelände durch Polizei scharf bewacht wurde, woraus zweifelsfrei zu schließen war, daß die Henrichshütte eine besondere militärische Bedeutung hatte.
Das Arbeitslager für die Gefangenen befand sich auf dem Betriebsgelände in einem 3-stöckigen Gebäude, welches bislang als Materiallager genutzt und nun in aller Eile zur Unterbringung von etwa 500 bis 600 Gefangenen hergerichtet worden war. Um das Gebäude selbst und einen Platz zur morgendlichen Kontrolle waren Pfähle mit gezogenem Stacheldraht errichtet und Tore vorgehalten, die rund um die Uhr durch Soldaten bewacht wurden.
Die beiden oberen Stockwerke des Hauses waren mit Etagenbetten ausgestattet, bei denen jeweils nach 5–6 m Gänge vorhanden waren.
In der 2. Etage befand sich eine Küche und Lazarett für 20 bis 30 Personen.
In den ersten beiden Monaten wurde für die Bewachung eine getrennte Unterbringung organisiert, wozu ein finnisches Holzhaus errichtet worden war. Die Bewachung bestand aus etwa 20 bis 25 Soldaten unter dem Kommando eines Feldwebels und zweier Unteroffiziere.
In der Küche waren drei kriegsgefangene Köche in höherem Alter beschäftigt. Geleitet wurde die Küche durch zwei Gefreite.
Im Lazarett, das geleitet wurde durch einen gutmütigen älteren Deutschen, waren nur zwei Sanitäter beschäftigt. Das Lazarett wurde jede Woche einmal durch einen mittelmäßigen deutschen Arzt besucht, der über eine Be-

freiung von der Arbeit bzw. über die Fortführung des Heilungsprozesses entschied, ggf. nach einem Monat über die Einweisung zur stationären Behandlung und Rückführung ins Lager nach Hemer. Bei kleineren gesundheitlichen Schäden kamen wir in das Lazarett.

Der kleine, oben besprochene, deutsche Wachmann war nach geraumer Zeit nicht mehr für uns im Einsatz, nur noch der zweite mit der starken Brille.

Es mußten kurzfristig Formulare über die im Lager befindlichen Gefangene ausgefüllt werden und der Wachmann stellte die Fragen, wer in der Lage sei, diese in deutscher Sprache zu beantworten, zumal für ihn die russischen Namen ungewöhnlich schwierig zu schreiben waren. Ich meldete mich, die Formulare entsprechend auszufertigen. Man lobte mich und sagte, daß meine Schrift »prima« sei.

Am nächsten Tage wurde ich dem deutschen Sanitäter vorgestellt, der mir mitteilte, daß die Stelle des Lazarettsanitäters noch vakant wäre. Diese Tätigkeit sei aber mit verschiedenen anderen Arbeiten verbunden, wie z. B. Karteien zu führen und auch für die Bestattung von verunfallten und sonstwie verstorbener Kriegsgefangener Sorge zu tragen. Für jede Bestattung gab es eine Zusatzportion Suppe.

Während meiner Zeit im Arbeitskommando nahm ich an Bestattungen auf dem Friedhof Hattingen von ca. 10 Personen teil, welche bis heute in einem Massengrab auf einem Hang zur Ruhe beigesetzt wurden. Zu Kopfseite des Töten wurde ein Holzbrett aufgestellt, auf dem die von den Soldaten getragene Erkennungsmarke mit den persönlichen Angaben des Toten und der Gefangenennummer hälftig aufgeheftet wurde. Aus Scheu habe ich nach meiner Befreiung bis heute diesen ehrwürdigen Ort noch nicht besucht, wo Kriegsgefangene bestattet worden sind, die überwiegen am Hungertod im Arbeitslager verstorben sind.

In unsere Sektion kam des öfteren unser o. g. zweiter Wachsoldat, der uns mitunter Butterbrote oder etwas Marmelade mitbrachte und sich nach unserem Befinden erkundigte. Sehr oft bat er mich, ihn während seines Pförtnerdienstes zu besuchen, er war dorthin delegiert, um ihm die Grundzüge der russischen Sprache zu lehren. Für mich war dies sehr aufschlußreich und ich fragte ihn, weshalb er russisch lernen wollte. Er schaute mich mehrdeutig an und gab, wie erwartet, keine direkte Antwort. Er sagte mir nur, daß dies notwendig wäre, da für ihn die Möglichkeit bestünde schon bald an die russische Front versetzt zu werden. Außerdem sprach er französisch und schon bald empfanden wir gegenseitig menschliche Achtung und Sympathie. Als Violinspieler habe er bereits mit 12 Jahren Soloauftritte gegeben. Geboren war er in Hanau am Main, hatte keine Eltern mehr und wurde im Herbst 1941 mobilisiert. Ungeachtet seiner schlechten Augen wurde er zum Militärdienst einberufen und leistete seinen Dienst in verschiedenen Bewachungsabteilungen. Im Herbst/ Winter 1941 war er in einem Kriegsgefangenenlager in Polen im Einsatz, wo man ihm auch die erwähnten russischen Stiefel gegeben hatte.

Er hat mir Fotografien von auf der Flucht am Stacheldraht des Lagers erschossenen sowjetischen Kriegsgefangenen gezeigt, die ich mit sichtlicher Bestürzung ansah.

Bei seinem schlechten Augenlicht war es für mich erstaunlich, daß er Noten lesen konnte. Er sagte mir, daß es zwar beschwerlich sei, doch könne er Noten auswendig lernen und später immer wieder Violinstücke aus dem Gedächtnis spielen. Ich hörte ihn des öfteren in seiner Baracke außerhalb des Lager auf seiner Violine spielen. Er dachte immer an eine spätere Zeit, in der er wieder sich der Musik ganz widmen konnte.

Für mich bedeuteten die verschiedenen Treffen mit ihm, die während des Dienstes öfters stattgefunden haben, Stunden herzlicher freundschaftlicher Unterhaltung über verschiedene Themenbereiche, was bei ihm zum Erlernen der russischen Sprache und für mich zur Möglichkeit, die deutsche Sprache zu erlernen, führte.

Anfang September traten in unserem Lager Fälle von Hungererschöpfung mit großen Wassergeschwüren auf, die zu vielen Todesfolgen führten. Beinahe jede Woche wurden Leichen zum Friedhof gebracht. Letztlich war hierfür der eigentliche Grund die miserabele Ernährung und geforderte schwere körperliche Arbeit. Aus diesem Umstand kamen die besprochenen 10 Toten zum Begräbnis. Hierüber hinaus brachen etwa 50 Kriegsgefangene kraftlos und erschöpft zusammen, die anschließend zur stationären Behandlung nach Hemer gebracht wurden.

Die Geschäftsleitung der Henrichshütte befaßte sich damit, die Gründe für diese Todesfälle und die mehrfachen Ausbruchversuche aus dem Betrieb zu erforschen. Schon bald wurde den leitenden Herren des Betriebes verständlich, daß hierfür letztlich verantwortlich seien die ungenügenden Essensrationen und auch der Diebstahl von Lebensmitteln aus den Portionen der Kriegsgefangenen durch zwei deutsche Soldaten, die für die Küche verantwortlich waren. Es stellte sich heraus, daß die beiden Soldaten Magarine, Fleisch, Zucker, Brot und andere Lebensmittel in erheblichen Mengen gestohlen hatten und diese Lebensmittel über verschiedene Ausgänge aus dem Lager zur Kompensation geschmuggelt hatten. Dies hatte zur Folge, daß Anfang November die Geschäftsführung des Betriebes den Lagerkommandanten und die beiden Soldaten aus der Küche entlassen haben. Hieraufhin wurde hier ein etwas älterer Mann im Alter zwischen 55 und 60 Jahren tätig. Dieser kam morgens zur Arbeit und ging nach der Essensausgabe an die Kriegsgefangenen nach Hause. Die Abrechnung der erforderlichen Lebensmittel pro Ration wurde von diesem Deutschen sehr kleinlich nachgehalten. Er brachte sich stets Frühstücksbrote und eine Thermoskanne mit Tee und Kaffee zur Arbeit mit, korrekt wie er war. Der Koch sprach immer davon, daß er nie die Lebensmittel, die für die Gefangenen vorgesehen waren, angetastet habe.

Der Name dieses Deutschen war Pitsch. Der Küchenchef war nach dem Abzeichen auf dem Revers Mitglied der Nationalsozialistischen Partei. Er wurde sehr oft von einem Herrn der Geschäftsleitung im mittleren Alter empfangen. In seiner Aussprache hatte er einen ungewöhnlichen Akzent mit einer scharfen Betonung des Buchstabens »R«; meines Erachtens typisch für die Bewohner des rheinisch-westfälischen Raumes.

Manchmal kam dieser Direktor ins Lazarett und fragte nach Ernährung, Vorhandensein von Medikamenten und Verbandsmaterial.

Ich fragte Oskar Kramfort, womit sich dieser Herr der Geschäftsleitung beschäftigt und welche Beziehung er zu den Gefangenen des Lagers habe. Wie er wisse, sei ihm wohl nichts bekannt. Er sei Ingenieur in der Betriebsleitung, stehe aber keineswegs in Verbindung mit der Abwehr oder der Gestapo. Trotzdem gab man mir in Gesprächen den Hinweis, beim Umgang mit diesem Herrn vorsichtig zu sein.

Im Oktober oder Anfang November kam dieser technische Direktor wieder, wie üblich, ins Lazarett und nahm mich mit in das Büro der Betriebsleitung. Den Grund, weshalb er mich außerhalb des Lagers zu sprechen wünschte, sagte er mir nicht. Er informierte jedoch den Feldwebel des Kommandos und den Diensthabenden, daß er mich für eine Stunde in sein Büro mitnehme.

Mir sind in das Dienstgebäude, direkt in den ersten großen Raum gegangen. An den Schreibtischen sahen wir die Angestellten, im wesentlichen Frauen.

Der Ingenieur begrüßte alle recht freundlich und führte mich in sein Dienstzimmer.

In seinem Büro bat er mich, mich an den Kaffeetisch zu setzen und bot mir Limonade an. Dann öffnete er einen Safe, nahm einen Umschlag heraus und legte mir einige Fotografien mit Karrikaturen von Adolf Hitler vor mit russischem Text. Er bat mich, die Anmerkungen in russischer Sprache ins Deutsche zu übersetzen.

Bevor ich den Text übersetzte, fragte ich den Ingenieur, woher er die Fotografien habe und ob das Aufbewahren dieser Bilder nicht gefährlich sei.

Hierauf entgegnete er mir, daß er diese Fotos von einem Freund, einem Offizier erhalten habe; das Aufbewahren in der Tat jedoch recht gefährlich sei, aber sie befinden sich in dem Safe an einem sicheren Ort.

Man hat mich ausdrücklich gebeten, mit niemanden hierüber zu sprechen.

Nach etwa einem Monat sah ich diesen Herrn zufällig wieder in einer schwarzen SS-Uniform im Betrieb.

Was er für ein Mensch war und welche Tätigkeit er letztlich ausgeübt hat, blieb mir bis heute ein Rätsel. Auch sein eigentlicher Name ist mir bis heute verborgen geblieben.

Eine unvorhergesehene Begebenheit trug sich im Oktober zu mit zwei mir meines Erachtens wohlgesonnenen Soldaten von der Wache, zwei Gefreiten, Oskar und Max. An einem versonntäglichen Tag führte mich Oskar in die Kleiderkammer für Kriegsgefangene. In meiner Gegenwart wählte er eine Fallschirmspringer-Uniform der holländischen Streitkräfte und entsprechende Schuhe aus, da ich und alle anderen holländische Holzschuhe hatten. Oskar teilte mir mit, daß ein ungewöhnliches Treffen mit Freunden in der Stadt bevorstünde. Für Bekannte wäre es von Interesse, einen russischen Kriegsgefangenen kennenzulernen. Man machte mich jedoch darauf aufmerksam, daß ich mich erst rasieren und waschen sollte. Außerdem gab man mir eine Uniform. Um das Bügeleisen kümmerte sich Max.

Am Sonntagabend war alles bereit. Oskar nahm eine Pistole mit und warnte mich, daß er im Falle eines Fluchtversuchs schießen würde und Max die Polizei rufe. Ich war mit dieser Aktion einverstanden, zumal ich ein ausgiebiges Essen erwartete und darüber hinaus einen guten Empfang.

Die Pförtner, sowohl des Lagers wie auch des Betriebsgeländes, konnten wir ohne Problem passieren. Nach 20 bis 25 Minuten kamen wir zu der Wohnung, in der sich eine Gruppe Männer und Frauen befanden, allesamt Zivilisten, die mich mit einer ungewöhnlichen Neugierde betrachteten, wie einen Neuankömmling von einem anderen Planeten. Sie versorgten mich mit Brötchen und Butterbrot. Danach stellten die Anwesenden mir verschiedentliche Fragen: wer ich sei, woher ich komme, wo ich in Kriegsgefangenschaft geraten sei etc. Meine »Bewachung« half mir hierbei wie einem Schüler in der 1. Klasse bei der Prüfung.

Nach etwa 1 Stunde hatte ich mich satt gegessen und entschloss mich, das verbliebene Essen meinen Kollegen mitzunehmen.

Oskar hat meinem Ansinnen kategorisch widersprochen und sagte mir, daß dieser Besuch geheim sei und niemand etwa davon wissen dürfe.

Nachdem man mich zum Lager zurückgebracht hatte, gingen die beiden Soldaten wieder zur Stadt. Ich stand noch vollkommen unter dem Einfluß der ungewöhnlichen Eindrücke und fiel schon bald in einen tiefen Schlaf.

Ich weiß nicht mehr, wie lange ich geschlafen habe, aber plötzlich hörte ich einen schrillen Aufschrei und erfuhr eine blitzartige Bewegung des Kopfes. Ich wachte auf, wußte aber nicht, was passiert war.

Vor mir standen zwei Wachoffiziere, welche immer wieder eindringlich die Frage wiederholten, wo und weshalb ich in der Stadt gewesen sei. Zur gleichen Zeit als mutige deutsche Kämpfer an der Ostfront ihr Blut vergössen, ginge ein russischer Kriegsgefangener ausgiebig in der Stadt feiern. Ich bekam Arrest. Die Kammer befand sich auf der 1. Etage neben der Sauna.

Aus: Bericht des sowjetischen Kriegsgefangenen Dr. med. Nikolai Gubaraw über das sowjetische Kriegsgefangenenlager der Henrichshütte, Stadtarchiv Hemer, S. 2–6

»WOFÜR? KEINER WUSSTE ETWAS«

DIE EHEMALIGE UKRAINISCHE ZWANGSARBEITERIN GALINA HALINA

Genau an meinem Geburtstag marschierten die Deutschen in die Stadt ein. Ich wurde damals 16 Jahre alt. Das war 1941. Und im Jahre 1942 wurden wir Jugendlichen hier arbeiten gejagt. Ich erinnere mich sogar, ich musste oft arbeiten. Entweder räumten wir irgendwelche [zerstörte] Häuser auf oder machten wir gruben Schützengräben dort am Fluss. Und darüber, dass wir man nach Deutschland verschleppt werden könnten, daran dachte keiner. Hatte keiner eine Vorstellung. Und aber plötzlich, wir hatten hier neben der Schule N° 3 ein Arbeitsamt, mussten sich alle im Arbeitsamt neben der Schule N° 3 registrieren lassen. Danach fing alles an.
[...]

Interviewer: Sie brachten Euch direkt zum Arbeitsamt. Ließ man Sie dann nach Hause?

Nein, sie ließen uns nicht nach Hause. Sie fuhren uns hinter den Bahnübergang Iwanowskij. Dort war eine Schule. In die brachten sie uns. Dort waren viele Menschen. Viele von uns kannten einander, wir waren doch hier groß geworden. Sie brachten Güterwaggons zur Schule und erklärten uns, dass wir immer mit 30–40 Personen in einen Waggon gesetzt werden würden. Danach jagte man uns in die Waggons.
[...]
Um ins Lager zu kommen, in das sie uns brachten, musste man über einen großen Hof gehen. Dahinter war ein Kriegsgefangenenlager und direkt durch dieses Tor kamen wir ins Lager. Wie es hieß, sagte uns keiner damals. Man stellte uns alle in einer Reihe auf. Das Lager war wie ein Stadion aufgebaut. In der Mitte stand ein Gebäude aus Stein. Dort saß die Lagerleitung und daneben waren Baracken. Man fing an, uns über den Platz zu jagen. [...] Man schwenkte mit den Peitschen, wen man traf, den schlug man. Wofür? Keiner wusste etwas. Und so jagte man uns ungefähr 10 Mal. Danach stellte man uns auf. Irgendwelche Chefs kamen heraus, und man fing an, uns in die Baracken zu verteilen.
[...]
Wir standen um 6 Uhr auf, eine Stunde hatten wir zum Fertigmachen und so was ähnliches, danach brachte man

uns um 7 Uhr zum Werk. Und solche wie ich, es gab einige Frauen, die im Lager aufräumten, sie arbeiteten ab 8 Uhr. Es war schwer für die, die auf den Wachturm klettern mussten. Dort gab es eine Leiter. Man musste sie raufklettern. Das Wasser stand da. Ich schleppte kein Wasser dahin. Für jeden Wachturm brauchte ich ca. 1,5 – 2 Stunden. Ich musste dort nicht einfach den Boden wischen. Ich musste den Boden putzen, bis er genau so eine Farbe wie ein Ei hatte, so sagte mir einer von den Deutschen. Ich putzte mit Sand und Bürsten. Man gab mir kein Waschpulver. Vielleicht hatten sie es damals noch nicht. Ich weiß es nicht genau. Es gab Sand und Wasser. Ich putzte und putzte. [...] Danach brachte man mich zum nächsten Turm. [...]

Interviewer: Gab es Ruhetage?

Nein, wir hatten weder Ruhetage noch Feiertage.

Aus: Interview mit Galina Halina, Kramatorsk/Ukraine, durchgeführt von Wladimir Maljutin, Donezk/Ukraine, übersetzt von Sergej Avicjuk, Warendorf (Abschrift, S. 1, 3, 6, 14), © Mit freundlicher Genehmigung des Westfälischen Industriemuseums, Landesmuseum für Industriekultur des Landschaftsverbandes Westfalen-Lippe (LWL)

»AM NÄCHSTEN TAG UM 2 UHR (NACHTS, ALSO IN 3 STUNDEN) SOLLTEN WIR AM BAHNHOF SEIN, UM AUSGEWIESEN ZU WERDEN«

EIN VERTRIEBENER AUS BÖHMEN, MITTE JUNI 1945

Es war am 16.6.45, einem Samstag. Früh ging ich zu einem gut bekannten Landwirt in der Nähe von Friedland bei Reichenberg in Nordböhmen, um bei der Einbringung von Wiesenheu aus Gefälligkeit zu helfen, den ganzen Tag über war ich von bösen Ahnungen befangen, ohne mir Rechenschaft geben zu können. Spät abends kehrte ich zurück. Es schlug 23 Uhr, ich und meine Frau wollten gerade zu Bett gehen, als wir unseren Namen am Hof vernahmen. Ich ging zum offenen Fenster und erblickte am Hof einen Tschechen mit Schriften in der Hand. Ich ging herunter und bekam ein Exemplar eingehändigt. Oben las ich die Schrift, es war, als hätten wir Dolchstöße bekommen, wir waren sprachlos vor Schrecken, unfähig, irgend etwas zu unternehmen. Am nächsten Tag um 2 Uhr (nachts, also in 3 Stunden) sollten wir am Bahnhof sein, um ausgewiesen zu werden. Man stelle sich unsere Lage vor. Von einer Ausweisung haben wir nie was gehört, nun sollten wir plötzlich und gänzlich unvorbereitet Heimat und unseren ganzen schönen und wertvollen Besitz, im Laufe von Jahrzehnten erworben, für immer verlassen, ohne uns auch nur der geringsten Schuld bewußt zu sein, ganz im Gegenteil war uns das Naziregime von Anfang an höchst verhaßt, einer höchst ungewissen Zukunft entgegen; es war eine schreckliche Lage, und nur je 24 kg pro Person wurde uns erlaubt mitzunehmen. Wir waren gänzlich unfähig, etwas zu unternehmen, es wurde 24, 1, 2, 3 Uhr, wir fanden keine Fassung. Da, kurz nach 3 Uhr hörten wir wiederum unseren Namen am Hofe. Ich ging wiederum herunter und bekam abermals eine Druckschrift eingehändigt, in welcher uns mitgeteilt wurde, daß unsere Ausweisung am 17. 6. 45, 2 Uhr rückgängig gemacht wurde. Uns fiel ein Stein vom Herzen, wir atmeten auf, wir schöpften Hoffnung.

Diese Hoffnung sollte nur wenige Stunden währen. In der ersten Zuschrift stand nämlich, daß wir im Einvernehmen mit der russischen Besatzung ausgewiesen werden, was die Russen nicht gelten ließen; und auf deren Anordnung mußte die erste Ausweisungs-Verständigung widerrufen werden. Wie gesagt, sollte unsere Hoffnung nur wenige Stunden währen, denn bereits am gleichen Tage um 15 Uhr wurden wir verständigt, um 18 Uhr am Bahnhof zwecks unwiderruflicher Ausweisung gestellt zu sein. Ein Protest bei der russischen Besatzung verlief ohne Erfolg. Diese Ausweisung war hier die erste und wohl schrecklichste, betroffen waren angeblich 800 Personen.

Auf tschechischer Seite waren fast nur junge Burschen beteiligt, die sich gegenseitig in Gemeinheit und Niedertracht überboten. Jede Partie hatte ein Wägelchen zum leichteren Fortschaffen der mitgenommenen wenigen Habe. Die erste Gemeinheit bestand darin, daß uns die Mitnahme derselben verboten wurde und der Kontrolle unterlag. Das Fehlen dieser Fahrzeuge hat unsere Fortbewegung ungemein erschwert, zumal der Bahnverkehr nach und nach in bescheidenstem Maße einsetzte. Im Bahnhofsraum wurden alle zur Ausweisung bestimmten Personen und deren gesamte Habe einer scharfen »Kontrolle« unterworfen. Diese bestand darin, daß allen ohne Ausnahme alles Bargeld, alle Dokumente, alle Sparbücher, Uhren, Messer, Rasierapparate, kurz alle Gebrauchsgegenstände, alle neuen und neueren Bekleidungsartikel und Schuhe abgenommen wurden; wer neue oder neuere Sachen am Leibe hatte, mußte diese aus- und alte, wenn nötig, von anderen Personen anziehen. Wer sich widersetzte oder, wenn auch schüchtern, gegen die Wegnahme protestierte, wurde grob geschlagen und in gemeinster Weise beschimpft, jedermann wurde einer peinlichen Leibesvisitation unterzogen, selbst das weibliche Geschlecht durch die Burschen. Im wahren Sinne des Wortes haben wir alle als Bettler das Lokal verlassen, um einwaggoniert zu werden; es war bereits nach Mitternacht, als der Zug, beschriftet mit »Heil Hitler« und »Heim ins Reich«, mit uns in Viehwagen abfuhr. Hinter der Grenze im freien Felde bei stockfinsterer Nacht wurde gehalten und wir unter Hohngelächter auswaggoniert. Daselbst lauerten Polen und Russen auf uns, wenn noch jemand etwas gerettet hatte, dem wurde es abgenommen, auch Schüsse fielen, Schreie erfüllten die Luft. Nur wenige fanden Unterkunft, die meisten mußten im Freien übernachten, nicht wissend, wohin am nächsten Tage, einer trostlosen Zukunft entgegen. Deutschen Boden betraten wir in der Görlitzer Gegend, woselbst wir uns die ersten Monate aufhielten, und zwar so lange, als die einzige Nahrung der Vertriebenen – Kartoffeln, in den sogenannten Mieten im Freien eingelagert (von Wirtschaften, deren Besitzer noch nicht heimgekehrt waren), vorhielten, Brot gab es nicht. Die Gegend hier war überfüllt mit Vertriebenen aus dem Osten und Sudetenland, an die 100 000 sollen es gewesen sein, die Sterblichkeit war sehr hoch. Kein Wunder, daß wir rasch von Kräften kamen.

Aus: Erlebnisbericht des Reg.-Inspektors E. Wollmann aus Friedland (Isergebirge). Original, 27. April 1953, in: Bundesministerium für Vertriebene, Flüchtlinge und Kriegsgeschädigte (Hrsg.), *Die Vertreibung der deutschen Bevölkerung aus der Tschechoslowakei*, In Verbindung mit Werner Conze, Adolf Diestelkamp, Rudolf Laun, Peter Rassow und Hans Rothfels, bearb. von Theodor Schieder, Band IV/2, Berlin 1957, S. 386f.

»ICH MÖCHTE LEGAL RAUS, WIR WÜRDEN DAS AUCH BEZAHLEN«

RENATE SCHNEIDER, AUS DER DDR ›FREIGEKAUFT‹ IN DIE BUNDESREPUBLIK DEUTSCHLAND, 1968

Nach der Haft
Meine Eltern waren sehr verunsichert. Mein Vater sah hinter jedem einen Stasi-Mann. Er konnte kaum auf der Autobahn fahren, sofort hatte er das Gefühl, da ist schon wieder einer hinter mir. Diesen Mauerschock und seine Folgen hat mein Vater nie verwunden. Meine Mutter trug das alles mehr mit Fassung.
Ich bekam eine Arbeitsstelle an einer Kinderklinik und begann meine Facharzt-Weiterbildung. Inzwischen war mein zukünftiger Ehemann aufgetaucht. Er war am berühmten 17. Juni 53 wegen Zugehörigkeit zur Jungen Gemeinde aus der Lübbener Schule verwiesen worden. Daraufhin hat er eine Ostklasse in West-Berlin besucht und dort das Abitur bestanden. Wir haben uns also wiedergetroffen, und er machte mir Mut, es noch einmal zu versuchen, nach West-Berlin zu entkommen. Ich bin damals zu Rechtsanwalt Vogel in sein Büro gefahren. In den Jahren 1966/1967 gab es schon Freikäufe. Ich sagte zu Herrn Vogel: »Ich möchte legal raus, wir würden das auch bezahlen.« Vogel hat nur gelacht. Und sagte und antwortete: »Dann geben Sie mal Ihren Beruf auf. Gehen Sie irgendwo in eine Drogerie als ungelernte Fachkraft arbeiten. Dann hätte ich eine Idee, Sie vielleicht freizubekommen. Oder wenn Sie sich noch mal einsperren lassen würden? Das wäre die größte Chance. Es ist eigentlich, wenn ich Sie rüberkriegen soll.« So lief das damals. Darauf bat ich meinen späteren Ehemann, er solle sich mit Freunden im Westen in Verbindung setzen. Wir vereinbarten, daß ich eine falschen Paß gedruckt bekäme, mit originalem Foto und originaler Unterschrift. Er übernahm selbst die Kurierdienste. Als alles vorbereitet war, buchten wir eine Reise nach Bulgarien an das Schwarze Meer. Ich von der DDR aus, er aus Westdeutschland. In Bulgarien überreichte er mir meinen Reisepaß mit nachgemachtem Einreisestempel und sagte: »Morgen geht's los! Wir fahren mit einem Schiff nach Istanbul.« Das erste Problem war, daß der Einreisestempel so schlecht gefälscht war, daß es selbst ein Nichtfachmann erkannt hätte. Das zweite Problem bestand darin, daß das Schiff nach Istanbul nicht mehr lief, weil

alle darüber flüchteten. Die Route war eingestellt worden. Deshalb nahm mein Freund eine Taxe. Wir wollten damit von Varna nach Istanbul fahren. Natürlich haben die Bulgaren an der türkischen Grenze sofort gesehen, daß der Paß gefälscht war. Damit war meine erneute Flucht beendet und es ging nach Sofia in Staatsgefängnis. In Sofia war es nicht so schlimm wie in Hohenschönhausen. Da gab es einen schönen Rosengarten und man konnte am Tag spazierengehen. Aber der Haftrichter, der mich verhörte, der war viel viel schärfer. Er drohte mir: »Sie kommen jetzt wieder in die DDR, sie werden wieder in Ost-Berlin verurteilt.« Ich antwortete ihm, daß ich immer in den Westen wollte, aber es gäbe keine legale Möglichkeit, meinen im Westen lebenden Mann zu ehelichen. Als ich meinen Ausreiseantrag stellen wollte, wurde mir gesagt, daß er doch in die DDR zurückkommen solle, wenn wir heiraten wollten. Dieser Haftrichter in Sofia sagte beim Verabschieden: »Ich werde sorgen, daß Sie kommen n i e zusammen!« Darauf antwortete ich ihm: »Sie bekommen von mir noch mal eine Heiratsanzeige.«

Mit dreizehn weiteren Häftlingen wurde ich in einer kleinen Maschine von Sofia nach Schönefeld geflogen. Alle waren aus dem gleichen Grund verhaftet worden. In Schönefeld sind wir abseits gelandet, da stand schon die »Minna« und brachte mich wieder nach Hohenschönhausen. Zum Empfang sagte meine sächsische Wachtmeisterin fröhlich: »Nu, da sind Se ja wieder.«

Dieses Mal waren sie in Hohenschönhausen viel freundlicher. Es stand nämlich schon fest, daß ich irgendwann rausgekauft werden würde. Man wußte nur nicht, wann. Ich bekam einen neuen Vernehmer und manchmal eine zweite Tasse Kaffee. Verurteilt wurde ich aber trotzdem zu dreieinhalb Jahren.

Nach dem Prozeß wurde ich gleich in das große Frauengefängnis nach Hoheneck gelegt. Da ich Kinderärztin werden wollte, haben sie mich in eine Zelle mit lauter Kindestöterinnen gelegt. Die erzählten mir Tag und Nacht ihre Geschichten: wie die eine ihre Kinder totgeschlagen, die andere sie ersäuft, die dritte sie vergast hat. Es war furchtbar. Ich »durfte« in Hoheneck Bettwäsche am Band nähen.

Freikauf in die Bundesrepublik

Nach einem Jahr, es war am 14. Juni [1968] bei herrlichem Sonnenschein, schloß ein Wärter die Zelle auf und sagte im breitesten Sächsisch: »Gommen Se mit, mir gehn auf Transport.« Ich dachte, sie bringen mich jetzt nach Sibirien, weil ich auch immer recht dreist war und meine Meinung sagte. Wegen »übler Reden« wurde ich einmal sogar in den Bunker geworfen. Aber dieses Mal war alles anders. Als ich die Treppe runterkam und zwei Stasi-Leute sah, fragte ich: »Was soll ich denn hier?« Da sagte der eine: »Tscha, das möchten Sie wohl wissen, wir wollen Sie nämlich heut entlassen.« Und er fragte noch: »Wollen Sie in der DDR bleiben oder wollen Sie in die Bundesrepublik ausreisen?« »Ich favorisiere die deutsche Bundesrepublik«, antwortete ich. »Na ja, das haben wir auch vor«, lautete die Antwort. Weil ich am selben Tag noch im Westen erscheinen sollte, mußten die Wachtmeisterinnen schleunigst meine Garderobe ändern. Mir paßte nichts mehr, ich hatte zehn Kilo abgenommen. Es schlotterte alles nur so an mir. Nachdem dieses erledigt war, haben sie mich von Hoheneck bis an die Grenze nach Wartha-Bebra gebracht. In der Nähe von Eisenach sah ich oben die Wartburg. Es war wie ein Traum, das vergesse ich nie!

An der Grenze durften die Stasi-Leute nicht weiter, wir warteten also und warteten. Kein Wort wurde gesprochen. Endlich kam mit einem Ostberliner Mercedes Rechtsanwalt Vogel angefahren und aus West-Berlin Rechtsanwalt Stange. Vogel hatte mich schon im Knast besucht und durch die Blume zu verstehen gegeben, daß es nicht mehr lange dauere. »Behalten Sie die Nerven.« Ich hatte dieses ganze Jahr die Hoffnung und beinahe die Sicherheit, daß es klappen würde.

Vogel öffnete seinen Kofferraum und überreichte mir einen ganzen Packen mit sämtlichen Zeugnissen und Papieren, die mir gehörten, und einen riesengroßen Blumenstrauß von meinen Eltern.

Und dann sind wir über die Grenze gefahren. Das war noch makabrer. Auf der Westseite stand ein Kiosk. Stange und Vogel sagten, ich solle da mal reingehen und mir eine Cola bestellen. Da dies eine Einzelaktion sei, müßte ich erst noch identifiziert werden. Man wollte im Westen sichergehen, daß sie auch die Richtige brachten. Vogel hatte schon den Aktenkoffer für Geld in der Hand. Auf einmal fuhr ein schwarzer Mercedes der Bundesregierung vor, darin saßen vier Männer in schwarzen Anzügen. Es war wie in einem Bilderbuch. Ich mußte vor ihnen Parade laufen, bis sie festgestellt hatten: »Die ist es.« Daraufhin wechselte ein Geldkoffer seinen Besitzer.

An der Grenze warteten Freunde, die von meiner Ankunft wußten. Ihnen hat mich Vogel übergeben. Zwei Stunden später war ich bereits auf dem Frankfurter Flughafen. Mein Freund und mein Bruder erwarteten mich schon. So kam ich in den Westen.

Eine Woche später hörte ich durch irgendwelche Quelle,

daß ein Spion für mich ausgetauscht worden sei. Ich war sprachlos. Immerhin hatte ich doch schon hunderttausend Mark gekostet! Dieser Kerl hat in Königs Wusterhausen am Biertisch gesessen und damit geprahlt, daß er gegen eine Kinderärztin aus dem Kreis Zossen ausgetauscht worden sei.

Aus: Renate Schneider, »Sie bekommen von mir noch mal eine Heiratsanzeige«, in: Maria Nooke, *Der verratene Tunnel. Geschichte einer verhinderten Flucht im geteilten Berlin*, © Edition Temmen, Bremen 2002, S. 93–95

»Das Studentenwohnheim war für uns ein grosser Luxus«

Herr H., geb. 1955, kam 1972 aus Vietnam zum Studium in die DDR

Wir sind mit dem Zug angekommen und waren 13 Tage unterwegs. Wir waren erst einmal in Peking, nur einen Tag lang. Dort waren -30 Grad. Als Studenten bekamen wir vom Ministerium für Hochschule einen Pullover und ein paar Strümpfe. Zum Glück hat mir mein Opa noch zwei Paar Strümpfe geschenkt. Bis Peking musste ich alle drei Paar Strümpfe benutzen. Die Hälfte unserer Gruppe hat sich sehr erkältet. Einem von uns ging es so schlecht, dass er nicht mehr mit uns weiterfahren konnte. In Moskau sollten wir warme Kleidung erhalten. Dort haben wir zehn Rubeln in die Hand bekommen. Davon haben wir eine russische Wintermünze gekauft. Sie kostete schon 7,50 Rubel. Vom Rest mussten wir Essen kaufen. Für etwas zum Trinken hat es nicht mehr gereicht. Wir kamen schließlich im März in Berlin am Ostbahnhof an. Es war sehr kalt. Wir wurden direkt am Bahnhof mit einer Zeremonie empfangen. Wir wussten gar nicht, dass man uns im Fernsehen bringen wollte. Das war eine sehr große Überraschung. [...]

Es war für mich eine große Umstellung, als ich in die DDR kam. Vietnam war ein sehr armes Land. Wir hatten nicht genug zu essen und nicht genug Kleidung. Schuhe stellten für unsere Generation den höchsten Luxus dar. Meistens mussten wir mit Sandalen laufen, die aus Gummireifen gefertigt waren. Das Studentenwohnheim war für uns ein großer Luxus, da wir aus dieser Kriegssituation in Vietnam kamen. Unsere Generation in Vietnam konnte von ein paar Bonbons nur träumen. Eis kannten wir gar nicht. [...]

Von 1974 bis 1978 habe ich Bauwesen in Weimar studiert. Ich wollte auf jeden Fall eine technische Fachrichtung studieren, z.B. Elektrotechnik. Wir waren vom Staat delegiert, der entschied, wo und was man studieren wird. Für fast alle vietnamesischen Schüler war es wichtig, überhaupt ein Studium zu machen. [...]

Für uns war das Studium sehr schwer, weil die deutsche Sprache sehr, sehr schwer ist. Im ersten Jahr dachten wir, dass wir das nicht schaffen konnten. Bei den Vorlesungen konnten wir den Professor fast gar nicht verstehen, obwohl wir schon fast zwei Jahre Deutsch gelernt hatten. Wir konnten in den Fächern Mathematik, Physik, Chemie lesen, aber die Fachwörter im Bereich Bauwesen zu verstehen, war schwierig. Damals gab es nur ein vietnamesisch-deutsches Wörterbuch mit ca. 30.000 Wörtern, das allein den Alltagswortschatz enthielt. Wenn wir ein Fachbuch gelesen haben, dann haben wir für drei oder vier Seiten einen ganzen Nachmittag gebraucht. [...]

Bevor wir zum Studium ins Ausland gingen, haben wir sehr viel über die politischen Aufgaben eines Studenten gelernt. Das Hauptziel war, unser Land später aufzubauen. Daher haben wir in der DDR hauptsächlich gelernt und weniger das Leben einfach so genossen. Wir bekamen 280 Ostmark Stipendium. Fast alle Studenten erhielten noch ein Leistungsstipendium: bei Noten zwischen 1,0 und 1,5 achtzig Ostmark, bis Note 2 sechzig Ostmark und bis 2,5 vierzig Ostmark. Die meisten empfingen zwischen vierzig und sechzig Ostmark. Das war für uns sehr viel Geld, da die Lebenshaltungskosten in der DDR sehr niedrig waren. Jeden Monat konnten wir 150 Ostmark sparen, ohne das Leistungsstipendium einzurechnen. Fast alle Vietnamesen wussten, dass sie mit den Ersparnissen aus der DDR ein gutes Startkapital in Vietnam hatten. Die Wochenendarbeit – in der DDR gab es immer auch Studenten, die arbeiteten – war eine zusätzliche Einkommens- und Sparquelle.

Aus: Andrea Schmelz, *Bildungsmigranten aus Afrika und Asien. Interkulturalität, Umbrüche, und Neuorientierung im geteilten und wiedervereinigten Deutschland*, © IKO-Verlag für Interkulturelle Kommunikation, Frankfurt a. M./London 2004, S. 32, 48f.

»Wir waren erstaunt, wie ordentlich, sauber und schön alles war«

Herr H., geb. 1959, kam 1980 aus Äthiopien zum Studium nach Leipzig

Es war mein erster Flug, ein sehr langer Direktflug. Wir waren erstaunt, wie ordentlich, sauber und schön alles war. Als wir vom Flughafen Schönefeld zum Bahnhof gebracht wurden, sahen wir Jugendliche, die sich küssten und umarmten. Wir waren schockiert. So etwas hatten wir in Äthiopien noch nie erlebt. Wir dachten, in welche Kultur sind wir hineingeraten. [...] Auf der Zugfahrt nach Leipzig saß neben mir ein deutsches Mädchen, das sehr gut Englisch sprach. Sie hat mir erklärt, wie das Studium und wie das Studentenleben in der DDR funktioniert. Dann kam ich etwas zur Ruhe. [...] In Leipzig empfing uns unser Betreuer, der uns das ganze Jahr über sehr eng begleitet hat. Wir kamen alle direkt aus dem Elternhaus und er hat uns Schutz gewährt. Wir konnten uns mit jedem Problem an ihn wenden, und er hat immer aufgepasst, dass wir keinen Alkohol trinken und die Schule nicht schwänzen. Er kam auch zu uns ins Internat und kontrollierte, ob es sauber ist. Er hat auch DDR-Kunde nach dem Sprachunterricht unterrichtet.[...]
Die Sprachausbildung war sehr streng und stellte eine große Herausforderung dar. Jeden Tag mussten wir um 7 Uhr da sein. Kamen wir 5 Minuten zu spät, war die Lehrerin total verärgert. Eine solche Ausbildung sollte Spaß machen, hat sie uns aber nicht. Erst mit der Zeit habe ich sie lockerer genommen und begonnen, mich mehr nach außen zu orientieren und Kontakt zur Gesellschaft aufzunehmen. Ich bin beispielsweise mit anderen Äthiopiern in die Gaststätte gegangen. Dort haben wir gegessen und versucht mit den Leuten zu reden. So kamen wir in Kontakt mit der Bevölkerung. Die meisten waren sehr aufgeschlossen. Sie bemerkten auch unsere Bemühungen, die Sprache zu sprechen. Einige haben uns sogar zu sich nach Hause eingeladen. Am Ende der Sprachausbildung war ich der einzige von sechs Äthiopiern, der die Prüfung bestanden hat. Es war eine sehr harte Zeit.

Aus: Andrea Schmelz, *Bildungsmigranten aus Afrika und Asien. Interkulturalität, Umbrüche, und Neuorientierung im geteilten und wiedervereinigten Deutschland*, © IKO-Verlag für Interkulturelle Kommunikation, Frankfurt a. M./London 2004, S. 36f.

»Das Leben zwischen Deutschen und ausländischen Studenten war sehr getrennt«

Frau V., geb. 1958, kam 1978 aus der Mongolei zum Studium in die DDR

Ich habe 1978 angefangen, Wirtschaft in Berlin an der Humboldt-Universität zu studieren, bis 1982. Mit den deutschen Kommilitonen habe ich mich nie verstanden. In meiner Seminargruppe waren wir nur zwei Ausländerinnen, eine aus Bulgarien und ich. Mit ihr habe ich auch nicht sehr viel unternommen, wir waren alle quasi Einzelgänger. Das Studium selbst verlief ruhig. Natürlich gab es immer wieder Probleme in meiner Seminargruppe, besonders mit meinen deutschen Kommilitonen. Sie wussten über alles Bescheid, was ich tat. [...] Als ich 1982 in den Sommerferien nach Hause fuhr, stellte ich fest, dass ich schwanger war. Ich konnte mein Studium in der DDR daher nicht beenden.

Ich wohnte im Wohnheim in Karlshorst alleine. Auf jeder Etage eine gemeinsame Küche, ein gemeinsames Bad und eine Toilette. Da wohnte man eigentlich zu zweit oder zu dritt. Die erste Zeit hatte ich das Zimmer mit zwei deutschen Studenten aus meiner Seminargruppe geteilt, aber das wollte ich nicht. Sie waren alle FDJler. [...] Wir haben uns überhaupt nicht verstanden. Ich wollte unbedingt ein eigenes Zimmer. Ich habe gebettelt, Geschenke gemacht und bin zur mongolischen Botschaft gegangen. Sie regelte, dass ich ein Einzelzimmer bekam. [...] Das Leben zwischen deutschen und ausländischen Studenten war sehr getrennt. Die Ausländer haben sehr zusammengehalten. Mit den deutschen Studenten hatten wir kaum Kontakt. [...] Die deutschen Studenten, die damals mit den ausländischen Studenten leben mussten, waren wie eine Art Aufsicht. Von oben wurde von ihnen verlangt, dass sie auf uns aufpassen sollten.

Aus: Andrea Schmelz, *Bildungsmigranten aus Afrika und Asien. Interkulturalität, Umbrüche, und Neuorientierung im geteilten und wiedervereinigten Deutschland*, © IKO-Verlag für Interkulturelle Kommunikation, Frankfurt a. M./London 2004, S. 54, 73.

»Ich fühle mich nicht mehr als Ausländer, sondern wie ein italienischer Mitbürger von Völklingen«

Giuseppe Fichera, 1956 aus Sizilien in die Bundesrepublik Deutschland gekommen

Es war im Jahre 1956, ich war damals 25 Jahre alt und im Dorf San Michele die Ganzeria (Provinz Catania) herrschte öde Trostlosigkeit, zum Überleben für uns jungen Leute gab es nur zwei Möglichkeiten: entweder nach Palermo zu gehen und zu versuchen, sich im Mafiamilieu einzumischen oder auszuwandern, um eine Arbeit zu finden.

Zum Glück habe ich Leute gefunden, die mich auf den zweiten Weg geschoben haben, unter ihnen der Dorfpriester, welcher mir, um sich von einem aktiven Kommunisten zu lösen, wie Don Camillo, die Adresse eines Beamten gegeben hat, der mir in kurzer Zeit für den Preis einer jungen Ziege einen regulären Pass für die Auswanderung besorgte.

Durch einen Dorfbewohner haben wir erfahren, dass in Deutschland, in Völklingen, eine Baufirma (Firma Alfred Müller) Arbeiter suchte, und dass wir diesen Ort über Frankreich erreichen konnten. Am 29.3.1956 haben wir die Fahrkarte Catania–Mailand–Metz–Forbach gekauft, und wir sind im deutsch-französischen Grenzgebiet angekommen. Unser Freund holte uns ab, und heimlich sind wir durch die Wälder nach Völklingen zu der Firma gegangen, die uns Arbeit und Unterkunft gegeben hat.

Nach einiger Zeit habe ich heimlich die Grenze überschritten, um einen Freund – wie man mir geholfen hat – über die Grenze zu begleiten, aber auf dem Rückweg nach Deutschland sind wir von der deutschen Grenzpolizei aufgehalten und zurück nach Frankreich geschickt worden, mit dem Stempel »zurückgewiesen«.

Ohne den Mut zu verlieren, habe ich nachts die Grenze wieder überschritten. Mit dem Arbeitsvertrag mit meiner Baufirma bin ich vom Ministerium in Saarbrücken zum deutschen Konsulat in Nancy geschickt worden, um ein Visum für Deutschland zu bekommen.

An dieser Stelle möchte ich daran erinnern, dass die deutsche Bevölkerung am 3.10.55 erneut aufgerufen war, zwischen einer französischen und einer deutschen Regierung zu wählen, und dass die Bevölkerung auch diesmal für Deutschland gestimmt hatte.

Ich konnte somit offiziell im Saarland wohnen. Mein neues Leben wurde mit ca. 90 anderen Arbeitskollegen geteilt, alle in einer einzigen Holzbaracke untergebracht, alles ausländische Arbeiter, Sizilianer aus Favara, Canicatti, Palma die M., dazu noch zwei Portugiesen und vier Spanier.

Wir haben in Etagenbetten geschlafen, die Küche war eine Gemeinschaftsküche. Die Begegnung mit der deutschen Gesellschaft war sehr schwer, es gab sehr wenig Kontakt mit den Deutschen außerhalb der Arbeitszeit, Sprachschwierigkeiten, Erniedrigungen, Einsamkeit und ein Leben am Rande.

Leid wegen der Familie, die in Italien geblieben war und mit der die einzige Verbindung die Post war, die uns verschiedenen Gründen praktisch nur alle 15 Tage erreichte. Im Besonderen erinnere ich mich, wie hart es war, niemanden nach getaner Arbeit zu finden, der auf einen gewartet hat, nur die Kälte, gegen die wir uns mit Bauholz aus der Baustellen zu verteidigen versucht haben.

Die Baufirma hatte viele Arbeiter unter Vertrag, mir wurde die Registriernummer 387 gegeben.

Die Arbeit war sehr schwer und mühsam, man muss daran denken, dass es damals nicht die ganzen Maschinen gab, die die physische Arbeit in der heutigen Zeit erleichtern, und es war damals alles wieder aufzubauen, denn der Krieg hatte alles zerstört.

Nach drei Jahren bin ich nach Sizilien zurückgefahren und habe meine Frau geheiratet, die seit damals immer mit mir in Deutschland geblieben ist.

Meine Firma hat mich in den folgenden drei Jahren, in der kalten Jahreszeit (ich erinnere daran, dass es damals mehr und öfter geschneit hat als jetzt), zu einer Lehrbaustelle geschickt, um das Maurerzeugnis zu bekommen.

Im Jahr 1972 bin ich Polier geworden, und ich habe 33 Jahre lang immer bei der gleichen Firma gearbeitet, bis ich im Jahr 1992 60 Jahre alt geworden bin.

Was ich hier kurz erzählt habe, könnte die Geschichte von Hunderten und Hunderten (vielleicht Tausenden) Italienern sein, besonders Sizilianern und Kalabresen, die damals in das Saarland nicht legal durch die deutsch-italienischen Arbeitsverträge vermittelt wurden, sondern ohne Erlaubnis eingewandert sind.

Aber vor allem ist es meine Geschichte, und ich trage sie im Herzen.

Ich bin damals nach Deutschland gekommen mit den Absicht, nur einige Jahre zu bleiben und dann nach Italien zurückzukehren, stattdessen erreiche ich bald 40 Jahre Aufenthalt.

Wie ungefähr 40 % der Italiener von Völklingen, ausgewandert Ende der 50er Jahre, habe ich ein altes Haus gekauft, das ich unter großen Opfern erneuert und modernisiert habe.

Mein Sohn ist in Deutschland geboren, hat hier die Schule besucht, einen Beruf gelernt und hat hier auch eine Familie gegründet.

Im nächsten Jahr, 1996, werde ich in diesem Land wählen, gleichberechtigt mit den Deutschen. Ich fühle mich nicht mehr als Ausländer, sondern wie ein italienischer Mitbürger von Völklingen.

Wenn ich an meine Zukunft denke, um meinem Leben ein letztes Schicksal zu geben, dann möchte ich, dass mein Körper in Deutschland ruhen wird, denn hier habe ich ihn verbraucht, dass mein Herz in Italien ruhen sollte, denn dort war es immer, gebunden durch unvergessliche Erinnerungen, und dass meine Seele wieder Gott gegeben werde.

Aus: Mauro Montanari und Elke Montanari (Hrsg.), *Als ich nach Deutschland kam. Italiener berichten*, © Lambertus Verlag, Freiburg 2001, S. 63–65.

»AUS IRGENDEINEM GRUND SIND WIR AN DAS LAND, IN DEM WIR SO VIELE JAHRE WAREN [...], GEBUNDEN«

FELISA FERNÁNDEZ, 1963 AUS SPANIEN IN DIE BUNDESREPUBLIK DEUTSCHLAND GEKOMMEN

Ich bin Felisa Fernández, 63 Jahre alt. Geboren wurde ich während des Krieges, 1936, in einem kleinen Dorf von Avila, namens El Tiemblo. Meine Eltern stammten von dort, meine Großeltern und meine gesamte Generation. Als wir noch klein waren, hat uns mein Vater nach Madrid mitgenommen. Er war derjenige, des für die vier Geschwister, die wir waren, arbeitete. Es blieb nichts übrig. Schon als junge Mädchen mußten wir, meine älteste Schwester und ich, arbeiten gehen. Ich arbeitete in einer Schule für Waisenkinder ehemaliger Militärangehöriger. Fast immer mußte ich ein geringeres Alter angeben. Sonst hätten sie mich nicht zum Arbeiten genommen. So habe ich nie eine Schule abgeschlossen. Alles konnte man nicht machen. Mit achtzehn Jahren bekam ich eine Tochter, aber ich heiratete nicht. Dann, als das Mädchen fünf Jahre alt war, kam ich auf den Gedanken, nach Deutschland zu gehen, es zu probieren. Wollte sehen, was es hier so gab. Ich schlug es dann zu Hause vor und natürlich, alle waren traurig, weil niemand von uns von zu Hause weggegangen war, und wer weiß, was mir zustoßen konnte. Ich sagte. Es gäbe keinen Grund anzunehmen, daß mir etwas Schlimmes passieren sollte. Ich einigte mich mit einer Freundin und fing an, die Papierangelegenheiten zu regeln. Im Auswanderungsbüro sagten sie uns, daß es mit einem Hotel in Frankfurt einen Vertrag betreffs Zimmermädchen gäbe. [...]

Wegen der Kleinen war ich beruhigt, weil ich sie bei meiner Mutter und den Schwestern lassen konnte. Ich suchte ihr eine gute, von Nonnen geleitete Schule in Madrid. Aber einen Monat vor meiner Abreise wurde mein Vater sehr krank, ohne daß wir wußten, was es war. Ich sagte zu dem Arzt: »Sagen Sie es mir. Sehen Sie, ich muß am vierten nach Deutschland fahren, sagen Sie mir, ob das, was mein Vater hat, sehr schwer ist, weil ich dann bleibe.« »Mädchen, wir wissen es nicht. Geh beruhigt. Wir wissen nicht, was es ist, aber du brauchst dir deswegen keine Sorgen zu machen.«

So verließ ich am 4. Juni 1963 Madrid und kam am sechsten in Frankfurt an. Der Zug war mit 3 000 Leuten überfüllt, und wir reisten, um es nicht anders zu sagen, wie eine Herde Schafe. Als wir in Köln ankamen, haben sie uns alle getrennt, klassifiziert und jeder ein Etikett verpaßt. Das hat mich etwas deprimiert, weil es mir so vorkam, als ob sie mich als was Seltsames klassifizierten. Dort fing ich schon an, Leute kennenzulernen, die zu dem selben Hotel gingen wie ich, und schließlich fühltest du dich schon ein bißchen besser, weil du jemanden gefunden hattest, der auf irgendeine Weise den gleichen Weg wie du gehen würde.

In Frankfurt wartete schon ein Angestellter des Hotels auf uns. Sie holten uns ab, und automatisch brachten sie uns ins Hotels. Sie fragten uns, ob wir müde wären. Sollten wir nach zwei Tagen Reise etwa nicht müde sein? Wir kamen mit ganz geschwollenen Füßen an. Sie sagten uns, daß wir arbeiten müßten, weil an jenem Tag die Eröffnung des Hotels war und es wahnsinnig viel Arbeit gab. Mehr oder weniger hatte ich ein bißchen Ahnung davon, was so eine Arbeit wie diese bedeutet; ich hatte schon in einer Schule gearbeitet, und auch wenn es nicht dieselbe Sache ist, so muß man dort auch immer Zimmer machen, nur daß es keine Kinder waren, sondern Leute aus allen Teilen der Welt, und natürlich sie sprachen alle möglichen Sprachen – außer Spanisch. Und ich kam da mit meinem armseligen Spanisch an. Ich erinnere mich, daß sie mir sagten: »Nimm, du mußt diese Uniform anziehen, in den 14. Stock gehen und alle Gäste, die dort vorbeikommen und so, dann sieh mal an, was sie dich fragen. »Sie fragten mich was und genauso hätten sie die Wand fragen können. Das Einzige, was ich also versuchte, war, ihnen ein freundliches Gesicht zu machen. Was hätten sie sonst von mir gedacht. Ich erinnere mich vor allem an einen Herrn und eine Dame, die vom anderen Ende des Flurs zu mir kamen und mich fragten: »Und wie fragten wir Sie jetzt, womit die Kissen gefüllt sind?« Und ich sage: »Würden Sie es mich anders fragen, würde ich Ihnen nicht antworten können, aber auf diese Weise bin ich genau die Richtige für Sie. »Später stellte sich heraus, daß die beiden Argentinier waren.

Nach der Eröffnung des Hotels, die schrecklich war, konnten wir uns ein wenig ausruhen, bis sie etwas zum Abendessen gaben. Danach brachten sie uns zum Wohnheim, das in Oberrad lag. Als ich dort war und das Etagenbett mit den blau kleinkarierten Bettüchern sah, bekam ich Lust zu weinen. Aus irgendeinem Grund schien es mir, als ob ich in einem Gefängnis wäre. Niemand sagte uns dort, um welche Uhrzeit unsere Arbeit am nächsten Tag begann, da wir ja sowieso nichts verstanden (auf deutsch). Wir beschlossen, daß wir uns von dort nicht weg bewegten, bis uns jemand abholen würde. Aber es war zwei Uhr mittags und keiner war gekommen, uns abzuholen. Und was machten wir dann? Ganz mutig, gingen wir schließlich zum Hotel. Wir kamen dort an, nun ja, wann Gott wollte.

Sie teilten uns in Schichten für vor- und nachmittags ein. Ich bekam die Nachmittagsschicht. Dazwischen hatten wir eine Pause zum Essen. In unserem Vertrag stand, daß wir Essen kostenlos bekommen würden und überhaupt alles umsonst. Man hatte uns gesagt, daß wir Geld bekommen würden, wußten aber nicht wieviel, da wir es nicht verstanden hatten.[...]

Jahrelang war ich als Zimmermädchen tätig. Danach machten sie mir den Vorschlag, Hausdame des Hotels zu werden, da ich noch nie eine spanische Hausdame hatten, und ich sagte nein, weil es für mich zu schwer war, mich mit den Leuten zu verständigen, ohne die Sprache gut zu beherrschen. Ich sagte nein und wieder nein, und ich weigerte mich einige Male. Aber dann letztendlich sagte ich zu und fing als Hausdame an.[...]

Die Arbeit als Hausdame war ziemlich schwierig. Ich arbeitete viel mehr, viiiieeel mehr als vorher als Zimmermädchen. Man muß bedenken, wie schwierig es ist, mit dem Personal umzugehen und vor allem mit so vielen Leuten. In einem Hotel ist es nicht wie in einer Fabrik, in der du Schrauben machen sollst – egal, ob du viele oder wenige machst. Erstens ist der Gast sehr anspruchsvoll, weil er sehr viel Geld bezahlt, und wenn nicht alles einwandfrei läuft, machen sie dir eine Szene, und diese Szenen gehen immer gegen die Hausdame. Keiner weiß, was es bedeutet, für 800 Zimmer zu sorgen. Und nun, da war ich so satt, so satt, daß ich eines Tages zu denen ging, um zu sagen, daß ich wieder Zimmermädchen sein wollte, und sie sagten nein, zurückweichen, zurückweichen könne man nicht. So nahm ich allen Mut zusammen und blieb. Zu mir sagte ich: »Ich werde nach Spanien gehen, aber vorher möchte ich sehr gerne eine andere Arbeit probieren.« [...]

In dem Hotel war ich schließlich zwanzig Jahre und fünf Monate. Bis 1983, als es mich überkam zu sagen, daß ich gehen würde. Das war wirklich ein Drama, weil ich meine Kündigung machte und sie diese nicht akzeptierten. Und das, weil ich alles bis auf die Mauselöcher kannte. Nun ja, das war natürlich ein Garantiefaktor für das Hotel, aber ich fühlte mich beleidigt, denn wenn es eine Garantie für die Gäste und für das Personal ist, dann wollte ich auch, daß sie es mir auf eine andere Weise garantieren. »Ich habe dich sehr gern, Hündchen, aber Brot nur ein bißchen...!« Tatsächlich sagte ich, daß man im Hotel nicht viel Geld verdiente, und jedes Mal, wenn ich um mehr Geld bat, sagten sie mir, daß ich »über Tarif« wäre. Immer sagte ich, ich würde gehen, aber dann blieb ich immer. Dann nahmen sie es schon nicht mehr ernst. Jedes Mal, wenn ich das sagte, haben sie bestimmt gedacht, es würde wie immer sein. Ich hatte die Nase gestrichen voll – immer wenn es was Besonderes gab, ssst... das war Felisa. Sie gebrauchten mich für alles. Zum Beispiel, zu Sylvester machte man im Hotel ein Fest, und da war ich als Schornsteinfeger verkleidet und machte mit dem kleinen Ferkel die Runde. Mit einem richtigen Ringelschwanzschwein!

Jedes Mal, wenn ich mir frei nehmen wollte, sagten sie nein, daß Messe sei und, daß sie nicht frei geben könnten. Ich hatte bis zu drei Monaten an freien Tagen gesammelt. Ehrlich gesagt, ich konnte nicht mehr für meine Beine garantieren. Und ich sagte mir: »Hier muß ich was für meine Beine tun, nicht wahr, schließlich sind das die einzigen, die ich habe.« Letztendlich schaffe ich es, vom Hotel wegzugehen, und ich war im siebten Himmel, ich war begeistert. Ich fing an, in einem Büro zu arbeiten. »Ich bügelte sowohl ein Ei, als auch briet ich Krawatten«, aber der Weihnachtstag war Weihnachtstag und Silvester war Silvester, und den Urlaub hatte ich, wann ich wollte. Sie bezahlten mir sogar die Tickets, um nach Spanien zu fahren. Dort blieb ich dreizehn Jahre lang, bis ich in Rente ging.

Und jetzt bin ich beim Pendeln, bis ich ein für alle Mal müde bin davon. Das ist das Leben der Ausländer, die zu zwei Ländern gehören: eins, wo wir geboren sind, und das andere, wo wir gearbeitet haben und wo wir leben. In unserem Land haben wir unsere Familie, die wir sehr lieben, aber aus irgendeinem Grund sind wir an das Land, in dem wir so viele Jahre waren und wo wir uns eine zweite Familie aus Freunden und Kollegen geschaffen haben, gebunden.

Aus: »Mit Koffern voller Träume ...« Ältere Migrantinnen und Migranten erzählen, Amt für multikulturelle Angelegenheiten Frankfurt am Main (Hrsg.), © Brandes & Apsel, Frankfurt a. M. 2001 (2. Aufl. 2004), S. 23–30

»Die Geschichten über Deutschland gefielen mir«

Kazim Arslan, 1969 aus der Türkei in die Bundesrepublik Deutschland gekommen

Schwarzarbeit in Deutschland

Wir hatten damals in den sechziger Jahren keine Ahnung von Deutschland, auch ich nicht. Die Türken, die damals aus Deutschland zu Besuch kamen, sagten: »Ich gehe mit der Krawatte zur Arbeit und komme auch mit der Krawatte zurück.« Als wir das hörten, dachten wir, da gehen wir auch hin. Ich hatte damals Probleme bei der Polizei und wollte da weg. Jahrelang hatte ich Wache vor dem Haus des damaligen Ministerpräsidenten Demirel gestanden – eine verantwortungsvolle Tätigkeit. Aber dann kam es auf der Wache, die diese Posten stellte und zu der auch ich gehörte, zu Auseinandersetzungen – irgendwelche religiösen Geschichten. Ein Vorgesetzter mochte mich nicht und versuchte, mir etwas anzuhängen. So suchte ich nach einer Möglichkeit, etwas anderes zu tun.

Die Geschichten über Deutschland gefielen mir. Aber leider haben die ersten Türken, die nach Deutschland gingen, über die Verhältnisse in Deutschland ziemlich viele Lügen erzählt. Die meisten waren Aufschneider und behaupteten, in Deutschland im Geld zu schwimmen. Dabei verschuldeten sie sich, um sich einen Mercedes zu kaufen und in der Türkei damit anzugeben. Das stellte sich alles sehr viel später heraus.

Offen gesagt, kam ich illegal nach Deutschland, 1969 als Tourist. Mein erster Stopp war Stuttgart, weil ich dort Bekannte und Verwandte hatte. Ich war ja bei der Polizei gewesen und so wusste ich, dass es auch nicht so legale und offizielle Wege nach Deutschland gab. Da war ja bei der Polizei gewesen und so wusste ich, dass es auch nicht so legale und offizielle Wege nach Deutschland gab. Da war z.B. die Busagentur »Bosfor Turizm«, die hatten hinter dem Kizilay-Platz in Ankara eine Niederlassung. Der Vorteil war, dass man mit deren Bussen einfach als Tourist nach Deutschland reisen konnte und nicht wieder zurückkehren musste. So kamen wir direkt nach München. Der Busfahrer hat sich um alles gekümmert, die ganzen Kontrollen und alle Papiere. Unser Bus wurde jedenfalls kein einziges Mal durchsucht. So kam ich problemlos nach Deutschland.

In einem kleinen Dorf in der nähe von Stuttgart arbeitete ich schwarz in einer Zementfabrik. Meine Kollegen und ich waren in einem Arbeiterwohnheim untergebracht. Dort lebten die ganzen Ausländer, Portugiesen, Türken, alle durcheinander. Wir haben damals in einem Zimmer zu viert gewohnt, es war alles da, es gab sogar ein Bad und eine Kochgelegenheit.

Bis zum März 1972, als die Amnestie für die illegalen Arbeiter in Kraft trat, arbeitete ich schwarz. Die Amnestie bekamen diejenigen, die eine Adresse in Deutschland nachweisen konnten. Das hatte ein Bekannter von mir herausgefunden. Durch die Hilfe dieses Landsmannes, der in einer Metzgerei in der nähe von Frankfurt arbeitete, konnte ich mich anmelden. Auf dem fettigen Papier einer Quittung stand der Name des Metzgers, der bestätigte, dass ich bei ihm wohnte und arbeitete – das reichte schon als Anmeldung. Damit ging ich dann zum türkischen Konsulat in Frankfurt.

Der Traum vom fliegenden Händler

Ich bin also erst 1972 hier ein richtiger offizieller Arbeiter geworden. Aber das hieß auch, dass wir wieder zurück in die Türkei, nach Istanbul, geschickt wurden, zur ärztlichen Gesundheitskontrolle. Diejenigen, die gesundheitlich nicht tauglich waren, mussten in der Türkei zurückbleiben. Die anderen konnten wieder nach Deutschland zurück. Ich bin aber nicht in die Zementfabrik zurückgegangen, sondern nach Frankfurt zu einer Betonfirma. Drei Jahre habe ich da gearbeitet, dann wurde ich dort wegen der Ölkrise entlassen. Bei Karmann, der Autofirma in Osnabrück, fand ich dann wieder Arbeit. Dort wurde auf dem Gelände vieles neu gebaut und ich packte gebrannte Ziegel auf Paletten. Das war eine schwere Arbeit, weil die Ziegel noch heiß waren. Sogar durch die Handschuhe verbrannten einem die Ziegel die Hände.

Eine solche Arbeit hatte mir nie vorgeschwebt. Eigentlich wollte ich mit einem Moped in Deutschland umherreisen und Handel treiben. Deshalb verkaufte ich mein Haus in der Türkei, als ich nach Deutschland ging, und kaufte mir ein Moped. Ich wollte arbeiten, Geld verdienen und mir dann in der Türkei wieder ein Haus kaufen, aber eines, das größer und schöner war als das alte. Seither sind Jahre und Jahre vergangen. Die Frau blieb mit den Kindern erst einmal in der Türkei. Ich wollte dann zurückkehren und mit all dem Geld, das ich in Deutschland verdient hatte, neu anzufangen.

Aus: Michael Richter, *gekommen und geblieben*. Deutsch-türkische Lebensgeschichten mit einer Einführung von Dilek Zaptiçioglu, © edition Körber-Stiftung, Hamburg 2003, S. 86–89 <www.edition-koerber-stiftung.de>

»ICH HATTE DIE STARTNUMMER 311«

NERMIN ÖZDIL, 1973 AUS DER TÜRKEI IN DIE BUNDESREPUBLIK DEUTSCHLAND GEKOMMEN

In München holten sie uns in einen großen Raum. Jeder von uns hatte eine Startnummer bekommen, ich hatte die Nummer 311, und jetzt drückte man uns einen Zettel in die Hand, auf dem das Ziel stand, wo wir hinfahren sollten. Die anderen Türken waren immer in Gruppen, zu viert oder zu fünft, und ich war die einzige, die alleine war. Auf meinem Zettel stand Uelzen. Man brachte mich zum Zug nach Hamburg, der dann auch bald losfuhr. In meinem Abteil fand ich einen Plan, den blätterte ich durch und schaute nach dem Namen »Uelzen«. Das war das Einzige, was ich verstanden hatte: ich werde in Uelzen arbeiten. Auf dem Fahrplan stand: 9 Uhr Uelzen. Ich schlief nicht, weil ich Angst hatte, die Station zu verpassen. Ich schaute immer aus dem Fenster, achtete auf die Uhr und stieg da aus, wo der Zug um 9 Uhr hielt. So kam ich nach Uelzen.

Man hatte mir gesagt, ich würde in einer Stoßdämpferfabrik arbeiten. Ich stellte mir einen großen Betrieb vor, aber ich kam in eine kleine, dreckige Autowerkstatt. Dort konnte man sich nur schwarz anziehen. Gott sei Dank hatte ich mir Hose und Pullover mitgebracht. In Istanbul hatte man uns bei der Arbeitsvermittlung gesagt: »Ihr braucht keine Klamotten mitzunehmen, ihr könnt alles in Deutschland kaufen. Was nimmst du so viel mit, warum nimmst du Hosen mit, trägst du zu Hause Hosen?« – Aber zum Glück hatte ich nicht auf die Leute in Istanbul gehört. So hatte ich einen langen Pullover und Hosen dabei, die ich bei dieser Arbeit gut gebrauchen konnte. Darüber mussten wir dann einen öligen Kittel ohne Ärmel anziehen. Handschuhe oder Arbeitsschuhe gab es nicht. Nur die männlichen Kollegen hatten Arbeitsschuhe, aber die mussten sie sich selber kaufen.

Ich wohnte in der ersten Zeit in einem Dorf in der Nähe des Betriebs, in einem kleinen Raum mit zwei jungen Mädchen. Wir waren die einzigen Türkinnen im Ort. Das eine Mädchen kam aus meiner Stadt und das andere aus Samsum am Schwarzen Meer. Wir arbeiteten Schicht. Eine ging frühmorgens, eine nachmittags und eine um Mitternacht in die Fabrik. Wir konnten nie zusammen zur Arbeit gehen oder zusammen nach Hause kommen. Das war der Firmenleitung völlig egal, obwohl eine andere Einteilung möglich gewesen wäre. Wir hätten dann wenigstens zusammen kochen können. Obwohl – der Ofen funktionierte ja nicht. Ich sagte dann: »Mein Gott, was sollen wir mit dem kaputten Herd?« – Wir hatten nicht mal die Möglichkeit, uns zu Hause einen Tee zu kochen.

Ursprünglich wollte ich nur ein Jahr bleiben, um mir alles anzuschauen und auch um Geld zu verdienen. Ich hatte ja drei kleine Kinder. Ich weinte in dieser Zeit viel, weil ich meine Kinder allein gelassen hatte. Und meine Schwiegermutter ließ mir ausrichten: »Komm zurück, du hast in deinem Leben noch nicht die Straße gefunden. Was bist du nur für eine Frau, du hast doch drei kleine Kinder!« Warum bin ich nach dem einen Jahr nicht zurückgegangen? Ich dachte, wenn das die anderen Leute schaffen, dann schaffe ich das auch. Keiner sollte über mich sagen, die ist hingegangen und wieder abgehauen!

Kochen, Haushalt, Kindererziehung

Ich bin 1943 in Ceyhan, in der Nähe von Adana geboren. Bis ich sechs Jahre alt war, wohnten wir dort, dann zogen wir nach Iskenderun um. Meine Eltern waren früher Bauern. Ein Teil der Familie kam von der Krim, das waren Tataren. Der andere Teil stammte aus Istanbul. Ich habe fünf Geschwister, ein Bruder ist ein Jahr älter als ich. Dann habe ich noch eine Schwester und zwei Brüder, die alle jünger sind. Ein Bruder ist gestorben. Ich bin die Einzige, die weggegangen ist, alle anderen Geschwister sind geblieben und haben einen Beruf. Ich hätte auch arbeiten können, aber mein Mann erlaubte es nicht. Er sagte, bleib lieber zu Hause bei den Kinder.

Nach der Schule arbeitete ich zwei Jahre als Kassiererin und Verkäuferin. Dann wollte ich noch eine Ausbildung machen und bin auf eine Art Hauswirtschaftsschule gegangen. Nähen, sticken, stopfen, dort lernten wir alles, was eine moderne Frau braucht. Da nähten wir von der Unterwäsche bis zum Hemd alles mit der Hand. Kochen, Haushalt und Kindererziehung gehörten auch zum Lehrstoff. Drei Jahre ging ich in diese Schule, bis ich 18 war. Danach wollte ich noch weiter studieren, aber leider ging das nicht. Denn zu dieser Zeit lernte ich meinen Mann kennen und er sagte, es ist genug, was du gelernt hast. Dann wollte ich unterrichten und anderen Mädchen Sticken mit der Maschine beibringen, aber das erlaubte meine Mutter mir nicht. Sie sagte: »Dazu musst du allein in einen anderen Ort gehen, das ist doch unmöglich für ein Mädchen, bleib lieber zu Hause!«

Als ein ehemaliger Arbeitskollege meines Mannes aus Berlin zurückkam, erfuhr ich zum ersten Mal etwas über Arbeitsmöglichkeiten in Deutschland, wo der Arbeitskollege in einer Metall- oder Baufirma für einen Stundenlohn von 15 DM gearbeitet hatte. Nach sechs Monaten kam er zurück und kaufte Land, baute ein Haus und nahm sich eine Frau. Damals mußte man noch für seine Frau Steuer bezahlen. Mein Mann wunderte sich: »Der war doch ein kleiner Beamter wie ich, wie hat er geschafft, in sechs Monaten so viel Geld zu verdienen?« – Der Kollege ging dann wieder zurück nach Berlin und sagte zu meinem Mann, er solle doch mitkommen. Aber mein Mann wollte nicht, er hatte Arbeit in der Türkei.

Ich wäre so glücklich gewesen, wenn mein Mann mir erlaubt hätte zu arbeiten, denn ich fühlte, dass ich sehr gern in einer Bank oder einer Schule arbeiten könnte, aber ich durfte nicht, ich sollte zu Hause bleiben. Eines Tages kam eine Nachbarin, die weder lesen, noch schreiben konnte. Sie wollte nach Deutschland gehen und fragte, ob ich sie zum Arbeitsamt in Iskenderun begleiten könne. Dort hieß es aber, das ginge nicht mehr, die Deutschen wollten keine Analphabeten mehr. Aber man fragte mich, welche Schule ich denn besucht hätte. Ich sagte: »Ich bin Schneiderin und habe die höhere Berufsschule gemacht.« – »Wieso meldest du dich nicht?«, fragten sie mich: »Sag mir deinen Namen und ich trag dich ein als Schneiderin.«

Nach drei Tagen kam der Postbote und hatte einen Brief aus Deutschland mit einem Arbeitsangebot. Mein Mann und ich konnten es nicht glauben. Wir hatten ja drei kleine Kinder, was sollten wir jetzt machen? Ich sagte zu meinem Mann: »Ruf deine Mutter an, die kann einen Monat hier bleiben, und dann geben wir sie zu meiner Mama, bis ich wieder da bin.« – Es war ganz kurzfristig.

Eng, laut und dreckig

Mein Mann begleitete mich nach Istanbul zur Vermittlungsstelle. Dort hieß es, dass sie keine Schneiderinnen suchen, aber Leute, die in Krankenhäusern und Hotels kochen und waschen. Der Lohn betrug 400 oder 450 DM, das war damals in der Türkei viel Geld. Obwohl das eine andere Arbeit war, wollte ich das dann trotzdem machen. Ich konnte irgendwie nicht mehr zurückgehen.

Von Istanbul flogen wir mit dem Flugzeug nach München, das war im März 1973, ich war damals 30 Jahre alt. Dort erfuhr ich dann, dass ich gar nicht in einem Krankenhaus arbeiten sollte, sondern für eine ganz andere Arbeit vorgesehen war. Ich sollte nach Uelzen in eine Stoßdämpferfabrik. Ich war erst erschrocken, aber ich war schon so weit gekommen, also bin ich noch weiter gegangen und habe mich in den Zug nach Uelzen gesetzt.

In den Firma arbeiteten fast ausschließlich Türken. Es war genauso wie in der Türkei, eng, laut, dreckig. Überall standen kleine Tische, dort wurde gebohrt und geschnitten. Wir produzierten Autostoßdämpfer. Das war eine schwere Arbeit – für uns. Die Deutschen durften rumsitzen und Kleinigkeiten machen, und wir Türken mussten die Schwerarbeit machen. Die Deutschen, die Meister, tranken die ganze Zeit. Schon in der Frühe zogen sie ihre Schnapsflasche aus der Tasche. Sie hatten so rote Augen und Gesichter, dass man manchmal Angst bekam. Wie schafften die das nur, den ganzen Tag zu trinken? Wenn ich einen kleinen Schnaps trinke, schlafe ich schon ein.

Ich habe gleich gesagt: »Ich bin eine Frau, ich kann diese schwere Arbeit nicht machen.« – Aber ich hatte keine Wahl, ich musste. Das war richtig harte Akkordarbeit. Ich musste an einer Maschine Ringe ausstanzen, dann eine Klappe hochziehen, das Metall drunterlegen und draufdrücken. Und wieder von vorn, immer hoch – runter, hoch – runter. Wir hatten sehr verschiedene Arbeiten an den einzelnen Tischen. Einer dreht, einer bohrt, einer schneidet, einer schleift. 100 Teile sollte man in 15 Minuten machen, das war der Akkord. Am Anfang hatte ich keine Chance, das zu schaffen, denn ich musste ja erst die Arbeit kennen lernen. Ich konnte kein Wort Deutsch, es gab weder eine Einführung noch eine Erklärung. Es hieß nur. »Mach das!« – So sind sie mit uns umgesprungen.

Wir haben damals nominell 4,50 DM Stundenlohn bekommen, und dann haben sie Akkord und dies und das gerechnet und am Ende sind nur 2,50 DM rausgekommen. So wurden wir reingelegt. Die Akkordzeit war zu kurz berechnet, das konnte kein Mensch schaffen. Der Meister meinte nur: »Ihr habt selber Schuld daran. Ihr habt genügend Zeit.« Keiner von uns protestierte, die andern haben sich nicht getraut, aber mir platzte dann der Kragen. Ich sagte zum Meister: »Stellen Sie sich ruhig mit der Uhr neben mich, ich mach so schnell, wie ich es schaffe. 100 Stück schaffe ich in 30 Minuten, mehr geht es nicht. Sie können die Zähne beißen und die Pobacken zusammenkneifen, aber schneller geht es einfach nicht.« – Er erwiderte: »Dann kriegst du nur ein Brötchen und keinen Käse dazu.«

Seit dreißig Jahren lebe ich inzwischen in Deutschland, mein halbes Leben habe ich in diesem Land verbracht. Ich habe immer voll gearbeitet und in diesen vielen Jahren habe ich einmal zwei Wochen lang Arbeitslosengeld bekommen. Trotzdem kam mal eine Kundin und sagte: »Geh in deine Heimat zurück, was suchst du hier?« – Aber ich war nicht um eine Antwort verlegen: »Mensch, ich arbeite, ich bettle nicht. Und wenn wir nicht arbeiten, woher bekommen Sie Ihre Rente?« – Wenn die Deutschen uns nicht mögen, dann nennen sie uns »Ausländer«. Es gibt so viele Arbeitslose und so viele junge Leute, die vom Sozialamt leben. Als Arbeitende kannst du dir nicht so teure Sachen leisten, wie wenn du vom Sozialamt Hilfe bekommst. Ich bin nicht neidisch, wirklich. Ich sage mir immer, lieber Gott, bis ich sterbe, lass mich arbeiten und von meinem eigenen Geld essen, ich will von niemandem etwas haben. Niemals habe ich Sozialhilfe erhalten, das mag ich nicht. Jetzt fühle ich mich wie eine Bettlerin, weil ich arbeitslos bin. Wenn ich aufs Arbeitsamt gehe, schäme ich mich. Ich habe dreißig Jahre voll gearbeitet, es ist mein Recht, dieses Geld steht mir zu, aber trotzdem schäme ich mich.«

Aus: Michael Richter, *gekommen und geblieben*. Deutsch-türkische Lebensgeschichten mit einer Einführung von Dilek Zaptiçioglu, © edition Körber-Stiftung, Hamburg 2003, S. 163–167 <www.edition-koerber-stiftung.de>

»Doch dann kam der jüngere Beamte wieder mit einem Papier, das mir die Einreise erlaubte«

Der Tutsi Thomas Mazimpaka kommt als Asylbewerber nach Deutschland, 1991

An der Grenze bei Basel wurden wir nicht kontrolliert, obwohl ein Polizeibeamter dastand. Er gewährte uns gleich mit einem Handzeichen Weiterfahrt. Wahrscheinlich hat das amtliche Kennzeichen von der Stadt Karlsruhe, das der Wagen meines Bruders trug, seine Entscheidung beeinflußt. […] Trotzdem entschied mein Bruder, mich gleich an der Grenze anzumelden. Wir stellten den Wagen auf einem angrenzenden Rasthofparkplatz ab und gingen zur Polizeistelle zurück. Als wir an einem Fenster vorbeiliefen und einen Polizeibeamten sahen, murmelte mein Bruder spontan: »Da sind sie, die Polizeibeamten mit ihren Uniformen«, wie mir schien, weniger um mir etwas mitzuteilen, als vielmehr aus einer plötzlichen Verunsicherung heraus. Ich wußte überhaupt nichts über die Asyllage in Deutschland.

Wir gingen hinein und wandten uns an den am Schalter sitzenden Beamten. Ich hielt schon meinen Reisepaß griffbereit und gab ihn meinem Bruder, als der Beamte ihn verlangte. Dann saßen wir auf der dafür zur Verfügung stehenden Bank in dem kleinen Korridor am Haupteingang und warteten. Nach etwa zehn Minuten wurden wir aufgefordert, uns in ein Büro zu begeben, in dem ich oder besser wir uns einem Interview unterziehen mußten. Ich konnte nämlich kein Wort Deutsch, was das Interview voraussetzte. Mein Bruder mußte daher für mich bürgen. Ich hatte nur dabeizusitzen.

Wir saßen vor einem jungen Polizeibeamten, und eine lange Diskussion begann. Wenn ich auch kein Wort verstand, konnte ich mir jedoch nach den Gesichtsausdrücken einen Eindruck über die gesamte Situation machen. In der Pause stellte ich meinem Bruder Fragen, die mir Klarheit über die vorangegangene Phase brachten. Die Beamten waren sehr höflich. Nachdem der Beamte ziemlich lange die Gesetzbücher in unserer Anwesenheit nachgeschlagen hatte, sagte er meinem Bruder, daß ich wieder in die Schweiz zurück müsse. Er begründete seine Entscheidung damit, daß ich mich in der Schweiz relativ lange aufgehalten hatte, was nach den gesetzlichen Bestimmungen die Einreise in die Bundesrepublik Deutschland für einen Asylantrag unzulässig machte.

Mein Bruder übernahm die Verantwortung und erklärte, daß alles von seinen eigenen Fehlern herrührte. Er erklärte, daß ihm die Zeit gefehlt hatte, als ich mich sofort nach meiner Ankunft in Lausanne gemeldet hatte.

Die Diskussion über meine gefährdete Lage in Ruanda konnte dann fortgesetzt werden. Mein Bruder versuchte weitere überzeugende Gründe darzulegen, die auch manchmal zu weiteren Beweisen führten. So mußte ich in einer offensichtlich kritischen Phase meinen ruandischen Personalausweis, in dem der Ethnie-Vermerk stand, vorzeigen. Dadurch wurde bewiesen, daß ich tatsächlich ein Tutsi war. Ironie des Schicksals: Was sich immer als Nachteil erwiesen hatte, sollte mir nun zum ersten Mal in meinem Leben nützlich sein. Denn der Beamte schien überzeugt. Mein Bruder mußte auch erklären, warum er sich in der ruandischen politischen Opposition aktiv beteiligte, während er eine deutsche Bürgerschaft genoß. Er mußte weiterhin die Frage beantworten, ob ich wirklich sein Bruder sei, und viele andere Fragen, Der Polizeibeamte, der uns mit Handzeichen kurz zuvor durchfahren ließ, mußte sich rechtfertigen, da er sofort in das Nebenbüro eingeladen wurde. Er hat bestimmt seinen Fehler erkannt.

Daraufhin schien der junge Beamte die Sache ernst zu nehmen, denn er wollte meine eigenen Aussage hören. Nach seiner Angabe konnte er ein bißchen Französisch sprechen. Ich gab meine eigene Version an. Wenn ich auch kein Wort als Rückfrage von ihm gehört habe, um eventuell die Sache besser zu verdeutlichen, hat er jedoch meinen Vortrag aufmerksam verfolgt. Jedenfalls hatte ich den Eindruck, daß er mich richtig verstanden hatte. Ohne weiteres stand er auf, bat uns, weiter sitzen zu bleiben, und ging in das gegenüberliegende Büro, wo einige seiner Kollegen beisammen saßen. Er bat bestimmt um Rat bei der erfahrenen Kollegen. In der Zwischenzeit diskutierte ich mit meinem Bruder. Er erklärte mir die wichtigsten Punkte in der vorangegangenen Diskussion. Nach etwa zehn Minuten kam ein anderer Beamter, der älter und offensichtlich eher zuständig als der vorherige war, mit meinen beiden Dokumenten in der Hand. Der jüngerer blieb in dem anderen Büro, wo er die Debatte über meinen Fall offenbar mit drei anderen Kollegen weiterführte. Ich konnte es von meinem Sitzplatz durch die offen gebliebene Tür und die Glaswand des Büros beobachten, in dem sie sich befanden. Ich verfolgte alles, denn ich hatte keine andere Beschäftigung. [...]

Nach dieser Debattenrunde kam wieder der jüngere Beamte. Er gab an, es sei nach einem telefonischen Gespräch mit der zuständigen Behörde im Bundesinnenministerium in Bonn für meinen Fall die endgültige Entscheidung gefallen, nämlich meine sofortige Abschiebung in die Schweiz. Eine immer noch höfliche, aber heftige Diskussion entstand. Mein Bruder wollte nämlich nicht nur seinen Rechtsanwalt anrufen, sondern auch dieselbe Behörde in Bonn. Nach einer kurzen Zeit ging der Beamte wieder in das andere Büro.

Mein Bruder wurde zusehends ratloser. Er erklärte mir die letzten Vorgänge. Die Angst erfaßte mich. Die Minute war entscheidend. Da mir aber alle Ausländerprobleme in Deutschland unbekannt waren, konnte ich damals nicht richtig begreifen, wie schwierig meine Einreise war. In dieser Etappe begann ich dennoch die möglichen Konsequenzen vorherzusehen. Es war nunmehr durchaus möglich, daß ich wieder nach Ruanda zurückgeschickt werden würde. In die Schweiz zurückzukehren, bedeutete unvermeidlich, nach Ruanda zurückzukehren, denn ich hatte die Bedingungen für eine Visaerteilung in der schweizerischen Botschaft in Kigali unterschrieben. [...]

Mein Bruder hatte offensichtlich alles ausführlich erzählt, was sich dort abspielte. Ich hatte auch selbst erklärt, so gut ich konnte, wie groß die Gefahr war. Es vergingen noch einmal zehn Minuten. Wir saßen schweigend nebeneinander, und mit jeder Minute wuchs die beängstigende Spannung. Ich dachte an die schreckliche Situation in Ruanda. Doch dann kam der jüngere Beamte wieder mit einem Papier, das mir die Einreise erlaubte.

Das Papier sollte mir zugleich als Ausweis für einen Tag dienen. Er gab meinem Bruder Anweisungen, daß ich mich am nächsten Tag in der Aufnahmestelle in Karlsruhe melden mußte, um meinen Asylantrag dort zu stellen. Mein Reisepaß und mein Personalausweis mußten vorläufig im Grenzschutzamt bleiben und von der Polizei direkt nach Karlsruhe geschickt werden. Welch eine Erleichterung!

Aus: Thomas Mazimpaka, *Ein Tutsi in Deutschland. Das Schicksal eines Flüchtlings*, © Evangelische Verlagsanstalt, Leipzig 1998. S. 90–94

»Ich fing an zu leugnen, wer ich eigentlich war«

Die ›Russlanddeutsche‹ Christina Weiß und ihre Familie kamen als ›Spätaussiedler‹ in die Bundesrepublik

Am Abend unserer Abreise hatte ich einen neuen, gelben Sportanzug an und war eigentlich damit beschäftigt, glücklich über die neuen Sachen zu sein.
Meine Urgroßmutter fuhr nicht mit zum Flughafen und verabschiedete sich von mir zu Hause mit den Worten: »Pass gut auf dein Brüderchen auf!« Ich willigte ein, jedoch fragte ich mich, woher sie wusste, dass ich einen Bruder haben würde, denn mir war keineswegs bewusst, dass meine Mutter im sechsten Monat schwanger war. Auch war mir nicht klar, dass ich meine Urgroßmutter vielleicht nie wieder sehen würde. Ich war unterwegs nach Deutschland, wo auch immer das sein sollte!

Erst am Flughafen, nach vielen bitterlichen Tränen meiner Mutter und meiner Großmutter, beschlich mich ein Unbehagen, denn irgendwie schien es doch ernster zu sein, als ich mir das vorgestellt hatte.
An unseren Zwischenstopp in Moskau erinnere ich mich auch noch gut. Drei Tage verbrachten wir dort, bis unser Flug nach Deutschland ging. In dieser Zeit besuchten wir unter anderem den Roten Platz in Moskau und das Lenin-Mausoleum, das mich sehr beeindruckte.
Wie wir letztendlich in Deutschland angekommen sind, weiß ich nicht mehr, nur eines habe ich noch heute vor Augen: den entsetzlich großen Schlafraum des ersten Aufnahmelagers mit vielen Leuten, in dem wir schlafen mussten, und die völlig neue Umgebung, die so fremd war. Wirklich viel habe ich von dem »Lagerleben« nicht mitbekommen, da meine Oma väterlicherseits uns Kinder zu sich genommen hatte.

Das Nächste, an das ich mich erinnere, ist mein erster Schultag in der Grundschule in Dorfmerkingen bei Neresheim. Alle Blicke waren auf mich gerichtet, ich hatte Angst und verstand kein einziges Wort. Lange konnte ich mich auch an niemanden wenden, da ich ja nichts sagen konnte. Und doch war ich sehr traurig, als wir im Januar wieder umzogen, weil ich mich gerade ein wenig eingelebt hatte.
In Ruppertshofen ging dann alles wieder von vorne los. Die Blicke, die fremde Umgebung, die Leute, die ich nicht verstand. Glücklicherweise erhielt ich von einer netten alten Frau, einer pensionierten Lehrerin, Nachhilfestunden in deutscher Sprache. Mit ihrer Hilfe konnte ich immer besser Deutsch sprechen, und mit der Sprache kamen auch die Freunde.
Ich fühlte mich irgendwie wohl, aber auch irgendwie anders. Dabei wollte ich nicht anders sein, ich wollte dazugehören. Ich fing an zu leugnen, wer ich eigentlich war, indem ich aufgehört habe, Russisch zu sprechen, wir waren manche Dinge, wie zum Beispiel das Essen, das meine Mutter zubereitete, in der Gegenwart von »deutschen« Freunden peinlich, ich schämte mich meiner Herkunft.

Ich war stolz, nach so kurzer Zeit die deutsche Sprache zu beherrschen, ein gutes Zeugnis und nach der vierten Klasse eine Empfehlung für das Gymnasium nach Hause gebracht zu haben.
Doch in der fünften Klasse fingen die Probleme erst richtig an. Leider Gottes bin ich teilweise an die falschen Lehrer geraten, die mir weismachen wollten, das ich als Aussiedlerkind die deutsche Sprache zu schlecht beherrschen würde, dass meine Leistung nicht gut genug sei. Nun hatten sie mich zu genau dem gemacht, was ich nicht sein wollte: anders!
Meine schulischen Leistungen verschlechterten sich zusehends, ich habe geglaubt, was mir gesagt wurde. Nach drei Jahren war ich kurz davor aufzugeben, doch mit dem Lehrerwechsel kam die Hoffnung und nach und nach auch das Selbstvertrauen. Ich hatte wieder das Gefühl, dass ich etwas kann, und meine Noten wurden immer besser.

Im Nachhinein ist es nicht schwer nachzuvollziehen, dass ein junges, verletzliches Mädchen, das noch auf der Suche nach sich selbst war, empfindlicher und anfälliger für die Meinung der anderen ist. Man kann dies wohl mit dem Stereotyp erklären, dass man aufgrund seiner Unsicherheit und seiner Selbstzweifel die Vorurteile und Vorwürfe der anderen leider annimmt und sich dadurch noch in der Meinung der anderen bestätigt fühlt. Irgendwann habe auch ich geglaubt, dumm zu sein und nicht hierher zu gehören.
Man sagt ja eigentlich, dass Kinder ganz schön gemein sein können. Diese Erfahrung habe ich, Gott sei Dank, nur selten gemacht: Auf dem Nachhauseweg von der Schule im Bus hatten die zwei Jungs zunächst nur getuschelt, bis einer von ihnen sich zu mir umdrehte und

durch den ganzen Bus rief: »Du Russin!« Ich war so unendlich traurig und erschüttert. Diesen Jungen sehe ich bis heute täglich in der Schule, und ich bin mir sicher, dass er nicht mehr weiß, dass ich das Mädchen bin, das er damals beschimpft hat, und dass ich bis heute daran denken muss. Aber ich bin es auch mittlerweile leid, jedem erklären zu müssen, was es überhaupt bedeutet, ein Russlanddeutscher oder eine Russlanddeutsche zu sein.

Das Mädchen von einst, das unbedingt eine »Deutsche« sein wollte, das bin ich schon lange nicht mehr! Ich schäme mich nicht mehr, die russische Sprache sprechen und verstehen zu können und andere Gerichte zu essen. Ich schäme mich nicht mehr dafür, eine andere Erziehung genossen zu haben, und ich schäme mich schon gar nicht dafür, russlanddeutsche Freunde zu haben oder russische Musik zu hören. Und letztendlich hat mich das alles schließlich zu dem gemacht, was ich heute bin: eine Kämpfernatur!

In letzter Zeit habe ich mich oft gefragt, wo denn nun meine Heimat ist? Ich fühle mich nicht als Deutsche, aber auch nicht als Russin. Ich schwelge gern in Erinnerungen, genieße aber auch die Vorzüge des westlichen Lebens. Es bleibt mir auch nichts anderes übrig, als mit zwei Kulturen zu leben, die mich zwar bereichern, die es mir aber auch immer wieder schwer machen, da sie oft genug nicht zusammenpassen.

Hätten meine Vorfahren auch nur im Geringsten daran gedacht, welche Konsequenzen ihre Auswanderung haben würde!

Aus: Christina Weiß, *Erinnerungen*, in: Archiv der Jugendkulturen (Hrsg.), *Zwischenwelten. Russlanddeutsche Jugendliche in der Bundesrepublik*, © Archiv der Jugendkulturen Verlag, Berlin 2003, S. 120–122

Verzeichnis der Exponate

Hör- und Filmstationen
Literatur
Leihgeber
Autoren und projektteam
Bildnachweis

NIEDERLÄNDISCHE GLAUBENSFLÜCHTLINGE

1.1
BÜRGERBUCH DER STADT WESEL
Wesel, um 1330–1676
Pergament, Papier, handschriftlich,
31,5 x 24,0 x 5,0
Wesel, Stadtarchiv Wesel, A 1/ 38/ 5

1.2
VERZEICHNIS DER FREMDEN IM KÖLNER KIRCHSPIEL ST. PETER
Köln, 1568–1569
Handschriftlich, 33,0 x 21,0
Köln, Historisches Archiv der Stadt Köln, Best. 45, Nr. 26, f. 13

1.3
VERORDNUNG DER STADT KÖLN BETR. NICHTKATHOLIKEN
Köln, 6. April 1569
Druck, 31,0 x 25,0
Köln, Historisches Archiv der Stadt Köln, Best. 14, Nr. 1, f. 17

1.4
SCHREIBEN DER NIEDERLÄNDISCHEN TRIPPENWEBER AN BÜRGERMEISTER, SCHÖFFEN UND RAT VON WESEL
Wesel, 21. April 1545
Pergament, Papier, handschriftlich,
33,7 x 21,5
Wesel, Stadtarchiv Wesel, A 1/313/10

1.5
TUCHSIEGEL DER STADT WESEL
Wesel, 1608
Blei, Dm 5,0
Wesel, Stadtarchiv Wesel, Siegelsammlung

1.6
BITTSCHRIFT DER NIEDERLÄNDISCHEN GLAUBENSFLÜCHTLINGE AN DEN RAT DER STADT WESEL
Wesel, 12. November 1567
Handschriftlich, 33,0 x 21,0
Wesel, Evangelische Kirchengemeinde Wesel, Gefach 3, 1.68

1.7
KIRCHENORDNUNG DER REFORMIERTEN KIRCHE DER NIEDERLANDE
»Kercken Ordnung / in den general Synodo der / Nederlandtschen kercken gestelt / tot Middelborch in Junio / Anno 1581« (zeitgenössische Kopie)
Middelburg, 29. Mai / 29. Juni 1581
Handschriftlich, 33,0 x 21,0
Wesel, Evangelische Kirchengemeinde Wesel, Gefach 60, 7.1
Abb. S. 153

1.8
DIE WESELER PRUNKPOKALE (›GEUSENBECHER‹) DER FLAMEN UND WALLONEN
Gilles Sibricht (eingeschrieben Köln 1542–1598 Frankfurt a. M.)
Wesel, 1578
Silber, gegossen, getrieben, vergoldet, graviert, H 58,5, Dm Kuppa 15,5
Wesel, Städtisches Museum Wesel, SMW 85/426
Abb. S. 151

1.9
LUTHERISCHES GLAUBENSBEKENNTNIS FÜR DIE STADT WESEL
Mit Unterschrift des Immigranten Franz Hogenberg (Mechelen um 1538–1590 Köln)
Wesel, 29. Oktober 1561
Handschriftlich, 33,9 x 22,0
Wesel, Evangelische Kirchengemeinde Wesel, Gefach 2, 1 Nr. 2

1.10
BITTSCHRIFT FRANZ HOGENBERGS UM AUFENTHALT IN DER STADT KÖLN
Köln, August 1570
Handschriftlich, 30,0 x 21,0
Köln, Historisches Archiv der Stadt Köln, Best. 45, Nr. 4, f. 90–91

1.11
ANSICHT VON WESEL
»Wesalia Inferior«
In: Georg Braun und Franz Hogenberg, Civitates orbis terrarum, Bd. 1
Stecher: Franz Hogenberg (Mechelen um 1538–1590 Köln)
Köln, 1573
Kupferstich, koloriert, 43,0 x 31,0 x 7,5
Berlin, Deutsches Historisches Museum, RB 53/2979-1a (PA)

BÖHMISCHE GLAUBENSFLÜCHTLINGE

2.1
MAJESTÄTSBRIEF KAISER RUDOLFS II. ÜBER DIE RELIGIONSFREIHEIT FÜR DIE PROTESTANTEN IN BÖHMEN
Zeitgenössische Abschrift
Prag, 13. Juli 1609 (Datum des Originals)
Pergament, handschriftlich, 50,0 x 70,7
Zittau, Christian-Weise-Bibliothek Zittau, Einrichtung der Kultur- und Weiterbildungsgesellschaft Löbau-Zittau mbH, Wissenschaftlicher und Heimatgeschichtlicher Altbestand, Mscr. D. I.

2.2
PSALMENBUCH FÜR DIE PROTESTANTISCHE GEMEINDE IN BÖHMEN
»Žalmowé anebo Zěwowé Swatého Dawida Proroka Božjho Jůdského a Jzrahelského Kralé: w České rytmy složenj a na čtyry hlasy k zpjwáni sfformowanj [...]«
Danyele Karla z Karlssperka
Prag, 1618
Druck, handschriftlich, Ledereinband mit Deckelprägung, 31,5 x 20,0
Zittau, Christian-Weise-Bibliothek Zittau, Einrichtung der Kultur- und Weiterbildungsgesellschaft Löbau-Zittau mbH, Wissenschaftlicher und Heimatgeschichtlicher Altbestand, Boh. A 8

2.3
KLEINER EXULANTENKELCH
1616
Silber, gegossen, teilvergoldet, getrieben, graviert, punziert, Glassteine, H 21,5, Dm Fuß 14,1
Dresden, Ev.-Luth. Stiftung Böhmischer Exulanten zu Dresden
Abb. S. 79

2.4
PIRNAER WAPPENBUCH DER BÖHMISCHEN EXULANTEN
Pirna, erster Eintrag 1628
Handzeichnungen, koloriert, handschriftlich, 34,0 x 19,5 x 9,0
Dresden, Ev.-Luth. Stiftung Böhmischer Exulanten zu Dresden
Abb. S. 79

2.5
Porträt des Bořek Mateřovský z Mateřova und seiner Frau Anna
In: Gedenkbuch der böhmischen Exulantenfamilie Mateřovský
Pirna, 1633
Handzeichnung, koloriert, 15,0 x 19,0
Wolfenbüttel, Herzog August Bibliothek Wolfenbüttel, Cod. Guelf. 1123 Nov. 8°
Abb. S. 155

2.6
Brustbild des böhmischen Steuereinnehmers Daniel Hubatka
Anhang zur Bittschrift des Daniel Hubatka an den sächsischen Kurfürsten Johann Georg I. (1611–1656)
Wohl Böhmen, um 1654
Handzeichnung, koloriert, beidseitig bemalt, 13,0 x 10,5
Sächsisches Staatsarchiv, Hauptstaatsarchiv Dresden, Geheimer Rat, Loc. 8754, Intercessiones 1654–1657, Bl. 56r–58v
Abb. S. 157

2.7
Aufzeichnungen des böhmischen Pfarrers Wenzeslaus Altwasser
Inhalt: Altwassers gedruckte theologische Schriften, persönliche und tagebuchartige Aufzeichnungen einschl. finanzieller Zuwendungen, Abschrift von persönlichen Dokumenten
Böhmen, Oberpfalz, Franken, Sachsen,1622–1627
Handschriftlich, Ledereinband, 19,0 x 16,0 x 4,5
Zwickau, Ratsschulbibliothek Zwickau, 12.6.10

Salzburger Glaubensflüchtlinge

3.1
Emigrationsedikt betreffend die Salzburger Protestanten
Mit eigenhändiger Unterschrift des Erzbischofs Leopold Anton Eleutherius Freiherr von Firmian und des Hofkanzlers Hieronymus Kristani von Rall
Salzburg, 31. Oktober 1731
Druck, Lacksiegel, 82,2 x 45,5
Salzburg, Salzburger Landesarchiv, Graphik IV.02

3.2
Register der nach Preussen immigrierten Salzburger Protestanten
Berlin, 1732
Handschriftlich, 33,0 x 22,5
Berlin, Geheimes Staatsarchiv Preußischer Kulturbesitz, XX. HA Historisches Staatsarchiv Königsberg, Rep. 5 Kriegs- und Domänenkammer zu Königsberg, Tit. 21 Nr. 1
Abb. S. 161

3.3
Darstellung des Zuges der Salzburger Emigranten nach Ostpreussen
»Der Saltzburgischen Emigranten Freuden-müthige und höchst-gesegnete Wanderschafft, in die Königlich-Preussische Lande [...]«
Mit Karte und sechs kolorierten Kupferstichen
Johann Heinrich Baum
Nürnberg: Peter Conrad Monath, 1732
Druck, Kupferstich, koloriert, 21,0 x 17,5
Berlin, Deutsches Historisches Museum, R 96/1351

3.4
Friedrich Wilhelm von Preussen und die Salzburger Protestanten
»Ich will euch zeigen ein Land / darin ihr wohnen sollt.«
Um 1732
Kupferstich, 30,0 x 18,5
Berlin, Staatliche Museen zu Berlin, Kunstbibliothek, Lipperheidesche Kostümbibliothek, 1004,17

3.5
Emigrantenfamilie unter dem Preussischen Adler
Um 1732
Kupferstich, koloriert, 30,5 x 20,0
Berlin, Staatliche Museen zu Berlin, Kunstbibliothek, Lipperheidesche Kostümbibliothek, 1004,3
Abb. S. 77

3.6
Sieben Salzburger Emigranten auf dem Weg nach Preussen
Um 1732
Kupferstich, koloriert, 31,5 x 20,0
Berlin, Staatliche Museen zu Berlin, Kunstbibliothek, Lipperheidesche Kostümbibliothek, 1004, 4

3.7
Zug der Salzburger Emigranten
Johann Conrad Stapff
Wohl Augsburg, um 1732
Kupferstich, 21,7 x 31,5
Berlin, Staatliche Museen zu Berlin, Kunstbibliothek, Lipperheidesche Kostümbibliothek, 1004, 28
Abb. S. 23

3.8
Schraubmedaille mit Darstellungen zur Salzburger Emigration
Stecher: Daniel Höckhinger (tätig in Augsburg um 1732)
Augsburg, 1732
Silber, 17 Radierungen, koloriert, Medaille Dm 4,4, Radierungen Dm 3,9
Berlin, Deutsches Historisches Museum, 1988/1331
Abb. S. 159

3.9
Bildnis eines alten Salzburgers
Antoine Pesne (Paris 1683–1757 Berlin)
Wohl Berlin, um 1732
Öl auf Leinwand, 80,0 x 65,0
Braunschweig, Herzog Anton Ulrich-Museum. Kunstmuseum des Landes Niedersachsen, GG 534
Abb. S. 76

3.10
Salzburger Emigrantenfamilie mit sieben Kindern
Um 1732
Kupferstich, 22,8 x 34,0
Berlin, Staatliche Museen zu Berlin, Kunstbibliothek, Lipperheidesche Kostümbibliothek, 1004, 25
Abb. S. 78

3.11
DARSTELLUNG EINES SALZBURGER
EMIGRANTEN
»Hanns Klammer aus Bischoffshofen«
Um 1732
Kupferstich, 20,3 x 14,5
Berlin, Staatliche Museen zu Berlin,
Kunstbibliothek, Lipperheidesche
Kostümbibliothek, 1004, 16
Abb. S. 160

JUDEN IN HAMBURG

4.1
VERTRAG DES RATES DER STADT
MIT DEN IN HAMBURG LEBENDEN
PORTUGIESISCHEN JUDEN
»Designatio Articulorum, worauf sich
E. E. hochweiser Rath mit der Portugi-
sischen Nation verglichen und dieselbi-
gen in Schutz und Schirm genommen.«
In: Constitutiones Hamburgensis a
1601–1625
Hamburg, 19. Februar 1612
Handschriftlich, 32,2 x 20,5
Hamburg, Staatsarchiv Hamburg,
Bestand 111-1 Senat, Cl. VII Lit. La Vol.
2a Nr. 16

4.2
REGLEMENT ÜBER DIE LEBENS-
VERHÄLTNISSE DER JUDEN IN
HAMBURG
»Neue-Reglement Der Judenschafft in
Hamburg / So Portugiesisch- als Hoch-
teutscher Nation«
Hamburg, 7. September 1710
Druck, 30,7 x 19,0
Hamburg, Staatsarchiv Hamburg,
Bestand Bibliothek, Mandaten-Samm-
lung, Sig. X 620/12
Abb. S. 163

4.3
MANDAT DES HAMBURGER RATES
ZU EINEM ANTIJÜDISCHEN TUMULT
Hamburg, 26. August 1730
Druck, 36,0 x 44,0
Hamburg, Staatsarchiv Hamburg, Be-
stand Bibliothek, Mandaten-Sammlung,
Sig. X 620/12

4.4
DAS NEUE MILLERNTOR VON
DER STADTSEITE
Johann Georg Stuhr (Hamburg
um 1640–1721 Hamburg)
Hamburg, 1700
Öl auf Leinwand, 67,5 x 84,2
Hamburg, Hamburger Kunsthalle, 3090
Abb. S. 165

4.5
PORTALBEKRÖNUNG DER
›PORTUGIESISCHEN‹ SYNAGOGE
IN ALTONA
Wohl 1771
Sandstein, 94,5 x 78,5 x 12,0
Hamburg, Altonaer Museum in Hamburg,
Norddeutsches Landesmuseum

4.6
DIE ›PORTUGIESISCHE‹ SYNAGOGE
IN ALTONA
Ludwig Schwarz
Altona, 1917
Federzeichnung, koloriert, 28,5 x 20,0
Hamburg, Altonaer Museum in Hamburg,
Norddeutsches Landesmuseum,
1919, 140

4.7
AUSSENANSICHT DER SYNAGOGE
DER »HOCHDEUTSCHEN ISRAELITEN
GEMEINDE ALTONA«
Ludwig Schwarz
Altona, 1917
Federzeichnung, koloriert, 24,4 x 21,1
Hamburg, Altonaer Museum in Hamburg,
Norddeutsches Landesmuseum,
1937, 424

4.8
LIEDBLATTVERKÄUFER
Martin Dichtl (um 1639/40–1710)
1669
Öl auf Leinwand, 98,0 x 76,0
Salenstein/Schweiz, Margit & Hans-
Roland Becker
Abb. S. 167

OSMANEN IN SÜDDEUTSCHLAND

5.1
TAUFE EINES KNABEN AUS DEM
OSMANISCHEN REICH
1617
Öl auf Leinwand, 130,0 x 80,0
Michelau, Dekanatsbezirk Michelau
Abb. S. 169

5.2.
AGENDA FÜR DIE TAUFE EINER
»TÜRKISCHEN« FRAU AM 16. MAI
1689 ZU ST. MARTIN IN
MEMMINGEN
Memmingen, 1689
Handschriftlich, 19,5 x 15,0
Memmingen, Ev.-luth. Pfarramt
St. Martin, 234

ITALIENISCHE WANDERHÄNDLER

6.1
»SPEZEREY UND WÜRTZ KRÄHMER
AKTE CONTRA DIE ITALIÄNISCHEN
BEYSABEN UND DEREN HANDEL
DE ANNO 1671–1736«
Frankfurt a. M., 1671–1736
Handschriftlich, 34,3 x 23,0 x T 10,5
Frankfurt a. M., Institut für
Stadtgeschichte, Handel Ugb Nr. 191

6.2
»BEYSASSEN-ORDNUNG«
Frankfurt a. M., 1708
Druck, 33,5 x 21,0
Frankfurt a. M., Institut für
Stadtgeschichte, Ratsverordnungen 1708

6.3
FLUGBLATT VON DER FRANKFURTER
MESSE
»Gesinde und Gesindel«
Peter Schöffer d. J. (um 1480 – nach
1520)
Wohl Mainz, um 1515
Holzschnitt, 27,4 x 52,2
Halle, Stiftung Moritzburg, Kunstmuseum
des Landes Sachsen-Anhalt, F 1137
Abb. S. 171

6.4
INVENTARLISTE DES STEPHANO
ANTONIO BRENTANO
In: »Prozessakte Dietz contra Schöffenrat
Frankfurt in Sachen Stephano Antonio
Brentano 1769–1777«
Frankfurt a. M., 1769
Handschriftlich, 34,3 x 21,5 x 5,0
Frankfurt a. M., Institut für Stadt-
geschichte, Reichskammergerichtsakten
Prozess Nr. 295 (2)

6.5
FRUCHT- UND GEWÜRZPRÄPARATE
Pomeranzen »Citrus aurantium Linné«
Rotholzsamen »Caesalpinia sappan
Linné«
Ingwerwurzel »Zingiber officinale
Roscoe«
Berlin, Botanischer Garten und Bota-
nisches Museum Berlin-Dahlem,
Herbarium

6.6
DRUCKSCHRIFT DES PROZESSES
DES DOMENICO MARTINO
BRENTANO GEGEN DIE STADT
FRANKFURT AM MAIN
»Kurtzer / Geschichts=Verlauff, / samt
obwaltenden / Rechtlichen Gründen, / in
der/ bey / Höchstpreißlichem /
Reichs=Hof=Rath / Rechts=hängigen
Sache, / BRENTANO (DUOMENICHO
MARTINO) / entgegen / Burgermeister
und Rath / der Stadt Franckfurth«
Frankfurt a. M., 1755
Druck, 32,4 x 20,0
Frankfurt a. M., Institut für Stadtge-
schichte, Prozessdruckschriften 23
Abb. S. 173

6.7
WAPPENSCHILD DER FAMILIE
BRENTANO
Frankfurt a. M., 1714
Holz, geschnitzt, 30,5 x 25,5 x 5,5
Frankfurt a. M., Historisches Museum,
X 16663

6.8
PORTRÄT DES PIETRO ANTONIO
BRENTANO (1735–1797)
Um 1770
Öl auf Leinwand, 54,0 x 45,5
Privatbesitz

6.9
PORTRÄT DER MAXIMILIANE
BRENTANO, GEB. VON LA ROCHE
(1756–1793)
Um 1770
Öl auf Leinwand, 54,0 x 45,5
Privatbesitz

WANDERNDE HANDWERKSGESELLEN

7.1
PATENT ZUR ABSTELLUNG DER
MISSBRÄUCHE IM HANDWERK
Wien, 16. August 1731 / Berlin, 6. August
1732
Druck, 33,5 x 21,0
Berlin, Deutsches Historisches Museum,
Do 78/43 I
Abb. S. 64

7.2
›KUNDSCHAFT‹ FÜR DEN GESELLEN
JOHANN ADAM GREUSEL
Nürnberg, 27. Dezember 1755
Druck, handschriftlich, Kupferstich,
33,4 x 43,0
Berlin, Deutsches Historisches Museum,
Do 2001/45

7.3
›KUNDSCHAFT‹ FÜR DEN GESELLEN
JOHANN DANIEL WEBER
Augsburg, 12. September 1773
Typendruck, handschriftlich, Kupferstich,
34,0 x 43,9
Berlin, Deutsches Historisches Museum,
Do 2001/44
Abb. S. 177

7.4
»DER WIRT ODER GASTGEB(ER)«
Erhard Schön (Nürnberg um 1491–1542
Nürnberg)
Um 1536
Holzschnitt, koloriert, Typendruck, am
unteren Rand beschnitten, 28,0 x 39,8
Gotha, Stiftung Schloss Friedenstein
Gotha, Kupferstichkabinett, 39,33
Abb. S. 175

7.5
SCHILD »DER FLASCHNER
GESELLEN HERBERG«
Nürnberg, 1713
Eisenblech, bemalt, 69,0 x 58,0
Nürnberg, Germanisches
Nationalmuseum, Z 463

7.6
HERBERGSSCHILD DER
TUCHBEREITERGESELLEN
Nürnberg, 1701/1800
Eisenblech, bemalt, 55,0 x 78,0
Nürnberg, Germanisches
Nationalmuseum, Z 1455

7.7
»KLEINES BIECHLIN VON MEINEM
GANTZEN LEBEN«
Augustin Güntzer (Oberehnheim 1596 –
nach 1657 wohl Basel)
Wohl 1657
Handschriftlich, Pergamenteinband,
geprägt, Goldschnitt, 15,4 x 11,5 x 4,0
Basel, Öffentliche Bibliothek der Univer-
sität Basel, Mscr H V 165

7.8
VORBLATT ZU: »KLEINES BIECHLIN
VON MEINEM GANTZEN LEBEN«
Augustin Güntzer (Oberehnheim 1596 –
nach 1657 wohl Basel)
Wohl 1657
Federzeichnung, handschriftlich,
28,1 x 15,1
Basel, Öffentliche Bibliothek der Univer-
sität Basel, Mscr H V 165, vor Bl. 1

7.9
DARSTELLUNG DES KRANKEN
AUGUSTIN GÜNTZER UND
MEMENTO-MORI-TEXTE
Aus: »Kleines Biechlin von meinem
gantzen Leben«
Augustin Güntzer (Oberehnheim 1596 –
nach 1657 wohl Basel)
Wohl 1657
Federzeichnung, handschriftlich,
15,0 x 18,8
Basel, Öffentliche Bibliothek der Univer-
sität Basel, Mscr H V 165, an Bl. 24

7.10
Szenen aus der Wanderschaft Augustin Güntzers
Begegnung mit Räubern im Stettiner Wald, Begegnung mit dem Mäher, der Güntzer Speise und Trank spendiert
Aus: »Kleines Biechlin von meinem gantzen Leben«
Augustin Güntzer (Oberehnheim 1596 – nach 1657 wohl Basel)
Wohl 1657
Federzeichnung, handschriftlich,
15,2 x 18,9
Basel, Öffentliche Bibliothek der Universität Basel, Mscr H V 165, nach Bl. 89
Abb. S. 285

7.11
Schale mit Fischmotiv
Augustin Güntzer (Oberehnheim 1596 – nach 1657 wohl Basel)
1. Hälfte 17. Jahrhundert
Zinn, gepunzt, Dm 42,0
Strasbourg, Musées de Strasbourg, Musée Alsacien

Gesinde

8.1
Gesindeordnung
»Ihrer / Chur=Fürstl. Durchl. / zu Sachßen, / u. u. / neu=erläuterte und verbeßerte / Gesinde= / Ordnung.«
Dresden, 16. November 1769
Typendruck, 34,7 x 21,2
Berlin, Deutsches Historisches Museum, Do 57/158
Abb. S. 181

8.2
Die zwölf Vaganten
Bartel Beham (Nürnberg 1502–1540 Italien)
Nürnberg, um 1524
Holzschnitt, koloriert, Druck, 34,7 x 25,9
Gotha, Stiftung Schloss Friedenstein Gotha, Kupferstichkabinett, 45,5
Abb. S. 57

Ausgrenzung und Reglementierung

9.1
Reliefstein vom alten Rathaus Bergen-Enkheim
Auch ›Fratzenstein‹ genannt
Inschrift: »far du gauch 1479«
Auftraggeber wohl: Graf Philipp d. J. von Hanau (1467–1500)
Sandstein, Reste farbiger Fassung,
35,0 x 94,0 x 22,0
Frankfurt a. M., Heimatmuseum Bergen-Enkheim
Abb. S. 183

9.2
Reichspolizeiordnung
Mainz, 1530
Druck, 27,8 x 20,0
Berlin, Staatsbibliothek zu Berlin – Preußischer Kulturbesitz, Abteilung Historische Drucke,
4° Gv 12 700

Bettler und Fahrendes Volk

10.1
Almosentafel
›Der Rothenburger Almosenkasten‹
Rothenburg o. d. T., 1555
Tempera auf Holz, 33,0 x 55,0
Rothenburg o. d. T., Ev.-Luth. Kirchengemeinde St. Jakob
Abb. S. 187

10.2
Bettlerzeichen der Stadt Nürnberg
Nürnberg, 1500/50
Messing, geprägt, Dm 6,4
Nürnberg, Germanisches Nationalmuseum, ZJ 1220
Abb. S. 51

10.3
Bettlerzeichen der Stadt Nürnberg
Nürnberg, 1500/50
Messing, geprägt, Dm 6,4
Nürnberg, Germanisches Nationalmuseum, ZJ 325

10.4
Bettlerzeichen der Stadt Nürnberg
Nürnberg, 1580
Messing, geprägt, Dm 3,9
Nürnberg, Germanisches Nationalmuseum, Colmar 787

10.5
Bettlerzeichen der Stadt Ingolstadt
Ingolstadt, um 1590
Eisen, geprägt, 5,8 x ,6
Nürnberg, Germanisches Nationalmuseum, ZJ 307
Abb. S. 51

10.6
Bettlerzeichen der Stadt Halberstadt
Halberstadt, 1653
Messing, geprägt, Dm 3,3
Nürnberg, Germanisches Nationalmuseum, ZJ 3592
Abb. S. 51

10.7
Bettlerverordnung der Stadt Köln
Köln, 8. Februar 1576
Druck, 30,0 x 19,0
Köln, Historisches Archiv der Stadt Köln, Best. 14 Nr. 1 f. 22

10.8
Bettlerverordnung für das Kurfürstentum Brandenburg
Berlin, 16. August 1695
Druck, 32,0 x 42,0
Berlin, Deutsches Historisches Museum, Do 2000/98
Abb. S. 50

10.9
»Mandat, Wieder die Bettlere, Land=Streicher und ander böses Gesindel«
Kurfürstentum Sachsen
Dresden, 7. Dezember 1715
Druck, 35,5 x 21,7
Berlin, Deutsches Historisches Museum, Do 53/82
Abb. S. 67

10.10
Kurzmainzer Erlass gegen das »Uibel von ausgearteten, korrupten, müßig umherschweifenden und gefährlichen Menschen«
Mainz, 4. Dezember 1801
Druck, 32,7 x 20,5
Wiesbaden, Hessisches Hauptstaatsarchiv, 100/214

10.11
Formular zur »Beschreibung der Personen«
Markgrafschaft Baden, 1765/66
Letterndruck, Lacksiegel, 32,0 x 19,0
Landesarchiv Baden-Württemberg, Abteilung Generallandesarchiv Karlsruhe, 74/3945 Bl. 9
Abb. S. 70

10.12
Bettlerin
Umkreis des Simon Troger (Abfaltershausen/Südtirol 1693–1768 Haidhausen bei München)
Süddeutschland, 2. Drittel 18. Jahrhundert
Holz, Elfenbein, Glas, H 26,5
Berlin, Deutsches Historisches Museum, KG 98/41
Abb. S. 189

10.13
Bettler mit Tragekörbchen und Wanderstab
Umkreis des Simon Troger (Abfaltershausen/Südtirol 1693–1768 Haidhausen bei München)
Süddeutschland, 2. Drittel 18. Jahrhundert
Holz, Elfenbein, Glas, H 28,5
Berlin, Deutsches Historisches Museum, KG 98/45

10.14
Bettler mit zwei Stöcken
Umkreis des Simon Troger (Abfaltershausen/Südtirol 1693–1768 Haidhausen bei München)
Süddeutschland, 2. Drittel 18. Jahrhundert
Holz, Elfenbein, Glas, H 27,5
Berlin, Deutsches Historisches Museum, KG 98/47
Abb. S. 189

10.15
Der Kranke
»Le malingreux«
Jacques Callot (Nancy 1592–1635 Nancy)
Nancy, 1622/23
Radierung, 13,9 x 9,0
Berlin, Deutsches Historisches Museum, Gr 56/1741

10.16
Zwei Bettlerinnen
»Les deux mendiantes«
Jacques Callot (Nancy 1592–1635 Nancy)
Nancy, 1622/23
Radierung, 14,0 x 8,9
Berlin, Deutsches Historisches Museum, Gr 75/144

10.17
Der Bettler auf Krücken mit einem Bettelsack
»Le mendiant aux béquilles et à la besace«
Jacques Callot (Nancy 1592–1635 Nancy)
Lothringen, 1610/35
Radierung, 14,0 x 9,0
Berlin, Deutsches Historisches Museum, Gr 56/1756
Abb. S. 54

10.18
Die Bettlerin mit den Krücken
»La mendiante aux béquilles«
Jacques Callot (Nancy 1592–1635 Nancy)
Nancy, 1622/23
Radierung, 12,8 x 8,6
Berlin, Deutsches Historisches Museum, Gr 56/1744

10.19
Der Bettler mit dem Krug
»Le mendiant au couvot«
Jacques Callot (Nancy 1592–1635 Nancy)
Nancy, 1622/23
Radierung, 14,0 x 9,0
Berlin, Deutsches Historisches Museum, Gr 56/1734

10.20
Die Bettlerin mit drei Kindern
»La mère et ses trois enfants«
Jacques Callot (Nancy 1592–1635 Nancy)
Nancy, 1622/23
Radierung, 13,9 x 8,8
Berlin, Deutsches Historisches Museum, Gr 56/1746
Abb. S. 54

10.21
Siebmacher
Teil einer Serie von vier Darstellungen zum ›Fahrenden Volk‹
Wohl Süddeutschland, um 1750
Öl auf Holz, 30,0 x 37,0
Ottobeuren, Benediktinerabtei Ottobeuren, 63/18a

10.22
Kesselflicker
Teil einer Serie von vier Darstellungen zum ›Fahrenden Volk‹
Wohl Süddeutschland, um 1750
Öl auf Holz, 30,0 x 37,0
Ottobeuren, Benediktinerabtei Ottobeuren, 63/18b
Abb. S. 191

10.23
Korbmacher
Teil einer Serie von vier Darstellungen zum ›Fahrenden Volk‹
Wohl Süddeutschland, um 1750
Öl auf Holz, 30,0 x 37,0
Ottobeuren, Benediktinerabtei Ottobeuren, 63/18c
Abb. S. 191

10.24
Scheren- und Glasschleifer
Teil einer Serie von vier Darstellungen zum ›Fahrenden Volk‹
Wohl Süddeutschland, um 1750
Öl auf Holz, 30,0 x 37,0
Ottobeuren, Benediktinerabtei Ottobeuren, 63/18d

10.25
Kugelbauchkanne mit Drahtgeflecht
Westerwald, um 1750
Steinzeug, Draht, H 50
Nürnberg, Germanisches Nationalmuseum, VK 643

10.26
Figur eines ›Theariakhändlers‹
Porzellanmanufaktur Hoechst, um 1750/60
Porzellan, bemalt, H 15,0
Nürnberg, Germanisches Nationalmuseum, LGA 9747

10.27
Sechs Papiertütchen mit Resten von Kochsalz, das als Heilmittel verkauft wurde
Aus: »Akt betr. den Vagabunden Philipp Caspar Berg aus Mainz 1806«
Mainz, 1805/06
Blatt mit aufgeklebten Tütchen, 33,0 x 20,0
Würzburg, Staatsarchiv Würzburg, Aschaffenburger Archivreste, Fasz. 10/XXIII, Nr. 2, fol. 18

10.28
Inquisitionsprotokoll zum gewaltsamen Tod eines Bettlers
In: »Kriminalgerichtsprotokolle der Landschaft Stapelholm 1719–1731 Süderstapel/Herzogtum Schleswig, 27. Juni 1727«
Handschriftlich, 30,0 x 21,0 x 13,0
Schleswig, Landesarchiv Schleswig-Holstein, Abt. 170 Nr. 473

›Zigeuner‹

11.1
»Mandat wider die Rauberische Rotten der Ziegeuner«
Gotha, 1710
Druck, 30,2 x 21,0
Köln, Rom e. V. Gemeinnütziger Verein für die Verständigung von Rom (Roma & Sinti) und Nicht-Rom, Sozialberatung, Archiv und Dokumentationszentrum, Förderung der Romakultur

11.2
Edikt gegen »das hoechst=schaedliche Jauner=Zigeuner= und anderes Diebs= und Herren=loses Gesind«
Augsburg, 6. Mai 1720
Druck, 82,5 x 55,0
Köln, Rom e. V. Gemeinnütziger Verein für die Verständigung von Rom (Roma & Sinti) und Nicht-Rom, Sozialberatung, Archiv und Dokumentationszentrum, Förderung der Romakultur

11.3
Kursächsisches Mandat »Wieder die, Aus denen Heßischen, und anderen angraenzenden Landen, Mit Gewalt vertriebene starcke Ziegeuner=Bande«
Dresden, 4. April 1722
Druck, 35,3 x 21,7
Berlin, Deutsches Historisches Museum, Do 52/2171.3
Abb. S. 60

11.4
Zwölf Skizzen zur Bestrafung von ›Zigeunern‹
Karl Friedrich von Holstein-Gottorf (1702–1713)
Kiel, 1735/40
Handzeichnung, koloriert, 22,0 x 186,5 (Leporello)
Schleswig, Landesarchiv Schleswig-Holstein, Abt. 8. 1 Nr. 1458

11.5
›Zigeunerwarntafel‹
Aufschrift: »Straff der im Land betretenen Jauner Zigeiner und [unleserlich]«
Wohl Herrschaft Oettingen-Wallerstein, wohl 1709/25
Blech, polychrom gefasst, 32,0 x 24,0
Nördlingen, Stadtmuseum Nördlingen, 1698a

11.6
›Zigeunerwarntafel‹
Aufschrift: »Jauner u: Zigeiner Straff«
Wohl Herrschaft Oettingen-Wallerstein, wohl 1709/25
Blech, polychrom gefasst, 32,0 x 23,5
Nördlingen, Stadtmuseum Nördlingen, 1698b
Abb. S. 197

11.7
»Verzeichnueß derer annoch herum vagiren- / de Raeuber und Vagabunden«
Wohl Duisburg, 1734
Druck, 31,0 x 20,0
Köln, Rom e. V. Gemeinnütziger Verein für die Verständigung von Rom (Roma & Sinti) und Nicht-Rom, Sozialberatung, Archiv und Dokumentationszentrum, Förderung der Romakultur

11.8
Der Zigeunerzug: der Vortrab
»Les Bohémiens en marche: l'avant-garde«
Aufschrift: »Ne uoilà pas de braues messagers / Qui uont errants par pays estrangers«
Jacques Callot (Nancy 1592–1635 Nancy)
Lothringen, 1621/35
Radierung, 12,5 x 23,6
Berlin, Staatliche Museen zu Berlin, Kupferstichkabinett, M. 668 II
Abb. S. 61

11.9
Der Zigeunerzug: der Nachtross
»Les Bohémiens en marche: l'arrière-garde«
Aufschrift: »Ces pauures gueux pleins de bonaduetures / Ne portent rien que des Choses futures.«
Jacques Callot (Nancy 1592–1635 Nancy)
Lothringen, 1621/35
Radierung, 12,5 x 23,6
Berlin, Staatliche Museen zu Berlin, Kupferstichkabinett, M. 667 II

11.10
Die Rast der Zigeuner: die Wahrsagerinnen
»La halte des Bohémiens: les diseuses de bonne aventure«
Aufschrift: »Vous qui prenez plaisir en leurs parolles, / Gardez uos blancs, uos testons, et pistolles«
Jacques Callot (Nancy 1592–1635 Nancy)
Lothringen, 1621/35
Radierung, 12,3 x 23,6
Berlin, Staatliche Museen zu Berlin, Kupferstichkabinett, M. 669 II

11.11
Die Rast der Zigeuner: die Festvorbereitungen
»La halte des Bohémiens: Les apprêts du festin«
Aufschrift: »Au bout du comte ils treuuent pour destin / Qu'ils sont uenus d'Aegipte a ce festin.«
Jacques Callot (Nancy 1592–1635 Nancy)
Lothringen, 1621/35
Radierung, 12,4 x 23,6
Berlin, Staatliche Museen zu Berlin, Kupferstichkabinett, M. 670 II
Abb. S. 61

STAATSANGEHÖRIGKEIT

12.1
PREUSSISCHES UNTERTANENGESETZ
»Gesetz über die Erwerbung und den Verlust der Eigenschaft als preußischer Unterthan, so wie über den Eintritt in fremde Staatsdienste«
Friedrich Wilhelm IV., König von Preußen (Berlin 1795–1861 Potsdam)
Berlin, 31. Dezember 1842
Druck, 26,0 x 20,5
Berlin, Geheimes Staatsarchiv Preußischer Kulturbesitz, I. HA, Rep. 77 Innenministerium, Tit. 227 Nr. 4, Bd. 4, Bl. 1–2

12.2
NATURALISATIONSURKUNDE FÜR DAVINO GIANELLO
Berlin, 8, März 1848
Handschriftlich, gestempelt, 34,0 x 21,7
Berlin, Deutsches Historisches Museum, Do 87/3 (MfDG)
Abb. S. 92

12.3
PREUSSISCHER HEIMATSCHEIN
Merseburg, 5. Juli 1855
Druck, handschriftlich, 33,3 x 21,0
Berlin, Deutsches Historisches Museum, Do 53/260 (MfDG)

12.4
GESETZ- UND VERORDNUNGSBLATT FÜR DAS KÖNIGREICH SACHSEN
»Gesetz über Erwerbung und Verlust des Unterthanenrechts im Königreiche Sachsen«
Friedrich August II., König von Sachsen (Pillnitz 1797–1854 Brennbüchel/Tirol)
Dresden, 2. Juli 1852
Druck, 23,5 x 43,0
Berlin, Staatsbibliothek zu Berlin – Preußischer Kulturbesitz,
4" Gq 588-1852

12.5
VERLEIHUNGSURKUNDE DER SÄCHSISCHEN STAATSANGEHÖRIGKEIT
Buddissin (Bautzen), 30. November 1863
Handschriftlich, gestempelt, 34,5 x 21,2
Berlin, Deutsches Historisches Museum, Do 52/507 (MfDG)
Abb. S. 189

12.6
EINWANDERUNGS-ERLAUBNISSCHEIN IN DAS GROSSHERZOGTUM SACHSEN-WEIMAR-EISENACH
Weimar, 11. November 1857
Druck, handschriftlich, 33,0 x 20,8
Berlin, Deutsches Historisches Museum, Do 77/356 (MfDG)

WANDERARBEITER AUS DEM EICHSFELD

13.1
REISE-PASS FÜR EINEN EICHSFELDER WANDERARBEITER
Haynrode, 17. Mai 1842
Druck, handschriftlich, 34,0 x 22,0
Heiligenstadt, Landratsamt Landkreis Eichsfeld, Kreisarchiv, 4-1449

13.2
REISE-PASS FÜR EINEN EICHSFELDER WANDERARBEITER
Worbis, 22. August 1847
Druck, handschriftlich, 34,0 x 22,0
Heiligenstadt, Landratsamt Landkreis Eichsfeld, Kreisarchiv, 4-1449
Abb. S. 201

13.3
AMTSBLATT DER KÖNIGLICHEN REGIERUNG ZU ERFURT, BEILAGE ZUM 17. STÜCK
»Polizeiverordnung das Arbeitssuchen der Eichsfelder in der Fremde betreffend«
Erfurt, 24. April 1858
Druck, 21,5 x 19,0
Heiligenstadt, Stadtarchiv Heiligenstadt

13.4
ARBEITSBUCH EINES WANDERARBEITERS AUS DEM EICHSFELD
6. Februar 1859 – 6. Oktober 1860
Druck, handschriftlich, gestempelt, 6,0 x 10,0
Heiligenstadt, Landratsamt Landkreis Eichsfeld, Kreisarchiv, Kreuzebra A 35

13.5
AUFSTELLUNG ÜBER DIE ZAHL DER WANDERARBEITER AUS DEM LANDKREIS WORBIS
Worbis, 13. Juni 1864
Handschriftlich, 35,0 x 21,0
Gotha, Thüringisches Staatsarchiv Gotha, Landratsamt Worbis, Nr. 872, Bl. 6–116

13.6
WOLLKAMM AUS DEM EICHSFELD
1847
Holz, Eisen, L 35,0, B 20,0
Leinefelde-Worbis, Museum »Gülden Creutz«

LIPPISCHE ZIEGLER

14.1
AUFSTELLUNG DES ZIEGELAGENTEN FÜR DEN II. BEZIRK
1853
Handschriftlich, 33,5 x 43,0
Landesarchiv Nordrhein-Westfalen, Staats- und Personenstandsarchiv Detmold, L 77a Nr. 4711, Bl. 192–208

14.2
REISE-PASS FÜR DEN ZIEGELBOTEN AUGUST REUTER
Lage, 3. Januar 1846
Druck, handschriftlich, 33,0 x 21,0
Lage, Stadtarchiv, 9876/1 OHM Lage

14.3
REISE-PASS FÜR DEN ZIEGELARBEITER ADOLPH SCHMIDT
Lage, 22. April 1866
Druck, handschriftlich, 33,0 x 21,0
Lage, Stadtarchiv, 9876/2 OHM Lage

14.4
BÜRGSCHEIN EINES BREMER ZIEGELUNTERNEHMERS FÜR LIPPISCHE SAISONARBEITER
Ad. Lauprecht
Bremen, 12. April 1861
Handschriftlich, 32,0 x 19,3
Bremen, Staatsarchiv,
4,17-13. E.16. Band 2

14.5
DOPPEL-HANDSTRICH-ZIEGEL-
STEINFORM
2. Hälfte 19. Jahrhundert
Holz, Eisen, 6,4 x 15,2 x 80,0
Dortmund, Westfälisches
Industriemuseum, WIM 92/1270

14.6
FUSSWÄRMER (STÖVCHEN)
1870
Ton, gebrannt, 18,0 x 22,0 x 21,0
Lingen, Emslandmuseum, 363
Abb. S. 203

14.7
DER ERSTE ZIEGEL ZUM BEGINN
DER ZIEGELSAISON
»20 april / erster Ziegel«
19. Jahrhundert
Ton, gebrannt, 16,6 x 35,5
Berlin, Deutsches Historisches Museum,
1988/65

STAATSANGEHÖRIGKEIT UND AUSLÄNDERPOLITIK

15.1
DIE DEUTSCHEN REICHSGESETZE
ÜBER BUNDES- UND STAATSANGE-
HÖRIGKEIT, PASSWESEN, FREI-
ZÜGIGKEIT, ARMENWESEN UND
UNTERSTÜTZUNGSWOHNSITZ
SOWIE ÜBER EHESCHLIESSUNGEN.
Richard Höinghaus
Berlin: Gustav Hempel, 1871
Druck, 9,5 x 14,0
Berlin, Staatsbibliothek zu Berlin –
Preußischer Kulturbesitz,
Gv 15150

15.2
REICHS- UND STAATSANGEHÖRIG-
KEITGESETZ VOM 22. JULI 1913
Albert Magnus
Berlin: Puttkammer und Mühlbrecht,
1917
Druck, 22,7 x 16,3
Berlin, Staatsbibliothek zu Berlin –
Preußischer Kulturbesitz,
Gw 16582
Abb. S. 96

15.3
STAATSANGEHÖRIGKEITSURKUNDE
FÜR HAMBURG
Hamburg, 29. September 1899
Druck, handschriftlich, 33,0 x 21,0
Berlin, Deutsches Historisches Museum,
1988/916

15.4
STAATSANGEHÖRIGKEITSURKUNDE
FÜR PREUSSEN
Halle, 4. August 1910
Druck, handschriftlich, 33,0 x 21,0
Berlin, Deutsches Historisches Museum,
Do 52/863 (MfDG)
Abb. S. 205

15.5
DIE AUSWEISUNG AUS DEM
DEUTSCHEN REICH UND AUS DEM
STAAT UND DER GEMEINDE IN
PREUSSEN
Walter von Conta
Berlin: Franz Vahlen, 1904
Druck, 22,1 x 15,5
Berlin, Staatsbibliothek zu Berlin –
Preußischer Kulturbesitz,
Gw 16508

15.6
BESTIMMUNGEN ÜBER DIE
INLANDSLEGITIMIERUNG DER
AUSLÄNDISCHEN ARBEITER
Erich von Stosch
Berlin: Deutsche Landbuchhandlung
G.m.b.H., 1912
Druck, 7,5 x 12,3
Berlin, Staatsbibliothek zu Berlin –
Preußischer Kulturbesitz,
Gt 11936<2>

15.7
ARBEITER-LEGITIMATIONSKARTE
FÜR POLEN
Deutsche Feldarbeiter-Zentralstelle
Berlin, 1910
Druck, 17,2 x 10,8
Landesarchiv Baden-Württemberg,
Hauptstaatsarchiv Stuttgart,
EA 151/03 Bü 59, Qu. 73
Abb. S. 27

15.8
ARBEITER-LEGITIMATIONSKARTE
FÜR RUTHENEN
Deutsche Feldarbeiter-Zentralstelle
Berlin, 1910
Druck, 17,2 x 10,8
Landesarchiv Baden-Württemberg,
Hauptstaatsarchiv Stuttgart,
E 151/03 Bü 59 Qu. 73

15.9
ARBEITER-LEGITIMATIONSKARTE
FÜR NIEDERLÄNDER UND BELGIER
Deutsche Feldarbeiter-Zentralstelle
Berlin, 1910
Druck, 17,2 x 10,8
Landesarchiv Baden-Württemberg,
Hauptstaatsarchiv Stuttgart,
E 151/03 Bü 59, Qu. 73

15.10
ARBEITER-LEGITIMATIONSKARTE
FÜR ITALIENER
Deutsche Feldarbeiter-Zentralstelle
Berlin, 1910
Druck, 17,2 x 10,8
Landesarchiv Baden-Württemberg,
Hauptstaatsarchiv Stuttgart,
E 151/03 Bü 59 Qu. 73
Abb. S. 27

›SACHSENGÄNGER‹

16.1
AUFSTELLUNG ÜBER
›SACHSENGÄNGER‹ AUS DEM
REGIERUNGSBEZIRK BRESLAU
»Nachweisung der in den Jahren 1888
und 1889 aus dem Regierungsbezirk
Breslau nach Sachsen und anderen
Rübenbaugegenden ausgewanderten
ländlichen Arbeiter«
Breslau, 11. Februar 1890
Handschriftlich, 33,1 x 51,6
(aufgeschlagen)
Berlin, Geheimes Staatsarchiv
Preußischer Kulturbesitz, I. HA, Rep 87
Ministerium für Landwirtschaft,
Domänen und Forsten, B Nr. 209,
Bl. 70–71

16.2
›SACHSENGÄNGER‹ AUF DER
DURCHREISE IN BERLIN
Otto Haeckel (Sprottau 1872–1945
Berlin)
Berlin, 1907
Photographie, 11,6 x 16,3

Berlin, Deutsches Historisches Museum,
BA112517

16.3
›Sachsengänger‹ auf der
Durchreise in Berlin
Otto Haeckel (Sprottau 1872–1945
Berlin)
Berlin, 1907
Photographie, 12,1 x 17,0
Berlin, Deutsches Historisches Museum,
BA112515

16.4
›Sachsengänger‹ auf der
Durchreise in Berlin
Otto Haeckel (Sprottau 1872–1945
Berlin)
Berlin, 1907
Photographie, 12,1 x 16,1
Berlin, Deutsches Historisches Museum,
BA112516

16.5
›Sachsengänger‹ auf der
Durchreise in Berlin
Otto Haeckel (Sprottau 1872–1945
Berlin)
Berlin, 1907
Photographie, 12,1 x 16,7
Berlin, Deutsches Historisches Museum,
BA110566
Abb. S. 207

16.6
›Sachsengänger‹ bei der
›Toilette‹ vor einem Berliner
Bahnhof
Otto Haeckel (Sprottau 1872–1945
Berlin)
Berlin, 1907
Photographie, 11,7 x 16,0
Berlin, Deutsches Historisches Museum,
BA108508
Abb. S. 207

16.7
Verpflichtungsschein für
Feldarbeiter (zweisprachig
Deutsch/Polnisch)
Deutsche Feldarbeiter-Zentralstelle
Berlin, um 1907
Druck, 32,2 x 23,3
Berlin, Geheimes Staatsarchiv
Preußischer Kulturbesitz, I. HA, Rep 87
Ministerium für Landwirtschaft,
Domänen und Forsten, B Nr. 260, Bl. 29f

16.8
Grundriss und Schnitte der
Arbeiterwohnungen in Lanke
Berlin, 14. August 1900
Tinte, Tusche, 33,0 x 47,5
Berlin, Geheimes Staatsarchiv
Preußischer Kulturbesitz, I. HA, Rep 87
Ministerium für Landwirtschaft,
Domänen und Forsten, B Nr. 209, Bl. 278

16.9
Rübenspaten
Um 1900
Eisen, Holz, 95,0 x 15,5 x 5,5
Berlin, Deutsches Historisches Museum,
Pro 62/73 (MfDG)

16.10
Rübengabel
Um 1900
Eisen, Holz, 98,5 x 18,5
Berlin, Deutsches Historisches Museum,
Pro 62/233 (MfDG)

16.11
Rübenköpfmesser
Um 1900
Eisen, Holz, 8,5 x L 47,0
Berlin, Deutsches Historisches Museum,
La 80/9 (MfDG)

16.12
Modell eines »Wanzlebener
Pfluges«
Um 1900
Holz, Eisen, 31,5 x 25,5 x 81,0
Berlin, Deutsches Historisches Museum,
Pro 65/7 (MfDG)

16.13
Kolonne von Rübenhackern
Um 1900
Photographie
Klein Wanzleben,
Archiv der KWS Saat AG

16.14
Mädchen mit Aufseher
beim Rübenhacken in der
Magdeburger Börde
Um 1900
Photographie
Klein Wanzleben,
Archiv der KWS Saat AG
Abb. S. 27

16.15
Mädchen beim Rübenverziehen
in der Magdeburger Börde
Um 1900
Photographie
Klein Wanzleben,
Archiv der KWS Saat AG

16.16
Arbeiterinnen bei der
Rübenernte in der
Magdeburger Börde
Um 1900
Photographie
Klein Wanzleben,
Archiv der KWS Saat AG

16.17
Werbeplakat für Zuckerrüben
Wohl Lucian Bernhard (Stuttgart
1883–1972 New York)
1912/13
Offset, 55,7 x 40,2
Berlin, Deutsches Historisches Museum,
P 90/8627

Italienische Arbeitsmigranten

17.1
Der Terrazzo-Unternehmer
Giovanni Santini und sein
Kompagnon Mussoni
Hermann Jansen
Kiel, um 1907
Photographie, 12,0 x 7,5
Hamburg, Thomas von Appen

17.2
Visitenkarte der Terrazzo-
Firma Mussoni und Santini
Kiel, um 1907
Druck, 9,0 x 14,0
Hamburg, Thomas von Appen

17.3
Arbeiter der italienischen
Terrazzo-Firma Monasso
aus Bocholt
Vor 1915
Photographie, 9,0 x 14,0
Aalten, M. Baron-Monasso

17.4
SCHIEFERPLATTE MIT MARMORINTARSIEN (FEIERABEND-ARBEIT ITALIENISCHER TERRAZZO-ARBEITER)
Wohl Rheine, um 1900
Schiefer, Marmor, intarsiert,
34,3 x 34,8 x 2,4
Cloppenburg, Dr. Hermann Kaiser

17.5
ABSCHRIFT EINER LISTE VON AN AUSLÄNDER (ITALIENER) ERTEILTEN WANDERGEWERBESCHEINEN
»In Bundesstaaten an Ausländer erteilte Wandergewerbescheine auf das Jahr 1892«
Koblenz, 1893
Handschriftlich, 32,8 x 22,0
Landesarchiv Nordrhein-Westfalen, Hauptstaatsarchiv Düsseldorf, Reg. Aachen 13682, Bl. 29–32

17.6
ITALIENISCHE GIPSFIGUREN-HÄNDLER AUF DER BELLE-ALLIANCE-BRÜCKE IN BERLIN
M. Plinzner (* 1859)
Berlin, 1897
Holzstich, 18,4 x 28,3
Berlin, Deutsches Historisches Museum, Gr 2005/1

17.7
MUSTERARBEITSVERTRAG FÜR ITALIENISCHE ARBEITER (DREI-SPRACHIG DEUTSCH/ITALIENISCH/FURLANISCH)
1913
Druck, 32,0 x 21,0
München, Stadtarchiv München, Gewerbeamt 542

17.8
LOHNBUCH-VORDRUCK FÜR ZIEGELEIARBEITER (ZWEISPRACHIG DEUTSCH/ITALIENISCH)
1913
Druck, handschriftlich, 32,0 x 21,0
München, Stadtarchiv München, Gewerbeamt 542

17.9
ITALIENISCHE ARBEITER BEIM BAU DER WUTACHTALBAHN
Epfenhofen, 1888/89
Photographie, 17,5 x 12,5
Egmond Rösch

17.10
DIE BAUARBEITER
Wolfgang Wagner (Furth 1884–1931 München)
München, 1912
Öl auf Leinwand, 140,5 x 110,0
Berlin, Deutsches Historisches Museum, 1987/202
Abb. S. 209

NIEDERLÄNDISCHE ARBEITSMIGRANTEN

18.1
MELDEBUCH FÜR KANALARBEITER
Greven, 1892–1893
Handschriftlich, 34,0 x 21,0
Greven, Stadtarchiv Greven, Kasten 207, A-1608

18.2
NIEDERLÄNDISCHE TIEFBAUARBEITER IN ESSEN
Essen, um 1912
Photographie, 9,0 x 13,6
Privatsammlung F. Hofsteenge, Assen, Niederlande
Abb. S. 211

18.3
PLAN VON SCHÖNINGHSDORF
»Situations Plan der Schöninghsdorfer Anlagen der Griendtsveen Torfstreu Act.«
1902/03
Blaupause, 24,5 x 60,0
Geeste, Emsland Moormuseum e. V., 0213

18.4
TORFARBEITER DER NIEDERLÄN-DISCHEN GRIENDTSVEEN AG AM SÜD-NORD-KANAL
»Torfstreuunternehmungen der Griends-veen-Compagnie am Süd-Nord-Kanal.«
Juni 1902
Photographie
Geeste, Emsland Moormuseum e. V.

18.5
SCHUH AUF HOLZBRETT, ZUM TORFTRETEN
Um 1900
Leder, Holz, 15,5 x 35,5 x 15,5
Geeste, Emsland Moormuseum e. V., 0126

18.6
TORFSPATEN
1880/1920
Eisen, geschmiedet, Holz,
85,5 x 12,2 x 4,0
Geeste, Emsland Moormuseum e. V., 0133

18.7
LOHNBUCH DER NORDHORNER TEXTILFIRMA NIEHUES & DÜTTING
Nordhorn, 12. April 1904 – 1. Juli 1905
Handschriftlich, 49,0 x 29,0 x 8,0
Meppen, Bücherei des Emsländischen Heimatbundes e. V.

›RUHRPOLEN‹

19.1
FAHNE DES POLNISCHEN ROSEN-KRANZVEREINS GELSENKIRCHEN-SCHALKE
Nach 1895
Seide, bestickt, 100,0 x 150,0
Bochum, Bund der Polen in Deutsch-land e. V.
Abb. S. 213

19.2
ÜBERWACHUNGS-AKTE ÜBER DIE POLNISCHE ROSENKRANZ-BRUDERSCHAFT IN RÖHLINGHAUSEN
1907/08
Handschriftlich, 36,0 x 23,5 x 0,5
Landesarchiv Nordrhein-Westfalen, Staatsarchiv Münster, Regierung Arnsberg 14116

19.3
POLNISCHES GESANGBUCH, MIT VERZEICHNIS VON IN PREUSSEN VERBOTENEN LIEDERN
»Zupełny Śpiewnik Kieszonkowy / No 763 / Najwięcej ulubionych aryi, dumek, krakowiaków, kujawiaków, piosenek weselnych, marszów i. t. d. i. t. d.«
Jan Kwiatkowski

Warschau: Karol Marek GmbH, 1911
Druck, 13,0 x 8,5 x 3,0
Witten, V. M. Stefanski

19.4
BELEGSCHAFTSBUCH DER ZECHE
PROSPER I
Bottrop, 1893–1896
Handschriftlich, 45,0 x 27,0 x 3,5
Dortmund, Stiftung Westfälisches Wirtschaftsarchiv,
F 35 Arenberg Bergbau Nr. 5004

19.5
LOHNBUCH VON FRANZ NOWACZYK
Herne, 1902
Druck, handschriftlich, 17,5 x 11,0
Herne, Emschertal-Museum, 85/1
(Depositum Nowaczyk)

19.6
BERGPOLIZEIVERORDNUNG
BETREFFEND DIE BESCHÄFTIGUNG
FREMDSPRACHIGER ARBEITER
BEIM BERGWERKSBETRIEBE
IM OBERBERGAMTSBEZIRKE
DORTMUND
Gelsenkirchen, 1899
Druck, 16,3 x 10,5
Aachen, Bibliothek der RWTH, 0119-12

19.7
SPOTT-POSTKARTE AUF POLNISCHE
ZUWANDERER
»Heiteres aus dem Streikgebiet«
Oberhausen: Nickel Kunstverlag, um
1900
Druck, 8,6 x 13,7
Dortmund, Westfälisches
Industriemuseum, WIM 1992/2316

19.8
SPOTT-POSTKARTE AUF POLNISCHE
ZUWANDERER
»Kamerad tanzt Krakowiak«
Essen: Postkartenverlag Albert Panzer,
um 1900
Druck, 8,6 x 13,7
Dortmund, Westfälisches
Industriemuseum, WIM 1992/2249

›SCHWABENKINDER‹

20.1
ANKUNFT DER ›SCHWABENKINDER‹
IN FRIEDRICHSHAFEN
Peter Scherer (1869–1922)
Friedrichshafen, um 1900
Photographie (neuer Abzug vom
Glasnegativ)
Ravensburg, Sammlung Thomas Weiß

20.2
›SCHWABENKINDER‹
VOR DER RÜCKFAHRT
Peter Scherer (1869–1922)
Friedrichshafen, um 1900
Photographie (neuer Abzug vom
Glasnegativ)
Ravensburg, Sammlung Thomas Weiß
Abb. S. 215

20.3
KINDERMARKT IN RAVENSBURG
E. Klein
Berlin, 1895
Holzstich, 17,5 x 25,0
Berlin, Deutsches Historisches Museum,
Gr 2005/45

20.4
DIENSTVERTRAG FÜR EIN
›SCHWABENKIND‹
Verein für Hütkinder und jugendliche
Arbeiter
Friedrichshafen, 27. März 1908
Druck, handschriftlich, 24,9 x 15,3
Landesarchiv Baden-Württemberg,
Staatsarchiv Sigmaringen, Wü 65/26
(Oberamt Ravensburg) T1 Nr. 348

20.5
VERZEICHNIS VON SCHWABEN-
GÄNGERN IM SCHULJAHR
1873/74
»Verzeichnis der Schwabengänger aus
dem Schulbezirk »Kath. Oberland« im
Schuljahr 1873/74«
1874
Handschriftlich, 35,5 x 22,5
Chur, Staatsarchiv Graubünden, IV 4 g

›OSTJUDEN‹

21.1
JÜDISCHE EMIGRANTEN IN BRODY
(GALIZIEN)
Vincenz Katzler (Wien 1823–1882 Wien)
Wohl 1881
Holzstich, 37,0 x 27,5
Berlin, Deutsches Historisches Museum,
Gr 93/67.5

21.2
BILDERBOGEN ÜBER DIE
AUSWEISUNG VON JUDEN AUS
RUSSLAND
»Der schwarze Peter oder Russland
lässt den Juden ziehen!«
Dresden: Glöss, 1894
Lithographie, 50,1 x 64,2
Berlin, Deutsches Historisches Museum,
1988/1858.11

21.3
AUS RUSSLAND VERTRIEBENE
JUDEN KOMMEN NACH
DEUTSCHLAND
»Austreibung der Juden aus Russland.«
Trier: J. Mandewirth, 31. März 1899
(Poststempel)
Chromolithographie, 9,1 x 14,0
Berlin, Sammlung Wolfgang Haney
Abb. S. 219

21.4
LISTE DER JÜDISCHEN GEMEINDE
BERLIN ÜBER DIE UNTERSTÜTZUNG
AUSGEWIESENER JUDEN
»Verzeichnis / derjenigen hiesigen ausgewiesenen Glaubensgenossen / welche /
mit Reisemitteln versehen worden sind /
und / welche von der Armen-Kommission
niemals Unterstuetzung erhalten haben«
Berlin, 5. Oktober 1885
Handschriftlich, 35,5 x 21,6
Warschau, Zydowski Instytut
Historyczny, B Rep 119 Nr. 35

21.5
ALBUMBLÄTTER, GESPENDET FÜR DIE SELBSTSCHRIFTEN-TOMBOLA DES SOMMERNACHTS-FESTES ZUM BESTEN DER AUSGEWIESENEN JUDEN; BERLIN, PHILHARMONIE, 18. JUNI 1891
Berlin: H. S. Hermann, 1891
Druck, 7,6 x 13,0
Berlin, Staatsbibliothek zu Berlin –
Preußischer Kulturbesitz,
Yd 3321

21.6
ANTISEMITISCHE POSTKARTE
»Ein Kreuz auf der Welt! dem einen g'hört der Beutel – dem andern das Geld!«
Um 1910
Buchdruck, 9,0 x 14,1
Berlin, Deutsches Historisches Museum,
1990/1461

21.7
ANTISEMITISCHE POSTKARTE
»Einst und jetzt«
Um 1900
Buchdruck, 9,3 x 14,1
Berlin, Deutsches Historisches Museum,
PK 96/410

21.8
ANTISEMITISCHE POSTKARTE
»Der Schnorrer oder Der neu eingewanderte Staatsbürger«
Plauen: U. Baasch, um 1900
Lichtdruck, 14,0 x 9,0
Berlin, Sammlung Wolfgang Haney
Abb. S. 95

21.9
(OST)JÜDISCHER KLEIDERHÄNDLER IN BERLIN
»Berliner Typen / ›Komme sofort nach Empfang einer Postkarte und zahle die höchsten Preise‹«
Nach 1905
Lichtdruck, 8,6 x 13,7
Berlin, Sammlung Wolfgang Haney

21.10
AUF DEM AUSWANDERER-BAHNHOF RUHLEBEN
Zehme
1895
Holzstich, 16,5 x 25,0
Berlin, Deutsches Historisches Museum,
Gr 2005/44

21.11
ANKUNFT DER AUSWANDERER IM BAHNHOF RUHLEBEN
Zander und Labisch
Berlin, 1900
Photographie
Berlin, Bildarchiv Preußischer Kulturbesitz, 20.014.721-2

21.12
IN DER DESINFEKTIONSHALLE DES AUSWANDERER-BAHNHOFS RUHLEBEN
Berlin, 1900
Photographie
Berlin, Bildarchiv Preußischer Kulturbesitz, 20.014.720-1.1

21.13
OBLATE ÜBER DEN FREUNDLICHEN EMPFANG VON JUDEN IN AMERIKA
Heb. Pub.
Vereinigte Staaten von Amerika, 1909
Chromolithographie, 8,9 x 9,8
Berlin, Deutsches Historisches Museum,
Do 96/131 (MfDG)

21.14
OBLATE ÜBER DEN FREUNDLICHEN EMPFANG VON JUDEN IN AMERIKA
Heb. Pub.
Vereinigte Staaten von Amerika, 1909
Chromolithographie, 10,5 x 8,2
Berlin, Deutsches Historisches Museum,
Do 96/132 (MfDG)

KRIEGSGEFANGENE UND ZIVILARBEITER IM ERSTEN WELTKRIEG

22.1
TELEGRAMM DES OBERPRÄSIDENTEN VON KOBLENZ AN DEN REGIERUNGSPRÄSIDENTEN DÜSSELDORF ZUM VERBLEIB RUSSISCHER SAISONARBEITER
Koblenz, 4. August 1914
Maschinenschriftlich, gestempelt,
20,0 x 23,0
Landesarchiv Nordrhein-Westfalen,
Hauptstaatsarchiv Düsseldorf,
Reg. Düsseldorf 15004, Bl. 13

22.2
RUSSISCH-POLNISCHE ZIVILINTERNIERTE MIT GEPÄCK WERDEN DURCH MAGDEBURG GEFÜHRT
Magdeburg, wohl August 1914
Photographie
Berlin, Bildarchiv Preußischer Kulturbesitz, 30.016.125-2.1
Abb. S. 221

22.3
RUSSISCH-POLNISCHE ZIVILINTERNIERTE WERDEN DURCH MAGDEBURG GEFÜHRT
Magdeburg, wohl August 1914
Photographie
Berlin, Bildarchiv Preußischer Kulturbesitz, 30.016.126-2.1
Abb. S. 221

22.4
BEKANNTMACHUNG DER LANDWIRTSCHAFTSKAMMER FÜR DIE RHEINPROVINZ ZUM RÜCKKEHRVERBOT FÜR RUSSISCH-POLNISCHE WANDERARBEITER, IN POLNISCHER SPRACHE
Bonn, 3. November 1914
Druck, 30,0 x 22,0
Landesarchiv Nordrhein-Westfalen,
Hauptstaatsarchiv Düsseldorf,
Reg. Düsseldorf 15004, Blatt 162

22.5
VERZEICHNIS DER AUF DEM HAMBURGER WOHNSCHIFF »SIEGFRIED« INTERNIERTEN RUSSISCHEN STAATSANGEHÖRIGEN
Hamburg, August 1914 – Februar 1915
Handschriftlich, 36,0 x 47,0
(aufgeschlagen)
Hamburg, Staatsarchiv Hamburg, Bestand 331-3 Politische Polizei Ablage 38 Best. 12 Sammelakte 14 Bd. 1

22.6
PLAKAT ZUR ANWERBUNG VON ARBEITSKRÄFTEN NACH DEUTSCHLAND (ZWEISPRACHIG DEUTSCH/POLNISCH)
Arbeiterzentrale beim Kaiserlich Deutschen Polizeipräsidium Warschau
1916

Druck, 63,0 x 69,5
Berlin, Geheimes Staatsarchiv
Preußischer Kulturbesitz, I. HA, Rep. 87
Ministerium für Landwirtschaft,
Domänen und Forsten, B Nr. 118, Bl. 208

22.7
SCHREIBEN AN DEN OBER-
PRÄSIDENTEN DER PROVINZ WEST-
FALEN ÜBER DIE BEHANDLUNG
»ARBEITSSCHEUER BELGIER«
VII. Armeekorps, Stellvertretendes
Generalkommando
Münster, 2. Dezember 1916
Maschinenschriftlich, 17,0 x 20,0
Landesarchiv Nordrhein-Westfalen,
Staatsarchiv Münster, Oberpräsidium
Münster, Nr. 4115, Bl. 289
Abb. S. 223

22.8
DEPORTIERTE ZIVILGEFANGENE
IM ZWEIGLAGER STEINHORST DES
KRIEGSGEFANGENENLAGERS
SOLTAU
Soltau, 1914/18
Photographie
Soltau, Stadtarchiv Soltau, Privat-
sammlung Heiko Drews, Soltau

22.9
GALIZISCHE FLÜCHTLINGE
SAMMELN SICH AN EINER MELDE-
STELLE IN BERLIN
Berlin, 1915
Photographie
Berlin, Bildarchiv Preußischer Kultur-
besitz, 30.016.130-2.3

22.10
DIE OSTJUDENFRAGE. ZIONISMUS
& GRENZSCHLUSS
Georg Fritz
München: J. F. Lehmanns Verlag, 1915
Druck, 20,5 x 13,8
Berlin, Staatsbibliothek zu Berlin –
Preußischer Kulturbesitz, 15990

22.11
ERLASS DES MINISTERS DES
INNERN ÜBER DIE VERMITTLUNG
RUSSISCH-JÜDISCHER ARBEITER
Berlin, 16. Dezember 1915
Druck, 33,0 x 21,0
Landesarchiv Nordrhein-Westfalen,
Hauptstaatsarchiv Düsseldorf,
Reg. Aachen Präs. 932, Bl. 157

22.12
KRIEGSGEFANGENE LAUFEN
MIT STROHSÄCKEN BELADEN DURCH
SOLTAU
Soltau, 1914/18
Photographie
Soltau, Stadtarchiv Soltau, Privat-
sammlung Heiko Drews, Soltau
Abb. S. 29

22.13
BEKANNTMACHUNG ÜBER DIE
VERPFLICHTUNG VON KRIEGS-
GEFANGENEN ZUR ARBEIT GEMÄSS
HAAGER KONVENTION VON 1907
(DREISPRACHIG FRANZÖSISCH/
ENGLISCH/RUSSISCH)
Merseburg, 8. Februar 1916
Druck, 31,6 x 57,4 (aufgeschlagen)
Berlin, Deutsches Historisches Museum,
DG 90/696 (MfDG)

22.14
EXTRABLATT DES »LEIPZIGER
TAGEBLATTS« ÜBER KÄMPFE IN
POLEN UND DIE GEFANGENNAHME
VON ÜBER 800 000 RUSSEN,
FRANZOSEN, BELGIERN UND
ENGLÄNDERN
Leipzig, 9. April 1915
Druck, 47,7 x 32,2
Berlin, Deutsches Historisches Museum,
Do 74/2581.14 (MfDG)
Abb. S. 29

22.15
ZÜNDHOLZSCHACHTEL,
HERGESTELLT VON GEFANGENEN
DES KRIEGSGEFANGENENLAGERS
SOLTAU
Soltau, 1914/18
Karton, Aluminium, ziseliert,
2,5 x 6,5 x 4,3
Soltau, Heimatmuseum Soltau

22.16
TOTENBUCH DES
KRIEGSGEFANGENENLAZARETTS
SOLTAU/HANNOVER
Soltau, 30. August 1914–1921
Handschriftlich, 33,0 x 43,0 (aufge-
schlagen)
Bad Fallingbostel, Kreisarchiv Soltau-
Fallingbostel
Abb. S. 225

22.17
KLEIDUNG DES BELGISCHEN
KRIEGSGEFANGENEN VERTONGEN
AUS DEM LAGER SOLTAU
1914/18
Textiles Material, bedruckt
Soltau, Heimatmuseum Soltau

ARBEITSMIGRATION UND
›RÜCKWANDERUNG‹ IN
DER WEIMARER REPUBLIK

23.1
BEHELFSQUARTIER IM AUFFANG-
LAGER FÜR DEUTSCHSTÄMMIGE
FLÜCHTLINGE IN SCHNEIDEMÜHL
(PROVINZ GRENZMARK POSEN-
WESTPREUSSEN)
1925
Photographie
Berlin, ullstein bild, 00066442
Abb. S. 229

23.2
RUSSLANDDEUTSCHE KOLONISTEN
IM LAGER HAMMERSTEIN
(PROVINZ GRENZMARK POSEN-
WESTPREUSSEN)
1929
Photographie
Koblenz, Bundesarchiv

23.3
SPENDENMEDAILLE DER
RÜCKWANDERERHILFE
»Ehrenmünze der Volksspende für
vertriebene Auslanddeutsche/Rück-
wandererhilfe 1919«
Messing, geprägt, versilbert, Dm 2,1
Berlin, Deutsches Historisches Museum,
AK 98/98
Abb. S. 99

23.4
SPENDENPOSTKARTE DER
RÜCKWANDERERHILFE
»Helft die Brücke wieder bauen!«
Berlin, 1919
Lithographie, 13,7 x 8,8
Berlin, Deutsches Historisches Museum,
1987/246.8

23.5
AUFTRAGSSCHEIN FÜR ARBEITGEBER ZUR VERMITTLUNG AUSLÄNDISCHER LANDWIRTSCHAFTLICHER ARBEITER
Deutsche Arbeiterzentrale
Berlin, 1922
Druck, 29,0 x 21,8
Berlin, Geheimes Staatsarchiv Preußischer Kulturbesitz, I. HA, Rep. 87 Ministerium für Landwirtschaft, Domänen und Forsten, B Nr. 120, Bl. 205

23.6
LEGITIMATIONSKARTE FÜR AUSLÄNDER MIT ÄNDERUNGSVORSCHLÄGEN FÜR DAS JAHR **1921**
Deutsche Arbeiterzentrale
Berlin, 30. November 1920
Druck, handschriftlich, 17,0 x 11,0
Berlin, Geheimes Staatsarchiv Preußischer Kulturbesitz, I. HA, Rep. 120 BB, Fach VII, Nr. 8, Bd. 2, Bl. 93

23.7
LEGITIMATIONSKARTE FÜR AUSLÄNDER MIT ÄNDERUNGSVORSCHLÄGEN FÜR DAS JAHR **1921**
Deutsche Arbeiterzentrale
Berlin, 30. November 1920
Druck, handschriftlich, 17,2 x 11,0
Berlin, Geheimes Staatsarchiv Preußischer Kulturbesitz, I. HA, Rep. 120 BB, Fach VII, Nr. 8, Bd. 2, Bl. 97

23.8
ARBEITSNACHWEISGESETZ
Berlin: C. Heymann, 1922
Druck, 21,0 x 13,8
Berlin, Staatsbibliothek zu Berlin – Preußischer Kulturbesitz,
Gm 4178/54
Abb. S. 31

23.9
LAGEPLAN DER VERMITTLUNGSSTELLEN DER DEUTSCHEN ARBEITERZENTRALE IM DEUTSCHEN REICH
Um 1922
Druck, 39,0 x 49,5
Berlin, Geheimes Staatsarchiv Preußischer Kulturbesitz, I. HA, Rep. 87 Ministerium für Landwirtschaft, Domänen und Forsten,
B Nr. 121, Bl. 261e

23.10
SAISONARBEITERINNEN AUF EINEM GUT BEI BERLIN
1932
Photographie
München, Süddeutscher Verlag, Bilderdienst, 00047132
Abb. S. 227

23.11
REICHSWEHRSOLDATEN KONTROLLIEREN JÜDISCHE FRAUEN
Berlin, 1920
Photographie
Koblenz, Bundesarchiv
Abb. S. 231

23.12
TELEGRAMM AN DEN LANDWIRTSCHAFTSMINISTER MIT BEDARFSANMELDUNG FÜR 800 AUSLÄNDISCHE ARBEITSKRÄFTE
Ostpreußisches Landesarbeitsamt
Königsberg, 17. September 1927
Maschinenschriftlich, gestempelt, 19,6 x 21,2
Berlin, Geheimes Staatsarchiv Preußischer Kulturbesitz, I. HA, Rep. 87 Ministerium für Landwirtschaft, Domänen und Forsten, B Nr. 242, Bl. 76

23.13
ERGEBNIS EINER AUSLÄNDERKONTROLLE IN LANDWIRTSCHAFTLICHEN BETRIEBEN PREUSSENS
Januar 1931
Hektographiert, 35,7 x 53,0
Berlin, Geheimes Staatsarchiv Preußischer Kulturbesitz, I. HA, Rep. 120 BB, Fach VII, Nr. 8, Bl. 88

23.14
SCHREIBEN AN DEN REGIERUNGSPRÄSIDENTEN DÜSSELDORF, BETREFFEND DEN »ZUZUG VON POLEN« UND DIE INTERNIERUNG »LÄSTIGE[R] OSTJUDEN«
Staatskommissar für Öffentliche Ordnung
Berlin, 26. April 1921
Maschinenschriftlich, 33,0 x 21,0
Landesarchiv Nordrhein-Westfalen, Hauptstaatsarchiv Düsseldorf, Reg. Düsseldorf 15854-15855, Bl. 3
Abb. S. 231

ZWANGSMIGRATIONEN IM NS-RASSESTAAT

24.1
PLAKAT ZU DEN NÜRNBERGER RASSEGESETZEN
Stuttgart, 1935
Offset, 29,2 x 38,8
Berlin, Deutsches Historisches Museum, 1989/2578
Abb. S. 100

24.2
DEPORTATION DER REMSCHEIDER SINTI UND ROMA NACH AUSCHWITZ
Remscheid, März 1943
Photographie, 10,0 x 15,0
Remscheid, Stadtarchiv Remscheid, L 1/ABT. 3

24.3
DEPORTATION DER REMSCHEIDER SINTI UND ROMA NACH AUSCHWITZ
Remscheid, März 1943
Photographie, 10,0 x 15,0
Remscheid, Stadtarchiv Remscheid, L 1/ABT. 3

24.4
ERFASSUNG UND SELEKTION VON POLEN DURCH DAS RASSE- UND SIEDLUNGSHAUPTAMT »DURCHGANGSLAGER WIESENSTRASSE«
Litzmannstadt (Łódź), 1940
Photographie
Washington, United States Holocaust Memorial Museum, 70235, Courtesy of Instytut Pamięci Narodowej
Abb. S. 233

24.5
VERTREIBUNG VON JUDEN AUS DEM POLNISCHEN SIERADZ
Sieradz, 1940
Photographie
Israel, Beit Lohamei Haghetaot, Ghetto Fighters' House, 89785
Abb. S. 233

24.6
JUDEN WERDEN AUS DEUTSCHLAND DEPORTIERT
Bielefeld, 13. Dezember 1941
Photographie
Berlin, ullstein bild, 00742567

24.7
ANKUNFT UNGARISCHER JUDEN
IN AUSCHWITZ-BIRKENAU
Mai/Juli 1944
Photographie
Berlin, ullstein bild, 00747182

24.8
REISE-PASS DER JÜDISCHEN
BÜRGERIN EVA BENDIT
Berlin, 21. April 1941
Druck, 16,5 x 11,2
Berlin, Deutsches Historisches Museum,
Do 72/121II (MfDG)

24.9
EINWOHNERKARTEIKARTE MIT DER
ABERKENNUNG DER DEUTSCHEN
STAATSBÜRGERSCHAFT VON
BERTHA »SARA« FLEGENHEIMER
1941/42
Druck, gestempelt, 14,8 x 20,8
Berlin, Deutsches Historisches Museum,
Do 2 92/477.6

24.10
›JUDENSTERN‹
Nach September 1941
Textiles Material, bedruckt, 10,3 x 10,0
Berlin, Deutsches Historisches Museum,
1991/2846.61

24.11
KARTE MIT
SIEDLUNGSBEWEGUNGEN
ANLÄSSLICH DER ›HEIMHOLUNG‹
SO GENANNTER VOLKSDEUTSCHER
»Die führungslose Auswanderung /
deutscher Bauern und Bürger nach
dem Osten und / die planvolle Umsiede-
lung ins Großdeutsche Volksreich
Adolf Hitlers«
München, 1941
Offset, 40,0 x 56,0
Berlin, Deutsches Historisches Museum.
P 98/135
Abb. S. 34

24.12
EINSCHIFFUNG VON ›VOLKS-
DEUTSCHEN‹ IM RUMÄNISCHEN
CERNAVODA
Liselotte Orgel-Köhne (Straßburg
1918–2002 Berlin)
Cernavoda, 1940
Photographie
Berlin, Deutsches Historisches Museum,
BA109949
Abb. S. 34

24.13
KENNKARTE FÜR ›UMSIEDLER‹
INS DEUTSCHE REICH
Berlin, 6. Juli 1941
Druck, Bleistift, gestempelt, 11,2 x 8,2
Berlin, Deutsches Historisches Museum,
Do2 91/15
Abb. S. 35

24.14
PLAKAT IN RUSSISCHER SPRACHE
ZUR ANWERBUNG VON ARBEITS-
KRÄFTEN FÜR DEUTSCHLAND AUS
DEN BESETZTEN SOWJETISCHEN
GEBIETEN
»Wir gehen nach Deutschland, um für
den Frieden und eine bessere Zukunft zu
arbeiten«
Deutsches Reich, um 1942
Offset, 49,8 x 83,5
Berlin, Deutsches Historisches Museum,
P 96/978
Abb. S. 235

24.15
ABZEICHEN FÜR DIE ALS
›OSTARBEITER‹ BEZEICHNETEN
ZWANGSARBEITER AUS DER
SOWJETUNION
1941/45
Textiles Material, bedruckt, 7,5 x 7,5
Berlin, Deutsches Historisches Museum,
A 93/12

24.16
ABZEICHEN FÜR POLNISCHE
ZWANGSARBEITER
1939/45
Textiles Material, bedruckt, 6,0 x 6,5
Berlin, Deutsches Historisches Museum,
A 93/18

24.17
RUNDSCHREIBEN DES RÜSTUNGS-
MINISTERS AN BETRIEBSFÜHRER
MIT AUSLÄNDISCHEN ZWANGS-
ARBEITERN
Albert Speer (Mannheim 1905–1981
Berlin)
Fritz Sauckel (Hassfurt 1894–1946
Nürnberg)
Berlin, 26. Juni 1942
Druck, 29,6 x 20,8
Berlin, Deutsches Historisches Museum,
Do 74/48II (MfDG)

24.18
FLUGBLATT ZUM VERHALTEN
GEGENÜBER POLNISCHEN
ZWANGSARBEITERN UND KRIEGS-
GEFANGENEN
NSDAP, Gau Mainfranken
Um 1940
Druck, 29,0 x 21,0
Würzburg, Staatsarchiv Würzburg,
NSDAP Gau Mainfranken 485

24.19
ZWANGSVERPFLICHTETE
UKRAINISCHE ›OSTARBEITERINNEN‹
IM DURCHGANGSLAGER WILHELMS-
HAGEN
Gerhard Gronefeld (Berlin 1911–2000
München)
Wilhelmshagen, 12. Dezember 1942
Photographie
Berlin, Deutsches Historisches Museum,
BA109913
Abb. S. 32

24.20
ZWANGSVERPFLICHTETE
UKRAINISCHE ›OSTARBEITERINNEN‹
IM DURCHGANGSLAGER WILHELMS-
HAGEN
Gerhard Gronefeld (Berlin 1911–2000
München)
Wilhelmshagen, 12. Dezember 1942
Photographie
Berlin, Deutsches Historisches Museum,
BA109207

24.21
ARBEITSKARTE FÜR »POLNISCHE
ARBEITER AUS DEM GENERAL-
GOUVERNEMENT« VON JADWIGA
ZUCHOWSKA
Steyr, 13. September 1944
Druck, maschinenschriftlich, gestempelt,
14,8 x 10,6
Berlin, Deutsches Historisches Museum,
Do2 89/1521.6

24.22
LISTE ›RUSSISCHER‹ ZWANGS-
ARBEITERINNEN IM HATTINGER
GEMEINSCHAFTSLAGER HENRICHS-
HÜTTE
Hattingen, 1942/45
Druck, handschriftlich, 14,6 x 21,0
Hattingen, Stadtarchiv Hattingen
Abb. S. 237

24.23
TAGEBUCH EINES EHEMALIGEN
UKRAINISCHEN HÄFTLINGS,
IN UKRAINISCHER SPRACHE
Anatolij Nilipenko
1944–1947
Handschriftlich, 22,5 x 17,5
Hattingen, Stadtarchiv Hattingen

24.24
BARACKENPLAN DES KRIEGSGEFAN-
GENENLAGERS FÜR SOWJETISCHE
HÄFTLINGE IN NIEDERSTÜTER
17. September 1942
Blaupause, 46,2 x 67,0
Hattingen, Stadtarchiv Hattingen,
Lagerakte Amt Hattingen, Sprockhövel

24.25
SOWJETISCHE KRIEGSGEFANGENE
IM LAGER SANDBOSTEL ZIEHEN
EINE FÄKALIENWAGEN
Vittorio Vialli
Sandbostel, 1944
Photographie
Celle, Stiftung niedersächsischer
Gedenkstätten, A.N.2.0.300

24.26
SOWJETISCHE KRIEGSGEFANGENE
IM LAGER SANDBOSTEL
Vinx
Sandbostel, 1941/45
Photographie
Koblenz, Bundesarchiv,
A.N.2.0.305

24.27
SOWJETISCHE KRIEGSGEFANGENE
IM STALAG HEMER KURZ NACH
DER BEFREIUNG
Joseph D. Karr
Hemer, 1945
Photographie
Hemer, Stadtarchiv Hemer

DISPLACED PERSONS

25.1
KINDERORCHESTER IM DISPLACED
PERSONS-LAGER FÖHRENWALD
1947
Photographie
Washington, United States Holocaust
Memorial Museum, 02490, Courtesy of
David Bayer

25.2
PHOTO DES SCHILDES
»REGIERUNGSLAGER FÜR
HEIMATL.[OSE] AUSLÄNDER
FÖHRENWALD«
Um 1959
Photographie
Wolfratshausen, Stadtarchiv
Abb. S. 239

25.3
SCHNEIDERKURS FÜR
JÜDISCHE DISPLACED PERSONS
ZUR VORBEREITUNG AUF DIE
AUSWANDERUNG
Föhrenwald, um 1948
Photographie
Augsburg, Bildarchiv Haus der
Bayerischen Geschichte,
Abb. S. 36

25.4
AUSREISE JÜDISCHER DISPLACED
PERSONS ÜBER PARIS NACH ISRAEL
München, 20. August 1948
Photographie
Augsburg, Bildarchiv Haus der
Bayerischen Geschichte, 2041
Abb. S. 239

25.5
BEKANNTMACHUNG DER STADT
WEIMAR MIT DER AUFFORDERUNG
AN EHEMALIGE AUSLÄNDISCHE
INSASSEN DES KZ BUCHENWALD,
PLÜNDERUNGEN ZU UNTERLASSEN
Weimar, nach April 1945
Druck, 30,0 x 21,0
Berlin, Deutsches Historisches Museum,
DG 57/343.33 (MfDG)

25.6
BRITISCHE BESATZUNGSSOLDATEN
IM HAMBURGER HAFEN, UNTER
IHNEN MAKSYMILIAN PELC
Hamburg, 1948
Photographie
Hamburg, Ortwin Pelc

25.7
FLÜCHTLINGS-AUSWEIS DES
POLNISCHEN DP MAKSYMILIAN
PELC
Internationel Refugee Organisation (IRO)
Osnabrück, 6. November 1950
Druck, handschriftlich, 9,8 x 6,2
Hamburg, Ortwin Pelc

25.8
»I. R. O. PROCESSING CARD« FÜR
MAKSYMILIAN PELC
Um 1950
Druck, handschriftlich, 12,7 x 9,5
Hamburg, Ortwin Pelc

25.9
ALLIIERTE REGISTRIERUNGSKARTE
EINES TSCHECHISCHEN EHEMALIGEN
ZWANGSARBEITERS
Britische Besatzungszone, 1945
Druck, handschriftlich, 12,7 x 20,2
Bonn, Stiftung Haus der Geschichte der
Bundesrepublik Deutschland,
1995/10/0263

25.10
PLAKETTE DER
FLÜCHTLINGSORGANISATION
»INTERNATIONAL REFUGEE
ORGANISATION«
»In Testimony of Service / IRO«
Amerikanische Besatzungszone, 1947/50
Metall, Dm 0,5
Bonn, Stiftung Haus der Geschichte der
Bundesrepublik Deutschland,
1997/07/0542

FLÜCHTLINGE UND VERTRIEBENE

26.1
WAHLPLAKAT DER CSU
»Vertriebene! Eure Not ist unsere Sorge«
1949

Offset, 58,8 x 40,8
Berlin, Deutsches Historisches Museum,
P 65/1358

26.2
WAHLPLAKAT DER SPD
»Heimatlose / Für eure Rechte kämpft die SPD«
Lübeck, April 1947
Lithographie, 43,5 x 30,7
Berlin, Deutsches Historisches Museum,
P 72/534

26.3
FLÜCHTLINGSBARACKE IM LAGER LABOE BEI KIEL
Gerhard Gronefeld (Berlin 1911–2000 München)
Kiel, 1946
Photographie, 12,2 x 16,5
Berlin, Deutsches Historisches Museum,
BA112737
Abb. S. 38

26.4
FLÜCHTLINGSBARACKE IM LAGER LABOE BEI KIEL
Gerhard Gronefeld (Berlin 1911–2000 München)
Kiel, 1946
Photographie, 12,2 x 16,5
Berlin, Deutsches Historisches Museum,
BA112738

26.5
INFORMATIONSBROSCHÜRE ÜBER DEN LASTENAUSGLEICH FÜR AUSSIEDLER UND VERTRIEBENE
Waldemar Klatt
Bayreuth, um 1955
Druck, 20,8 x 14,8
Berlin, Deutsches Historisches Museum,
Do2 2005/122
Abb. S. 241

26.6
ERGÄNZUNGSBESCHEID NACH DEM »GESETZ ÜBER EINEN WÄHRUNGSAUSGLEICH FÜR SPARGUTHABEN VERTRIEBENER«
Fallingbostel, 25. September 1954
Druck, 15,2 x 21,0
Bonn, Stiftung Haus der Geschichte der Bundesrepublik Deutschland,
1989/1/344.022

26.7
KONRAD ADENAUER BESUCHT EINE NEUBAU-SIEDLUNG FÜR HEIMATVERTRIEBENE
18. Juli 1960
Photographie
Berlin, ullstein bild, 00701260
Abb. S. 39

26.8
SPENDENMARKE DER »KONRAD ADENAUER FLÜCHTLINGSSPENDE«
»Ich gab 1/2 Deutsche Mark für die Flüchtlinge«
Bundesrepublik Deutschland, 1953
Aluminium, Dm 2,1
Bonn, Stiftung Haus der Geschichte der Bundesrepublik Deutschland,
1989/1/165.4

26.9
SPENDENMARKE DER »KONRAD ADENAUER FLÜCHTLINGSSPENDE«
»Ich gab 1 Deutsche Mark für die Flüchtlinge«
Bundesrepublik Deutschland, 1953
Aluminium, Dm 2,1
Bonn, Stiftung Haus der Geschichte der Bundesrepublik Deutschland,
1989/1/165.3
Abb. S. 241

26.10
BUNDESVERTRIEBENENGESETZ, REICHSSIEDLUNGSGESETZ, UMSIEDLUNGSGESETZ, FLÜCHTLINGSNOTLEISTUNGSGESETZ, NOTAUFNAHMEGESETZ
München und Berlin: C.H. Beck'sche Verlagsbuchhandlung, 1953
Druck, 15,5 x 10,4
Berlin, Deutsches Historisches Museum,
R 05/671
Abb. S. 103

26.11
AUSWEIS FÜR VERTRIEBENE UND FLÜCHTLINGE
Soest, 25. Januar 1955
Druck, maschinenschriftlich, gestempelt, 10,4 x 7,4
Berlin, Philipp Springer

26.12
ABZEICHEN DES »BUNDES DER HEIMATVERTRIEBENEN«
»Heimatvertrieben, weil deutsch geblieben«
Bundesrepublik Deutschland, 1951
Metall, 4,5 x 2,8
Bonn, Stiftung Haus der Geschichte der Bundesrepublik Deutschland,
1989/2/066

26.13
WAHLPLAKAT DER SED
»Umsiedler / Die SED hilft Euch eine neue Heimat schaffen«
Köthen, um 1946
Lithographie, 61,5 x 86,0
Berlin, Deutsches Historisches Museum,
P 94/1960
Abb. S. 243

26.14
ZUWEISUNG VON UNTERMIETERN
Leipzig, 8. Mai 1946
Druck, 14,5 x 20,5
Leipzig, Stadtarchiv Leipzig, StVuR (1) 13395, Bl. 291

26.15
»FLÜCHTLINGS-(UMSIEDLER)-PASS« EINER SUDETENDEUTSCHEN
Sowjetische Besatzungszone, Oktober 1945
Maschinenschriftlich, 20,6 x 14,6
Berlin, Deutsches Historisches Museum,
Do2 2004/356

DDR-FLÜCHTLINGE

26.16
AUFENTHALTSERLAUBNIS FÜR DDR-FLÜCHTLINGE
Berlin, 10. Februar 1954
Druck, maschinenschriftlich, gestempelt, 29,7 x 20,4
Berlin, Erinnerungsstätte Notaufnahmelager Marienfelde

26.17
LAUFZETTEL FÜR DAS NOTAUF-
NAHMEVERFAHREN FÜR FLÜCHT-
LINGE AUS DER DDR
Berlin, Januar–Februar 1954
Druck, handschriftlich, gestempelt,
15,0 x 21,0
Berlin, Erinnerungsstätte Notaufnahme-
lager Marienfelde
Abb. S. 253

26.18
BERLINER TAGESZEITUNG »BZ«
VOM TAG NACH DEM MAUERBAU
»Hunderte durchbrachen die Sperren«
Berlin, 14. August 1961
Druck, 37,6 x 27,4
Berlin, Deutsches Historisches Museum,
Do2 2004/1081
Abb. S. 123

26.19
PHOTOALBUM DER EVANGELISCHEN
FLÜCHTLINGSSEELSORGE ÜBER DAS
NOTAUFNAHMELAGER FÜR DDR-
FLÜCHTLINGE IN BERLIN-MARIEN-
FELDE
Berlin, um 1954
Karton, Photographien, 30,6 x 40,0
Berlin, Deutsches Historisches Museum,
Do2 95/2228

26.20
ZWEI STEMPEL DES NOTAUFNAHME-
LAGERS BERLIN-MARIENFELDE
Berlin, nach 1950
Holz, Gummi, 7,0 x 5,0 x 2,2
Berlin, Erinnerungsstätte Notaufnahme-
lager Marienfelde

VERTRAGSARBEITER IN DER DDR

27.1
PLAKAT ZUR INTERNATIONALEN
SOLIDARITÄTSWOCHE DER TEXTIL-,
BEKLEIDUNGS- UND
LEDERARBEITER
Industriegewerkschaft Bekleidung-Leder
Berlin (DDR), 1961
Offset, 83,2 x 59,0
Berlin, Deutsches Historisches Museum,
P 90/1268
Abb. S. 121

27.2
ABKOMMEN ZWISCHEN DER
REGIERUNG DER DEUTSCHEN
DEMOKRATISCHEN REPUBLIK UND
DER REGIERUNG DER UNGARISCHEN
VOLKSREPUBLIK ÜBER DIE ZEIT-
WEILIGE BESCHÄFTIGUNG JUNGER
UNGARISCHER WERKTÄTIGER ZUR
ERWERBUNG PRAKTISCHER
BERUFSERFAHRUNGEN IN SOZIA-
LISTISCHEN BETRIEBEN DER
DEUTSCHEN DEMOKRATISCHEN
REPUBLIK (BEGLAUBIGTE
ABSCHRIFT)
Budapest, 26. Mai 1967
Reproduktion, 29,5 x 21,0
Berlin, Bundesarchiv, Stiftung Archiv
der Parteien und Massenorganisationen
der DDR,
DY 30 ZK der SED, 7031

27.3
ARBEITSVERTRAG-VORDRUCK FÜR
POLNISCHE ARBEITNEHMER IN DER
DDR (ZWEISPRACHIG DEUTSCH/
POLNISCH)
Um 1971
Druck, 29,8 x 20,8
Berlin, Deutsches Historisches Museum,
DG 74/396.1 (MfDG)

27.4
WETTBEWERBSVERPFLICHTUNG
EINER POLNISCHEN ARBEITER-
NEHMERIN IM VEB HALBLEITER-
WERK FRANKFURT AN DER ODER
Um 1970
Druck, handschriftlich, 20,6 x 14,8
Berlin, Deutsches Historisches Museum,
DG 77/29 (MfDG)
Abb. S. 131

27.5
WALDARBEITER AUS MOSAMBIK
Peter Söllner
Bernau, 1975/1989
Photographie, 23,9 x 18,0
Berlin, Deutsches Historisches Museum,
Ph 2002/281

27.6
AUSLÄNDISCHE INDUSTRIE-
ARBEITER IN BERLIN
Berlin (DDR), 1980/1988
Photographie
Berlin, ullstein bild, 00228368
Abb. S. 130

27.7
POLNISCHE SPEZIALISTEN
ERRICHTEN DIE KÜHLTÜRME EINES
KRAFTWERKES
Thierbach bei Leipzig, 9. August 1967
Photographie
Koblenz, Bundesarchiv,
EIa5d2 Polen 1967
Abb. S. 245

27.8
BETRIEBSKOLLEKTIV-VERTRAG
DES VEB FILMFABRIK WOLFEN,
MIT ZUSATZVEREINBARUNGEN
FÜR ARBEITNEHMER AUS POLEN
UND UNGARN
Wolfen, 1974
Druck, 20,5 x 14,7
Berlin, Deutsches Historisches Museum,
DG 74/378 (MfDG)

27.9
GESETZBLATT DER DEUTSCHEN
DEMOKRATISCHEN REPUBLIK
»Gesetz über die Gewährung des
Aufenthaltes für Ausländer in der
Deutschen Demokratischen Republik –
Ausländergesetz –«
Berlin (DDR), 28. Juni 1979
Druck, 29,7 x 23,0
Berlin, Deutsches Historisches Museum,
ZA 35, 1979, T.1

27.10
VIETNAMESISCHE NÄHERINNEN IM
ROSTOCKER JUGENDMODEBETRIEB
»SHANTY«
Rostock, 1990
Photographie
Koblenz, Bundesarchiv,
EIa5dZ Vietnam 1990
Abb. S. 249

27.11
LISTE ÜBER DIE ZUSÄTZLICHE
PRODUKTION VON KINDERSCHUHEN
UND -ANORAKS DURCH
VIETNAMESISCHE VERTRAGS-
ARBEITNEHMER
Berlin (DDR), Februar 1987
Reproduktion, 29,5 x 21,0
Berlin, Bundesarchiv, Stiftung Archiv
der Parteien und Massenorganisationen
der DDR,
DY 30 ZK der SED, 6891

27.12
Hoang Kim Oanh mit ihren beiden Söhnen, ihrer Schwester und deren Sohn vor ihrer Abreise in die DDR
Hanoi, 1987
Photographie, 12,0 x 9,0
Berlin, Hoang Kim Oanh

27.13
Die Mutter Hoang Kim Oanhs mit deren Söhnen und zwei Pflegekindern
Hanoi, 1987
Photographie, 8,5 x 12,0
Berlin, Hoang Kim Oanh

27.14
Zierdecke zur Freundschaft zwischen der DDR und Vietnam
Wohl Vietnam, 1950/1989
Textiles Material, bestickt, 38,5 x 38,0
Berlin, Deutsches Historisches Museum, SI 90/1166

27.15
Abzeichen zur Freundschaft zwischen der DDR und Vietnam
Markneukirchen, 1978
Messinglegierung, beschichtet, 1,4 x 2,6
Berlin, Deutsches Historisches Museum, A 78/112 (MfDG)

27.16
Industrienähmaschine »Textima«
VEB Nähmaschinenwerke Altenburg, Kombinat Textima
Görlitz, 1980
Eisen, Holz, Gummi, Kunststoff, 143,0 x 106,5 x 53,0
Berlin, Deutsches Historisches Museum, AK 99/8
Abb. S. 249

27.17
Aktennotiz über Arbeitsniederlegungen algerischer Arbeitnehmer
Sozialistische Einheitspartei Deutschlands, Zentralkomitee, Abt. Planung und Finanzen
Berlin (DDR), 18. November 1975
Reproduktion, 29,5 x 21,0
Berlin, Bundesarchiv, Stiftung Archiv der Parteien und Massenorganisationen der DDR,
DY 30 ZK der SED, 7030

Ausländische Studenten in der DDR

27.18
Broschüre über Leben und Studium ausländischer Studenten in der DDR, in englischer Sprache
»Foreign Students in the GDR«
Gesellschaft für kulturelle Verbindungen mit dem Ausland
Berlin (DDR), 1957
Druck, 14,0 x 20,0
Berlin, Deutsches Historisches Museum, DG 58/723 (MfDG)
Abb. S. 251

27.19
Beurteilung eines algerischen Studenten
Gewerkschaftshochschule „Fritz Heckert", Fakultät für Ausländerstudium
Bernau, 6. Januar 1961
Reproduktion, 29,5 x 21,0
Berlin, Bundesarchiv, Stiftung Archiv der Parteien und Massenorganisationen der DDR,
DY 34 FDGB, 2134

27.20
Schreiben an das Ministerium des Innern über die Ausreise eines kenianischen Studenten
Freier Deutscher Gewerkschaftsbund, Bundesvorstand
Berlin (DDR), 8. Juli 1964
Reproduktion, 29,5 x 21,0
Berlin, Bundesarchiv, Stiftung Archiv der Parteien und Massenorganisationen der DDR,
DY 34 FDGB, 8338

27.21
Afghanen treffen zum Studium in der DDR ein
Berlin (DDR), 25. August 1980
Photographie
Koblenz, Bundesarchiv, 183-WO 826-020
Abb. S. 128

27.22
Ausländische Studierende an der Hochschule für Ökonomie »Bruno Leuschner«
Berlin, 6. April 1984
Photographie
Koblenz, Bundesarchiv, F IV b 5 Äthiopien
Abb. S. 129

›Gastarbeiter‹ in der Bundesrepublik

28.1
Wirtschaftsminister Anton Storch und der italienische Außenminister Gaetano Martino unterzeichnen die Vereinbarung über die Vermittlung italienischer Arbeitskräfte
Rom, 20. Dezember 1955
Photographie
Hamburg, dpa Deutsche Presse-Agentur GmbH
Abb. S. 107

28.2
Vereinbarung zwischen der Regierung der Bundesrepublik Deutschland und der Regierung der Italienischen Republik über die Anwerbung und Vermittlung von italienischen Arbeitskräften nach der Bundesrepublik Deutschland (zweisprachig Deutsch/Italienisch)
Rom, 20. Dezember 1955
Reproduktion, 29,5 x 21,0
Berlin, Politisches Archiv des Auswärtigen Amtes

28.3
Die Deutsche Verbindungsstelle der Bundesanstalt für Arbeit in Istanbul
Peter Stern
Istanbul, 1972
Photographie
Hamburg, Picture Press
Abb. S. 108

28.4
JUGOSLAWISCHE ARBEITNEHMER
BEI IHRER ANKUNFT IM MÜNCHNER
HAUPTBAHNHOF
1963
Photographie
München, Süddeutscher Verlag, Bilderdienst, 00091093
Abb. S. 114

28.5
›GASTARBEITER‹ IN DER
›WEITERLEITUNGSSTELLE‹ DER
BUNDESANSTALT FÜR ARBEIT IM
EHEMALIGEN LUFTSCHUTZBUNKER
DES MÜNCHNER HAUPTBAHNHOFS
F. Neuwirth
München, 1970
Photographie
München, Süddeutscher Verlag, Bilderdienst, 00118315
Abb. S. 257

28.6
ANKUNFT DES 500 000STEN
›GASTARBEITERS‹ IN MÜNCHEN
21. Juli 1972
Photographie
München, Süddeutscher Verlag, Bilderdienst, 00082778
Abb. S. 110

28.7
TÜRKISCHE BERGLEUTE ARBEITEN
IN DER ZECHE WALSUM BEI
DUISBURG
15. Juli 1971
Photographie
Berlin, ullstein bild, 00527898
Abb. S. 41

28.8
ANKUNFT SÜDKOREANISCHER
KRANKENSCHWESTERN
Agentur Schirner
Berlin, 5. März 1969
Photographie
Berlin, Deutsches Historisches Museum, BA004469
Abb. S. 42

28.9
ERSTE AUSGABE DES
INFORMATIONSBLATTES
»BERLINER BÄR« FÜR
AUSLÄNDISCHE ARBEITNEHMER
Der Senator für Arbeit und soziale Angelegenheiten
Berlin, Februar 1965
Druck, 46,0 x 34,0
Berlin, Deutsches Historisches Museum, DG 66/833 (MfDG)

28.10
PROGRAMMÜBERSICHT VON
SENDUNGEN FÜR AUSLÄNDISCHE
ARBEITNEHMER DES BAYERISCHEN
RUNDFUNKS
München, Juni 1965
Druck, 18,3 x 24,3
Berlin, Deutsches Historisches Museum, LD 2003/251

28.11
BROSCHÜRE DER STADT
WANNE-EICKEL
»Eine Stadt im Revier«
Wanne-Eickel, 1963
Druck, 17,0 x 15,0
Herne, Stadtarchiv Herne, 0666 AII

28.12
DEUTSCH-ITALIENISCHES
BILDWÖRTERBUCH
»Dizionario figurato / Bilder-Wörterbuch italiano-tedesco / italienisch-deutsch / per il / für den / minatore di carbon fossile / Steinkohlebergmann«
Essen, um 1960
Druck, 20,0 x 13,5
Dortmund, Stiftung Westfälisches Wirtschaftsarchiv

28.13
INFORMATIONS-BROSCHÜRE FÜR
AUSLÄNDISCHE ARBEITNEHMER
IN DER BUNDESREPUBLIK,
IN TÜRKISCHER SPRACHE
Bundesanstalt für Arbeit
Nürnberg, 1972
Druck, 16,5 x 11,5
Berlin, Berliner Geschichtswerkstatt e. V.
Abb. S. 111

28.14
INFORMATIONS-BROSCHÜRE FÜR
AUSLÄNDISCHE ARBEITNEHMER
IN DER BUNDESREPUBLIK,
IN FRANZÖSISCHER SPRACHE
Bundesanstalt für Arbeit
Nürnberg, 1972
Druck, 16,5 x 11,5
Berlin, Berliner Geschichtswerkstatt e. V.

28.15
KOCHGELEGENHEIT FÜR ›GAST-
ARBEITER‹
Wolfsburg, 1962
Photographie
Wolfsburg, Stiftung AutoMuseum Volkswagen
Abb. S. 40

28.16
WERBEBLATT FÜR WOHNHEIM-
BETTEN
»Wo schlafen Ihre neuen Gastarbeiter?«
Schulte KG Wiesbaden
Um 1970
Druck, 29,3 x 30,0
Delmenhorst, Museen der Stadt Delmenhorst, Fabrikmuseum Nordwolle, 3.3 (Bildarchiv)
Abb. S. 261

28.17
AUSLÄNDERGESETZ. KOMMENTAR
Werner Kanein
München und Berlin: C.H. Beck'sche Verlagsbuchhandlung, 1966
Druck, 22,5 x 15,5 x 4,8
Berlin, Staatsbibliothek zu Berlin – Preußischer Kulturbesitz, 20 A 2722

28.18
»KUMMERKASTEN« DER AUS-
LÄNDER-ABTEILUNG DER
ARBEITERWOHLFAHRT IN
DORTMUND
»Dert ve Dilek Kutusu« – Beschwerde- und Wunschkiste
Dortmund, 1970/1989
Holz, Eisenblech, 47,3 x 56,3 x 12,3
Berlin, Deutsches Historisches Museum, AK 98/230.1-3
Abb. S. 263

28.19
SCHILD EINER BERATUNGSSTELLE FÜR GRIECHEN
»Griechische Beratungs- und Kontaktstelle des Diakonischen Werkes Dortmund«
1970/1979
Kunststoff, 60,0 x 290,0
Berlin, Deutsches Historisches Museum, AK 99/445

28.20
WAHL DES ERSTEN AUSLÄNDERBEIRATS DER STADT NÜRNBERG
11. November 1973
Photographie
Bonn, Stiftung Haus der Geschichte der Bundesrepublik Deutschland, 1993/02/256

28.21
KONSTITUIERUNG DES ERSTEN AUSLÄNDERBEIRATS DER STADT NÜRNBERG
November 1973
Photographie
Bonn, Stiftung Haus der Geschichte der Bundesrepublik Deutschland, 1993/02/257

28.22
AUFRUF DES TELEFUNKEN-BETRIEBSRATES ZU EINER PROTESTVERANSTALTUNG GEGEN DIE SCHLIESSUNG DES WERKES (DREISPRACHIG DEUTSCH/POLNISCH/TÜRKISCH)
Berlin, Juni 1981
Druck, 29,8 x 21,0
Berlin, Deutsches Historisches Museum, Do2 2003/1280

28.23
DEMONSTRATION GEGEN DIE SCHLIESSUNG DES TELEFUNKENWERKES IN BERLIN
Jürgen Henschel (* 1923)
Berlin, 26. Mai 1981
Photographie
Berlin, Deutsches Historisches Museum, BA112715

28.24
MEMORANDUM DES ERSTEN BEAUFTRAGTEN DER BUNDESREGIERUNG FÜR AUSLÄNDERFRAGEN
Heinz Kühn (Köln 1912–1992 Köln)
Bonn, September 1979
Druck, 29,8 x 21,0
Berlin, Deutsches Historisches Museum, Do2 2002/434

28.25
INFORMATIONSBROSCHÜRE ÜBER DAS »ZUSAMMENLEBEN MIT MUSLIMEN«
Landeszentrale für politische Bildungsarbeit
Berlin, 1980
Druck, 20,6 x 14,5
Berlin, Deutsches Historisches Museum, Do2 97/555
Abb. S. 113

28.26
DER RÜCKKEHRBERATER, HANDBUCH FÜR DIE BERATUNG RÜCKKEHRENDER AUSLÄNDER / HERKUNFTSLAND JUGOSLAWIEN
Saarbrücken, 1984–1986
Kunststoff, Druck, 31,0 x 27,0
Berlin, Deutsches Historisches Museum, Do2 2002/471
Abb. S. 115

28.27
AUSLÄNDERFEINDLICHES FLUGBLATT ZUR BUNDESTAGSWAHL 1969
Wählervereinigung »Gegen Hereinholen von Ausländern«
München, 28. September 1969
Druck, 21,7 x 15,0
Berlin, Deutsches Historisches Museum, 1992/1385

28.28
FILIZ TASKIN BEI EINEM BETRIEBSAUSFLUG DER TELEFUNKEN AG
Berlin, 1965
Photographie, 9,0 x 9,0
Berlin, Filiz Yüreklik

28.29
FILIZ TASKIN IM WOHNHEIM FÜR TELEFUNKEN-›GASTARBEITERINNEN‹
Berlin, 1964/65
Photographie, 9,0 x 9,0
Berlin, Filiz Yüreklik

28.30
FILIZ TASKIN IN IHREM ZIMMER IM WOHNHEIM
Berlin, 1964/65
Photographie, 9,0 x 9,0
Berlin, Filiz Yüreklik

28.31
EMPFANG DES BERLINER SENATS FÜR TÜRKISCHE ›GASTARBEITER‹
Berlin, Dezember 1964
Photographie, 10,5 x 14,0
Berlin, Filiz Yüreklik

28.32
FILIZ TASKIN AM HALLESCHEN TOR
Berlin, März 1965
Photographie, 9,0 x 9,0
Berlin, Filiz Yüreklik

28.33
FILIZ TASKIN AUF DER ERSTEN MITGLIEDERVERSAMMLUNG DES VEREINS »TÜRKISCHE SOZIALISTISCHE GEMEINSCHAFT«
Berlin, wohl Februar 1965
Photographie, 9,0 x 13,0
Berlin, Filiz Yüreklik

28.34
LEGITIMATIONSKARTE FÜR FILIZ TASKIN ZUR BESCHÄFTIGUNG ALS METALLHILFSARBEITERIN BEI DER TELEFUNKEN AG BERLIN
Bundesanstalt für Arbeitsvermittlung und Arbeitslosenversicherung, Deutsche Verbindungsstelle in der Türkei
Istanbul, 1964
Druck, 15,0 x 21,0
Berlin, Filiz Yüreklik

28.35
SCHERE DER SCHNEIDERIN FILIZ TASKIN
1960/1964
Metall, 19,0 x 7,0
Berlin, Filiz Yüreklik

28.36
FINGERHUT DER SCHNEIDERIN FILIZ TASKIN
1960/1964
Metall, H 1,4, Dm 2,7
Berlin, Filiz Yüreklik

28.37
ELEKTRONISCHE SPULE
Telefunken AG
Berlin, 1964/1966
Metall, H 3,5, Dm 2,7
Berlin, Filiz Yüreklik

28.38
LUPE VON FILIZ TASKIN FÜR DIE ARBEIT BEI DER TELEFUNKEN AG
Berlin, 1964/1966
Kunststoff, H 4,4, Dm 4,6
Berlin, Filiz Yüreklik

28.39
REISEPASS FÜR FILIZ YÜREKLIK
Berlin, 1986
Druck, gestempelt, 15,5 x 21,0 (aufgeschlagen)
Berlin, Filiz Yüreklik

28.40
ANTONIO USAI BEI DER ANKUNFT VOR DEM WOHNHEIM DER ZECHE HUGO
Gelsenkirchen, 1958
Photographie, 7,1 x 10,1
Dortmund, Westfälisches Industriemuseum, WIM 286

28.41
LOHNAUSWEISKARTE VON ANTONIO USAI
Essener Steinkohlebergwerke AG, Zeche Hugo
Gelsenkirchen, 1958
Druck, 14,8 x 10,5
Dortmund, Westfälisches Industriemuseum, WIM 296

28.42
MITGLIEDSAUSWEIS DER IG BERGBAU UND ENERGIE FÜR ANTONIO USAI
Gelsenkirchen, 1. Oktober 1972
Druck, handschriftlich, 14,7 x 10,5
Dortmund, Westfälisches Industriemuseum, WIM 303

28.43
BERGMANNSBUCH VON ANTONIO USAI
Gelsenkirchen, 1958–1985
Druck, handschriftlich, gestempelt, 14,0 x 10,0
Dortmund, Westfälisches Industriemuseum, WIM 294

28.44
GRUBENLAMPE ALS GESCHENK ZUM ZEHNJÄHRIGEN DIENSTJUBILÄUM BEI THYSSEN/REMPKE FÜR ANTONIO USAI
Gelsenkirchen, 1982
Messing, 30,0 x 10,0
Dortmund, Westfälisches Industriemuseum, WIM 295

SAISONARBEITER AUS OSTEUROPA

29.1
POLNISCHE SAISONARBEITER UND -ARBEITERINNEN AUF EINEM ERDBEERFELD BEI ROSTOCK
1995
Photographie
Berlin, ullstein bild, 00306013

29.2
POLNISCHE SAISONARBEITER UND -ARBEITERINNEN BEI DER GURKENERNTE IM SPREEWALD AUF DEM ›GURKENFLIEGER‹
15. August 1996
Photographie
Berlin, ullstein bild, 00472584
Abb. S. 265

29.3
BUS-FAHRSCHEIN VON RUMÄNIEN NACH DEUTSCHLAND
Mannheim, 25. März 2002
Druck, 10,0 x 14,2
Berlin, Polnischer Sozialrat e. V.

29.4
LISTE ÜBER ARBEITSZEITEN, TÄTIGKEITEN UND GESAMTLOHN EINER RUMÄNISCHEN SPARGELARBEITERIN
Juli 2002
Reproduktion, 29,5 x 21,0
Berlin, Polnischer Sozialrat e. V.

29.5
BESCHWERDEBRIEF RUMÄNISCHER ERNTEHELFERINNEN AN DAS ARBEITSAMT LAMPERTHEIM
Arad, 19. Juni 2002
Photokopie, 29,7 x 21,0
Berlin, Polnischer Sozialrat e. V.

29.6
KELLE FÜR DIE SPARGELERNTE
Um 2000
Aluminium, Holz, Eisen, 8,5 x 25,3 x 15,0
Berlin, Deutsches Historisches Museum, AK 2005/91

29.7
STECHEISEN FÜR DIE SPARGELERNTE
Um 2000
Stahl, Holz, 6,5 x 3,0
Berlin, Deutsches Historisches Museum, AK 2004/92

ZUWANDERER AUS DER DDR

30.1
ANKUNFT DER DDR-FLÜCHTLINGE AUS DER PRAGER BOTSCHAFT IN HOF
Stephan Pladeck (Berlin 1963–1995 San Francisco)
Hof/Bayern, Oktober 1989
Photographie
Berlin, Deutsches Historisches Museum, BA008786
Abb. S. 255

30.2
DDR-BÜRGER WARTEN VOR EINER AUSZAHLUNGSSTELLE VON ›BEGRÜSSUNGSGELD‹
Klaus Lehnartz (1936)*
Berlin(-West), 11. November 1989
Photographie
Berlin, Bundesbildstelle, 116 143

30.3
SCHILD EINER AUSZAHLSTELLE VON ›BEGRÜSSUNGSGELD‹ FÜR DDR-BÜRGER
Berlin(-West), 2. Dezember 1989
Kunststoff, handgeschrieben, 84,0 x 60,0
Berlin, Deutsches Historisches Museum, Do2 96/1622

30.4
TITELSEITE DER »BILD«-ZEITUNG
»Hört auf mit dieser Mißgunst! Wohlstandsdeutsche neidisch auf DDR-Deutsche«
Hamburg, 19. Februar 1990
Druck, 57,0 x 40,0
Bonn, Stiftung Haus der Geschichte der Bundesrepublik Deutschland, 1992/07/622.23

SPÄTAUSSIEDLER

30.5
AUFNAHME-ANTRAG FÜR AUSSIEDLER AUS DER EHEMALIGEN SOWJETUNION
Bundesverwaltungsamt
Berlin, um 1994
Druck, 29,7 x 21,0
Berlin, Deutsches Historisches Museum, Do2 2001/1329

30.6
FALTBLATT »AUSSIEDLER SIND DEUTSCHE«
CDU Niedersachsen
Hannover, 2003
Druck, 21,0 x 10,1
Bonn, Stiftung Haus der Geschichte der Bundesrepublik Deutschland, 2004/04/0144

30.7
BROSCHÜRE FÜR SPÄTAUSSIEDLER
»Auf in die Zukunft! Was Sie über Deutschland wissen müssen«
Arbeitsgemeinschaft Katholischer Flüchtlings- und Aussiedlerhilfe
Freiburg, Januar 2000
Druck, 27,0 x 21,0
Freiburg, Deutscher Caritasverband e. V. – Katholische Arbeitsgemeinschaft Migration
Abb. S. 267

30.8
RUSSLANDDEUTSCHE FAMILIE IM AUSSIEDLERLAGER UNNA-MASSEN
4. September 1999
Photographie
Berlin, ullstein bild, 00452601

30.9
SPRACHUNTERRICHT FÜR AUSSIEDLER IN DER ZENTRALEN AUFNAHMESTELLE GIESSEN
1990
Photographie
Berlin, ullstein bild, 00187740

JUDEN AUS DER EHEMALIGEN SOWJETUNION

30.10
BERATUNGSSTELLE FÜR JÜDISCHE EINWANDERER IN BERLIN-MITTE
14. Januar 1991
Photographie
Berlin, ullstein bild, 00192479

30.11
DAS JÜDISCHE LEHRHAUS IM BERLINER BEZIRK PRENZLAUER BERG
2000
Photographie
Berlin, ullstein bild, 00465403

30.12
»JÜDISCHES BERLIN«, GEMEINDEBLATT DER JÜDISCHEN GEMEINDE ZU BERLIN
Januar 2000
Druck, 29,7 x 46,0 (aufgeschlagen)
Berlin, Redaktion »Jüdisches Berlin«

30.13
»JÜDISCHES BERLIN«, GEMEINDEBLATT DER JÜDISCHEN GEMEINDE ZU BERLIN
Mai 2004
Druck, 29,7 x 23,0
Berlin, Redaktion »Jüdisches Berlin«

ASYLBEWERBER

31.1
GRUNDGESETZ DER BUNDESREPUBLIK DEUTSCHLAND
Bonn: Butzon und Becker, 1949
Druck, 20,2 x 14,2
Berlin, Deutsches Historisches Museum, Do2 2000/113

31.2
STEMPEL »BUNDESAMT FÜR DIE ANERKENNUNG AUSLÄNDISCHER FLÜCHTLINGE«
1965–2002
Holz, Gummi, 6,0 x 4,5
Nürnberg, Bundesamt für Migration und Flüchtlinge

31.3
BRIEF AN DEN BERLINER INNENSENATOR MIT BITTE UM UNTERSTÜTZUNG IM ASYLVERFAHREN DES KURDEN ABDULKERIM B.
Arbeitskreis Ausländer und Deutsche
Berlin, 19. Oktober 1987
Maschinenschriftlich, 29,5 x 21,0
Berlin, Rosmarie Welten, Evangelischer Kirchenkreis Teltow-Zehlendorf

31.4
ABSCHLÄGIGER BESCHEID DES BERLINER INNENSENATORS IM ASYLVERFAHREN VON ABDULKERIM B.
Wilhelm A. Kewenig
Berlin, 13. November 1987
Maschinenschriftlich, 29,5 x 21,0
Berlin, Rosmarie Welten, Evangelischer Kirchenkreis Teltow-Zehlendorf

31.5
ZEITUNGSARTIKEL DER »BERLINER MORGENPOST« ZUM ASYLVERFAHREN VON ABDULKERIM B.
Berlin, 9. Januar 1988
Druck, 19,0 x 17,0
Berlin, Rosmarie Welten, Evangelischer Kirchenkreis Teltow-Zehlendorf

31.6
BILD DES HEIMATDORFES DES ASYLBEWERBERS ABDULKERIM B.
Abdulkerim B.
Berlin, um 1987
Buntstiftzeichnung, 29,5 x 40,0
Berlin, Rosmarie Welten, Evangelischer Kirchenkreis Teltow-Zehlendorf

31.7
NACHRICHTENMAGAZIN »DER
SPIEGEL« MIT TITEL ZUM THEMA
FLÜCHTLINGE, AUSSIEDLER UND
ASYLBEWERBER
»Ansturm der Armen«
Hamburg, 9. September 1991
Druck, 29,9 x 21,2
Berlin, Deutsches Historisches Museum,
Do2 2005/1
Abb. S. 118

31.8
BRENNENDES HAUS WÄHREND
DER AUSLÄNDERFEINDLICHEN
AUSSCHREITUNGEN IN ROSTOCK-
LICHTENHAGEN
Martin Langer (* 1956)
Rostock, 22.–24. August 1992
Photographie, 24,0 x 30,0
Berlin, Deutsches Historisches Museum,
Ph 2005/41

31.9
VIETNAMESEN IN ROSTOCK-
LICHTENHAGEN
Martin Langer (* 1956)
Rostock, 22.–24. August 1992
Photographie, 24,0 x 30,0
Berlin, Deutsches Historisches Museum,
Ph 2005/36

31.10
INFORMATIONEN FÜR ASYL-
BEWERBER IN BONN, IN
KROATISCHER SPRACHE
Bonn, Oktober 1993
Druck, 29,7 x 21,1
Bonn, Stiftung Haus der Geschichte der
Bundesrepublik Deutschland,
1996/08/0370

31.11
WERTGUTSCHEINE FÜR ASYL-
BEWERBER
Greifswald, März 1994
Druck, 0,2 x 14,4 x 6,5
Bonn, Stiftung Haus der Geschichte der
Bundesrepublik Deutschland,
1996/02/1051
Abb. S. 269

31.12
DER RUANDISCHE FLÜCHTLING
THOMAS MAZIMPAKA VOR DEM
ASYLBEWERBERHEIM IM
SÄCHSISCHEN LANGEBRÜCK
12. August 1998
Photographie
Berlin, ullstein bild, 00401544

31.13
AUFRUF ZU EINER DEMONSTRATION
GEGEN ABSCHIEBUNG
Berlin, 1995
Offset, 58,8 x 41,0
Berlin, Deutsches Historisches Museum,
P 98/419

31.14
AUSHANG DER »BERLINER
MORGENPOST« ZUR ABSCHIEBUNG
VON FLÜCHTLINGEN
»Sozialmißbrauch: Senatorin Hübner
droht Flüchtlingen mit Abschiebung«
Berlin, 24. März 1997
Druck, 69,7 x 42,0
Berlin, Deutsches Historisches Museum,
Do2 97/944

STAATSANGEHÖRIGKEIT UND ZUWANDERUNGSGESETZ

32.1
DER INDONESISCHE INFORMATIKER
HARIANTO WIJAYA ERHÄLT DIE
ERSTE ›GREEN CARD‹ DEUTSCH
LANDS
Nürnberg, 31. Juli 2000
Photographie
Berlin, ullstein bild, 00473939

32.2
DAS ERSTE TÜRKISCHE BABY, DAS
NACH DEM NEUEN STAATSBÜRGER
SCHAFTSRECHT DIE DOPPELTE
STAATSANGEHÖRIGKEIT HAT
K.-H. Egginger
München, 21. Januar 2000
Photographie
München, Süddeutscher Verlag, Bilderdienst, 00024677
Abb. S. 273

32.3
BROSCHÜRE ZUM ZUWANDERUNGS
GESETZ DER BUNDESREPUBLIK
DEUTSCHLAND
»Zuwanderung – das neue Gesetz«
Bundesministerium des Innern
Berlin, Mai 2005
Druck, 21,0 x 14,7
Berlin, Deutsches Historisches Museum,
Do2 2005/121
Abb. S. 275

Anmerkung
Sofern nicht anders angegeben, sind die
Maße der Ausstellungsobjekte in cm
angegeben (Reihenfolge: H x B x T).

Grundriss der Ausstellung »Zuwanderungsland Deutschland. Migrationen 1500–2005«

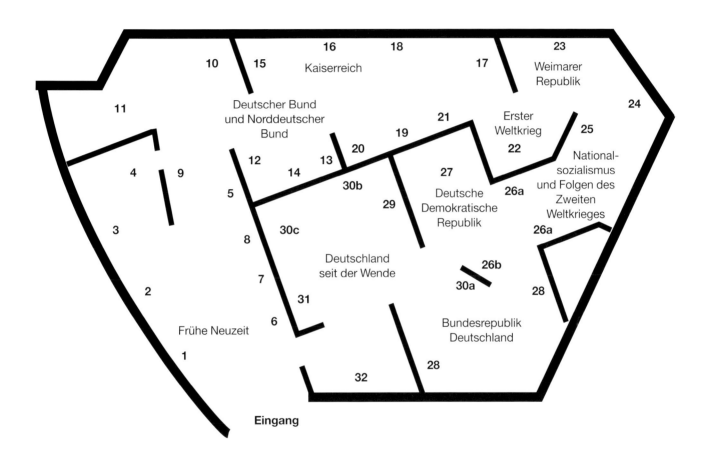

1 Niederländische Glaubensflüchtlinge	15 Staatsangehörigkeit und Ausländerpolitik	26a Flüchtlinge und Vertriebene
2 Böhmische Glaubensflüchtlinge	16 ›Sachsengänger‹	26b DDR-Flüchtlinge
3 Salzburger Glaubensflüchtlinge	17 Italienische Arbeitsmigranten	27 Vertragsarbeiter in der DDR
4 Juden in Hamburg	18 Niederländische Arbeitsmigranten	27 Ausländische Studenten in der DDR
5 Osmanen in Süddeutschland	19 ›Ruhrpolen‹	28 ›Gastarbeiter‹ in der Bundesrepublik
6 Italienische Wanderhändler	20 ›Schwabenkinder‹	29 Saisonarbeiter aus Osteuropa
7 Wandernde Handwerksgesellen	21 ›Ostjuden‹	30a Zuwanderer aus der DDR
8 Gesinde	22 Kriegsgefangene und Zivilarbeiter im Ersten Weltkrieg	30b Spätaussiedler
9 Ausgrenzung und Reglementierung	23 Arbeitsmigration und ›Rückwanderung‹ in der Weimarer Republik	30c Juden aus der ehemaligen Sowjetunion
10 Bettler und Fahrendes Volk	24 Zwangsmigrationen im NS-Rassestaat	31 Asylbewerber
11 ›Zigeuner‹	25 Displaced Persons	32 Staatsangehörigkeit und Zuwanderungsgesetz
12 Staatsangehörigkeit		
13 Wanderarbeiter aus dem Eichsfeld		
14 Lippische Ziegler		

Hörstationen

Hörstation 1
Auszüge aus der Autobiographie Augustin Güntzers
Aus: Augustin Güntzer, *Kleines Biechlin von meinem gantzen Leben. Die Autobiographie eines Elsässer Kannengießers aus dem 17. Jahrhundert,* hrsg. von Fabian Brändle und Dominik Sieber, Köln/Weimar/Wien: Böhlau 2002, S. 125f.

Hörstation 2
Der Tod eines Bettlers in der Frühen Neuzeit
Auf der Grundlage von: Otto Ulbricht, *Der Tod eines Bettlers: dörfliche Lynchjustiz 1727. Ein Experiment in Narration und Analyse,* in: *Historie und Eigen-Sinn. Festschrift für Jan Peters zum 65. Geburtstag,* hrsg. von Axel Lubinki, Thomas Rudert und Martina Schattkowsky, Weimar 1997, S. 380–397 (Textadaption mit freundlicher Genehmigung des Autors)

Hörstation 3
Auszüge aus den Erinnerungen des lippischen Ziegelmeisters Friedrich Mahlmann (1858–1947)
Aus: *Lippische Mitteilungen aus Geschichte und Landeskunde,* hrsg. im Auftrag des Naturwissenschaftlichen und Historischen Vereins für das Land Lippe, Nr. 42, Detmold 1973, S. 36–38

Hörstation 4
Auszüge aus dem Bericht eines galizischen Saisonarbeiters
Aus: Jan Stryczek, *Chlopskim piórem* (Aus Bauernfeder), Warschau: Ludowa Spóldzielnia Wyadawnicza 1984, S. 101–107
Übersetzung: sydem Berlin

Hörstation 5
Auszüge aus den Erinnerungen eines ›Schwabenkindes‹
Aus: Regina Lampert, *Die Schwabengängerin. Erinnerungen einer jungen Magd aus Vorarlberg 1864–1874,* hrsg. von Bernhard Tschofen, 6. Aufl., Zürich: Limmat 2000, S. 54f., S. 57–59

Hörstation 6
Auszüge aus den Erinnerungen des ehemaligen belgischen Kriegsgefangenen Ernest de Laminne
Aus: Ernest (de) Laminne, *Notes et Impressions de captivité. Contribution à l'histoire de la Kultur,* Liège 1919, S. 135–137

Auszüge aus den Erinnerungen des ehemaligen britischen Kriegsgefangenen Ernest Walwyk
The Papers of E. Walwyk
London, Imperial War Museum, Department of Documents
Übersetzung: sydem Berlin

Hörstation 7
Auszüge aus einem Interview mit der ehemaligen ukrainischen Zwangsarbeiterin Galina Halina
Kramatorsk/Ukraine, 28. Juli 2002
Interviewer: Wladimir Maljutin
Dortmund, Westfälisches Industriemuseum, Landesmuseum für Industriekultur des Landschaftsverbandes Westfalen-Lippe (LWL)
Übersetzung: Sergej Avicjuk

Auszüge aus dem autobiographischen Bericht des ehemaligen sowjetischen Kriegsgefangenen Dr. med. Nikolai Gubaraw
Aus: Nikolai Gubaraw, Mein Kriegsschicksal, Tallin (Estland)
Hemer, Stadtarchiv
Übersetzung: Nils Scharfenberg

Hörstation 8
Auszüge aus einem Interview mit Frau Dr. H. S. über ihre Flucht aus Ostpreussen am Ende des Zweiten Weltkrieges
21. November 1998
Interviewer: Oliver von Wrochem
Hamburg, Werkstatt der Erinnerung / Forschungsstelle für Zeitgeschichte, 516

Hörstation 9
Ausschnitte aus einem Interview mit Frau Hoang Kim Oanh, ehemalige vietnamesische Vertragsarbeiterin in der DDR
Berlin, 17. Januar 2005
Interviewer: Frauke Miera
Berlin, Hoang Kim Oanh

Beschwerde-Brief algerischer Arbeitnehmer des VEB Schotter- und Splittwerks Obling an die Werksleitung
(übersetzt zur Weiterleitung an das ZK der SED)
23. Oktober 1975
Berlin, Bundesarchiv, Stiftung Archiv der Parteien und Massenorganisationen der DDR, DY 30 ZK der SED, Abteilung Planung und Finanzen

Auszüge aus Interviews mit ehemaligen ausländischen Studenten über ihren Aufenthalt in der DDR
Aus: Andrea Schmelz, *Bildungsmigranten aus Afrika und Asien. Interkulturalität, Umbrüche und Neuorientierung im geteilten und wiedervereinigten Deutschland,* Frankfurt a. M./London: IKO-Verlag für Interkulturelle Kommunikation 2004, S. 43f., 46f., 54

Hörstation 10
Ausschnitte aus einem Interview mit Frau Filiz Yüreklik über ihre Zeit als ›Gastarbeiterin‹ in Berlin (West)
Berlin, 2. März 2005
Interviewer: Martin Düspohl (Kreuzberg Museum, Berlin)
Berlin, Filiz Yüreklik

Filmstationen

Filmstation 1
Ausschnitte aus dem Dokumentarfilm »Ein Lagerleben. Juden im befreiten Deutschland«
Peter Giesecke, 1995
Bayerischer Rundfunk (Telepool GmbH)

Filmstation 2
Ausbildung kubanischer Jugendlicher in der DDR
Beitrag aus der »Aktuellen Kamera« vom 5. Februar 1981
Babelsberg, Deutsches Rundfunkarchiv

Ausschnitte aus dem Dokumentarfilm »Companera Inge. Junge Kubaner und ihre Betreuerin«
Defa-Studio für Dokumentarfilme, 1982
Babelsberg, Deutsches Rundfunkarchiv

Chilenen in Karl-Marx-Stadt
Beitrag aus der »Aktuellen Kamera« vom 13. September 1980
Babelsberg, Deutsches Rundfunkarchiv

Ausschnitte aus der Prisma-Reportage »Chilenen in der DDR«
Deutscher Fernsehfunk, 1974
Babelsberg, Deutsches Rundfunkarchiv

Filmstation 3
Ausschnitte aus dem Dokumentarfilm »Blinde Katze« über jugendliche Spätaussiedler
Medienprojekt Wuppertal e. V., 2002

Filmstation 4
Ausschnitte aus dem Dokumentarfilm »Die Entscheider« über Einzelfallentscheider im Asylverfahren
Hansjürgen Hilgert, 2001
Westdeutscher Rundfunk

Ausschnitte aus dem Dokumentarfilm »Salam Berlin« über drei iranische Asylbewerber
Judith Albrecht, 2002

Ausschnitte aus dem Dokumentarfilm »Europas neue Mauern« über Flüchtlinge an den EU-Aussengrenzen
Richard Klug und Uli Neuhoff, 2004
Südwestrundfunk (Telepool GmbH)

LITERATUR

Ackermann 1995
Volker Ackermann, *Der ›echte‹ Flüchtling. Deutsche Vertriebene und Flüchtlinge aus der DDR 1945–1961* (Studien zur Historischen Migrationsforschung, Bd. 1), Osnabrück 1995

Adler-Rudel 1959
Salomon Adler-Rudel, *Ostjuden in Deutschland 1880–1940*, Tübingen 1959

Alt 1999
Jörg Alt, *Illegal in Deutschland – Forschungsbericht zur Lebenssituation ›illegaler‹ Migranten in Leipzig*, Karlsruhe 1999

Alt 2003
Jörg Alt, *Leben in der Schattenwelt – Problemkomplex illegale Migration. Neue Erkenntnisse zur Lebenssituation »illegaler« Migranten aus München und anderen Orten Deutschlands*, Karlsruhe 2003

Aly/Heim 1995
Götz Aly und Susanne Heim, *Vordenker der Vernichtung. Auschwitz und die deutschen Pläne für eine neue europäische Ordnung*, Frankfurt a. M. 1995

Ammerer 2003
Gerhard Ammerer, *Heimat Straße. Vaganten im Österreich des Ancien Régime*, München 2003

Andree 1911
Richard Andree, *Alte Zigeunerwarnungstafeln*, in: *Mitteilungen aus dem Verein der Sammlung für Deutsche Volkskunde zu Berlin* 3, 1911, S. 198–200

Andresen 1878
Andreas Andresen, *Der deutsche Peintre-Graveur oder die deutschen Maler als Kupferstecher*, Bd. 5, Leipzig 1878

Angenendt 1997
Steffen Angenendt, *Deutsche Migrationspolitik im neuen Europa*, Opladen 1997

Angenendt 1999
Steffen Angenendt (Hrsg.), *Asylum and Migrations Policies in the European Union*, Bonn 1999

Angenendt 2004
Steffen Angenendt, *Innere Sicherheit und internationale Politik*, in: Wolfgang Wagner u. a. (Hrsg.), *Jahrbuch Internationale Politik 2001/2002*, München, 2004, S. 33–42

Angenendt/Kruse 2004
Steffen Angenendt und Imke Kruse, *Migrations- und Integrationspolitik in Deutschland 2002–2003: der Streit um das Zuwanderungsgesetz*, in: Klaus J. Bade, Michael Bommes und Rainer Münz (Hrsg.), *Migrationsreport 2004. Fakten – Analysen – Perspektiven*, Frankfurt a. M./New York 2004, S. 175–202

Arlt 2004
Kurt Arlt, *»… stets wachsam zu sein im fremden Land!« Zum Selbstverständnis der sowjetischen Truppen in der DDR*, in: Hans Ehlert und Matthias Rogg (Hrsg.), *Militär und Gesellschaft in der DDR. Forschungsfelder, Ergebnisse, Perspektiven*, Berlin 2004, S. 205–224

Arnold 1965
Hermann Arnold, *Die Zigeuner*, Olten 1965

Asche 2003
Matthias Asche, *Neusiedler im verheerten Land – Kriegsfolgenbewältigung, Landeswiederaufbau und Migration in der Mark Brandenburg nach den Kriegen des 17. Jahrhunderts*, Habilitationsschrift Universität Tübingen 2003

Augel 1971
Johannes Augel, *Italienische Einwanderung und Wirtschaftstätigkeit in rheinischen Städten des 17. und 18. Jahrhunderts*, Bonn 1971

Aussiedlerjugendliche 2002
Arbeitsstelle Kinder- und Jugendkriminalitätsprävention (Hrsg.), *Die mitgenommene Generation, Aussiedlerjugendliche – eine pädagogische Herausforderung für die Kriminalitätsprävention*, München 2002

Ausst. Kat. Bad Windsheim 1994
Andrea K. Thurnwald, *Kind, du bist uns anvertraut. Geburt und Taufe im Leben fränkischer Familien und Gemeinden*, Ausst. Kat. des Evangelisch-Lutherischen Dekanatsbezirkes Bad Windsheim im Fränkischen Freilandmuseum, Bad Windsheim 1994

Ausst. Kat. Berlin 1983
Hans Joachim Reichhardt, *Die Böhmen in Berlin 1732–1982*, Ausstellung des Landesarchivs Berlin, 2. Aufl., Berlin 1983

Ausst. Kat. Berlin 1987
Das Böhmische Dorf in Berlin-Neukölln 1737–1987. Dem Kelch zuliebe Exulant, hrsg. von Werner Korthaase, Ausst. Kat., Berlin 1987

Ausst. Kat. Berlin 1997
Bilder und Zeugnisse der deutschen Geschichte: Aus den Sammlungen des Deutschen Historischen Museums, hrsg. von Christoph Stölzl. Ausst. Kat. Deutsches Historisches Museum, 2 Bde., Berlin 1997

Ausst. Kat. Berlin 1997b
aufbau west – aufbau ost. Die Planstädte Wolfsburg und Eisenhüttenstadt in der Nachkriegszeit, hrsg. von Rosmarie Beier(-de Haan), Ausst. Kat. Deutsches Historisches Museum, Berlin, Ostfildern 1997

Ausst. Kat. Berlin 1999
Faszination Bild: Kulturkontakte in Europa. Ausst. Kat. Staatliche Museen zu Berlin Preußischer Kulturbesitz, Museum Europäischer Kulturen, Berlin 1999

Ausst. Kat. Berlin 2005
1945. Der Krieg und seine Folgen, hrsg. von Burkhard Asmuss, Ausst. Kat. Deutsches Historisches Museum, Berlin 2005

Ausst. Kat. Detmold 1992
300 Jahre Lippische Wanderziegler, bearb. von Ralf Noske, Ausst. Kat. des Instituts für Lippische Landeskunde, 2. Aufl., Detmold 1992

Ausst. Kat. Duderstadt 1990
Wanderarbeiter aus dem Eichsfeld. Zur Wirtschafts- und Sozialgeschichte des Ober- und Untereichsfeldes seit Mitte des 19. Jahrhunderts, Ausst. Kat. Heimatmuseum Duderstadt, Duderstadt 1990

Ausst. Kat. Essen 1998
Fremde Heimat. Eine Geschichte der Einwanderung aus der Türkei, hrsg. von Mathilde Jamin und Eryilmaz Aytaç, Ausst. Kat. Ruhrlandmuseum, Essen 1998

Ausst. Kat. Frankfurt 1991
Brücke zwischen den Völkern – Zur Geschichte der Frankfurter Messe, hrsg. von Patricia Stahl, Ausst. Kat. Historischen Museum Frankfurt a. M., Frankfurt a. M. 1991

Ausst. Kat. Frankfurt 1994
FFM 1200. Traditionen und Perspektiven einer Stadt, hrsg. von Lothar Gall, Ausst. Kat. Stadt Frankfurt a. M., Sigmaringen 1994

Ausst. Kat. Hamburg 1991
Vierhundert Jahre Juden in Hamburg, hrsg. von Ulrich Bauche, Ausst. Kat. Museum für Hamburgische Geschichte Hamburg, Hamburg 1991

Ausst. Kat. Karlsruhe 1995
Schurke oder Held? Historische Räuber und Räuberbanden, hrsg. von Harald Siebenmorgen, Ausst. Kat. Badisches Landesmuseums Karlsruhe in Zusammenarbeit mit dem Stadtmuseum Hornmoldhaus in Bietigheim-Bissingen, Sigmaringen 1995

Ausst. Kat. München 1987
Reichsstädte in Franken, hrsg. von Rainer A. Müller und Brigitte Buberl, Ausst. Kat. Haus der Bayerischen Geschichte, München 1987

Ausst. Kat. München 1992
Armenfürsorge und Daseinsvorsorge. Dokumente zur Geschichte der Sozialgesetzgebung und des Sparkassenwesens in Bayern, hrsg. von der Generaldirektion der Staatlichen Archive Bayerns, Ausst. Kat. Bayerischer Sparkassen- und Giroverband und des Bayerisches Hauptstaatsarchiv, München 1992

Ausst. Kat. Salzburg 1981
Reformation, Emigration; Protestanten in Salzburg, hrsg. von der Salzburger Landesregierung, Ausst. Kat., Salzburg 1981

Ausst. Kat. Wesel 1990
... unnder beider gestalt ...: die Reformation in der Stadt Wesel, hrsg. von Werner Arand, Ausst. Kat. Städtisches Museum Wesel, Köln 1990

Ausst. Kat. Wesel 2000
Neue Schätze. Städtisches Museum Wesel – Auswahl aus den Beständen 1994–2000, bearb. von Werner Arand, Ausst. Kat. Städtisches Museum Wesel, Wesel 2000

Aust/Burgdorff 2003
Stefan Aust und Stephan Burgdorff (Hrsg.), *Die Flucht der Deutschen. Über die Vertreibung der Deutschen aus dem Osten*, Bonn 2003

Baberowski 2003
Jörg Baberowski, *Der Feind ist überall. Stalinismus im Kaukasus*, München 2003

Bade 1980
Klaus J. Bade, *Arbeitsmarkt, Bevölkerung und Wanderung in der Weimarer Republik*, in: Michael Stürmer (Hrsg.), *Die Weimarer Republik. Belagerte Civitas*, Königstein i. Ts. 1980, S. 160–187

Bade 1980b
Klaus J. Bade, *Politik und Ökonomie der Ausländerbeschäftigung im preußischen Osten 1885–1914: die Internationalisierung des Arbeitsmarkts im ›Rahmen der preußischen Abwehrpolitik‹*, in: Hans-Jürgen Puhle und Hans-Ulrich Wehler (Hrsg.), *Preußen im Rückblick*, Göttingen 1980, S. 273–299

Bade 1982
Klaus J. Bade, *Altes Handwerk, Wanderzwang und Gute Policey: Gesellenwanderungen zwischen Zunftökonomie und Gewerbereform*, in: *Vierteljahrschrift für Sozial- und Wirtschaftsgeschichte* 69, 1982, S. 1–37

Bade 1983
Klaus J. Bade, *Vom Auswanderungsland zum Einwanderungsland? Deutschland 1880–1980*, Berlin 1983

Bade 1984
Klaus J. Bade, *Die deutsche überseeische Massenauswanderung im 19. und frühen 20. Jahrhundert: Bestimmungsfaktoren und Entwicklungsbedingungen*, in: ders. (Hrsg.), *Auswanderer – Wanderarbeiter – Gastarbeiter. Bevölkerung, Arbeitsmarkt und Wanderung in Deutschland seit der Mitte des 19. Jahrhunderts*, Ostfildern 1984, S. 259–299

Bade 1984b
Klaus J. Bade, *›Preußengänger‹ und ›Abwehrpolitik‹: Ausländerbeschäftigung, Ausländerpolitik und Ausländerkontrolle auf dem Arbeitsmarkt in Preußen vor dem Ersten Weltkrieg*, in: *Archiv für Sozialgeschichte 24*, 1984, S. 91–162

Bade 1992
Klaus J. Bade (Hrsg.), *Deutsche im Ausland – Fremde in Deutschland. Migration in Geschichte und Gegenwart*, München 1992

Bade 1994
Klaus J. Bade, *Ausländer – Aussiedler – Asyl. Eine Bestandsaufnahme*, München 1994

Bade 1994b
Klaus J. Bade, *Tabu Migration: Belastungen und Herausforderungen in Deutschland*, in: ders. (Hrsg.), *Das Manifest der 60. Deutschland und die Einwanderung*, München 1994, S. 66–85

Bade 2000
Klaus J. Bade, *Europa in Bewegung. Migration vom späten 18. Jahrhundert bis zur Gegenwart*, München 2000

Bade 2001
Klaus J. Bade, *Integration und Illegalität in Deutschland* (Rat für Migration e. V.), Osnabrück 2001

Bade 2002
Klaus J. Bade, *Historische Migrationsforschung*, in: ders. (Hrsg.), *Migration in der europäischen Geschichte seit dem späten Mittelalter: Vorträge auf dem Deutschen Historikertag in Halle an der Saale, 11. September 2002* (IMIS-Beiträge, H. 20), Osnabrück 2002, S. 21–44

Bade 2004
Klaus J. Bade, *Altes Handwerk, Wanderzwang und Gute Policey: Gesellenwanderung zwischen Zunftökonomie und Gewerbereform*, in: ders., *Sozialhistorische Migrationsforschung*, Göttingen 2004, S. 49–88

Bade/Bommes 2000
Klaus J. Bade und Michael Bommes, *Migration und politische Kultur im »Nicht-Einwanderungsland«*, in: *Migrationsreport 2000. Fakten – Analysen – Perspektiven*, für den Rat für Migration hrsg. von Klaus J. Bade und Rainer Münz, Frankfurt a. M./New York 2000, S. 163–204

Bade/Oltmer 1999
Klaus J. Bade und Jochen Oltmer (Hrsg.), *Aussiedler: deutsche Einwanderer aus Osteuropa*, Osnabrück 1999

Bade/Oltmer 2003
Klaus J. Bade und Jochen Oltmer, *Einführung: Aussiedlerzuwanderung und Aussiedlerintegration. Historische Entwicklung und aktuelle Probleme*, in: diess. (Hrsg.), *Aussiedler: deutsche Einwanderer aus Osteuropa* (IMIS-Schriften, Bd. 8), 2. Aufl., Göttingen 2003, S. 9–51

Bade/Oltmer 2003b
Klaus J. Bade und Jochen Oltmer, *Zwischen Aus- und Einwanderungsland: Deutschland und die Migration seit der Mitte des 17. Jahrhunderts*, in: *Zeitschrift für Bevölkerungswissenschaft 28.2–4*, 2003, S. 273–280

Bade/Oltmer 2004
Klaus J. Bade und Jochen Oltmer, *Normalfall Migration*, Bonn 2004

Baldaccini 2003
Anneliese Baldaccini, *United Kingdom: EU and US Approaches to the Management of Immigration*, Brüssel 2003

Barkai 1997
Avraham Barkai, *Politische Orientierungen und Krisenbewusstsein*, in: Michael A. Meyer (Hrsg.), *Deutsch-jüdische Geschichte in der Neuzeit, Bd. 4: Aufbruch und Zerstörung 1918–1945*, München 1997, S. 102–124

Barsa 2004
Pavel Barsa, *Managing Immigration and Integration in the Czech Republic*, Prag 2004

Battenberg 2001
Friedrich Battenberg, *Die Juden in Deutschland vom 16. bis zum Ende des 18. Jahrhunderts*, München 2001

Beall 1975
Karen F. Beall, *Kaufrufe und Straßenhändler*, Hamburg 1975

Beheim-Schwarzbach 1874
Max Beheim-Schwarzbach, *Hohenzollernsche Colonisationen. Ein Beitrag zu der Geschichte des preußischen Staates und der Colonisation des östlichen Deutschlands*, Leipzig 1874

Behrends 2005
Jan C. Behrends, *Zwischen erfundener Freundschaft und erlebter Fremdheit. Das Sowjetunionbild in der DDR*, in: Gregor Thum (Hrsg.), *Europas Osten in der Wahrnehmung der Deutschen*, Göttingen 2005 [in Vorbereitung]

Behrends/Kuck/Poutrus 2001
Jan C. Behrends, Dennis Kuck und Patrice G. Poutrus, *Fremd-Sein in der staatssozialistischen Diktatur. Zu historischen Ursachen von Fremdenfeindlichkeit und rassistischer Gewalt in*

den neuen Bundesländern, in: Susan Arndt (Hrsg.), *Afrikabilder. Studien zu Rassismus in Deutschland*, Münster 2001, S. 184–204

Behrends/Lindenberger/Poutrus 2003
Jan C. Behrends, Thomas Lindenberger und Patrice G. Poutrus (Hrsg.), *Fremde und Fremd-Sein in der DDR. Zu historischen Ursachen der Fremdenfeindlichkeit in Ostdeutschland*, Berlin 2003

Beier-de Haan 2005
Rosmarie Beier-de Haan, *Erinnerte Geschichte – inszenierte Geschichte. Ausstellungen und Museen in der Zweiten Moderne*, Frankfurt a. M. 2005

Benz 1985
Wolfgang Benz (Hrsg.), *Die Vertreibung der Deutschen aus dem Osten. Ursachen, Ereignisse, Folgen*, Frankfurt a. M. 1985

Benz 1995
Wolfgang Benz, *Der Generalplan Ost. Zur Germanisierungspolitik des NS-Regimes in den besetzten Ostgebieten 1939–1945*, in: ders. (Hrsg.), *Die Vertreibung der Deutschen aus dem Osten. Ursachen, Ereignisse, Folgen*, Frankfurt a. M. 1995, S. 45–57

Benz 1996
Wolfgang Benz (Hrsg.), *Dimension des Völkermords. Die Zahl der jüdischen Opfer des Nationalsozialismus*, München 1996

Berger 1998
Almuth Berger, *Die Ausländerpolitik der DDR im Spannungsfeld von ideologischem Anspruch und Sicherheitsbedürfnissen*, in: *Tagungsbericht Ausländerpolitik in der DDR am Beispiel der Vertragsarbeiter*, hrsg. von der Bundeszentrale für Politische Bildung, Berlin 1998, S. 6–11

Bethlehem 1982
Siegfried Bethlehem, *Heimatvertreibung, DDR-Flucht, Gastarbeiterzuwanderung. Wanderungsströme und Wanderungspolitik in der Bundesrepublik Deutschland*, Stuttgart 1982

Beyer 1993
Heidemarie Beyer, *Entwicklung des Ausländerrechts in der DDR*, in: Manfred Heßler (Hrsg.), *Zwischen Nationalstaat und multikultureller Gesellschaft. Einwanderung und Fremdenfeindlichkeit in der Bundesrepublik Deutschland*, Berlin 1993, S. 211–227

Bickelmann 1980
Hartmut Bickelmann, *Deutsche Überseeauswanderung in der Weimarer Zeit*, Wiesbaden 1980

Birnstiel/Reinke 1990
Eckart Birnstiel und Andreas Reinke, *Die Hugenotten in Berlin*, in: Stefi Jersch-Wenzel und Barbara John (Hrsg.), *Von Zuwanderern zu Einheimischen. Hugenotten, Juden, Böhmen, Polen in Berlin*, Berlin 1990, S. 16–152

Blanchar 1998
Roger Blanchar, *Paris – voix de ville*, Paris 1998

Blaschke/Pfohmann 2004
Jochen Blaschke und Shannon Pfohmann, *The Decentralisation of Asylum. Refugee Reception Procedures in the European Union*, Berlin 2004

Blickle/Kissling/Schmidt 2003
Peter Blickle, Peter Kissling und Heinrich Richard Schmidt (Hrsg.), *Gute Policey als Politik im 16. Jahrhundert. Die Entstehung des öffentlichen Raumes in Oberdeutschland*, Frankfurt a. M. 2003

Bodmann 1795
Franz Joseph Bodmann, *Äußeres oder nachbarliches Territorialverhältniß des Abzugs- und Nachsteuerrechts in Deutschland überhaupt und im Erzstifte Mainz insbesondere*, Mainz 1795

Böhm 1991
Günter Böhm, *Die Sephardim in Hamburg*, in: Arno Herzig (Hrsg.), *Die Juden in Hamburg 1590 bis 1990. Wissenschaftliche Beiträge der Universität Hamburg zur Ausstellung »Vierhundert Jahre Juden in Hamburg«*, Hamburg 1991, S. 21–40

Booma/Gouw 1991
J. G. J. van Booma und J. L. van der Gouw, *Communio et mater fidelium. Acta des Konsistoriums der niederländischen reformierten Flüchtlingsgemeinde in Wesel 1573–1582*, Köln/Delft 1991

Bott-Bodenhausen 1988
Karin Bott-Bodenhausen (Hrsg.), *Sinti in der Grafschaft Lippe. Studien zur Geschichte der »Zigeuner« im 18. Jh.*, München 1988

Brandes 1993
Detlef Brandes, *Von den Zaren adoptiert. Die deutsche Kolonisten und die Balkansiedler in Neurußland und Bessarabien 1751–1914*, München 1993

Braßel 1998
Frank Braßel, *»Die polnische Hauptstadt Westfalens« – Zur Geschichte der Ruhrpolen in Herne und Wanne-Eickel*, in: Ralf Piorr (Hrsg.), *Eine Reise ins Unbekannte. Ein Lesebuch zur Migrationsgeschichte in Herne und Wanne-Eickel*, Essen 1998, S. 22–37

Bretting 1992
Agnes Bretting u. a., *Deutsche in den USA*, in: Bade 1992, S. 135–185

Breuer 1996
Mordechai Breuer, *Frühe Neuzeit und Beginn der Moderne*, in: Michael A. Meyer (Hrsg.), *Deutsch-jüdische Geschichte in der Neuzeit, Bd. 1: 1600–1780*, München 1996, S. 85–257

Brinck 1993
Andreas Brinck, *Die deutsche Auswanderungswelle in die britischen Kolonien Nordamerikas um die Mitte des 18. Jahrhunderts*, Stuttgart 1993

Broek 1993
Nina van den Broek, *»Met het doel daar te arbeiden«. Niederländische Wanderarbeiter in Deutschland 1870–1918*, in: *Wanderarbeit jenseits der Grenze. 350 Jahre auf der Suche nach Arbeit in der Fremde*, Ausst. Kat. Drents Museum Assen und Emslandmuseum Lingen, Assen 1993, S. 130–139

Bronfen/Marius 1997
Elisabeth Bronfen und Benjamin Marius, *Hybride Kulturen. Einleitung zur anglo-amerikanischen Multikulturalismusdebatte*, in: dies. und Therese Steffen, *Hybride Kulturen. Beiträge zur anglo-amerikanischen Multikulturalismusdebatte*, Tübingen 1997, S. 1–29

Bröskamp/Jaschok/Noschak 1993
Bernd Bröskamp, Gabriele Jaschok und Andreas Noschak (Red.), *Schwarz-weiße Zeiten. AusländerInnen in Ostdeutschland vor und nach der Wende. Erfahrungen der Vertragsarbeiter aus Mosambik: Interviews – Berichte – Analysen*, hrsg. vom Informationszentrum Afrika e. V., Bremen 1993

Brubaker 1989
Rogers Brubaker, *Einwanderung und Nationalstaat in Frankreich und Deutschland*, in: *Der Staat* 28, 1989, S. 1–30

Brubaker 1992
Rogers Brubaker, *Citizenship and Nationhood in France and Germany*, Cambridge (Mass.) 1992

Bushart 1967
Bruno Bushart, *Deutsche Malerei des 17. und 18. Jahrhunderts, Bd. 1: Deutsche Malerei des Barock*, Königstein i. Ts. 1967

Carlen 2005
Louis Carlen, *Zauber und Recht*, in: *Forschungen zur Rechtsarchäologie und Rechtlichen Volkskunde* 22, 2005, S. 53–72

Chalk 2000
Peter Chalk, *The Third Pillar on Judicial and Home Affairs Cooperation, Anti-terrorist Collaboration and Liberal Democratic Acceptability*, in: Fernando Reinares (Hrsg.), *European Democracies Against Terrorism. Governmental Policies and Intergovernmental Cooperation*, Hampshire 2000

Classen 2003
Christoph Classen, *Fremdheit gegenüber der eigenen Geschichte. Zum öffentlichen Umgang mit dem Nationalsozialismus in beiden deutschen Staaten*, in: Behrends/Lindenberger/Poutrus 2003, S. 101–126

Dannheimer 1966
Wilhelm Dannheimer, *Der Rothenburger Almosenkasten vom Jahre 1554*, in: *Zeitschrift für bayerische Kirchengeschichte* 35, 1966, S. 95–97

Danyel 1995
Jürgen Danyel, *Die Opfer- und Verfolgtenperspektive als Gründungskonsens? Zum Umgang mit der Widerstandstradition und der Schuldfrage in der DDR*, in: ders. (Hrsg.), *Die geteilte Vergangenheit. Zum Umgang mit Nationalsozialismus und Widerstand in beiden deutschen Staaten*, Berlin 1995, S. 31–46

Del Fabbro 1996
René Del Fabbro, *Transalpini. Italienische Arbeitswanderung nach Süddeutschland im Kaiserreich 1870–1918* (Studien zur Historischen Migrationsforschung, Bd. 2), Osnabrück 1996

Del Fabbro 1999
René Del Fabbro, *Italienische Wanderarbeiter im Deutschen Kaiserreich*, in: *Fremde in Deutschland, Deutsche in der Fremde. Schlaglichter von der frühen Neuzeit bis in die Gegenwart*, hrsg. von Uwe Meiners, Ausst. Kat. Museumsdorf Cloppenburg u. a., Cloppenburg 1999, S. 193–199

Deutsches Wörterbuch
Deutsches Wörterbuch, hrsg. von Jakob und Wilhelm Grimm, Leipzig 1854ff.

Dietrich/Schulze Wessel 1998
Susanne Dietrich und Julia Schulze Wessel, *Zwischen Selbstorganisation und Stigmatisierung. Die Lebenswirklichkeit jüdischer Displaced Persons und die neue Gestalt des Antisemitismus in der deutschen Nachkriegsgesellschaft*, Stuttgart 1998

Dietz 1998
Barbara Dietz, *Zuwanderung und Integration – Aussiedler in Deutschland*, in: *Tel Aviver Jahrbuch für deutsche Geschichte* 1998, S. 445–472

Displaced Persons 1997
Fritz-Bauer-Institut (Hrsg.), *Überlebt und unterwegs. Jüdische Displaced Persons im Nachkriegsdeutschland*, Frankfurt a. M. u. a. 1997

Dohse 1981
Knuth Dohse, *Ausländerpolitik und betriebliche Ausländerdiskriminierung*, in: *Leviathan* 3–4, 1981, S. 499–526

Dölemeyer 1997
Barbara Dölemeyer, *Die Aufnahmeprivilegien für Hugenotten im europäischen Refuge*, in: Barbara Dölemeyer und Heinz Mohnhaupt (Hrsg.), *Das Privileg im europäischen Vergleich*, Bd. 1, Frankfurt a. M. 1997, S. 303–328

Dölemeyer 1999
Barbara Dölemeyer, *Die Aufnahme der Hugenotten in deutschen Territorien*, in: *1699 Neu-Isenburg 1999. »Aus Liebe und Mitleiden gegen die Verfolgten.« Beiträge zur Gründungsgeschichte Neu-Isenburgs*, Neu-Isenburg 1999, S. 39–71

Doomernik 1997
Jereon Doomernik, *Going West. Soviet Jewish Immigrants in Berlin since 1990*, Aldershot 1997

Duchhardt 1985
Heinz Duchhardt (Hrsg.), *Der Exodus der Hugenotten. Die Aufhebung des Edikts von Nantes 1685 als europäisches Ereignis*, Köln u. a. 1985

Dunkel/Stramaglia-Faggion 2000
Franziska Dunkel und Gabriella Stramaglia-Faggion, *»Für 50 Mark einen Italiener« – Zur Geschichte der Gastarbeiter in München*, hrsg. v. Kulturreferat der Landeshauptstadt München, München 2000

Dürr 1997
Renate Dürr, *»Der Dienstbote ist kein Tagelöhner ...«. Zum Gesinderecht (16. bis 19. Jahrhundert)*, in: Ute Gerhard (Hrsg.), *Frauen in der Geschichte des Rechts. Von der Frühen Neuzeit bis zur Gegenwart*, München 1997, S. 115–139

Dürr 2001
Renate Dürr, *Die Migration von Mägden in der Frühen Neuzeit*, in: Marita Krauss und Holger Sonnabend (Hrsg.), *Frauen und Migration*, Stuttgart 2001, S. 117–132

Eder 1998
Angelika Eder, *Flüchtige Heimat. Jüdische Displaced Persons in Landsberg am Lech 1945 bis 1950*, München 1998

Effner/Heidemeyer 2005
Bettina Effner und Helge Heidemeyer, *Flucht im geteilten Deutschland. Begleitheft zur Dauerausstellung in der Erinnerungsstätte Notaufnahmelager Marienfelde*, Berlin 2005

Ehmer 1997
Josef Ehmer, *Worlds of mobility: migration patterns of Viennese artisans in the eighteenth century*, in: Geoffrey Crosick (Hrsg.), *The Artisan and the European Town, 1500–1900*, Aldershot 1997, S. 171–199

Elsner 1976
Lothar Elsner, *Belgische Zwangsarbeiter in Deutschland während des ersten Weltkrieges*, in: *Zeitschrift für Geschichtswissenschaft* 1976, H. 11, S. 1256–1267

Elsner 1989
Lothar Elsner, *Ausländerbeschäftigung und Zwangsarbeitspolitik in Deutschland während des Ersten Weltkrieges*, in: Klaus J. Bade (Hrsg.), *Auswanderer, Wanderarbeiter, Gastarbeiter*, Bd. 2, Ostfildern 1989, S. 527–557

Elsner 1994
Eva-Maria Elsner, *Zwischen Nationalismus und Internationalismus. Über Ausländer und Ausländerpolitik in der DDR 1949–1990. Darstellung und Dokumente*, Rostock 1994

Elsner/Elsner 1994
Eva-Maria und Lothar Elsner, *Zwischen Nationalismus und Internationalismus. Über Ausländer und Ausländerpolitik in der DDR 1949–1990*, Rostock 1994

El-Tayeb 1999
Fatima El-Tayeb, *›Blood is a very special juice‹: Racialized Bodies and Citizenship in Twentieth-Century Germany*, in: Eileen Boris und Angélique Janssens (Hrsg.), *Complicating Categories: Gender, Class, Race, and Ethnicity* (= International Review of Social History 44, 1999, Supplement 7), S. 149–169

Emrich 2002
Gabriele Emrich, *Die Emigration der Salzburger Protestanten 1731–1732. Reichsrechtliche und konfessionspolitische Aspekte*, Münster u. a. 2002

Entzinger 2002
Hans Entzinger, *The Rise and Fall of Multiculturalism: The Case of the Netherlands*, in: Christian Joppke und Eva Morawska (Hrsg.), *Towards Assimilation and Citizenship: Immigration in Liberal Nation-States*, London 2002, S. 59–86

Enzyklopädie Migration
Enzyklopädie Migration: Europa vom 17. Jahrhundert bis zur Gegenwart, Paderborn/München 2006 (englischsprachige Ausgabe New York 2007)

Essner 2003
C. Essner, *Die Nürnberger Gesetze oder Die Verwaltung des Rassenwahns 1935–1945*, Paderborn 2003

Fahlbusch 1999
M. Fahlbusch, *Wissenschaft im Dienst der nationalsozialistischen Politik? Die »Volksdeutschen Forschungsgemeinschaften« von 1931–1945*, Baden-Baden 1999

Fahrmeir 2000
Andreas Fahrmeir, *Citizens and Aliens. Foreigners and the Law in Britain and the German States 1789–1870*, Oxford 2000

Fassmann/Münz 2000
Heinz Fassmann und Rainer Münz (Hrsg.), *Ost-West-Wanderung in Europa*, Wien 2000

Feige 1999
Michael Feige, *Vietnamesische Studenten und Arbeiter in der DDR und ihre Beobachtung durch das MfS*, Magdeburg 1999

Feilchenfeld 1987
Alfred Feilchenfeld (Hrsg.), *Denkwürdigkeiten der Glückel von Hameln*, Frankfurt a. M. 1987

Felk 2003
Rudolf Felk, *Verpflichtende Integrationskurse in der EU*, in: *Migralex, Zeitschrift für Fremden- und Minderheitenrecht* 2003, S. 53–58

Fertig 1994
Georg Fertig, *Transatlantic Migration from the German-Speaking Parts of Central Europe, 1600–1800: Proportions, Structures, and Explanations*, in: Nicholas Canny (Hrsg.), *Europeans on the Move. Studies on European Migration, 1500–1800*, Oxford 1994, S. 192–235

Fertig 2000
Georg Fertig, *Lokales Leben, atlantische Welt. Die Entscheidung zur Auswanderung vom Rhein nach Nordamerika im 18. Jahrhundert* (Studien zur Historischen Migrationsforschung, Bd. 7), Osnabrück 2000

Fleege-Althoff 1928
Fritz Fleege-Althoff, *Die lippischen Wanderarbeiter*, Detmold 1928

Florey 1977
Gerhard Florey, *Geschichte der Salzburger Protestanten und ihre Emigration 1731/32*, in: *Studien und Texte zur Kirchengeschichte und Geschichte*, 1. Reihe, II. Bd., Wien/Köln/Graz 1977

Förschner 1978
Gisela Förschner, *Kleinkunst in Silber. Schraubtaler und Schraub-Medaillen*. Kleine Schriften des Historischen Museums Frankfurt a. M., Frankfurt a. M. 1978

Frantzioch-Immenkeppel 1996
Marion Frantzioch-Immenkeppel, *Die Vertriebenen in der Bundesrepublik Deutschland. Flucht, Vertreibung, Aufnahme und Integration*, in: *Aus Politik und Zeitgeschichte* B 28, 1996, S. 3–13

Franz 1979
Günther Franz, *Der Dreißigjährige Krieg und das deutsche Volk*, 4. Aufl., Stuttgart 1979

Frevert 1998
Ute Frevert, *Die Sprache des Volkes und die Rhetorik der Nation. Identitätssplitter in der deutschen Nachkriegszeit*, in: Arnd Bauerkämper u. a. (Hrsg.), *Doppelte Zeitgeschichte. Deutsch-Deutsche Beziehungen 1945–1990*, Bonn 1998, S. 18–31

Fricke 1996
Thomas Fricke, *Zigeuner im Zeitalter des Absolutismus*, Pfaffenweiler 1996

Friedeburg 2002
Robert von Friedeburg, *Lebenswelt und Kultur der unterständischen Schichten in der frühen Neuzeit*, München 2002

Fuhrich-Grubert 1994
Ursula Fuhrich-Grubert, *Hugenotten unterm Hakenkreuz. Studien zur Geschichte der Französischen Kirche zu Berlin 1933–1945*, Berlin 1994

Gärtner 1989
Christine Gärtner, *Die anderen Deutschen. Zur Lebenssituation ehemaliger DDR-Bürger in der BRD*, Düsseldorf 1989

Gartner 1998
Lloyd P. Gartner, *The Great Jewish Migration – Its East European Background*, in: *Tel Aviver Jahrbuch für deutsche Geschichte* 27, 1998, S. 107–133

Gerteis 1981
Klaus Gerteis, *Auswanderungsfreiheit und Freizügigkeit in ihrem Verhältnis zur Agrarverfassung. Deutschland, England, Frankreich im Vergleich*, in: Günter Birtsch (Hrsg.), *Grund- und Freiheitsrechte im Wandel von Gesellschaft und Geschichte. Beiträge zur Geschichte der Grund- und Freiheitsrechte vom Ausgang des Mittelalters bis zur Revolution von 1848*, Göttingen 1981, S. 162–182

Gerteis 1987
Klaus Gerteis, *Auswanderungsfreiheit und Freizügigkeit in Deutschland. Das 18. und 19. Jahrhundert im Vergleich*, in: Günter Birtsch (Hrsg.), *Grund- und Freiheitsrechte von der ständischen zur spätbürgerlichen Gesellschaft*, Göttingen 1987, S. 330–344

Gieler 2003
Wolfgang Gieler, *Handbuch der Ausländer- und Zuwanderungspolitik*, Münster 2003

Gieseke 2000
Jens Gieseke, *Die hauptamtlichen Mitarbeiter der Staatssicherheit. Personalstruktur und Lebenswelt 1950–1989/90*, Berlin 2000

Gilhaus 1997
Ulrike Gilhaus, *In der Fremde. Vom Leben lippischer Wanderziegler in der Kampagne. Katalog zur Dauerausstellung des Westfälischen Industriemuseums in der Ziegelei Sylbach*, Dortmund 1997

Godehardt 1990
Helmut Godehardt, *Wanderarbeiter aus dem Eichsfeld während der ersten Hälfte des 19. Jahrhunderts*, in: Ausst. Kat. Duderstadt 1990, S. 27–51

Goschler 2005
Constantin Goschler, *Schuld und Schulden. Die Politik der Wiedergutmachung für NS-Verfolgte seit 1945*, Göttingen 2005

Gosewinkel 1998
Dieter Gosewinkel, »Unerwünschte Elemente« – Einwanderung und Einbürgerung der Juden in Deutschland, in: Tel Aviver Jahrbuch für deutsche Geschichte 27, 1998, S.71–106

Gosewinkel 2001
Dieter Gosewinkel, Einbürgern und Ausschließen. Die Nationalisierung der Staatsangehörigkeit vom Deutschen Bund bis zur Bundesrepublik Deutschland, Göttingen 2001

Gosewinkel 2003
Dieter Gosewinkel, Einbürgern und Ausschließen. Die Nationalisierung der deutschen Staatsangehörigkeit vom Deutschen Bund bis zur Bundesrepublik Deutschland, 2. Aufl., Göttingen 2003

Gotthard 2004
Axel Gotthard, Der Augsburger Religionsfrieden, Münster 2004

Gräf/Pröve 1997
Holger Thomas Gräf und Ralf Pröve, Wege ins Ungewisse. Reisen in der Frühen Neuzeit 1500–1800, Frankfurt a. M. 1997

Graffigna 1990
Eva-Maria Graffigna, Böhmen in Berlin, in: Stefi Jersch-Wenzel und Barabara John (Hrsg.), Von Zuwanderern zu Einheimischen. Hugenotten, Juden, Böhmen, Polen in Berlin, Berlin 1990, S. 491–591

Gramlich 1991
Sybille Gramlich, Know-how für ein Entwicklungsland, in: Museumsjournal 5, 1991, S. 39–43

Graupe 1973
Heinz Mosche Graupe, Die Statuten der drei Gemeinden Altona, Hamburg und Wandsbek. Quellen zur jüdischen Gemeindeorganisation im 17. und 18. Jahrhundert, Teil I, Einleitung und Übersetzungen, Hamburg 1973

Griese/Marburger 1995
Christiane Griese und Helga Marburger, Zwischen Internationalismus und Patriotismus. Konzepte des Umgangs mit Fremden und Fremdheit in den Schulen der DDR, Frankfurt a. M. 1995

Groehler 1992
Olaf Groehler, Antifaschismus – Vom Umgang mit einem Begriff, in: Ulrich Herbert und Olaf Groehler, Zweierlei Bewältigung. Vier Beiträge über den Umgang mit der NS-Vergangenheit in den beiden deutschen Staaten. Hamburg 1992, S. 29–40

Grünewald 1984
Irmgard Grünewald, Die Elsass-Lothringer im Reich 1918–1933. Ihre Organisation zwischen Integration und »Kampf um die Seele der Heimat«, Frankfurt a. M. u. a. 1984

Grundmann/Müller-Hartmann/Schmidt 1992
Siegfried Grundmann, Irene Müller-Hartmann und Ines Schmidt, Migration in, aus und nach Ostdeutschland, in: Soziologen-Tag Leipzig 1991. Soziologie in Deutschland und die Transformation großer gesellschaftlicher Systeme, hrsg. im Auftrag der Gesellschaft für Soziologie (Ostdeutschland) von Hansgünter Meyer, Berlin 1992, S. 1577–1609

Gruner-Domić 1996
Sandra Gruner-Domić, Zur Geschichte der Arbeitskräftemigration in die DDR. Die bilateralen Verträge zur Beschäftigung ausländischer Arbeiter (1961–1989), in: Internationale wissenschaftliche Korrespondenz zur Geschichte der deutschen Arbeiterbewegung 32.2, 1996, S. 204–230

Gruner-Domić 1999
Sandra Gruner-Domić, Beschäftigung statt Ausbildung. Ausländische Arbeiter und Arbeiterinnen in der DDR (1961 bis 1989), in: Motte/Ohliger/Oswald 1999, S. 215–240

Güntzer 2002
Augustin Güntzer, Kleines Biechlin von meinem gantzen Leben. Die Autobiographie eines Elsässer Kannengießers aus dem 17. Jahrhundert, hrsg. von Fabian Brändle und Dominik Sieber (Selbstzeugnisse der Neuzeit 8), Köln/Weimar/Wien 2002

Haberland 1994
Jürgen Haberland, Eingliederung von Aussiedlern. Sammlung von Texten, die für die Eingliederung von Aussiedlern aus den osteuropäischen Staaten von Bedeutung sind, 6. Aufl., Leverkusen 1994

Häberlein 1993
Mark Häberlein, Vom Oberrhein zum Susquehanna. Studien zur badischen Auswanderung nach Pennsylvania im 18. Jahrhundert, Stuttgart 1993

Härter 1993
Karl Härter, Entwicklung und Funktion der Policeygesetzgebung des Heiligen Römischen Reiches Deutscher Nation im 16. Jahrhundert, in: Ius Commune 20, 1993, S. 61–141

Härter 1998
Karl Härter, Art. Zigeuner, in: Handwörterbuch zur deutschen Rechtsgeschichte, Bd. 5, Berlin 1998, Sp. 1699–1707

Härter 2000
Karl Härter (Hrsg.), Policey und frühneuzeitliche Gesellschaft, Frankfurt a. M. 2000

Härter 2000b
Karl Härter, Sozialdisziplinierung, in: Oldenbourg Geschichte Lehrbuch Frühe Neuzeit, hrsg. von Anette Völker-Rasor, München 2000, S. 294–299

Härter 2003
Karl Härter, *Kriminalisierung, Verfolgung und Überlebenspraxis der Zigeuner im frühneuzeitlichen Mitteleuropa*, in: Yaron Matras, Hans Winterberg und Michael Zimmermann (Hrsg.), *Sinti, Roma, Gypsies. Sprache – Geschichte – Gegenwart*, Berlin 2003, S. 41–81

Härter 2003b
Karl Härter, *Vom Kirchenasyl zum politischen Asyl: Asylrecht und Asylpolitik im frühneuzeitlichen Alten Reich*, in: Martin Dreher (Hrsg.), *Das antike Asyl. Kultische Grundlagen, rechtliche Ausgestaltung und politische Funktion*, Köln u. a. 2003, S. 301–336

Härter 2003c
Karl Härter, *Von der Friedenswahrung zur »öffentlichen Sicherheit«: Konzepte und Maßnahmen frühneuzeitlicher Sicherheitspolicey in rheinländischen Territorien*, in: *Rheinische Vierteljahresblätter* 67, 2003, S. 162–190

Härter 2003d
Karl Härter, *Zum Verhältnis von »Rechtsquellen« und territorialen Rahmenbedingungen in der Strafgerichtsbarkeit des 18. Jahrhunderts: Vagabondage und Diebstahl in der Entscheidungspraxis der Kurmainzer Landesregierung*, in: Harriet Rudolph und Helga Schnabel-Schüle (Hrsg.), *Justiz = Justice = Justicia? Rahmenbedingungen von Strafjustiz im frühneuzeitlichen Europa*, Trier 2003, S. 433–465

Härter 2005
Karl Härter, *Policey und Strafjustiz in Kurmainz. Gesetzgebung, Normdurchsetzung und Sozialkontrolle im frühneuzeitlichen Territorialstaat*, Frankfurt a. M. 2005

Härter 2005b
Karl Härter, *Recht und Armut: Normative Grundlagen und Instrumentarien der Armenpolitik im frühneuzeitlichen Alten Reich*, in: Christoph Kühberger und Clemens Sednak (Hrsg.), *Aktuelle Tendenzen der historischen Armutsforschung*, Wien 2005, S. 91–125

Härter [im Druck]
Karl Härter, *Religion, Frieden und Sicherheit als Gegenstand guter Ordnung und Policey: Zu den Aus- und Nachwirkungen des Augsburger Religionsfriedens und des Reichsabschieds von 1555 in der reichsständischen Policeygesetzgebung*, in: Wolfgang Wüst (Hrsg.), *Der Augsburger Religionsfriede 1555 und die Region der Schwaben*, [im Druck]

Härter/Stolleis 1996ff.
Karl Härter und Michael Stolleis (Hrsg.), *Repertorium der Policeyordnungen der Frühen Neuzeit*, Bd. 1–6, Frankfurt a. M. 1996ff.

Hailbronner/Renner 2005
Kay Hailbronner und Günter Renner, *Staatsangehörigkeitsrecht*, München 2005

Hanzal 2002
Jiří Hanzal, *K otázce nejstaršího vyobrazení Romů ...* [Zur Frage der ältesten Abbildung der Roma ... [und] die sog. »Zigeunerwarntafel von Schlesien aus dem Jahr 1708], in: *Český lid* 89, 2002, S. 321–342

Hanzal 2004
Jiří Hanzal, *Cikáni na Moravě v 15. až 18. století* [Zigeuner in Mähren vom 15. bis zum 18. Jh.], Prag 2004

Hanzal [im Druck]
Jiří Hanzal, *Zarys historii Cyganów na Śląsku ...* [Abriss der Geschichte der Zigeuner in Schlesien ... und die sog. »Zigeuner-Warntafel« aus dem Jahr 1708], in: *Studia i materiały z dziejów Śląska* [im Druck]

Hartmann 1990
Gottfried Hartmann, *Polen in Berlin*, in: Stefi Jersch-Wenzel und Barbara John (Hrsg.), *Von Zuwanderern zu Einheimischen. Hugenotten, Juden, Böhmen, Polen in Berlin*, Berlin 1990, S. 593–803

Hartweg 1990
Frédéric Hartweg, *Die Hugenotten in Berlin: Eine Geschichte, die vor 300 Jahren begann*, in: Hartweg/Jersch-Wenzel 1990, S. 1–56

Hartweg/Jersch-Wenzel 1990
Frédéric Hartweg und Stefi Jersch-Wenzel (Hrsg.), *Die Hugenotten und das Refuge: Deutschland und Europa. Beiträge zu einer Tagung*, Berlin 1990

Haver 2004
Charlotte E. Haver, *Das Experiment des Königs. Europäische Migration und die Peuplierung Preußens am Beispiel der Salzburger Emigranten*, in: Mathias Beer und Dittmar Dahlmann (Hrsg.), *Über die trockene Grenze und über das offene Meer. Binneneuropäische und transatlantische Migrationen im 18. und 19. Jahrhundert*, Essen 2004, S. 67–89

Heckmann 1981
Friedrich Heckmann, *Die Bundesrepublik: Ein Einwanderungsland? Zur Soziologie der Gastarbeiterbevölkerung als Einwandererminorität*, Stuttgart 1981

Heckmann 2003
Friedrich Heckmann, *From ethnic nation to universalistic immigrant integration: Germany*, in: ders. und Dominique Schnapper (Hrsg.), *The integration of immigrants in European Societies. National differences and trends of convergence*, Stuttgart 2003, S. 45–78

Heid 1995
Ludger Heid, *Maloche – nicht Mildtätigkeit. Ostjüdische Arbeiter in Deutschland 1914–1923*, Hildesheim/Zürich/New York 1995

Heidemeyer 1994
Helge Heidemeyer, *Flucht und Zuwanderung aus der SBZ/DDR 1945/1949–1961. Die Flüchtlingspolitik der Bundesrepublik Deutschland bis zum Bau der Berliner Mauer*, Düsseldorf 1994

Heinemann 2003
Isabel Heinemann, *»Rasse, Siedlung, deutsches Blut«. Das Rasse- und Siedlungshauptamt der SS und die rassenpolitische Neuordnung Europas*, Göttingen 2003

Helbich 1988
Wolfgang Helbich u. a., *Briefe aus Amerika. Deutsche Auswanderer schreiben aus der Neuen Welt 1830–1930*, München 1988

Helias 1992
Ewa Helias, *Polnische Arbeitnehmer in der DDR und der Bundesrepublik Deutschland* (Arbeitsheft des Berliner Instituts für vergleichende Sozialforschung), Berlin 1992

Heller 2000
Hartmut Heller, *Um 1700: Seltsame Dorfgenossen aus der Türkei. Minderheitenbeobachtungen in Franken, Kurbayern und Schwaben*, in: *Fremde auf dem Land*, hrsg. von Hermann Heidrich, Ausst. Kat. Oberpfälzer Freilandmuseum Neusath-Perschen u. a., Bad Windsheim 2000

Henke 1992
Dagmar Henke, *Fremde Nähe – nahe Fremde: Ein Beitrag zur Ausländerarbeit der Kirchen in der ehemaligen DDR*, in: *Berliner Theologische Zeitschrift* 9.1, 1992, S. 119–132

Henkes 1995
Barbara Henkes, *Heimat in Holland. Duitse dienstmeisjes 1920–1950*, Amsterdam 1995

Herbert 1984
Ulrich Herbert, *Zwangsarbeit als Lernprozeß. Zur Beschäftigung ausländischer Arbeiter in der westdeutschen Industrie im Ersten Weltkrieg*, in: *Archiv für Sozialgeschichte* 24, 1984, S. 285–304

Herbert 1985
Ulrich Herbert, *Fremdarbeiter. Politik und Praxis des ›Ausländer-Einsatzes‹ in der Kriegswirtschaft des Dritten Reiches*, Berlin 1985

Herbert 1998
Herbert, Ulrich (Hrsg.), *Nationalsozialistische Vernichtungspolitik 1939–1945. Neue Forschungen und Kontroversen*, Frankfurt a. M. 1998

Herbert 1999
Ulrich Herbert, *Fremdarbeiter. Politik und Praxis des »Ausländer-Einsatzes« in der Kriegswirtschaft des Dritten Reiches*, Neuaufl. Bonn 1999

Herbert 2001
Ulrich Herbert, *Geschichte der Ausländerpolitik in Deutschland. Saisonarbeiter, Zwangsarbeiter, Gastarbeiter, Flüchtlinge*, München 2001

Herbert 2003
Ulrich Herbert, *Geschichte der Ausländerpolitik in Deutschland. Saisonarbeiter, Zwangsarbeiter, Gastarbeiter, Flüchtlinge*, Bonn 2003

Hinz 2001
Hans-Martin Hinz, *Zuwanderungen – Auswanderungen: Integration und Desintegration nach 1945*, Symposium des Deutschen Historischen Museums in Zusammenarbeit mit der Bundeszentrale für Politische Bildung 30. September und 1. Oktober 1999, Bonn 2001

Hippel 1984
Wolfgang von Hippel, *Auswanderung aus Südwestdeutschland. Studien zur württembergischen Auswanderung und Auswanderungspolitik im 18. und 19. Jahrhundert*, Stuttgart 1984

Hippel 1995
Wolfgang von Hippel, *Armut, Unterschichten, Randgruppen in der Frühen Neuzeit*, München 1995

Hite 2000
Katherine Hite, *»When the Romance Ended«. Leaders of the Chilean Left. 1968–98*, New York 2000

Hochstadt 1999
Steve Hochstadt, *Mobility and Modernity. Migration in Germany, 1820–1989*, Ann Arbor 1999

Höfling-Semnar 1995
Bettina Höfling-Semnar, *Flucht und deutsche Asylpolitik. Von der Krise des Asylrechts zur Perfektionierung der Zugangsverhinderung*, Münster 1995

Hönekopp 2001
Elmar Hönekopp (Hrsg.), *Economic and labour market development and international migration – Czech Republic, Poland, Germany. Results of an international research project* (Institut für Arbeitsmarkt- und Berufsforschung der Bundesanstalt für Arbeit, Beiträge zur Arbeitsmarkt- und Berufsforschung, 244), Nürnberg 2001

Höppner 1994
Solvejg Höppner, *Migration nach und in Sachsen (1830–1930)*, in: Werner Bramke und Ulrich Heß (Hrsg.), *Sachsen und Mitteldeutschland*, Weimar/Köln/Wien 1994, S. 279–301

Höppner 2004
Solvejg Höppner, *Politische Reaktionen auf die Einwanderung ausländischer Juden nach Sachsen zwischen 1871 und 1925 auf kommunaler und staatliche Ebene*, in: *Antisemitismus in Sachsen*, Dresden 2004, S. 123–141

Hoffmann 1999
Frank Hoffmann, *Junge Zuwanderer in Westdeutschland. Struktur, Aufnahme und Integration junger Flüchtlinge aus der SBZ und der DDR in Westdeutschland (1945–1961)*, Frankfurt a. M./Berlin/Bern 1999

Hoffmann 2000
Dierk Hoffmann u. a. (Hrsg.), *Vertriebene in Deutschland. Interdisziplinäre Ergebnisse und Forschungsperspektiven* (Schriftenreihe der Vierteljahrshefte für Zeitgeschichte, Sondernummer), München 2000

Holleuffer 2001
Henriette von Holleuffer, *Zwischen Fremde und Fremde. Displaced Persons in Australien, den USA und Kanada 1946–1952* (Studien zur Historischen Migrationsforschung, Bd. 9), Osnabrück 2001

Horakova 2004
Milada Horakova, *Trendy v zahranicnich pracovnich migracich v Ceske republice v letech 1995–2004*, Prag 2004

Hornemann/Laabs 1999
Andreas Hornemann und Annegret Laabs, *»Bär aus Galizien«. Die Angst vor dem Fremden: Der »Ostjude«*, in: *Abgestempelt. Judenfeindliche Postkarten*; Ausst. Kat. Frankfurter Museum für Kommunikation, Heidelberg 1999, S. 176–186

Huber 1975
Ernst Rudolf Huber, *Deutsche Verfassungsgeschichte seit 1789, Bd. I: Reform und Restauration 1789–1830*, Stuttgart 1975

Hubert 2004
Heinold Hubert, *Abschiebungshaft in Deutschland: die rechtlichen Voraussetzungen und der Vollzug*, hrsg. vom Förderverein PRO ASYL e. V. und dem Republikanischen Anwältinnen- und Anwälteverein e. V., Karlsruhe 2004

Jacobmeyer 1985
Wolfgang Jacobmeyer, *Vom Zwangsarbeiter zum heimatlosen Ausländer. Die Displaced Persons in Westdeutschland 1945–1951*, Göttingen 1985

Jacobsen/Tomala 1992
Hans-Adolf Jacobsen und Mieczys?aw Tomala (Hrsg.), *Bonn – Warschau 1945–1991. Die deutsch-polnischen Beziehungen. Analyse und Dokumentation*, Köln 1992

Jamin 1998
Mathilde Jamin, *Die deutsche Anwerbung: Organisation und Größenordnung*, in: Ausst. Kat. Essen 1998, S. 149–170

Janssen o. J.
L. J. F. Janssen, *De Nederlandsche Hervormden in Kleefsland, voorall te Wezel in de XVI eeuw* (Uit het Archief voor Kerk. Geschied. V. Deel), o. O. o. J.

Jaritz 1990
Gerhard Jaritz, *Kriminalität – Kriminalisierung. Zum »Randgruppenverhalten« von Gesellen im Spätmittelalter*, in: *Jahrbuch für Regionalgeschichte* 17.2, 1990, S. 100–113

Jaritz/Müller 1988
Gerhard Jaritz und Albert Müller (Hrsg.), *Migration in der Feudalgesellschaft*, Frankfurt a. M./New York 1988

Jasper 1991
Dirk Jasper, *Ausländerbeschäftigung in der DDR*, in: Marianne Krüger-Potratz (Hrsg.), *Anderssein gab es nicht. Ausländer und Minderheiten in der DDR*, Münster/New York 1991, S. 151–189

Jasper 1996
Willi Jasper u. a. (Hrsg.), *Russische Juden in Deutschland: Integration und Selbstbehauptung in einem fremden Land*, Weinheim 1996

Jersch-Wenzel 1978
Stefi Jersch-Wenzel, *Juden und ›Franzosen‹ in der Wirtschaft des Raumes Berlin/Brandenburg zur Zeit des Merkantilismus*, Berlin 1978

Jersch-Wenzel 1981
Stefi Jersch-Wenzel, *Minderheiten in der preußischen Gesellschaft*, in: Otto Büsch und Wolfgang Neugebauer (Hrsg.), *Moderne Preußische Geschichte 1648–1947. Eine Anthologie*, Berlin 1981, S. 486–499

Jersch-Wenzel 1981b
Stefi Jersch-Wenzel, *Preußen als Einwanderungsland*, in: Manfred Schlenke (Hrsg.), *Preußen. Versuch einer Bilanz, Bd. 2: Beiträge zu einer politischen Kultur*, Reinbek 1981, S. 136–161

Jersch-Wenzel 1985
Stefi Jersch-Wenzel, *Ein importiertes Ersatzbürgertum? Die Bedeutung der Hugenotten für die Wirtschaft Brandenburg-Preußens*, in: Thadden/ Magdelaine 1985, S. 160–171

Jersch-Wenzel 1990
Stefi Jersch-Wenzel, *Toleranz und Ökonomie im 18. Jahrhundert*, in: Hartweg/Jersch-Wenzel 1990, S. 147–157

Jolles 1886
Oskar Jolles, *Die Ansichten der deutschen nationalökonomischen Schriftsteller des 16. und 17. Jahrhunderts über Bevölkerungswesen*, in: *Jahrbücher für Nationalökonomie und Statistik* 47, N.F. 13, 1886, S. 193–224

Jütte 2000
Robert Jütte, *Arme, Bettler, Beutelschneider. Eine Sozialgeschichte der Armut in der Frühen Neuzeit*, Weimar 2000

Just 1988
Michael Just, *Ost- und südosteuropäische Amerikawanderung 1881–1914. Transitprobleme in Deutschland und Aufnahme in den Vereinigten Staaten*, Stuttgart 1988

Kamphoefner 1982
Walter D. Kamphoefner, *Westfalen in der Neuen Welt. Eine Sozialgeschichte der Auswanderung im 19. Jahrhundert*, Münster 1982 (2. überarb. und erw. Ausg. i.Vorb. als Bd. 15 der Studien zur Historischen Migrationsforschung, Göttingen 2005)

Kappel 2001
Jutta Kappel, *Elfenbein, Einblicke in die Sammlung Reiner Winkler*, München 2001

Kat. Frankfurt 1984
Heimatmuseum Frankfurt am Main – Bergen-Enkheim, hrsg. von der Arbeitsgemeinschaft Heimatmuseum Frankfurt am Main – Bergen-Enkheim e. V. (Kleine Kunstführer, Nr. 1460), München/Zürich 1984

Kattenstroth 1966
Ludwig Kattenstroth, *Ausländische Arbeitnehmer in der Bundesrepublik Deutschland*, in: Bundesarbeitsblatt 17, 1966, S. 237–240

Katz 1961
Jacob Katz, *Tradition und Crisis. Jewish Society at the End of the Middle Ages*, New York 1961

Katz 1986
Jacob Katz, *Aus dem Ghetto in die bürgerliche Gesellschaft. Jüdische Emanzipation 1770–1870*, Frankfurt a. M. 1986

Keller 1870
Adalbert von Keller (Hrsg.), *Hans Sachs, Fünfter Band*, Stuttgart 1870

Kemlein 1997
Sophia Kemlein, *Die Posener Juden 1815–1848. Entwicklungsprozesse einer polnischen Judenheit unter preußischer Herrschaft*, Hamburg 1997

Kenkel 1981
Horst Kenkel, *Die Salzburger in Ostpreußen*, in: Ausst. Kat. Salzburg 1981, S. 123–128

Kienast/Marburger 1996
Eckhard Kienast und Helga Marburger, *Arbeits- und Lebensbedingungen polnischer Arbeitsmigranten in den neuen Bundesländern*, in: Hans Bertram, Stefan Hradil und Gerhard Kleinhenz (Hrsg.), *Sozialer und demographischer Wandel in den neuen Bundesländern*, Opladen 1996, S. 257–274

Kipp 2004
Herbert Kipp, *»Trachtet zuerst nach dem Reich Gottes«: Landstädtische Reformation und Rats-Konfessionalisierung in Wesel (1520–1600)*, Bielefeld 2004

Kleinschmidt 2002
Harald Kleinschmidt, *Menschen in Bewegung. Inhalte und Ziele historischer Migrationsforschung*, Göttingen 2002

Kleßmann 1978
Christoph Kleßmann, *Polnische Bergarbeiter im Ruhrgebiet 1870–1945. Soziale Integration und nationale Subkultur einer Minderheit in der deutschen Industriegesellschaft* (Kritische Studien zur Geschichtswissenschaft, Bd. 30), Göttingen 1978

Kleßmann 1988
Christoph Kleßmann, *Zwei Staaten, eine Nation. Deutsche Geschichte 1955–1970*, Bonn 1988

Königseder/Wetzel 2004
Angelika Königseder und Juliane Wetzel, *Lebensmut im Wartesaal. Die jüdischen DPs (Displaced Persons) im Nachkriegsdeutschland*, Frankfurt a. M. 2004

Kösters-Kraft 2000
Michael Kösters-Kraft, *Großbaustelle und Arbeitswanderung. Niederländer beim Bau des Dortmund-Ems-Kanals 1892–1900*, Osnabrück 2000

Koller 1997
Barbara Koller, *Aussiedler der großen Zuwanderungswellen – was ist aus ihnen geworden? Die Eingliederungssituation von Aussiedlerinnen und Aussiedlern auf dem Arbeitsmarkt in Deutschland*, in: Mitteilungen aus der Arbeitsmarkt- und Berufsforschung 1997, H. 4, S. 766–789

Korczyńska 1997
Joanna Korczyńska, *Seasonal labour migration to Germany. Survey results* (IAB Working papers), Nürnberg 1997

Kreuter 1986
Marie Luise Kreuter, *Freihäuser der Kammertürken Aly und Hassan, Schloßstr. 4 und 6*, in: Helmut Engel, Stefi Jersch-Wenzel und Wilhelm Treue (Hrsg.), *Geschichtslandschaft Berlin. Orte und Ereignisse, Bd. 1: Charlottenburg. Teil 1: Die historische Stadt*, Berlin 1986, S. 200–208

Krohn 1998
Klaus-Dieter Krohn u. a. (Hrsg.), *Handbuch der deutschsprachigen Emigration 1933–1945*, Darmstadt 1998

Kromminga 1991
Peter Kromminga, *Duldung und Ausgrenzung. Schutzjuden und Betteljuden in Hamburg im 17. und 18. Jahrhundert*, in: Arno Herzig (Hrsg.), *Die Juden in Hamburg 1590 bis 1990. Wissenschaftliche Beiträge der Universität Hamburg zur Ausstellung »Vierhundert Jahre Juden in Hamburg«*, Hamburg 1991, S. 187–194

Krüger-Potratz 1991
Marianne Krüger-Potratz, *Anderssein gab es nicht: Ausländer und Minderheiten in der DDR*. Mit Beiträgen von Dirk Jasper und Georg Hansen, Münster/New York 1991

Krzeminski 2003
Adam Krzeminski, *Die schwierige deutsch-polnische Vergangenheitspolitik*, in: *Aus Politik und Zeitgeschichte* B 40/41, 29.09.2003

Kuck 2003
Dennis Kuck, *»Für den sozialistischen Aufbau ihrer Heimat«? – Ausländische Vertragsarbeitskräfte in der DDR*, in: Behrends/Lindenberger/Poutrus 2003, S. 271–281

Kugelmeier 2004
Christian Kugelmeier, *Das in Deutschland beheimatete Ausländerkind. Rechtliche Würdigung eines modernen Migrationsphänomens*, Diss. Heidelberg 2004

Kuhn/Weiß 2003
Anja Kuhn und Thomas Weiß, *Zwangsarbeit in Hattingen*, Dortmund 2003

Küther 1983
Carsten Küther, *Menschen auf der Straße. Vagierende Unterschichten in Bayern, Franken und Schwaben in der zweiten Hälfte des 18. Jahrhunderts*, Göttingen 1983

Laferton 2000
Siegfried Laferton, *Schwabenkinder. Kinderarbeit in der Fremde*, in: Ausst. Kat. Bad Windsheim 2000, S. 157–179

Laferton 2000b
Siegfried Laferton, *Schwabenkinder im Allgäu*, in: Otto Kettemann (Hrsg.), *Droben im Allgäu, wo das Brot ein End hat*, Kronburg/Illerbeuren 2000, S. 151–162

Lampert 2000
Regina Lampert, *Die Schwabengängerin. Erinnerungen einer jungen Magd aus Vorarlberg 1864–1874*, hrsg. von Bernhard Tschofen, 6. Aufl., Zürich 2000

Landwehr 2001
Achim Landwehr, *Norm, Normalität, Anomale. Zur Konstitution von Mehrheit und Minderheit in württembergischen Policeyordnungen der Frühen Neuzeit: Juden, Zigeuner, Bettler, Vaganten*, in: Mark Häberlein und Martin Zürn (Hrsg.), *Minderheiten, Obrigkeit und Gesellschaft in der Frühen Neuzeit. Integrations- und Abgrenzungsprozesse im süddeutschen Raum*, St. Katharinen 2001, S. 41–74

Langenhan 1999
Dagmar Langenhan, *»Halte dich fern von den Kommunisten, die wollen nicht arbeiten!« Kollektivierung der Landwirtschaft und bäuerlicher Eigen-Sinn am Beispiel Niederlausitzer Dörfer (1952 bis Mitte der sechziger Jahre)*, in: Thomas Lindenberger (Hrsg.), *Herrschaft und Eigen-Sinn in der Diktatur. Studien zur Gesellschaftsgeschichte der DDR*, Köln/Weimar/Wien 1999, S. 119–165

Langewiesche 1977
Dieter Langewiesche, *Wanderungsbewegungen in der Hochindustrialisierungsperiode. Regionale, interstädtische und innerstädtische Mobilität in Deutschland 1880–1914*, in: *Vierteljahrschrift für Sozial- und Wirtschaftsgeschichte* 64, 1977, S. 1–40

Lässig 2004
Simone Lässig, *Jüdische Wege ins Bürgertum. Kulturelles Kapital und sozialer Aufstieg im 19. Jahrhundert*, Göttingen 2004

Liebaut 2000
Fabrice Liebaut, *Legal and Social Conditions for Asylum Seekers and Refugees in Western European Countries*, Kopenhagen 2000

Linderkamp 1992
Heike Linderkamp, *»Auf Ziegelei« an der Niederelbe. Zur saisonalen Wanderarbeit lippischer Ziegler im 19. und beginnenden 20. Jahrhundert*, Stade 1992

Lourens/Lucassen 1999
Piet Lourens und Jan Lucassen, *Arbeitswanderung und berufliche Spezialisierung. Die lippischen Ziegler im 18. und 19. Jahrhundert* (Studien zur Historischen Migrationsforschung, Bd. 6), Osnabrück 1999

Lowenstein 1997
Steven M. Lowenstein, *Ideologie und Identität*, in: Michael A. Meyer (Hrsg.), *Deutsch-jüdische Geschichte in der Neuzeit, Bd. 3: Umstrittene Integration 1871–1918*, München 1997, S. 278–301

Lucassen 1987
Jan Lucassen, *Migrant Labour in Europe 1600–1900. The Drift to the North Sea*, London 1987

Lucassen 1993
Leo Lucassen, *A Blind Spot, Migratory and Travelling Groups in Western European Historiography*, in: *International Review of Social History* 38, 1993, S. 209–235

Ludwig/Welke 1981
Karl Heinz Ludwig und Martin Welke, *Die Salzburger Emigration im Spiegel der deutschen Presse*, in: Ausst. Kat. Salzburg 1981, S. 109–111

Lüdtke 1994
Alf Lüdtke, »Helden der Arbeit« – Mühen beim Arbeiten. Zur mißmutigen Loyalität von Industriearbeitern in der DDR, in: Hartmut Kaelble u. a. (Hrsg.), *Sozialgeschichte der DDR*, Stuttgart 1994, S. 188–213

Luft 2003
Stefan Luft, *Ausländerpolitik in Deutschland. Mechanismen, Manipulation, Missbrauch*, Gräfelfing 2003

Mac Con Uladh 2005
Damian Mac Con Uladh, »*Studium bei Freunden?« Ausländische Studierende in der DDR bis 1970*, in: Müller/Poutrus 2005, S. 175–220

Magnet Bundesrepublik 1966
Magnet Bundesrepublik. Probleme der Ausländerbeschäftigung. Informationstagung der Bundesvereinigung der Deutschen Arbeitgeberverbände am 30. und 31. März 1966 in Bad Godesberg, Köln 1966

Malycha 2000
Andreas Malycha, *Die SED. Geschichte ihrer Stalinisierung 1946–1953*, Paderborn 2000

Mampel 1997
Siegfried Mampel, *Die Sozialistische Verfassung der DDR. Text und Kommentar*, Goldbach 1997

Manglkammer 1911
Gustav Manglkammer, *Fahrend Volk*, in: *Deutsche Gaue* 12, 1911, S. 82–89

Marburger 1993
Helga Marburger (Hrsg.), *»Und wir haben unseren Beitrag zur Volkswirtschaft geleistet« – eine aktuelle Bestandsaufnahme der Situation der VAN (Vertragsarbeitnehmer) der DDR vor und nach der Wende*, Berlin 1993

Marburger u. a. 1993
Helga Marburger u. a., *Situation der Vertragsarbeitnehmer der ehemaligen DDR vor und nach der Wende*, in: Marburger 1993, S. 4–75

Marek 1996
Edward Marek, *Zatrudnienie pracowników polskich za granicą* [Die Beschäftigung polnischer Arbeiter im Ausland], in: Anton Rajkiewicz (Hrsg.), *Regionalne zróżnicowanie zewnętrznych procesów migracyjnych. Dynamika, struktura oraz układ kosztów i korzyści* [Regionale Differenzierung der auswärtigen Migrationsprozesse. Dynamik, Kosten und Nutzen], Warschau 1996, S. 55–76

Marsch 1981
Angelika Marsch, *Bilder zur Salzburger Emigration*, in: Ausst. Kat. Salzburg 1981, S. 112–118

Marsch 1986
Angelika Marsch, *Die Salzburger Emigration in Bildern*, Weißenhorn 1986

Marwedel 1991
Günter Marwedel, *Die aschkenasischen Juden im Hamburger Raum (bis 1780)*, in: Arno Herzig (Hrsg.), *Die Juden in Hamburg 1590 bis 1990. Wissenschaftliche Beiträge der Universität Hamburg zur Ausstellung »Vierhundert Jahre Juden in Hamburg«*, Hamburg 1991, S. 41–60

Marx 1985
Reinhard Marx, *Vom Schutz vor Verfolgung zur Politik der Abschreckung. Zur Geschichte des Asylverfahrensrechts in der Bundesrepublik Deutschland*, in: *Kritische Justiz* 28, 1985, S. 379–395

Maué 1999
Herbert Maué, *Bettlerzeichen und Almosenzeichen im 15. und 16. Jahrhundert*, in: *Anzeiger des Germanischen Nationalmuseums* 1999, S. 125–140

Maurenbrecher 1980
C. P. Maurenbrecher (Hrsg.), *Europäische Kaufrufe. Straßenhändler in graphischen Darstellungen*, 2 Bde., Dortmund 1980

Maurer 1986
Trude Maurer, *Ostjuden in Deutschland 1918–1933*, Hamburg 1986

Maurer 1989
Trude Maurer, *Ostjuden und deutsche Juden im Kaiserreich und in der Weimarer Republik: Ergebnisse der Forschung und weitere Fragen*, in: *Geschichte in Wissenschaft und Unterricht* 1989, H. 9, S. 523–542

Maurin 2003
Jost Maurin, *Die DDR als Asylland. Flüchtlinge aus Chile 1973–1989*, in: *Zeitschrift für Geschichtswissenschaft* 51.9, 2003, S. 814–831

May 2000
Herbert May, *»Terrazieri« in Franken. Italienische Terrazzoleger und der Import eines vielseitigen Baustoffes*, in: Ausst. Kat. Bad Windsheim 2000

Mehrländer 1996
Ursula Mehrländer, *Neue Formen der Arbeitskräftewanderung. Polnische Werkvertragsarbeitnehmer, Gastarbeitnehmer und Saisonarbeiter*, in: Bundesministerium für Arbeit und Sozialordnung (Hrsg.), *Situation der ausländischen Arbeitnehmer und ihrer Familienangehörigen in der Bundesrepublik Deutschland*, Berlin/Bonn 1996, S. 596–696

Meier-Braun 2002
Karl-Heinz Meier-Braun, *Deutschland Einwanderungsland*, Frankfurt a. M. 2002

Mempel 1986
Gewissensfreiheit und Wirtschaftspolitik. Hugenotten- und Waldenserprivilegien 1681–1699, zusammengestellt und eingeleitet von Dieter Mempel, Trier 1986

Mengin 1929
Ernst Mengin, *Das Recht der französisch-reformierten Kirche in Preußen. Ein Urkundenbuch*, Berlin 1929

Mertens 1993
Lothar Mertens, *Alija. Die Emigration der Juden aus der UdSSR/GUS*, Bochum 1993

Meuschel 1992
Sigrid Meuschel, *Legitimation und Parteiherrschaft in der DDR. Zum Paradox von Revolution und Stabilität in der DDR*, Frankfurt a. M. 1992

Meyer 1996
Michael A. Meyer, *Emanzipation und Akkulturation*, in: ders. (Hrsg.), *Deutsch-jüdische Geschichte in der Neuzeit, Bd. 2: 1780–1871*, München 1996, S. 96–176

Mezger 1999
Werner Mezger, Art. *Narr*, in: *Enzyklopädie des Märchens. Handwörterbuch zur historischen und vergleichenden Erzählforschung*, Bd. 9, Berlin/New York 1999, Sp. 1194–1202

Miera 2004
Frauke Miera, *Migration aus Polen nach Deutschland seit 1945. Vom Systemkonflikt zu Prozessen der Transnationalisierung und Community-Bildung*, Diss. Berlin 2004

Moch 2003
Leslie Page Moch, *Moving Europeans. Migration in Western Europe since 1650*, 2. Aufl., Bloomington u. a. 2003

Möhlenbruch 1977
Rudolf Möhlenbruch, *»Freier Zug, jus emigrandi, Auswanderungsfreiheit«. Eine verfassungsgeschichtliche Studie*, Bonn 1977

Möller 2000
Karin Annette Möller, *Elfenbein. Kunstwerke des Barock*, Bestandskatalog, Staatliches Museum Schwerin 2000

Mommsen 1996
Wolfgang J. Mommsen, *Nationalität im Zeichen offensiver Weltpolitik. Das Reichs- und Staatsangehörigkeitsgesetz vom 22. Juni 1913*, in: Manfred Hertling und Paul Nolte (Hrsg.), *Nation und Gesellschaft in Deutschland. Historische Essays (Hans-Ulrich Wehler zum 65. Geburtstag)*, München 1996, S. 128–141

Monar 2002
Jörg Monar, *Die EU als Raum der Freiheit, der Sicherheit und des Rechts und die Herausforderung des internationalen Terrorismus*, in: *Integration* 3, 2002, S. 171–186

Motte/Ohliger/Oswald 1999
Jan Motte, Rainer Ohliger und Anne von Oswald (Hrsg.), *50 Jahre Bundesrepublik – 50 Jahre Einwanderung. Nachkriegsgeschichte als Migrationsgeschichte*, Frankfurt a. M./New York 1999

Müggenburg 1996
Andreas Müggenburg, *Die ausländischen Vertragsarbeitnehmer in der ehemaligen DDR. Darstellung und Dokumentation*, hrsg. von der Beauftragten der Bundesregierung für die Belange der Ausländer, Berlin 1996

Müller 2005
Christian Th. Müller, *»O' Sowjetmensch!« Beziehungen von sowjetischen Streitkräften und DDR-Gesellschaft zwischen Ritual und Alltag*, in: Müller/Poutrus 2005, S. 17–134

Müller/Poutrus 2005
Christian Th. Müller und Patrice G. Poutrus (Hrsg.), *Ankunft – Alltag – Ausreise. Beiträge zur Geschichte von Migration und interkultureller Begegnung in der DDR-Gesellschaft*, Köln u. a. 2005 [in Vorbereitung]

Münkler 1998
Herfried Münkler, *Antifaschismus und antifaschistischer Widerstand als politischer Gründungsmythos der DDR*, in: *Aus Politik und Zeitgeschichte* B 45, 1998, S. 16–29

Muret 1885
E. Muret, *Geschichte der Französischen Kolonie in Brandenburg-Preußen, unter besonderer Berücksichtigung der Berliner Gemeinde*, Berlin 1885

Murphy 1983
Richard Charles Murphy, *Guestworkers in the German Reich: A Polish Community in Wilhelmian Germany*, New York 1983

Murzynowska 1979
Krystyna Murzynowska, *Die polnischen Erwerbsauswanderer im Ruhrgebiet während der Jahre 1880–1914*, Dortmund 1979

Naimark 1997
Norman Naimark, *Die Russen in Deutschland. Die Geschichte der sowjetischen Besatzungszone 1945 bis 1949*, Berlin 1997

Nathans 2004
E. Nathans, *The Politics of Citizenship in Germany*, Oxford/New York 2004

Neubach 1967
Helmut Neubach, *Die Ausweisungen von Polen und Juden aus Preussen 1885/86*, Wiesbaden 1967

Nichtweiß 1959
Johannes Nichtweiß, *Die ausländischen Saisonarbeiter in der Landwirtschaft der östlichen und mittleren Gebiete des Deutschen Reiches 1890–1914*, Berlin (DDR) 1959

Nipperdey 1983
Thomas Nipperdey, *Deutsche Geschichte 1800–1866. Bürgerwelt und starker Staat*, München 1983

Obermeier 1999
Manuela Obermeier, *Die Sachsengänger. Wanderarbeiter im Rübenbau 1850 bis 1915*, Berlin 1999

Oberndorfer 2005
Dieter Oberndorfer, *Die Rückkehr der Gastarbeiterpolitik*, in: *Blätter für deutsche und internationale Politik* 2005, H. 6, S. 725–734

Oberpenning 1996
Hannelore Oberpenning, *Migration und Fernhandel im ›Tödden-System‹: Wanderhandel aus dem nördlichen Münsterland im mittleren und nördlichen Europa des 18. und 19. Jahrhunderts* (Studien zur Historischen Migrationsforschung, Bd. 4), Osnabrück 1996

Offe 1977
Claus Offe (Hrsg.), *Opfer des Arbeitsmarktes: Projekt Arbeitsmarktpolitik*, Neuwied/Darmstadt 1977

Oltmer 1995
Jochen Oltmer, *Bäuerliche Ökonomie und Arbeitskräftepolitik im ersten Weltkrieg. Beschäftigungsstruktur, Arbeitsverhältnisse und Rekrutierung von Ersatzarbeitskräften in der Landwirtschaft des Emslandes 1914–1918*, Emsland/Bentheim 1995

Oltmer 1998
Jochen Oltmer, *Arbeitszwang und Zwangsarbeit. Kriegsgefangene und ausländische Zivilarbeitskräfte im Ersten Weltkrieg*, in: Rolf Spilker und Bernd Ulrich (Hrsg.), *Der Tod als Maschinist. Der industrialisierte Krieg 1914–1918*, Bramsche 1998, S. 96–107

Oltmer 1998b
Jochen Oltmer, *Zwangsmigration und Zwangsarbeit – Ausländische Arbeitskräfte und bäuerliche Ökonomie im Ersten Weltkrieg*, in: *Tel Aviver Jahrbuch für deutsche Geschichte* 1998, S. 135–168

Oltmer 2003
Jochen Oltmer, *›Schutz des nationalen Arbeitsmarkts‹: transnationale Arbeitswanderungen und protektionistische Zuwanderungspolitik in der Weimarer Republik*, in: ders. (Hrsg.), *Migration steuern und verwalten. Deutschland vom späten 19. Jahrhundert bis zur Gegenwart* (IMIS-Schriften, Bd. 12), Göttingen 2003, S. 85–122

Oltmer 2005
Jochen Oltmer, *Migration und Politik in der Weimarer Republik*, Göttingen 2005

Ortega Pérez 2003
Nieves Ortega Pérez, *Spain: Forging an Immigration Policy*, 2003 <www.migrationinformation.org/Profiles/display.cfm?ID=97> (8.9.2005)

Oswald/Schmidt 1999
Anne von Oswald und Barbara Schmidt, *»Nach Schichtende sind sie immer in ihr Lager zurückgekehrt ...«. Leben in »Gastarbeiter«-Unterkünften in den sechziger und siebziger Jahren*, in: Motte/Ohliger/Oswald 1999, S. 184–214

Otte 1999
Klaus Otte, *Lager Soltau. Das Kriegsgefangenen- und Interniertenlager des Ersten Weltkriegs (1914–1921). Geschichte und Geschichten*, Soltau 1999

Parent 2000
Thomas Parent, *Gute Wohnung, guter Lohn – Zukunftsversprechen für polnische Immigranten und ihre Einlösung. Ein Kapitel aus der Geschichte der deutsch-polnischen Entwicklungen und Fehlentwicklungen im Industriezeitalter*, in: *War die Zukunft früher besser? Visionen für das Ruhrgebiet*, Ausst. Kat. Westfälisches Industriemuseum Dortmund, Essen 2000, S. 42–60

Penner 1978
Horst Penner, *Die ost- und westpreußischen Mennoniten in ihrem religiösen und sozialen Leben, in ihren kulturellen und wirtschaftlichen Leistungen*, T. 1: 1526 bis 1772, Weierhof 1978

Peters/Harnisch/Enders 1989
Jan Peters, Hartmut Harnisch und Lieselott Enders, *Märkische Bauerntagebücher des 18. und 19. Jahrhunderts. Selbstzeugnisse von Milchviehbauern aus Neuholland*, Weimar 1989

Peters-Schildgen 1997
Susanne Peters-Schildgen, *»Schmelztiegel« Ruhrgebiet. Die Geschichte der Zuwanderung am Beispiel Herne bis 1945*, Essen 1997

Pfister 1994
Christian Pfister, *Bevölkerungsgeschichte und historische Demographie, 1500–1800*, München 1994

Philippovich 1961
Eugen Philippovich, *Simon Troger und andere Elfenbeinkünstler aus Tirol*, Innsbruck 1961

Plate 1989
Bernhard von Plate, *Die Außenpolitik und internationale Einordnung der DDR*, in: Werner Weidenfeld und Hartmut Zimmermann (Hrsg.), *Deutschland-Handbuch. Eine doppelte Bilanz*, Bonn 1989, S. 589–604

Plato 1998
Alexander von Plato (Hrsg.), *Speziallager in Deutschland 1945 bis 1950. Studien und Berichte*, Berlin 1998

Plato/Meinicke 1991
Alexander von Plato und Wolfgang Meinicke, *Alte Heimat – neue Zeit. Flüchtlinge, Umgesiedelte, Vertriebene in der Sowjetischen Besatzungszone und in der DDR*, Berlin 1991

Pohl 2003
Dieter Pohl, *Verfolgung und Massenmord in der NS-Zeit*, Darmstadt 2003

Polian 2000
Pavel Polian, *Deportiert nach Hause. Sowjetische Kriegsgefangene im ›Dritten Reich‹ und ihre Repatriierung*, München 2000

Postel 1997
Rainer Postel, *Asyl und Emigration in der Frühen Neuzeit*, in: *Zeitschrift des Vereins für Hamburgische Geschichte* 83, 1997, S. 201–223

Poutrus 2003
Patrice G. Poutrus, *Mit strengem Blick. Die sogenannten »Polit. Emigranten« in den Berichten des MfS*, in: Behrends/Lindenberger/Poutrus 2003, S. 205–224

Poutrus 2004
Patrice G. Poutrus, *Zuflucht im Ausreiseland. Zur Geschichte des politischen Asyls in der DDR*, in: *Jahrbuch für Historische Kommunismusforschung* 2004, S. 355–378

Press 2000
Volker Press, *Soziale Folgen des Dreißigjährigen Krieges*, in: ders., *Ausgewählte Aufsätze*, hrsg. von Johannes Kunisch, 2. Aufl., Berlin 2000, S. 622–655

Pressler 2000
Ernst Pressler, *Schraubtaler und Steckmedaillen. Verborgene Kostbarkeiten*, Stuttgart 2000

Reichling 1995
Gerhard Reichling, *Die deutschen Vertriebenen in Zahlen, Teil 1: Umsiedler, Verschleppte, Vertriebene, Aussiedler 1940–1985*, Bonn 1995

Reininghaus 1983
Wilfried Reininghaus, *Die Weseler Textilgewerbe vom 14. bis 17. Jahrhundert*, in: Jutta Prieur und ders. (Hrsg.), *Wollenlaken, Trippen, Bombasinen. Die Textilzünfte in Wesel zwischen Mittelalter und Neuzeit*, Wesel 1983, S. 9–47

Reininghaus 1988
Wilfried Reininghaus, *Wanderungen von Handwerkern zwischen hohem Mittelalter und Industrialisierung. Ein Versuch zur Analyse der Einflußfaktoren*, in: Jaritz/Müller 1988, S. 179–215

Renner 2005
Günter Renner, *Ausländerrecht. Ausländergesetz und Asylverfahrensgesetz mit Artikel 16a GG und materiellem Asylrecht sowie arbeits- und sozialrechtlichen Vorschriften. Kommentar*, München 2005

Reves 2002
Christine Reves, *»Ich erzählte ihm von den sämtlichen italienischen Familien ...« Die Präsenz von Händlern vom Comer See in Frankfurt im 17. und 18. Jahrhundert*, in: *Archiv für Frankfurts Geschichte und Kunst* 68, 2002, S. 309–326

Rheinheimer 2000
Martin Rheinheimer, *Arme, Bettler und Vaganten. Überleben in der Not 1450–1850*, Frankfurt a. M. 2000

Riedel 1994
Almut Riedel, *Erfahrungen algerischer Arbeitsmigranten in der DDR. »Hatten och Chancen ehrlich«*, Opladen 1994

Roeck 1993
Bernd Roeck, *Außenseiter, Randgruppen, Minderheiten. Fremde im Deutschland der frühen Neuzeit*, Göttingen 1993

Röhr 2001
Rita Röhr, *Hoffnung – Hilfe – Heuchelei. Geschichte des Einsatzes polnischer Arbeitskräfte in Betrieben des DDR-Grenzbezirks Frankfurt/Oder 1966–1991*, Berlin 2001

Rönne/Simon 1843
Ludwig von Rönne und Heinrich Simon, *Die früheren und gegenwärtigen Verhältnisse der Juden in den sämmtlichen Landestheilen des Preußischen Staates*, Breslau 1843

Röttinger 1925
Heinrich Röttinger, *Erhard Schön und Niklas Stör, der Pseudo-Schön: zwei Untersuchungen zur Geschichte des alten Nürnberger Holzschnitts*, Straßburg 1925

Roll 1989
Karl Roll, *Die Schaumünzen auf die Salzburger Emigration*, Salzburg 1989

Roller 1994
Kathrin Roller, *Frauenmigration und Ausländerpolitik im Deutschen Kaiserreich. Polnische Arbeitsmigrantinnen in Preußen*, 2. Aufl., Berlin 1994

Ronge 1990
Volker Ronge, *Die soziale Integration von DDR-Übersiedlern in der Bundesrepublik Deutschland*, in: *Aus Politik und Zeitgeschichte* B 1–2, 1990, S. 39–47

Rürup 1986
Reinhard Rürup, *The Tortuous and Thorny Path to Legal Equality. »Jew Laws« and Emancipatory Legislation in Germany from the Late Eighteenth Century*, in: Leo Baeck Institute Yearbook 31, 1986, S. 3–33

Runge 1990
Irene Runge, *Ausland DDR. Fremdenhaß*, Berlin 1990

Ryantová 2001
Marie Ryantová: *Těžké časy urozeného a statečného rytíře Bořka Mateřovského z Mateřova, exulante v městě Pirně* [Schwere Zeiten des wohlgeborenen und edlen Ritters Bořek Mateřovský, Exulant in der Stadt Pirna], in: Michaela Hrubá (Hrsg.), *Víra nebo vlast? Exil v Českých dějinách raného novověku* [Glaube oder Vaterland? Das Exil in der tschechischen Geschichte der Frühen Neuzeit], Ústí nad Labem 2001, S. 249–257

Sachße/Tennstedt 1980
Christoph Sachße und Florian Tennstedt, *Geschichte der Armenfürsorge in Deutschland. Vom Spätmittelalter bis zum 1. Weltkrieg*, Stuttgart u. a. 1980

Sarmenhaus 1913
Wilhelm Sarmenhaus, *Die Festsetzung der niederländischen Religionsflüchtlinge im 16. Jahrhundert in Wesel und ihre Bedeutung für die wirtschaftliche Entwicklung dieser Stadt*, Kiel 1913

Schäfer 1982
Hermann Schäfer, *Italienische »Gastarbeiter« im deutschen Kaiserreich (1890–1914)*, in: Zeitschrift für Unternehmensgeschichte 27.3, 1982, S. 192–214

Scherer 1903
Christian Scherer, *Elfenbeinplastik seit der Renaissance*, Leipzig 1903

Scherner 1979
Karl Otto Scherner, *Das Recht der Armen und Bettler im Ancien Régime*, in: Zeitschrift der Savigny-Stiftung für Rechtsgeschichte, Germanistische Abteilung 96, 1979. S. 55–99

Scheuner 1950
Ulrich Scheuner, *Die Auswanderungsfreiheit in der Verfassungsgeschichte und im Verfassungsrecht Deutschlands*, in: Festschrift Richard Thoma zum 75. Geburtstag am 19. Dezember 1949, Tübingen 1950, S. 199–224

Schilling 1972
Heinz Schilling, *Niederländische Exulanten im 16. Jahrhundert. Ihre Stellung im Sozialgefüge und im religiösen Leben deutscher und englischer Städte*, Gütersloh 1972

Schilling 1999
Heinz Schilling (Hrsg.), *Institutionen, Instrumente und Akteure sozialer Kontrolle und Disziplinierung im frühneuzeitlichen Europa / Institutions, Instruments and Agents of Social Control and Discipline in Early Modern Europe*, Frankfurt a. M. 1999

Schilling 2002
Heinz Schilling, *Die frühneuzeitliche Konfessionsmigration*, in: Klaus J. Bade (Hrsg.), *Migration in der europäischen Geschichte seit dem späten Mittelalter. Vorträge auf dem Deutschen Historikertag in Halle an der Saale, 11. September 2002* (IMIS-Beiträge, H. 20), Osnabrück 2002, S. 67–89

Schmelz 2004
Andrea Schmelz, *Bildungsmigranten aus Afrika und Asien. Interkulturalität, Umbrüche und Neuorientierungen im geteilten und wiedervereinigten Deutschland*, Frankfurt a. M./London 2004

Schochow 1969
Werner Schochow, *Deutsch-jüdische Geschichtswissenschaft. Eine Geschichte ihrer Organisationsformen*, Berlin 1969

Schödl 1992
Günter Schödl, *Die Deutschen in Ungarn*, in: Bade 1992, S. 70–84

Schönwälder 2001
Karen Schönwälder, *Einwanderung und ethnische Pluralität. Politische Entscheidungen und öffentliche Debatten in Großbritannien und der Bundesrepublik von den 1950er bis zu den 1970er Jahren*, Essen 2001

Schönwälder 2003
Karen Schönwälder, *Zukunftsblindheit oder Steuerungsversagen? Zur Ausländerpolitik der Bundesregierungen der 1960er und frühen 1970er Jahre*, in: Jochen Oltmer (Hrsg.), *Migration steuern und verwalten. Deutschland vom späten 19. Jahrhundert bis zur Gegenwart* (IMIS-Schriften, Bd. 12), Göttingen 2003, S. 123–144

Schönwälder 2004
Karen Schönwälder, *Why Germany's guestworkers were largely Europeans: the selective principles of post-war labour recruitment policy*, in: Ethnic and Racial Studies 27.2, 2004, S. 248–265

Schönwälder 2004b
Karen Schönwälder, *Kleine Schritte, verpasste Gelegenheiten, neue Konflikte. Zuwanderungsgesetz und Migrationspolitik*, in: Blätter für deutsche und internationale Politik 2004, H. 10, S. 1205–1214

Schröder 1992
Rainer Schröder, *Das Gesinde war immer frech und unverschämt. Gesinde und Gesinderecht vornehmlich im 18. Jahrhundert*, Frankfurt a. M. 1992

Schröder 1995
Rainer Schröder, *Gesinderecht im 18. Jahrhundert*, in: Gotthardt Frühsorge, Rainer Gruenter und Beatrix Freifrau von Wolff Metternich (Hrsg.), *Gesinde im 18. Jahrhundert*, Hamburg 1995, S. 13–40

Schubert 1983
Ernst Schubert, *Arme Leute, Bettler und Gauner im Franken des 18. Jahrhunderts*, Neustadt a. d. A. 1983

Schubert 1988
Ernst Schubert, *Mobilität ohne Chance, Die Ausgrenzung des fahrenden Volkes*, in: Schulze 1988, S. 113–164

Schubert 1995
Ernst Schubert, *Fahrendes Volk im Mittelalter*, Bielefeld 1995

Schüle 2003
Annegret Schüle, *»Die ham se sozusagen aus dem Busch geholt« – Die Wahrnehmung der Vertragsarbeitskräfte aus Schwarzafrika und Vietnam durch Deutsche im VEB Leipziger Baumwollspinnerei*, in: Behrends/Lindenberger/Poutrus 2003, S. 309–324

Schulte 2002
Christoph Schulte, *Die jüdische Aufklärung. Philosophie, Religion, Geschichte*, München 2002

Schulze 1987
Rainer Schulze u. a. (Hrsg.), *Flüchtlinge und Vertriebene in der westdeutschen Nachkriegsgeschichte. Bilanzierung der Forschung und Perspektiven für die künftige Forschungsarbeit*, Hildesheim 1987

Schulze 1988
Winfried Schulze (Hrsg.), *Ständische Gesellschaft und soziale Mobilität*, München 1988

Schulze 1994
H. Schulze, *Staat und Nation in der europäischen Geschichte*, München 1994

Schulze 1997
H. Schulze, *Der Weg zum Nationalstaat. Die deutsche Nationalbewegung vom 18. Jahrhundert bis zur Reichsgründung*, München 1997

Schunka 2005
Alexander Schunka, *Gäste, die bleiben. Zuwanderer in Kursachsen und der Oberlausitz im 17. und frühen 18. Jahrhundert*, Münster 2005

Schunka 2005b
Alexander Schunka, *Immigrant Petition Letters in Early Modern Saxony*, in: Bruce Elliott/David A. Gerber/Suzanne Sinke (Hrsg.), *Letters across Borders*, New York 2005 [im Druck]

Schwartz 1998
Michael Schwartz, *»Umsiedler« in der Zusammenbruchsgesellschaft. Soziale und politische Dimensionen des Vertriebenenproblems in der frühen SBZ*, in: Hartmut Mehringer (Hrsg.), *Erobert oder befreit?* (Schriftenreihe der Vierteljahrshefte für Zeitgeschichte, Sondernummer), München 1998, S. 235–262

Schwartz 2004
Michael Schwartz, *Vertriebene und »Umsiedlerpolitik«. Integrationskonflikte in den deutschen Nachkriegs-Gesellschaften und die Assimilationsstrategien in der SBZ/DDR 1945–1961*, München 2004

Scoville 1952
Warren C. Scoville, *The Hugenots and the Diffusion of Technology*, in: *The Journal of Political Economy* 60, 1952, S. 296–308

Seglias 2004
Loretta Seglias, *Die Schwabengänger aus Graubünden*, Chur 2004

Seifert 1996
Wolfgang Seifert, *Neue Zuwanderergruppen auf dem westdeutschen Arbeitsmarkt. Eine Analyse der Arbeitsmarktchancen von Aussiedlern, ausländischen Zuwanderern und ostdeutschen Übersiedlern*, in: *Soziale Welt* 1996, H. 2, S. 180–201

Sextro 1996
Uli Sextro, *Gestern gebraucht – heute abgeschoben. Die innenpolitische Kontroverse um die Vertragsarbeitnehmer der ehemaligen DDR*, Dresden 1996

Shapiro 1992
Mary J. Shapiro, *Visiting Ellis Island: a souvenir of the Ellis Island Immigration museum*, New York/Oxford 1992

Siegfried 1988
Klaus-Jörg Siegfried, *Das Leben der Zwangsarbeiter im Volkswagenwerk 1939–1945*, Frankfurt a. M. 1988

Simon 2004
Thomas Simon, *»Gute Policey«. Ordnungsleitbilder und Zielvorstellungen politischen Handelns in der frühen Neuzeit*, Frankfurt a. M. 2004

Sonnenberger 2003
Barbara Sonnenberger, *Nationale Migrationspolitik und regionale Erfahrung. Die Anfänge der Arbeitsmigration in Südhessen 1955–1967* (Schriften zur hessischen Wirtschafts- und Unternehmensgeschichte 6), Darmstadt 2003

Spoerer 2001
Mark Spoerer, *Zwangsarbeit unter dem Hakenkreuz. Ausländische Zivilarbeiter, Kriegsgefangene und Häftlinge im Deutschen Reich und im besetzten Europa 1939–1945*, Stuttgart/München 2001

Staatsangehörigkeitsreform 2002
Deutsch-Türkische Juristenvereinigung e. V. (Hrsg.), *Auswirkungen der deutschen Staatsangehörigkeitsreform*, Berlin 2002

Stach/Hussain 1991
Andrzej Stach und Saleh Hussain, *Ausländer in der DDR. Ein Rückblick*, hrsg. v. d. Ausländerbeauftragten des Senats von Berlin, Berlin 1991

Stefanski 1991
Valentina-Maria Stefanski, *Zum Prozeß der Emanzipation und Integration von Außenseitern: Polnische Arbeitsmigranten im Ruhrgebiet*, 2. Aufl., Dortmund 1991

Stehlin 1966
Albert Stehlin, *Der ausländische Arbeitnehmer in unserer Gesellschaftsordnung*, Vortragsreihe des Deutschen Industrieinstituts, Jg. 16, 1966, Nr. 17

Steinert 1995
Johannes-Dieter Steinert, *Migration und Politik: Westdeutschland – Europa – Übersee 1945–1961*, Osnabrück 1995

Stepień 1989
Stanislaus Stepień, *Der alteingesessene Fremde. Ehemalige Zwangsarbeiter in Westdeutschland*, Frankfurt a. M./New York 1989

Stern 1962
Selma Stern, *Der Preußische Staat und die Juden, T. 1, 2. Abt.: Akten*, Tübingen 1962

Stolle 2003
Michael Stolle, *Inbegriff des Unrechtsstaates. Zur Wahrnehmung der chilenischen Diktatur in der deutschsprachigen Presse zwischen 1973 und 1989*, in: *Zeitschrift für Geschichtswissenschaft* 51.9, 2003, S. 793–813

Stolleis 1995
Michael Stolleis, *Bettler, Vaganten und Gaukler in pfälzischen »Policeyordnungen« des 17. und 18. Jahrhunderts*, in: *Mannheimer Geschichtsblätter* N.F. 2, 1995, S. 105–114

Stolleis 1996
Policey im Europa der frühen Neuzeit, hrsg. von Michael Stolleis unter Mitarbeit von Karl Härter und Lothar Schilling, Frankfurt a. M. 1996

Stopp 1982
Klaus Stopp, *Die Handwerkskundschaften mit Ortsansichten. Beschreibender Katalog der Arbeitsattestate wandernder Handwerksgesellen (1731–1830), Bd. 1: Allgemeiner Teil*, Stuttgart 1982

Sundhaussen 1992
Holm Sundhaussen, *Deutsche in Rumänien*, in: Bade 1992, S. 36–54

Sundhaussen 1992b
Holm Sundhaussen, *Die Deutschen in Jugoslawien*, in: Bade 1992, S. 54–70

Tacke 1995
Andreas Tacke, *Die Gemälde des 17. Jahrhunderts im Germanischen Nationalmuseum*, Mainz 1995

Thadden/Magdelaine 1985
Rudolf von Thadden und Michelle Magdelaine (Hrsg.), *Die Hugenotten 1685–1985*, München 1985

Thalheim 1926
Karl C. Thalheim, *Das deutsche Auswanderungsproblem der Nachkriegszeit*, Jena 1926

Ther 1998
Philipp Ther, *Deutsche und polnische Vertriebene. Gesellschaft und Vertriebenenpolitik in der SBZ/DDR und in Polen 1945–1956*, Göttingen 1998

Theuerkauff 1994
Christian Theuerkauff, *Elfenbein. Sammlung Reiner Winkler*, Bd. 2, München 1994

Toubon 2004
Jacques Toubon (Hrsg.), *Mission de préfiguration du Centre de ressources et de la mémoire de l'immigration, Rapport au Premier Ministre, Mai 2004*, Paris 2004

Treibel 2001
Annette Treibel, *Von der Anwerbestoppausnahme-Verordnung zur Green Card. Reflexion und Kritik der Migrationspolitik*, in: Edda Currle und Tanja Wunderlich (Hrsg.), *Deutschland ein Einwanderungsland? Rückblick, Bilanz und neue Fragen*, Stuttgart 2001, S. 113–126

Trevisiol 2003
Oliver Trevisiol, *Scheidung vom Vaterland. Die Einbürgerung von italienischen Migranten im Deutschen Kaiserreich am Beispiel Konstanz*, Aichach 1.4.2003 < http://www.magie.historicum.net/reihe/magi-e_band_03.html> (5.8.2005)

Turner 1996
Henry Ashby Turner, *Deutsches Staatsbürgerrecht und der Mythos der ethnischen Nation*, in: Manfred Hettling und Paul Nolte (Hrsg.), *Nation und Gesellschaft in Deutschland. Historische Essays (Hans-Ulrich Wehler zum 65. Geburtstag)*, München 1996, S. 142–150

Uhlig 1983
Otto Uhlig, *Die Schwabenkinder aus Tirol und Vorarlberg*, 2. Aufl., Innsbruck 1983

Urban 2004
Thomas Urban, *Der Verlust. Die Vertreibung der Deutschen und Polen im 20. Jahrhundert*, München 2004

Vollbrecht 1993
Ralf Vollbrecht, *Ost-westdeutsche Widersprüche. Ostdeutsche Jugendliche nach der Wende und Integrationserfahrungen jugendlicher Übersiedler im Westen*, Opladen 1993

Wadauer 2002
Sigrid Wadauer, *Fremd in die Fremde gehen. Die Erzeugung von Fremdheit im Unterwegs-Sein von Handwerksgesellen*, in: Ingrid Bauer, Josef Ehmer und Sylvia Hahn (Hrsg.), *Walz – Migration – Besatzung. Historische Szenarien des Eigenen und des Fremden*, Klagenfurt 2002, S. 37–76

Walker 1997
Mack Walker, *Der Salzburger Handel. Vertreibung und Errettung der Salzburger Protestanten im 18. Jahrhundert*, Göttingen 1997

Walter 1999
Dirk Walter, *Antisemitische Kriminalität und Gewalt. Judenfeindschaft in der Weimarer Republik*, Bonn 1999

Walz 2002
Markus Walz, *Region – Profession – Migration. Italienische Zinngießer in Rheinland-Westfalen (1700–1900)* (Studien zur Historischen Migrationsforschung, Bd. 11), Osnabrück 2002

Weber 2002
Matthias Weber, *Die Reichspolizeiordnungen von 1530, 1548 und 1577. Historische Einführung und Edition*, Frankfurt a. M. 2002

Weil 2002
Patrick Weil, *Qu'est-ce qu'un Français?*, Paris 2002

Wennemann 1997
Adolf Wennemann, *Arbeit im Norden. Italiener im Rheinland und Westfalen des späten 19. und frühen 20. Jahrhunderts* (IMIS-Schriften, Bd. 2), Osnabrück 1997

Wertheimer 1987
Jack Wertheimer, *Unwelcome Strangers. East European Jews in Imperial Germany*, New York/Oxford 1987

Wiedmann 1987
Roland Wiedmann, *Strukturen des Ausländerstudiums in der DDR*, in: Hans F. Illy und Wolfgang Schmidt-Streckenbach (Hrsg.), *Studenten aus der Dritten Welt in beiden deutschen Staaten*, Berlin 1987, S. 67–99

Wille 1997
Manfred Wille (Hrsg.), *50 Jahre Flucht und Vertreibung. Gemeinsamkeiten und Unterschiede bei der Aufnahme und Integration der Vertriebenen in die Gesellschaften der Westzone/Bundesrepublik und der SBZ/DDR*, Magdeburg 1997

Wippermann 1999
W. Wippermann, *Das »ius sanguinis« und die Minderheiten im Deutschen Kaiserreich*, in: H. H. Hahn und P. Kunze (Hrsg.), *Nationale Minderheiten und staatliche Minderheitenpolitik in Deutschland im 19. Jahrhundert*, Berlin 1999, S. 133–143

Wüst 1987
Wolfgang Wüst, *Bettler und Vaganten als Herausforderung für die Staatsräson im Hochstift und in der Reichsstadt Augsburg*, in: *Jahrbuch des Vereins für Augsburger Bistumsgeschichte* 21, 1987, S. 240–279

Yans-McLaughlin/Lightman 1992
Virginia Yans-McLaughlin und Marjorie Lightman, *Ellis Island and the peopling of America: the offical guide*, New York 1997

Yardeni 1985
Myriam Yardeni, *Le refuge protestant*, Paris 1985

Zapata-Barrero 2003
Ricard Zapata-Barrero, *Spain: EU and US Approaches to the Management of Immigration*, Brüssel 2003

Zatlin 2005
Jonathan R. Zatlin, *Polnische Wirtschaft, deutsche Ordnung? Zum Umgang mit den Polen in der DDR*, in: Müller/Poutrus 2005, S. 295–316

Zunkel 1970
Friedrich Zunkel, *Die ausländischen Arbeiter in der deutschen Kriegswirtschaftspolitik des 1. Weltkrieges*, in: Gerhard A. Ritter (Hrsg.), *Entstehung und Wandel der modernen Gesellschaft*, Berlin 1970, S. 280–311

Zwangsarbeit 2003
Arbeitskreis Berliner Regionalmuseen (Hrsg.), *Zwangsarbeit in Berlin 1938–1945*, Berlin 2003

LEIHGEBER

Das Deutsche Historische Museum dankt allen leihgebenden Institutionen und Personen für Unterstützung und Kooperation:

DEUTSCHLAND

Aachen
Bibliothek der Rheinisch-Westfälischen Technischen Hochschule (RWTH)

Augsburg
Bildarchiv Haus der Bayerischen Geschichte

Bad Fallingbostel
Kreisarchiv Soltau-Fallingbostel

Berlin
Berliner Geschichtswerkstatt e. V.
Bildarchiv Preußischer Kulturbesitz
Botanischer Garten und Botanisches Museum Berlin-Dahlem, Herbarium
Bundesarchiv, Stiftung Archiv der Parteien und Massenorganisationen der DDR
Bundesbildstelle
Erinnerungsstätte Notaufnahmelager Marienfelde
Geheimes Staatsarchiv Preußischer Kulturbesitz
Sammlung Wolfgang Haney
Hoang Kim Oanh
Philipp Springer
Staatliche Museen zu Berlin, Kunstbibliothek, Lipperheidesche Kostümbibliothek
Staatliche Museen zu Berlin, Kupferstichkabinett
Staatsbibliothek zu Berlin – Preußischer Kulturbesitz
Politisches Archiv des Auswärtigen Amtes
Polnischer Sozialrat e. V.
Redaktion »Jüdisches Berlin«
ullstein bild
Rosmarie Welten, Evangelischer Kirchenkreis Teltow-Zehlendorf
Filiz Yüreklik

Bochum
Bund der Polen in Deutschland e. V.

Bonn
Stiftung Haus der Geschichte der Bundesrepublik Deutschland

Braunschweig
Herzog Anton Ulrich-Museum. Kunstmuseum des Landes Niedersachsen

Bremen
Staatsarchiv

Celle
Stiftung niedersächsischer Gedenkstätten

Cloppenburg
Dr. Hermann Kaiser

Delmenhorst
Museen der Stadt Delmenhorst, Fabrikmuseum Nordwolle

Detmold
Landesarchiv Nordrhein-Westfalen, Staats- und Personenstandsarchiv Detmold

Dortmund
Westfälisches Industriemuseum
Stiftung Westfälisches Wirtschaftsarchiv

Dresden
Ev.-Luth. Stiftung Böhmischer Exulanten zu Dresden
Sächsisches Staatsarchiv, Hauptstaatsarchiv Dresden

Düsseldorf
Landesarchiv Nordrhein-Westfalen, Hauptstaatsarchiv Düsseldorf

Frankfurt a. M.
Heimatmuseum Bergen-Enkheim
Historisches Museum
Institut für Stadtgeschichte

Freiburg
Deutscher Caritasverband e. V.

Geeste
Emsland Moormuseum e. V.

Gotha
Stiftung Schloss Friedenstein Gotha, Kupferstichkabinett
Thüringisches Staatsarchiv Gotha

Greven
Stadtarchiv Greven

Halle
Stiftung Moritzburg, Kunstmuseum des Landes Sachsen-Anhalt

Hamburg
Altonaer Museum in Hamburg, Norddeutsches Landesmuseum
dpa Deutsche Presse-Agentur GmbH
Hamburger Kunsthalle
Ortwin Pelc
Picture Press
Staatsarchiv Hamburg

Thomas von Appen

Hattingen
Stadtarchiv Hattingen

Heiligenstadt
Landratsamt Landkreis Eichsfeld, Kreisarchiv
Stadtarchiv Heiligenstadt

Hemer
Stadtarchiv

Herne
Emschertal-Museum
Stadtarchiv Herne

Karlsruhe
Landesarchiv Baden-Württemberg, Abteilung Generallandesarchiv Karlsruhe

Klein Wanzleben
Archiv der KWS Saat AG

Koblenz
Bundesarchiv

Köln
Historisches Archiv der Stadt Köln
Rom e. V. Gemeinnütziger Verein für die Verständigung von Rom (Roma & Sinti) und Nicht-Rom, Sozialberatung, Archiv und Dokumentationszentrum, Förderung der Romakultur

Lage
Stadtarchiv

Leinefelde-Worbis
Museum »Gülden Creutz«

Leipzig
Stadtarchiv Leipzig

Lingen
Emslandmuseum

Memmingen
Ev.-luth. Pfarramt St. Martin

Meppen
Bücherei des Emsländischen Heimatbundes e. V.

Michelau
Dekanatsbezirk Michelau

München
Stadtarchiv München
Süddeutscher Verlag, Bilderdienst

Münster
Landesarchiv Nordrhein-Westfalen, Staatsarchiv Münster

Nördlingen
Stadtmuseum Nördlingen

Nürnberg
Bundesamt für Migration und Flüchtlinge
Germanisches Nationalmuseum

Ottobeuren
Benediktinerabtei Ottobeuren

Ravensburg
Sammlung Thomas Weiß

Remscheid
Stadtarchiv Remscheid

Rothenburg o. d. T.
Ev.-Luth. Kirchengemeinde St. Jakob

Sandbostel
Dokumentations- und Gedenkstätte e. V.

Schleswig
Landesarchiv Schleswig-Holstein

Sigmaringen
Landesarchiv Baden-Württemberg, Staatsarchiv Sigmaringen

Soltau
Heimatmuseum Soltau
Stadtarchiv Soltau

Stuttgart
Landesarchiv Baden-Württemberg, Hauptstaatsarchiv Stuttgart

Wesel
Evangelische Kirchengemeinde Wesel
Stadtarchiv Wesel
Städtisches Museum Wesel

Wiesbaden
Hessisches Hauptstaatsarchiv

Witten
Familie Stefanski

Wolfenbüttel
Herzog August Bibliothek Wolfenbüttel

Wolfratshausen
Stadtarchiv

Wolfsburg
Stiftung AutoMuseum Volkswagen

Würzburg
Staatsarchiv Würzburg

Zittau
Christian-Weise-Bibliothek Zittau, Einrichtung der Kultur- und
    Weiterbildungsgesellschaft Löbau
Zittau mbH

Zwickau
Ratsschulbibliothek Zwickau

Egmond Rösch

FRANKREICH

Strasbourg
Musées de Strasbourg, Musée Alsacien

ISRAEL
Beit Lohamei Haghetaot Ghetto Fighters' House Museum

NIEDERLANDE

Aalten
M. Baron-Monasso

Assen
F. Hofsteenge

ÖSTERREICH

Salzburg
Salzburger Landesarchiv

POLEN

Warschau
Zydowski Instytut Historyczny

SCHWEIZ

Basel
Öffentliche Bibliothek der Universität Basel

Chur
Staatsarchiv Graubünden

Salenstein
Margit und Hans-Roland Becker

USA

Washington
United States Holocaust Memorial Museum

sowie allen privaten Leihgeber, die ungenannt bleiben möchten.

Autoren und Projektteam

Steffen Angenendt

Studium der Wirtschaftswissenschaften und Politikwissenschaften in Köln und Berlin, 1989 bis 1993 Wissenschaftlicher Mitarbeiter an der Freien Universität Berlin, 1992 Promotion; seit 1993 Wissenschaftlicher Mitarbeiter der Deutschen Gesellschaft für Auswärtige Politik (DGAP), Leiter der Redaktion des Jahrbuchs Internationale Politik und des Programms Internationale Migration der DGAP. – Berater für UNICEF, UNHCR, das International Child Development Centre in Florenz, das Internationale Rote Kreuz in Genf, die International Organization for Migration (IOM), das Separated Children in Europe Programme in Brüssel, die Unabhängige Kommission Zuwanderung (Süssmuth-Kommission), den Council for Asia-Europe Co-operation (CAEC), die EU-Kommission, EADS und den Sachverständigenrat für Zuwanderung und Integration (Zuwanderungsrat); Lehrtätigkeit in politischer Wissenschaft und politischer Soziologie an der Freien Universität Berlin und an der Humboldt-Universität zu Berlin. – Zahlreiche Aufsätze und Beiträge in Sammelbänden.

Veröffentlichungen: *Gibt es ein europäisches Asyl- und Migrationsproblem?*, Bonn 2000; *Asylum and Migration Policies in the European Union*, Bonn 1999; *Kinder auf der Flucht*, Opladen 1999; *Deutsche Migrationspolitik im neuen Europa*, Opladen 1997; *Ausländerforschung in Frankreich und der Bundesrepublik Deutschland*, Frankfurt a. M. 1992; Sammelbände: *Foreign Workers, Refugees, and Irregular Immigrants: Political Challenges and Perspectives for Asia-Europe Co-operation*, Tokio 2004; *Migration und Flucht. Aufgaben und Strategien für Deutschland, Europa und die internationale Gemeinschaft*, München 1997.

angenendt@dgap.org

Klaus J. Bade

Prof. Dr. phil. habil., o. Prof. für Neueste Geschichte und Direktor des interdisziplinären Instituts für Migrationsforschung und Interkulturelle Studien (IMIS) der Universität Osnabrück; Fellowships/Gastprofessuren: Center for European Studies, Harvard University 1976/77; St. Antony's College, Oxford University 1985; Wissenschaftskolleg zu Berlin 2000/01; Institute for Advanced Study der Niederländischen Akademie der Wissenschaften (NIAS) 1996/97 und 2002/03. – Leitungsfunktionen in verschiedenen deutschen und internationalen wissenschaftlichen Forschungsprojekten; Mitglied zahlreicher wissenschaftlicher Vereinigungen, Kommissionen, Kuratorien und Beiräte, u. v. a.: Sachverständigenkommission für den Sechsten Familienbericht (›Familien ausländischer Herkunft‹) der Bundesregierung (1996–1999), Stellvertretender Vorsitzender des Sachverständigenrates für Migration und Integration (Zuwanderungsrat) der Bundesregierung 2003/04, Kuratorium des Bundesinstituts für Bevölkerungsforschung beim Statistischen Bundesamt, Kuratorium der VolkswagenStiftung. – Autor und Hrsg. zahlreicher Bücher zur Kolonialgeschichte, zur Sozial-, Kultur- und Wirtschaftsgeschichte sowie zur Entwicklung von Bevölkerung und Wanderung in Geschichte und Gegenwart.

Veröffentlichungen (Auswahl): *Sozialhistorische Migrationsforschung* (Gesammelte Beiträge, hrsg. von Michael Bommes und Jochen Oltmer), Göttingen 2004; zus. mit Jochen Oltmer, *Normalfall Migration. Deutschland im 20. und frühen 21. Jahrhundert*, Bonn 2004; *Europa in Bewegung: Migration vom späten 18. Jahrhundert bis zur Gegenwart*, München 2000; Hrsg., *Deutsche im Ausland – Fremde in Deutschland. Migration in Geschichte und Gegenwart*, München 1992.

imis@uni-osnabrueck.de

Rosmarie Beier-de Haan

Prof. Dr. phil., Studium der Geschichte und Germanistik, Promotion im Bereich der Historischen Familienforschung, 2003 Ernennung zur Honorarprofessorin für Neuere Geschichte an der Technischen Universität Berlin; seit 1984 im Museums- und Ausstellungsbereich tätig, seit Gründung des Deutschen Historischen Museums 1987 Mitglied des Wissenschaftlichen Aufbaustabes und Sammlungsleiterin für Alltagskultur sowie Ausstellungskuratorin. – Konzeption und Leitung etlicher sozial- und kulturhistorischer Ausstellungen: *Leibesvisitation. Blicke auf den Körper in fünf Jahrhunderten*, Dresden 1990; *Lebensstationen in Deutschland 1900–1993*, Berlin 1993; *aufbau west – aufbau ost*, Berlin 1997; *prometheus. menschen – bilder – visionen*, Weltkulturerbe Alte Völklinger Hütte, Saarland, 1998 / Tel Aviv 1999; (in Kooperation mit dem Musée d'Histoire de la ville de Luxembourg) *Hexenwahn. Ängste der Neuzeit*, Berlin 2002. – Internationale Vortragstätigkeit (Ritsumeikan University, Kyoto; Museum of Immigration, Melbourne; Museu Paulista, Sao Paolo; Harvard University; Yale Univesity u. a.). Vorstandsmitglied von ICOM Deutschland, der International Association of History Museums (AIMH), des International Committee of Museums of Archaeology and History (ICMAH). – Zahlreiche Publikationen zur Sozial- und Mentalitätsgeschichte des 19./20. Jahrhunderts sowie zur Geschichts- und Museumstheorie.

Veröffentlichungen (Auswahl): *Erinnerte Geschichte – inszenierte Geschichte. Ausstellungen und Museen in der Zweiten Moderne*, Frankfurt a. M. 2005; Hrsg., *Geschichtskultur in der Zweiten Moderne*, Frankfurt a. M./New York 2000.

beier@dhm.de

Lorraine Bluche

Diplom-Frankreichwissenschaftlerin, Studium an der Freien Universität Berlin; wissenschaftliche Mitarbeit an der Ausstellung *Verfolgung und Verwaltung. Die Rolle der Finanzbehörden bei der wirtschaftlichen Ausplünderung der jüdischen Bevölkerung in Berlin* des Kunstamtes Tempelhof-Schöneberg und der Gedenk- und Bildungsstätte Haus der Wannsee-Konferenz; seit Februar 2004 Wissenschaftliche Volontärin am Deutschen Historischen Museum, Wissenschaftliche Mitarbeiterin *Migrationen*.

Veröffentlichungen: *Stufen der wirtschaftlichen Ausplünderung am Beispiel jüdischer Familien aus Tempelhof und Schöneberg*, in: Ruth Federspiel und Katharina Kaiser, *Verfolgung und Verwaltung. Die Rolle der Finanzbehörden bei der wirtschaftlichen Ausplünderung der jüdischen Bevölkerung in Berlin. Dokumentation einer Ausstellung im Haus am Kleistpark*, Gedenk- und Bildungsstätte Haus der Wannsee-Konferenz, Berlin 2003, S. 31–39.

bluche@dhm.de

Dieter Gosewinkel

Studium der Rechtswissenschaft und Geschichte in Freiburg im Breisgau und Genf; nach dem Ersten Juristischen Staatsexamen Mitarbeiter am Institut für öffentliches Recht der Universität Freiburg, 1990 Promotion zum Dr. phil. im Bereich Zeitgeschichte an der Philosophischen Fakultät der Universität Freiburg; Wissenschaftlicher Assistent am Institut für Geschichtswissenschaft der Freien Universität Berlin, 2000 Habilitation im Fach Neuere Geschichte mit Studien zur Geschichte der Staatsangehörigkeit in Deutschland; 2001 Wissenschaftler am Max-Planck-Institut für europäische Rechtsgeschichte in Frankfurt a. M., 2002/03 Gastprofessuren für westeuropäische und europäische Geschichte in Berlin und Köln; seit 2003 Leiter der Forschungsgruppe *Zivilgesellschaft, Citizenship und politische Mobilisierung in Europa* am Wissenschaftszentrum für Sozialforschung in Berlin. – Forschungs- und Arbeitsschwerpunkte: deutsche und europäische Geschichte des 19. und 20. Jahrhunderts, Geschichte der Staatsbürgerrechte und der Zivilgesellschaft in Europa, Geschichte der deutsch-französischen Beziehungen im 20. Jahrhundert, Rechts- und Verfassungsgeschichte.

Veröffentlichungen: Hrsg., *Wirtschaftskontrolle und Recht in der nationalsozialistischen Diktatur*, Frankfurt a. M. 2005; Hrsg. zus. mit Dieter Rucht, Wolfgang van den Daele und Jürgen Kocka, *Zivilgesellschaft – national und transnational*, Berlin 2004; *Einbürgern und ausschließen. Die Nationalisierung der Staatsangehörigkeit vom Deutschen Bund bis zur Bundesrepublik Deutschland*, 2. Aufl., Göttingen 2003; *Adolf Arndt. Die Wiederbegründung des Rechtsstaats aus dem Geist der Sozialdemokratie (1945–1961)*, Bonn 1991.

gosewinkel@wz-berlin.de

Jiří Hanzal

Studium der Geschichte, Historischen Hilfswissenschaften und Archivkunde an der Universität Brünn (Brno), 1979 Promotion zum Dr. phil. in der Geschichte der Frühen Neuzeit an der Philosophischen Fakultät der Universität Ollmütz (Olomouc); 1968–1976 Wissenschaftlicher Mitarbeiter im Staatsarchiv Zlin, 1976–1980 im Stadtarchiv Brünn; seit 1980 in der Schweiz: 1981–1984 Projektarbeit im Staatsarchiv Basel; seit 1984 als Bibliothekar und Historiker tätig, seit 1993 in der Aargauer Kantonsbibliothek in Aarau (Schweiz). Initiator und Koordinator des Schweizer Virtuellen Katalogs (CHVK) <http://www.chvk.ch>. – Forschungstätigkeit mit Schwerpunkt in der Geschichte der Zigeuner (Roma) im 15.–18. Jahrhundert und der Verwaltungsgeschichte; Mitarbeit an Büchern mit regionaler Thematik und an Ausstellungen mit Archiv- und Geschichtsthematik; zahlreiche Publikationen in Fachzeitschriften (Geschichte der Roma, Verwaltungsgeschichte, Biographien).

Veröffentlichungen: *Zigeuner in Mähren vom 15. bis zum 18. Jh. Geschichte einer ethnischen Gruppe am Rand der Gesellschaft*, Prag 2004 (tschechisch).

jiri.hanzal@ag.ch

Karl Härter

Studium der Fächer Geschichte, Politik, Soziologie und Rechtswissenschaft an den Universitäten Darmstadt und Frankfurt am Main, 1984/86 Erstes und Zweites Staatsexamen für das Lehramt an Gymnasien (Fächer Geschichte und Politik), 1991 Promotion, 2002 Habilitation an der TU Darmstadt in Neuerer und Neuester Geschichte; seit 1991 Wissenschaftlicher Mitarbeiter und Forschungsgruppenleiter am Max-Planck-Institut für europäische Rechtsgeschichte, Frankfurt am Main; Lehrtätigkeit als Privatdozent an der TU Darmstadt; 2002–2004 Vertretung des Lehrstuhls Geschichte der Frühen Neuzeit an der Universität zu Köln. – Zahlreiche Publikationen zur frühneuzeitlichen Reichs- und Rechtsgeschichte und zu Gesetzgebung, Verwaltung und Strafjustiz, zu den Auswirkungen der Französischen Revolution und zu sozialen Randgruppen.

Veröffentlichungen (Auswahl): *Policey und Strafjustiz in Kurmainz. Gesetzgebung, Normdurchsetzung und Sozialkontrolle im frühneuzeitlichen Territorialstaat*, Frankfurt a. M. 2005; *Kriminalisierung, Verfolgung und Überlebenspraxis der Zigeuner im frühneuzeitlichen Mitteleuropa*, in: Y. Matras u. a. (Hrsg.), *Sinti, Roma, Gypsies. Sprache – Geschichte – Gegenwart*, Berlin 2003, S. 41–81; *Vom Kirchenasyl zum politischen Asyl: Asylrecht und Asylpolitik im frühneuzeitlichen Alten Reich*, in: M. Dreher (Hrsg.), *Das antike Asyl. Kultische Grundlagen, rechtliche Ausgestaltung und politische Funktion*, Köln u. a. 2003, S. 301–336; Hrsg., *Policey und frühneuzeitliche Gesellschaft*, Frankfurt a. M. 2000; Hrsg. zus. mit M. Stolleis, *Repertorium der Policeyordnungen der Frühen Neuzeit*, Bd. 1–6, Frankfurt a. M. 1996ff.; Hrsg. zus. mit K. O. von Aretin, *Revolution und konservatives Beharren. Das Alte Reich und die Französische Revolution*, Mainz 1990.

haerter@mpier.uni-frankfurt.de

Stefi Jersch-Wenzel

1964 Promotion an der Freien Universität Berlin, 1975 Habilitation an der Technischen Universität Berlin; 1965–1996 Wissenschaftliche Angestellte Historische Kommission zu Berlin; seit 1981 Sektionsleiterin für deutsch-jüdische Geschichte; 1982 apl. Prof. an der Technischen Universität Berlin; 1995/96–1998 Gründungsdirektorin des Simon-Dubnow-Instituts für jüdische Geschichte und Kultur in Leipzig; seit 1998 Projektleiterin bei der Berlin-Brandenburgischen Akademie der Wissenschaften; Fellowships/Gastprofessuren in Warschau, Paris, Tel Aviv und Jerusalem. – Deutsch-jüdische Geschichte, Vergleichende historische Minderheitenforschung aus sozial- und kulturgeschichtlicher Sicht.

Veröffentlichungen (Auswahl): Hrsg. in Verbindung mit François Guesnet u. a., *Juden und Armut*, Köln 2000; Hrsg. zus. mit Barbara John, *Von Zuwanderern zu Einheimischen. Hugenotten, Juden, Böhmen, Polen in Berlin*, Berlin 1990; zus. mit Michael A. Meyer und Michael Brenner, *Deutsch-Jüdische Geschichte in der Neuzeit, Bd. 2: 1780–1871*, München 1996 (engl. Ausgabe 1997, hebräische Ausgabe 2001); *Der ›mindere Status‹ als historisches Problem. Überlegungen zur vergleichenden Minderheitenforschung*, Berlin 1986; *Juden und ›Franzosen‹ in der Wirtschaft des Raumes Berlin/Brandenburg zur Zeit des Merkantilismus*, Berlin 1978.

Jersch-Wenzel@bbaw.de

Carola Jüllig

M.A., Studium der Kunstgeschichte und Germanistik in Berlin und Hamburg; Volontariat am Berlin Museum, Mitarbeit an verschiedenen Ausstellungsprojekten, u. a. *Stadtbilder*, *So viel Anfang war nie*; seit 1993 Sammlungsleiterin für Alltagskultur am DHM, Mitarbeit an Dauer- und Wechselausstellungen des Hauses. – Zahlreiche Veröffentlichungen zu kultur- und sozialhistorischen Themen, u. a. zur Berliner Nachkriegsgeschichte, zur Werbekunst und zur Geschichte der Diakonie.

Veröffentlichungen (Auswahl): zus. mit Ursula Röper Hrsg. des Katalogs *Die Macht der Nächstenliebe. 150 Jahre Innere Mission und Diakonie 1848–1998*, Berlin 1998; »*Wo nachts keine Lichter brennen, ist finstere Provinz*«, in: Susanne Bäumler (Hrsg.), *Die Kunst zu werben*, München 1996, S. 65–74; »*Ja Frankreichs Geist, du bist verbannt auf ewig ...*«, in: Rainer Rother (Hrsg.), *Die letzten Tage der Menschheit*, Berlin 1994, S. 121–136; Mitherausgeberin von *Kultur, Pajoks und Care-Pakete. Eine Berliner Chronik 1945–1949*, Berlin 1990.

juellig@dhm.de

Frauke Miera

Studium der Politikwissenschaft und Promotion an der Freien Universität Berlin bei Prof. Dr. Barbara Riedmüller, 2004 Promotion; wissenschaftliche Mitarbeit am Wissenschaftszentrum Berlin für Sozialforschung, Abteilung Arbeitsmarkt und Beschäftigung (Projekt *Arbeitsmigration aus Polen in den 1990er Jahren*), Lehrtätigkeit an der Internationalen Frauenuniversität e.V., Hannover, Projektbereich Migration (*Ethnic Business and Gender*) und an der Freien Universität Berlin, Fachbereich Politische Wissenschaften (*Migration und Integration im internationalen Vergleich*); wissenschaftliche Mitarbeit an der Ausstellung *Bilder, die lügen* und Ausstellungsassistenz am Haus der Geschichte der Bundesrepublik Deutschland, Bonn; Gründungsmitglied Netzwerk Migration in Europa e. V. (u. a. virtuelle Ausstellung *Blicke auf die Einwanderungsgesellschaft Deutschland*); seit August 2004 freiberufliche Projektmitarbeit am Deutschen Historischen Museum.

Veröffentlichungen: *Migration aus Polen nach Deutschland seit 1945. Vom Systemkonflikt zu Prozessen der Transnationalisierung und Community-Bildung*, Diss. Berlin 2004

f.miera@web.de

Jochen Oltmer

apl. Prof. Dr. phil. habil., M.A.; apl. Professor für Neueste Geschichte und Vorstand des Instituts für Migrationsforschung und Interkulturelle Studien (IMIS) der Universität Osnabrück. Studium der Geschichte und Politikwissenschaften 1986–1990, Magister 1990, Wissenschaftlicher Mitarbeiter (Neueste Geschichte/IMIS) 1994/95, Promotion an der Universität Osnabrück 1995; 1995–2001 Wissenschaftlicher Assistent, Habilitation (Neuere und Neueste Geschichte) 2001, seit 2001 Wissenschaftlicher Oberassistent, 2002/2003 Vertreter der Professur für Neueste Geschichte an der Universität Osnabrück; Mitherausgeber der ›Studien zur Historischen Migrationsforschung‹ (SHM). – Autor und Herausgeber von Büchern zur Geschichte von Arbeitsmarkt, Wanderungen und Wanderungspolitik im 19. und 20. Jahrhundert sowie zur Historischen Regionalforschung der Neuzeit.

Veröffentlichungen (Auswahl): Hrsg., *Kriegsgefangene im Europa des Ersten Weltkriegs*, Paderborn 2005; *Migration und Politik in der Weimarer Republik*, Göttingen 2005; zus. mit Klaus J. Bade, *Normalfall Migration: Deutschland im 20. und frühen 21. Jahrhundert*, Bonn 2004; Hrsg. zus. mit Klaus J. Bade, *Aussiedler: deutsche Einwanderer aus Osteuropa*, 2. Aufl., Göttingen 2003; Hrsg., *Migration steuern und verwalten. Deutschland vom späten 19. Jahrhundert bis zur Gegenwart*, Göttingen 2003; Hrsg., *Migrationsforschung und Interkulturelle Studien: Zehn Jahre IMIS*, Osnabrück 2002; Hrsg. zus. mit Klaus J. Bade, *Zuwanderung und Integration in Niedersachsen seit dem Zweiten Weltkrieg*, Osnabrück 2002.

joltmer@uni-osnabrueck.de

Patrice G. Poutrus

Studium der Geschichts- und Sozialwissenschaften an der Humboldt-Universität zu Berlin, 2000 Promotion an der Kulturwissenschaftlichen Fakultät der Europa-Universität Viadrina, Frankfurt (Oder), anschließend Post-Doc-Fellow am Deutschen Historischen Institut in Washington/D.C.; seit August 2001 Wissenschaftlicher Mitarbeiter am Zentrum für Zeithistorische Forschung (ZZF), Potsdam; 2002–2003 Lehrauftrag am Historischen Seminar der Universität Hamburg, ab Sommersemester 2005 Lehrauftrag am Institut für Geschichtswissenschaften der Humboldt-Universität zu Berlin. – Publikationen zur Gesellschaftsgeschichte der beiden deutschen Staaten und zu Migration in der Zeitgeschichte.

Veröffentlichungen (Auswahl): Hrsg. mit Michael Esch, *Zeithistorische Forschungen 3/2005 Themenheft: Zeitgeschichte und Migration*, Göttingen 2005; Hrsg. mit Jürgen Danyel, *Zeitschrift für Geschichtswissenschaft 9/2005 Themenheft: Der Algerienkrieg in Europa*, Berlin 2005; Hrsg. mit Jan C. Behrends und Árpád von Klimó, *Antiamerikanismus im 20. Jahrhundert. Studien zu Ost- und Westeuropa*, Bonn 2005; Hrsg. mit Christian Th. Müller, *Ankunft – Alltag – Ausreise. Migration und interkulturelle Begegnungen in der DDR-Gesellschaft*, Köln 2005; Hrsg. mit Jan C. Behrends und Thomas Lindenberger, *Fremde und Fremd-Sein in der DDR*, Berlin 2003; *Die Erfindung des Goldbroilers. Herrschaftssicherung durch Konsumentwicklung in der DDR*, Köln u. a. 2002.

poutrus@zzf-pdm.de

Karen Schönwälder

Studium der Politik-, Geschichts- und Erziehungswissenschaften an der Philipps-Universität Marburg, 1990 dort Promotion, 2001 Habilitation im Fach Politikwissenschaft an der Justus-Liebig-Universität Gießen; Lehr- und Forschungstätigkeit u. a. an der Philipps-Universität Marburg und der University of London (1992–1997), 2001/2002 Gastprofessur an der Universität Haifa, Israel; seit Mai 2003 Leiterin der Arbeitsstelle Interkulturelle Konflikte und gesellschaftliche Integration am Wissenschaftszentrum Berlin für Sozialforschung, Privatdozentin an der Freien Universität Berlin, Otto-Suhr-Institut für Politikwissenschaft. – Publikationen zu Migration und Minderheitenpolitik, zu Politik und Gesellschaft der Bundesrepublik und Großbritanniens nach 1945 sowie zur Wissenschaft im Nationalsozialismus.

Veröffentlichungen (Auswahl): *Kleine Schritte, verpasste Gelegenheiten, neue Konflikte. Zuwanderungsgesetz und Migrationspolitik*, in: *Blätter für deutsche und internationale Politik* 49.10, 2004, S. 1205–1214; Hrsg. zus. mit Rainer Ohliger und Triadafilos Triadafilopoulos, *European Encounters: Migrants, Migration and European Societies since 1945*, Aldershot 2003; *Einwanderung und ethnische Pluralität. Politische Entscheidungen und öffentliche Debatten in Großbritannien und der Bundesrepublik von den 1950er bis zu den 1970er Jahren*, Essen 2001; Hrsg. zus. mit Imke Sturm-Martin, *Die britische Gesellschaft zwischen Offenheit und Abgrenzung: Einwanderung und Integration vom 18. bis zum 20. Jahrhundert*, Bodenheim 2001; *Historiker und Politik. Geschichtswissenschaft im Nationalsozialismus*, Frankfurt a. M., New York 1992.

schoenwaelder@wz-berlin.de

Alexander Schunka

Studium der Geschichte und Orientalistik an der Universität München, Magister 1999, Promotion 2004; 1999–2000 Wissenschaftlicher Mitarbeiter am Historischen Seminar der Universität München, Abteilung Frühe Neuzeit; 2001–2004 Wissenschaftlicher Angestellter an der Universität München, Sonderforschungsbereich *Pluralisierung und Autorität;* seit 2004 Wissenschaftlicher Assistent am Historischen Institut der Universität Stuttgart. – Arbeitsschwerpunkte: Migrationsgeschichte, Historische Anthropologie, Konfessionsgeschichte der Frühen Neuzeit.

Veröffentlichungen (Auswahl): *Gäste, die bleiben. Zuwanderer in Kursachsen und der Oberlausitz im 17. und frühen 18. Jahrhundert*, Münster u. a. 2005; *Exulanten, Konvertiten, Arme und Fremde. Zuwanderer aus der Habsburgermonarchie in Kursachsen im 17. Jahrhundert*, in: *Frühneuzeit-Info* 14, 2003, S. 66–78; *Soziales Wissen und dörfliche Welt. Herrschaft, Jagd und Naturwahrnehmung in Zeugenaussagen des Reichskammergerichts aus Nordschwaben (16.–17. Jahrhundert)*, Frankfurt a. M. u. a. 2000; *Verbrechen, Strafe, Obrigkeit. Zeugenaussagen aus dem Nürnberger Landgebiet*, in: *Zeitschrift für historische Forschung* 26, 1999, S. 323–348.

Alexander.Schunka@po.hi.uni-stuttgart.de

Bildnachweis

Deutschland

Augsburg
Haus der Bayerischen Geschichte, Bildarchiv: 36, 241 o.

Bad Fallingbostel
Kreisarchiv Soltau-Fallingbostel: 227 (Photo: Horst Wundschuh, Soltau)

Berlin
Berliner Geschichtswerkstatt e. V.: 111 (Photo: DHM)
Bildarchiv Preußischer Kulturbesitz: 221 o., 221 u.
Deutsches Historisches Museum: Umschlagphotos, 21, 22, 24, 25, 29 o., 30, 32, 34 o., 34 u., 35, 38 o., 38 u., 42 o., 42 u., 44, 45, 46 und 47 (Photos: Johannes Backes), 50, 54 u. l., 54 u. r., 60, 64, 67, 74 o.l., 74 o.r., 80, 82, 83, 92, 98, 99, 100, 101 u. l., 101 u. r., 103, 104, 113, 115, 118 u., 121, 122, 123, 125, 126, 127, 131 u., 132 (fotografie stefan moses), 159, 177, 181, 189 l., 189 r., 199, 205, 207 o., 207 u., 209, 235, 241 o., 243, 249 r., 251, 255, 263, 267, 271, 275, 351 (Werner Schulte)
Erinnerungsstätte Notaufnahmelager Marienfelde: 253 (Photo: DHM)
Geheimes Staatsarchiv Preußischer Kulturbesitz: 161
Sammlung Wolfgang Haney: 95, 219 (Photos: Bildarchiv Foto Marburg)
Staatliche Museen zu Berlin, Kunstbibliothek, Lipperheidesche Kostümbibliothek: 23, 77, 78, 160 (Photos: Dietmar Katz, Berlin)
Staatliche Museen zu Berlin, Kupferstichkabinett: 61 o., 61 u. (Photos: Jörg P. Anders, Berlin)
Staatsbibliothek zu Berlin – Preußischer Kulturbesitz: 31, 96
ullstein bild: 37 o., 37 u., 39, 41, 116, 117, 130, 131 o., 229, 265

Bochum
Bund der Polen in Deutschland e. V.: 213 (Photo: Brigitte Kraemer Fotografie, Herne)

Bonn
Stiftung Haus der Geschichte der Bundesrepublik Deutschland: 118 o. (© Walter Hanel, Bergisch-Gladbach), 241 u., 269

Braunschweig
Herzog Anton Ulrich-Museum. Kunstmuseum des Landes Niedersachsen: 76

Delmenhorst
Museen der Stadt Delmenhorst, Fabrikmuseum Nordwolle: 261 (Photo: DHM)

Dresden
Ev.-Luth. Stiftung Böhmischer Exulanten zu Dresden: 79 o., 79 u. (Photo: Asmus Steuerlein, Dresden)
Sächsisches Staatsarchiv, Hauptstaatsarchiv Dresden: 157

Düsseldorf
Landesarchiv Nordrhein-Westfalen, Hauptstaatsarchiv Düsseldorf: 231 o.

Essen
Westdeutsche Allgemeine Zeitung (WAZ), Archiv: 107 u.

Frankfurt a. M.
Heimatmuseum Bergen-Enkheim: 183 (Photo: Uwe Dettmar, Frankfurt a. M.)
Institut für Stadtgeschichte: 173

Gotha
Stiftung Schloss Friedenstein Gotha, Kupferstichkabinett: 57, 175

Halle a. d. Saale
Stiftung Moritzburg, Kunstmuseum des Landes Sachsen-Anhalt: 171 (Photo: Reinhard Hentze, Halle a. d. Saale)

Hamburg
dpa Deutsche Presse-Agentur GmbH: 107 o.
Hamburger Kunsthalle: 165 (Photo: Elke Walford)
Picture Press: 108
Staatsarchiv Hamburg: 163

Hattingen
Stadtarchiv Hattingen: 237 (Photo: DHM)

Heiligenstadt
Landratsamt Landkreis Eichsfeld, Kreisarchiv: 203 (Photo: Fotostudio Edler, Heiligenstadt)

Herne
Bildarchiv der Stadt Herne: 85, 86

Karlsruhe
Landesarchiv Baden-Württemberg, Abteilung Generallandesarchiv Karlsruhe: 70

Klein Wanzleben
Archiv der KWS Saat AG: 27 o.

Koblenz
Bundesarchiv: 128, 129, 231 u., 245, 249 l.

Lingen
Emslandmuseum: 201

Marburg
Hessisches Staatsarchiv Marburg: 75

Michelau
Dekanatsbezirk Michelau: 169 (Photo: DHM)

München
Süddeutscher Verlag, Bilderdienst: 109, 110, 114, 227, 257, 273

Münster
Landesarchiv Nordrhein-Westfalen, Staatsarchiv Münster: 223

Nördlingen
Stadtmuseum Nördlingen: 197 (Photo: DHM)

Nürnberg
Germanisches Nationalmuseum: 51 o., 51 M., 51 u.

Ottobeuren
Benediktinerabtei Ottobeuren: 191 o., 191 u. (Photos: Marx Studios, Memmingen)

Ravensburg
Sammlung Thomas Weiß: 215

Rothenburg o. d. T.
Ev.-Luth. Kirchengemeinde St. Jakob: 187 (Photo: Johannes Pötzsch, Buch am Wald)

Soltau
Stadtarchiv Soltau: 29 u.

Stuttgart
Landesarchiv Baden-Württemberg, Hauptstaatsarchiv Stuttgart: 27 u. l., 27 u. r.

Wesel
Evangelische Kirchengemeinde Wesel: 153
Städtisches Museum Wesel: 151

Wolfenbüttel
Herzog August Bibliothek Wolfenbüttel: 155

Wolfratshausen
Stadtarchiv: 239 u. (Photo: M. Knödler, Wolfratshausen)

Wolfsburg
Volkswagen AG: 40

ISRAEL

Beit Lohamei Haghetaot Ghetto Fighters' House Museum: 233 u.

NIEDERLANDE

Assen
Privatsammlung F. Hofsteenge: 211 (Photo: DHM)

ÖSTERREICH

Murau
Schwarzenberg'sche Archive: 68

SCHWEIZ

Basel
Öffentliche Bibliothek der Universität Basel: 285

Salenstein
Margit und Hans-Roland Becker: 167 (Photo: FotoWerkstatt Franz-Josef Stiele-Werdermann, Konstanz)

TSCHECHIEN

Opava
Zemský archiv v Opavě: 69 (fond Hejtmanský úřad knířiectví opavsko-krnovského Opava, inv. č. 1554, karton 264. Archivbestand Amt der Hauptmannschaft des Fürstentums Jägerndorf-Troppau, Inv.-Nr. 1554, Schachtel 264)

USA

Washington
United States Holocaust Memorial Museum: 33, 233 o.

Das Deutsche Historische Museum hat sich intensiv darum bemüht, alle Rechteinhaber ausfindig zu machen und zu kontaktieren. Sollte uns das im einen oder anderen Fall nicht möglich gewesen sein, bitten wir etwaige Rechteinhaber, sich mit uns in Verbindung zu setzen.